发现

历史的曲折

与

智慧的光芒

美国通史
AMERICA

下

〔美〕威廉·本内特——著
刘军 等——译

北京理工大学出版社
BEIJING INSTITUTE OF TECHNOLOGY PRESS

致　谢

如同在第一卷中,我要感谢使这本书得以完成的那些人。这确实是比最初的想法要好许多的成果。鲍勃·莫里森(Bob Morrison)在我写作的整个过程中都是那么的不厌其烦、持之以恒并承担了过量的工作。他是一名历史爱好者,有很多好听的故事和奇闻逸事。这本书有幸得到这些知识。

塞斯·莱伯索恩(Seth Leibsohn)总同他以往一样,真诚地为本书提出各种建议。文·坎内托(Vin Cannato)教授对初稿的反馈通常是启发性的。艾尔·费尔曾伯格(Al Felzenberg)教授以其机智、幽默和博学,细心地审阅了最后几章。肯·沃森(Ken Watson)很专业地参与了对德国军事战略的探讨。诺仁·伯恩斯(Noreen Burns)牵挂着这本书的完成,从它看上去如何、读起来如何,到它将如何被人们评论。一位新朋友、"所有人中最仔细的"米切尔·福勒斯泰尔

（Michael Forastiere）的敏锐眼光，值得特别感谢。

布赖恩·肯尼迪（Brian Kennedy）是我在克莱尔蒙特研究所（Claremont Institute）的领导，他一直在鼓励和支持我。可敬的劳伦斯·卡迪什和苏珊·卡迪什（Lawrence and Susan Kadish）使我想起了有人谈论詹姆斯·麦迪逊曾说的一句话："无论何时你去拜访他，家里总有人在。"

鲍勃·巴尼特（Bob Barnett）提供了他宝贵的建议。

我的出版人戴维·邓纳姆（David Dunham）、编辑乔尔·米勒（Joel Miller）和所有托马斯·纳尔逊出版社有才干的员工，使本书的出版成为一件很愉快的事。

一些人在认真阅读了第一卷后，很快给我的收音机节目《美国早晨》打电话，开始询问第二卷的情况。

我的儿子约翰和约瑟夫认为，这本书不错，有价值。

我的夫人伊莱恩（Elayne）也认为，这本书是必要的，并为之投入了她的智慧和热情。

序　言

　　1921年，英国作家切斯特顿（G.K. Chesterton）来美国旅行和演讲。如同我在第一卷中提到的其他外国人（如托克维尔和J.S. 密尔）一样，他认为，美国在很多方面比我们认为的要好。他在这里看到的和发现的，又一次证实了我试图要再现我们国家——像林肯所做的那样，将她描述为："世界上最后的美好希望。"

　　人们认为，20世纪20年代是这样一个十年，很多美国人本来是能喝酒的，然而，禁酒成为美国的法律。我们刚刚脱离了一场战争（"结束一切战争的战争"），牺牲了10万美国人。我们幸存于一场带走60多万人生命的流感。这个十年以股市的大危机而结束。这个十年经历了四位不同的总统。美国在恐惧社会主义和无政府主义的同时，变得更为孤立主义了。这是一个有一起总统丑闻和犯罪率上升的十年。在下一个十年，一个暴君将在欧洲崛起，世界将陷入另一场战争。可是，切斯特顿在这里却看到了全然不同的东西。

切斯特顿看到了一些长久和未来的东西。他看到了约翰·温思罗普所看到的，我们的建国者们所看到的，林肯所看到的和里根将要看到的那些内容。他是如何以一位外来者的观点，在如此喧闹的时代里表述这些呢？他是以一种长期和深思的观点完成的。他说："有关美国的某些东西，一个人应该闭着眼睛去理解。"用他心灵的目光，他感受到美国及其基础性的一些东西，是他所在的英国或其他国家及其基础所完全没有的。他看我们是与众不同的，像一个奠基于"平等的理论"之上，并将自身托付于这种理论的国家。他将我们的奠基理论简单地定义为："那个绝对经典的概念：没有人能指望比一个公民身份多些什么，也没有人能忍受比公民身份少些什么。"林肯所赞同的不会比这个更多。建国者们也如此。

切斯特顿继续写道："公民身份仍然是美国人的理想；尽管有很多现实情况反对这种理想，但没有任何理想反对这种理想。"在向他的英国同胞解释时，切斯特顿希望他们能"认识到，平等不是如某些拙劣的神话故事那样，所有的人一般高，或一样精明；这样的平等，不仅我们自己不相信，而且也不相信其他人会相信。平等是一种绝对的道德，因此，每个人才有一种不可改变和不可毁灭的价值，一种如死亡一般不可思议的尊严"。

一个人环顾美国，他可以发现极度的贫困，也可以看到非常的富有，但切斯特顿所谈论的并非是物质上的丰富（建国者和林肯也不是在这个意义上讲平等）。当很多人后来不认为我们的基础和所信奉的是平等与自由时（很多人仍然如此）；当很多人后来说，我们的国家奠基在不平等和特权之上时（很多人仍然如此）；当很多人后来声称，我们的政治和经济的成功的持久性，将只取决于如何维持一种有天赋的人与没有天赋的人虚幻的制度时（很多人仍然如此），切斯特顿在美国看到了与这些完全不同的事实：

> 实际上，不平等是一种幻觉。我们在生活中看到的人们之间的极度差异，是一种变化光线而影子就变长的东西，一种充满幻觉和扭曲的昏暗的光。我们发现一个人很有名，但我们不能活得足够长，看到他被遗忘之时。我们看到一个种族处于支配地位，也不能活着看到它的衰落。人类的经验总要使他们回归普通人；最终评价所有人的是那个平均的标准。当人们看到和经受了很多，并最终成为他们的复杂经验后，他们就会以一种日常死亡和欢笑的同样观点看待人；但对很多人依然很神秘。那些西方民主人士并非是徒劳的，他们在巨大而不灭的理想之光中，寻求他们旗帜上理想的解释，并使他们集聚在国旗下，国旗的底色像闪烁的夜空。确实，在精神和象征的意义上，日月星辰划过，在一瞬间和几乎戏剧性地爆发充斥了我们的天空；但无论原来的阴影降临在地球的哪些地方，星星还会回来。

这些星星总要回到这里。这就是我们的历史、美国故事的"光荣和浪漫"，如同国家档案馆上面的铭文所显示，她里面收藏的是什么。我们挨过了战争和丑闻；我们幸存于流行病与暗杀。

然而，我们依然是一个可以自由选择，而且一直在自由选择领导人,如拉什莫尔山(Mount Rushmore)*上雕刻的那类领导人的国家。我认为,拉什莫尔山雕像不是对雕刻在南达科他州布莱克山(Black Hills)上那几位领导人的颂扬,它是对选择了他们,而且在人们最需要的时刻,继续一次次地选择他们的人民的颂扬。只是布莱克山不足以将我们的人民都显现出来。

1943年,富兰克林·D. 罗斯福总统在杰斐逊纪念馆落成典礼上致辞,这个地方仍旧是我们首都最初的旅游巴士站点之一。罗斯福在致辞中说:

> 今天,在为自由而进行的这场伟大战争中,我们奉献出一个自由的圣地……(托马斯·杰斐逊)面临过这一事实,即人们不为自由而战,就会失去自由。我们也面临这一问题……他生活在那样一个世界,其中自由的意识和自由的精神还要通过战斗来确立,还不是所有人已经接受的原则。我们也生活在这样一个世界……《独立宣言》和美国革命本身的那些目标,在追求自由的同时,呼吁废除特权……托马斯·杰斐逊相信人类,我们同样相信。他相信,如同我们相信,人类能够自我管理,只要人们能自治,就没有国王、暴君和独裁者能够统治他们。

总之,这是一个伟大的民族明智地选择,如何解救他们和其他人,

---

* 拉什莫尔山位于南达科他州的西部。在花岗岩山体的一侧,雕有四位美国总统的大型头像,他们是华盛顿、杰斐逊、林肯和西奥多·罗斯福。每位总统的面孔,从头顶到下颏,分别有18米至21米长。这个巨型作品是雕塑家古松·博格勒姆从1927年开始,至1941年完成的。——译者注

如何改正错误，并且，如何保持这个仍然是世界历史上最伟大国家的故事。这一卷从第一次世界大战到20世纪80年代末，其中我努力再现那种光荣和浪漫。我再次将本书献给美国士兵，是他们为美国的事业、美国观念和美国而战。

目 录

001 — 第一章
美国与第一次世界大战（1914—1921）

077 — 第二章
繁荣与衰败（1921—1933）

157 — 第三章
罗斯福与新政（1933—1939）

206 — 第四章
美国人与命运的约会（1939—1941）

256 — 第五章
领导伟大的联盟（1941—1943）

310 — 第六章
美国的胜利（1943—1945）

378 — 第七章
杜鲁门保卫自由世界（1945—1953）

434 — 第八章
艾森豪威尔和欢乐时光（1953—1961）

472 — 第九章
薪火相传（1961—1969）

558 — 第十章
　　独一无二的尼克松（1969—1974）

616 — 第十一章
　　蝗虫侵蚀的几年（1974—1981）

662 — 第十二章
　　里根与复兴（1981—1989）

723 — 后　记
　　个人反思

图片列表

031 — 西奥多·罗斯福。
031 — "一战"时的美国步兵。
032 — 德皇威廉二世。
032 — 弗拉基米尔·列宁。
060 — 劳合·乔治、克里孟梭和威尔逊。
060 — 参议员亨利·卡波特·洛奇。
061 — 1921年时的沃伦·哈定。
124 — 卡尔文·柯立芝。
125 — 阿尔弗雷德·史密斯州长。
125 — 赫伯特·胡佛。
170 — 詹姆斯·韦尔登·约翰逊。
170 — 亨利·福特。
171 — 阿道夫·希特勒。
195 — 查尔斯·A. 林白。
195 — 林白与纳粹在一起。
195 — 杰西·欧文斯。
196 — 约瑟夫·P. 肯尼迪大使与家人。
196 — 乔治六世国王、伊丽莎白王后与他们的女儿们。

239	-	建造中的拉什莫尔山。
240	-	战火中的珍珠港，1941年。
241	-	炮火之中的圣保罗大教堂，1940年。
241	-	温德尔·威尔基。
318	-	德怀特·艾森豪威尔将军和美国士兵在准备"D日行动"。
319	-	诺曼底登陆，从登陆艇的角度拍摄。
320	-	丘吉尔、罗斯福和斯大林在雅尔塔。
321	-	原子弹爆炸。
368	-	1945年5月艾森豪威尔将军视察纳粹死亡集中营。
369	-	埃莉诺·罗斯福。
369	-	道格拉斯·麦克阿瑟将军。
410	-	"杜威击败杜鲁门"。
410	-	柏林大空运。
411	-	艾森豪威尔总统的露齿笑。
411	-	首席大法官厄尔·沃伦。
485	-	1956年，苏联坦克开进布达佩斯。
485	-	尼基塔·赫鲁晓夫。
486	-	1962年古巴导弹危机，古巴几个部署导弹地点的航拍照。
486	-	约翰·肯尼迪和杰奎琳·肯尼迪。
515	-	1961年，自由乘车运动示威者乘坐的公共汽车着火。
515	-	小马丁·路德·金对向华盛顿进军的民众演讲。
516	-	约翰·肯尼迪遇刺。
516	-	林登·约翰逊签署1964年民权法案。
516	-	小马丁·路德·金遇刺引发的骚乱和火焰从美国国会大厦的后

面升起。

599 - "'鹰'已经着陆!"
599 - 1973年1月,释放越战战俘。
600 - 尼克松离开白宫。
600 - 1980年,吉米·卡特与里根在辩论。
601 - 讨论中。
672 - 教皇约翰·保罗二世。
672 - 撒切尔首相与里根。
673 - 里根在勃兰登堡门前——"推倒这堵墙!"
673 - 1988年12月,布什、里根与戈尔巴乔夫在纽约州加弗纳斯岛(Governors Island)。

第一章
美国与第一次世界大战（1914—1921）

1914年，整个欧洲就是一座火药库。秘密结盟滋生出猜忌。带着这些猜忌，欧洲的国王和内阁总理们纷纷以备战来抵御他们所担心的可怕巨变。不过，他们多少已经觉察到这一切即将来临。萨拉热窝事件成了导火线。大多数美国人拼命想避开发生在欧洲的自相残杀。他们还记得华盛顿和杰斐逊的忠告：反对永恒不变的和让人深陷其中的结盟。对无数从欧洲迁往美国的移民来说，欧洲王室之间漫无止境的战争是一段不愉快的回忆。当他们冲向甲板，对着自由女神像欢呼时，一些事情就被抛到了身后。普通美国人一方面对德国人的无限制潜艇战惊恐万分，另一方面却仍将海上旅行视作有钱人的特权。只有当臭名昭著的"齐默尔曼电报"（Zimmermann Telegram）——在这份电报里，德国人秘密寻求墨西哥的支持，以瓜分美国的西南部——事件发生时，美国人才选择了战争。人们热情地为即将启程的美国大兵欢呼。而那些人数不多但意志坚定的反战者——如多次作为总统候选人的尤金·德布斯（Eugene V. Debs）——很快就发现他们面临着煽动叛乱的牢狱之灾。美国人高唱着"到那里去"的歌声，并发誓"战争不在那里结束，他们就不重返故乡"。但是，厌战情绪很快就出现了，因为战争把所有美国人都卷了进来。紧随战场上的英雄主义和胜利而来的是巴黎和会的失败与幻灭以及美国参议院里的僵局。最终，这场试图"结束一切战争的战争"，为第二次也是更具毁灭性的世界大战埋下了祸根。

1. "在落叶飘零前返回家园"

当代人所谓的世界大战的直接起因，源于1914年6月28日弗朗茨·斐迪南大公（Franz Ferdinand）及其妻子索菲（Sophie）遇刺于波斯尼亚的萨拉热窝。这位奥地利的独裁者是奥匈帝国的王位继承人，革新派对之寄予厚望，希望他能够给这个庞大的、多语言的欧洲帝国中成千上万的波兰人、斯拉夫人、马扎尔人（匈牙利人）以及操德语的奥地利人带来更大的自由。

塞尔维亚的民族主义者卷入这场谋杀后，为了逮捕和检举可疑分子，奥地利要求塞尔维亚满足其苛刻的条件。奥地利得到其盟国德国的援手，俄国则怂恿塞尔维亚去反抗。俄国人自视为斯拉夫人的保护者，而塞尔维亚正是一个斯拉夫小国。

遍及欧洲各国的结盟编织出一张错综复杂的网。塞尔维亚受俄国支持，而后者得到了法国的支持。法国与英国之间没有签署正式的条约，但是深受爱戴的法国前国王爱德华七世（Edward VII）曾巧妙地与英国缔结了一个长达十年的友好协定。诸如此类的一系列秘密协议、秘密战争计划和秘密武器在中欧制造出一个危及世界和平的引火盒，一点微小的火花就足以引发一场惊天动地的大爆炸。

盒子里的火种能攒集多年，这多亏了德国皇帝威廉二世（Wilhelm II）。从各方面来看，威廉二世在1914年的欧洲都是一位举足轻重的人物。作为欧洲王室之间联姻的产物，威廉是英国女王维多利亚的孙子。这位守寡的女王在欧洲的王室里拥有众多亲戚，因此被称作"欧洲的祖母"。威廉曾骄傲地穿着英国皇家海军上将和英国陆军元帅的制服。他自认为十分了解英国，能说一口流利的英语，常常前往英国造访那里的亲戚。他本来能够也应当成为英国维护欧洲大陆和平的最佳期望。但是相反，他却成为和平的最大威胁。

威廉自幼就是一个让人头疼的孩子。他聪明、热情、精力充沛。但是，他似乎一生下来就心存怨愤。实际情况是，他出生时带有可悲的生理缺陷。他的左臂比右臂短一截，对此他十分敏感。为了掩盖这一缺陷，他身披精心制作的军用斗篷，戴着长长的、精制的小山羊皮手套。这身装扮经常出现在他的照片中，也取得了不错的效果。不过，威廉的固执甚至让他的父母感到恐慌。

威廉的父亲是一位仁厚的王储，是无数人的巨大希望，他们渴望一个更仁慈和更自由的德意志帝国。人民指望"好弗里茨"（弗雷德里克）能够减缓霍亨索伦家族对国家的严厉控制。除此之外，革新派也希望弗雷德里克能够限制狡猾的奥托·冯·俾斯麦手中的大权。俾斯麦在名义上服从德国皇帝，但是由于他缔造了德意志帝国，享有极高的威望，很少有人敢挑战他的权威。即便弗里茨想这样做，也很难寻得机会。1888年，悲剧突然降临，弗里茨因喉癌去世，此时他成为德皇弗雷德里克三世（Frederick III）还不足百日。年轻的皇帝威廉二世继位不久，就与他的寡母关系恶化。几年后，寡母追随她深爱的丈夫而去。临死前她留下遗言，希望身披英国国旗入殓。[1]

以"铁血宰相"著称的俾斯麦对民主与和平毫无兴趣。他诱使愚蠢的拿破仑三世（Napoleon III）卷入战争中来，然后用一场闪电战重创法国军队。1871年，他在凡尔赛宫著名的镜厅宣布德意志帝国成立。不过，俾斯麦也是精明的和谨慎的，他深知德国的长处和弱点。"当前最重要的问题不是靠多数人的决定来解决，"他说："而是靠血与铁。"俾斯麦以一种玩世不恭加小心翼翼的态度，与欧洲的其他独裁者——奥匈帝国的哈布斯堡家族、俄国的罗曼诺夫王朝——保持着紧密的联盟。这样，他聪明地避开了每个德国人所担心的两线作战。

由于在美国内战期间支持联邦，这使俾斯麦在美国深受欢迎。*美国前总统格兰特曾前往柏林拜访俾斯麦，此事还得到了国内的赞扬。俾斯麦曾说："上帝会保佑白痴、酒鬼、儿童和美国。"美国人对宰相这句精辟的话暗自高兴。另一妙论也被认为出自其口："美国人想方设法使自己的两端处于虚弱的邻国中间，使自己的两边处于大洋之间！"但是，俾斯麦却不受威廉二世的欢迎。

威廉皇帝继承俾斯麦为他创造的王位后不久，就决定建立他自己的权力执行机构。他不满老迈的俾斯麦对他的限制，意欲成为德意志不受约束的统治者。毕竟德国皇帝的头衔来自权力无限的"恺撒"一

---

* 俾斯麦在美国的声望使他成为唯一一个以其名字来命名美国州府的外国领导人，如北达科他州州府俾斯麦。——译者注

词。因此，到了1890年，威廉强迫俾斯麦退休。

1890年，在摆脱了俾斯麦后，这位留着醒目的朝天翘小胡子的31岁的皇帝成为德国的主人。英国幽默杂志《笨拙》(*Punch*)上刊登了这样一幅漫画，画中头戴王冠的皇帝得意扬扬地站在船的围栏处张望，一旁老态龙钟的俾斯麦正稳步走下舷梯。"舵手下台"正是这幅著名漫画的标题。[2] 不过，让英国人始料不及的是，威廉二世将引领德国这艘船与大英帝国发生致命的碰撞。在将舵手赶下台的同时，他也放弃了宰相更为谨慎的政策。

威廉读过《海权对历史的影响》一书。这本由美国海军上将阿尔弗雷德·马汉（Alfred Thayer Mahan）所写的重要著作，不仅深刻影响了这位德国统治者，也引起了西奥多·罗斯福和温斯顿·丘吉尔这样的海权理论家的注意。而日本帝国海军的领导人在1896年就翻译了马汉的这部巨著。

俾斯麦很早就意识到，如果德国建立一支强大的海军来加强其数量巨大的军队的实力，英国人一定会为此担忧。但威廉却置俾斯麦的警告于不顾，在20世纪早期加速组建了一支强大的战列舰队，并命令德国每一艘军舰都带上一本马汉著作的副本。德国的这一行为威胁到了英国历来奉行的孤立于欧洲战争的政策，给英国国内带来了巨大的恐慌，这在一本获得巨大成功的流行小说的标题《威廉来了》(*When William Came*)中可以看到。这本写于1913年的小说，向英国人讲述了威廉皇帝可能会用他强大的公海舰队运载一支锐不可当的军队横渡英吉利海峡。尽管这种威胁只是一种虚构，但小说良好的销量却表明英国人真的很担心德国会入侵。

威廉的穷兵黩武并没有因海军的建立而停止。俾斯麦之前从来没有在海外殖民地的竞争中挑战过英法两国，威廉也没有。不过，威廉很快就开始攫取非洲和太平洋上的殖民地，为德国要求"阳光下的地盘"。他粗暴的处事方法让他与远亲沙皇尼古拉渐行渐远，结果导致俄国很快与法国签订盟约。威廉统治的口号是"要么成为世界大国，要么衰落"³，它为威廉经常性的横冲直撞及其军事信念做足了诠释，使得整整 1/4 世纪以来的和平无法得到保障，直到 1914 年战争的最后爆发。

由于远隔大海重洋，美国人最初并没有在意德皇的军国主义和持续不断的武力恫吓。1898 年，德国舰队干涉美国海军准将杜威（Dewey）的菲律宾作战计划，让美国人大为震惊。同样让美国人震惊的是，德皇在罗斯福总统执政早期对拉美事务的插手。不过，泰迪*的大棒政策还能保持美国的安全。

在新世纪之交，美国人对威廉二世的看法中混合着不信任和调侃式的轻视。1903 年《哈泼周刊》（*Harper's Weekly*）上的一首诗就表达了这种态度：

> 德皇、德皇，器宇轩昂！
> 你让我们恐慌！
> 不论是你的武装带、皮带和肩带，
> 还是你那朝天翘的小胡子！
> 你皱起的眉头让人讨厌，
> 你的眼神可怕得像把利剑，

---

* Teddy，西奥多·罗斯福总统的昵称。——译者注

第一章　美国与第一次世界大战（1914—1921）

> 把每一个敌人的心脏刺穿，
> 与你为敌者的命运悲惨。
> 德皇、德皇，好战狂！
> 你多么滑稽。⁴

读者们可以看出，美国人对德皇的讽刺戏仿了威廉·布莱克（William Blake）的诗句"老虎，老虎，金色辉煌"（Tyger, Tyger, burning bright）。当巴尔干的冲突于1914年最终爆发时，威廉二世想借助他与英国家族的关系，使英国远离战争。他派弟弟海因里希亲王（Prince Heinrich）去游说英王乔治五世（George V），后者与他是嫡表兄弟，他们的祖母都是维多利亚女王。乔治五世说，他希望英国不参与大陆上的任何战争。德皇误将此认为是英王对英国政策做出的决定。他向别人炫耀道："我有英王的话了。"⁵ 威廉显然没有从他的母亲和祖母那里学到任何有关英国国家管理体制的知识。英国过去是（现在也是）一个传统的君主国，对外政策由内阁会议而不是由君王决定。

1914年7月，斐迪南大公遇刺后不久，德皇开始了他每年三星期的挪威海峡巡游，世人看到了一丝缓解的迹象。看样子，威廉要让自己从奥匈帝国与塞尔维亚以及它们的盟国之间不断加剧的危机中摆脱出来。那年夏天，他那380英尺长、4280吨重的豪华游艇"霍亨索伦号"，就像一只巨大的白天鹅，游弋在挪威海峡阴暗、寒冷的水域中。* 但是，

---

* "霍亨索伦号"并不是一艘典型的皇家游艇，它装配有重型武器。游艇上有3门口径为105毫米的连发火炮，13挺口径为50毫米的机关枪。——译者注

这幅和平的画面只是一个假象。就在德皇巡游于这片安静水域的当口，空气中却布满了从船上发出和接收到的无线电波。此时，火种已经被点燃了。

考虑到欧洲错综复杂的结盟本质，德皇实际上在1905年就已经确定要准备开始一场世界大战了。当时，他批准了帝国参谋部部长阿尔弗雷德·冯·施利芬（Alfred von Schlieffen）将军的军事计划。根据施利芬计划，德国士兵将急速穿过比利时深入法国境内，以便赶在法俄同盟在东部动员之前，使法国在未来的战争中无所作为。"当你们进入法国的时候，要让右翼末端轻拂海峡。"施利芬计划中如是说。

威廉拙劣的外交手段和对邻国的不断威胁，不经意间就将德国推入令人担忧的两线作战的境地。况且，威廉似乎也忘记施利芬计划会侵犯比利时的中立地位，德国和英国曾为此做出过一个世纪的担保。英国并没有明确警告过威廉，侵犯比利时的中立地位就意味着战争。事实上，也没有一个大国确切地知道，如果德国在进军法国的途中让军队穿越比利时，英国会做出什么反应。6

7 20年之后，威廉将告诉英国历史学家约翰·惠勒—班奈特（John Wheeler-Bennett）爵士：如果他知道这样的举动将刺激英国参战的话，他说什么也不会入侵比利时。难以捉摸的暗示和外交上的微妙措辞对威廉来说是没有用的。如果说，大棒外交有什么理由，这里是一个例子。

为什么英国没能明确警告威廉呢？预先确切声明任何危及比利时中立地位的行为将意味着战争，或许会制止威廉的鲁莽行为。美国研究切斯特顿（G. K. Chesterton）的学者戴尔·阿尔奎斯特（Dale Ahlquist）指出，这一答案在英国著名作家切斯特顿的自传中写得十分清楚。英国当时的执政党自由党过于依靠曼彻斯特的一些百万富翁来资助他们的政治选举活动。这些重要的实业家中有一些在宗教上是和平主义者［就像美国的安德鲁·卡内基（Andrew Carnegie）一样］。切斯特顿暗示，英国不会容忍这种明显的侵略，但由于怕失去资金来源，自由党政府又不能公开表态。切斯特顿与那个时代的自由党领导人过从甚密，他的这些证据理应得到认真的考虑。[7]

后来很多人都会说，英国并没有予以德国人足够的警告。[8]然而，这种说法也忽略了德国在此前25年的草率行为以及一个基本的事实：入侵者不能指望他们的邻国会袖手旁观。[9]

德皇向他的盟国保证，德国将"竭尽全力"支持奥匈帝国。[10]他告诉奥地利大使不用担心俄国，因为俄国"绝不会备战"[11]。

由于得到了威廉二世的支持，奥地利人拒绝了俄国进行谈判的紧急请求。而此时，德军的统帅部正敦促奥地利参战，以对暗杀事件作出反应。[12]表哥俄国沙皇"尼基"*急切地写信给表弟德皇"威利"**，请求他抑制一下奥地利的冲动。威廉在回信中却谎称，他正在尽最大可能去制止他的盟国。[13]与奥地利一样，柏林也拒绝了英国召开一个四国会议的呼吁。[14]

随着7月份的临近，德国不断通过电报向俄国、法国和比利时发出最后通牒。温斯顿·丘吉尔是英国内阁的一位著名人物，时任英国海军大臣。他负责英国舰队的战备。丘吉尔担心，各大国正在不知不觉地陷入战争："我感到奇怪的是，那些愚蠢的国王和皇帝们为什么

---

* 沙皇尼古拉二世的昵称。——译者注
** 威廉二世的昵称。——译者注

不能坐在一起,通过他们的亲族关系将他们的国家从地狱中拯救出来。但是我们当时都处在一种迟钝而僵硬的昏迷状态,漠视事态的发展。"15

人们正在一步步走向地狱。德国对法国宣战并入侵比利时。16 随着德法之间的宣战,丘吉尔向皇家海军发出电报:"启动对德作战。"17

1914年德军对比利时的入侵行为,完全配得上德皇对其士兵的称呼——"匈奴人"。早在8月5日,毛奇(Moltke)将军就承认:"我们对比利时的入侵完全是一次野蛮行径。"他是对的。德国军队肆意屠杀阿登(Andenne)、塔米纳(Tamine)、塞勒(Seilles)、迪南(Dinant)等城市的妇女和儿童,在战争的初期,200多平民丧命。18 卢汶大学遭到焚烧和抢劫。对这所比利时"牛津大学"极其愚蠢的破坏以及对其价值连城的中世纪图书和挂毯的劫掠遭到全世界学者的谴责,他们称之为"一场对文明的犯罪"。19

可笑的是,无数法国人和英国人竟认为他们的孩子会在秋季前返回家园。但是,当德军无情地将法国军队和英国远征军驱赶至巴黎的防线时,他们彻底懵了。那一年秋天,法国几乎战败。法国的斐迪南·福煦(Ferdinand Foch)将军队重新集结起来。他当时在电报中说——很可能不足为信——"我军的中坚部队正准备放弃,我军的右翼正在撤退,形势好极了。我会进攻的。"不管是否可信,但这确实是福煦说的。20 直到数百辆巴黎出租车被抽调用于提供紧急援助,福煦才得到支援。出租车把每一个能扛起步枪的法国人(*Poilu*)*运到了前线。很快,德国人被阻挡在巴黎城外的马恩河边,世界看到了"马恩河奇迹"。21

---

* *Poilu*的字面意思是"头发长长、胡子邋遢的人"。在德军对法军战壕的不停炮轰下,法国士兵几乎没有时间理发和剪胡子。——译者注

对法国人来说，拼死抵抗所付出的惨重代价却称不上奇迹。致命的机关枪让法军的拼死进攻（*offensive á outrance*）战术不堪一击。这种战术要为法军不知移动的炮位负责，它比美国人在弗雷德里克斯堡（Fredericksburg）和葛底斯堡（Gettysburg）无谓的冲锋更具自杀性。战争仅仅过了三个月，35万法国士兵就战死沙场。[22] 很快，交战的双方躲在战壕中，开始了漫长、痛苦的消耗战。双方的壕沟都用铁丝网连成一片，在交战双方的防线之间，是一段可怕的"无人地带"。渐渐地，这条丑陋的疤痕就从瑞士延伸到了北海。

那些欢迎战争的人兴高采烈地离去。随着他们而去的，还有五颜六色的各国国旗和旗帜。世人皆知的法国军装——蓝色的上衣、红色的裤子和帽子——随着千千万万年轻人倒在这场惨无人性的战壕战的血泊和泥浆之中，很快就被色彩灰暗和不成形状的厚大衣替代了。

2. 耻于为战

伍德罗·威尔逊总统很快宣布美国保持中立。他在对"比利时之劫"作出反应时，这样说道："我们必须在思想和行动上都保持不偏不倚，必须控制我们的情绪。"[23] 这种姿态在美国人中十分常见。即便是被人们通常称作好战的西奥多·罗斯福（Theodore Roosevelt）也承认，"跳进这场战争中是件蠢事"[24]。

况且，墨西哥的事情也足以让威尔逊总统头疼。美国人需要对付的是残忍的维克托里亚诺·韦尔塔（Victoriano Huerta），此人暗杀了墨西哥的总统和副总统，独掌了大权。威尔逊拒绝在外交上承认这个双手沾满鲜血的人，而是支持被他驱逐的人。当时，一些正值登岸假的美国水兵被墨西哥当局侵扰,美国海军上将亨利·梅约(Henry Mayo)要求墨西哥当局进行道歉,并以恰当的方式向美国国旗敬礼。韦尔塔说,只有墨西哥国旗被给予同样礼遇时,他才会进行道歉并向美国国旗敬礼。美国拒绝了这一要求。

双方之间的紧张加剧了。

为了阻止韦尔塔势力的增长,威尔逊命令军队占领韦拉克鲁斯港(Veracruz)。威尔逊这一羞辱墨西哥的举动,甚至遭到墨西哥民主人士的反对。韦尔塔被迫离开了墨西哥,但这个国家很快就陷入混乱之中。代表印第安人利益的艾米里亚诺·萨巴塔(Emiliano Zapata)、匪徒出身的潘丘·维拉(Pancho Villa)和维努斯蒂亚诺·卡兰萨将军(Venustiano Carranza)等竞争者开始争权夺利。[25]

威尔逊为自己插手墨西哥和加勒比海其他国家的行为作出了辩护,他说他要"教会拉美人民如何选出一位好人"[26]。像往常一样,国务卿威廉·詹宁斯·布赖恩(William Jennings Bryan)对墨西哥国内的局势感到颇为不解:"我就是不能理解,为什么那些人会自相残杀。"[27] 不管怎样,为了从墨西哥的乱局中摆脱出来,威尔逊同意事情交由拉美的三个大国阿根廷、巴西和智利来仲裁。[28]

然而,当德国潜艇于1915年5月7日,在爱尔兰金塞尔(Kinsale)附近海域击沉英国豪华客轮"卢西塔尼亚"号(Lusitania)时,所有美国人的目光又重新转向欧洲。德国潜艇(unterseeboat)*的袭击使这艘巨大的四层客轮在18分钟内沉没,致使超过1200名非军事人员丧生。[29] 罹难者中有126位美国人,他们没有留意此前德国大使馆

---

* unterseeboat 的字面意思是"海面下的船"。——译者注

在纽约和美国其他大城市的报纸上发出的警告启事。[30]

"卢西塔尼亚"号当时运载了一些军需品,德国人由此认为摧毁它是合法的。对德国人来说,这是有法律上的依据的。即便这样,美国人也感到极为震惊,特别是幸存者描绘了当摇篮慢慢沉入海水中时,婴儿们发出的揪心的哭声。[31] 而德国人对客轮沉没事件的反应,更让美国人反感。德国报纸上吹嘘这是"我们海军令人高兴的骄傲",学校里的孩子们放假一天用来庆祝,慕尼黑的市民甚至做了一枚纪念章颁发给参与这次行动的潜艇人员,以表敬意。[32] 一位居住在伦敦的亲英的美国人搞到了这枚奖章,并做了300万个复制品。这些复制品在美国和大英帝国境内广为传布,作为德国野蛮行径的证据。[33]*

威尔逊总统很快对美国人民的愤怒以及他们希望与德国开战的要求作出了回应。"有这么一种人,他们太骄傲了,乃至不屑于战。"他说,同时还重复着不久之前的那些不参战的言论。[34] 这种漠不关心让两位共和党出身的前总统西奥多·罗斯福和威廉·霍华德·塔夫脱(William Howard Taft)深感震惊。威尔逊的言论更让他们惊诧不已。[35] 他们都呼吁对德国作战。西奥多·罗斯福的远房亲戚富兰克林·罗斯福(Franklin Delano Roosevelt)对他们的愤慨表示赞同。[36] 但是作为海军部副部长,富兰克林·罗斯福是一名忠诚的民主党人。他不能公开反对和他同属一个政党的总统。

威尔逊没有着手备战,而是给德国发去了一个外交照会。可德国并没有对此作出明确答复,下一个月,威尔逊发出了一份措辞更加严

---

* 这个美国人是戈登·塞尔弗里奇(Gordon Selfridge),经营着伦敦一家著名的商场。他后来成了英国公民(参见 Robert K.Massie 的 *Castles of Steel*,第 534 页)。——译者注

厉的照会。

威尔逊的第二个照会让国务卿布赖恩大为光火。在一次部长会议上,他愤怒地指责了那些发出的照会:"你的人民不是中立的。你应当支持某一方。"[37] 布赖恩要求威尔逊谴责英国对德国的封锁。当威尔逊拒绝后,布赖恩提出了辞职。按照国际法,对德国的封锁是完全合法的,但对信奉和平主义的国务卿来说,他显然无心去了解这一无足轻重的规定。布赖恩的辞职引发了国内对总统的政治危机。

并不是所有与布赖恩有着同样政治信念的人都同意他。比利·桑戴(Rev.Billy Sunday)这个美国最著名的牧师称德国击沉"卢西塔尼亚"号的行为是"天杀的!天杀的!绝对可憎的!"也有人说它是"对上帝的巨大的犯罪……一场预先的谋杀!"[38]

私底下说,富兰克林·罗斯福是很乐于看到那位莽撞的内布拉斯加州平民主义者的去职。他认为,布赖恩是一个会带来危险的幼稚的人。[39] 他更同意他的著名的亲戚进行战备的要求,而不同意他的总统的做法。不管怎样,富兰克林·罗斯福还是决定坚守岗位,让海军为他认为不可避免的战争做好准备。他知道海军部部长约瑟夫斯·丹尼尔斯(Josephus Daniels)对于海权或理解海军事务毫无兴趣。*〔在这里,富兰克林·罗斯福与他上司的关系,同老罗斯福与他在麦金利(McKinley)政府时期的平庸领导约翰·朗(John Long)的关系大不一样。〕

当然了,老罗斯福没有类似让他犹豫不决的事情。他把气氛搞得

---

* 丹尼尔斯对美国海军唯一的长久贡献在于废止了朗姆酒的配给,代之以免费的咖啡。富兰克林·罗斯福支持这项改革。直至今日,海军的一些三级军士长还称呼他们的咖啡为"一杯老乔"(a cup of Joe),这里的老乔指的就是约瑟夫斯。——译者注

很糟，对总统采用蔑称——"威尔逊教授"，并认为他代表了所有"胡言乱语、女人气的男人和那些一派胡言的不抵抗主义者"[40]。第二年，威尔逊照旧发出那些毫无用处的外交照会——还是用他的打字机打的。

更多的压力和戏剧性冲突接踵而至，威尔逊总统却在这个时候痛失爱妻爱伦（Ellen），不能自拔。在1914年大战之年那个具有深远影响的夏天，爱伦因为罹患癌症，整日躺在白宫的病榻上，奄奄一息。威尔逊没有亲近的男性朋友，他与他的妻子和三个女儿可谓相依为命。爱伦去世后，他似乎也失去自己的意志和生命。有一次，当他和他最亲密的顾问爱德华·豪斯"上校"（"Colonel" Edward House）夜里漫步于曼哈顿时，伤心欲绝的总统说，他真希望现在有人杀了他才好。[41] 他甚至向他亲近的幕僚表达了他的疑虑，是否还应参加1916年的再次竞选。

"那位漂亮的女士是谁？"1915年年初的一天，总统问他的医生加里·格雷森（Cary Grayson）。[42] 他问的是身材娇巧、容貌可人的寡妇伊迪丝·宝琳·盖尔特（Edith Bolling Galt）。她是华盛顿一家大珠宝行的老板。这位聪颖的、活力四射的盖尔特夫人还是第一位在首都驾驶自己汽车的女人。[43]

不久之后，这对寡妇和鳏夫开始了秘密来往。有一次，人们甚至发现总统迈着轻快的脚步，嘴里哼着一首乔治·柯汉（George M. Cohan）的流行小调：

哦，你这美丽的姑娘
你这非常、非常美丽的姑娘

那一年秋天，白宫悄悄宣布了总统再婚的意愿。在那一年结束之前，威尔逊已经挑选出他的竞选伙伴。他要带着一个全新的获胜决心进入新年。

作为总统，威尔逊必须要与美国人民中间出现的严重分裂做斗争。1910 年的人口调查显示，美国 9200 万人口中有 1000 多万是德国移民，或者父母中有一方或双方来自德国或奥匈帝国。[44] 当然，这里面的许多人之所以移民美国，是因为他们反对普鲁士的军国主义和政治迫害。不过，由于美国的反德国宣传仍然带有更多的种族主义色彩，这让德裔美国人感到非常不满。同样，美国也有众多爱尔兰人后裔，他们对大英帝国没有好感，他们认为，英国宣称为自由而战是极度的虚伪。

威尔逊还有另一个，但同样也是让人信服的使美国避开欧洲战争的理由。他因为主张进步的立法改革，而赚足了人民的印象分。除了通过了 1913 年的《联邦储备法》外，他还呼吁国会禁止使用童工（尽管最高法院以违反宪法章程为由，对之予以否决），并在法律上批准了铁路工人一天 8 小时的工作时限。此外，他成功地说服国会同意征收一项所得税，成立一个联邦贸易委员会，并通过了一项遗产继承税——这些都是有产的美国人所强烈反对的。[45] 威尔逊相信，如果美国被迫卷入对德战争的话，亟须的国内改革即便不被放弃，也将会停止。那个时代的大部分进步分子也同意这一点。

然而，哲学家杜威对此持完全不同的意见。杜威是美国"进步主义"教育之父，他写过一篇题为"战争的社会可能性"（*The Social Possibilities of War*）的文章。他认识到，战争将不可避免地导致巨大的权力向联邦政府集中，这正是杜威和其他一些主要的进步主义者所强烈希望的。

威尔逊恢复了总统亲自发表国情咨文讲话的习惯。他是一个充满激情的演说家,他登上了众议院中心的讲台,呼吁一场广泛的改革计划。他对情绪热烈的国会讲道,"我们必须废止所有那些带有特权或任何人为利益的事物"。[46]

他在说这番话时,显然是指那些美国公司。这些大企业——自负的托拉斯——是他改革的目标。很明显,他指的并不是由于种族的人为的利益和特权。国会里的许多人——尤其是他的民主党同伴——对威尔逊痛斥精英主义的主张表示赞成,但并没有考虑持续存在的种族隔离现状。在威尔逊的第一个任期里,他不仅没有寻求解决种族隔离办法,反而对之加以肯定。

但是,威尔逊很愿意在一些关键的人员任命上对抗诸如"三K党"这类组织的偏执行为。他也确实挑战了种族和宗教的偏见,他任命约瑟夫·塔默提(Joseph Tumulty)为他的私人秘书,这个职位堪比今天颇有权势的白宫办公厅主任(chief of staff)。塔默提是一位爱尔兰裔信仰天主教的民主党人士,是威尔逊在纽约州州长短暂任期时的一位朋友。因为这层关系,塔默提总是称呼总统为"州长",威尔逊也乐于接受这一表达敬意的话。没有人像塔默提那样无比忠诚地为威尔逊服务了。[47] 威尔逊把路易斯·布兰代斯(Louis D. Brandeis)这位波士顿自由派律师召入自己的核心顾问团中,也体现了他对偏见的抵制。当华尔街听说反托拉斯的布兰代斯将被任命为司法部部长(attorney general)时,几乎引起了恐慌。[48] 虽然威尔逊不愿步子迈得太大,但他很快就得迈得更大。他再次挑战了"三K党",任命布兰代斯为美国最高法院的一员——这是第一位在最高法院任职的犹太人。

威尔逊核心集团里最重要的成员是爱德华·豪斯"上校"。这位来自得克萨斯州的百万富翁并不是一位真正的上校，但是他很喜欢这个由"孤星州"*州长赐予他的荣誉头衔。豪斯上校并没有担任任何民选的公职，他更愿意在暗处悄无声息地尽自己的职责。他看到了威尔逊竞选美国总统的可能性，当时这个苦行僧般的学者还是普林斯顿大学志在改革的校长。他全身心地投入到威尔逊的政治生涯中。反过来，威尔逊将豪斯视作为数不多的值得信任的人："豪斯先生就是另一个我。他的思想和我的是一致的。"[49]

美国人被法国战壕里的屠杀吓坏了。德国人不仅发动潜艇攻击客轮，还率先使用了毒气。[50] 法国和比利时几百英里的美丽乡村沦为地狱般的狰狞之地，在这个"无人地带"里，耗子靠尸体把自己养得肥肥的。德国人用他们火力强劲的大炮把美丽的城市和乡村炸成一片废墟。"大个儿贝尔莎"（Big Bertha）是一种 43 吨重的巨型榴弹炮，由克虏伯公司生产，取了一个与古斯塔夫·克虏伯（Gustav Krupp）妻子极不相称的名字。它可以发射 2200 磅重的炮弹，射程超过了 9 英里。

德国人同样从空中进行致命打击。他们的充满氧气的飞艇——以德国人齐柏林的名字命名——向伦敦的平民撂下炸弹。[51] 除此之外，德皇的最高指挥部有意进行一种威吓政策（schrecklichkeit），以此恐吓他们的敌人。[52]

1916 年，威尔逊就欧洲的战争作了另外一次有争议的演讲："没有胜利的和平"，以求调解敌对的双方。[53] 德国根本就没把这次调停放在眼里。民主党和协约国的支持者再一次被深深地侮辱了。

---

*the Lone Star State，得克萨斯州的别称。——译者注

第一章　美国与第一次世界大战（1914—1921）

当 1916 年 5 月德国人在《苏塞克斯誓约》（Sussex Pledge）中作出保证时，威尔逊再次竞选总统的前景出现了一些光明。这次事件的发生起因于德国潜艇对一艘法国没有武装的汽船"苏塞克斯"号的攻击，包括一些美国人在内的 50 名人员罹难。在这个协议里，德国人保证不再攻击商船，除非它们运载战时禁运品，除非它们的乘客和乘务人员首先被允许进入救生艇中。

1916 年，威尔逊再次被提名为总统候选人，但由于共和党人捐弃前嫌，威尔逊看上去不可能再获得第二个任期了。西奥多·罗斯福力劝支持他的进步分子为了国家的团结支持共和党。[54] 老大党*的前景看上去十分乐观，因为自安德鲁·杰克逊（Andrew Jackson）以来还没有哪位民主党人士能够再次当选总统。

共和党支持最高法院法官查尔斯·埃文斯·休斯（Charles Evans Hughes），但却忘了这位个子高高、长着小胡子的、曾经担任过纽约州州长的休斯是一位不称职的活动家。

威尔逊的竞选活动强调了"他使我们远离战争"这一主题。就个人而言，威尔逊很担心"任何一个德国小小的中尉"都可以将美国人卷入战争，而总统本人却无法阻止。[55] 威尔逊知道，军衔相对较低的潜艇指挥官手中有着极大的破坏性力量。他们中的随便哪个都可以杀死更多的非战斗人员，制造出一场国际事件。例如，如果一艘德国潜艇的船长击沉了总统家乡新泽西州海岸附近的一艘美国班轮，那该怎么办？**但是，在公开场合，威尔逊是以和平候选人的身份参与竞选的。

---

* 共和党的别称。——译者注

** 1942 年，德国人可以击沉从新泽西海岸远眺视野内的美国船只。

民主党在报纸上拿出整版的篇幅来攻击休斯和西奥多·罗斯福：

> 你们在工作：
> ——没有在打仗
> 活得好好的：
> ——没有成为炮灰！
> 是威尔逊与有尊严的和平？
> 还是休斯和罗斯福与战争？ [56]

当英国人粗暴地镇压了爱尔兰1916年复活节叛乱时，爱尔兰裔的美国人愤怒了。绞死一些颇具传奇色彩的爱尔兰爱国者还不够，英国人甚至绞死了以在非洲开展人道主义工作著称的罗杰·凯斯门特（Roger Casement）爵士。不过，凯斯门特与特拉利郡（Tralee）附近海域一艘德国货船的军火走私案有直接关系。在许多爱尔兰裔美国人看来，英国人通过公布凯斯门特的日记，表明他曾与一些年轻的非洲人有同性恋关系的做法简直令人作呕。爱尔兰的民族主义者至今还认为，是英国人伪造了所谓的"黑色日记"（Black Diaries）[57]。

就政治上而言，威尔逊总统从大量爱尔兰裔和德裔美国人的反英情绪中获益良多。同时，休斯却犯下一个大错，他拒绝会见加利福尼亚州受人拥戴的进步主义州长希拉姆·约翰逊（Hiram Johnson）。约翰逊是1912年西奥多·罗斯福参加总统竞选时的竞选伙伴。[58] 西奥多·罗斯福也因为对"带连字符的美国人"（hyphenated Americans，指非主流民族的美国移民）的抨击，而没有对共和党人形成帮助。

第一章 美国与第一次世界大战（1914—1921）

私下里说，罗斯福是不愿考虑休斯的，他认为后者就是一个"长着胡子的威尔逊"。

尽管犯了一些错误，但在竞选日那天，休斯还是在东北部的选区中大获全胜，大有赢下选举之势。根据当时一个广为流传的故事，一个记者打电话到休斯家里，这位共和党候选人的儿子回答说，"总统"已经就寝了。"那就不要叫醒他了，"这位顽皮的记者说，"不过等他起来后，记得告诉他，他现在还不是总统。"这个故事或许是个传说，但是它向我们描绘了选举扣人心弦的实质以及休斯竞选班子的过于自信。

全民选举的结果是，威尔逊以多数票第二次当选为美国总统。威尔逊共获得9 129 606张全民选票，以49.4%的得票率胜出，他还得到了277张选举人选票。休斯得到8 538 221张选票，占所有选票的46.2%，以及254张选举人选票。社会党候选人阿兰·路易斯·本森（Allan Louis Benson）虽然不像1912年尤金·德布斯那样强势结尾，但也获得了583 113张选票。这一结果是符合事实的。

1916年大选是第一次由加利福尼亚州的13张选举人选票定出胜负的选举。威尔逊赢得了加利福尼亚州的选举，只有不到4000人没有投他的票。[59]当休斯得知他失去了金州*的选票后，他或许后悔他没有会见希拉姆·约翰逊。

协约国在法国的战争中被榨干了。仅英国一国，在索姆河战役的第一天中就死亡2万人，受伤4万人。[60]到1917年早期，协约国国内经济几乎崩溃。[61]为了赢得战争，德国人只需避免激怒美国。

---

* 加利福尼亚州的别称。——译者注

17   然而，生性鲁莽的德国皇帝却没有这样做。2月初，他向德国海军司令作出让步，宣布恢复无限制潜艇战。德国人有点低估了美国人对此的反应。因为此前他们不断地挑衅美国人，却没有引发严重的后果，他们傲慢而想当然地认为，美国人根本不会参战。即便美国人参战，他们也不会占多大便宜。

"他们甚至连来都不敢来，因为我们的潜艇会击沉他们。"海军上将卡佩勒（Admiral Capelle）1917年1月向德国国会打包票。他继而傲慢地说："所以，从军事的观点来看：第一，美国无足轻重；第二，它还是无足轻重；第三，它仍然无足轻重！"[62]

对美国的这种蔑视不仅是德国军方残忍好斗的表现，也反映了威尔逊总统对德政策和他遴选重要政府人员的态度。威尔逊本人并没有作战经验。作为学者，他自然受人尊敬，但是他对如何处理美国外交和战事却缺乏深刻的认识。更糟糕的是，除了富兰克林·罗斯福外，他身边的顾问对此同样没有经验。他有意选择和平主义者担任他的国务卿（如威廉·詹宁斯·布赖恩）和海军部部长（如约瑟夫斯·丹尼尔斯）。[63] 他的司法部部长A.米切尔·帕尔默（A. Mitchell Palmer）是一位著名的贵格派教徒，这一基督教派别是以和平主义为本的。[64] *即使他的战争部部长牛顿·贝克（Newton D.Baker），竟然也出乎意料地是位和平主义者。[65] 德国驻华盛顿的外交人员在呈交柏林的报告中，不可能不指出这些不可思议的事实。

如果说无限制潜艇战还不足以激怒美国的话，德国外交部部长阿

---

* 帕尔默一开始以"好战的贵格派教徒"（the fighting Quaker）著称，后来则被人讥讽为"浑身战栗的斗士"（the quaking fighter）。

瑟·齐默尔曼还给他在墨西哥的特使发去了一封密电。这封臭名昭著的齐默尔曼电报建议墨西哥和日本应当与德国结成联盟,对美国发动战争。作为支持德国的回报,墨西哥人将被归还美国在墨西哥战争期间从墨西哥攫取的位于美国西南部的大片土地。

强烈反对与德国作战的赫斯特黄色报业集团(Hearst Yellow Press)对此大骂不止。他们指控,这封电报完全是英国宣传部门的诡计。美国最大的德语报纸《祖国报》(*Vaterland*)的主编乔治·维勒克(George Viereck)直言不讳地称齐默尔曼电报是"英国情报部门厚颜无耻的伪造"[66]。实际上,维勒克和赫斯特驻柏林的通讯记者收受了德国情报部门的贿赂。[67]

维勒克在一件事情上说对了:英国确实与这封电报有关。英国情报部门截获了这封电报,但他们却竭力不让这一事实泄露出去。英国人的这一做法初看上去是不可理解的,毕竟如果公布电报,它会刺激美国参战。但是,事情并没有那么简单。原因何在呢?威尔逊总统曾可笑地允许德国人使用美国官方的外交电报,其目的就在于他想让德国人在没有英国人干涉的情况下,去讨论和平的建议。让威尔逊蒙在鼓里的是,英国人不仅获得了德国的电报,也获得了美国的电报。英国情报机构不愧是高手,其谍报人员比德国谍报人员还能更快地截获、破解和自动转拍德国的电报。[68]美国人当然会为齐默尔曼电报感到震惊,但是如果他们知道是英国人首先发现了这封电报,他们还是不情愿参战。他们可能会怀疑这是英国情报机构的伪造——就像赫斯特的工作人员所说的那样——这会更有效地让美国远离战争。

但是,让人难以置信的是,德国外交部部长齐默尔曼竟然承认电报是他发的![69]

这或许是历史上最大的外交胡话。

一夜之间,美国中西部的人们改变了他们远离欧洲战乱的看法。《奥马哈世界先驱报》(*Omaha World Herald*)说道:"问题从德国反对大英帝国转向了德国反对合众国。"[70] 其他中西部的报纸,包括一些有影响的德语报纸,都放弃了它们的中立立场。[71]

西奥多·罗斯福给马萨诸塞州共和党参议员亨利·卡波特·洛奇(Henry Cabot Lodge)写了封信。老洛奇一直是西奥多·罗斯福的朋友,并且几十年来都是他政治上的良师。西奥多·罗斯福在信中写道,如果威尔逊到现在还不参战的话,"我会活剥了他的皮"[72]。

3. 罗斯福要去法国?

一旦白宫多少有些孤立无援地决定参战,伍德罗·威尔逊的演讲天赋就不会弃他而去。

1917年4月2日,威尔逊明智地召开了一次国会两院的联席会议。他在会议上说道:"我们并不想和德国人民发生争执。我们对他们没有丝毫反感,有的只是同情和友谊。"美国人选择战争,是因为"世界必须确保民主不受损害"[73]。

> 权利比和平还要宝贵,我们应当为那些内心向往的事物而战——为民主,为那些屈从于当权者以便在他们的政府中获得声音的人的权利,为弱小民族的权利和自由,为通过各自由民族的普遍权利而实现的所有民族的和平与安全,以及世界的最终自由……这一天已经到来,美国有责任流血牺牲……为了她建国的

那些原则……上帝会帮助她,她别无选择。[74]

在华盛顿,复活节前严峻的一周内,总统得到了参议院 82 票比 6 票的支持。众议院在耶稣受难节那天凌晨以 373 票对 50 票通过了《对德作战宣言》。[75]7550 张反对票中的大多数都是由来自德裔美国人居多的中西部国会议员所投。[76] 值得注意的是,这些反对票中有一张是由国会中唯一的女性代表、众议院议员、来自蒙大拿州的共和党人珍妮特·兰金(Jeanette Rankin)投出的。*

大多数美国人满怀热情地欣然接受了美国参战的道德理由。爱尔兰裔美国作曲家乔治·柯汉很快就创作了一首节奏欢快的歌曲,成为美国第一次最重要的对外战争的主题歌:

> 到那里去,到那里去!
> 将这一消息传播到四方,到那里去!
> 美国大兵要来了,美国大兵要来了,
> 隆隆的战鼓声到处响起!
> 做好准备,祈祷上苍,我们将这一消息传播到四方!
> 我们将到那里,我们正去那里,
> 战争不在那里结束我们誓不返乡!

---

* 兰金在力争妇女选举权上是一位重要的人物。其他维护妇女权益的人,曾徒劳地劝她不要投出这一不受欢迎的一票。1918 年,她没能连任议员,但她于 1940 年再次进入众议院。在日本偷袭珍珠港后,她在那里又投出了唯一的一张反战票。为此,国会大厦的警察不得不保护她免遭愤怒人群的攻击。1968 年,兰金还领导了一场向国会大厦进军的反对越战的游行。1985 年,蒙大拿州为她在国会名人塑像堂里造像,以表敬意。

不仅锡盘巷（Tin Pan Alley）*——当时就以美国音乐发行业而著称了——全力支持战争，成千上万的美国人更是踊跃认购自由公债。这些公债是政府为了筹集战争款而发行的。

西奥多·罗斯福不顾一切地投身到行动中去。他想成为美国的拉法耶特。[77] 他放下架子，前往白宫觐见威尔逊。老罗斯福请求总统，实际上是恳请总统允许他发起一支志愿者队伍，前往法国参战。总统在刹那间被打动了，但很快又犹豫起来。他对他可信赖的助手约瑟夫·塔默提说，西奥多·罗斯福"真是一个了不起的大男孩儿……从他身上能感受到一股强烈的亲和力。你是无法抗拒这个人的"。[78]

两个人相视而坐，一个是美国总统，一个是他很难对付的竞争者——前总统。没有谁比他们两个有着如此不同的背景、脾气或观点了。西奥多·罗斯福出生于纽约一个有钱有势的荷兰人家庭。他克服了体质上的虚弱和童年时所患的气喘病，成为一个强壮的人。作为达科他州的牛仔、夜间的猎捕者和纽约市锐意改革的地方官，他成为美国的宠儿。他还是他的志愿者骑兵团狂野骑士（Rough Rider）的强悍领袖。这些骑兵都是美国常春藤名校的高才生和西部的牛仔，紧密团结在极具领袖气质的罗斯福的旗帜之下，就像当初他们参加令人激动的古巴战争时一样。罗斯福登上总统的宝座有些出乎人们的意外，当时恰逢一个刺客杀死了谦逊低调的威廉·麦金莱（William McKinley），他是入主总统官邸的最后一个内战老兵。"泰迪"用差

---

* 锡盘巷坐落在曼哈顿 28 街，位于第五大道和百老汇大街之间。它是众多流行音乐发行人的聚集地。20 世纪之交，新闻记者蒙罗·罗森菲尔德（Monroe Rosenfeld）写道，当那里所有钢琴发出砰砰作响的演奏声时，听上去就像无数锡盘在交相碰撞，故得此名。（网络来源：http://parlorsongs.com/insearch/tinpanalley/tinpanalley.asp.）

不多一个月的时间哀悼麦金莱,他将总统官邸更名为白宫,并在国内掀起了一股风暴。这位最年轻的总统精力过人。他曾磨破嘴皮说服了矿山老板和矿工工会领袖,化解了一场破坏性极强的罢工。他驯服了托拉斯,在外交上挥舞大棒,积极主动地去挖一条途经巴拿马的运河。他因为帮助结束了日俄战争而赢得一次诺贝尔和平奖,但却把他的白色大舰队(Great White Fleet)派遣到世界各地,警告那些日益好斗的帝国主义强权:不要小看我。

所有这些都是陈年往事了。

如今,1917年4月7日,也就在威尔逊总统签署了国会对德作战联合宣言后的一天,西奥多·罗斯福在这样一个春日里端坐在威尔逊办公桌对面,但此时的老罗斯福只是曾经的他的一个影子罢了。

当时老罗斯福依然没有从1914年穿越巴西热带雨林、探寻杜伯河(River of Doubt)未知水路的冒险之旅的痛苦影响中恢复过来。老罗斯福和他的儿子科米特(Kermit)可以说是大胆而仓促地完成了此次探险。他必须要这么做,他对那些持怀疑态度的朋友说:"这是我当男孩儿的最后一次机会了。"泰迪的启程是如此匆忙,以至于来不及选择足够的图书资料。他设法带上了托马斯·莫尔的《乌托邦》、索福克勒斯的戏剧、两卷本的《罗马帝国衰亡史》、马可·奥勒留和伊壁鸠鲁的著作。[79]当他匆匆读完这些书籍后——通常是在独木舟中或搭在朽木上的蚊帐里完成的,这位前总统会去读科米特带来的法国诗歌。"由于之前父亲从来没有留意过法国诗歌,他会说这些诗根本不适合吟唱。但他承认《罗兰之歌》是个例外。"他的儿子细数着父亲的往事。[80]

这次探险很快就变成了一场噩梦。"我不敢相信罗斯福竟然能够挨过那一夜。"经验丰富的探险家乔治·切里（George Cherrie）在日记中写道，当时老罗斯福因为高烧已经神志不清，开始胡言乱语了。[81] 在某种程度上，感染和饥饿让老罗斯福十分虚弱，他实际上已经告诉科米特继续前行，让他留在原地等死。让人不可思议的是，他竟然从食人的水虎鱼*、毒蛇、疟蚊和高烧中活下来了。他最终勉强一瘸一拐地回家了。老罗斯福在雨林中体重下降了 50 磅，衣衫褴褛。他再没有彻底恢复他年轻时的精力。为了对老罗斯福表达敬意，巴西政府将这条 1000 英里长的杜伯河改名为"罗斯福河"（Rio Roosevelt）[82]。

伍德罗·威尔逊总统怎样才能找到与他的来访者之间的共同之处呢？威尔逊生长在南方朴素的环境之中，是长老派牧师的儿子。他自幼就是一个语言的巨人，而不是一个行动的巨人。他不玩棒球，但却为学生的报纸《普林斯顿人》（The Princetonian）撰写怎样挑选棒球队长的评论。[83] 他劝人们更多地关注演讲这种说服人的辩术的力量。作为普林斯顿大学的研究生，他抱怨"体育馆的外表过于奢华"。[84] 作为总统，成熟稳重的威尔逊会怎样看老罗斯福著名的"定点越野漫步"呢？在这样的漫步活动中，老罗斯福和他的伙伴（军队高官和外交官）会脱下部队的黄色制服，在湍急的溪流中艰难跋涉。

罗斯福一度夸口说，他为他身上没有"一滴英国的血"而感到自豪，而威尔逊却敬重英国伟大的平民首相格莱斯顿（William E. Gladstone）。像以前的汉密尔顿（Hamilton）一样，威尔逊公开主张

---

* 由于饿坏了，老罗斯福和同伴吃了些味道古怪的水虎鱼。这样，除了开创了不少第一以外，老罗斯福又成为唯一一个真正吃过水虎鱼的美国前总统。

修改美国的宪政体制，使它更像英国的模式。[85]

但是，现在恳求获得参战机会的是泰迪·罗斯福。他感到历史正在从他身边擦肩而过。他可能甚至意识到自己行将就木。老罗斯福说，他不在乎是否会在战争中丧命："假如我明天就死掉，我会很高兴地在我的墓志铭，我唯一的墓志铭里写上'罗斯福去法国'。"[86]

法国总理乔治·克里孟梭（Georges Clemenceau）大声支持老罗斯福。他告诉威尔逊，罗斯福如果到战壕里来，会使战斗了三年之久的法国士兵士气大振。"把罗斯福给他们吧。"克里孟梭请求道。[87]

威尔逊在与老罗斯福最后一次的白宫会晤中没有对此作出表态。在某种程度上，就连对总统忠心耿耿的塔默提都认为，总统会对罗斯福的恳求让步。[88]威尔逊巧妙地改变了话题，他请求罗斯福帮助他让国会制订一项征兵法。[89]美国人对之前的草案从来没有满意过。既然老罗斯福多年来一直强调需要这么一部法律，所以他现在是不可能拒绝的。

威尔逊最终还是拒绝了老罗斯福的请求。[90]部队的高级军官还记得罗斯福在古巴的鲁莽行为，也不想他参与法国的战争。同样，这场可怕的消耗战也不敢像在圣胡安山（San Juan Hill）上那样草率行事。况且，老罗斯福的身体在南美之行所感染的热带病中损耗不轻，也不具有在战壕中战斗的身体状况。

罗斯福将身体状况视作唯一困难之处。威尔逊对他参战请求的拒绝，只会加深这位前总统对这个他认为不配占据白宫的人的敌意。*

---

* 威尔逊对罗斯福的拒绝，也使罗斯福的"罗斯福去法国"的墓志铭泡了汤。有趣的是，他是第二位希望在自己的墓碑上提及法国的美国总统。一个世纪以前，另一位好斗的人在墓碑上这样写道："这里长眠着约翰·亚当斯，他承担在1800年与法国媾和的责任。"

他向来自堪萨斯的主编、进步的共和党人威廉·艾伦·怀特（William Allen White）发泄了对威尔逊的强烈斥责："华盛顿人民……将使这场战争成为一场纸上的战争……如果他们不想让它成为一场民主的战争的话。"[91] 尽管如此，老罗斯福还是很欣慰地看到他的四个儿子都成为勇敢的志愿兵。就连他的物理学家女婿和护士女儿，也要在前线的医护部队里面对危险。

4. 到那里去！

很快，美国人就向德国人证明，他们使用潜艇武器是错误的。富兰克林·罗斯福全力向海军提供了多艘 100 英尺长的反潜艇船只，同时，海军上将威廉·希姆斯（William S. Sims）也迅速组建了一个士兵运载体系。这些措施克服了德国潜艇的威胁。正是由于富兰克林·罗斯福和希姆斯的努力，在德国潜艇对美国士兵跨海登陆法国的阻击中，100 多万美国士兵中仅有 637 人丧生。[92]

美国人介入战争并没有很快扭转协约国的处境。1917 年 4 月，英国因德国潜艇而损失的舰船吨位为两次世界大战的最高。[93]

约翰·潘兴（John J. Pershing）将军被任命为美国远征军的司令。他起初决定美国人应当在统一的命令下作战，拒绝了兵力日渐衰弱的协约国让美国军队填补到他们已经损失的队伍中的请求。[94]* 潘兴将军是一位意志坚定的指挥官。潘兴早年曾主张平息与墨西哥之间的麻烦，

---

* 对于潘兴的这一决定，威尔逊总统提出了一个例外的要求，他让黑人军团（black troops）听命于法国作战部队的指挥官。在那里，他们可以不受阻碍地参加法国人的作战行动。

第一章　美国与第一次世界大战（1914—1921）

西奥多·罗斯福。"一战"期间，西奥多·罗斯福请求伍德罗·威尔逊总统允许他到法国的战壕中作战。这位美国前总统说，如果他牺牲在那里，他会很高兴地在他的墓碑上写"罗斯福去法国"。当威尔逊拒绝了他这一请求后，两者之间的敌意加剧了。

"一战"时的美国步兵。"一战"期间，美国士兵帮助筋疲力尽的协约国扭转了战局。在美国国内，美国人痛苦地认识到了战壕战的恐怖。在那里，毒气在战壕低矮的空间里散布，耗子则被尸体喂得肥肥的。

德皇威廉二世。德国皇帝威廉二世是英国女王维多利亚的孙子。他曾经要求德国士兵作战时要像古代的匈奴人那样残忍。用"匈奴人"来形容德国士兵也的确恰如其分。威廉的固执甚至让他的父母感到害怕。

弗拉基米尔·列宁。列宁创建了俄国布尔什维克党,他认为任何促进世界共产主义事业的活动都是合法的。列宁是苏联的缔造者。

特别是在亡命之徒潘丘·维拉流窜入新墨西哥境内,并在哥伦比亚杀死 17 名美国人之后。[95] 威尔逊派潘兴将军和 12 000 名骑兵深入墨西哥境内 300 英里去追剿这个匪徒头子。维拉勉强逃脱了追捕,"黑杰克"潘兴的声望就是在这场"惩罚性的远征"中确立的。[96]*

美国人为美国军队的英雄主义事迹激动不已。驾驶着法国双翼飞机,拉法耶特飞行小队在空中显得格外醒目。埃迪·里肯贝克(Eddie Rickenbacker)中尉因击落了 26 架德国飞机,成为美国第一位空军"高手"。[97] 被称作"面团"(doughboys)的美国步兵也赢得了法国人的赞誉。** 7 月 4 日,查尔斯·斯坦顿(Charles Stanton)上校在巴黎举行的纪念仪式上,轰动了法国。他正步走向拉法耶特侯爵的陵墓,潇洒地敬礼,然后说:"拉法耶特,我们来了!"[98]

美国海军也参与了对作战顽强的德国军队的战斗,后者很快领教到美国海军陆战队的厉害,称之为"恶狗"(*teufelhunden*)。当协约国的将领们要求做一次暂时的撤退时,海军陆战队上尉劳埃德·威廉斯(Lloyd Williams)却发牢骚说:"撤退?见鬼去吧,我们刚到这儿!"[99]

美国企业转向战时经济的确花费了一些时间。军队的装备不是一般的差,战争部部长牛顿·贝克甚至还为此自夸:"让我高兴的是,当我们参与到这场战争中时,我们像我们的敌人一样,还没有做好迎接它的准备。我们已经习惯于和平了,还不曾准备好。"[100] 其结果是,

---

* 潘兴绰号的由来,得自于他在美国军队实施种族隔离的这段日子里,可以骄傲地指挥着这支黑人团队。

** "面团"是美国步兵的绰号。它的起源有几种说法,最有可能的一种说法可以一直追溯到美国内战期间士兵制服上的面团状的铜纽扣。

美国人进入法国人建造的工事中,使用英国的来复枪和法国的 75 毫米大炮,这种情况几乎一直持续到战争结束。[101]

　　美国参战极大地支援了协约国,但是他们很快失去了东线的伙伴。1917 年 3 月,沙皇被一场反对他长期而落后统治的民主起义推翻了。由亚历山大·克伦斯基(Alexander Kerensky)领导的俄国临时政府发出了继续作战的声明,这给了流亡的布尔什维克领袖弗拉基米尔·列宁一个机会。* 布尔什维克声称,他们是俄国共产主义革命者中的多数派。列宁答应给予饥饿而厌战的俄国农民和工人以"和平、土地和面包"。[102]

　　1917 年 11 月,列宁在布尔什维克的红色十月革命中控制了俄国政府,此时德国人正期盼着将全部 50 个师的有经验的老兵调往西线。**

　　战争在美国大后方产生了新的压力。政府成立了公共信息委员会(Committee on Public Information),以便使用老谋深算的宣传来积极推进战争。公共信息委员会的负责人乔治·克里尔(George Creel)将这一努力称作"世界在宣传上的最大冒险"。[103] 委员会花钱雇用了 75 000 名"四分钟男人",让他们在电影放映时的公共舞台上以及剧院里激起人们反德情绪。[104] 赫伯特·胡佛(Herbert Hoover)是一位采矿工程师出身的百万富翁,战争爆发时他在比利时的救济工作中表现出色。威尔逊此时便任命他掌管食品管理局(Food Administration)。这个国家已经习惯了"没有小麦"的星期一和"没有肉类"的星期二

---

* 布尔什维克(*Bolshevik*)来自 bolshoi 一词,它在俄语里是"多数派"的意思。但实际上,布尔什维克只是俄国革命者中的一个较小派别。这是他们成功宣传的开始。

** 尽管革命发生在 1917 年 11 月 7 日,但由于俄国当时仍然采用儒略历(英国在 1752 年就已经放弃了这一历法,而使用格列高利历),故革命被称作"十月革命"。

了。¹⁰⁵ 胡佛一直力劝美国人要"吃干净我们的盘子",政府的海报不断提醒美国人,"食物将赢得战争"¹⁰⁶。

正如许多进步人士所警告的,战争释放了一种对与德国有关的一切事物的恶毒仇恨。人们不再敬重德国人的发明创造天赋——例如伦琴博士的 X 光机、狄塞尔的发动机。人们也愚蠢地回避莫扎特和贝多芬。德国泡菜也被重新命名为"自由卷心菜"¹⁰⁷。

甚至还有更糟糕的事。德语书籍被从公共图书馆中清理出去,中西部的一些州甚至把教小学生德语视作违法行为。¹⁰⁸ *《惩治煽动叛乱法案》(Sedition Act)将任何妨碍战争成果的行为视为犯罪,1500多人为此被拘捕。¹⁰⁹ 常年作为总统候选人的社会主义者尤金·德布斯被审判、定罪,然后送进监狱。被煽动起来的反德情绪在人们中间引发了巨大的猜忌之心,邻里之间都开始互相监视。正如萨缪尔·艾略特·莫里森(Samuel Eliot Morison)指出的,这对那些"在男男女女中都讨人嫌的老女人"来说,是一个满足她们古怪念头的机会。¹¹⁰

威尔逊总统赶在 1918 年 1 月国会召开之前去安排他的战争计划。他满怀希望地谈到了俄国新成立的布尔什维克政府。他盛赞俄罗斯人民发出的"新声音"是"震撼人心的和引人注目的"¹¹¹。大多数人乐意看到沙皇专制君主制的倒台。尽管反对德国蛮横的领导人,但威尔逊还是再次强调了他对德国人民的敬意。他说,德国人以学识和进取心见长,他们在世界上扮演的角色使他们的"历史业绩非常辉煌和让

---

* 信奉路德派的密苏里宗教大会是一个自称拥有数百万信众的教会团体,它的礼拜仪式和教会学校都使用德语。密苏里宗教大会始终反对当地的语言法令,一度将之告上了美国最高法院,并于 1923 年在"梅耶诉内布拉斯加州"(*Meyer v. Nebraska*)一案中获胜。战时的狂躁情绪至此开始消退。梅耶案判决在争取父母权利上仍是一项重要的胜利。

人羡慕"¹¹²。

威尔逊演讲的要旨形成了著名的"十四点计划"。他呼吁"公开地达成公开的协议"。这是对那些应对战争负责的秘密条约的回应。布尔什维克已经从沙皇的秘密档案中公布了这些条约。威尔逊同样呼吁海洋的自由。他宣称要维护"民族自决"的原则。在结语中,威尔逊明确主张成立"国联",以保卫协约国所寻求的和平。¹¹³

"十四点计划"代表了进步主义的高度理想主义。豪斯上校与他称之为"顾问团"(The Inquiry)的一些知识分子一起工作,起草了威尔逊欲将之用于其情绪昂扬的辞令中的那些基本原则。¹¹⁴*总统亲自用打字机打出了生动流畅的演说稿。但颇具讽刺意味的是,顾问团的工作是秘密的。威尔逊亦是如此。他不再与他的内阁、国会领导人或者作为他的主要盟友的英国或法国民主选举的领导人分享他对事情的看法。¹¹⁵

对团结一致——以及美国贷款——的极度渴望,使得协约国没有与威尔逊公开发生矛盾。不过,英国才不会分享威尔逊关于海洋自由的信念,如果这意味着让英国放弃其最有力的武器——海上封锁的话。(英国首相劳合·乔治本应当提醒威尔逊注意,在美国内战期间,联邦政府并没有给予南部邦联以"海洋的自由"。)法国总理乔治·克里孟梭十分了解美国。他曾在美国内战期间担任记者。与劳合·乔治一样,他强忍着不去公开批评"十四点计划"。然而,"老虎"克里孟梭私下里却不满地说道:"即便是上帝,也只不过才有十点计划。"¹¹⁶

---

* 顾问团中那些著名的并且后来继续赢得更大声誉的学者有:威廉·布利特(William C.Bullitt)、沃尔特·李普曼(Walter Lippmann)以及萨缪尔·艾略特·莫里森。

1918年，大量美国人开始源源不断地加入协约国的战线中去。海军陆战队在贝劳森林（Belleau Wood）和蒂埃里堡（Chateau Thierry）等重大军事行动中表现出色。9月，一直由美国人领导的美法联军袭击了位于圣米耶勒（Saint Mihiel）的德军防线，取得了重大突破，协约国俘虏了15 000名德国士兵。[117] 此役过后，德国军事力量的承受力到达了极限。

美国人一边唱着埃尔文·伯林（Irving Berlin）朗朗上口的曲调——"噢，我是多么讨厌早上起来啊！"一边急切渴望读到"发生在那里"的战场上的英雄故事。最让人惊奇的一个故事与阿尔文·约克（Alvin York）中士有关。约克中士来自田纳西州的山区。他是一个小规模的、信奉和平主义的基督教派的成员，即使在"二战"期间他也没有应征加入美国军队。但是在当时，由于征兵委员会没有发觉他的教派背景，他参加了美国军队。约克中士克服了一开始曾有的使用致命武力的矛盾心理。他从敌军机关枪口下救出了自己的战友，赢得了国会最高荣誉勋章。约克的枪法是无人能及的，这得自他二十年来射猎松鼠和野兔的历练。[118]*

许许多多的美国家庭在那个秋天里接到了来自战争部的让人忧心忡忡的电报。长岛的萨格莫山庄（Sagamore Hill）是其中的一家。居住在那里的前总统罗斯福及其夫人获悉，他们的小儿子昆汀（Quentin）阵亡于法国的德军防线之上。昆汀，这个白宫曾经的恶作剧制造者，在长空之上追击着德国人，其热情远胜过他的飞行技巧。据德国的新闻部门报道，昆汀对德军的七架飞机发动了"不间断"的

---

* 正如在美国参加的每一次战争中，猎人在战场上通常都能起到关键作用。

攻击。[119] 德国人以最高的军事荣誉厚葬了这位年仅二十岁的小伙子。[120] 然而，一个德国人在某处得到了昆汀阵亡的照片，他很快将之印刷成几千张让人恐惧的明信片。其中的一张传到了萨格莫山庄。[121] 看到照片后，老罗斯福深为震动，但没有屈服。他将自己的孩子与罗伯特·古尔德·肖（Robert Gould Shaw）上校作了比较，然后对记者说："只有那些配活在世界上的人才不畏惧死亡。"[122]* 昆汀的母亲伊迪丝·罗斯福（Edith Roosevelt）表现出了同样的勇气，她说道："你既然将自己的儿子视作雄鹰，就不能希望他有麻雀那样的行为。"

传播这张图片的德国人或许没有意识到他在做什么。消息很快传到了德军的战壕里。那里的士兵们已经经受了四年漫长的惨无人道的惩罚，他们惊奇地获知，美国总统的儿子们竟然和他们一样面对着危险。他们也深知，德国皇帝威廉二世的六个儿子也在军中——但是全部都从事安全的参谋工作。[123] 此刻，也是开战来第一次，不满的情绪在德军中蔓延开来。

当水兵们发动哗变时，德军的公海舰队上第一次升起了革命的红旗。** 自 1916 年的日德兰大海战后，舰队就一直驻扎在基尔军港。正是在那里，英国皇家海军的无敌舰队参加了这次大海战。***

尽管英国在日德兰损失了许多船只和人员，但德皇丧失的却是胆

---

* 老罗斯福这里指的是 1864 年阵亡于南加利福尼亚瓦格纳堡（Fort Wagner）的肖上校。当时肖上校统领着联邦政府军队的第一黑人团，即马萨诸塞州 54 黑人步兵团。

** 红旗代表着共产主义。

*** 无敌战舰是巨大而笨重的武装战列舰。英国的无敌战舰长 527 英尺，宽 82 英尺，重达 20 730 吨。船上的 5 个回转炮塔上安装有 10 门口径为 12 英寸的大炮。（在线资源：http://www.worldwarl.co.uk/battleship/hms-dreadnought.html.）

量。他的舰队曾经是他的骄傲与快乐。出于害怕,威廉二世让他的公海舰队在军港里待了两年多时间,而没有任何行动。可是,无所事事的水兵们已经开始酝酿叛乱了。

德国人和他们的武装部队希望在俄国发生布尔什维克革命后,能够迅速赢得战争。他们得到保证,在美国人改变法国的平衡之前,他们会获得胜利。但是,德军在法国"大推进"中的失败让军中充满了绝望的气息,而对面新增补进来的美国士兵似乎是无以计数的。在默兹—阿尔贡战役(the Meuse-Argonne offensive)中,美国佬一次又一次地证明了自己。当1918年10月1日,协约国部队最高指挥官法国元帅斐迪南·福煦攻破了德军在兴登堡的防线时,即使是德军的最高指挥部也知道,一切都已经结束了。[124]

当时,德国新的平民派领袖、信奉自由主义的马克斯亲王(Prince Max)试图想达成停战协议,他直接与威尔逊总统进行了接触。[125] 他希望得到一个在"十四点计划"基础上的和平。威尔逊没有与他的盟友交换意见就作出回应:在达成停战协议之前,必须废除德国皇帝。[126] 但是,当德国的军民各方领导敦促威廉退位时,后者却拒不接受。他对马克斯亲王说:"我不会因为几百个犹太人和一千名工人,就放弃王位。"[127] 然而不久以后,德皇就被迫流亡。他跑到了荷兰去寻求庇护。[128]

随着战争即将结束的传闻在全世界的不胫而走,威尔逊转而求助于美国人民,希望他们在1918年国会选举中予以支持。他请求人民支持民主党控制国会。他向美国选民发布了一项咨文,请求他们表现出对"我的领导地位"的支持,并"全心全意地支持我"[129]。

国际局势需要美国拥有强有力的领导地位,在这一点上威尔逊显然是对的。他需要同时向德国人和协约国的领导者表明,他在美国人民中拥有巨大的支持,在这一点上他也是对的。然而,对他来说,这种利己之心和对党派的强调是一种极大的失策。共和党实际上比民主党更加全心全意支持威尔逊的战争政策。

老罗斯福在 1918 年的中期选举中为共和党奋力而战。他说:"共和党的每一张选票,都是钉在德国皇帝棺材上的又一枚钉子。"[130] 选票计算过后,民主党同时失去了对国会两院的控制。共和党重新获得了众议院的 240 个席位,民主党则拥有 190 个席位。在参议院,选举现在是由全民选票而不是国家立法机关决定的。共和党获得了参议院的 6 席,以微弱的 49 票对 47 票领先于民主党。[131]

老罗斯福公开反对威尔逊的"十四点和平计划"。他说,该计划中唯一让人满意的和平原则是德国的"无条件投降",以及"在进行和平协商中要对法国和英国绝对忠诚"[132]。老罗斯福在这里岂不是犯下了言论煽动罪?可美国的选民们并不这么认为。

老罗斯福给法国总理克里孟梭和英国外交大臣贝尔福(Balfour)勋爵写信,提请这些领导人注意,在类似于他们国家的议会体制下,威尔逊的职务将会被选掉。老罗斯福在信中写道:"他需要一种信任票。人民已经选出了他们需要信任的人。"[133] 老罗斯福在这一点上是正确的。然而,作为一位无官职的美国公民,老罗斯福错在不该有这种严重的不当行为,并以这种方式致信外国领导人。

老罗斯福还为美国黑人士兵仗义执言。他说,他要所有人都获得公民权。同时他要求承认美国黑人战士在战争中所"赢得的荣誉和提供的服务"[134]。威尔逊拒绝允许美国黑人在法国与美国白人并肩作战。他将黑人士兵从美国远征军中分离出来,使他们直接处于法国人的指

挥下。¹³⁵

很快,德国成立了共和国,不久就要求停战。福煦元帅强迫德国人接受苛刻的停战条件。停战协议在福煦停靠于法国贡比涅(Compiègne)的专列上签署。

战争在1918年11月11日11时结束了。哈利·杜鲁门(Harry S.Truman)上尉当时在密苏里州国民警卫队炮兵连服役,他在那天上午10点45分鸣放了最后一枪。¹³⁶ 最终,在经历了人类历史上长达四年的最残酷的大规模屠杀后,枪炮声沉寂了。据估计,有1 000万人死于这场大战。终于,"西线无战事"。

停战日那天夜里,哈利抱怨驻扎在附近的法国炮兵连吵得他无法入睡。这些法国炮兵喝得酩酊大醉,一定要从哈利的床前列队走过,向他致意并欢呼:"威尔逊总统万岁!美国炮兵上尉万岁!"¹³⁷

在德国,阿道夫·希特勒下士在战地医院听到了停战的消息;他因中毒气而暂时失明。他哭喊着,流下了痛苦的眼泪。鉴于他在战火下的勇气,希特勒下士获得了铁十字一等勋章。正是由于犹太人雨果·古特曼(Hugo Guttman)上尉的举荐,他才得到了这一非同寻常的至高荣誉。¹³⁸

在柏林,共产主义者参照莫斯科的模式成立了德国苏维埃政权。*罗莎·卢森堡和卡尔·李卜克内西领导着柏林的红色武装力量。在莫斯科的克里姆林宫目睹着这些事件,弗拉基米尔·列宁激动不已。**他说,德国被革命"点燃"了。¹³⁹ 贝拉·库恩领导的共产党在匈牙利成立了

---

* "苏维埃"一词来自俄语,意思是"协商"。

** "克里姆林"在俄语里的意思是"堡垒"。直到今天,莫斯科克里姆林宫依然是俄罗斯政府的中心所在。

苏维埃政府。但是不久以后，卢森堡和李卜克内西被推翻了，惨遭杀害。贝拉·库恩的尝试也失败了。[140]

5. 威尔逊在巴黎

威尔逊总统拒绝了他的重要军事顾问潘兴将军的忠告。后者恳请总统让美国远征军完成它的任务。"我所担心的是，"这位美军领导人在法国说道："德国并不知道她已经被击败了。要是他们再给我们一个星期的时间，我们就能教会他们知道这一点。"[141]

现在，威尔逊决定前往法国出席一场和平大会。他将和获胜的协约国领导人一起商量起草一份和约，以便正式结束这场战争。威尔逊对于希望他留在国内的要求拒之不理。很长一段时间以来，美国总统就从未离开过这个国家。巴黎和会承诺要持续几个月的时间。美国总统离开国家确实符合法律章程吗？有人提出了友好的建议。新闻记者弗兰克·柯布（Frank Cobb）是威尔逊的坚定支持者。他在巴黎写道："在总统与这些总理、外交大臣坐在会议桌前的那一刻，他就失去了所有来自远方和公正的力量。他没有成为人类自由的伟大仲裁者，而仅仅变成了一个要对付其他谈判者的谈判者。"[142] 威尔逊的国务卿罗伯特·兰辛（Robert Lansing）也劝他不要前往巴黎。[143] 他本来可以让他的部下去完成那些琐碎的谈判，这样可以获得高高在上的优势。但是，威尔逊拒绝了。他必须亲自率领美国谈判团前往那里。

威尔逊在乘坐"乔治·华盛顿"号军舰出发之前，授命代表团要紧随在他身边。*但这次他却犯下了重大的错误。由于在中期选举中，威尔逊号召人们击败共和党，这引起了共和党的激烈反应，使得威尔逊深受刺激。因此，他在遴选和平谈判者时，对任何重要的共和党人都不加考虑。老罗斯福显然是要出局的。威尔逊所憎恨的参议员亨利·卡波特·洛奇亦然。[144] 不过，总统或许应该挑选前总统塔夫脱或他在1916年的竞争对手查尔斯·埃文斯·休斯。两人都是温和的共和党人，都对威尔逊在战争期间的努力予以支持。同时，他们也坚决支持他成立国联的呼吁。威尔逊对这种形式的两党联合关闭了大门，他说："我不敢带塔夫脱前去。"[145] 他把塔夫脱及其温和的"强制和平同盟"（League to Enforce Peace）仅仅视作"听起来不错"的机构。[146] 由于国家已经将国会的控制权交给了共和党，对这些人弃之不顾是一个极其严重的错误。

相反，威尔逊挑选了亨利·怀特（Henry White）这位上了年纪的外交官。此人与共和党有联系，但对共和党没有什么特别的影响。此外，威尔逊还带上了国务卿罗伯特·兰辛。威尔逊并不信任他，豪斯上校却信任他。[147] 总统的第二任妻子伊迪丝·宝琳·盖尔特·威尔逊也随同丈夫前往。她虽然没有担任官职，但她对其丈夫的影响却是巨大的。

英国首相劳合·乔治在一次临时选举中曾向英国人民寻求支持。他发誓要在战争赔款一事上向德国施加压力，直到它无法承受。这使得他赢得了巨大的成功。劳合·乔治说过，他要"吊死德国皇帝"。但他忠实的内阁助手温斯顿·丘吉尔却公开表示了反对。[148]

---

* 尽管有着一个美国特色的名字，"乔治·华盛顿"号却是德国在战前建造的一艘豪华班轮。战争爆发时，这艘班轮被美国缴获，并将之改造成一艘军舰。它先后四次成为美国和平使团穿越大西洋航行的交通工具。（参见 *Woodrow Wilson*，Heckscher，August，p.497.）

到达法国后,威尔逊应邀参观曾经洒满鲜血的战场。考虑到这将是一种利用感情来控制他的企图,威尔逊拒绝了邀请。[149] 当得知这一消息后,近一百万参战的美国士兵倍感失望。[150]

西线的军事战斗结束了,但现在来了一个更致命的杀手——流行性感冒。1918—1919 年流行性感冒的大蔓延横扫欧洲和美国,并从那里传向了世界各地。在短短几个月的时间里,有 5000 万到 1 亿人死于非命。与此前的瘟疫不同,这个被称作西班牙流行性感冒的疾病好像只夺走年轻人和健康人的生命。在最近的一本关于大规模流行病的书中,约翰·巴里(John M. Barry)提道:"它在 24 个星期内杀死的人比艾滋病在 24 年里杀死的人还要多,在 1 年里杀死的人比中世纪的黑死病在 1 个世纪里杀死的人还要多。"[151] 疾病对士兵的蹂躏尤甚。美国在"一战"中的伤亡有一半以上要归咎于流行性感冒,而不是德国人的子弹和毒气。巴里也认为,在巴黎和会谈判的关键时刻,是流行性感冒而不是中风击倒了威尔逊总统。[152] 此外,巴里还坚持认为,威尔逊的判断力受到了疾病的影响。[153]

1919 年初,巴黎和会的美国代表团接到了从国内传来的惊人消息:西奥多·罗斯福在萨格莫山庄的家中死于睡梦之中。老罗斯福事先知道自己大限将至。他对女婿迪克·德比(Dick Derby)说:"我们已经在生命之火前温暖了双手。"[154] 他的儿子阿尔奇(Archie)向他遍布在世界各地军队中的弟兄们发去了唁电:"冬狮已去。"[155] 此时是不需要更多的语言的。在一月的寒冬里,跟随着送葬队伍前往蚝湾(Oyster Bay)墓地的有西奥多的挚友、永远仁慈的威廉·霍华德·塔夫脱(William Howard Taft)。再一次,塔夫脱为失去朋友而啜泣。

美国和世界上大部分国家都痛悼这位狂野骑手的去世。一向不苟言笑的新英格兰人、参议员亨利·卡波特·洛奇是老罗斯福 30 多年来的同事和朋友。他比老罗斯福年长，当他念到老罗斯福的祷文末尾时，哽咽得说不出话来。在洛奇看来，老罗斯福是"为真理而生的勇士"，是约翰·班扬（John Bunyan）《天路历程》（*Pilgrim's Progress*）里让人钦佩的人物。洛奇说道，"当他故去后，另一个世界的喇叭会全部为他而奏响"[156]。

在巴黎，威尔逊意识到老罗斯福的去世使他失去了最令人生畏的对手。老罗斯福一直是让威尔逊感到痛苦，并常常心怀恨意的敌人。但是，总统这次却宽容（且明智）地发表了一项公开声明，称赞老罗斯福为美国最受人爱戴的总统之一。[157]

"一个幽灵，一个共产主义的幽灵在欧洲徘徊。"这是卡尔·马克思《共产党宣言》的卷首语。尽管当胜利的协约国领导人在巴黎欢聚一堂时，马克思已经死去了 30 年，但是"共产主义幽灵"却依然徘徊在他们的头脑中。[158]

然而，当丘吉尔解释说共产主义的威胁是政治家们应当与德国缔结适度的和平时，苏格兰人对他发出的讥笑声与他们对他发出的欢呼声一样大。[159] 很少有人能接受温斯顿的干预俄国不断升级的血腥内战的乐观主义。西方国家备受战争折磨的公众却没有这样的幻想，也没有这样的渴望去对抗布尔什维克。

在威尔逊成功地访问那些协约国首都期间，成千上万的英国人、法国人和意大利人欢呼着、哭泣着，向他大声欢呼。在巴黎，他乘坐着敞篷轿车穿过凯旋门（Arc de Triomphe）；在罗马，城市的街道以黄沙铺地，人们欢呼他为"和平之神"[160]。

当威尔逊与英国首相劳合·乔治、法国总理乔治·克里孟梭坐在一起后不久，意大利总理维托里奥·奥兰多（Vittorio Orlando）就加入三巨头中间。然而，事情很快就变得明显了，协约国领导人不愿只怀有对美国总统的敬畏。这些老练而谨慎的政治家来到巴黎是为了索取胜利的果实。

劳合·乔治希望英国分享德国的海外殖民地，但他并不想打扰英国在爱尔兰和印度的统治。他不会声明在战争中禁止使用封锁政策。事实上，为了控制处于饥饿状态中的德国人，法国和英国要求继续实行封锁，直至德国接受最后的和平条约。[161]

法国总理克里孟梭并不在乎德国的殖民地，他只在意法国的安全。当然，他要求归还阿尔萨斯—洛林，这个位于边界上的省份在1871年普法战争结束时曾被德国夺去。法国在与德国的战争中损失130万人。克里孟梭坚持，法国农业和工业所遭受的破坏必须从德国的战争赔款中得到补偿。要是他能说服协约国的领导人通过建立一个莱茵河流域国家（莱茵兰）而瓦解德国的话，他希望莱茵兰至少是一个非军事化的地区。

由于历史上的低出生率，法国每年年满18岁可以服兵役的年轻人只有德国的一半。此外，法国缺乏邻国所拥有的自然资源基础，钢产量只有德国的十分之一。法国只有采取逐步解除德国的武装并削弱它，才能够确保安全。法国猛虎克里孟梭对于威尔逊的理想主义设想鲜有兴趣或根本不感兴趣。英国有着22英里宽的英吉利海峡作为屏障，又因为德国舰队将被英国托管，英国更没有什么可以担心的了。美国与德国的复仇之心之间也隔着3 000英里的大洋。法国却只在莱茵兰地区有着一段50公里的"缓冲地带"。因此，克里孟梭要求法国应当有相对于英国和美国享有的海洋屏障的"在陆地上的安全屏障"。[162]

第一章　美国与第一次世界大战（1914—1921）

意大利得到了原本属于奥匈帝国的对伊斯特拉（Istrian）半岛的控制权。意大利总理奥兰多还想得到南蒂罗尔（Tyrol）和地中海港口阜姆（Fiume）。出于对威尔逊理想主义的了解，意大利没有加入协约国，它希望从战败的奥匈帝国那里得到战争赔偿。根据在战争期间与英国签订的协议，意大利认为它应当获得这一权利。协约国同意将说德语的南蒂罗尔割让给意大利，*但不愿将港口城市阜姆交意大利托管［奥兰多这两项要求没有实现，导致其国内政府的倒台，并引发贝尼托·墨索里尼（Benito Mussolini）的法西斯主义在意大利的崛起］。

日本人获得了中国山东半岛的土地特许权。他们还获得了德国在太平洋上战略位置十分重要的几座岛屿，这些岛屿是他们利用对德宣战而迅速夺得的（这些领土的攫取差不多是日本对协约国战争努力的唯一"贡献"）。

日本在使巴黎和会采纳种族平等决议上并没有取得成功。日本人对西方主要大国的态度感到不满。当1905年他们击败俄国时，他们期望得到世界的欢呼。"当然了，我们唯一的错误就在于我们有着黄色的皮肤。如果我们的皮肤像你们一样是白色的，当我们阻止俄国不可遏制的侵略时，整个世界就会为我们而欢呼。"一位日本外交官对他的一位欧洲朋友说道。[163]

并非只有被击败的德国皇帝才谴责过"黄祸"。美国的赫斯特报业集团每天都在为此叫嚣不已。[164] 威尔逊担心，和会草拟的任何条约，都必须被包括狂热的种族主义者、南加利福尼亚的民主党人"叉

---

* 这就是今天冬季奥林匹克运动会的爱好者看到的有着德国名字、说德语的滑雪选手代表意大利参赛的原因。

子"·本·蒂尔曼（"Pitchfork" Ben Tillman）在内的美国参议院批准。威尔逊因此拒绝了日本的提案。

当威尔逊 1919 年 2 月短暂回国后，国内的迹象并不是很好。参议员洛奇在共和党参议员中散发"圆形签名请愿书"。这份文件坚决主张参议院应当完全参与到条约的制定中去，它还严重警告威尔逊，在签名的参议员投票批准最后的和平协议之前，威尔逊必须对他的国联作出改变。165 由于请愿书上的签名者比要求挫败某项和会协议的人还要多，威尔逊被提醒需要与参议院做出妥协。* 洛奇告诉参议院，在欧洲的每一个细微的争论都不能"马虎了事"，美国国会必须拥有最终决定权。166 威尔逊将此看作是共和党对他的为难，他与亨利·卡波特·洛奇之间的敌意加重了。167

总统同意会见洛奇的外交关系委员会（Foreign Relations Committee），并回答了有关国联的问题。威尔逊的支持者认为他做得很好，而反对者比此前任何阻止其计划的行为都更坚决。康涅狄格州共和党参议员布兰蒂奇（Brandegee）很快就成为"绝不妥协派"（Irreconcilables）中的一员。这些人由 14 位共和党人和 4 位民主党人组成，他们在任何情况下都反对国联。布兰蒂奇在谈到他与总统的会晤时说："我感觉就像是和爱丽丝一起漫游奇境，和疯狂帽匠（Mad Hatter）一起喝茶。"168

回到巴黎后，威尔逊的情绪十分不佳。当他忠心的朋友豪斯上校简要向他汇报了他缺席期间的谈判情形后，威尔逊惊呆了。"豪斯对

---

* 在阿拉斯加和夏威夷加入合众国之前，美国总共有 96 位参议员。协议需要三分之二的参议员批准才能通过。因此，只要有 33 位参议员就可以要求协议做出修订或使协议无法通过。

我在离开巴黎之前争取的一切事情都作出了让步。"[169] 总统开始受到他的妻子对豪斯上校怀有的根深蒂固的敌意的影响。这一点,以及他们两人在谈判时的不同态度,给总统与他最忠诚和无私的助手带来了一种紧张关系。[170]

威尔逊精力十足地与克里孟梭进行着争论。他甚至一度命令"乔治·华盛顿"号准备好启程。他做好了离开巴黎和放弃和会的打算。克里孟梭私下里讥笑这种花招是威尔逊想"回家见妈妈了",但是当着威尔逊的面,他却说他要回家了。他高视阔步地离开会议,但不久以后就又回来了。

克里孟梭说,他同意威尔逊"人人皆兄弟"的观点,但他们是"该隐和亚伯式的"兄弟。[171] 他喋喋不休地提出安全的要求。即使在午餐时,他也诙谐地指着盘子里摆放讲究的鸡肉说:"为什么鸡肉会摆在这个盘子里?因为它无力抵抗我们。这可是一件好事!"[172]

克里孟梭不是唯一对威尔逊异想天开的崇高思想感到厌烦的人。澳大利亚总理比利·休斯(Billy Hughes)表达了他的失望之情。他承认美国军队所起到的关键作用。但他认为,这种贡献并没有资格使威尔逊总统成为一个扭转局面的大人物,去拯救欧洲并对和平条款横加号令。从参战人员和伤亡人员的比例来看,澳大利亚的损失更大;协约国牺牲的生命和金钱则更多。休斯希望英国和法国立场坚定地捍卫他们的利益。除此之外,他还说,威尔逊真的不应只谈及美国。[173]

最后还是劳合·乔治打破了僵局。他说服威尔逊给予克里孟梭他希望得到的安全保证。作为"老虎"放弃法国肢解德国要求的交换,英美同意如果法国遭到德国的进攻,两国将协助法国进行防御。[174] 只有法国的安全得到保障,克里孟梭才会同意威尔逊的建立国联的计划。

克里孟梭将《法国保证条约》（Guarantee Treaty）视作其策略"至高无上的荣誉"。[175] 乔治·W. 布什的前演讲稿撰写人大卫·弗鲁姆（David Frum）把《法国保证条约》称作"北大西洋公约组织的早期形式"。

和平的缔造者们同意成立独立的波兰国。他们将捷克斯洛伐克与南斯拉夫分开，一个独立的匈牙利从现在已经解体的奥匈帝国中涌现出来。他们禁止较小的奥地利共和国与较大的德国之间的联合。他们强迫德国把公海舰队交由英国托管，并强加给德国一项数目待定的战争赔款。他们要求德国解除武装。对许多人来说，最重要的是，他们在最后的条约中加上了一条"战争罪"条款，迫使德国承认是他们挑起了战争。法国并没有促成一个作为缓冲地带的独立的莱茵兰国家，但是莱茵兰地区需要非军事化，法国还从德国手中得到了盛产煤矿的萨尔区，年限为 15 年。

伍德罗·威尔逊法国之行的主要目的是捍卫他所极为重视的"国联"这一概念。他真诚地相信，他在领土、殖民地、战争赔款、德国人的战争罪等问题上被迫对英法做出的让步，对实现他的最高目标是必要的。他认为，国联可以纠正巴黎的谈判者在强大压力下所犯的错误。威尔逊有一种几乎是宗教上的虔信，认为他有能力和谐运转这种新式的"国家间的和谐"（concert of nations）。这或许可以解释他为什么在触及国联的问题上，强硬地拒绝任何形式的妥协。《凡尔赛和约》或许属于劳合·乔治与克里孟梭，但国联则属于他自己。

威尔逊的想法有时是令人信服的，但通常却过于含糊。西奥多·罗斯福相信，他的儿子昆汀和所有勇敢的美国士兵"把世界的灵魂从德国军国主义中拯救了出来"[176]。老罗斯福希望德国无条件投降，以此来削弱德国军国主义者的傲慢和意志。他希望德国皇帝和他的军事集团得到惩处。老罗斯福认为,建立在威尔逊"十四点"上的和平。[177]——他将之讥讽为"纸上的十四点废话"——意味着美国而不是德国的无条件投降。[178] 当然,"十四点和平计划"的最后一点有些夸张。但是,毫不夸张的是,老罗斯福对国联的看法——应当是一个从英法开始,但又不危及美国主权的基础、门罗主义的组织[179]——在这两人对战后的设想中更为现实。但是,遗憾的是,老罗斯福死了,具有处理巴黎谈判合法权力的是民选总统伍德罗·威尔逊。

1919年6月,德国公海舰队行驶在苏格兰海域斯卡帕弗洛(Scapa Flow)海面上,周围是密集的英国军舰。但是,德国水兵并没有交出他们的巨大的战舰,而是打开了船上的海水阀,放置炸药后,放弃了军舰。德国皇帝引以为荣的战舰沉到了海浪之中。[180] 建造体积更大、火力更强的战舰的军备竞赛曾经是"一战"爆发的主要原因。现在,那支让英国人恐惧的舰队彻底消失了。

《凡尔赛和约》的条款让德国人受到了侮辱。他们把这些条款看作是对他们极大的不公。他们强调,他们只是请求停战,并非要无条件投降。德国人没有被给予参加和约谈判的机会。他们被召唤到历史上赫赫有名的凡尔赛宫镜厅中来,只是为了签署条约。签字仪式在1919年7月28日举行。讽刺的是,这一天正好是萨拉热窝事件的5周年纪念日,而镜厅正是1871年俾斯麦宣布德意志帝国成立的地方。现在,德国代表团甚至要自带自来水笔,去签署令人愤恨的条约,终结德意志帝国。[181] 他们不愿给胜利者任何纪念品。

德意志共和国的重要代表、德国外交部部长布罗克多夫-伦佐(Brockdorff-Rantzau)对此做出了自己的回答:

> 我们明白，我们在这里所面对的仇恨的力量……人们需要我们承认，我们自己是战争中唯一的罪人……这样的忏悔从我嘴里说出只会是一种谎言……自 11 月 11 日以来，无数困顿中的平民由于封锁而死，这些发生于我们的对手已经确信他们的征服和胜利之后的冷酷的故意之下。当你们谈到罪与罚的时候，想想这些吧。[182]

协约国的领导人被德国人的这种挑衅激怒了。威尔逊说："德国人真的是愚蠢的民族。"[183] 英国外交大臣贝尔福勋爵通常是一个温和的人，他也附和道："他们过去是野兽，现在仍是野兽。"[184]

然而，并不是所有协约国的领导人都对德国人过于冷酷。豪斯上校对一位德国代表坦陈了他的同情之心："这和古代的做法没有什么两样，那时征服者总是将被征服者拖到他们的战车的车轮底下。"[185]

威尔逊始终说，这是"一次没有胜利的和平"。他一直希望在"十四点"的基础上，与德国人达成停战。让他感到欣慰的是，奥地利人和德国人都流放了他们的皇室家族，成为共和国。他们有理由希望，威尔逊不会再将沉重的负担强加给这两块饱受战争蹂躏的土地上的饥饿的人民。德国和奥匈帝国已经有 300 万年轻人丧命于德国皇帝的战争野心中。[186] 但是，他们对威尔逊为了他所珍视的国联而做出的心甘情愿的很多妥协，并不抱有期望。

《凡尔赛和约》的苛刻条件不论对胜利者还是战败者来说，其后果都是危险的。德国是一个大国，有恢复元气的巨大能力。没有什么能阻止这一点。温斯顿·丘吉尔对此颇为了解。他说法国对德国的仇恨是"超出了人性的"[187]。他毫不掩饰对这个被击倒的敌人的羡慕之情，他写道：

> 四年来，德国人从陆地、海上和空中公然挑战和蔑视着世界的五个大陆。德国的军队支撑着德国那些步履踉跄的同盟者，成功介入每一处国际舞台，占据着每一块被征服的土地，加倍地血腥报复他们的敌人。若削弱他们的力量与科学，遏制他们的狂怒，需要全世界所有的大国一起反对他们。[188]

威尔逊变得有些不耐烦了，他不能容忍对和平缔造者工作的任何批评。这一态度甚至扩展到条约中更不合理的部分内容中。当他的一位顾问埋怨，强迫德国人向协约国士兵提供抚恤金将使战争赔款增加一倍，这样做是不合逻辑的。威尔逊气愤地回答道："逻辑！逻辑！我才不管什么该死的逻辑呢！我就是要将抚恤金包括在内。"[189]

国务卿兰辛已经疲于警告总统了。他在给威尔逊的信中说："和约的各项条款看上去是非常苛刻和羞辱性的，它们中的许多项根本不能执行。"[190]威尔逊再一次阻止了他的国务卿。他说，"和约"出自"上帝之手"[191]。

德国人并不是唯一对《凡尔赛和约》和它所包含的《国际联盟公约》深感不满的人。豪斯上校出于咨询而招募的那些年轻聪明的学者也愤然退出了。萨缪尔·艾略特·莫里森、阿道夫·贝利（Adolf Berle）和威廉·布利特（William C.Bullitt）都在其中。[192]英国自由派经济学家约翰·梅纳德·凯恩斯（John Maynard Keynes）预言条约将带来灾难。他的《和平的经济后果》（*Economic Consequences of the*

Peace)一书赢得了大量读者，他以关于战争赔款的惩罚性条款为例，使更多的人不再对条约抱有幻想。

6. "一场结束所有战争的战争"

伍德罗·威尔逊知道美国的宪法机制是如何工作的。从作为弗吉尼亚大学杰斐逊学会的学生时起，他就乐于研究宪法的制订问题。[193] 就这一主题，他出版了几本书。在《宪政政府》(Constitutional Government)一书中，他写道，一位总统凭借其"性格、谦逊、献身精神、洞察力和魄力，可以将体制内相互竞争的因素联系在一起"[194]。

从1919年6月开始，回国不久的总统便被要求兑现上述这段充满睿智的话。每当他造访参议院，他都用一种优雅而坚忍的约束态度忍受着人们对《凡尔赛和约》的批评。参议员洛奇有礼貌地提出将和约送到审讯室里。"当然不。"威尔逊宽厚地笑着说。[195] 总统的这句话让每个人都笑了起来，但这不是消除紧张的笑声，它加剧了紧张。

洛奇与总统之间的紧张关系是长期的。在前一年冬天，威尔逊第一次从法国归来时，他命令"乔治·华盛顿"号在波士顿靠岸。这样，他在洛奇的家乡就《凡尔赛和约》和国联向后者提出了挑战。

在波士顿，总统谈到了和豪斯上校顾问团的一些学者共同参加的巴黎和会。他说："我告诉他们，我已经做了人们曾经能够做到的最令人高兴的复仇。在我一生中，我听到过人们以一种屈尊俯就的态度谈及某种理想和理想主义者……我已经完成了令人高兴的复仇。我以美国人民之名完全坦白地说，我把这场战争的目标看作是实现伟大的理想，除了理想之外，别无他物……"[196]

洛奇参议员在美国外交政策上的目的是简单明了的。他希望赢得战争，遏制德国威胁和平的力量。[197] 洛奇并不是威尔逊的政敌，但他像他们中的许多人一样，坚决支持《法国保证条约》。[198] 在这一点上，洛奇赞同克里孟梭精明而现实的缔造和平的办法。为了支持对法国的保证，洛奇甚至为共和党的领导说话。

洛奇参议员强烈要求对威尔逊已经议定的《凡尔赛和约》作两处修正，或者说持保留态度。首先，他希望新成立的国联通过认可门罗主义，而正式承认美国在西半球的优越地位；其次，他希望确保只有在国会同意的情况下，美国才能够参加一场对外战争。

前总统塔夫脱就《国际联盟公约》对总统表示了祝贺。[199] 他表示，他愿意与总统一起工作以便使公约得到认可。但是，前国务卿、重要的民主党人士布赖恩却恳请总统做出让步。[200]

威尔逊告诉民主党人，由于《凡尔赛和约》已经成文，参议院必须予以接受。法国大使访问了白宫，请求总统同意对条约做某些修订。让法国人非常担心的是，如果条约失败，他们会失去《法国保证条约》。"大使先生"，总统对此做了答复，"我不能同意任何事。参议院必须没有怨言才行"[201]。

洛奇要求修订条约第十款，这样美国国会，而不是日内瓦国联的多数投票才能最终决定派遣美国士兵海外作战。洛奇坚信，美国宪法需要这种国会上的认可。

威尔逊总统拒绝对第十款做出任何改动。他说，对这一条款的改动，"会切除条约的核心"[202]。威尔逊关于国联的观念表现出与美国历史传统的深刻断裂。正如亨利·基辛格所写，威尔逊想要的是一个世界政府和美国对一种全球性警察力量的参与，[203] 而这正是共和党人不想给予他的东西。在战争期间为威尔逊忠心服务的共和党人赫伯特·胡佛也认为，条约最好没有第十款。[204]

威尔逊轻率地拒绝了塔夫脱以及诸如哈佛大学校长查尔斯·爱略特（Charles W. Eliot）这样杰出的人物所提供的帮助。[205] 塔夫脱提出对条约作"温和的修正"。国务卿兰辛也同意这样做，他声称总统必须做些让步。[206]

豪斯上校告诉总统，如果他能够像对待克里孟梭和劳合·乔治那样，对参议院采取安抚手段，那么事情将得到顺利解决。"豪斯，"总统严厉地回答道："我已经发现，一个人如果不为之而战的话，他不可能得到他生命中任何有价值的东西。"豪斯反驳说，所有文明都建立在和解的基础上。威尔逊免除了他的老朋友的职务，以后再也没有见他。[207]

当参议院里民主党领袖吉尔伯特·希区柯克（Gilbert Hitchcock）恳请威尔逊让步时，威尔逊告诉他："我是一个决不让步的人。"[208] 威尔逊的顽固姿态甚至让参议院里他的一些民主党伙伴感到忧虑。[209]

不顾家人和医生的反对，总统决定将他不修改条约的理由和成立国联的想法告诉美国人民。他打算到西部各州开始一次漫长的旅程，那里的参议员——如加利福尼亚的希拉姆·约翰逊、爱达荷的威廉·博拉（William E.Borah）——正领导着坚决反对条约的绝不妥协派。威尔逊计划在这次铁路旅行中进行大量的演说。

威尔逊不打算使用"一场结束所有战争的战争"这一用语。这一不适当的说法来自劳合·乔治。这句话其实也是在巴黎签署条约时，威尔逊予以批准条约的主要观点。他对犹他州奥格但（Ogden）的民众说："所有趋向于对国家不忠的因素都是在反对国联，并且都有一

第一章 美国与第一次世界大战（1914—1921）

个更好的理由。如果国联不被采纳，我们就符合了德国的愿望。"[210] 他告诉圣路易斯（St.Louis）的人民，假如条约遭到拒绝，他将会对美国军人这样说：

> 你们被出卖了。你们并没有得到你们为之而战的东西。美国陆军和海军的荣誉就像夜里的梦一样消逝了，紧接着到来的则是……让人恐惧的噩梦……而在某个时刻，另一场战争会以上帝复仇的形式来临，它不是以数十万美国人的死亡，而是以几百万美国人的死亡，来完成全人类最后的自由。[211]

威尔逊说道，他的对手不仅是错误的，而且是不忠于国家的。他们不仅反对他，而且与上帝作对。如果他为和平所开的良方完全不被接受，另一场战争即将来临，数百万美国人会丧生其中。

威尔逊前往科罗拉多普韦布洛（Pueblo）的旅程，在他的巡回演讲中占去了3个星期的时间，这让他的情绪过于兴奋，身体也过度劳累。1919年9月25日，威尔逊总统在普韦布洛由于过度激动而病倒了。剩余的演讲因此被取消。带着憔悴的神情，总统乘坐列车向东驶回华盛顿。[212]

回到白宫后不久，威尔逊严重中风。他的说话和运动能力严重受损。在此后的数月里，威尔逊夫人、格雷森医生以及忠心耿耿的约瑟夫·塔默提一起设法不让总统所得重病的性质和严重程度泄露给牵肠挂肚和心情焦急的美国公众。[213] 在接下来关键的8个月中，威尔逊没有召开内阁会议。[214] 副总统没能见到威尔逊，威尔逊夫人拒不让他进入总统的病房。[215] 威尔逊夫人对所有官方文件作了筛选，只容许极少的一些值得信赖的人接近总统。这些极少的人也只能有几分钟的时间，同这位重病中的行政首脑说话。[216]

作为内阁中资格较老的成员，当国务卿兰辛建议应该依照宪法的有关条款行事时，他遭到了呵斥。考虑到总统已经无力工作，兰辛希望副总统来执行总统的权力，至少是暂时的。* 当威尔逊得知国务卿已经会晤过内阁，以便维系政府功能运转时，他解雇了兰辛。[217]

英国非常渴望美国参与到和平之中，它派德高望重的爱德华·格雷（Edward Grey）爵士前往美国，请求总统接受某些保留意见。英法两国都做好了批准和约保留条款的准备，如果这是唯一能让美国的国联成员资格得到保证的办法的话。但是威尔逊夫人不准许格雷爵士进入白宫。[218]

威尔逊的疾病并没有减轻他的不妥协态度。由于身体部分瘫痪，他的语言能力受损了，但他却命令参议院里的民主党人士投票反对《凡尔赛和约》。为什么要这样做呢？因为这已不再是他的条约了。洛奇对之做了修改，以便使美国军队在接受国联的命令参加战斗之前必须得到国会的批准。[219] 参议员布兰蒂奇很高兴看到和约和国联遭到失败。他对参议员洛奇说："我们总是要靠威尔逊先生。"[220] 即便是这样，和约只不过以7票之差没有获得同意。

反对者们坚决不同意美国以任何形式加入国联。当时的媒体称这些人为"主张死拼到底的人"（bitter enders）和"死亡部队"。后来，他们中的一些人成了孤立主义者，呼吁美国避免任何"外事纠纷"，

---

* 兰辛显然是正确的。今天，如果总统顽固地拒绝离任的话，宪法第25修正案（1967年生效）已赋予内阁宣布总统已无行为能力的权力。

第一章　美国与第一次世界大战（1914—1921）

避开欧洲的纷争。

这些人并不全是心胸狭窄的极端保守分子。希拉姆·约翰逊、罗伯特·拉福莱特（Robert LaFollette）和威廉·博拉一直都是重要的进步主义者。许多反对者坚决赞同《法国保证条约》。这至少是一个有限的美国承诺。然而，处于孤立无援和痛苦境地的伍德罗·威尔逊忘记了他对劳合·乔治和克里孟梭的承诺。他甚至拒绝将《法国保证条约》提交给参议院。[221]

但是世界并不会停止脚步，因为总统已经病入膏肓。在1919—1920年的美国，存在着对共产主义的大恐慌。当一个无政府主义者试图暗杀美国司法部部长A.米切尔·帕尔默时，他却把自己炸死了。他的胫骨落在了紧临帕尔默家的富兰克林·罗斯福夫妇家的门阶上。[222]帕尔默利用这次暗杀事件和其他7起爆炸事件，发动了一次针对共产主义者、社会主义者和无政府主义者的全国性搜捕行动。上千人被捕。威尔逊对帕尔默的行动予以支持。在他近一年来所召开的第一次内阁会议上，他说道："帕尔默，不要让这个国家看到红色。"[223]

在威尔逊执政的晚年，两项重要的宪法修正案被正式批准了。这个国家采纳了第十八修正案，禁止销售酒精饮料。禁酒被称作一次"高尚的实验"。它将进一步分裂这个国家。在半个世纪之前召开的塞尼卡福尔斯（Seneca Falls）会议上，第一次公布了妇女所享有的权利。宪法第十九修正案赋予全体成年妇女以选举权。美国在这一重要的进步上，走在了世界的前列。

当这个国家为1920年总统大选做好准备时，威尔逊总统却不断与现实脱离关系。他解除了经验丰富的选举助手约瑟夫·塔默提的公职，再也没有会见他。由于无法完成总统的第二任期，威尔逊竟可笑

劳合·乔治、克里孟梭和威尔逊。 获胜的协约国领导人：英国首相大卫·劳合·乔治、法国总理乔治·克里孟梭和美国总统伍德罗·威尔逊。这张公开表现出亲密友谊的照片掩饰了在紧闭的大门后面通常是充满敌意的谈判。

参议员亨利·卡波特·洛奇。 作为老罗斯福的密友和政治盟友，洛奇反对威尔逊成立国际联盟的计划。不过，强有力的洛奇并不是一个孤立主义者和主张死拼到底的人。他所追求的是保障美国在《凡尔赛和约》之下的主权。

第一章 美国与第一次世界大战（1914—1921）

1921年时的沃伦·哈定。1920年，哈定以压倒性的优势当选美国总统。他向美国人许诺："重返常态"。对投票人来说，尤其对第一次参加选举的妇女来说，他象征着威尔逊晚期政府瘫痪状态的结束。然而，从个人的角度来说，一位重要的妇女——老罗斯福的女儿爱丽丝（Alice）——却轻描淡写地说他"不是一个坏人，只不过是一个庸人"。

地期盼民主党提名他继续参加总统的第三任竞选。[224] 民主党提名的却是俄亥俄州州长詹姆斯·考克斯（James M. Cox）和威尔逊的海军部副部长富兰克林·罗斯福。威尔逊接受了这两位总统候选人。当再次确认两人都是国联的坚定支持者后，威尔逊将选举视作一次重大的公民复决。他希望美国人民维护他的希望。他带着充满挑战的语气说道："美国人民不会拒绝考克斯而选举哈定为总统，这涉及一个重大的道德问题。"[225]

共和党人失去了老罗斯福。他们几乎没有什么能够吸引美国各阶层民众的能人。在一间现在已是闻名遐迩的"烟雾缭绕"的房间里，他们提名俄亥俄州的参议员沃伦·哈定和马萨诸塞州州长卡尔文·柯立芝（Calvin Coolidge）为候选人。哈定反对《凡尔赛和约》。没有人将哈定看作是领导人，但他却是一个有效地让人们达成和解的候选人。他对选民保证，虽然自己"不是什么灵丹妙药，但可以给国家带来常态"。美国人已经厌倦了华盛顿怒火冲冲的党派之争。柯立芝曾平息过波士顿的一次警察罢工，这件事儿使他抓住了这个国家的想象力。"任何人在任何时候、在任何地点都无权进行危及公共安全的罢工。"这位州长如是说，他得到了美国人的赞许。[226]

1920年，共和党人获得了历史性的胜利。哈定得到了16 152 200张全民选票和404张选举人选票，而民主党的候选人只得到9 147 353张全民选票和127张选举人选票。威尔逊总统震惊了："他们让我们在世人面前蒙羞。"[227]

事情也的确如此。威尔逊远远离开了反对党的领导人、他自己的政党、他最亲密的顾问以及他的朋友，现在他只有求助于美国人民本身了。这对于一位希望"给民主创造出一个安全的世界"的人来说，不啻是一个凄惨的结局。威尔逊离职后居住在华盛顿 S 大街的一幢房子里。晚年的他在这所房子里偶尔写一些短文,只接见经过威尔逊夫人挑选的很少的来访者。他对来访者说,他的原则最后一定会胜利:"在此之前,我已经看到那些愚人在违背上帝的意愿。"[228]

来访者中有乔治·克里孟梭。这位年迈的"老虎"的政党,因为他没能兑现所承诺的《法国保证条约》而被人民选下了台。[229] 即便如此,克里孟梭还是原谅了威尔逊。

1924 年,威尔逊去世。约瑟夫·塔默提请求能够得到参加葬礼的邀请。[230] 而豪斯上校在被拒绝参加葬礼后,只有在冰冷的雨水中,站在麦迪逊广场公园(Madison Square Garden)之外,倾听扬声器里播出的葬礼仪式。[231] 在华盛顿的外国使馆区,德国国旗是唯一没有降下的。这是魏玛共和国,一个自由和民主的德国的国旗。

美国在 1898 年发动对西班牙的战争时,已经成为一个世界大国。在随后的 20 年里,美国人极大地推动了更大的个人自由的发展。老罗斯福在劳资关系和规定工厂提供干净的食物和药品上,赋予政府重要的作用。他与"危及重要的健康问题的不法分子"和托拉斯的权势作战。他最早倡导美国政府应当在管理美国宝贵的自然资源中发挥作用。西奥多·罗斯福经常强调,美国的军事力量是捍卫美国自由的关键。塔夫脱延续了老罗斯福的多项改革措施。伍德罗·威尔逊的新自由则在更多的美国人中扩大了自由的可能性。在银行业和劳工立法上,作为改革者,他赢得了人民对他无可非议的信任。

没有人比德国皇帝威廉二世把世界拖入到"一战"中负有更多的责任。他和他的那一小撮军队帮凶也应当承担战争罪责。他们追求战争,轻蔑地把在欧洲延续了一个世纪之久的各种条约视作"只不过是一堆废纸屑"。他们蓄意推行他们称之为震慑他人的政策。他们引入了毒气战、无限制潜艇战以及针对平民的空袭。

但是德国人民是无辜的。伍德罗·威尔逊在其任内的最佳时机认识到了这一点。然而,他的瘫痪却使他瘫倒在美国伟大公众的内心里。威尔逊呼唤一场战争,以便"给民主创造出一个安全的世界"。他至少有责任使像法国和英国这样的民主国家获得安全。他的失败,原因无他,更多的是一种性格上的失败。

当本应抵制劳合·乔治和克里孟梭时,威尔逊却对他们作出了让步。他允许他们将停战变成一次无条件投降。他允许他们把不可能的沉重的战争赔款强加在德国人身上。但是,他甚至没有将对克里孟梭的最重要的承诺——《法国保证条约》,提交参议院。

当1918年末德国人寻求和平时,他们直接向威尔逊而不是他的盟友呼吁。他逼迫德国人废除德皇威廉二世和霍亨索伦王朝,他们照做了。他要求他们成立自由、民主的共和国,他们成立了魏玛共和国。他们满足了他的所有条件。然而,他还是将他们交给毫不仁慈的法国。因此,几乎所有的德国政治家后来都会称《凡尔赛和约》是"背上的刺",这并没有什么可惊奇的。

在国内,威尔逊彻底疏远了共和党人。他不能与那些反对他所做的任何事情的,被称作"主张死拼到底的人"的参议员合作。他任凭自己表达对强有力的共和党参议员亨利·卡波特·洛奇的个人厌恶,这样做却毁掉了任何合作的努力。洛奇并不是一个"死拼到底的人",他只提出对《凡尔赛和约》有温和的保留意见。这些温和的保留意见只需要威尔逊在两点上作让步:在调遣美国军队参加对外战争时,需要征得国会的同意;新成立的国联应当尊重门罗主义,这是一个世纪以来美国对外政策的基石。威尔逊对这两点都予以明确拒绝。

他拒绝对持有温和的保留意见者让步,即使他的参议院民主党领导人请求他这么做,以挽救和约。当法国人和英国人前来说情,告诉他即使有保留意见,他们也愿意接受《凡尔赛和约》时,威尔逊再次予以拒绝。

威尔逊是第一位入主白宫的博士。他的博士学位是政治学,专业是美国宪法体制。他必须明白,在美国宪法下,总统需要接受参议院的"意见和准许"才能批准任何条约。参议院与总统的这种合作关系的进一步强化,出现在规定直接普选参议员的宪法第十七修正案得到批准之后。这一个像威尔逊这样的进步主义者长期追求的目标,在1913年威尔逊总统就职后不足一个月的时间里就实现了。但是,威尔逊却践踏了人民的参议院的权利,并公开谴责了大多数参议员帮助敌人,"背叛"了美国军队。

威尔逊的执拗及其对他人判断力的蔑视,让他在巴黎得到的只是他的盟友的敌意(威尔逊学究式的迂腐甚至使他拒绝称呼英法为盟友。相反,他说美国是唯一的准大国)。英国的劳合·乔治与法国的克里孟梭与他发生了争执。意大利的奥兰多则感到十分不悦,他离开了巴黎和会。日本人也因为他们的种族平等决议被拒绝而深感愤怒,退出了巴黎和会。

在国内,威尔逊公然藐视他的共和党反对者,有意对抗参议员洛奇和老罗斯福。威尔逊知道,他不可能与那些死拼到底的反对者打交道,这些人以不能和解的反对者之名而得意扬扬。但是,他也拒绝与更温和的共和党人合作,比如前总统塔夫脱、老大党1916年总统竞选提名者查尔斯·埃文斯·休斯,以及老罗斯福的前国务卿、德高望重的伊莱休·鲁特（Elihu Root）。上述三人都被威尔逊政治上的不妥协弄得兴趣全无。

威尔逊与英法两国的合作，将德国的停战请求变成了无条件投降。这就使得威尔逊需要作为谈判伙伴而出现的自由民主的魏玛共和国，在德国人民眼中失去了合法性（希特勒后来称呼在《停战条约》上签字的人为"11月的罪人"）。

1918年11月，威尔逊呼吁美国人民支持他，但当他被拒绝后，他变得越来越倔强和孤立。1919年9月，在中风之后，他把自己关在白宫里闭门不出。他的妻子和医生控制了所有接近他的机会。他们将副总统、重要的内阁成员以及参议员统统拒之门外。甚至像英国备受尊敬的爱德华·格雷爵士这样重要的外国大使，也不准进入总统的办公室。威尔逊也疏远了与他最忠实的伙伴，如国务卿罗伯特·兰辛、豪斯上校，甚至忠心耿耿的乔·塔默提的关系。

威尔逊没有对任何有争议之处作让步，身体部分瘫痪的他一遍遍地看着他胜利访问伦敦、巴黎和罗马的电影。这些电影——由陆军通信兵公司（Army Signal Corps）制作——是在白宫东厅（East Room）的一块白布上放映的。232 成千上万欢呼、人群颤动的影像成为内心充满冲突的领导者的现实。这位突然变得衰老的人拖着脚步走过白宫的走廊，他的手杖碰到地面所发出的空洞的响声，象征了这位曾经强有力的领导人的无能为力。233

威尔逊拒绝了他的政治和个人密友的请求。他迅速拒绝了参议院民主党领袖，参议员吉尔伯特·希区柯克的恳求。后者徒劳地请求总统对温和的保留意见者作让步。如果威尔逊有林肯的无私品质，或者华盛顿原谅他人的优点，他或许已经是和平的缔造者了。有一点是很清楚的,没有人比伍德罗·威尔逊更应为丧失和平负责。这是他的悲剧——也是我们的。

1 | Massie, Robert K., *Dreadnought*, Random House: 1991, p.110.
2 | Massie, *Dreadnought*, pp.128-129.
3 | Online source: http: //www.ibiblio.org/HTMLTexts/Albert_Frederick_Pollard/A_ Short_ History_Of_The_Great_War/chapter01.html
4 | Bailey, Thomas Andrew, *A Diplomatic History of the American People*, Prentice-Hall: 1980, p.501.
5 | Gilbert, Martin, *A History of the Twentieth Century: Volume One, 1900-1933*, William Morrow and Company, Inc.: 1997, p.25.
6 | Martel, Gordon, *The Origins of the First World War*, Longman: 1996, p.85.
7 | Chesterton, G.K., "The Case Against Corruption," *Collected Works of G.K.Chesterton*, V01.16, Ignatius Press: 1986, pp.200-201.
8 | Remak, Joachim, *The Origins of World War I:1871-1914*, Harcourt Brace College Publishers: 1995, p.138.
9 | Remak, p.138.
10 | Gilbert, *A History of the Twentieth Century: Volume One*, p.19.
11 | Gilbert, *A History of the Twentieth Century: Volume One*, p.19.
12 | Gilbert, *A History of the Twentieth Century: Volume One*, p.26.
13 | Gilbert, *A History of the Twentieth Century: Volume One*, p.26.
14 | Gilbert, *A History of the Twentieth Century: Volume One*, p.23.
15 | Gilbert, *A History of the Twentieth Century: Volume One*, p.25.
16 | Keegan, John, *An Illustrated History of the First World War*, Hutchinson: 2001, p.65.
17 | Keegan, p.71.
18 | Keegan, p.74.

19	Keegan, p.74.
20	Keegan, p.103.
21	Keegan, pp.100-101.
22	Keegan, p.119.
23	Leckie, Robert, *The Wars of America*, Harper & Row: 1981, p.599.
24	Leckie, p.599.
25	Morison, Samuel Eliot, *The Oxford History of the American People, Volume Three: 1869 Through the Death of President Kennedy, 1963*, Penguin, New York: 1965, p.171.
26	Bailey, p.555.
27	Morison, *The Oxford History of the American People, Volume Three*, p.171.
28	Morison, *The Oxford History of the American People, Volume Three*, p.172.
29	Massie, Robert K., *Castles of Steel: Britain, Germany and the Winning of the Great War at Sea*, Random House: 2003, p.530.
30	Massie, *Castles*, p.530.
31	Massie, *Castles*, p.532.
32	Massie, *Castles*, p.532.
33	Massie, *Castles*, p.534.
34	Morison, *The Oxford History of the American People, Volume Three*, p.179.
35	Massie, *Castles*, p.535.
36	Black, Conrad, *Franklin D.Roosevelt: Champion of Freedom*, Public Affairs: 2003, p.73.
37	Massie, *Castles*, p.541.
38	Bailey, p.578.
39	Black, p.74.
40	Bailey, p.579.
41	Brands, H.W., *Woodrow Wilson*, Henry Holt and Company: 2003, p.65.
42	Brands, *Woodrow Wilson*, p.65.

43 | Brands, *Woodrow Wilson*, p.65.
44 | Bailey, p.564.
45 | Brands, *Woodrow Wilson*, p.71.
46 | Brands, *Woodrow Wilson*, p.32.
47 | Brands, *Woodrow Wilson*, p.29.
48 | Brands, *Woodrow Wilson*, p.27.
49 | Brands, *Woodrow Wilson*, p.27.
50 | Keegan, p.176.
51 | Gilbert, Martin, *A History of the Twentieth Century: Volume One*, p.457.
52 | Tuchman, Barbara W., *The Zimmermann Telegram*, The Macmillan Company: 1966, p.172.
53 | Black, p.77.
54 | Morison, *The Oxford History of the American People, Volume Three*, p.183.
55 | Black, p.77.
56 | Bailey, p.588.
57 | Online source: http: //homepage.eircom.net/~seanjmurphy/irhismys/casement.htm.
58 | Morison, *The Oxford History of the American People, Volume Three*, p.183.
59 | Morison, *The Oxford History of the American People, Volume Three*, p.183.
60 | Tuchman, p.4.
61 | Tuchman, p.23.
62 | Keegan, p.351.
63 | Tuchman, p.40.
64 | Morison, *The Oxford History of the American People, Volume Three*, p.217.
65 | Renehan, Edward J., *The Lion's Pride: Theodore Roosevelt and his Family in Peace and War*, Oxford University Press, New York, 1998, p.125.
66 | Tuchman, p.181.
67 | Tuchman, p.181, p.185.

68	Tuchman, p.14.
69	Tuchman, p.183.
70	Tuchman, p.184.
71	Tuchman, pp.184-186.
72	Tuchman, p.187.
73	Heckscher, August, *Woodrow Wilson*, Scribner: 1991, p.440.
74	Heckscher, p.441.
75	Morison, *The Oxford History of the American People, Volume Three*, p.189.
76	Bailey, p.593.
77	O'Toole, Patricia, *When Trumpets Call: Theodore Roosevelt After the White House*, Simon & Schuster: 2005, p.310.
78	Black, p.82.
79	Millard, Candice, *River of Doubt: Theodore Roosevelt's Darkest Journey*, Random House: 2005, p.480.
80	Millard, p.481.
81	Millard, p.1.
82	Brands, *TR: The Last Romantic*, p.743.
83	Brands, *Woodrow Wilson*, p. 6.
84	Brands, *Woodrow Wilson*, p.6.
85	Brands, *Woodrow Wilson*, p.7.
86	Brands, *TR: The Last Romantic*, p.784.
87	Brands, *TR: The Last Romantic*, p.783.
88	O'Toole, p.310.
89	O'Toole, p.310.
90	Brands, *TR: The Last Romantic*, p.783.
91	O'Toole, p.311.
92	Gilbert, *A' History of the Twentieth Century: Volume One*, p.461.
93	Gilbert, *A History of the Twentieth Century: Volume One*, p.455.

94	Leckie, p.634.
95	Bailey, p.561.
96	Leckie, p.625.
97	Morison, *The Oxford History of the American People, Volume Three*, p.199.
98	Leckie, p.635.
99	Keegan, p.375.
100	Renehan, p.160.
101	Leckie, p.632.
102	Online source: http: //www.loc.gov/exhibits/churchill/wc-affairs.html.
103	Heckscher, p.466.
104	Morison, *The Oxford History of the American People, Volume Three*, p.205.
105	Leckie, p.641.
106	Leckie, p.641.
107	Leckie, p.641.
108	Morison, *The Oxford History of the American People, Volume Three*, p.206.
109	Morison, *The Oxford History of the American People, Volume Three*, p.206.
110	Morison, *The Oxford History of the American People, Volume Three*, p.206.
111	Heckscher, p.471.
112	Heckscher, p.472.
113	Bailyn, Bernard, et al, *The Great Republic: A History of the American People*, Little &Brown: 1977, p.1039.
114	Heckscher, p.470.
115	Heckscher, p.471.
116	Morison, *The Oxford History of the American People, Volume Three*, p.192.
117	Morison, *The Oxford History of the American People, Volume Three*, p.204.
118	Leckie, p.653.
119	Renehan. p.197.
120	Renehan. p.197.

121 Renehan, p.197.
122 Renehan, p.200.
123 Renehan, p.217.
124 Heckscher, p.482.
125 Leckie, p.654.
126 Bailey, p.599.
127 Gilbert, *A History of the Twentieth Century: Volume One*, p.520.
128 Keegan, p.395.
129 Heckscher, p.485.
130 Gould, Lewis L., *The Grand Old Party: A History of the Republicans*, Random House: 2003, p.213.
131 Gould, p.215.
132 Brands, *TR: The Last Romantic*, p.809.
133 Brands, *Woodrow Wilson*, p.102.
134 Renehan, p.216.
135 Macmillan, Margaret, *Paris 1919: Six Months that changed the World*, Random House: 2001, p.319.
136 Gilbert, Martin, *The First World War: A Complete History*, Harold Holt and Company: 1994, p.501.
137 Gilbert, *First World War*, p.503.
138 Gilbert, *First World War*, p.447.
139 Gilbert, *First World War*, p.494.
140 Gilbert, *A History of the Twentieth Century: Volume One*, p.534.
141 Gilbert, *First World War*, p.503.
142 Brands, *Woodrow Wilson*, p.103.
143 Brands, *Woodrow Wilson*, p.103.
144 Gould, p.217.
145 Ambrosius, Lloyd E., *Woodrow Wilson and the American Diplomatic Tradition:*

The Treaty Fight in Perspective, Cambridge University Press: 1987, p.82.
146 Ambrosius, p.38.
147 Heckscher, p.491.
148 Gilbert, *First World War*, p.503.
149 Gilbert, *First World War*, p.507.
150 Gilbert, *First World War*, p.507.
151 Barry, John M., *The Great Influenza*, Viking: 2004, flyleaf.
152 Barry, p.387.
153 Barry, p. 387.
154 Renehan, p.218.
155 Brands, *TR: The Last Romantic*, p.811.
156 O'Toole, Patricia, *When Trumpets Call: Theodore Roosevelt After the White House*, Simon & Schuster: 2004, p.404.
157 Heckscher, p.512.
158 Gilbert, Martin, *Churchill: A Life*, Henry Holt and Company: 1991, p.403.
159 Gilbert, *Churchill: A Life*, p.403.
160 Brands, *Woodrow Wilson*, p.104.
161 Gilbert, *First World War*, p.509.
162 Macmillan, p.198.
163 Macmillan, p.311.
164 Macmillan, p.314.
165 Gould, p.217.
166 Gould, p.218.
167 Gould, p.217.
168 Bailey, p.606.
169 Heckscher, p.545.
170 Heckscher, p.546.
171 Will, George, "Can We Make Iraq Democratic?"City Journal, Winter 2004.

172 Will, George, "Can We Make Iraq Democratic?"City Journal, Winter 2004.
173 Hoover, Herbert, *The Ordeal of Woodrow Wilson*, McGraw-Hill Book Company, Inc.: 1958, p.256.
174 Kissinger, Henry, *Diplomacy*, Simon & Schuster: 1994, p.237.
175 Lentin, Antony, *Lloyd George and the Lost Peace, From Versailles to Hitler, 1919-1940*, St.Martin's Press: 2001, p.48.
176 Brands, *TR: The Last Romantic*, p.804.
177 Miller, Nathan, *Theodore Roosevelt: A Life*, William Morrow and Company, Inc.: 1972, p.563.
178 Brands, *TR: The Last Romantic*, p.805.
179 O'Toole, p.403.
180 Gilbert, *First World War*, p.517.
181 Macmillan, p.476.
182 Mee, Charles L., Jr., *The End of Order: Versailles 1919*, E.P.Dutton: 1948, pp.215-216.
183 Mee, *The End of Order*, p.216.
184 Mee, *The End of Order*, p.216.
185 Bailey, Thomas A., *Woodrow Wilson and the Lost Peace*, The Macmillan Company: 1944, p.302.
186 Gilbert, *First World War*, p.541.
187 Macmillan, p.469.
188 Churchill, Winston S., *The World Crisis, Volume IV*, Charles Scribner's Sons: 1927, pp.275-276.
189 Bailey, p.609.
190 Macmillan, p.467.
191 Black, p.114.
192 Mee, *The End of Order*, p.226.
193 Heckscher, p.533.

194 Heckscher, p.608.

195 Knock, Thomas J., *To End All Wars: Woodrow Wilson and the Quest for a New World Order*, Oxford University Press: 1992, p.251.

196 Brands, *Woodrow Wilson*, p.108.

197 Ambrosius, p.48.

198 Ambrosius, p.109; Stone, Ralph, *The Irreconcilables*, The University Press of Kentucky: 1970, p.180.

199 Ambrosius, p.88.

200 Ambrosius, p.97.

201 Watt, Richard M., *The Kings Depart: The Tragedy of Germany, Versailles, and the German Revolution*, Simon and Schuster: 1968, p.511.

202 Macmillan, p.492.

203 Kissinger, *Diplomacy*, p.234.

204 Hoover, p.267.

205 Heckscher, p.539.

206 Ambrosius, p.164.

207 Bailey, *Woodrow Wilson and the Lost Peace*, pp.307-308.

208 Ambrosius, p.83.

209 Ambrosius, p.181.

210 Brands, *Woodrow Wilson*, p.122.

211 Heckscher, p.598.

212 Heckscher, pp.609-610.

213 Brands, *Woodrow Wilson*, p.125.

214 Hoover, p.276.

215 Witcover, Jules, *Party of the People: A History of the Democrats*, Random House: 2003, p.330.

216 Brands, *Woodrow Wilson*, pp.126-127.

217 Stone, p.162.

218 Egerton, George W., "Britain and the 'Great Betrayal': Anglo-American Relations and the Struggle for Ratification of the Treaty of Versailles, 1919—1920, " the *Historical Journal*, 21, 4 (1978), pp.885-911.
219 Mee, *The End of Order*, p.263.
220 Mee, *The End of Order*, p.263.
221 Lentin, p.146.
222 Black, p.77.
223 Morison, *The Oxford History of the American People, Volume Three*, p.217.
224 Heckscher, p.632.
225 Bailey, Thomas A., *Woodrow Wilson and the Great Betrayal*, The Macmillan Company: 1945, p.344.
226 Morison, *The Oxford History of the American People, Volume Three*, p.219.
227 Bailey, *Woodrow Wilson and the Great Betrayal*, p.344.
228 Mee, *The End of Order*, p.263.
229 Watt, p.513.
230 Watt, p.512.
231 Watt, p.512.
232 Heckscher, p.628.
233 Heckscher, pp.628-629.

第二章
繁荣与衰败（1921—1933）

美国人民对第一次世界大战大失所望不足为奇，他们在之后的大萧条时期经受了更多的苦难，因此，他们坚决反对卷入到另一场战争中去。独裁专制的崛起清楚地表明，下一场战争将比世界上已知的任何战争都更可怕。究竟朝哪条道路行进，对之的种种争论也就不是什么出人意料的事。真正出人意料的却是——几乎让人感到不可思议——由人民选举出来的官员们所做的关键性决断，人们本来是可以通过投票就剥夺这些官员的权力的。美国的自由如何在这一危难岁月中存活下来，是本章所要讲的故事。

1. 喧嚣的 20 年代

1918 年，当美国派出 100 万士兵前往法国时，高涨的理想主义是那一时期的常态。美国人经常重复着这样的诗句："忘记我们吧，上帝／如果我们忘记拉法耶特的圣剑的话。"然而，在由带有倒钩的铁丝、毒气、老鼠和连续不断的炮击组成的残酷的战壕生活中，拉法耶特的剑和许多其他圣物却惨遭打击。美国在一场历时不长，但却无比剧烈的残酷战争中损失了 48 000 名年轻人，另外 50 000 人则死于西班牙流行性感冒，这次大流感在世界范围内夺去了几百万人的性命。

然而，"一战"的停战协定甫一签订，美国远征军中就听到了另一种不同的呼声：

> 我们将德国佬赶过了莱茵河
> 将德皇赶下了王位
> 噢，拉法耶特，我们不再欠你的了
> 看在上帝的分儿上，送我们回家吧[1]

这首冷漠麻木、玩世不恭的打油诗道出了无数美国人对于我们第一次大规模涉入一场外国战争的失望。

20 世纪 20 年代会把这种筋疲力尽的感受看作是现实主义的。多数美国人，特别是年轻人，不愿再为哈定总统所说的"灵丹妙药"而献身。他们认为，山姆大叔已经被傻瓜大叔愚弄了。没有人愿意再被当作傻瓜看待。美国人跳进他们的"廉价小汽车"里，朝着空旷的公路驶去。爵士乐只是新自由的一个例子，是一个与威尔逊的理想截然不同的时髦风尚。装在屁股口袋里的小酒瓶和"家酿杜松子酒"的增加，表明了许多人在禁酒环境下，对酒的销售和生产的新限制的态度。

一种新的自由可以在艺术、音乐、建筑和日常流行的事物中看到。

第二章 繁荣与衰败（1921—1933）

妇女已经成功地获得了选举权。随着1919年宪法第十九修正案的通过，奋斗了半个世纪之久的苏珊·安东尼（Susan B. Anthony）和伊丽莎白·坎迪（Elizabeth Cady），终于实现了妇女参政的目标。这些妇女在她们的运动中，通过放弃激进的策略而获得了成功。而那些运动中的好斗分子，她们举着"独裁者威尔逊"旗帜在白宫外游行，抗议总统反对联邦妇女选举权修正案，却无益于她们的事业。[2]*

然而，在这个喧嚣的20年代，不受传统约束的年轻女子剪短了她们的头发，身穿短至膝盖的服装——这在那个时代可是让人反感至极的。这种轻浮的"解放"形式，还是让许多严肃的、富有思想的早期改革者颇为吃惊，虽然他们认为，妇女拥有选举权意味着一种政治上的净化。从19世纪30年代起，大城市的政治机器就一直是一种多半建立在沙龙之上的喧闹的集会。给予妇女选举权和禁酒令是为了结束这一切的两项改革努力。正如我们将要看到的，"一战"后所提出的各种修正案固然带来变化，但这种变化是以一种意想不到的方式出现的。没有人比无礼而尖刻的报纸专栏作家、供职于《美国信使报》（American Mer-cury）和《巴尔的摩太阳报》（Baltimore Sun）的门肯（H. L. Mencken）能更好地抓住时代的精神。他那讽刺的才智、辛辣的文风使他成为"大学生的崇拜对象"。在威尔逊的政治理想失败后，美国人已经习惯于一个作者所展现出的知识分子的直言不讳。

---

* 美国激进的女权主义者与她们的英国姐妹相比，还是很温和的。马丁·吉尔伯特（Martin Gilbert）写道，1909年，温斯顿·丘吉尔和他的夫人前往火车站时，受到了一个挥舞着打狗鞭的年轻女人的攻击。这个女人与丘吉尔搏斗着，试图把他推到即将驶来的火车上！幸运的是，丘吉尔的夫人克莱门蒂娜（Clementine）并没有因为殴打一个女人而不安，她用雨伞打跑了这个袭击者。

在美国，人们在智力、知识、能力、正直、自尊和荣誉上的一般水准是如此之低，以至于任何熟悉自己职业的人、不敬畏神灵的人、读过 50 本好书的人、具备最基本礼仪的人，都可以像光头上的肉瘤一样表现抢眼。不管他们愿不愿意，都可以成为表现恶劣、唯我独尊的统治阶级的一员。我在美国比在其他任何地方，都知道或听说过更多的有关人类生存、个人和集体蠢行的日常万象——政府的敲诈与欺骗、商业上的强盗行径和残忍手段、神学上的滑稽可笑、审美上的粗俗不堪、法律上的坑蒙拐骗和逼良为娼以及形形色色混杂在一起的流氓行为、道德败坏、低能弱智、荒诞无稽、奢侈无度，多得数也数不清，这些现象是如此非同一般的恶劣与反常、如此完美无缺地达到了可以想象的最高限度、如此被一种几乎是难以置信的大胆和独创能力所不断丰富，以至于只有那些生下来就裹着一层僵硬隔膜的人，才可以在每晚入睡时不会笑自己，才可以在每天醒来时不会热切和强烈地盼望主日学校的督导去巴黎旅游，观看下流的表演。[3]

门肯用语言上无情的放纵讽刺了人们所尊重的社会习俗。这个国家对沃伦·哈定总统寄予了厚望——或者说这个国家被教导应当这样做。但是门肯并不这样想。就在哈定总统大言不惭的就职演说后没几天，门肯以一种小孩子拔掉蝴蝶翅膀般施虐的快感，无情地嘲讽了总统的支持者们。

关于哈定博士上周五高谈阔论的演讲内容中的逻辑问题，我不打算发表评论……但是，谈到大人物的演讲风格，我却可以说……一点儿更能胜任的话,因为过去 20 年来,我为自己赢得的大多数生计,就是把许多作者糟糕的英语改写成明显好得多的英语。所以,从职业上来说,我是有这个资格的,我愿意为哈定博士尽点薄力。且不提一位大学教授或两打半酒鬼报纸记者,哈定博士可以位列我的文人瓦尔哈拉殿堂*第一位。也就是说,他笔下的英语是我见到过的最惨不忍睹的英语。这样的英语让我想起一块儿湿了吧唧的细长的海绵;让我想起摆在我眼前待洗的破衣服;让我想起变质的蚕豆汤、大学生拉拉队的叫喊、漫漫长夜里群狗愚蠢的咆哮。这样的英语简直是糟糕透顶,高尚的东西会为之毛骨悚然。它拖动自己的身子,费力爬出令人厌恶的……漆黑的深渊,疯狂地爬向代表雅致的小尖塔的顶点。它隆隆作响又结结巴巴,蠢话连篇又信口开河,胡言乱语又咄咄逼人。[4]

在这篇批评中,门肯没有听从《纽约时报》编辑的意见。"灰衣女士"(Gray Lady)**说总统的讲话风格是"精彩无比的","听上去就是总统式的"。《纽约时报》这样说:"大多数美国人在总统含混不清的语言里,看到了自己模糊不清的思想。"[5]

门肯则反击道:"换句话说,胡说八道是给傻瓜们开的良药。"[6]对一个作家来说,说总统是个傻瓜并不新鲜。对一个流行作家来说,说人民是一群傻瓜还是有点新鲜。但是,门肯却从称其同胞为十足的"愚民"中,赚了个钵满盆满。

---

* Valhalla,北欧神话中奥丁神接待战死者英灵的殿堂。——译者注
** "灰衣女士"指美国红十字会的义务女医务人员,通常穿着灰色制服。——译者注

2. 坎波贝洛岛的日出

39 岁的富兰克林·罗斯福盼望着前往加拿大坎波贝洛岛（Campobello Island）度假，从缅因州的吕贝克（Lubec）穿越美国国界就可以到达这座小岛。*多年以来，罗斯福一家都是在芬迪湾（Bay of Fundy）享受着清凉的海水和沁人心脾的海风。然而，1921 年 8 月却与往常不同。罗斯福已经无力带着家人在一次游泳过后，再来一场兴趣盎然的嬉戏。他感觉自己正在走已故亲戚老罗斯福的老路。[7]

突然之间，这位前海军部副部长发现自己患病了，身子无法动弹。虽然暂时无法签名，罗斯福还是发现自己的胳膊出了毛病［他最亲密的政治顾问路易斯·豪（Louis Howe）接替了他的工作］。在疾病的袭击下，罗斯福的双腿失去了知觉。他的妻子埃莉诺（Eleanor）和路易斯·豪轮流按摩他的脚和脚趾。[8]他们甚至为他安插了导管并使用了灌肠器，以便排出他体内的废物。豪花费了几个星期的时间，给东海岸的各大城市打电话，努力寻找合适的治疗方法。直到豪给罗斯福在纽约的叔叔写了信后，才找到了有能力正确诊断罗斯福症状的医生。诊断结果是，罗斯福染上了脊髓灰质炎。[9]在当时还没有治愈这种病的办法。这种疾病已经使上千人的生命受到摧残。最严重的时候，脊髓灰质炎可以使一个人颈部以下的身体麻痹，患者只有套上"铁肺"这种笨重的装置，才能维持呼吸。对一个在生命的最初阶段还是生气勃勃的人来说，这不啻是一个让人一蹶不振的消息。

---

* 本节的标题取自多尔·沙里（Dore Schary）所写的流行三幕戏剧。这出戏最早于 1958 年 1 月 30 日（罗斯福的生日）在纽约考特戏院（Cort Theatre）上演，由戏剧公会推出。

第二章 繁荣与衰败（1921—1933）

最起码，这也应当是一个让人一蹶不振的消息。

从一开始起，罗斯福就下决心不接受他那意志坚定的母亲莎拉·德拉诺·罗斯福（Sara Delano Roosevelt）的决定。尽管深爱着他的"妈咪"——罗斯福依然使用英国上流社会的措辞——罗斯福不愿在别人面前呈现一副无助的病人模样。当罗斯福的父亲被诊断心脏有问题后，莎拉就无私地照顾着他。可是，当莎拉掌管了罗斯福父亲的治疗时，这位老人充满活力的生命实际上已经结束了。[10] 罗斯福不希望这样的事情在自己身上发生。

罗斯福决定战胜脊髓灰质炎。1921年秋天，当罗斯福返回纽约时，路易斯·豪煞费苦心地确保不让那些好奇的记者拍下罗斯福患病时的整幅照片。[11] 一个面带微笑、充满活力的罗斯福只能短暂地出现在人们眼前。他用牙齿叼着香烟，香烟与牙齿之间呈现出一个漂亮的角度，这一姿势人们再熟悉不过了。[12] 他兴奋地向旁观的人群挥舞着手臂。然而，在公共视线之外，他需要别人大量的帮助才能够完成哪怕是最常见的事情——穿衣、上楼、下床坐到椅子上。*

尽管遭受到残酷的打击，罗斯福在他的政治生涯上依然孜孜以求。他的前任上司约瑟夫斯·丹尼尔斯去医院看望他，罗斯福向他展现了他那出了名的魅力。他说，丹尼尔斯根本不会以为他是个病人。他拍打着前海军部部长大腹便便的肚子，说服他接受自己的观点。[13]

埃莉诺需要罗斯福在政治上获得成功，以便延续她为自己争取到的独立生活。1918年她发现罗斯福与露西·梅瑟（Lucy Mercer）有

---

* 罗斯福的轮椅由海德公园村一位值得信任的铁匠精制而成。它由一个简单的厨房椅子改造而成，没有扶手。在海德公园罗斯福图书馆所藏35 000张罗斯福的照片中，只有两张显示他坐在轮椅上（Alter, Jonathan, *The Defining Moment*, p.83.）。

私情时,她拒绝离婚。凭借着自身的能力,埃莉诺在妇女获得选举权后的早期岁月里,成为纽约州民主党妇女部的一位重要人物。[14] 埃莉诺常常在她的两个女伴的陪同下在纽约州游历。新闻记者南茜·库克(Nancy Cook)和社会工作者马丽昂·迪克曼(Marion Dickerman)给予了她坚定的支持。她们不在乎那些不可避免的流言蜚语。但是,老罗斯福顽固不化的女儿、埃莉诺的表姐爱丽丝·罗斯福·朗沃斯(Alice Roosevelt Longworth)却不能忍受这些刻薄的话,她把埃莉诺那些男人气的朋友称作"女扮男装者"[15]。就连罗斯福也称她们为"女男人"(she-males)——当然了,只有在埃莉诺听不到的时候他才会这样说。[16]

罗斯福保持着他的政治关系,他经常款待政客们,有时是在自己家里,有时是在他们的水上住宅里。威廉·格林(William Green)就是这类客人中的一位,他是美国劳工联合会(American Federation of Labor,AFL)的主席塞缪尔·冈珀斯(Samuel Gompers)的继任者。[17] 这一时期的其他客人还有英国议会议员奥斯瓦尔德·莫斯利(Oswald Mosley)爵士及其妻子。当时,莫斯利还是个社会主义者。他为罗斯福的个人魅力所折服。他这样描写他的东道主:"这个高贵的人有着敏锐的头脑和魁梧的身躯,英俊得就像一个古代希腊人。"[18] 他注意到人们已经在议论罗斯福就是下一任纽约州州长了,还有可能成为美国未来的总统。莫斯利认为,罗斯福有着"太强的意志力,但却不够精明"[19]。他对埃莉诺的描绘却不是那么好:"这是一个让人极度讨厌的女人,虽然她所有的动作和活力都笼罩着一种优雅仁慈的光辉,但却没有反射出哪怕一点罗斯福的吸引力。"[20]

莫斯利很快就会发现罗斯福其他吸引人的地方。莫斯利在20世纪 30 年代成为英国法西斯同盟的领导人,盲目地顺从于德国的阿道夫·希特勒。但这只是以后才会发生的事。在当时,罗斯福对莫斯利这一派人的特别关照之处在于,他们都是热忱的社会主义者。罗斯福是威尔逊政府的一员,他曾经把社会主义者尤金·德布斯送进了监牢,在 1919—1920 年间的"红色恐怖"中处理过袭击帕尔默事件。

罗斯福不顾埃莉诺的反对,把他近 2/3 的积蓄投资于佐治亚州农村一个失修多年的旅馆和度假区,这个地方很快就成为闻名世界的温泉疗养地。[21] 当这个国家的年轻人跳着查尔斯顿舞(Charleston),坐在汽车的尾座里四下兜风时,罗斯福却只想能够再次行走。温泉里温暖而含有丰富硫黄的水,为罗斯福提供了他所需要的能够锻炼他萎缩的双腿的浮力。这让他精神振奋。当温泉的水对治疗脊髓灰质炎有疗效的消息传播开后,许许多多人便成群拥向这一度假胜地,罗斯福就成了他们快乐的重要领袖。罗斯福的出现就像一块磁铁。他个人也对促进患者的健康状况产生了兴趣。他的自信心感染了每一个人。[22]

在埃莉诺、路易斯·豪、他的忠诚的秘书勒翰小姐(Missy LeHand)以及其他人的帮助下,罗斯福得以掩饰其病情的全貌。他从未否认他患上了脊髓灰质炎,但是精心营造的表面现象却是一个不容否认的事实。脊髓灰质炎给他带来明显的改变。他的身材不再高大和匀称。他所经历的严格的身体治疗让他的颈部、肩膀和胳膊充满了力量。所有这些对于弥补他那无力的下肢都是必要的。早年的罗斯福身高 6 英尺 2 英寸,体重 188 磅。即使当他不得不用另一只胳膊支撑着身体或用手按着一个长凳子时,他仍然是一个大块头的、威严的人。

在罗斯福患病之前,他的许多同僚认为他不过是一个肤浅而有钱的年轻人。在他们看来,罗斯福是一个野心勃勃的奋斗者,渴望利用他那著名的亲戚老罗斯福的威名。然而，在得了脊髓灰质炎后，他个人的事迹就成了一个战胜苦难的故事，就连那些最不留情的批评者也不得不对此表示钦佩。值得注意的是，在染上脊髓灰质炎之前，罗斯福赢得了两场政治角逐，得到了纽约州参议员这样相对不太重要的职位。但他也输掉了两场政治上的竞争，一次是在纽约竞选国会参议员，一次是竞选美国副总统。然而，当脊髓灰质炎袭击了他以后，罗斯福就再没有输掉过一次选举。[23]

3. 哈莱姆文艺复兴

马库斯·莫西亚·加维（Marcus Mosiah Garvey）从英属西印度群岛来到美国。他在1919年之前就组织了一个"全球黑人促进会"（Universal Negro Improvement Association, UNIA），并举起了象征黑人民族主义的黑绿红三色旗。[24] 加维和他的追随者需要一套严格的规范，以区分于白人社会。他还抨击了"国家有色人种协进会"（National Association for the Advancement of Colored People, NAACP），指责它试图以彻底的公民权来寻求黑人融入美国社会。

加维成立了一家名叫"黑星航线"（Black Star Line）的汽船公司，其公开目的是将美国黑人"运回非洲"。加维挑战黑人公民权的做法使他成为一个强有力的敌人。杜波依斯（W.E.B.DuBois）称之为"又胖、又黑、又丑"。[25] 杜波伊斯与"国家有色人种协进会"的领导对加维的分离活动深表担忧，认为这将毁掉美国黑人更好地被他们出生于兹的国家接受的机会。加维却回答说，"蓝血贵族的统治"已经结束。[26] 这是对"国家有色人种协进会"中某些领导人的巧妙讽刺，因为他们的肤色白皙，可以看见手臂上的蓝色血管。

加维自称为一个泛非洲人国家的总统。他主持召开了世界黑人大会，将25 000名代表会集到纽约麦迪逊广场公园。为了吸引人们的注意，他还身着全套海军将军制服，坐在一辆敞篷马车上。[27]

由于当时黑人经常面对雇佣上的歧视，享受不到白人的权利，在许多公司里被单独隔离开来，所以加维对黑人团结起来的呼吁，给他们中的许多人带来了希望和激动。加维开展活动的报纸《新黑人报》（The New Negro）为黑人形象的玩具娃娃提供广告宣传，但拒绝为模特形象是直发和清淡肤色的化妆品做宣传。[28] 他的组织还经营着一些杂货店、一家饭店、一个出版社和其他业务。[29]

1922年，加维犯下了一个致命的错误。他在亚特兰大秘密约会了"三K党"头子。他希望如果他能说服这个旨在彻底分离白人与黑人的白人至上者的组织，那么"全球黑人促进会"或许会避开"三K党"的骚扰。[30] 加维与这个经常对黑人采取恐怖行为的组织会面的消息很快就被泄露出去，人们不再信任他，他的对手成功地说服他的拥护者离他而去。

加维的"黑星航线"公司被证明是他最大的软肋。他从美国黑人那里筹集了亟须的75万美元，将之用于迁移黑人的业务中。1923年，加维和另外三个"黑星航线"公司的合伙人被证明行使邮件诈骗。不过，显而易见的是，加维的许多合伙人都从公司里捞到过油水。"黑星航线"公司因此在众目睽睽下倒闭了。加维真诚地保证，他确实没有利用他的拥护者而敛取钱财，但是在朱利安·麦克（Julian Mack）法官（"国家有色人种促进会"成员）面前作了辩解后，他被认为有罪。[31] 加维警告说，如果他被宣判有罪的话，将会引发暴乱。他说："全国范围将会出现骚乱。"但是，骚乱度假去了。那些对他失去信心的拥护者平静地接受了他倒台的消息。[32]

加维的插曲清楚地说明了 20 年代美国社会的真实情况。在战争期间，大量黑人移居美国北部。许多人在国防工业部门寻找工作。其他人则在迅速发展的城市中寻觅机会。1900 年时，纽约哈莱姆区（Harlem）——名字来自荷兰城市哈尔莱姆（Haarlem）——的居民几乎都是白人。而到了 1925 年，这里已经居住着大量黑人。"全国有色人种促进会"在这里成立了总部，出版其重要的刊物《危机》（*The Crisis*）。在詹姆斯·韦尔登·约翰逊（James Weldon Johnson）的领导下，"国家有色人种促进会"大胆地公布了它的宗旨：

> 没有什么比在美国基本法律的精神下，为黑人争取与白人一样的平等权利更重要的事了；可以明确宣布的是，如果民主仅仅因为种族和肤色而使人们不能获得它的益处的话，民主自身已经无效了。[33]

从政治上讲，哈莱姆的氛围给予了黑人言论、写作、集会和游行的自由。一张早期哈莱姆游行示威的照片显示出，一群年轻的黑人整齐地身着裁剪得体的西服，头戴流行的草帽，高举着一面旗子，上面写着取自《独立宣言》中的著名的话：我们坚信这些真理是不证自明的……人人生而平等。在这些文字之下，有这么一句说明：如果是对非洲人，就扯下这个的标示。[34]

由于黑人在哈莱姆人口密度很高，数量巨大，他们敢于无拘无束地维护自己的权利，而不必惧怕。其结果是出现了一种文学、音乐和社会的"复兴"。约翰逊赞美了不断涌现的黑人中间阶级的全新的自信心:"在纽约全部的历史上,黑人在哈莱姆的地位还没有过先例。黑人此前从未这样安稳地生活过,从未拥有过土地,从未这样好地建立过一种自己的社区生活。"[35]

年轻的纽约人,包括时髦有钱的白人都为哈莱姆的文化吸引力而感到高兴。爵士乐和布鲁斯(blues)——它们无疑是美国黑人对更广泛的文化的独一无二和重大的贡献——震撼了那些老于世故的人们。1922年,"艾灵顿公爵"爱德华·肯尼迪(Edward Kennedy "Duke" Ellington)在哈莱姆的棉花俱乐部开始了长达5年的演出。作为乐队的主唱,他在这里为全是白人的观众演唱。很快,他就创作出以下经典的爵士乐曲目:《搭乘一号线地铁》《靛蓝色的思绪》《老练的女士》和《我听到了一个坏消息,它好不到哪里去》。[36] 聪明的纽约人都知道,"一号线地铁"指的是从市中心的曼哈顿区到哈莱姆区的地铁线路。

佐拉·尼尔·赫斯顿(Zora Neale Hurston)来自阿拉巴马州一个穷苦的佃农家庭,1928年毕业于哥伦比亚大学巴纳德学院(Barnard College)。她后来成为一个受到世界尊敬的作家,以小说《凝望上帝》(Their Eyes Were Watching God)著称,尤其专心于收集来自南方她的故乡的黑人民间故事。她十分关注社会的不公正,但是又坚定地着眼于未来。她说:"不,我不会为这个世界哭泣。我正在忙于磨快撬开牡蛎的刀子。"[37]

诗人兰斯顿·休斯(Langston Hughes)说:"我没有研究过黑人,但我能够感受到他们。"[38] 在哈莱姆文艺复兴那段岁月里,休斯面对着与黑人作家一样的不可避免的挑战,在他的文学道路上艰难跋涉。

"在所有的欺骗和失望过后，心中总会涌动着黑人音乐的节奏，它们不会背叛你。"[39] 正是以这样的方式，黑人音乐所表达出的自由加强了黑人作家对自由的渴望。反过来，他们也充满诗意地表达出黑人群体的精神。

哈莱姆吸引人的地方还在于，没有哪个地方比北125街更不严格地执行禁酒令了。这里的专供人们下班之余来消遣的夜总会，被人们称作"非法经营的酒店"，社会上的"头面人物"都会到这里来，只要他们是"老乔派来的"。

对许多来自南方的黑人来说，哈莱姆展现给他们的生活与诱惑就像是他们头顶上的北极星。为了来到哈莱姆，一些穷苦的农民在夜色的掩护下逃离了他们的田地。在一些火车站里，年轻白人组成的流氓团伙拦截住黑人农场工人，强迫他们回到农田里去。[40] 为了阻止这些恐怖活动，詹姆斯·韦尔登·约翰逊说服来自密苏里州的共和党国会议员代尔（L. C. Dyer）提出了美国第一部联邦反私刑法。美国众议院通过了《代尔法案》，但南方的白人民主党人却在参议院大加阻挠，这一法案最终无效。[41]

在华盛顿，商务部部长赫伯特·胡佛在一项法规上签字，禁止在他的部门里实施种族隔离。胡佛的行动给联邦政府的其他部门施加了压力，终于废除了威尔逊政府时期在首都平等雇用机会上的不公平政策。[42] 华盛顿很快将成为黑人向往的另一处圣地，吸引他们前来这里寻找工作与尊严。

4. 常态

当沃伦·哈定向美国人民承诺"常态"时，他们知道他的意思是什么。多年来，美国人已经被国内的混乱与改革和国外的战争折磨得筋疲力尽。人们期望哈定能带来一段喘息的时间。哈定任命1916年共和党总统候选人查尔斯·埃文斯·休斯为他的国务卿，选择匹兹堡的大金融家安德鲁·梅隆（Andrew Mellon）为财政部部长。作为一个人道主义者，赫伯特·胡佛的名声好得不能再好了。他的名声在援助比利时的事件中达到了顶峰。1914年的时候，那个不幸的国家正遭受匈奴人——德皇威廉残忍的军队——的蹂躏。"一战"结束后，胡佛又引导了一场声势浩大的为饥饿垂死的俄国人提供援助的运动，当时俄国有大批人饿死。胡佛被任命为商务部部长。

为了进一步同时也是更明确地实现"常态"，哈定请回了另一位让人放心的共和党重要人物，德高望重的前总统威廉·霍华德·塔夫脱。他指定后者为美国首席法官——这是塔夫脱真正想要的唯一职位。这一任命缓和了许多人不安的紧张情绪。塔夫脱是唯一一位既有总统头衔又有最高法院首席法官头衔的美国人。

哈定与来自七叶树州*的那些被称作"俄亥俄帮"的老朋友们关系甚密。哈里·多尔蒂（Harry M. Daugherty）成为美国的司法部部长，他的竞选干事（campaign manager）威尔·海斯（Will Hays）成为邮政部部长。杰斯·史密斯（Jess Smith）成为多尔蒂的重要助手，查尔斯·福布斯（Charles R. Forbes）被指派负责退伍军人管理局（Veterans

---

* 俄亥俄州的别称。——译者注

Bureau）。[43]

哈定支持国务卿休斯在1921年召开一次重要的国际裁军大会。当代表们齐聚华盛顿时，休斯大胆的开幕式发言让世界吃了一惊。休斯说美国正决心废止已经花费了30亿美元新建立的海军架构。[44]部分已经建成的军舰将直接被封存起来。

大会很快议定了《华盛顿条约》（Washington Treaties），规定禁止在战争中使用毒气。条约也决定控制针对商船（不管它是否装配有武器）的海盗般的潜艇战。[45]条约最重要的一个特点是规定各大国海军战列舰和航空母舰的比例为5∶5∶3∶1∶1。美国和英国获得了被允许的最高吨位；日本被允许的吨位是上述两国总量的60%；法国和意大利对美英的比率被限定为1∶5。

由于普遍认为英德之间的海军军备竞赛是"一战"爆发的原因，所以限制海军受到了人们的广泛欢迎。然而，当后来美国在西太平洋处于危急之时，条约所规定的5∶5∶3∶1∶1的比例给美国带来了可怕的后果。[46]假如是西奥多·罗斯福，他一定会大吃一惊的，但当时几乎没有美国人提出反对意见。在白宫与国会经过了多年毫无结果的斗争后，新成立的共和党政府看上去将以平稳的工作带来一个国际和平的时代。

哈定是一个宽宏大量的人。他很快就提出赦免尤金·德布斯，后者由于触犯了《叛乱法案》被威尔逊投入狱中。总统甚至迫不及待地签署了德布斯的赦免状，后者因此能够被及时从监狱中释放，与家人共度圣诞。[47]就连民主党的富兰克林·罗斯福都被哈定的宽宏大量所感动。[48]

如果哈定能将整个政府都交到他那些有才干的内阁成员——休

斯、梅隆和胡佛手中的话,他或许会取得更大的成功。他认识到了自己的局限,有一次他说:"在税收问题上,我简直理不出一点儿该死的头绪。我倾听一方的意见,他们似乎是对的,然后……我同另一方谈话,他们听上去也是对的。我知道在某个地方有一本书可以告诉我真理,可是我却无法读到这本书……上帝啊,这是一份什么样的工作!"[49]

但是,不是他身边的每个人都是能干的和值得信任的。当蒙大拿州民主党参议员托马斯·沃尔什(Thomas J.Walsh)不断追踪哈定的内政部部长阿尔伯特·贝肯·福尔(Albert Bacon Fall)手中一笔10万美元的无抵押贷款的来源时,他揭露出一个巨大的丑闻。福尔原先是新墨西哥州的一位参议员,但是他并没有得到他原来的同事给予他的"参议员礼遇"*。沃尔什感到这里面有不妥之处。福尔部长曾在一份没有公开的合同中,同意将怀俄明州蒂波特山(Teapot Dome)的大批储备石油用于私利。很快,福尔的腐败事件被核实,他被定罪入狱。福尔是美国历史上第一位如此不光彩的内阁成员。[50]

这还不是唯一的不正当行为。当爱丽丝·罗斯福·朗沃斯在白宫——她以前的家——楼上闲逛时,偶然发现了一个最近被搬出来的牌桌。这张桌子被丢在一旁,上面有一些雪茄烟头和几个盛有一半威士忌酒的酒瓶子。扑克牌和烟草是一回事,但是这个国家正处在禁酒令之下。她没有碰见哈定年轻的女主人,不过或许她也碰到了。[51]

随着日子一天天过去,哈定感到更加烦躁不安和备受折磨。他似

---

* 指由总统任命的官员必须经该官员所在州的执政党同意,始可得到参议院批准。——译者注

乎感觉到他的朋友们对他并不诚实,他们一些私下的交易被公布了出去,其后果也让他感到苦恼。他知道自己不能摆脱他那些有问题的朋友们。而他们也太了解他了。当哈定在一次讲话中亲自认错时,他的父亲对他说:"好在你生下来不是一个女孩。在任何时候,你都应该以一种家族的方式行事。你不能说'不'。"[52]

他经常到杰斯·史密斯在华盛顿的家中去躲避白宫里的事。他在那儿喝酒、玩牌,躲避那些不断增加的麻烦。[53]

当杰斯·史密斯自杀时,总统获知福布斯"上校"在退伍军人医院的建筑物里情绪反应激烈。[54] 不久之后,福布斯的法律顾问也自杀了,尸体腐败的臭味在哈定的房间里蔓延。在一次与堪萨斯州的编辑威廉·艾伦·怀特会面的白宫会议上,哈定大发雷霆:"我能很好地对付我的敌人们。但是我那些该死的朋友们,我那些好朋友们,如怀特,是他们让我成夜成夜地在地板上走来走去!"[55]

总统后来像许多之前和以后内心充满矛盾的总统们所做的那样,去西部作漫长的旅行。虽然他的逃跑路线北至阿拉斯加州,但他却不能逃脱他的那些麻烦。它们在他回来的路上追上了他,当时,哈定的健康突然垮掉了。1923 年 8 月 2 日,哈定去世。这个国家几乎没人知道华盛顿的知情者对他的猜忌,哈定受到了人们深切和真诚的哀悼。爱丽丝·罗斯福·朗沃斯说过:"哈定不是一个坏人,只不过是一个庸人。"[56] 这也是历史对他的盖棺定论。

新总统在 1923 年 8 月 3 日凌晨宣誓就职。与其前任相比,新总统并没有表现得更为强硬。卡尔文·柯立芝得知哈定去世的消息时,他正在访问他童年时的家乡,位于佛蒙特州普利茅斯·诺奇(Plymouth Notch)的乡下。柯立芝在一盏煤油灯下,宣誓就任总统。这还是他的父亲——一个地方司法官员要他这样做的。⁵⁷ 这一坚定而真诚的形象是美国人很快将要坚持的。

当美国人听到柯立芝的儿子是怎样得知他父亲成为美国总统的消息时，不禁莞尔一笑。这个小伙子当时正有一个暑期的任务，负责报道西马萨诸塞州烟草农场的工作情况。农场主告诉他，他的父亲已经在一个清冷的夜里就任美国总统。小家伙听到消息后未加任何评论就问道："今天你想要我到哪一个工棚工作？"农场主听了此话后十分不解。他对小家伙说，如果自己父亲要是被任命为美国总统的话，自己肯定不用在烟草地里工作12个小时了。小卡尔文回答说："看来你是真希望我的父亲是你的父亲啊。"⁵⁸ 真是有其父必有其子。

柯立芝总统以沉默寡言著称。许多人都喜欢他的绰号"沉默的卡尔"。美国人津津乐道于他们新总统的逸闻趣事。一个故事是这样的。一次，一个初涉社交界的女孩子来到柯立芝面前，喋喋不休地说，她和她的朋友打赌，保证能让他说话超过两个字。"你输"，据说柯立芝这样回答。老罗斯福的女儿爱丽丝是一个典型的不爱出风头的人。她说柯立芝看上去好像一直都"习惯于困境"⁵⁹。

鉴于哈定的丑闻闹得沸沸扬扬，新总统巧妙地让自己避开这些丑闻。当司法部部长多尔蒂阻止向国会提供调查的文件时，柯立芝本可以行使总统特权保护他。但相反，他解除了哈定所指定的这个有缺点的人的公职。⁶⁰

禁酒令给这个国家法律的执行带来了巨大的压力。当禁酒令在战争期间通过时，它被认为是一次重大改革，对于受训的新兵来说，也是爱国的表现。毕竟许多酿酒厂都有着极具德国特色的名字，如安豪泽·布施（Anheuser Busch）、派斯（Piels）和帕布斯特（Pabst）。⁶¹ 但是，到柯立芝成为国家领导时，禁酒的管理者已经开始了明显的腐败。在纽约，这些官员都乘坐着配有私人司机的豪华轿车上班。[62] 柯立芝决心自清门户。他召集所有的禁酒代表开会。丹·查平（Dan Chapin）让这些人都坐在白宫里的一张桌子前，每个人都把手放在桌面上。他说："每个戴着钻戒的狗娘养的都被开除了！"[63]

随着酒类走私的增加，对"国外因素"的担忧也在加剧。城市里各个帮派之间的斗殴都与贩卖走私的威士忌有关；许多帮派成员都是外来移民。

20年代由国会里共和党议员通过的法律，严格限制移民的数量。这一法律的主要部分是限制南欧与东欧的移民；对亚洲移民的限制是法律的次要部分。这项法律并没有禁止非洲移民，尽管它强加了严格的移民人数限额。第一部限制移民法在1921年通过，它全面限制移民，并在1910年人口普查的基础上，制定了移民人数的限额，即每个在外国出生的族裔群体只能提出比例为其国内人口数量3%的移民要求。1924年，移民人数的上限降低了，移民的限额下降到2%，但使用的却是1890年的人口普查数字。这就非常严格地限制了南欧与东欧的欧洲人。到1929年，民族来源条款开始生效。颁布这一条款的目的在于确定整个美利坚民族的民族来源，并根据这一统计来设定移民的限额。具有讽刺意味的是，这条法律却有利于美国最近的敌人德国，因为美国已经有了太多的德裔人口。

优生学提倡者加剧了反移民之风。达尔文的表兄弟弗朗西斯·高尔顿（Francis Galton）在1883年发展了这一概念，其字面意思就是"优良的基因"[64]。优生学家相信，体质和心智的健康来自优良的基因。他们试图鼓励基因优良的人生更多的孩子，不鼓励基因"低劣"的人做父母。[65]

受人尊敬的美国经济学家威廉·里普利（William Z.Ripley）出版了《欧洲的种族》(*The Races of Europe*) 一书。在这本书中，他将白种人分为三大类：日耳曼人种、地中海人种和阿尔卑斯人种。他的这本著作深化了人们的反移民情绪。*

公共卫生机构的护士玛格丽特·桑格（Margaret Sanger）信奉优生学，她对反对传播避孕信息的法律提出了质疑。桑格开创了计划生育制度，公开鼓励限制贫困的移民和其他美国人生育婴儿的数量。她说："作为避孕的提倡者，我希望……向大家指出，'不健全'婴儿的出生率与'健全'婴儿出生率之间的失衡，无疑是文明的最大威胁。在这两个等级之间开展一场从摇篮时期就开始的竞赛，根本不能纠正这一失衡。"[66] 她也说过支持限制移民。对桑格来说，延缓即将到来的"不健全"的移民浪潮，是一个非常好的政策。[67] 很快，她又提倡开展一项国家计划，"让我们人口中劣生的群体（被宣称为有劣等基因的人们）在隔离和绝育之间作出选择"[68]。

20年代，美国人非常喜爱汽车。亨利·福特把底特律发展成国家汽车行业的中心。他引入了高级的流水线生产技术。[69] 尽管福特的雇员工作时被禁止坐着、说话甚至吹口哨，但是他们一天能挣5美元之多——这在1924年可是一份相当不错的工资。** 福特本人变得极为富有。用2004年的美元价格来算，他当时大概拥有100亿美元的资产。[70]

---

* 德国科学家在20世纪20年代和30年代的行为将远远超出里普利著作中的言论，这将给整个欧洲带来致命的后果。

** 《在工作的时候吹口哨》是1937年沃尔特·迪斯尼的经典动画片中白雪公主的朋友7个小矮人所唱的一首动听的歌曲。这是迪斯尼对福特"不准吹口哨"政策的讽刺吗？

亨利·福特在很多方面都是一个开明的企业家。1926 年时,他的劳动大军中有 1 万名黑人。在福特汽车公司,黑人雇员可以进入管理层。[71] 福特车间的大门也向伤残的工人敞开。他的流水线生产方法能够让盲人、截过肢的人操作一项单独而又重要的任务。用这种方法,他让好几千人找到了尊严。[72]

但是亨利·福特也有阴暗的一面。他的宽容大度尤其不提供给犹太人群体。他的报纸《德宝独立报》(*Dearborn Independent*)上经常发表一些激烈的反犹文章。由于他对犹太人的攻击过于强烈,哈定总统和与他同是工业家的托马斯·爱迪生请求他停止这样做。《独立报》重印了沙皇时代秘密警察臭名昭著的创造《锡安长老议定书》(*The Protocols of the Elders of Zion*)。这一文件很早就被揭露是伪造的,文件指控一些有权有势的犹太人在策划一场国际阴谋,以控制整个世界。《独立报》头版文章的标题是:"国际犹太势力:一个世界问题",这与名声败坏的《议定书》的主题相对应。[73]

1922 年,《纽约时报》的一个对外通讯记者访问了一个新成立的政治派别——德国国家社会主义工人党设在慕尼黑的总部。很快,这个党将以国家社会主义的德文简称纳粹而闻名于世。作为一名得到过"一战"勋章的退伍军人,年轻的希特勒在他的办公室里放着一副亨利·福特的巨型肖像。在办公室外的一张桌子上,堆放着高高一摞福特的《国际犹太势力》(*The International Jew*)一书的德文译本。[74]

希特勒表达了对另外一位有影响的美国人莱昂·惠特尼(Leon Whitney)的敬意。惠特尼是美国优生协会的主席。德国元首还要了一本美国优生协会重要成员麦迪逊·格兰特(Madison Grant)的著作《伟大种族的消亡》(*The Passing of the Great Race*)。希特勒给予这本书大量溢美之词，称之为他的"圣经"[75]。

5. "和柯立芝一起保持冷静"

1924年，美国人被芝加哥的理查德·勒伯（Richard Loeb）和纳森·列奥波德（Nathan Leopold）谋杀14岁的博比·弗兰克斯（Bobby Franks）一案震惊了。勒伯和列奥波德都是青少年，出生于富有的家庭，受过良好的教育。[76] 勒伯是西尔斯·罗巴克（Sears Roebuck）公司一位主管人员的儿子，是密执安大学最年轻的毕业生。在密执安大学，勒伯沉迷于阅读尼采的《超越善恶》一书。尼采认为，传统的道德标准并不适用于"超人"[77]。列奥波德被勒伯所吸引，并极度渴望得到后者的认可。

勒伯想犯下一桩完美的罪行。两个男孩儿将小博比引诱到他们的车内，勒伯用一把凿子杀死了他。人们很快在一个涵洞内发现了博比裸露的尸体。两个男孩儿的家庭聘请了美国最好的刑事犯罪律师克莱伦斯·丹诺（Clarence Darrow）。由于这两个青少年的罪行是显而易见的，丹诺决定作一个充满激情的呼吁，以求法官饶两个凶手一命。丹诺请来了最好的精神病医生来证明凶手在心理上患有强迫症。控方将这些专家讥讽为"来自东方的三贤人"[78]。

1924年8月，丹诺在芝加哥一个情绪热烈的法庭里作了最后的辩护。他探究了一个充满了明显的性与心理欲望的世界。他提出了一个宇宙"宿命论"的理由。"人的本性是强大的，她是无情的。"[79] 他争辩道，人的本性以一种神秘的方式起作用，我们对之无法控制。他举例说，将一个人关入监狱甚至是比将一个人绞死更严厉的惩罚——"在你所行走的整个漫漫长路上，除了黑夜以外别无他物"。[80]为了恳求人们赦免两个凶手死罪，丹诺充满激情地喊道："如果我所生活的国家还不比这两个少年疯狂的行为更仁慈、人道和体谅，很遗憾，我活得时间就太长了！"[81] 当丹诺结束了他的恳求后，法庭里的许多人，包括主持本案的法官，都当众落泪。这种新颖的策略起到了足够好的效果，它将两人从死刑中拯救了出来。列奥波德和勒伯被判入狱99年。[82]*

1924年总统大选之年到来之际，很少有美国人将柯立芝总统与哈定的经历联系起来。柯立芝本人的诚信毫无问题。这个国家正在享受海外的和平与国内前所未有的繁荣。或者至少表面上是这样。随着商品价格的滑落，在农业地带已经出现了警告的迹象。然而，大多数美国人都在幸福地感受繁荣时代。不仅商务部部长胡佛和财政部部长梅隆显得信心十足,对本杰明·斯特朗（Benjamin Strong）这样的人来说，全国财政上的一致性看上去在引导这个国家的经济走上一条安全和稳定的道路。

斯特朗并不是人们所选出的48州的某个州的州长，但他是美国重要的银行机构、纽约联邦储备银行的"州长"**。斯特朗在世界范围享有盛誉。他曾经带领一个小工作组前往欧洲削减德国的战争赔款，这基于一个非常明智的看法（实际上基于一个让人尴尬的很明显的观察），即如果德国的负担过于沉重，直到"发出尖叫声"——正如英

---

* 理查德·勒伯在1936年被另一个囚犯所杀，此人称勒伯对他进行了性侵犯。纳森·列奥波德学会了27门外语，并在监狱医院里担任 X 光技师，他还重新组建了监狱的图书馆。列奥波德1958年被释放，他移居波多黎各，在那里结了婚。他写下了《波多黎各的鸟群》（*The Birds of Puerto Rico*）一书。列奥波德死于1971年，终年67岁。

** governor 有州长、银行总裁、美联储主席之意。——译者注

国的劳合·乔治曾经所希望的——她将无法重建。[83] 一个经济上崩溃的德国对于世界贸易来说是极为不利的。对于胜利的协约国来说，也是不利的。斯特朗十分清楚这一点。

当民主党人开会挑选总统候选人时，他们知道他们面临着一个严峻的任务。民主党在"不禁酒"和"禁酒"上产生了分裂。"不禁酒派"希望废黜禁酒令，而"禁酒派"则针锋相对地决定让法律的软木塞继续塞在酒瓶子里。国家对酒的禁止得到了南部和西部许多州的大力支持——在这些地方，从安德鲁·杰克逊时代起，民主党的势力就很强大。对许许多多美国妇女来说，禁酒令代表着一项真正的改革。在那些工人的妻子看来，丈夫在当地的酒馆里浪费着工资，对个人和对家庭来说，都是一场财务上的灾难。[84] 如今，这些意志坚决的女人有了选举权，她们能够惩罚那些公然违背她们意志的政治家们。

"禁酒派"的领袖是威廉·吉布斯·麦克阿杜（William Gibbs MacAdoo）。麦克阿杜曾是伍德罗·威尔逊的财政部部长，他工作称职，渴望继承威廉·詹宁斯·布赖恩的平民主义衣钵。麦克阿杜娶了威尔逊总统的女儿。麦克阿杜的禁酒立场十分坚定，他甚至因为有一次吃了一块浸泡在雪利酒中的蛋糕，而向他的支持者道歉。[85]

如果不是有人揭发爱德华·多赫尼（Edward L.Doheny）曾用定金聘其为律师，麦克阿杜或许会很顺利地被提名为总统候选人。多赫尼是蒂波特山事件的中心人物，在哈定在位期间，他曾给予失势的阿尔伯特·贝肯·福尔10万美元的无抵押贷款。尽管麦克阿杜个人没有什么可以被指责的，但在选民的脑子里，这一事实还是让他和哈定的丑闻联系在一起。[86]

1924年，麦克阿杜前往纽约参加民主党全国代表大会，他对"阴险、无耻、不可告人的政府躲在特权和财政的庇护所中……"提出了异议。[87]麦克阿杜的这一席话被认为是词汇贫乏。在很多人看来，这样的话就是对亨利·福特在《德宝独立报》上对犹太人表现出的偏执狂的确定无疑的重复。

纽约州州长阿尔弗雷德·伊曼纽尔·史密斯（Alfred Emanuel）反对提名麦克阿杜为总统候选人。1911 年，史密斯的经历吸引了全国范围的注意，当时他正担任一个委员会的联合主席，调查发生在曼哈顿的可怕的三角衬衫厂大火事件。大火的炽热将许多妇女围困在楼上。消防员无法接近她们，因为所有的门都被锁上了，以防窃贼进入。当纽约人得知年轻的妇女们为了从大火中逃生，而纵身从大楼的窗户跳下时，他们惊呆了。在阿尔巴尼（Albany），史密斯议员发起了多项改革，以保证工人的安全。[88]他很快被选为帝国州*州长。当记者问他对禁酒令的看法时，聪明的史密斯笑着反问他们："难道你们不喜欢把脚放在椅子的扶手上，用嘴吹掉啤酒的泡沫吗？"[89]**

但至少有一个"阴险、无耻、不可告人的政府"麦克阿杜不会公开反对，那就是"三 K 党"的"不可告人的帝国"。史密斯对于"三 K 党"的立场并不比其他人更加明确。但作为一位罗马天主教徒，他反对"三 K 党"。作为纽约州州长，他签署了一项法律，实际上宣布了"三 K 党"为非法组织。

当民主党人士在麦迪逊广场公园集会时，民主党呼吁通过一项党纲，严厉谴责"三 K 党"。史密斯和许多其他大城市的民主党人决心

---

* 纽约州的别称。——译者注

** 根据本内特家训，作者的祖父约瑟夫·沃尔什（Joseph Walsh）大夫是史密斯的私人医生。在任何情况下，史密斯都是一个人们乐于交往的风趣的人。

加倍重视此事。来自阿拉巴马的参议员奥斯卡·安德伍德（Oscar W. Underwood）也持同样的观点。安德伍德的总统候选人身份面临着两个重大的障碍：他是一个毫无保留的不禁酒派，且勇敢地反对"三K党"。*

大会由于对反"三K党"决议的争论而进入混乱。反对"三K党"的代表冲着麦克阿杜的支持者叫喊道："站起来啊，你们这些'克里狗'。"**代表之间随后爆发了争斗。[90] 威廉·詹宁斯·布赖恩站起来，提出了一个温和的解决办法，即谴责暴力，但又小心避免点到"三K党"的名字。[91] 在最后的表决中，反"三K党"的党纲以一票之差——543票对542票——没能通过。[92] 当时，肯塔基代表团的格里菲斯（D. W. Griffith）站在一个凳子上看着反"三K党"的决议走向失败。[93] 格里菲斯是歌颂"三K党"的电影《一个国家的诞生》（*The Birth of a Nation*）的制片人，"三K党"成功地利用这部电影来招募新的成员。[94]

1924年民主党全国代表大会是在纽约夏天令人窒息的酷热中召开的。人们情绪激昂，一些代表甚至晕倒在麦迪逊广场难闻的气味中。但不久之后，当即将提名史密斯州长为总统候选人时，一个激动人心的时刻到来了。

史密斯选择富兰克林·罗斯福来为自己提名。罗斯福也打算将这次露面作为他罹患脊髓灰质炎后的一次"首演"。他一次又一次地练习着走15英尺，这是他将要登上一个演讲台的距离。在他年轻的儿

---

* 约翰·F. 肯尼迪在他1956年的畅销书《当仁不让》（*Profiles in Courage*）中对安德伍德反对"三K党"的勇气表示了敬意。

** "克里狗"（*Kleagle*）是"三K党"首领的称号。

子吉米（Jimmy）的搀扶下，罗斯福看上去并不需要别人的支撑。罗斯福向后仰着脑袋，谈笑风生，说起某些笑话时，他会发出爽朗的笑声。只有那些离他很近的人才会看到他在努力做这些动作时，汗水不断顺着他的眉毛向下流淌，注意到他用铁夹子使自己牢牢地站在讲台上。[95]

这是一次不可思议的演出。他用饱含激情、充满自信的语调演讲，他那带有哈佛特点的曲折多变的讲话方式与他要提名的那个人的"纽约人行道"口音形成了强烈的对比。不过，罗斯福对他称之为"快乐的斗士"史密斯的及时支持，将出身地位较高的、信奉新教圣公会教的自己和那些充满感激之情的爱尔兰裔天主教徒联合在一起。[96]此后，罗斯福自己的电话簿上出现了许多爱尔兰裔政客的名字，人们说他的电话簿就像"都柏林的电话号码簿"[97]。

这次大会是让人不愉快的、充满仇恨的与争论不已的。罗斯福的演讲是这个在无情中艰难度过10天的会议日程中巨大的亮点。在两个主要的竞争对手——史密斯和麦克阿杜——争斗得筋疲力尽之前，民主党人就开始为登记在候选人名单上的数字较量起来了。来自西弗吉尼亚的华尔街律师约翰·戴维斯（John W. Davis）是一个持中间立场的候选人，最后筋疲力尽的代表们将他位列候选人名单的第103位。[98]

同时，在6月份那段紧张的日子里，一次轻微的水疱而引发的感染，使16岁的小卡尔文·柯立芝的生命正在白宫中一点点耗去。互相争斗的代表们暂时放下纷争，为这位濒死的孩子祷告，并向为孩子心碎的父亲送上告慰的话语。[99]柯立芝后来在他的传记中提到了儿子的死亡。丧子之痛，让沉默的卡尔变得更加寡言少语：

在病痛之中，他请求我让他更好受一些。我却无法做到。他走了之后，总统这一职务的权力与光荣也随之而去……上帝的旨意往往超出我们的理解。对我来说，这似乎意味着，这个世界需要也许他能完成的工作。我不知道为什么拥有白宫要付出如此大的代价。[100]

共和党人说总统大选事关"柯立芝或混乱"[101]。民主党人在1924年的聚会是首次通过收音机转播的政治大会，对许多听众来说，争吵和喧嚷声看上去就像流行漫画《让人头疼的调皮蛋》（*Katzenjammer Kids*）里的滑稽行为。* Katzenjammer在德语里是酩酊大醉的意思。1924年民主党全国代表大会之后，"不禁酒派"和"禁酒派"都深受重创。立场中立的候选人戴维斯不顾民主党的反对，决心点名谴责"三K党"。但是，在这件事之外，他不过是一个无足轻重的总统职位竞争者。

11月，参议员罗伯特·拉福莱特决定向选民表明，谁才是真正的选择。他高举着进步党的旗帜，发起了一场强有力的竞选活动。戴维斯和拉福莱特都攻击了柯立芝安抚有钱人的减税政策。幽默作家威尔·罗杰斯（Will Rogers）称为较高收入者和商业实行减税的理论是一项"滴入论"**的政策，这一术语被使用了很多年。[102]

共和党人并没有从哈定不节制的行为中遭受什么损失。但是即便如此，他们还是平静地搁置下为他们深爱的已故总统在俄亥俄州修建一座大型纪念馆的计划。柯立芝赢得了一场全国范围的胜利，只是在

---

*《让人头疼的调皮蛋》在赫斯特的报纸上刊载。汉斯（Hans）和弗里茨（Fritz）是漫画里两个无拘无束的捣蛋鬼。美国人非常喜爱这个漫画，即便是在疯狂的反德国的"自由卷心菜"时期，他们也忠实地阅读它。

**trickle down，指逐渐变化。

老南部邦联州俄克拉荷马和拉福莱特的威斯康星州才失利。柯立芝赢得了 15 725 016 张选民票（占选票总数的 54.1%）和 382 张选举人选票。戴维斯赢得了 8 386 503 张选民票（占选票总数的 28.8%）和 136 张选举人票。拉福莱特只是获得了 4 822 856 张选民票（占选票总数的 16.6%）和其家乡州的 13 张选举人选票。

这次总统大选在当时并不是唯一一个能够抓住美国人注意力的竞赛。

田纳西州的立法机关在反思着这个充斥着诸如列奥波德和勒伯案件的时常让人感到恐惧的世界。立法者在诸如查尔斯·达尔文、弗雷德里希·尼采和西格蒙德·弗洛伊德这样的知识分子的无神论哲学中看到了人们担心的原因。尼采关于"上帝死了"的言论被广泛征引，大多数人都对之产生了错误的理解。尼采这一说法的实际意思是，人类对上帝的信念死了。在这些思想的冲击下，忧心忡忡的田纳西立法者发现他们与俄国作家费奥多尔·陀思妥耶夫斯基的观点一样。陀思妥耶夫斯基笔下的卡拉马佐夫说，如果上帝死了，那么所有事情都是被允许的。立法者肩负着确保在田纳西州不是所有的事情都是被允许的重任。解决办法既简单又直接。他们通过了一项法律，禁止教授达尔文学说和任何坚持人类是从较低的生命形式中进化而来的观念。

一个名叫"美国公民自由联盟"（American Civil Liberties Union, ACLU）的组织从这项法律里看到了在思想上反击他们视为思想倒退的基督教原教旨主义的良机。"美国公民自由联盟"在许多报纸上刊登了广告，年轻的约翰·斯考普斯（John T. Scopes）也对这项法律作出反应。这位来自田纳西戴顿（Dayton）的科学教师表现出了以身试法的决心。1925 年，他被指控违反了新法律，当年夏天，对斯考普斯的审判吸引了全国的注意。当著名的克莱伦斯·丹诺着手为斯考普斯辩护时,他无疑成为全国人民注意的焦点。

威廉·詹宁斯·布赖恩很渴望在起诉斯考普斯时做点儿什么。布赖恩并不是田纳西人,他从未有过法律上的实践经验,在尽可能地使自己深入审判的核心上,他也没有系统的论辩知识。但是,布赖恩演讲时的口才生动,能写一手好文章。此外,这个前国务卿和民主党的三次美国总统候选人喜欢成为人们关注的焦点。[103]

布赖恩在一次重要的审判策略上取得了成功。他从法官那里获得了一个有利的裁定,如果丹诺提出让科学专家为斯考普斯辩护提供证据时,这些专家应当服从控方律师的盘问。[104] "美国公民自由联盟"提供的律师阿瑟·加菲尔德·海斯(Arthur Garfield Hays)为此十分苦恼。"如果接受控方律师盘问的话,那将表明同时也是宗教人士的科学家——我们只能选择这样的人——仍然不相信圣灵感孕和其他奇迹。"[105]海斯知道这些怀疑论者的证据将削弱"美国公民自由联盟"在美国人教育上的更为广泛的计划。[106]海斯后来写道,"美国公民自由联盟"需要得到成千上万基督徒的支持,因为他们相信他们各自教会对教义的基本见解。[107]他不想因为让持怀疑态度的科学家作证,而公开暴露"美国公民自由联盟"中的激进主义。[108]

在对这次控告的获胜作出反应时,H.L.门肯讽刺道:"田纳西州控告不信教的斯考普斯这一大案的目的就是为了将被告置于死地。"[109]门肯是几百名从远方赶到戴顿这一小镇,报道媒体所谓的"对猴子的审判"的记者中的一位,他不会放过嘲笑他所看到的南方落后性的典型例子的机会。他写道,南方可谓是"一片艺术的荒漠"[110]。

接下来,丹诺要反击了。他竟然请证人席中"世界上最伟大的《圣经》专家"威廉·詹宁斯·布赖恩来作证！[111] 人们很快就看出可怜的布赖恩在这种智力的交锋中并没有做好准备，而这恰是丹诺在法庭上的资本。丹诺是美国最好的律师。布赖恩很快就深陷在自我矛盾之中，他用拳头捶打着桌子，可怜地喊道："我只不过是试图捍卫《圣经》，反对美国最大的无神论者或不可知论者！"[112] 法庭里的人们为布赖恩的这一番话疯狂欢呼，但这在实际上却是对失败的承认。[113]

在陪审团以触犯田纳西州法律的罪名判定斯考普斯有罪后，法官很谨慎地对布赖恩处以 100 美元的罚款。布赖恩又一次不明智地将这一判罚看作是对他无罪的证明，并宣称要将这一讼因传播到其他州里。他的妻子玛丽表达了自己的疑虑。她不愿意看到布赖恩所做的这一切努力，被别人视作是对思想自由的侵犯。[114] 不过，就在审判要结束的那几天里，这个伟大的平民死于睡眠之中。门肯幸灾乐祸地说："上帝瞄准的是丹诺，击中的却是布赖恩！"[115]

这次审判被视作美国生活的一个重要转折点。一个绝对的神话由此诞生了。百老汇的音乐剧《向上帝挑战》（*Inherit the Wind*）（后来被拍成一部电影）助长了种种误解的传播。一位细心的记者和后来著名的文学评论家约瑟夫·伍德·克鲁彻（Joseph Wood Krutch）帮助厘清了这个故事。他写道："戴顿这座小镇，表现得十分平静，这里的气氛远不是凶险的，就好像那天是在上演一场马戏表演。《向上帝挑战》的作者们却把审判弄成了……一次猎巫行动……"克鲁彻指出，审判的意义在于辩护而不是指控。"因此，这是一场奇怪的审巫案，在这场审判里，被告竟然赢得了一笔奖学金，使他能够进入研究生院学习，唯一的受害者竟是控方的重要证人，可怜的老布赖恩。"[116]

在欧洲恐怕没有如此引人注目的对带来麻烦的书籍的审判。就在美国人为达尔文而展开争论的同一年里，德国的出版社推出了一本新书。希特勒出狱后，出版了他的《我的奋斗》。这位纳粹党的领袖因为试图推翻其家乡巴伐利亚的政府而被投入监狱。他用其简单明快的语句口授了这本书。*

如果达尔文描述了物种之间的竞争只有适者才能生存的话，希特勒则将这一竞争应用到了国家之间的关系中来。在他冗长沉闷的书中，希特勒用令人心寒的细节向人们展示了建立一个新德国的计划。雅利安人——就是基因赋予他们白皙皮肤、浅色头发和蓝色眼睛的那些人——是大自然中最具适应能力的人。他们是优等民族。他们在第一次世界大战中失败的唯一原因，是因为犹太人出卖了他们。希特勒将停战协定比作"背上的刺"，那些签署协定的德国人都是"11月的犯人"。

6. "孤独的雄鹰"

陆军上校比利·米切尔（Billy Mitchell）看样子要上军事法庭了。他不断纠缠海军，以便让他能够击沉被俘获的德国战列舰"东弗里斯兰"号（Ostfriesland）。[117] 1921年7月21日，米切尔下令从空中发射鱼雷攻击德国的无畏级战舰，以清楚地向人们表明，在空中火力的打击下，德军的战列舰是多么脆弱。然而，由于并不满足这一公关上的成功之举，这位傲慢的年轻上校抨击了陆军和海军的官员，大胆地要求一支新的空军力量，并在一些广为传播的文章里表达了要求建立空

---

* 希特勒的纳粹党每年都要庆祝1923年失败了的慕尼黑啤酒馆暴动。

中力量的理由。[118]

由于米切尔走得太远了，1926年1月，柯立芝总统除了维持军事法庭的判决之外别无选择。尽管"东弗里斯兰"号已经抛锚，并且停止还击，但是一架小型飞机将这一武装战舰击沉，还是在美国人民中产生了巨大影响。考虑到这一事件的影响，柯立芝总统选择他在阿姆赫斯特大学（Amherst College）的同学德怀特·莫罗（Dwight Morrow）率领一个航空委员会来调查此事。莫罗是来自摩根商行的一位华尔街的成功金融家，他向人们证明他能够胜任这一任命。[119]

另一位自信而年轻的飞行员决心给人留下深刻的印象。他就是年轻的查尔斯·林白（Charles A.Lindbergh）。林白不喜欢鲁莽行事，他也不愿意向商人和银行家寻求金钱资助。这位24岁的大学辍学生在20年代并不是一个什么大人物。他烟酒不沾，不与姑娘们纠缠，只专心于飞行。[120] 他给自己定下了很高的标准——甚至将富兰克林·罗斯福的所作所为定为自己完美的榜样：警觉、无私、沉着，这些都需要通过忘我与热情才能做到。[121]

人们很难想象，还有谁比林白更能代表"失落的一代"。但是，林白这个明尼苏达州国会议员的儿子确实拥有与F.司各特·菲茨杰拉德（F. Scott Fitzgerald）笔下的杰伊·盖茨比（Jay Gatsby）共同的特点：他的眼睛时刻盯着重要的机会，他知道怎样得到他要的东西。

世界声誉在等着那个不停歇飞越大西洋的人。所得到的不仅是名气，还有财富：25 000美元的奥泰格奖（Orteig Prize）会使人们不惜冒生命危险。海军指挥官理查德·伯德（Richard Byrd）曾是第一个飞越北极点的著名飞行员，1927年4月他驾驶着巨大的三引擎飞机"亚美利加"号（America）失事了。[122] 伯德只受了点轻伤。但是两个星期之后，另外两个海军飞行员却因为三引擎飞机失事而丧命。[123]

从任何一个方向飞越大西洋都能赢得奖金，所以两名法国飞行员于1927年5月9日从巴黎起飞，向西飞往纽约。[124] 当从报道中得知伟大的夏尔·南杰瑟（Charles Nungesser）和弗朗索瓦·科利（Francois Coli）抵达新英格兰海岸附近的海域时，林白的心不禁一沉。人群已经准备好在巴黎欢呼。[125] 但是突然之间，南杰瑟和科利所驾驶的飞机失踪了。

当林白看着自己的单引擎单翼飞机"圣路易精神"号（*The Spirit of St. Louis*）已经做好起飞的准备，空中的细雨、深深轧满飞机轮子印的泥泞道路，以及最近得知的南杰瑟和科利的死讯，营造出一个阴郁而非欢庆的场面。林白心里想："这更像是一支送葬的队伍，而不是飞往巴黎的开始。"[126] 他的飞机上只装载了最少的必需品。一切不必要的东西都必须给燃料让路。这位个子瘦长的飞行员为这次出行只带了5个三明治。当有人问他这是否足够时，他简短地回答道："如果我能到达巴黎，我就不需要更多的东西。如果我不能到达巴黎，我也不需要更多的东西。"[127]

1927年5月20日清晨，林白从长岛的罗斯福机场起飞。*这架装满了燃料的飞机吃力地升空了，在它刚刚飞到10英尺的高度时，就失去了它的牵引机，不到20英尺时，电话线路也失效了。整个国家都屏住了呼吸。连威尔·罗杰斯也无法幽默起来：

---

* 对那些很在意这类事情的人们来说，这并不是一个好兆头。罗斯福机场以老罗斯福的儿子昆汀·罗斯福（Quentin Roosevelt）的名字命名，这位年轻而勇敢的飞行员因飞机失事在巴黎上空丧命。

> 一个……身材瘦长、含羞、面带微笑的美国男孩儿现在正位于大西洋上空的某个位置,此前没有任何一个人有过这样的冒险。不管人们信仰何种神灵,都为他祈祷。如果他死去的话,那将是我们曾有过的让全世界最感痛惜的损失。[128]

但是他并没有死去。他也不是独自一人。《纽约太阳报》的哈罗德·安德森(Harold Anderson)写下了一篇当时最为流行的专栏文章,题目是"林白在独自飞翔":

> 谁说他在独自飞翔?有着支撑身体的勇气、熟练的驾驶技巧和对左派政治观念的信仰,难道他是孤独的吗?当冒险的精神引领他勇往直前、雄心壮志使他从容地看着罗盘时,孤独会伴随在勇气左右吗?当勇气劈开空气、豪情(Emprise)点亮黑暗,我们还能说他是孤独无助的吗?[129]*

林白经过了 33 小时又 39 分钟的飞行后顺利降落,无数激动的法国人潮水般涌向巴黎布尔热(Le Bourget)机场。[130] 在那个对技术细节着迷的年代,有人指出,"圣路易精神"号的引擎共打火 14 472 000 次——之间没有一次停顿——跨越了纽约到巴黎之间的 3735 英里。[131]

林白成为那个时代最著名的英雄。在巴黎,他受到众人的膜拜。

---

* 根据 Merriam-Webster 在线大词典的解释,豪情(Emprise)是指一种敢于冒险、勇敢无畏或骑士气概的精神。

在纽约,他受到了英雄般的欢迎,沿着百老汇大街欢庆的队伍向他抛洒彩带。他是如此著名,连衬衫也不用拿到外面去清洗了。因为人们会把他的衬衣一缕缕地割下来留作纪念。他也不用再签任何一张支票,因为他的签名比这张纸片上的金额还要值钱。林白还在美国各地飞行,所到之处都受到人们的盛情款待。在一次晚宴上,乔治·葛什文(George Gershwin)为这个年轻人演奏他著名的《蓝色狂想曲》(*Rhapsody in Blue*),只是在问及飞行的危险时,才中途停下来。[132]林白将他的金钱交给经验丰富的摩根商行管理。他在那里遇到了德怀特·莫罗,后者很快就成为柯立芝总统的驻墨西哥大使。[133]

禁酒令使美国与北美大陆的两个邻居的关系紧张起来。酒贩子在北部和南部的边界上穿来穿去。美国的匪徒用贿赂收买了边界两旁的海关官员。

然而,就墨西哥来说,最让人感到麻烦的扣押与杜松子酒没有关系。墨西哥政府扣押了美国石油公司的财产,这使两国走到了战争的边缘。柯立芝总统派莫罗去墨西哥城谈判。心中充满狐疑的墨西哥人认为,莫罗只不过是来刺探墨西哥的海军情报。但是,莫罗老练地与墨西哥的各个党派周旋,他希望林白能受到墨西哥的官方邀请,前往墨西哥城。

林白对公众的关注十分热心。他说他将不停歇地从华盛顿飞往墨西哥城。莫罗不愿让他这个年轻有名的朋友冒险,林白却说:"你负责我的邀请,我来对付飞行。"[134]当这个被新闻界赋予"孤独的雄鹰"称号的人飞抵墨西哥城时,人们发出了疯狂的欢呼声。几千人睡在跑道上,以目睹英雄的风采。许多人为林白祈祷,因为他迷了路,迟到了两个小时。"林白万岁!"人们欢呼道。莫罗小姐心想,激动的人们或许会把这个年轻飞行员的衣服撕成碎片。[135] 这曾经是，现在也是美国与墨西哥关系中最伟大的时刻。柯立芝总统对德怀特·莫罗的明智任命值得称赞。我们只需将柯立芝的外交手段与伍德罗·威尔逊拙劣的南方边界政策比较一下，就会正确评价柯立芝的成就了。

在墨西哥度假期间，"幸运的林迪"遇见了那个将成为他妻子的年轻女人安妮·莫罗（Anne Morrow）。安妮是莫罗的女儿，敏感、聪颖而美丽。

7. 和平与繁荣

查尔斯·林白并不是唯一希望在巴黎留下英名的美国人。在20年代，像海明威和菲茨杰拉德这样移居国外的作家，都纷纷涌向巴黎这座光明之城。在巴黎，葛楚德·斯泰因（Gertrude Stein）和她的伙伴爱丽丝·托克拉斯（Alice B.Toklas）主持着一个文学沙龙，这是美国年轻作家们渴望博得名声的聚会场所。"要知道，海明威，评论并不是文学。"这是斯泰因对这位年轻的美国作家粗犷文风的直率评价。[136] 尽管斯泰因常常有尖刻的评论，她的建议还是在作家们中颇受重视。就连堪称美国南方作家典范的威廉·福克纳（William Faulkner）以及志向远大的剧作家尤金·奥尼尔（Eugene O'Neill）也会欣然前往这个文学之家。

美国国务卿弗兰克·凯洛格（Frank B.Kellogg）的眼睛也注视着巴黎。他对法国外相阿里斯蒂德·白里安（Aristide Briand）提出的缔结一份条约的要求作出回应。这项计划中的条约将保证两国绝不会相互开战。白里安试图让美国在法国受到攻击时能够予以支持。凯洛格扩大了要缔结的条约的范围,他公开的目的是"拒绝让战争成为国家政策的工具",并邀请所有国家都来签署。[137]《凯洛格—白里安公约》后来为两个人赢得了诺贝尔和平奖。最终包括日本、德国和意大利在内的 62 个国家在公约上签了字。[138]

但是《凯洛格—白里安公约》却是一个大杂烩。长远来看,公约最终为针对侵略战争发动者而设的战争罪法庭提供了法律基础。但就短期来看,它使民主国家放松了警惕,使它们认为,依赖一纸和约就能得到安全,这是很危险的。来自弗吉尼亚的民主党参议员卡特·格拉斯(Carter Glass)说,他不会"头脑简单到认为,值得为公约发行一张邮票"。[139]不过,格拉斯还是投票批准所谓的《巴黎非战公约》(Pact of Paris)。参议院以 81 票赞成,1 票反对顺利通过了《巴黎非战公约》。[140]当国会批准新建立 10 艘巡洋舰时,《纽约晚邮报》(The New York Evening Post)嘲笑了巴黎公约。"要是我们不只是和 26 个国家签订一份和约的话",《纽约晚邮报》的社论这样评价道,"我们还得需要多少艘巡洋舰?"[141]《纽约晚邮报》很明显引用了已经被人遗忘的老罗斯福的名言:"轻声说话,重拳出击。"

《凯洛格—白里安公约》受人欢迎的部分原因是,美国人更不愿去思考国外的麻烦。国外确实是有麻烦。在德国,面对共产主义者和纳粹分子的挑战,自由的魏玛共和国努力维持着民主制度。德皇威廉在荷兰流亡地接受采访时指责,犹太人应为德国"一战"的失利负责。[142]他位于荷兰多恩(Doorn)的家成为反对魏玛共和国的骚动中心。在威廉 70 岁生日(1928 年 1 月 21 日)那天,他在家中收到 3000 封要求他复辟的信。[143]这些信中,还有成百上千德国支持者的签名。[144]他满怀仇恨地对他的密友说,犹太人策划了他的退位。他咆哮道,犹太人必须被根除。用什么手段呢？威廉令人不祥的回答是直接和野蛮的："最好的办法是用毒气！"[145]

在1924年列宁死后的权力角逐中，约瑟夫·斯大林成功崛起。斯大林玩弄着权术，使统治苏联的共产党内部的各个派别相互争斗。[146] 尽管世界各国的共产党谴责反犹主义，但斯大林成功地利用反犹主义来反对他在老布尔什维克党中的对手。托洛茨基、加米涅夫和季诺维也夫先后遭到陷害。有思想的观察家可能会注意到，斯大林的"敌人"主要是犹太人。*

斯大林对敌人的成功打击使他能够腾出手来将乌克兰控制在掌心里。他指责由他的政策导致的饥荒是那些贪婪的"库拉克"**所致。"库拉克"的意思是拳头，用这一词汇指那些以其技术和艰苦工作而在乌克兰这块重要的谷仓获得成功的农民。俄国小说家弗拉基米尔·特恩德拉雅可夫（Vladimir Tendrayakov）描绘了"库拉克"的土地被苏联共产党没收后的命运：

> 在车站广场，被没收了土地并从自己家乡被流放的乌克兰富农们倒毙在街头。人们习惯于在早上看到那里的死人，医院的马夫亚伯拉姆（Abram）会拉着他的马车，将死尸堆放在马车里。
>
> 不是所有人都死了。许多人在垃圾堆旁、肮脏的小巷里游荡，拖着肿胀的腿，行动笨拙，因没有血色而脸色青

---

* 斯大林原名约瑟夫·维萨里昂诺维奇·朱加施维里（Josif Vissarionovich Dzhugashvili），出生于之前并不属于俄国的格鲁吉亚。作为一个布尔什维克革命者，他将自己的名字改为斯大林——钢铁之人。

** Kulak，即富农的意思。——译者注

灰，他们拉扯着每一个路过的行人，用狗一样的目光向人们乞讨。[147]

在美国，人们对汽车的喜爱在飞速发展。通用汽车公司并不打算借助低廉的价格与福特公司竞争，而是提供给消费者物超所值的汽车。雪佛兰轿车因为有着独具特色的自动启动器，而极大地推动了驾驶的普及，尤其在妇女当中。[148]

1927年，银幕上首次出现了"有声"电影——阿尔·乔森（Al Jolson）主演的《爵士歌王》（*The Jazz Singer*）。[149] 这部电影的主要情节是，一个犹太教堂唱诗班领唱人的儿子如何利用他美妙的歌喉成为一名流行歌手，并获得了财富。他的父母却为此伤心，因为他们认为他出卖了上帝赋予他的天赋。[150] 当阿尔·乔森说出他的标志性台词"你还没有听到吗"时，大多数美国人被震撼了。[151] 但是美国黑人却没能因为乔森手下的爵士歌手由白人涂成黑脸演出这一事实而感到满意。

柯立芝在1927年夏天达到了他声望的顶点。在南达科他州黑岗（Black Hills）度假期间，他召开了一次定期的不具名（not-for-attribution）记者招待会。当记者涌入一所高中的体育场时，柯立芝发给每人一张纸，上面印着这样一段简短的话："我不会参加1928年的总统竞选。"[152] 简单明了、直截了当，这就是柯立芝的风格。

接下来是一段短暂但紧张的猜测期。他真的是那个意思吗？他会被说服而成为候选人吗？当知情者看到总统眼睛直勾勾地看着白宫窗外小卡尔文打完最后一次网球的网球场时，没有谁会感到吃惊。而当其他人听到格雷丝·古德休·柯立芝（Grace Goodhue Coolidge）对她的朋友悄声说的话（"爸爸说难关就要来了"）后，也一定不会怀疑他是出于真心实意。¹⁵³ 柯立芝或许很了解他自己的品行。一个著名的医生后来谈及他时说道："我很少知道，一个人得了柯立芝总统所患的那种心脏病后，竟然还不会露出一些危险的迹象。"¹⁵⁴ 对那些知道总统一天要睡 12 个小时之久的人来说，心绞痛或许是一种解释——也许是身体机能衰退。

不管出于何种原因，卡尔文·柯立芝在即将离任期间，是如此有尊严地为国效力。在经历了性格倔强的威尔逊和软弱无力的哈定后，柯立芝给自己的职务增了光。他可能是唯一一位会在正式场合头戴苏人作战时的羽毛头饰，而看上去并不滑稽的白人。来自堪萨斯的主编威廉·艾伦·怀特所写的关于柯立芝的书的标题"巴比伦的清教徒"，很好地总结了这位冷静的总统任期。

另一个在那一年选择退出的美国人是乔治·赫尔曼·鲁斯（George Herman Ruth）——他以"贝比"（Babe）的昵称而为许多棒球迷所熟知。贝比·鲁斯（Babe Ruth）在 1927 年打出了让人震惊的 60 支全垒打，从而创造了一项 30 多年无人打破的本垒打记录。因此，人们把扬基球场称作"贝比·鲁斯之屋"，也就并不让人感到惊奇。

那一年，美国人同样为鲍比·琼斯（Bobby Jones）在高尔夫球场上的成就兴奋不已。在 1927 年出版的自传《沿球道而下》（Down the Fairway）中，琼斯写道："我希望我在这里能够说，当我第一次走过一个高尔夫球时，在我弱小的身体里就产生了一种奇怪而让人兴奋的击球的欲望，但这样说，人们会认为这是不真实的。"¹⁵⁵ 虽然如此，罗伯特·泰尔·琼斯（Robert Tyre Jones）在 6 岁时就开始自学打高尔夫球，14 岁时便荣获第一次职业冠军。¹⁵⁶ 他将统治这一运动，成为南方绅士和运动员的典范。

1927年，美国人同样看到了马萨诸塞州对尼科洛·萨科（Nicoló Sacco）和巴托罗密欧·范塞蒂（Bartolomeo Vanzetti）执行电刑。这两个意大利出生的无政府主义者在1920年的红色恐怖事件的高峰期被捕。他们被指控犯有谋杀罪和抢劫罪，经过审讯后被判有罪，最后被处以死刑。许多知识分子、作家和诗人都进行了长时间的呼吁，抗议对两人执行死刑。这两个人的命运成为轰动一时的事件，不仅仅在左翼分子中引起反响。[157]受人尊重的哈佛大学教授萨缪尔·艾略特·莫里森是上千名在请愿书上签字，要求减轻刑罚的人中的一个［甚至蓝带调查组（blue ribbon panel）的成员、哈佛大学校长A.劳伦斯·洛威尔（A. Lawrence Lowell）也要求审判应当公正］。未来的最高法院大法官费利克斯·弗兰克福特（Felix Frankfurter）当时还是哈佛大学的法学教授，发表了一份刺人痛处的报告，谴责审判和死刑。萨科和范塞蒂以勇气和绝对的尊严来迎接他们的死刑。范塞蒂在给他定死罪的法庭上作了最后陈词，尽管他的英语结结巴巴，但其中所表现出来的雄辩力量仍然让我们感动：

> 如果不是发生了这些事，我可能会继续活下去，在街角里同那些让人蔑视的人说话。我本该死得寂寞无名，无人所知，这应当是个失败。但现在我们没有失败。这就是我们的使命和胜利。在我们的整个一生中，我们都没曾希望会如此这般地去争取宽容、正义和人与人之间的理解，但现在我们却因为意外事件而这样做了。我们的话——我们的生命——我们的痛苦——什么都不是！夺去我们的生命——一个好鞋匠和一个可怜的鱼贩子的生命

吧——什么都不要留下！这个最后的时刻属于我们——痛苦就是我们最大的胜利！[158]

这桩著名的案件至今使我们的良心受到谴责。毫无疑问的是，在那样证据不足的情况下，今天的法庭是不会以谋杀出纳员及其警卫定罪的。萨科和范塞蒂一案同样指出将正义政治化的危险——这对于控方和辩方同样是危险的。问题本来不应与他们是否是激进分子有关。但他们显然是激进分子。唯一的问题应当是，他们是否真有被指控的罪行？

8. "每个锅里都有两块鸡肉"

面对 1928 年大选，共和党人满怀信心。和平与繁荣总是偏袒"在台上的"政党。继任柯立芝总统一职的入选者很明显是商务部部长赫伯特·胡佛。哈定总统曾经称之为"我所认识的最精明的家伙"[159]。

美国人对胡佛的经历十分钦佩。胡佛出生于艾奥瓦州的一个贫困人家，年少时便成为孤儿，后来他去了斯坦福大学，成为世界知名的矿业工程师。他发了大财，退休后可以过着奢华的生活。但是，他却投身于诸如援助比利时人、援助俄国饥荒这样的工作中。最后，在当商务部部长期间，有一次，柯立芝总统说"美国人主要的事务是商业，美国人主要的理想是理想主义"后，胡佛在这个位置上干了 8 年。

禁酒注定会成为一件让人争论不休的事。胡佛称之为"一项高尚的实验"，但是他也说过，他希望授权一项研究，来调查这一实验在那个时候进展如何。让专家来决定公共政策的棘手问题，胡佛这样做是有失公允的。民主党的重要人士阿尔·史密斯*是一个世人皆知的"不禁酒"派。他指责道:"如今,执法官员腐败、贩卖私酒、无法可依在全国盛行。"他断言禁酒必将失败。

当时有一首诗讽刺了后来著名的《威克沙姆报告》(*"Wick-ersham Report"*):

> 禁酒会一败涂地;
> 我们非常高兴。
> 它无法达到目的;
> 我们非常高兴。
> 它只会留下死亡和烂泥的痕迹,
> 却不能阻止一分钱的交易,
> 它让我们国家充满贪污与犯罪;
> 也让我们吃苦头受累。[160]

同以往一样,经济问题是选举的关键。胡佛向共和党展示了20年代的多项纪录——国家的收入增加了45%,出现了350万个新家庭,中学入学率上升了66%。所有这些都是真实的。[161] 随后,他像伊卡鲁斯想飞向太阳那样,也攀上了浮夸的顶峰。他说道:"在今天的美国,我们比以往任何时候都更加接近战胜贫困的最后胜利。贫民救济所消失了……假如能够有机会按照以往8年来的各项政策继续前进的话,我们很快将在上帝的帮助下,看到贫困从我国绝迹的那一天。"[162]

---

* 即阿尔弗雷德·史密斯。——译者注

当然，并不是胡佛一人持这种乐观主义态度。即使是以揭发他人丑闻为乐的记者林肯·斯蒂芬斯（Lincoln Steffens）也捕捉到了时代欢快的精神：" 美国的大企业正提供着社会主义者作为目标而坚持的东西：给所有人以食物、住所和衣服……这是一个伟大的国家，就像罗马一样伟大。"[163] 一位或许受聘于麦迪逊大街一家广告公司的共和党作家说，共和党值得人民信赖，因为它保证"每个锅里都有两块鸡肉。每个车库里都有一辆小汽车"[164]。

阿尔·史密斯由于常吸雪茄，他的嗓音沉重而缓慢。他对自己低微的出身开玩笑。他上不起大学，但他说从富尔顿鱼市（Fulton Fish Market）那里他获得了 F. F. M* 学位。阿尔·史密斯当然十分聪明，他有着天生的尊严，但粗糙的口音却让美国人听着十分刺耳。他在无线电广播里将他的口音强加给听众，这对这位总统候选人来说并没有什么帮助，反而使他在全国范围内，听上去非常像在国会委员会和大陪审团面前被拘捕的匪徒。

其次，宗教是选举的又一重要因素。胡佛不会鼓励任何偏执行为。然而，这并不会制止他的支持者去危及史密斯的天主教信仰。一位身为国家反酗酒联盟主席，与史密斯同样来自纽约州的遁道宗主教向州长史密斯发起挑战。他直截了当地说："没有哪个亲吻教皇戒指的州长，能够被白宫看上眼。"[165] 堪萨斯人威廉·艾伦·怀特是《恩波里亚报》（*Emporia Gazette*）的主编，是一位进步主义者。但即便这样，怀特还是写道："整个清教文明所缔造的这个坚强不屈、秩序井然的国家，正遭受到史密斯的威胁。"[166]

---

* 富尔顿鱼市的首个字母。

第二章 繁荣与衰败（1921—1933）

几乎没有人停下来问一问怀特，当华盛顿、杰斐逊、杰克逊和克里夫兰（Cleveland）当选为美国总统时，所谓的清教文明在哪里？在汉密尔顿、在亨利·克雷（Henry Clay）和在以宽容著称的林肯那里，清教文明又在哪里呢？

这并不是什么重要的事。没有民主党人愿意打击"和平与繁荣"。胡佛在1928年是一个非常受人尊敬的总统候选人。当然，他心胸宽广。作为人道主义者的胡佛对妇女、黑人和印第安人的需求尤其敏感。[167] 且不管阿尔·史密斯在进步主义运动中所取得的实际成就，也不管他是多么勇敢、聪颖和充满善意的幽默，他注定要失败。即便他不是天主教徒，他也是要输掉选举的。

投票过后，胡佛取得了压倒性的胜利。他赢得了 21 392 190 张选民票（占选票总数的 58.2%），41 个州的 444 张选举人选票。史密斯得到了 15 016 443 张选民票（占选票总数的 40.8%），只有 7 个州的 87 张选举人选票。具有讽刺意味的是，除了天主教选民数量占优的马萨诸塞州、天主教徒人数最多的罗得岛州之外，史密斯获得的其他胜利竟然来自南方腹地。史密斯拿下了南卡罗莱纳州、佐治亚州、密西西比州、亚拉巴马州、阿肯色州和路易斯安那州。这难道是"三K党"老巢一次鼓动人心的偏执的挑衅？* 或者是考虑到他是民主党，团结的南方宁愿把票投给"一只黄狗"**的结果？

---

* 在20年代，"三K党"的势力扩展到了印第安纳州和北部其他各州，并成为一个强烈的反天主教徒、反犹太人和反移民的组织。

** 从南部重建时期开始，美国南部的白人选民主要支持民主党。由于被称作团结的南方人，就有了这么一个笑话，说他们宁愿把票投给"一只黄狗"，只要它在民主党候选人名单上撒欢的话。

卡尔文·柯立芝。 在哈定拙劣的腐败事件之后,"沉默的卡尔"受到了人民的广泛欢迎。柯立芝被人们称作"巴比伦的清教徒",在喧嚣的 20 年代,他平静地管理着美国。尽管达到了权力的顶峰,但他却说:"我不会参加 1928 年的总统竞选。"

第二章 繁荣与衰败（1921—1933）

阿尔弗雷德·史密斯州长。照片中的叼着雪茄的是阿尔弗雷德·伊曼纽尔·史密斯（Alfred Emmanuel Smith），1911年，他在调查三角衬衫公司大火事件时，受到了全国人民的注意。作为一位锐意改革的纽约州州长，他赢得了全国声誉。史密斯被富兰克林·罗斯福称为"快乐的斗士"，他是第一位被提名为美国总统候选人的天主教徒。

赫伯特·胡佛。赫伯特·胡佛在做矿业工程师时发了大财，然后开始着手做一些慈善工作。他营救"一战"期间滞留在欧洲的美国人，领导了比利时援助计划，使上百万俄国人在布尔什维克革命造成的饥荒中幸免于难。然而，作为总统，在1929年股票市场崩溃之后的大萧条时期管理美国，是他的不幸。

教皇传记的作者乔治·维格（George Weigel）写道，当选举结果出来后，美国天主教团体里流传着这么一个故事。人们说，史密斯给教皇庇护十一世（PopePius XI）发去了电报："卸下包袱吧。"[168]

围绕史密斯的勇敢对抗，出现了一个城市传奇。后来有人说，他已经将黑人选民、南方人、农场主和城市选民等重要因素联合在一起了，以后将以新政联合（New Deal coalition）而著称。[169] 实际上，他并没有做这样的事情。这一项艰巨的任务将交给史密斯所强迫的那个继续在阿尔巴尼的州长位置上坐下去的那个人——富兰克林·罗斯福。

9. 崩溃

《西线无战事》（*All Quiet on the Western Front*）轰动了 1929 年的文坛。由于对战争给年轻人造成可怕影响的经典描述，德国作家埃里希·马利亚·雷马克（Erich Maria Remarque）深受协约国的欢迎。在 1929 年圣诞节之前，这部书已经热卖了将近 50 万册。[170] 当法国评论家对此书赞不绝口，并说每一本卖掉的书都是"支持和平的投票"时，雷马克却受到了德国军方的指责。等到后来纳粹上台，便开始焚烧他的著作。雷马克被迫逃离德国，他的姐姐艾尔芙蕾德（Elfriede）却被纳粹杀害。[171]

在美国，厄内斯特·海明威的《永别了，武器》同样讲述了许多年轻人对那些失败了的承诺的幻灭感，这些承诺说，要创建一个对民主来说更安全的世界。[172]

在芝加哥，禁酒令的实施已经是过时了。阿尔方斯·卡彭（Alfonse

Capone)(绰号"疤脸阿尔")的团伙埋头于贩卖私酒、对非法经营的酒店进行敲诈勒索、非法赌博和组织卖淫的勾当。在1929年情人节,他们与其对手乔治·莫兰(George Moran)(绰号"臭虫")帮派,以令守法的美国人瞠目结舌的方式做起了毒品交易。丹尼尔·帕特里克·莫尼汉(Daniel Patrick Moynihan)后来在其影响巨大的文章《变态确定下来》(*Defining Deviancy Down*)中,写到了那个年代对美国人生活的影响:

> 1929年禁酒时期的芝加哥,4个黑帮分子在2月14日杀死了另外7个黑帮成员,举国震惊。这个事件也成为一个传奇事件。这一事件使得不是一个而是两个词条被写入《世界百科全书》。我曾让其他人来评价这一事件,结果显示出20年代的美国社会完全不能容忍这种程度的异常。最后,宪法作了修正,导致众多黑帮暴力的禁酒令被取消了。[173]

在禁酒期间,政府奋力打击私酒贩子。也是在1929年,美国海岸警卫队在罗得岛的纳拉甘塞特海湾(Narragansett Bay)追捕飞速逃逸的酒类走私船"黑鸭子"号(*Black Duck*)。[174] 在多次警告"黑鸭子"号停下无效后,海岸警卫队开火了,打死了4名船员中的3人,收缴了500箱威士忌。[175] 而在波士顿附近,对酒类饥渴的人群被极大地激怒了,他们在芬纽堂市场(Faneuil Hall)外发起了一场骚乱,痛殴了一名海岸警卫队的招募人员。

即使这样,政府还是决定坚持法律原则。政府的特派员埃利奥特·奈斯(Eliot Ness)和他的那些"不可接触者"(Untouchables)以英勇无畏、足智多谋和拒不接受黑帮贿赂而闻名。奈斯对卡彭帮穷追不舍，终于在 1931 年以偷漏所得税为名，成功地将阿尔方斯·卡彭送进监狱。[176]

喧嚣的 20 年代在华尔街也显得喧闹不已。没有人比波士顿的约瑟夫·肯尼迪（Joseph P. Kennedy）知道怎样才能更好地利用体制。肯尼迪曾在一家酒店套房里开了一个带有欺骗性质的推销所，使黄色出租车公司免于破产。他怂恿从全国各地打来电话的几百位客户买进和卖出受到公司偷袭人威胁*的黄色出租车公司的股票。[177] 所有这些买进和卖出该公司股票的疯狂兴趣只是向外界表明这家公司是炙手可热的。这最终迷惑了那些偷袭人，使该公司的股份趋于稳定。[178]

几百万人迫不及待地涌进牛市之中，经常去购买只有票面价值十分之一的边缘股票（stock on a "margin"），然后将之再卖出，投机的泡沫就这样产生了。以这种方式，经营不善的公司的股票价值竟然被人为地哄抬上去。无数人都按照这种"最热提示"（hot tips）行事，急急忙忙地将他们的钱投资于股票，而不考虑这些股票的真正价值。每个人都想"一夜暴富"。

哈佛大学经济学家威廉·里普利对华尔街出现的这种"荒野西部"（Wild West）式的狂热气氛提出了警告。他形象地斥责公司会议室的"诱骗、欺骗与诈骗"。[179] 里普利的这些让人扫兴的话根本没有引起人们的注意。

当 1929 年 10 月初，小麦价格急遽下跌时，一场预告着艰难时世的震动降临了。[180] 这不仅给中西部的美国农民，而且给加拿大人和澳

---

* 指秘密购进某公司股份而袭取控制权者。——译者注

第二章　繁荣与衰败（1921—1933）

大利亚人都带来了灾难性的后果。[181]

10月份晚些时候，纽约股票交易所的股票严重下跌，股票价格回到了1927年的水平。[182]胡佛总统赶快发布了一项保证声明。他说，美国繁荣的"根基"是健全的。[183]

胡佛总统的预言不能再更不合时宜了。1929年10月24日，股市崩溃。它将以"黑色星期四"为世人永远铭记。一个月之前，美国30只重要的商业股票的平均价格为380美元。当黑色星期四那天交易结束后，就只有230美元了。[184]几百万美国家庭的投资几乎在一夜之间荡然无存。

美国人将陷入到他们此前根本不知道的最痛苦的萧条之中。这一经历让数百万人担惊受怕。美国此前一直是机会的乐园呢。然而，机会无疑是建立在充足的农业产量之上的。即使在内战的中期，林肯总统的感恩节声明还赞美了伟大的主赐给我们肥沃的土地和满满的谷仓。幸运时光不再，对几百万美国人来说，那些年是"饥饿之年"[185]。

对那些没有将积蓄投放到华尔街股票和债券当中去的更多的人来说，他们则从失业数字中感受了大萧条。1929年，失业率只有极低的3%。[186]1930年，无业人数并不比20年代更糟糕——失业率只有9%。但是，到了1931年，失业人数上升至800万，占劳动力人口的16%，大恐慌开始在美国蔓延。[187]难道看不见转机和复苏的迹象吗？到了1932年，失业率上升到24%这一最高点——1200万人失去了工作。[188]

银行的破产同样令许多生活最稳定的市民感到害怕。信誉对企业来说是很重要的，这一点自亚历山大·汉密尔顿（Alexander Hamilton）以来的美国人都知道。当数百家银行破产时，萧条加剧了。

工作和节俭通常总是美国经济力量的基础。现在，工作和节俭似乎对美国人来说没有什么用处了。

胡佛总统试图果断地振奋美国人萎靡不振的情绪。他在 1929 年 11 月份说道："对商业的基本力量缺乏任何信任……都是愚蠢的。"[189] 他在 1930 年 5 月 1 日又宣称："我们经历过最困难的时期。"[190] 具有讽刺意味的是，"五一国际劳动节"是国际上穷困工人发起的。总统的公众尊敬度受到了严重的伤害，困境根本不可能被改变，这一点很快变得十分明显。或者，如果困境有所变化的话，它只能导致更艰难的时代。标准石油公司（Standard Oil）的约翰·洛克菲勒（John D.Rockefeller），正在慌忙而又努力地向人们灌输信心，他宣布"国家的基本状况是良好的"，并且还说他和他的儿子们还要购买股票！[191]

随着越来越多的美国人失去工作，许多人开始移居他乡。来自俄克拉荷马州的"奥基"*成批成批地登上超载的卡车，前往南加州，他们被告知那里有工作可寻。俄克拉荷马州出生的威尔·罗杰斯悲叹地开玩笑说，美国是第一个"用汽车驱赶贫困人家"的国家。许多年轻人沿着铁路流浪，免费搭乘行驶缓慢的货车。CBS 的记者埃里克·塞瓦赖德（Eric Sevareid）后来描述了他扒火车的经历。很少有人看到穿着讲究、打扮漂亮的新闻记者，很难想象他能睡在腐烂的稻草堆里。

约翰·斯坦贝克（John Steinbeck）后来在他大胆的小说《愤怒的葡萄》（*The Grapes of Wrath*）中，生动地描绘了乔德（Joad）一家的悲惨经历。救济穷人的施粥处和布满简陋窝棚的城镇遍布整个

---

* Okies，流动农业工人，尤指 20 世纪 30 年代被迫从俄克拉荷马州移居别处的工人。——译者注

国家。人们将布满简陋窝棚的城市称作"胡佛城",以此来故意反驳总统"繁荣就要到来"这种老生常谈的观点。

> 胡佛是我们的牧羊人
> 我们异常渴望
> 他让我们躺在
> 公园的长椅上
> 他带给我们死气沉沉的工厂 [192]

随着经济萧条的加剧,美国人希望白宫里的人能给出答复。胡佛总统尽其所能地继续维持现状,希望这样能建立复苏的信心。他每晚穿着盛装在白宫宴请客人。他参加棒球新赛季的开幕比赛(也不得不忍受费城球迷发出响亮嘘声的无礼举动)。当一个记者问贝比·鲁斯,他如何解释他比美国总统挣得还多时,他回答道:"我有一年比胡佛过得更好。"

1930年6月,国会让胡佛总统作出一个重要的决定:是否签署《斯姆特—霍利关税法》(*Smoot-Hawley Tariff Bill*)。赫伯特·胡佛从来不认同孤立主义,也没有那种目光狭隘的、认为美国在世界上的经济地位已经到了"乞求邻国"地步的观点。[193] 但不管怎样,他还是签署了《斯姆特—霍利关税法》。后来证明,这是他犯下的最严重的错误。*对进口货物施以高关税,很快使其他国家出于报复也提高了他们的关

---

* 农民要求保护农业,他们的要求压倒了1028名经济学家要求胡佛否决关税法案的要求。结果使经济萧条进一步加剧。(资料来源:Taranto, James, Leonard Leo, *Presidential Leadership*, Wall Street Journal Books, 2004, p.221.)

税。这样，在这个所有国家都需要刺激国际贸易的时候，这些国家又联合扼杀了国际贸易。

很快，我们最亲近的邻国和最大的贸易伙伴加拿大就受到了灾难性的影响。1000多名经济学家请求总统废止关税法案，美国银行协会也要求这样做。[194] 作为一个直接后果，加拿大对美国的商品和开设在北纬49度以北的87家美国工厂的分部实行了报复。[195] 这严重损害了美国工人利益，他们失去了工作和出口他们商品的能力。

当1930年7月共和党控制的国会宣布休会时，它直到1931年12月才决定重新召开。* 胡佛总统不再信任国会，[196] 拒绝了国会召开一次特别会议的请求。[197] 他用严厉的反驳答复了国会的紧急请求："我们不能用立法摆脱这次世界经济萧条。"[198]

这个态度是不明智的，甚至是愚蠢的。胡佛表现出对代议制政府缺乏基本的信任。既然他不能与他自己的政党控制的国会合作，选民在1930年11月投票给民主党，使后者在国会中的席位迅速增加了49席，这样民主党获得国会的216席。而共和党只保有微弱的优势，即218席。[199] 当国会再次召开时，已经是选举日一年多后的事情了，但即使这样，局势也无可挽回了。[200]

今天的学者们对大萧条的原因、程度和持续时间进行了争论。诺贝尔奖获得者米尔顿·弗里德曼（Milton Friedman）将之称作大收缩期。[201] 他写道，这是由于货币供应的灾难性衰落引起的。他提到了纽约储备银行总裁本杰明·斯特朗不合时宜的去世："一旦他去世，

---

*1933年的宪法第12修正案［即"跛脚鸭子"（Lame Duck）修正案］改变了这一情况。根据这一修正案，国会至少应当一年召开一次。

联邦储备银行和其他的储备银行……都不再打算接受纽约银行的领导。"[202] 一些学者断言,大萧条"直到 1939—1940 年才真正结束,到那时,美国才开始重整旗鼓"[203]。

然而,人们总是主要通过他们所看到的事实来作出判断。就胡佛而言,他们看到的是一个强硬和固执的人,完全没有幽默感。[204] 胡佛的能力极强的国务卿亨利·史汀生(Henry L.Stimson)说过,他不得不从白宫召开的一次会议上走开,以便"避开始终表现出来的弥漫在和政府有关的一切事情当中的阴郁气氛"[205]。即使在"一战"期间,豪斯上校也在他的日记中透露,胡佛"像往常一样,面带阴郁……"[206]

对许多人来说,胡佛似乎对普通人遭受到的苦难麻木不仁,毫不在乎。尽管远不是这么回事——胡佛实际上终其一生都是个伟大的人道主义者——这个害羞的、含蓄的人只是一连串恶毒玩笑的攻击对象。当失业的人们把他们空荡荡的皮夹子翻个底朝天时,人们称这种行为是升"胡佛旗"[207]。一个广为流传的故事说,一次总统向他的财政部部长安德鲁·梅隆要 5 分钱,给一个朋友打电话。据说,这个匹兹堡的百万富翁对胡佛说:"给你一毛钱,打给你所有的朋友吧。"[208] 梅隆和胡佛这对组合经常被人们挑选出来,在许多顺口溜和讽刺诗中加以嘲笑:

> 噢,梅隆拉响汽笛,
> 胡佛在敲钟,
> 华尔街发出信号,
> 国家向地狱冲。[209]

实际上，国家并没有进"地狱"。尽管大萧条带来了严重的危害，但在 30 年代，人们的预期寿命增长了，死亡率也在下降。[210] 由于工作稀缺，更多的年轻人留在了学校，这样等他们毕业后，也就为工作做了更好的准备。[211]

即使是汽车，这个美国发明创造和市场的象征，也被证明是某种复杂的赐福。1931 年，美国共有 3 万人死于公路上，这是一个悲剧性的数字，远远高于 2006 年死于交通事故的人数。[212]

1931 年，在美国公路上幸免于难的那些人中，有一个来访的英国人。他就是温斯顿·丘吉尔，他当时正在美国作一系列演讲。他需要这样做。一天，他从办公室里出来，急急忙忙往家赶，却遇到了一次重大的车祸。当时，他下车走过曼哈顿街头的一个围栏，出于本能地朝右边看了一眼（英国人习惯于在马路的另一边开车）。一辆汽车撞到了他，随后他被送进了医院。由于医疗费用的增加，再加上他不能完成他的巡回演讲，丘吉尔自然很是沮丧。但是，这个闲不住的英国人，就被撞事件写了一篇文章，在多家报纸上同时发表。[213] 当生活带给人们不幸时，一些人只会期期艾艾，而富有进取心的人则会从这种不幸中看到有利的一面。

英国人丘吉尔应当庆幸自己是在纽约被撞倒在地。如果他前往芝加哥，他或许会和该市市长"大比尔"·汤普森（"Big Bill" Thompson）发生争吵。汤普森因承诺"将英王乔治五世赶出芝加哥"而当选为市长。[214] 这位共和党市长候选人发现，他当选的唯一希望在于触犯英国。然而，当他以"亲英国"为借口，解雇了该市的督学，并在芝加哥大火后焚烧了捐赠给该市的英国书籍后，他的古怪言行就不再是玩笑了。[215]

第二章 繁荣与衰败（1921—1933）

一个半世纪以来，反英情绪一直是美国政治的一大主题。许多美国民众厌恶十足的君主制和贵族。每天清晨，学校里的孩子对着国旗和"这个国家赖以存在的共和制"宣誓效忠。此外，在这个国家的许多爱尔兰裔美国人看来，英国曾压迫爱尔兰几个世纪之久。德裔美国人一直支持第一次世界大战，直到"齐默尔曼电报"事件揭穿了德国人侵略美国西南部的计划。当他们看到英国人是真正极度虚伪后，他们对英国人的理想彻底破灭了。战后，英国人并没有给予印度独立的地位。《凡尔赛和约》又将德国在非洲的殖民地托管给英国和法国。这是"一场让世界对于民主来说更安全的战争吗"？不，对许多美国人来说，这是一场让世界对英国和法国帝国主义更安全的战争。

1932 年，美国人渴望从他们的不幸中分散一下注意力。很快到来的"世纪犯罪"证明了这一点。1932 年 3 月 1 日夜里，在距他两岁生日还差几个月时，小林白在位于新泽西霍普维尔（Hopewell）附近他父母地产范围内的偏僻的家中被绑架了。整个国家为之震惊。全国学校里的孩子被要求为这个婴儿的平安归来祈祷。童子军们和普林斯顿的大学生们自愿在林白典雅的住宅附近的树林里搜索。由于担心他们会破坏足印和其他证据，林白上校拒绝了这一要求。

这位美国英雄收到了一封勒索赎金的信。信中特殊的措辞清楚地表明，这是一名外国移民或许是德国移民写的：

亲爱的先生！

准备浩（好）5 万美元，其中 20 美元的钞票共 2500 美元，10 美元的钞票共 1500 美元，5 美元的钞票共 1000 美元。2~4 天后我们会通知你前来交欠（钱）。

我们警告你不得公开此失（事），或报井（警），孩子现在被照顾得很浩（好）。

　　注意所有的回信上必须有你本人的签名和三个洞。[216]*

　　很快，新泽西州警察局局长被火速派往霍普维尔，接管调查让"花园州"**最著名的夫妇卷入其中的案件。H. 诺曼·施瓦兹柯夫（H. Norman Schwarzkopf）上校37岁，毕业于西点军校，他像指挥军事组织一样指挥着该州的警察。***联邦调查局局长埃德加·胡佛（J. Edgar Hoover）要求全力破案。[217]

　　林白交纳了赎金，但却被许多错误的线索牵着鼻子走。他甚至按照绑架者在随后的信中的指示去了一家同性恋俱乐部。但是在1932年5月，林白夫妇20个月大的儿子严重腐烂的尸体在距霍普维尔4英里半的地方找到了。林白或许应当接受童子军和普林斯顿大学学生的要求。

　　施瓦兹柯夫上校在林白住宅外面找到了一把梯子。梯子已经断裂了。绑架者很有可能是踩着这把梯子成功地进入二楼宝宝安睡的保育室。由于宝宝的身体增加了重量，梯子便折断了。探员和验尸官推断，孩子是梯子断裂后，头部撞到砖墙上致命的。[218] 很明显，绑架者一

---

* 这封信中有一些单词被拼写错了，如"ready"写成了"redy"；"money"写成了"mony"；"anything"写成了"anyding"；"police"写成了"polise"；"good"写成了"gute"。——译者注

** 新泽西州的别称。——译者注

*** 施瓦兹柯夫上校的儿子施瓦兹柯夫将军也是一位杰出的西点军校毕业生，曾在1991年领导了联军的沙漠风暴行动。

开始就残忍地欺骗了林白夫妇，让他们认为还有可能真的再见到他们的孩子。国会很快通过了林白法，将绑架定为重罪。

当胡佛否决了先前答应支付给"一战"退伍老兵补助金的法案后，一直要求得到补助金的老兵于1932年突然造访了华盛顿。总统平静地命令给这些"补助金远征军"（这一称呼戏仿了美国在"一战"期间的部队名称"美国远征军"）的成员提供帐篷和医疗人员。当共产主义分子煽动远征军中的一小部分人向警察投掷砖块时，胡佛决定要维持首都的秩序。[219]

胡佛下令军队镇压正在市中心发生的暴乱。胡佛规定，执行此任务的正规部队不持有武器，"补助金远征军"的人员要么被护送回他们的帐篷营地，要么被移交华盛顿警察局。[220]

军队的参谋长道格拉斯·麦克阿瑟（Douglas MacArthur）将军对他的部队下达了个人命令。他用坦克、催泪弹和配备有固定刺刀的士兵清理大街上那些正在投掷石块的要求补助金的游行者。[221] 麦克阿瑟的副官德怀特·艾森豪威尔（Dwight D. Eisenhower）少校既吃惊又失望地看着他的参谋长准备猛攻远征军游行者的营地。然而，乔治·巴顿（George S.Patton）少校却非常渴望带领美国骑兵沿宾夕法尼亚大街而下，以勇敢地表现美国骑兵的最后一次冲锋。[222]* 退伍军人游行者中有两人在随后发生的混战中被打死。《华盛顿新闻报》（Washington News）对此十分震惊："伟大的美国政府，世界上最强大的政府用部队的坦克追击没有武装的男人、女人和儿童，这是多么让人可悲

---

* 如果不是把2001年在阿富汗追击马背上的塔利班的美国军队的非凡形象包括在内的话，这或许真是美国骑兵的最后一次冲锋。

的景象啊……如果下令军队对没有武装的公民开战,这就不再是美国了。"[223]

1932年大选之年的形势十分危急,几千名著名的作家和知识分子公开呼吁共产主义。畅销小说《了不起的盖茨比》(*Great Gatsby*)的作者菲茨杰拉德渴望"发生一场革命……"[224] 其他接受马克思主义思想的著名作家还有厄普顿·辛克莱(Upton Sinclair)、埃德蒙·威尔逊(Edmund Wilson)、舍伍德·安德森(*Sherwood Anderson*)、欧斯金·考德威尔(Erskine Caldwell)、马尔科姆·考利(Malcolm Cowley)以及林肯·斯蒂芬斯。[225] 这些作家中的多位都居住和工作在纽约,他们给这个州的学术气氛,并且在实际上也给这个国家的思想环境造成一种强烈的左翼倾向。

10. "好日子又来了"

"多亏了胡佛",外国报纸上印着这样的大字标题。[226] 外国人欢迎胡佛总统在1932年提出的裁军倡议。当51个国家齐聚日内瓦召开世界裁军大会时,各国代表真心实意地欢迎胡佛的禁止使用一切"进攻性"武器,以及进一步将所有武器储备减少三分之一的提议。随着日本侵入中国的满洲里、意大利法西斯独裁者墨索里尼扬言将地中海变成"我们的海",以及希特勒的纳粹党在德国日渐强大,外国人很高兴美国能以它的威望来支持他们的呼吁,停止军备竞赛的努力。[227]

然而,外国领导人并不能投票选举美国的总统。在1932年的大选之年,美国人正遭受着自1893年经济恐慌以来最恶劣的经济危机。这实际上确保了民主党将赢得白宫。共和党内的人都认为,胡佛要失

败了。老大党这次只能筹集 250 万美元用于竞选，与 1928 年的竞选相比，那次用去了将近 700 万美元。²²⁸

富兰克林·罗斯福根本不是倔强的民主党人的一致选择。作为美国最大州的州长，罗斯福自然是民主党的选择。但是阿尔·史密斯这位 1924 年和 1928 年"快乐的斗士"，并不对罗斯福感冒。他对如下事实并不满意：作为州长，罗斯福忽视了他。²²⁹ 得克萨斯州被称作"仙人掌杰克"的约翰·南斯·加纳（John Nance Garner）认为，作为众议院议长，他应当是最强大的总统候选人。他宣布参加总统竞选。马里兰州从来就没有产生过一个总统，但在 1932 年，该州州长阿尔伯特·里奇（Albert Ritchie）认为，马里兰州值得期待。²³⁰

H. L. 门肯称富兰克林·罗斯福为"小罗斯福"，并向他的读者保证"事实上，没有人真的喜欢罗斯福……也没有人完全信任他"²³¹。当时，罗斯福提倡求助于"经济金字塔底部被遗忘的人"的政策，这让阿尔·史密斯感到担心。他在罗斯福的这一陈述中看到了极强的煽动力，如一场阶级战争的宣言。他很快加入总统竞选的战斗中。²³²

这个国家许多严肃的思想者都不考虑罗斯福。专栏作家沃尔特·李普曼说罗斯福是"一个和蔼可亲的人，没有任何重要的资格担当公职，却非常想成为总统"。最高法院大法官奥利弗·温德尔·霍姆斯（Oliver Wendell Holmes）也插嘴说，罗斯福"智力二流，脾气一流"²³³。

他们都低估了这个纽约人。罗斯福戏剧性地从阿尔巴尼赶到了芝加哥参加民主党大会，打破了总统候选人不得参加提名他的大会传统。他说："希望我这次打破传统的行动成为一个象征。希望从现在开始，我们党的任务就是打破这些愚蠢的传统……我向你们保证，也向我保证，给美国人民带来一个新局面……"²³⁴

这种呼吁的力量是巨大的。在这里,一个因脊髓灰质炎而行动不便的人竟敢于冒险乘坐飞机将希望的消息带给成千上万的人,他们从收音机里听到了罗斯福对民主党支持者充满信心的讲话。在罗斯福作总统候选人提名演讲的第二天,《纽约世界电讯报》(*New York World-Telegram*)刊登了一幅罗林·科比(Rollin Kirby)的漫画。画中一个处于强大经济压力下的农民满怀希望地仰视着罗斯福的飞机。飞机的翅膀上写着"新政"两个字。[235]

胡佛总统在勇敢地坚持。他发动了比 1928 年还猛烈的竞选攻势。但是他的讲话却是无精打采和令人无趣的。在一些竞选站点,他甚至与听众冷面相向。[236]

如果说胡佛顽强不屈但尽职尽责,罗斯福则是光芒四射。他迷人的微笑甚至令对手倾倒。他的目光透过夹鼻近视眼镜注视着世界,这种眼镜在他的亲戚老罗斯福戴上时,就已经过时了。他穿着披肩而不是大衣。虽然这表明他得了脊髓灰质炎,但这身打扮却给了他不落俗套的外观。罗斯福对"权力集中"感到不满,称胡佛为"烧钱大户"。考虑到罗斯福以后是如何在实际上管理这个国家的,这些在当时看上去是可笑的控诉,到现在恐怕就是不可理喻了。即使罗斯福选择沃尔特·迪斯尼的小朋友米老鼠作为竞选伙伴,结果估计也不会有什么不同。*

罗斯福赢得了 22 821 857 张选民票(占选票总数的 57.4%),472 张选举人选票。胡佛遭受到任期内总统的最大的失败。他只得到

---

* 沃尔特·迪斯尼的工作室成立于 1928 年,当时创作出了一部黑白动画片《汽船威利号》(*Steamboat Willie*)。这是米老鼠在银幕上的首次亮相。

15 761 845 张选民票（占选票总数的 40%），59 张选举人选票。最有趣的是，社会党候选人诺曼·托马斯（Norman Thomas）仅得到 2.2% 的选民票。赌注既然如此之高，几乎没有选民愿意冒险"把他们的选票抛给"一个没有价值的第三党的竞争者。

"罗斯福感觉到他从来没有过这样的机会，只有到了 11 月 8 日才会有。他一定得抓住这个机会！"[237] 这是威尔·罗杰斯所描绘的大众的震荡，它不仅推翻了胡佛，也推翻了 1896—1932 年间大多数时候统治这个国家的共和党多数派联盟。罗斯福不仅使民主党赢得了国会的多数，也在州立法机关中横扫了共和党多数派。不论是州长、市长，甚或明尼苏达州斯利皮艾县（Sleepy Eye County）赢得遗嘱记录员申请的人，都把他们的胜利归功于富兰克林·罗斯福。更重要的是，他们本来就知道这一点。对民主党人和他们新近赢得的无数朋友来说，好日子确实又来了。

11. 新政

美国自 1860—1861 年间南方 11 州脱离联邦以来，还没有面对过这样的危机。被大量选民否决的胡佛总统，还要在总统职位上待上整整 4 个月，直到 1933 年 3 月 4 日总统就职日来临。恐惧所带来的冰冷的痛苦蔓延在国内。胡佛非常希望以某种行动，或任何行动来结束任期，这样或许还能弥补一下他那让人心烦意乱的总统职务。

胡佛在供职于威尔逊政府期间与罗斯福曾是朋友。在 1932 年总统竞选中，罗斯福本人从来没有攻击过胡佛。他甚至拒绝写一篇文章来反对"自己的这位老朋友"[238]。不过，罗斯福确实向身边的密友透露，他始终发现胡佛过于"冷淡"。[239]

在那年早期时候,白宫发生了一起事故。在国家州长会议结束后,胡佛总统邀请各位州长前来赴宴。让人莫名其妙的是,在迎接州长们之前,总统和总统夫人竟然让他们在东厅站着干等了30分钟。[240]胡佛的助手说,这可能是时间安排上的错误,但罗斯福和埃莉诺却认为这显示了总统本人对州长们的冷落。罗斯福婉拒了给他一把椅子的建议(他的一些民主党的竞争者也在房间里)。他决定像其他人那样尽可能长时间地保持站立。尽管这对他来说是巨大的痛苦。在腿上10磅重钢架的支撑下,罗斯福在春天燥热的气温下汗流浃背。[241]

现在,作为尚未就职的总统,罗斯福决定不与落选的胡佛或他失败的政策掺和。胡佛请求罗斯福帮助减少美国盟国的战争债务,因为他知道这必须征得国会的同意。他请求罗斯福在这项明智而有效的政策中支持他。但罗斯福却认为,在他宣誓就任总统之前,他没有法律上的权力给联邦政府以任何指导,因此,他拒绝了胡佛的请求。罗斯福这样做无疑是正确的。因为,在那个时候只能有一个人是总统。

冬天的气候越来越严酷,大萧条也是这样。胡佛继续请求罗斯福予以公开支持。但罗斯福对一位共和党参议员承认:"我意识到,如果由尚未就职的总统作出这些宣布(这些宣布恰是胡佛所需要的),他将先批准共和党政府全部主要的纲领;这意味着,将所谓新政的90%放弃。但是,如果不执行新政的话,那将有引起财政彻底崩溃的巨大危险。"[242]

罗斯福可能并不知道胡佛对这一问题的想法,不过他无须知道。他怀疑,他正在被迫放弃那个让他强势当选的基础。在南方要脱离联邦时,林肯总统在1860—1861年冬天也确实面临着同样的压力。像

第二章 繁荣与衰败（1921—1933）

林肯一样，罗斯福也拒绝了诱惑。

看到面临总统职务交接期的合作处于彻底崩溃的危险，胡佛的国务卿亨利·史汀生得体而巧妙地介入进来，以便缓解这一关系。很快，史汀生发现自己实际上成为一个为即将来临的罗斯福政府尽职的国务卿。罗斯福主要的顾问费利克斯·弗兰克福特对史汀生打破两方阵营的坚冰充满感激。弗兰克福特是罗斯福所谓的"智囊团"中的一个重要人物。他告诉史汀生说，他在实际上对罗斯福政府产生的影响可能比对那个任命他的人的影响还大。[243]

罗斯福这位尚未就职的总统于1933年2月15日夜晚访问了迈阿密。他在那里会见了芝加哥市长安通·塞尔马克（Anton Cermak）。塞尔马克希望得到联邦的资助，当然，他也希望能够对去年夏天让阿尔·史密斯喧闹的支持者拥进会堂一事作些弥补。[244]当这位尚未就职的总统向塞尔马克市长伸出手时，人群中响起了枪声。市长和一名警察被击中。罗斯福的安全卫队急忙驱车向前，试图迅速离开暗杀现场，但是罗斯福却命令汽车停下，将受重伤的塞尔马克送往医院。[245]罗斯福在枪击下的冷静和勇敢，让整个国家为之激动。这个国家很快就知道了，临死的塞尔马克市长的遗言是："很高兴（被击中的）是我，而不是你。"[246]

当时在纽约的埃莉诺对此反应很平淡："这种事是在意料之中的。"[247]特勤局（Secret Service）列举了暗杀的危险，并试图派特工人员保护未来的第一夫人，但埃莉诺却特别强调她不愿为此受到约束。"那好吧，"碰了一鼻子灰的特工处处长对罗斯福值得信任的助手路易斯·豪说，"如果罗斯福夫人想独自一人开车四下走走的话，至少让她在车里带上这个（左轮手枪）。"[248]

罗斯福自然无法约束埃莉诺。他太依赖她了。在那些他无法到达的地方，她就是他的眼睛和耳朵。每当埃莉诺从她无数次的旅程中归来时，他总是要问她许多问题：

> 当我从加斯佩（Gaspe，魁北克的一个地区）的旅行中回来时，他不仅想知道在那里何种捕鱼方式是被允许的，而且想了解那里渔民生活是什么样的，他们吃什么，怎么生活，农场是什么样儿，人们怎样盖房子，采用的是什么样的教育方式，以及那里的人是否像村民那样完全被教会所控制。[249]

在罗斯福执政期间，埃莉诺的这种四处游历的生活方式受到人们的广泛讽刺，但是我们从这段透漏内情的记述中，可以看到总统夫妇所表现出的非同寻常的伙伴关系。很少有政治家具备罗斯福那种对普通人民生活的详细而深刻的知识。这一点是最引人注目的，因为罗斯福毫无疑问是一个享有特权的孩子。他那溺爱他的母亲莎拉·德拉诺·罗斯福，在他成年生活的大多数时期，管理着他的家庭账目。尽管阿尔·史密斯或许已经知道了"纽约的人行道"，多亏了埃莉诺，罗斯福才了解到拥挤在人行道之下的地铁里那些人的生活。

胡佛为了让罗斯福参与自己的决策，作了最后一次尝试。胡佛请求罗斯福向世界银行业保证，他将不使美国放弃金本位制。罗斯福再次拒绝听从胡佛越来越迫切的要求。缺少了罗斯福的支持，胡佛无法按自己的计划行事。[250] 财政危机更严重了。

在1933年总统就职日，整个国家都盼望结束过渡期（美国人很典型的不使用"过渡期"的高深的拉丁文 *Interregnum*，而是偏爱用更随意的术语:"跛脚鸭")。罗斯福和即将离职的总统一起坐车沿宾夕法尼亚大街而下。这是可怜的胡佛唯一让人感到友善的事。由于没能做到与被他击败的对手谈话,罗斯福就将脸转向了在道路两旁游行的发出欢呼的快乐的人群。他露出迷人的微笑,挥舞着他的高顶大礼帽。251《纽约客》(*New Yorker*)杂志刊登的一幅漫画抓住了——也夸张了——这一非同寻常的一幕。罗斯福精神焕发、笑容满面,胡佛则紧闭双唇,面无表情。对共和党人来说,这一形象很不幸地成为他们以后多年的形象。

"让我再次强调一下我的坚定信念,我们为之恐惧的唯一东西就是恐惧本身"——罗斯福在发表就职演说的讲台上说道——"这种不可言说的、非理性的和没有道理的恐惧,瓦解了我们所需要的将后退转变为前进的努力"。然后,他表达了国会召开特殊会议的意愿,他说:"我向国会请求目前仍然存在的对付危机的一种手段——向这种紧急情况宣战的广泛的总统行政权,将赋予我的这一权力之大,就像我们事实上遭到外敌入侵时一样。"252

罗斯福的对手紧紧抓住他任期的首次论调不放。他们为什么如此害怕?为什么罗斯福的呼吁对他们来说,像一个不顾一切的权力攫取者?为了回答这一点,我们必须理解1933年时,全世界的制宪民主都在退却。在苏联,斯大林加紧了对俄罗斯民众的恐怖行为和暴政。在德国,阿道夫·希特勒刚刚就任魏玛共和国总理,就寻得机会制造了国会纵火案,以责难德国共产党。通过宣布德国共产党为非法组织,希特勒的纳粹党控制了新国会的选举。在罗斯福发表就职演说的第二天,《纽约时报》在第一版刊登的唯一的国外新闻告诉读者:"今天,人们期待希特勒的胜利。"253当新的国会再次召开时,它通过了一项法律，承认希特勒的统治合法。《纽约时报》特别提醒读者，反对希特勒的政党都是被禁止的。[254]

希特勒上台几个星期后，自由的魏玛共和国实际上已经消亡。在匈牙利、波兰和意大利，民主政府都被独裁政府取代。在日本，一位反对少壮派军官侵略计划的首相被刺身亡，暗杀者以此来警告其他人不得插手。

在胡佛总统很少能被人记住的话中，有一句讽刺罗斯福，是"身穿苏格兰彩格披风的变色龙"。[255] 对胡佛这位注重细节的工程师来说，罗斯福让人吃惊的是，他并没有为以压倒之势赢得的职位做好准备。罗斯福此时正在一个仍然处于和平的国家里，向国会要求战争时才有的权力。这样看来，罗斯福的那些对手如此害怕也就不足为奇了。

1. Online source: http: //encarta.msn.com/related_761569981_59.129/World_War-I_We-drove_the_Boche_across.html.
2. Online source: http: //www.archives.gov/digital_classroom/lessons/woman_suffrage/woman_suffrage.html.
3. Kramer, Hilton, "Who Reads Mencken Now?"Online source: http: //www.newcriterion. com/archive/21/jan03/mencken.htm.
4. Weigel, George, God, Man, and H.L.Mencken, *First Things* vol.53, May 1995, pp.50-59.
5. Weigel, pp.50-59.
6. Weigel, pp.50-59.
7. Black, Conrad, *Franklin D.Roosevelt: Champion of Freedom*, Public Affairs: 2003, p.137.
8. Black, p.139.
9. Black, pp.138-139.

10	Black, p.143.
11	Alter, Jonathan, *The Defining Moment: FDR's Hundred Days and the Triumph of Hope*, New York: 2006, p.83.
12	Black, p.141.
13	Black, p.141.
14	Black, p.161.
15	Black, p.146.
16	Black, p.146.
17	Black, p.171.
18	Black, p.171.
19	Black, p.171.
20	Black, p.171.
21	Black, p.171.
22	Black, p.170.
23	Black, p.143.
24	Perret, Geoffrey, *Eisenhower*, Random House: 1999, p.239.
25	Marks, Carole, and Diana Edkins, *The Power of Pride: Stylemakers and Rulebreakers of the Harlem Renaissance*, Crown Publishers, Inc.: 1999, p.65.
26	Marks and Edkins, p.65.
27	Marks and Edkins, p.65.
28	Perret, p.243.
29	Perret, p.240.
30	Perret, p.240.
31	Perret, p.241.
32	Marks and Edkins, p.65.
33	Marks and Edkins, p.83.
34	Marks and Edkins, p.100.
35	Marks and Edkins, p.63.

36　"Harlem 1900-1940, "Schomburg Exhibit Timeline.Online source: http: //www. si.umich. edu/CHICO/Harlem/timex/timeline.html.

37　Gates, Henry Louis, Jr., and Cornel West, *The African-American Century: How Black Americans Have Shaped Our Country*, The Free Press: 2000, pp.131-132.

38　Gates and West, p.100.

39　Gates and West, p.100.

40　Perret, p.244.

41　Perret, p.245.

42　Perret, p.244.

43　Morison, Samuel Eliot, *The Oxford History of the American People, Volume Three*, Oxford University Press: 1994, p.260.

44　Morison, *The Oxford History of the American People, Volume Three*, p.263.

45　Gilbert, Martin, *A History of the Twentieth Century: Volume One, 1900-1933*, William Morrow and Company, Inc.: 1997, p.625.

46　Morison, *The Oxford History of the American People, Volume Three*, p.263.

47　Morison, *The Oxford History of the American People, Volume Three*, p.262.

48　Black, p.162.

49　Morison, *The Oxford History of the American People, Volume Three*, p.262.

50　Morison, *The Oxford History of the American People, Volume Three*, p.277.

51　Morison, *The Oxford History of the American People, Volume Three*, p.261.

52　Witcover, Jules, *Party of the People: A History of the Democrats*, Random House: 2003, p.338.

53　Morison, *The Oxford History of the American People, Volume Three*, p.261.

54　Morison, *The Oxford History of the American People, Volume Three*, p.276.

55　Gould, Lewis L., *The Grand Old Party: A Hrstory of the Republicans*, Random House: 2003, p.235.

56　Noonan, Peggy, "Why the Speech Will Live in Infamy, "*TIME*, p.31 August 1998.

第二章 繁荣与衰败(1921—1933)

57 Perret, p.179.
58 Smith, Richard Norton, "The Price of the Presidency," *Yankee Magazine*, January, p.1996.
59 Perret, p.193.
60 Perret, p.186.
61 Perret, p.168.
62 Perret, p.170.
63 Perret, p.170.
64 Wallace, Max, *The American Axis: Henry Ford, Charles Lindbergh, and the Rise of theThird Reich*, St.Martin's Press: 2003, p.95.
65 Wallace, p.95.
66 Wallace, p.96.
67 Wallace, p.96.
68 Wallace, p.96.
69 Perret, p.256.
70 Perret, p.256.
71 Perret, p.260.
72 Perret, p.260.
73 Wallace, pp.244-245.
74 Perret, p.258.
75 Wallace, p.97.
76 Linder, Douglas O., "The Leopold and Loeb Trial: A Brief Account." Online source: http: //www.law.umkc.edu/faculty/projects/ftrials/leoploeb/ Accountoftrial.html, 1997.
77 Linder, "The Leopold and Loeb Trial: A Brief Account."
78 Linder, "The Leopold and Loeb Trial: A Brief Account."
79 Linder, "The Leopold and Loeb Trial: A Brief Account."
80 Linder, "The Leopold and Loeb Trial: A Brief Account."

81	Linder, "The Leopold and Loeb Trial: A Brief Account."
82	Linder, "The Leopold and Loeb Trial: A Brief Account."
83	Gilbert, *A History of the Twentieth Century: Volume One*, p.630.
84	Morison, *The Oxford History of the American People, Volume Three*, p.237.
85	Witcover, p.340.
86	Witcover, p.340.
87	Witcover, p.340.
88	Online source: http: //encyclopedia.thefreedictionary.com/Alfred%20E.%20 Smith.
89	Witcover, p.337.
90	Perret, p.188.
91	Witcover, p.340.
92	Perret, p.188.
93	Perret, p.188.
94	MacLean, Nancy, *Behind the Mask of Chivalry: The Making of the Second Ku Klux Klan*, Oxford University Press: 1994, p.13.
95	Black, p.164.
96	Black, p.164.
97	Black, p.166.
98	Witcover, p.341.
99	Smith, Richard Norton, "The Price of the Presidency, " *Yankee Magazine*, January, 1996.
100	Smith, Richard Norton, "The Price of the Presidency, " *Yankee Magazine*, January, 1996.
101	Perret, p.190.
102	Morison, *The Oxford History of the American People, Volume Three*, p.293.
103	Larson, Edward J., *Summer for the Gods: The Scopes Trial and America's Continuing Debate Over Science and Religion*, BasicBooks: 1997, p.97.

第二章 繁荣与衰败（1921—1933）

104 Larson, p.181.
105 Larson, p.181.
106 Larson, p.181.
107 Larson, p.181.
108 Larson, p.181.
109 Larson, p.181.
110 Mencken, H.L., "Sahara of the Bozart," *New York Evening Mail*, p.13 November 1917.
111 Larson, p.182.
112 Larson, p.190.
113 Larson, p.190.
114 Larson, p.199.
115 Larson, p.200.
116 Larson, p.241.
117 Perret, p.278.
118 Perret, p.280.
119 Perret, p.280.
120 Perret, p.280.
121 Perret, p.280.
122 Perret, p.281.
123 Perret, p.282.
124 Perret, p.282.
125 Perret, p.282.
126 Berg, A.Scott, *Lindbergh*, G.P.Putnam's Sons: 1998, p.114.
127 Berg, p.115.
128 Berg, p.121.
129 Berg, p.122.
130 Morison, *The Oxford History of the American People, Volume Three*, p.232.

131	Berg, p.118.
132	Berg, p.172.
133	Berg, p.172.
134	Berg, p.172.
135	Berg, p.173.
136	Online source: http: //www.brainyquote.com/quotes/authors/g/gertrude_stein.html.
137	Morison, *The Oxford History of the American People, Volume Three*, p.263
138	Morison, *The Oxford History of the American People, Volume Three*, p.264.
139	Bailey, Thomas A., *A Diplomatic History of the American People*, Prentice-Hall, Inc.: 1980, p.650.
140	Morison, *The Oxford History of the American People, Volume Three*, p.263.
141	Bailey, p.650.
142	Gilbert, A *History of the Twentieth Century: Volume One*, p.631.
143	Waite, Robert G.L., *Kaiser and Fuhrer: A Comparative Study of Personality and Politics*, University of Toronto Press: 1998, p.200.
144	Waite, p.200.
145	Waite, p.122.
146	Gilbert, *A History of the Twentieth Century: Volume One*, p.702.
147	Gilbert, *A History of the Twentieth Century: Volume One*, p.761.
148	Perret, p.298.
149	Perret, p.297.
150	Perret, p.297.
151	Perret, p.297.
152	Gould, p.246.
153	Gould, p.245.
154	White, William Allen, *A Puritan in Babylon: The Story of Calvin Coolidge*, The Macmillan Company: 1938, p.437.

第二章 繁荣与衰败（1921—1933）

155 Online source: http: //www.harvard-magazine.com/on-line/030220.html.
156 Online source: http: //www.harvard-magazine.com/on-line/030220.html.
157 Online source: http: //www.assumption.edu/users/McClymer/his394/sacco%20 and%20%20vanzetti/Shahn%20Passionsacco_vanzetti.jpg.
158 Online source: http: //www.assumption.edu/users/McClymer/his394/sacco%20 and%20%20vanzetti/Shahn%20Passionsacco_vanzetti.jpg.
159 Gould, p.248.
160 Perret, p.405.
161 Perret, p.312.
162 Perret, p.312.
163 Morison, *The Oxford History of the American People, Volume Three*, p.282.
164 Perret, p.315.
165 Perret, p.310.
166 Perret, p.313.
167 Perret, p.306.
168 Online source: http: //www.detnews.com/2001/religion/0108/12/religion-250986.htm.
169 Perret, p.316.
170 Gilbert, *A History of the Twentieth Century: Volume One*, p.770.
171 Gilbert, *A History of the Twentieth Century: Volume One*, p.770.
172 Gilbert, *A History of the Twentieth Century: Volume One*, p.771.
173 Online source: http: //www2.sunysuffolk.edu/formans/DefiningDeviancy.htm.
174 Perret, p.404.
175 Perret, p.404.
176 Gilbert, *A History of the Twentieth Century: Volume One*, 802.For the seminal biography about Ness see Heimel, Paul W., *Eliot Ness: The Real Story*, 2nd ed., Cumberland House: 2000.
177 Morison, *The Oxford History of the American People, Volume Three*, p.283.

178 Morison, *The Oxford History of the American People, Volume Three*, p.283.

179 Morison, *The Oxford History of the American People, Volume Three*, p.285.

180 Gilbert, *A History of the Twentieth Certury: Volume One*, p.768.

181 Gilbert, *A History of the Twentieth Century: Volume One*, p.768.

182 Gilbert, *A History of the Twentieth Century: Volume One*, p.768.

183 Gilbert, *A History of the Twentieth Century: Volume One*, p.768.

184 Gilbert, *A History of the Twentieth Century: Volume One*, p.768.

185 Watkins, T.H., *The Hungry Years: A Narrative History of the Great Depression in America*, Henry Holt and Company: 1999.

186 Barone, Michael, *Our Country: The Shaping of America from Roosevelt to Reagan*, The Free Press: 1990, p.43.

187 Barone, p.43.

188 Barone, p.43.

189 Morison, *The Oxford History of the American People, Volume Three*, p.291.

190 Morison, *The Oxford History of the American People, Volume Three*, p.291.

191 Morison, *The Oxford History of the American People, Volume Three*, p.291.

192 Online source: http://www.ukans.edu/carrie/docs/texts/brother.htm.

193 Gilbert, *A History of the Twentieth Century: Volume One*, p.753.

194 Morison, *The Oxford History of the American People, Volume Three*, p.275.

195 Morison, *The Oxford History of the American People, Volume Three*, p.275.

196 Barone, p.46.

197 Fausold, Martin L.Ed., *The Hoover Presidency: A Reappraisal*, State University of New York Press: 1974, p.88.

198 Fausold, Ed., p.88.

199 Barone, p.46.

200 Gould, p.257.

201 Friedman, Milton, and Anna Jacobson Schwatz, *A Monetary History of the United States: 1867-1960*, Princeton University Press, National Bureau of Economic

第二章 繁荣与衰败（1921—1933）

Research: 1963, p.301.
202　Friedman and Schwartz, p.413.
203　Morison, *The Oxford History of the American People, Volume Three*, p.287.
204　Fausold, Ed., p.91.
205　Fausold, Ed., p.91.
206　Fausold, Ed., p.91.
207　Gould, p.256.
208　Gould, p.256.
209　Ketchum, Richard M., *The Borrowed Years: 1938-1941, America on the Way to War*, Random House: 1989, p.19.
210　Morison, *The Oxford History of the American People, Volume Three*, p.291.
211　Morison, *The Oxford History of the American People, Volume Three*, p.291.
212　Gilbert, *A History of the Twentieth Century: Volume One*, p.803.
213　Gilbert, Martin, *Churchill*: A Life, Henry Holt and Company: 1991, p.504.
214　Gilbert, *A History of the Twentieth Century: Volume One*, pp.719-720.
215　Gilbert, *A History of the Twentieth Century: Volume One*, pp.719-720.
216　Berg, p.244.
217　Berg, p.246.
218　Berg, p.241.
219　Perret, p.480.
220　Perret, p.480.
221　Perret, p.481.
222　Perret, p.481.
223　Witcover, p.355.
224　Alter, p.82.
225　Alter, p.82.
226　Bailey, p.653.
227　Bailey, p.653.

228　Gould, p.261.
229　Barone, p.52.
230　Barone, p.52.
231　Barone, p.54.
232　Barone, p.52.
233　Fausold, Ed., pp.90-91.
234　Jenkins, Roy, *Franklin Delano Roosevelt*, Times Books: 2003, p.61.
235　Alter, p.119.
236　Gould, p.261.
237　Morison, *The Oxford History of the American People, Volume Three*, p.296
238　Fausold, Ed., p.137.
239　Fausold, Ed., p.137.
240　Fausold, Ed., p.137.
241　Fausold, Ed., p.137.
242　Fausold, Ed., p.145.
243　Fausold, Ed., p.144.
244　Black, p.263.
245　Black, p.263.
246　Black, p.264.
247　Black, p.263.
248　Nishi, Dennis, Ed., *The Great Depression*, Greenhaven Press, Inc.: 2001, p.206.
249　Nishi, Ed., p.207.
250　Fausold, Ed., p.149.
251　Black, p.270.
252　Witcover, p.361.
253　Alter, p.218.
254　Alter, p.218.
255　Alter, p.218.

第三章
罗斯福与新政（1933—1939）

在民主本身遭受不断增加的威胁之时，富兰克林·罗斯福骤然成为这个世界上最强有力的民主官员。罗斯福极大地提升了联邦政府的权力，而他这样做仅仅得到了一个乐于促成其事的民选国会的同意。罗斯福创建了一批令人头昏眼花的字母组合的政府机构——证券交易委员会（the Securities and Exchange Commission，SEC）、联邦通信委员会（the Federal Communications Commission，FCC）、工程进度管理署（the Works Progress Administration，WPA）、公共工程管理署（the Public Works Administration，PWA），等等。所有这些机构要花费大量美金，也让政府比以往任何时候更加依靠"税收和花销"。罗斯福让他的对手既怕且恨。他们认为，他急于把社会主义引入美国。可以确定的是，许多美国人拥护社会主义，公开同情在苏维埃俄国发生的布尔什维克实验。"我看到了未来——它正在生效",新闻记者林肯·斯蒂芬斯这样谈到1919年的新苏联。然而,罗斯福认为,他正在拯救资本主义和民主。罗斯福依靠一个由许多年轻聪明的常春藤名校毕业生组成的"智囊团",来入主这些新成立的机构。*罗斯福认为自己在从事一项"大胆的实验",并坦率地承认他的一些想法不会生效,但是他让美国人相信"不朽的但丁告诉我们,热心人和冷血人的罪孽是不同的"。他用冷血人暗指他的对手。罗斯福那些年来一直控制着国会,尽管不是完全控制,但那也足够塑造我们至今仍生活在其中的国家了。

1. 百日及以后

1933年3月4日,当富兰克林·罗斯福宣誓就任美国第32任总统时,一些城市里运送邮件的卡车不得不在武装警卫的陪伴下才能执行任务。危机的气氛笼罩着整个国家。新任总统很快宣布当天是"银行停业日",关闭国家的储蓄机构一个星期。威尔·罗杰斯开玩笑说,美国人民最终还是会很开心的:"我们没有工作,没有钱,没有银行;要是罗斯福放火烧掉了国会,我们会说:'感谢上帝,他在什么东西

---

* 效力于罗斯福智囊团的人有雷蒙·默雷(Raymond Moley)、雷克斯福德·盖伊·特格韦尔(Rexford Guy Tugwell)、A. A. 伯尔勒(A. A. Berle)以及哈利·霍普金斯(Harry Hopkins)。托马斯·科克兰[Thomas Corcoran,绰号"瓶塞汤米"(Tommy the Cork)]一直以来都是华盛顿方面的助手和智囊团的早期成员。当本书的作者有一次为汤米端上他的上午咖啡时,他大声喊道:"赫柏!"当他问道谁是赫柏时,如果年轻的办公室助理回答:"奥林匹斯山上的斟酒女神。"汤米就会大喊:"你被录用了。"

第三章 罗斯福与新政（1933—1939）

下面点了火。'"¹*罗斯福需要银行停业，因为从 1932 年 11 月他当选为总统，到 1933 年 3 月份他就职期间，银行的金融恐慌已经在四处传播了。

新总统召开了国会，提出了一系列立法计划，它们被制订成法律的速度之快，以致很少有立法者读过它们。从 1933 年 3 月 9 日到 6 月 16 日期间，制订了 15 项重大立法。它们的名称让我们对联邦政府享有的新权力的范围感到不可思议：《紧急银行法》（Emergency Banking Act）、《全国工业复兴法》（National Indus-trial Recovery Act）、公共资源保护队（Civilian Conservation Corps）、舍弃金本位制（Leaving the Gold Standard）、紧急救援（Emergency Relief）、《农业调整法》（Agricultural Adjustment Act）、《紧急农业抵押法》（Emergency Farm Mortgage）、田纳西流域管理局（Tennessee Valley Authority）、《诚信证券法》（Truth-in Securi-ties）、住房房主贷款公司（Home Owner's Loan Corporation）、《格拉斯—斯蒂高尔法》（Glass-Steagall Banking Act）、《农业信贷法》（Farm Credit Act）。²这个法律频出的时期被称作"百日"，它建立的立法完成标准，之后再也没有哪个时期可以与之相比。**

新国会很容易通过的一项议案是宪法第 21 修正案，即撤销禁酒

---

* 烧掉国家的立法机关在德国可并不是什么可笑的事，就在罗斯福就任美国总统之前几个星期，德国无政府主义者纵火烧掉了国会大厦。希特勒利用这起事件，宣布共产党和许多左翼联盟为非法。从 1933 年早期开始，希特勒的德国实际上已经成为一个独裁国家。

** 共和党少数派在国会两院都被压制。那些在每个人都认识到国家处于空前紧急的状况下，却依然阻挠新政立法的人被称作"蓄意阻挠者"。然而，我们很难说罗斯福的计划在国会中得到过认真的讨论。"百日"一词，此前用来指拿破仑从厄尔巴岛的归来。将一位美国总统的工作日程与那个法国专制君主比较，并不能让罗斯福的众多批评者感到满意。

令。尽管罗斯福压倒性的获胜使禁酒令的废除成为一件板上钉钉的事,国会却仍然说没有机会。这样,在美国历史上第二次,宪法的一处修正交由各州的代表大会批准,而不是州立法机关批准。*1933 年 12 月 5 日,美国山地时间下午 3 点 32 分,犹他州成为第 36 个投票要求废除第 18 修正案的州;禁酒令因此成为唯一被废除的宪法修正案。[3]

禁酒令期间,作为在理论与实践上的不禁酒派,H.L. 门肯在巴尔的摩的雷纳酒店(Rennert Hotel)喝着 13 年来的第一瓶合法啤酒。"瞧,开喝了。"他从酒吧间老板哈利·罗斯(Harry Roth)手里接过一杯充满泡沫的啤酒后说。他一饮而尽,看着空空的酒杯说:"味道好极了,一点儿不差。"[4] 他同时还评判了一下禁酒令的废除:"美国政客们很少考虑为公众做善事。这次他们迫于压力,表现得还不错。"[5]

国会两院内庞大的民主党多数派为罗斯福计划的实施提供了一个"橡皮图章"。许多民主党成员依靠罗斯福提携才得以担任公职,很难想象,他们会正儿八经地反对他。

在新政实施后 70 年,萨缪尔·艾略特·莫里森写了一本,在很大程度上对于我们理解我们所生活其中的文化和政治环境来说,都是值得一读的书,书中有这么一段话:

> 工程进度管理署吸引公众的注意,且被称作"华而不实"的一个特点,是设立了一些项目,来雇佣艺术家、作曲家、作家和其他"白领"工人。邮局和其他公共建筑被用壁画加以装饰;地区和国家指南也被编写出来;市立和州立图书馆的藏书由失业的

---

* 最初的宪法由各州代表大会批准,1933 年,这一方法应用于对第 21 修正案的批准上。

第三章 罗斯福与新政（1933—1939）

图书管理人员加以编目，穷困的毕业生也被雇来为档案编目，并誊写过时的货运清单，这对以后的美国历史学家是有益的。联邦剧院在其最高峰时雇用了15 000多名演员和其他工人，每人一周的平均工资为20美元。在约翰·豪斯曼（John Houseman）、奥逊·威尔斯（Orson Welles）和其他人的指导下，新剧本写出来了，经典剧目也得到恢复。6*

从这么一些不足为道的事例中，我们看到了今天许多政治路线的源头。好莱坞、学术团体、图书馆、公立大学，所有这些地方都塞进成千上万的人，人们可以将他们的工作和机构的存在追溯到在罗斯福指导下实施的某一项联邦计划里。通过为政府引入一个"智囊团"，罗斯福确保了今天我们称之为"知识阶级"的人对民主党的忠诚。一个始终可以确定的事情是：如果你拿彼得的钱给保罗，你一般可以指望得到保罗的选票。

罗斯福外交政策中的第一次赌注是结束了与苏联15年的隔离状态。威廉·布利特极力主张总统在外交上承认苏联，布利特的姐夫是美国著名的共产党员约翰·里德（John Reed）。里德的著作《震撼世界的十日》（Ten Days That Shookthe World）热情洋溢地记录了布尔什维克革命，是一部流行甚广的左派书籍。伍德罗·威尔逊总统拒绝承认苏联政府，他将之看作是匪徒的政权。他甚至派军队前往俄国，明显是要阻止美国的军用物资落入德国人手中。然而，美国军队不可避

---

* 有趣的是，在联邦工程进度管理署工作的同一个约翰·豪斯曼后来成为电视里的一个坏脾气的推销员，受雇于华尔街的"史密斯—巴尔尼"（Smith-Barney）投资公司。豪斯曼在电视里说："他们以老派的方式挣钱，可他们真的挣到了。"

免地与红军交战了。随着共产党在俄国内战中的胜利，美军从俄国撤出。但是，对克里姆林宫政权的仇恨却久久不能散去。

罗斯福委派布利特与苏联外交人民委员马克西姆·李维诺夫（Maxim Litvinov）在外交关系上展开合作。布利特和李维诺夫两人经过谈判达成一项协议，开放了两个"伟大共和国"之间的关系。[7] 苏联人答应承认在苏联工作的美国人的宗教自由，但这只不过是一个毫无意义的让步。[8] 苏联人也同意停止对美国的宣传攻击，不再派间谍前往美国试图颠覆我们的政府。这是他们满足我们的第一个条件，但却是不公正的。第三，也是最重要的一点，苏联对颠覆美国政府的尝试，实际上开始于他们受到正式承认的那一天。[9]

由于期望与资源富饶的苏联开展飞速扩展的贸易，人们不寻常地夸大了与这个共产主义巨人发展更为紧密关系的期待。这种希望使得在大萧条期间境况窘迫的美国重要工商业集团支持对苏联开放门户。工业家阿曼德·哈默（Armand Hammer）倾其毕生精力以促进与苏联的商业关系。后来有人揭发他是苏联政府的合作者，从一开始就积极为克里姆林宫洗钱。[10] 与苏联发展贸易的期望是名副其实的——但它们从未得到实现。[11]

考虑到天主教徒和工会成员对罗斯福的全力支持，天主教主教会议和美国劳工联合会强烈反对与莫斯科共产党政权建立外交关系，就显得十分重要。

当罗斯福宣布两国要互换大使时，他任命布利特统领莫斯科大使馆。布利特表明他在苏美关系上是一个冷酷的现实主义者。[12]

美国共产党在政治上十分灵活，它善于通过渐进的步骤向自己的目标迈进。在30年代的前半期，美国共产党支持新政。人们可以在一系列劳工冲突中,尤其在那些不惜采用暴力手段的冲突中,看到美国共产党的鼓动家。北卡罗来纳州加斯托尼亚(Gastonia)的纺织工人和肯塔基州哈兰(Harlan)县的煤矿工人发现,共产党员受理了他们的合法申述,用它来挑起事端。[13]

同样,美国共产党也迅速采取行动,为9个被诬告强奸一名白人妇女的年轻黑人辩护。这9个黑人以"斯科茨伯勒男孩"(The Scottsboro Boys)著称。美国共产党对接手这样一个爆炸性案件犹豫不决。但是,它赢得了很多理想主义的美国人的广泛尊重,这些人对南方许多社区长期遭受私刑的统治极为愤慨。[14]*

尽管许多自由主义者并不信任共产党,一些人还是称他们为"轻率的自由主义者"。当时流行一种为斯大林的罪行辩解的口号,口号说:"不打破一些鸡蛋,你无法做煎鸡蛋。"许多自由主义者同意经验老到的专门揭发秘闻的记者林肯·斯蒂芬斯的看法,此人在1919年访问了新成立的苏联。斯蒂芬斯说:"我已经看到了未来——它正在生效!"不过,斯大林打碎的不是鸡蛋,而是脑袋;是数百万人的脑袋,而不是少数人的。我们现在知道,美国共产党自始至终完全被莫斯科控制了。

"百日"的一些立法只是暂时的,一些法律至今仍停留在书面上。一项临时的措施是成立公共资源保护队。在公共资源保护队的管理下,数千年轻的男人临时居住在窝棚里,从事诸如修建漫长、蜿蜒的阿巴拉契亚长途铁路这样的工程,每天可以得到三顿饭。虽然挣得不多,

---

* 许多共产党以及他们的"同路人"无疑真切关注美国的种族的公正。他们可以看到其中的不公正,但是他们对在国外所见的事情却是有选择的。他们对苏联数百万被秘密警察就地处死或送往古拉格劳动营冻饿而死的人,视而不见。

但他们的健康能够得到保证，重要的是有一种成就感。[15] 罗斯福亲自强调了公共资源保护队的工作，在精神上和社会上对失业而骚动不安的年轻人的益处。这群失去工作且不走运的年轻人组成的流动人口经常成为这个国家城市中心的不安定因素。罗斯福看来是出于本能感受到了这一点。*公共工程管理署也投身于像纽约市三区大桥（Triborough Bridge）这样至今仍在每天使用的大型工程。[16]

工程进度管理署为上万名寻找工作的人提供了就业机会，让他们度过了大萧条期。当约翰·里根（John Reagan）成为劳动促进管理局伊利诺斯州迪克森（Dixon）的一名官员时，足以使这个家庭在经济上应付自如了（他的儿子罗纳德·里根坚定地支持新政，就不是什么偶然的事了）。[17]

《全国工业复兴法》也不打算长期实行。但这并不意味着它不重要。国会拨款33亿美元，这在当时是数额巨大的一笔钱，以建立一个精细的、全国范围的体系来应对备受打击的经济。[18] 罗斯福选派毕业于西点军校的休·约翰逊（Hugh Johnson）去管理通过立法建立的国家复兴管理局（National Recovery Agency，NRA）。国家复兴管理局为工资、工作时限、工作条件提供法规，不允许在有危险的企业雇用妇女和儿童。约翰逊设计了一个蓝鹰作为国家复兴管理局的标记。他还组织了游行和其他活动来动员大众的支持。对罗斯福的对手来说，国家复兴管理局的标记看上去与纳粹的鹰徽惊人的相似，约翰逊的游

---

* 罗斯福对公共资源保护队的精神影响所作的赞扬从华盛顿备忘录里他的一句话中可以看出："我计划创建公共资源保护队，将之用于简单的工作。然而，比物质上的所得更为重要的，是这类工作在道德和精神上的价值。"（关于失业救济提交给国会的咨文，1933年3月21日于华盛顿。）

行者也很像希特勒的青年军。当约翰逊不明智地称赞墨索里尼的法西斯"合作主义国家"时,就连许多保守的民主党人士也感到担心。他们担忧这个世界仅存的自由会受到左派和右派专制的危害。唯一健在的前民主党总统候选人约翰·戴维斯(John W. Davis, 1924)和阿尔·史密斯(1928)都加入了自由联盟(Liberty League),组织人们反对罗斯福的新政。

不过,其他的民主党人认为罗斯福不会走得太远。路易斯安那州参议员休伊·朗(Huey Long)是一位头发蓬乱的平民主义者,总是身穿一身皱巴巴的白色"冰淇淋"西服,喜欢四下煽动人们的情绪。他的"每个人都是国王"的哲学使他成为南部这个牛轭湖州*毫无争议的头儿。当他成为路易斯安那州州长后,他那大量的公路建造工程和新建的州议会大厦摩天大楼,给数千人以工作,同时也填满了数百包工头的腰包。作为国会的参议员,他乐于羞辱华盛顿社会机构里有教养的成员,即所谓的上流阶层。当休伊·朗来到白宫,他竟然不脱帽就坐在晚宴席上! [19] 有一次他受邀来到总统位于纽约海德公园的家中,在晚宴桌上,他大声说着话,举止粗鲁,总统令人生畏的母亲莎拉·德拉诺·罗斯福压低声音问道:"坐在富兰克林身边那个让人讨厌的家伙是谁?" [20]

那个让人讨厌的家伙可是条大鱼,富兰克林正在竭尽全力讨他高兴。富兰克林这样做,并不是需要他在参议院的选票,富兰克林在那里已经拥有了最大的大多数。总统需要的是把休伊·朗先"预订下来"。这条大鱼作为一个可能的第三党总统候选人,提倡"重罚富人"的政

---

* Bayou State,路易斯安那州的别称。——译者注

策,这就带来了一种危险。他或许像小丑一般滑稽,但他同样也是狡猾和大胆的。罗斯福知道他的许多大财阀对头很愿意资助休伊·朗参加总统竞选,目的只是为了把他赶出白宫。[21] 这些大财阀的一个代表在一次秘密集会上对大鱼说:"我们这样做也不是为了你。""给我钱就好了。"休伊笑着对他说。[22] 1935年春天,休伊·朗写了一本名叫《我在白宫的最初岁月》(*My First Days in the White House*)的书。他的意图是十分明显的。[23]

1935年3月,国家复兴管理局局长休·约翰逊公开奚落了电台节目主持人查尔斯·柯林神父(Father Charles Coughlin),这位新政的支持者遂与参议员休伊·朗之间发生了公开决裂。约翰逊说:"我们期望赢得陌生盟友的策略,但如果柯林神父愿意与休伊·朗沆瀣一气,只有脱掉他的罗马教廷的黑色法衣才算公平。"[24] 约翰逊的嘲弄不仅冒着将休伊·朗推向罗斯福反对派一方的危险,而且危及与新政重要的支持者天主教徒的关系。

1935年9月,参议员休伊·朗回到了巴吞鲁日(Baton Rouge),回到了他建造的那座给人以深刻印象的州议会大厦里。当他遭到才华横溢的年轻耳鼻喉科专家卡尔·奥斯汀·魏斯(Carl Austin Weiss)博士的反对时,他得到了家乡人的政治支持。魏斯是休伊·朗的老对头帕维(Pavy)法官的女婿。博士向大鱼开了两枪后,他那把比利时造的小手枪就卡了壳。休伊·朗愤怒的保镖立刻冲向魏斯博士,向他连开29枪。

垂死的休伊·朗喘着气说:"他为什么要向我开枪?"这可能是因为魏斯听说休伊·朗支持一个阴谋,散播帕维家族祖上是黑人的缘由。在休伊·朗的时代,他是与众不同的,因为他不是一个摆弄种族

第三章 罗斯福与新政（1933—1939）

问题的南方白人政客。但是，如果用任何手段去反对自己的政敌，他肯定是不会犹豫的。我们或许永远不会知道魏斯为什么杀死休伊·朗，但是魏斯这样做，却清除了罗斯福再次参加竞选的一个重要威胁。[25]

1933年，罗斯福总统宣布美国取消金本位制，收回了市场上的黄金证券，改由绿背纸币取代。这一行为给美国、世界经济，尤其是一位居住在布朗克斯（Bronx）的移民木匠带来了重大后果。

当布鲁诺·豪普特曼（Bruno Hauptmann）用在1934年末已经非常少见的100美元的黄金证券购买汽油时，他引起了服务员的注意。这位服务员怀疑豪普特曼用的是假黄金证券，他记下了豪普特曼的德国移民证号码。[26]很快，警察拘捕了豪普特曼，并在证据不足的情况下指控他绑架并杀害了小林白。

豪普特曼的审判于1935年初在新泽西州弗莱明顿（Flemi-ngton）举行，很快成为媒体炒作的焦点。H.L.门肯称这是"基督复活以来最大的事件"。[27]用于指控他的证据包括他藏匿的编了号的黄金证券，这些证券被确定是林白赎金的一部分。人们在他的车库里还发现了一些梯子上的木制横档，这与他用于进入林白家保育室梯子的横档完全相配。林白出庭作证，没有任何表情。他冷冷地说出了他的证词。[28]当被问道他能否确定那个要他交纳赎金的人的声音时，林白的手指向了豪普特曼。[29]《纽约时报》把罗斯福总统的国情咨文讲话放到一边，把报纸头条留给了以下标题："林白上校认定豪普特曼是绑架者和收取赎金者：在三个小时的反诘中表现冷酷。"[30]公众对审判的强烈兴趣由此可见一斑。豪普特曼的上诉被驳回，他直到临死仍声称自己是无辜的。

当豪普特曼对定罪提出上诉时，林白一家仍然要忍受兴致盎然的媒体对他们一举一动的监视。他们的小儿子强（Jon）成为绑架威胁的新目标。1935 年 12 月 23 日星期一的《纽约时报》大字标题是这样写的："林白一家坐船前往英国寻求一个安全隐蔽的住所；他们的儿子生命受到威胁。"³¹ 真的要走到如此严重的一步吗？对那些危及林白一家的人进行高姿态的审判能够停止难以忍受的折磨吗？我们不得而知。或许没人有过心爱的儿子被绑架后惨遭杀害这样痛苦的经历，他们也不能说出威胁有多么大。然而，林白一家的自愿流放则是美国新闻自由明显的后果。难道不是不负责任的媒体制造了无法忍受的让人疯狂的气氛吗？

2. 希特勒的奥运会：柏林奥林匹克运动会

1936 年 3 月 7 日，希特勒对他名不副实的国会说，他要重新占领莱茵地区。当他在国会就此发表讲话时，德军正进入这个在历史上属于德国的地区。³²＊这对西方的协约国是一个大胆的挑战。在凡尔赛，一个非军事化的莱茵地区一直就是法国人所要求的一个关键的安全条款，德国人被禁止重新武装和占领莱茵地区。现在，希特勒正在摆脱这种约束。法国的反应就好像是一次电击穿过了巴黎。然而，伦敦的保守党政府首相斯坦利·鲍德温（Stanley Baldwin）马上呼吁法国"耐心等待，以便两国可以经过深思熟虑后联合行动"。温斯顿·丘吉尔

＊莱茵地区一直属于德国，但那里的德国人多为天主教徒，德国大部分人口却是新教徒。因此，法国希望能够说服莱茵地区的德国人逐渐成立他们自己的"莱茵国"，作为法国与更加强大的和大部居民是新教徒的德国之间的一块缓冲地带。莱茵地区位于莱茵河西岸，与法国和比利时交界。

称这一举动是"为逃避提供一个堂而皇之的借口"[33]。事实也确是如此。丘吉尔并不赞同《凡尔赛和约》。他认为其经济条款尤其"有害、愚蠢和无用"[34]。不过,他的步子迈得还没有法国福煦元帅远,后者讽刺道,这根本就不是一次和平,不过是一次20年的休战。[35] 即便这样,如果德国人真的公然反抗裁军和领土条款,和约将作废,"一战"的胜利果实将丧失,世界也将突然陷入第二次冲突之中。

当鲍德温政府声称法国的任何抵抗计划只会导致死亡时,希特勒的压力减轻了。他的将军们担心,依然强大的法国军队会击溃来到莱茵地区的德国军团。坦白地说,希特勒对此同样担心。他给军队下令,法军一旦抵抗就撤退。希特勒知道,如果这样的事发生了,他的将军们或许会推翻他——这一想法甚至让他得了一场病。抵抗从未成为事实,他大声嘲笑了他的将军们。希特勒宣称,他对他的敌人有一种高人一等的"直觉"。[36] 他铤而走险,却大获全胜。

希特勒狡猾地将他对莱茵地区的接管与和西方民主国家缔结一个25年的和约打包在一起。英国主要的绥靖者立刻拍电报给鲍德温首相。他们掩饰不住心中的狂喜,说鲍德温应当"全心全意地欢迎希特勒的声明"[37]。很快将成为英国驻华盛顿大使的洛锡安勋爵(Lord Lothian)将这次公然违背《凡尔赛和约》的行动形容为,希特勒只不过开进到了"他的后花园里"[38]。英国的许多绥靖主义者曾谨慎地批评希特勒厚颜无耻地违反了世界大战后加在德国身上的条款,但是现在他们中的一些人竟然这样说:"凡尔赛和约现在不过是一具死尸,应当被埋葬了。"[39]

美国人竭力想远离欧洲的争端。由于美国没有正式批准《凡尔赛和约》,罗斯福对发生在欧洲大陆的事情几乎没有影响力。伍德罗·威

詹姆斯·韦尔登·约翰逊。约翰逊和他"国家有色人种促进会"的同伴对于哈莱姆文艺复兴的形成帮助很大,并有助于国家将美国黑人的公平问题提到议事日程之上。

亨利·福特。福特是一个天才的发明家,他发明的生产线是美国强大工业的象征。他把美国放在了汽车轮子之上。但是他创办的《德宝独立报》重新刊登了伪造的《锡安长老议定书》。他那危险的反犹主义受到希特勒的吹捧。

第三章 罗斯福与新政（1933—1939）

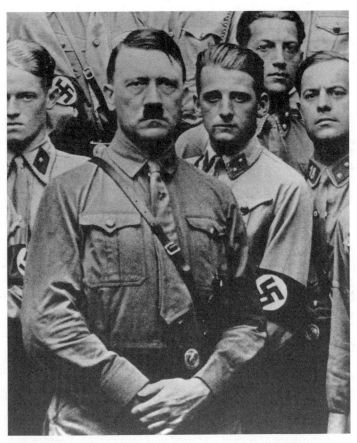

阿道夫·希特勒。"一战"期间，希特勒作为一名士兵获得了勋章。之后，他加入了民族社会主义德国工人党（纳粹党）。1923年，在推翻其家乡巴伐利亚州政府的"啤酒馆暴动"失败后，他在短暂和自在的监狱生活中写下了《我的奋斗》一书。在这本书中，他展示了他的复仇计划，发泄了对犹太人的仇恨。10年之后，1933年1月30日，他成为德国总理。几个星期之内，国会大厦就莫名其妙地被人放火焚烧了。从那一天起，希特勒就开始了他的独裁统治。他使欧洲陷入了"二战"的泥沼，发动了对犹太人的大屠杀。

尔逊与劳合·乔治承诺，如果德国从莱茵地区威胁到法国，他们将援助法国。但是，由于威尔逊非常不满参议院否决了他深爱的国联，他甚至拒绝承认《法国保证条约》。并且，国会已经通过了一系列中立法案，严重削弱了总统在欧洲民主遭受威胁时提供援助的能力。这一点，以及他们自己的忧心忡忡的选民，促使英国和法国的领导人试图通过对希特勒作及时的让步来牵制他。他们认识到，他们不能依靠美国人的帮助，并徒劳地希望他们能够满足希特勒的要求。克里孟梭的噩梦变成了现实。德国的危险逐步逼近法国，"盎格鲁—撒克逊人"甚至不能伸出一根手指头加以阻挡。

绝大多数牛津大学学生通过投票宣布："我们不会再为国王或国家而战了。"在英国，和平运动十分强烈。英国上层阶级，尤其是王室，由于同样经受了大萧条的痛苦，十分担心再次卷入到战争中去。[40] 国王乔治五世（George V）对鲍德温首相说，如果首相进入另一次战争的话，他将亲自前往海德公园，挥舞红旗。*而威尔士亲王则公开支持希特勒。[41]

温斯顿·丘吉尔此时被英国的政客们称为"后座议员"。在英国议会的下议院里，那些坐在后排席位上的人，无论在现实里还是在象征意义上，都离财政部的席位最远，财政部的席位在前面显著的位置，首相和他的内阁就坐在那里。丘吉尔此时正处在他的"茫然阶段"中，他离开了内阁，没有权力，心情也十分郁闷。1934年时，丘吉尔已经60岁了，在很多人看来，他已经过时了。

---

* 红旗通常代表革命。在共产主义者高举红旗之前，欧洲君主制度的反对者们已经开始挥舞红旗了。

由于成功地再次将莱茵地区军事化,希特勒渴望转移世界的注意力。1936年奥运会在纳粹独裁政府建立之前就已经决定由德国举办,希特勒打算利用这次运动会来展现他的政权。这将是一场宣传上的闪电战。

纳粹政权尤其强调年轻人的身体健康。"你们的身体属于你们的国家,"一本德国学校里必读的健康书籍中说:"你们要以对国家负责的态度对待自己的身体。"⁴² 希特勒希望通过炫耀德国年轻人的运动技能,作为国家社会党所宣扬的雅利安人种优越性的范例。

当1936年的奥运会即将在柏林召开时,身材高挑而匀称,有着一双绿眼睛的德国人海伦·迈尔(Helene Mayer)正居住在加利福尼亚。1928年的奥运会上,她代表母国德国参赛,赢得击剑项目的金牌。她这次还会再次参赛吗?由于她的父亲是犹太人,根据希特勒新颁布的《纽伦堡法律》,她被官方归为混血种族。⁴³ 海伦不顾希特勒剥夺犹太人公民权以及犹太人在纳粹德国受到各种形式的政治、民事、经济和社会迫害这一事实,依然渴望站在"卐"字旗下参赛。*她很快陷入一场针对某些人称作"希特勒的奥运会"的政治论战中。⁴⁴

可以预见的是,希特勒的行动在大西洋两岸引起了巨大的不安,许多美国人发起对柏林奥运会的抵制。⁴⁵ 但是,美国奥委会主席埃弗利·布伦戴奇(Avery Brundage)希望他的同胞到柏林参加比赛。他对亲纳粹的德美同盟(German-American Bund)说,奥林匹克运动会是"一种具有普世吸引力的信仰,它包容了其他信仰的一切基本价值

---

* "卐"字在德语里被称作钩状十字架。希特勒亲自选定这种古代的神秘符号作为纳粹运动的象征。在第三帝国时期,"卐"字被加在德国国旗之上,在德国随处可见。

观念,是一种现代的、激动人心的、强劲的和生机勃勃的信仰"。布伦戴奇反对任何抵制的措辞,他说:"政治不应被带到体育运动中来。我没有听说德国人会有歧视任何种族或信仰的迹象。"[46]

布伦戴奇并没有看到德国几百座城市里"犹太人,不受欢迎"的标语。但是,数千其他人看到了这些标语,他们本应该告诉这位美国奥委会主席。布伦戴奇显然也没有注意到犹太人被逐出德国所有的运动俱乐部,尽管体育界的每个人都知道这一事实。海伦·迈尔也被驱逐了,但是希特勒政府意识到让海伦代表德国参赛具有宣传价值。德国驻旧金山领事在电报里对柏林的德国外交部说:"海伦是一位优秀的德国人,她和犹太人无关。"[47]

海伦在柏林上场了,并赢得了银牌。当海伦严肃地站在领奖台上,伸直手臂行"嗨,希特勒"礼时,人群沸腾了。

并不是所有犹太参赛者都如此幸运。为了平息希特勒的怒火,美国田径运动员马蒂·格里克曼(Marty Glickman)和山姆·史托勒(Sam Stoller)在比赛前一天被禁止参赛。教练告知弗兰克·梅特卡夫(Frank Metcalfe)和杰西·欧文斯(Jesse Owens)将代替前两人参加比赛。"教练,我已经赢得了三块金牌,"欧文斯抗辩道:"我已经赢得了我希望赢得的比赛。我累了,筋疲力尽。让马蒂和山姆跑吧。"教练迪安·克伦威尔(Dean Cromwell)用手指着欧文斯说:"照我说的做。"欧文斯上场参加了比赛,赢得了他的第四块金牌。[48]

欧文斯温和亲切的举止使他不管走到哪里,都会赢得大量崇拜者和朋友。[49]只要他出现在赛场上,德国观众都会这样对他欢呼:"欧文斯!欧文斯!"希特勒本来已经决定不再与每一奥运会奖牌得主握手,但一位助手却问他,是否愿意破例与杰西握手。[50]希特勒对他大声咆哮:"你真的认为我会允许自己与一个黑人握手时被拍照吗?"[51]事实表明,希特勒不会与杰西·欧文斯握手的。但是,现实却是杰西·欧文斯省掉了与希特勒握手这种有损尊严的事。*

"不管希特勒和其他纳粹领导人作何感想,"一位作者写道:"德国人还是欣然接受了欧文斯和他不可思议的表现。在这届奥运会里,美国黑人运动员赢得的奖牌数几乎占美国所有奖牌数的四分之一。他们的表现为他们自己、他们的团队和他们的国家带来的荣誉——狠狠抽了希特勒种族政策的一记耳光。"[52]

当奥运会在嘹亮的号角声中开幕时,出现了两名让人意想不到的客人,他们是离开美国的查尔斯·林白和他的夫人安妮。在从英国经过短暂的飞行抵达德国后,林白听到的第一句话就是"嗨,希特勒!"林白是作为希特勒新成立的空军的官方客人来到德国的。**安妮的传记作者后来这样描写这位世界闻名的飞行员:"阿道夫·希特勒确信,查尔斯·林白是第三帝国未来的化身。他高大的身材、男孩儿特有的浅黄头发、敏锐的蓝眼睛使他成为雅利安人的典范。纳粹不可能创造出一个更有说服力的完美化身了。"[53]

林白对德国先进的航空学印象尤为深刻。他欣赏在德国随处可见的秩序和纪律。德国的媒体被要求不得骚扰他们夫妇。"林白发现德国国内气氛融洽,人民和蔼,媒体有序,官员谦恭,纪律良好,道德完美和士气高昂,"一位与鲍德温首相关系密切的英国公务员汤姆·琼

---

* 终身的共和党党员欧文斯不满地指出,罗斯福也从未与他握手!不过,罗斯福无疑会为与欧文斯握手感到骄傲的。
** 根据《凡尔赛和约》,德国也被禁止组建空军。希特勒或多或少地公然违背了和约关于解除武装的条款。

斯（Tom Jones）这样写道林白的反应："这是一种让人为之一震的变化……他从美国的道德堕落、英国的冷漠和无动于衷，以及法国的颓废中看到了这一点。"[54]

琼斯指出，林白喜欢自己所见到的，那是因为他未要求去看一下集中营，那里已经关押着犹太人、共产党、社会民主党人士和德国统治集团选中的任何其他人。[55] 就在希特勒上台后不久，纳粹在 1933 年 3 月设立了达豪（Dachau）集中营。这是许多集中营中的第一个，很快里面就关满了德国政权的反对者。到 1933 年年底，纳粹把十万多德国人关进了集中营。[56]

闭幕式标志着这场非常成功的奥运会的结束，德国民众唱起了"欢呼胜利"的歌曲。[57] 德国人赢得了大部分奖牌。纳粹宣传家为希特勒的独裁统治费尽心机地描绘了一幅积极的画面。他们基本上算成功了。没有任何针对美国黑人和犹太运动员的无礼报道。[58] 伟大的德国拳手马克斯·施姆林（Max Schmeling）的及时介入或许帮助了宣传家们的活动。1936 年 6 月，施姆林击败美国拳手乔·路易斯（Joe Louis），成为日耳曼民族的英雄。这位被称作"棕色轰炸机"的德国人也尤其深受美国黑人的喜爱。但是，施姆林并不愿意成为实现纳粹种族意图的代表人物。他拒绝加入纳粹党，并要求希特勒作出承诺，所有美国运动员在奥运会期间不能受到侮辱。[59]

由于希特勒发动了侵略战争，一直到 1948 年都没有再召开奥运会。温和的宣传家在奥运会期间四处传播的虚假精神，没能得以延续。当深得纳粹上层好感的电影制片人莱妮·里芬斯塔尔（Leni Riefenstahl）向人们展示了她的纪录片《1936 年奥运会》时，宣传部部长约瑟夫·戈培尔（Joseph Goebbels）被激怒了。莱妮的摄像机用赞赏的镜头记录了杰西·欧文斯的肌肉和一位日本参赛者英俊的面庞。[60] 这与戈培尔的种族仇恨发生了严重的冲突,他下令里芬斯塔尔18个月不得工作。[61]

3. "缅因州走向何方……"

罗斯福对 1936 年再次当选美国总统并没有十足的把握。国家并没有完全从大萧条的影响中恢复过来。经济状况甚至远远不如 1929 年崩溃前的水平。"好日子又来了"是民主党的主题歌,但民主党在取得 1932 年和 1934 年的胜利时,仍然能够利用它。毕竟,各种主要的经济指标有所改善。美国的就业人数从 3 800 万上升到 4 400 万。失业人数从 1 300 万下降至 800 万。1936 年,复苏的经济每月可以增加 150 000 个新工作岗位。[62]

从历史上看,美国黑人都一直支持林肯的共和党。然而,到了 1936 年,许多人开始质疑他们所选择的对象。一位受雇于工程进度管理署的黑人工人这样说道:"我认为吃罗斯福给我们带来的面包和肉,却把票投给阿尔夫·兰登(Alf Landon)州长并不公平。"[63] 美国黑人和其他任何人一样,深受大萧条的祸害;他们现在开始把目光转向华盛顿,转向罗斯福,希望他能够减轻他们的苦难。

埃莉诺·罗斯福尤其同情美国黑人。1936 年,她邀请著名的歌剧演唱家玛丽安·安德森(Marian Anderson)来白宫演出。她是第一位受邀到白宫演出的艺术家。鉴于当时罗斯福的内阁中还没有黑人,他就任命了一些黑人作为他内阁的非正式成员。当其中的一些官员聚集在玛丽·麦克劳德·贝休恩(Mary McLeod Bethune)的领导下后,他们就组成了罗斯福的"黑人内阁"[64]。这一群体提出了一些联邦政府可能会处理的问题,他们先是向贝休恩提出,而后向第一夫人提出,随后这些问题就从这两人那里转到了罗斯福的早餐桌上。

罗斯福夫人对黑人的特别关注,引来了种族主义者的恶语相向和仇恨攻击,这些人感受到了上述审慎处理领导层中种族不平衡的尝试的威胁。一个恶毒的顺口溜模仿罗斯福在早餐时对他的妻子说:

只要你亲吻黑人,我亲吻犹太人
我们就会永远在白宫待下去。[65]

事实上,罗斯福正在建立一种包括许多少数派在内的新的联盟。天主教徒、犹太人、黑人、西部人、南部人以及工会成员——所有这些人都被欢迎成为新政里的新的多数派。

共和党提名堪萨斯州州长阿尔夫·兰登为总统候选人时,他们根本就没有考虑前总统胡佛及其日渐增多的针对罗斯福所有行为的反对声。参加1936年共和党代表大会的代表,提名新罕布什尔州受人欢迎的参议员斯泰尔斯·布里吉斯(Styles Bridges)为副总统候选人。他看上去像一个二把手位置的赢家,直到有人指出"伦敦桥正在倒塌"*将会是他俩面对竞争对手时不可避免的结局。[66] 共和党人转而求助于曾经在古巴追随老罗斯福的狂野骑士弗兰克·诺克斯(Frank Knox)。不过最重要的是,共和党同意了罗斯福提出的、国会在1935

---

* Landon-Bridges falling down,Landon-Bridges 与 London Bridge 谐音,这里人们用兰登和布里吉斯的名字开了一个玩笑。——译者注

年迅速通过的《社会保障法》(Social Security Act)。他们同样赞成劳工组织工会的权利和某些商业法规。[67] 这不是一个用于向保守的共和党呼吁的纲领，它也没有那样做。

新闻界积极介入。罗斯福的魅力令记者们着迷，他们定期去访问罗斯福，目的是得到一些平时在媒体上难以看到的"内幕"消息。然而，很多报纸的主编却坚决反对罗斯福。《芝加哥论坛报》(Chicago Tribune)的老板罗伯特·麦考米克上校(Robert McCormick)就对罗斯福不屑一顾。他命令他的总机接线员在回复每一个打来的电话时，报上这个国家距离摆脱罗斯福的苛政还有多少天。[68]

罗斯福乐于反对大财阀。他喜欢讲头戴名贵缎面礼帽的"有教养的老绅士"掉进水里的故事。故事说，这位绅士的一位朋友跑下码头，跳入水中把他救出。但是，他的礼帽却随波漂走了。起初，老绅士感谢了自己的朋友，夸奖他勇气可嘉。但是，4年以后，这位老绅士却开始抱怨他丢掉的名贵的帽子！[69] 罗斯福的这个故事巧妙地讽刺了大财阀们，尽管后者在当时销量最好的棋盘游戏"强手棋"(Monopoly)***中深受欢迎。在这个游戏中，人们可以看到头戴锃光发亮的高顶大礼帽的"老绅士"。

面带更加严肃的神情，罗斯福在费城接受了连任总统的提名，说出一句意味深长的话："这一代美国人与命运有个约会。"[70]

受人尊重的《文摘》(Literary Digest)杂志做了一次民意测验。民意测验当时还处于初级阶段。《文摘》是通过电话来做测验的。在

---

* "强手棋"发明于1934年。最初由于太过复杂而没人玩，但后来在80多个国家中卖出了2亿多副。

** 按骰子所掷点数下棋，以假钱进行模拟房地产交易的棋盘戏。——译者注

大萧条最严重的时期，这意味着不去考虑几百万穷困潦倒的美国人的意见。《文摘》自信地预言：兰登将获胜。当缅因州的选举结果出来时，兰登的支持者便开始吹嘘老大党的竞选活动富有成效。新英格兰州*一般在9月进行投票，所以有句老话说："缅因州走向何方，国家就走向何方。"

但今年却不是这种情况了。选举的结果是，罗斯福再次胜出。他以史无前例的 27 476 673 张大众选票——令人吃惊地占到了所有选票的 60.6%，再次当选为总统。兰登得到了 16 679 583 张大众选票，仅占所有选票的 36.8%。在各州选举团中，罗斯福以 523 票之势横扫全国，兰登只有可笑的 8 票。出身爱尔兰的民主党主席吉姆·法利（Jim Farley）是罗斯福精明老练的政治助理之一，当他看到罗斯福横扫全国 46 州的盛举时，嘲笑那句老话应改写为："缅因州走向何方，佛蒙特州就走向何方。"[71]《文摘》由于脸面扫地，很快就停止了发行。

在大洋彼岸，即使是温斯顿·丘吉尔所在的保守党之外的人也开始注意到他的警告。克莱门特·阿特利（Clement Atlee）是下院里的工党领袖。丘吉尔的外甥当时在给他的信中说道，阿特利"将在任何重新武装的计划上支持您"，并说"（阿特利）喜欢并仰慕您"[72]。时值首相鲍德温准备下台之际，这种支持或许对丘吉尔有所帮助。但是，一个正在酝酿中的危机——与最近加冕的威尔士亲王和其美国情妇有关——却威胁到丘吉尔的地位。

1936 年末，美国人都在议论英国新国王与离过两次婚的巴尔的摩的沃丽丝·沃菲尔德·辛普森（Wallis Warfield Simpson）的罗曼史。

---

*缅因州的别称。——译者注

每个美国人都知道此事,但是在英国,旗舰街的各家媒体被要求不要议论国王迎娶辛普森的计划。因此,当鲍德温首相的内阁12月初私下告诉国王,他要么放弃辛普森,要么放弃王位时,几乎没有英国人知道,双方将发生突然的决裂。

丘吉尔曾经浪漫和热情地拥护君主制,他此时只能向时间祈求。他认为,他或许可以说服年轻无知的国王不要迎娶他的情妇。但温斯顿没有意识到,英王爱德华八世却希望加剧危机,以此来逃离王位上的令人厌倦的义务。国王在身为威尔士亲王的20年时间里,一直是一个比较随意的人。丘吉尔在议会中恳求"不要采取不可挽回的措施",但是他的声音很快被其他人反对的声音淹没。丘吉尔感到他的首相背叛了他,他转向鲍德温,愤怒地对他喊道:"你不弄垮他就不会满意,不是吗?"[73]

议会里的一位议员哈罗德·尼克尔森(Harold Nicolson)在他的日记中写道:"(温斯顿)在5分钟内就使两年有耐心的重建工作失效。"[74] 伦敦的《旁观者》(*Spectator*)杂志的说法更为尖刻:"(正直而受人尊敬的丘吉尔先生)完全错误估计了国家和下院的感受,他正要摆脱任性的名声,但在这次会议上却失去了效用,这种名声再一次牢牢地落在了他的肩上。"[75]

国王决意退位,他在BBC电台向全世界发表了这一声明。他说,他发现"要是没有我深爱的女人的帮助和支持,我不可能再继续下去"。大西洋两岸的女人们听到后无不为之落泪,她们既为他对爱的忠诚感动,又为他失去王位伤心。但是,他的这一决定最终对英国和美国来说是一件幸事。因为后来作为温莎公爵和公爵夫人,这对王室夫妇与纳粹走得太近了。

我们想知道的是：假如在 1937 年是温斯顿·丘吉尔而不是张伯伦在斯坦利·鲍德温之后成为英国首相，这个世界会发生什么？

4. 罗斯福的"冒险计划"

随着罗斯福以压倒性优势再次当选总统，并且获得国会两院多数派更加有力的支持，他开始着手对付美国最高法院了。

罗斯福早就对 1935 年最高法院对著名的"病鸡"（sick chicken）案的裁决感到愤怒。在"赛施特家禽公司讼美国"（*Schechter Poultry Corp.v.United States*）一案中，最高法院以 9 比 0 的票数完全控制了对案件的裁决，《全国工业复兴法》因此被认为违反宪法。最高法院随后又废除了《农业调整法》和其他新政法令。罗斯福认为，只要最高法院"九个老人"的权力不受到抑制，他当政期间就不会取得任何成绩。

罗斯福总统打算用他的第二次就职演说来将整个国家团结起来。这场演说是在 1937 年 1 月 20 日的一场大雨中进行的。*"我看到数百万人无法获得教育和娱乐，他们和自己的孩子失去了改善命运的机会，"他以凝重的语气说道："我看到数百万人无法购买工农业产品，这些人由于贫困，又使得其他几百万人无法获得工作和创造性。我看到这个国家三分之一的人住得差、穿得差，无法得到良好的培养。"[76] 在提到这些状况后，罗斯福认为他需要立法。但是立法却受到非选举

---

*1933 年，宪法第 20 修正案被很快批准的后果是，总统的就职演说从 3 月 4 号改为 1 月 20 号。国会也因此在每年 1 月初召开。

第三章 罗斯福与新政(1933—1939)

产生的、不负责任的法官们的攻击。罗斯福为此提出了一个很快为人所知的"整顿最高法院计划"(court-packing scheme)。

罗斯福担心,他第一任期里的重要立法正处于危险境地——其中有处理劳资关系的《瓦格纳法》(*Wagner Act*)、《社会保障法》以及他在农业上的各项立法。[77] 罗斯福批评了首席大法官休斯,因为后者曾说:"我们处于同一部宪法之下,但是这个宪法由法官说了算。""不对!"总统驳斥道:"我们需要一个在宪法之下,而不是超越它去伸张正义的最高法院。在我们的各级法院里,我们需要的是法治而不是人治。"[78] 在谈到法院的权力时,罗斯福的言辞更具说服力。"(泛滥的)俄亥俄河与风沙侵蚀地区并不熟悉《州际商业条款》(*Interstate Commerce Clause*)的惯例。"[79] 他向律师们质疑,让他们去想一想"那些在伊利诺斯州开罗(Cairo)的河堤上堆放沙袋的汗流浃背的人们……"[80]

如果他坦率、直接和真诚地面对美国人民,罗斯福的司法重组计划很可能就成功了。相反,他提交一项议案声称要帮助那些年老或体弱的法官。他打算为最高法院每一位超过 70 岁而没有辞职的大法官增加一位法官。尽管有这些听上去合理的原因,但美国人民并不买账。罗斯福的计划显然是要向最高法院里塞一些顺从的法官。

国会里的民主党人提出了反对意见。来自得克萨斯州的众议院司法委员会(House Judiciary Committee)主席对南方的同僚说:"伙计们,这里是我兑现自己承诺的地方。"[81] 南方的民主党人已经把最高法院视作他们反对民权立法的屏障了。最高法院在 1896 年对"普莱西诉弗格森案"(*Plessy v.Ferguson*)裁决时,曾经允许种族隔离政策。"普莱西案"判决依然是"这个国家的法律"(law of the land)。

[133] 最高法院或许意识到自己处于攻击之下,竟然支持《瓦格纳法》以及《社会保障法》,这让所有人吃了一惊。当其中一位上了年纪的大法官退休时,罗斯福第一次有了提名最高法院大法官的机会。

"杰克,你怎么看最高法院的状况?"总统就最高法院重组提案一事问副总统约翰·南斯·加纳。"您是希望它叫喊还是安静,头儿?"加纳反问道。"最糟糕的结果会怎样?"罗斯福说。"您会被击败,"副总统说:"并且得不到支持票。"[82] 罗斯福一定会记得加纳说的是"您",而不是"我们"。

当民主党多数派领袖、阿肯色州参议员罗宾逊(Robinson)死于心脏病时,罗斯福重组法院的最后机会也随之而逝。但是,最高法院却回心转意了。这一情况后来被人们称作"拯救九个人的及时转变"。不过,罗斯福很快对最高法院作了一次关键的任命。于是,在罗斯福总统任期的剩下时间里,他与最高法院之间再也没有麻烦了。如果这算一次失败的话,他是一个幸运的失败者。

5. "时代的前进"

20世纪30年代,数百万美国人可以在当地的电影院里通过观看每周的新闻短片了解新闻。亨利·卢斯(Henry R.Luce)的媒介帝国(包括《时代》《生活》《财富》等杂志)同样也有《时代的前进》(*The March of Time*)这样的新闻系列片。在全国范围内的数千家影院里,这些简短但生气勃勃的新闻片在正片放映之前上映。对严肃主题经常进行肤浅和虚夸报道的这些新闻短片,受到机智的如奥逊·威尔斯在其获奖影片《公民凯恩》(*Citizen Kane*)中的讽刺。就连深受各个年龄阶段影迷喜爱的动画片也不失时机地辛辣地嘲讽《时代的前进》。但是，这个系列片的影响在如下事实中可见一斑：其中的一集《在纳粹德国》受到了美国两座城市的审查。在纽约，这一集被认为过于亲纳粹了。而在芝加哥，它竟然又被认为是反德国的！ [83]

当巨大的德国飞艇"兴登堡"号即将在位于新泽西莱克赫斯特（Lakehurst）的海军航空站（Naval Air Station）着陆时，芝加哥WLS电台播音员赫伯·莫里森（Herb Morrison）通过收音机向全国听众描述了"兴登堡号"的抵达："这是德国的骄傲，它尾部的卐字旗向世人展示着德国新的侵略性的旗帜……对世界各地生活在城市里的无数人来说，它就是令人敬畏的奇迹……它像一只银色的鲸鱼，象征着穿越大西洋旅行的奢华与速度……它就要着陆了……"[84] 突然，巨大的飞艇冒出火焰。"它燃烧着，下降着……噢！这可是最不幸的事情之一……噢！这是悲惨的一幕。"莫里森悲痛地喊着，收音机的播音员还没有学会以一副职业性的冷静外表来掩饰他们的感情。"噢……人类啊！" [85] 这艘充满氧气的飞艇的爆炸是20世纪30年代的大灾难之一，这并不是因为死亡的人数（让人吃惊的是，只有35人丧命），而是因为它是那么一个公开的事件。美国人尚未对与实况报道同时发生的灾难习以为常——这些灾难被记录在新闻片的镜头里，由收音机播音员"现场直播"。

"兴登堡"号的灾难也使美国人转而去关注另一个无情的现实：尽管带有卐字旗飞艇的旅程最后以火球结束，但它还是证明了希特勒的到来。如果德国的工程学可以让一艘飞艇跨越大西洋，它是否也可以适时带来飞机甚至是导弹呢？那些有思想的美国人意识到，广阔的大西洋不再能保护他们了。

埃莉诺·罗斯福试图鼓励妇女更多地全身心投入到公共生活中去。她为女记者们召开了多场记者招待会。她支持女性从事艺术，也支持女性从事飞行。埃莉诺甚至邀请著名的女飞行员艾米莉亚·埃尔哈特（Amelia Earhart）参加总统的就职典礼。埃莉诺又一次在海德公园举行了一场小型晚宴，邀请埃尔哈特和英国第一位女议员阿斯特女士（Lady Astor）出席。一家地方报纸盛赞这次晚宴聚集了"世界上最杰出的三位女性"。[86] 埃尔哈特是一位率真的和平主义者。作为第一位为海军学院学员演讲的女性，她谈及了和平的必要性。[87] 埃尔哈特和影星凯瑟琳·赫本（Katharine Hepburn）、玛琳·黛德丽（Marlene Dietrich）一起，使穿宽松长裤在女性中流行起来。她甚至在闹市中穿着宽松长裤——这的确令人震惊。[88]

埃尔哈特在林白历史性的飞行5周年之际成功飞越大西洋，赢得了公众的追捧。尽管她只是从纽芬兰飞到冰岛——距离远远短于林白的飞行——但是她仍然勇敢地经历了令人生畏的在北大西洋上空的独自飞行。她邀请第一夫人与她一起飞行，埃莉诺很快接受了她的请求。[89]

美国人民钦佩像林白和埃尔哈特那样的年轻飞行员，因为他们有着惊人的勇气和高超的飞行技巧。而飞行在当时仍然十分危险，20世纪30年代报纸的大标题多次强调这一事实。深受美国人喜爱的幽默作家威尔·罗杰斯和新闻记者威利·波斯特（Wiley Post）就在1935年阿拉斯加的空难中丧生。

1937年艾米莉亚宣布她要进行一次勇敢的"环绕世界"的飞行时，埃莉诺在她的一篇供多家报纸同时发表的专栏文章中承认，她心中充满忧虑。埃莉诺写道："我整天都在想，艾米莉亚·埃尔哈特现在正位于大西洋之上的什么地方。"[90] 当艾米莉亚和她的领航员弗莱

第三章 罗斯福与新政(1933—1939)

德·努南(Fred Noonan)飞翔在太平洋上空时,海岸警卫队的快艇"伊塔斯卡"号(Itasca)被派去给这位年轻无畏的飞行员发送气象报告。

1937年7月4日,总统一家齐聚海德公园,为婚礼周年纪念日举行一场野餐聚会,席间他们听到了艾米莉亚·埃尔哈特失踪的报道,罗斯福的假日以及整个国家都蒙上了一层阴影。"伊塔斯卡"号加入一个由4 000人和10艘船组成的搜救行动中,在面积和得克萨斯州一样大小的太平洋某海域进行搜救。[91]搜救行动毫无结果。艾米莉亚遇难了,距她40岁的生日只有23天。她曾经说过:"当我离开时,我愿意驾驶着我的飞机疾驰而去。"[92]关于艾米莉亚·埃尔哈特的传言持续了好几年,但没有一个得到过证实。她是在塞班岛(Saipan Island)被日本人俘虏了吗?她是罗斯福的间谍吗?这些传言尤其出现在日本飞机袭击在中国的美国船"帕奈"号(Panay)之后。尽管日本人很快就为这次行动道歉,但美国人对飘扬在太平洋上的太阳旗感到极度紧张。

波士顿的约瑟夫·肯尼迪(Joseph P.Kennedy)希望成为第一位被任命为圣詹姆斯宫(Court of St.James)——美国驻伦敦大使馆以此而闻名——大使的爱尔兰裔美国人。肯尼迪曾任罗斯福政府证券交易委员会的第一任主席。根据"以毒攻毒"的理论,罗斯福任命这位以手段严厉而著称的人去管束那些精明狡猾的商人。[93]肯尼迪还是天主教团体里一位重要的罗斯福的支持者。

"当我将这个想法告诉我父亲时,"总统的儿子吉米·罗斯福(Jimmy Roosevelt)谈到派肯尼迪去伦敦的主意时说:"他大笑不止,竟然差点从轮椅上摔下来。"[94]但是,总统越是深入思考这一问题,就越希望此事可以成行。肯尼迪来自波士顿,那里的爱尔兰裔美国人强烈反对在另一场战争中给予英国任何帮助。罗斯福认为，如果肯尼迪前往伦敦就任，一旦出现战争威胁，他可能会有助于克服人们的抵制。但是他也希望与"老乔"开一些玩笑。

罗斯福在白宫召见了肯尼迪，对他说，脱下裤子。肯尼迪一脸迷惑，但还是照办了。"乔，看看你的腿。"总统说。他随后向肯尼迪解释道，所有前往英国的大使必须穿短裤和丝袜。这是传统。"你是我见过的罗圈腿最厉害的人，"罗斯福说，"当我们新任大使的照片出来后，我们会给人留下笑柄的。"[95] 乔·肯尼迪泰然自若地拉上裤子的吊带，向总统询问：如果他能够让英国人同意他身穿带线条的裤子和晚礼服，向他们出示国书的话，他能够前往伦敦就任大使吗？"给我两个星期时间。"肯尼迪对总统说。[96]

罗斯福比什么时候都更需要乔·肯尼迪的帮助。肯尼迪的朋友查尔斯·柯林神父对总统充满敌意。柯林神父的电台广播有惊人的4 000万户听众。[97] 起初，柯林神父对罗斯福和他的新政充满好感，但后来他开始不断批评罗斯福的智囊团以及罗斯福的政策。柯林神父甚至开始宣传更多的反犹言论，用和亨利·福特相差无几的措辞攻击银行家和银行业。

假如战争爆发的话，有肯尼迪站在自己一边，罗斯福就会有一个重要的盟友。罗斯福当时或许就是这样想的。一旦肯尼迪将他的大家庭安顿在伦敦的使馆区，他就会规划出一个独立的行动路线。与他随行的有他的妻子罗丝（Rose）、孩子罗丝玛丽（Rosemary）、凯瑟琳（Kathleen）、优妮丝（Eunice）、帕翠西娅（Patricia）、简（Jean）、小乔（Joe Jr.）、约翰·菲茨杰拉德（John Fitzgerald）、罗伯特（Robert）和爱德华（泰迪）[Edward（Teddy）]。

一开始,充满生气的肯尼迪一家在伦敦受到了人们的欢迎。乔希望给英国社会留下一个深刻的印象,以加强与在英国社会有着十分重要地位的"克利夫顿圈子"(Cliveden Set.)的关系。阿斯特女士的乡间宅邸克利夫顿是英国绥靖政策的社交中心。绥靖政策的基础是认为《凡尔赛和约》过于苛刻和极具报复性(很可能的确如此),并认为满足希特勒的领土和经济要求能够与德国建立一个更好的关系(这一点却是不可能的)。

希特勒并不满足于 1936 年对莱茵地区的再次占领。早在 1938 年,他迫使邻国奥地利就范。当他在 1938 年 3 月 12 日进军维也纳时,卍字旗取代了每一根旗杆上的醒目的奥地利红白两色国旗。希特勒在德国以及欧洲的权势和威望从来没有如此之大。他兵不血刃地完成了就是铁血宰相俾斯麦也没有完成的业绩。

《凡尔赛和约》禁止德国与奥地利合并。既然没有哪个和约的条款对希特勒来说是大问题,这一个又会如何?奥地利出生的希特勒决心实现这一合并,他将之称作 anschluss*。他不仅希望控制自己的家乡,也希望向他国内外的对手表明,第一次世界大战的胜利者无力阻止他。这使他在国内外的势力更为强大。

希特勒的每一次侵略活动看来只是给英国政府首相张伯伦带去了更多的绥靖尝试。纳粹军队一进入奥地利,就带去了"盖世太保"。这一让人生畏的国家警察四处搜捕犹太人、重要的社会主义者、知识分子和反对希特勒的天主教徒。[98] 心理分析学之父西格蒙德·弗洛伊德(Sigmund Freud)就是逃离纳粹控制下的维也纳人中的一个。

---

* 德语"合并"之意。——译者注

希特勒吞并奥地利后，就开始危及捷克斯洛伐克。这个由协约国首脑在凡尔赛会议上创立的自由民主国家里有一小部分说德语的少数民族，他们居住在与德国交界的苏台德地区。希特勒向那里提供钱、武器和煽动者，调唆这些苏台德的"德意志人"反对布拉格的捷克政府。现在，他要求捷克人割让苏台德给他。如果他们不这样做的话，将会引发战争。

1938年，希特勒在纽伦堡的纳粹党大会上发表讲话。*他要求将"文明"的德国人从落后的捷克人中解放出来。法国总理爱德华·达拉第（Edouard Daladier）和外交部部长乔治·博内（Georges Bonnet）非常担心。他们飞往伦敦，请求张伯伦站出来坚决反对这一新的威胁。他们向张伯伦解释道，如果希特勒吞并苏台德地区，他将获得捷克强大的边界防御工事和世界著名的斯科达（Skoda）军工厂。他们为此事在唐宁街10号英国首相官邸进行了激烈的磋商。[99]

张伯伦不愿服从法国的意见。他不能容忍与德国开战的想法："让我们去挖战壕，并在那里使用防毒面具，这是多么可怕、荒唐和难以想象的事啊！而这仅仅是因为离我们很远的一个国家里我们根本不认识的人之间发生了争论。"[100]他决定尽一切手段和不惜任何代价避免战争。他出人意料地提出要会见希特勒，与他共商和平大计——称其出人意料，是因为他从来没有坐过飞机，因为飞行在当时仍然十分危险。不过，他还是飞往慕尼黑与希特勒、意大利法西斯独裁者墨索里

---

* 莱妮·里芬斯塔尔由于其奥运会电影没有遵从纳粹种族主义的意图而一直受到冷落。这次，她拍摄了反映纽伦堡大会的电影《意志的胜利》（*Der Triumph des Willins*）。这部影片是一个有效宣传的经典范例。在新电影技术的帮助下，该片展现了纳粹德国让人敬畏的力量。纳粹对莱妮的创造性努力十分满意。

第三章 罗斯福与新政（1933—1939）

尼和法国总理达拉第会晤。捷克斯洛伐克总统爱德华·贝奈斯（Eduard Benes）甚至根本没有被邀请参加这个将决定他弱小但勇敢的国家命运的会议。

墨索里尼出席慕尼黑会议对西方民主国家并没有什么帮助。这位意大利法西斯独裁者在姿态上总是比希特勒更理智，而不是那么狂热。但是时间会告诉我们，墨索里尼的承诺与希特勒的一样毫无价值。

张伯伦同意给予希特勒他想要的东西。当他返回伦敦后，他对机场上热情的人群说，英国将获得"我们时代的和平"。他被赋予空前的荣誉，与国王乔治五世和王后伊丽莎白一起出现在白金汉宫的阳台上。成百上千的英国人面带着泪水和欢笑向张伯伦欢呼，认为他带来了和平。

很少有人对此提出疑义，但温斯顿·丘吉尔是其中的一位。他的讲话牢牢地吸引了沉寂无声的下议院的注意力：

> 我不会怀疑我们忠诚、勇敢的人民，无论付出什么代价，他们已经做好准备去尽自己的义务。面对上个星期的紧张局势，他们没有丝毫的退缩——当他们在那一刻得知不用再经受痛苦的煎熬时，我不会怀疑他们因释放快乐和紧张情绪而发出的欢呼是真实的和自发的；但是，他们应当知道真相。
>
> 他们应当知道，我们严重忽视了我们的防御工事，且在这方面没有做好足够的准备；他们应当知道，我们还没有开战就已经遭受了失败……他们应当知道，我们正在经历历史上最重要的时刻，此时整个欧洲的平衡被打乱了，此时一个恐怖的声音……正

在对西方民主国家宣布:"你被称在天平里,显出你的亏欠。"*

不要假定这就是结束。这只是清算的开始。这只是我们年复一年要吞下的苦酒的第一小口和预先品尝到的滋味,除非我们最终恢复道德的健康和尚武的气魄。我们应当向往昔那样,再次挺身而出,捍卫我们的自由。[101]

尽管人们听到了丘吉尔的讲话,但是却没有人在意。丘吉尔有将近10年时间被排除在内阁之外。对大多数英国人来说,他已经过时了。当他抓住机会恳请国王爱德华八世就是否迎娶那位美国离异女人作出决断时,人们在议会里讥笑他。当他反对印度的自治时,人们同样讥笑他。现在,他看上去就像一个不合时宜的老战争贩子,一个"过往时代的人"。正如作家约翰·卢卡斯(John Lukacs)告诉我们的,许多严肃的英国人普遍不信任这个性格反复、判断失常、夸夸其谈和嗜酒如命的人。

对丘吉尔不信任的人当中有一个就是美国驻英国大使乔·肯尼迪。他在特拉法加日(Trafalgar Day)由伦敦的海军协会(Navy League)举行的一个晚宴上发表讲话。特拉法加日是庆祝英国对欧洲大陆的暴君拿破仑的胜利而设立的。乔·肯尼迪利用这个机会竭力主张对希特勒实行更多的绥靖。"长时间以来我有一个理论,民主与专制国家通过强调它们之间日益明显的差异,而扩大目前存在于他们之间的分歧是没有什么结果的,"他说道:"让这些差异发展成为毫不让步的对

---

* 温斯顿·丘吉尔很少去教堂,但是他雄辩的口才很多来自钦定本《圣经》中给人留下深刻影响的语句。这句著名的引语出自《旧约·但以理书》5:27。

第三章 罗斯福与新政（1933—1939）

抗是没有任何意义的，不管它是通常意义上的还是其他意义上的。毕竟我们生活在同一个世界上，不管我们是否愿意。"[102]

肯尼迪的讲话引发激烈的争论。[103] 他直接否认了总统强有力的"孤立侵略者"的号召。罗斯福对此作了平静的回应，他说，如果一些国家以战争威胁作为"国家政策的蓄意的工具"，就不会有什么和平。[104] 这无疑指的是希特勒。

肯尼迪大使并没有从中得到暗示。他有意邀请林白来伦敦访问他。美国主要的绥靖主义者发现乔·肯尼迪对欧洲局势的看法是"明智的和令人关注的"。[105] 他们的主张完全与肯尼迪的一致。林白的妻子将肯尼迪描绘成"一只摇着尾巴的爱尔兰狗"。[106] 罗斯福新闻秘书斯蒂夫·厄利（Steve Early）知道肯尼迪眼睛盯着 1940 年总统候选人的提名："乔希望参加总统竞选，背着老板在伦敦的大使馆里做着交易。"[107]

慕尼黑会议后，毫无约束的肯尼迪在伦敦偶遇捷克外交官扬·马萨里克（Jan Masaryk）。"这难道不奇妙吗？"肯尼迪问这个心碎之人。"现在我总算可以去棕榈海滩了！"[108]* 肯尼迪对他的朋友说："我一辈子都不会明白，为什么有些人竟愿不惜战争去拯救捷克人。"[109]

对这个富有的、社会地位显赫的商人出身的外交官来说，与纳粹分享这个世界会更容易。原因只有一个，他不是犹太人。就在肯尼迪发表讲话后几个星期，希特勒的纳粹党继续在德国横冲直撞。希特勒在慕尼黑会议上已经摸清了英、法两国领导人的老底。他知道他根本不用怕他们。1938 年 11 月 9 日，他的纳粹暴徒捣毁了犹太人商店的

---

* 棕榈海滩指的是肯尼迪一家休假时的疗养场地，位于佛罗里达的时尚社区。肯尼迪家族现在仍拥有这块地产。

玻璃、抢劫了商品、焚烧了犹太会堂、毒打无辜的犹太人,并恐吓其他人。"水晶之夜"(*Kristallnacht*)冷酷地宣布了第三帝国将残忍地对待任何被它控制在手里的犹太人——这公然蔑视了全世界的舆论。敌意开始向犹太同情者扩散:纳粹党徒粗暴地殴打了红衣主教冯·福尔哈贝尔(von Faulhaber),并打碎了他在慕尼黑的书房的窗户,以便让他感到惊恐而保持沉默。*

乔·肯尼迪没有表示对纳粹的愤慨,反而计划将德国境内的所有犹太人安置到非洲和拉丁美洲。大使的观点给《生活》杂志留下了深刻印象,杂志发表了一篇编者评论说,如果肯尼迪的计划成功的话,"将为肯尼迪的声望增加新的光彩,并很有可能使他入主白宫"。[110]

但结果并不是这样。肯尼迪与总统的公开决裂以及他对安抚希特勒的极度渴望,使他获得民主党总统候选人提名的希望落空了——他的公职也就此结束。罗斯福并不感到吃惊。他已经给予这位狡猾的波士顿政客"足够的约束"。罗斯福私下里说,他"并不为最后的结果感到烦心"[111]。

6. 重建美国

20世纪30年代,绝大多数美国人更愿意关注国内的事。

南达科他州拉什莫尔山上几千吨重的惊人巨石抓住了这个国家的想象力。丹麦裔的美国雕刻家加特森·鲍格勒姆(Gutzon Borglum)

---

* 冯·福尔哈贝尔主教的经历十分复杂。他曾经有过一段时间支持希特勒政府,但后来又大声抗议纳粹的安乐死计划。战争结束后,他委任未来的教皇本笃十六世约瑟夫·拉辛格(Joseph Ratzinger)为牧师。

第三章 罗斯福与新政（1933—1939）

查尔斯·A. 林白。被称作"孤独的雄鹰"的年轻人林白从位于长岛的罗斯福机场起飞，中途不停歇地穿越大西洋，抵达巴黎的布尔热机场。他驾驶的是一架单引擎飞机"圣路易斯精神号"，这一壮举使他成为大西洋两岸的英雄。他深受人们喜爱，以至于不能在支票上签名或将衬衣送往洗衣店，因为人们会将之作为纪念品保存。

林白与纳粹在一起。林白是航空史上真正的先驱。然而，在他进行历史性的飞行10年后，他与德国的执政党纳粹党走到一起。在这幅照片中，他与希特勒的空军元帅赫尔曼·戈林（Herman Go-ering）在一起。尽管他的飞行证明了美国孤立于欧洲之外，但林白仍是20世纪30年代重要的孤立主义者。

杰西·欧文斯。希特勒对其部下提出的与伟大的美国田径明星杰西·欧文斯握手的建议而大发雷霆。尽管如此，德国观众还是为欧文斯在1936年柏林奥运会上获得金牌而欢呼。欧文斯的强健与尊严证明了纳粹的种族宣传不过是谎言。

195

约瑟夫·P.肯尼迪大使与家人。约瑟夫·P.肯尼迪在华尔街和好莱坞发了大财。1938年,罗斯福选择他作为大使前往英国。而当战争阴云密布之际,乔·肯尼迪却坦言主张对希特勒的纳粹党实施绥靖政策。他谴责了罗斯福的"二战"顾问,指责他们是共产主义者和犹太人。

乔治六世国王、伊丽莎白王后与他们的女儿们。作为第一位访问美国的在位英国君主,乔治六世国王与伊丽莎白王后(伊丽莎白二世女王的父母)在海德公园造访了罗斯福。罗斯福和埃莉诺在海德公园用热狗和豆子组成的简便午餐款待了国王和王后。尽管面对希特勒不断加剧的威胁而极度渴望美国的援助,但英国王室并没有抱怨。

第三章 罗斯福与新政（1933—1939）

曾跟随法国伟大的艺术家奥古斯特·罗丹（Auguste Rodin）学习。[112]他设想为美国最伟大的领袖——华盛顿、杰斐逊、林肯和西奥多·罗斯福，建造一个巨大的纪念物。鲍格勒姆亲自选好了地址，并宣布："美国历史将沿着这个纪念物的天际线前进。"[113]这个伟大的工程再次证明了美国人民的自我信念，以及在一个不断受到残忍的独裁国家威胁的世界上吁求民主的信念。起初矿工们只是把这一工程视为一个平常的工作，但很快就领会到了这一纪念物的精神。甚至几十年过后，钻探工人"快乐的"安德森（"Happy" Anderson）还自豪地说："我雕出了林肯胡子上的须纹、泰迪头发上的纹路、华盛顿眼睛里的光芒。现在看一下，依然让我激动万分。"[114]

纽约典雅的帝国大厦是阿尔·史密斯在失去了竞选总统的机会后决定建造的。帝国大厦直插大苹果城*的天际线，它是世界上最高的建筑，直到1972年才被世界贸易中心超过。[115]

在加利福尼亚，大萧条时代的选民准许发行债券来建造优美的金门大桥，表现出他们对未来的信心。建筑工程师强调了安全的重要性，第一次使用了"安全帽"和防风镜。罗斯福的政策为全国的工人建立了"安全网"，而金门大桥的工人则有着真正的安全网，避免他们不受高空风力和令人眩晕的高度的危害。有19名工人被安全网救起，这些幸存者组成了一个团体，他们戏称为"半程地狱俱乐部"（Half-Way-to-Hell Club）[116]。

联邦政府同样在为这10年添砖加瓦。华盛顿州的大深谷水坝（Grand Coulee Dam）和庞大的田纳西流域管理局是大萧条时代巨大

---

* 纽约市的别称。——译者注

工程的两个实例,它们改变了美国的地貌,将水力发电带到了农村的千家万户。农村的电气化有着重要的社会、经济和政治后果。当电网让收听无线电成为可能时,美国农村的文化隔离状态结束了。农村的电气化使农业产量的巨大提高成为可能。从政治上讲,罗斯福当然不会对此漠不关心,因为农村的电气化将数百万农民与新政联系起来。

在这里值得提到由苏联奴隶劳工修建的斯大林的白海—波罗的海运河(Belomor Canal),它的建造夺取了几万人的性命,但后来因为淤塞而完全失去了作用。希特勒庞大的帝国总理府则在"二战"中被毁。他建造大型体育场和计划新建一些城市的荒唐计划从来都是图纸上的构想。"斯大林哥特式"建筑直到今天也有损于东欧许多城市的外貌。希特勒骄傲地向世人展示他喜爱的建筑家阿尔伯特·施佩尔(Albert Speer)的作品。1937年巴黎世界博览会的德国展馆是一座由石头和光电组成的塔,顶端坐落着纳粹的鹰徽。一个颇有预见性批评家称这个压倒一切、毫无人情味的建筑,看上去"就像一个带有烟囱的焚尸炉"。[117]

20世纪30年代的美国人十分热爱体育运动。1938年,乔·路易斯与马克斯·施姆林举行了拳击比赛。这一次,纳粹的意识形态不再吹嘘说,日耳曼人能赢得对棕色轰炸机的再次胜利了。吉米·卡特回忆了在佐治亚州他父亲的花生农场里,穷困黑人佃农对拳赛的反应。卡特主张种族隔离的父亲允许黑人佃农来到大房子前的门廊内,收听收音机里报道的路易斯连续重拳下的胜利。他们有礼貌地感谢了"伯爵先生"卡特,然后安静地回到他们简陋的木屋里。但是,吉米描述道,他听到那里爆发出欢快的呼声和"赞美上帝"的声音,这让他毕生难忘。[118]

第三章 罗斯福与新政（1933—1939）

战争的紧张不安使美国人对任何威胁都感到精神脆弱。1938年万圣节前夜，年轻的天才奥逊·威尔斯根据H. G. 威尔斯（H. G. Wells）的科幻小说经典《两个世界的战争》（*War of the Worlds*）为电台创作了一个剧本。这个广播剧的特点是以逼真的声效演播了一场逐渐逼近的危机，开头的一句话是"我们要打断一下本次广播……"演播者告诉听众，一个来自火星的流星体已经在新泽西的普林斯顿着陆。据报道，已经有大约1500人丧生。演播者后来又说，一个不断转动的"圆柱形"的飞行器打开了门，一些配备有"死光"武器的外星生物出现了。[119] 很多城市引起了恐慌，这表明美国人十分相信作为传播媒质的收音机报道的权威性。哥伦比亚广播公司和奥逊·威尔斯的水星剧院遭到无数起诉的威胁，但没有一起有效。不过，关于火星人的报道却有其幽默的一面。一位被经济困难压得喘不过气来的工人写信给奥逊·威尔斯：

> 当那些外星生物在地球上降落时，我想最好的事情就是赶快逃跑，我拿起我所有的积蓄3.25美元买了张车票。当我走了60英里后，我才听说这不过是出广播剧。现在，我已经没钱买鞋了，为此，我一直在攒钱。您愿意让人给我送来一双黑颜色的鞋子吗？尺码是9B。[120]

不到一年之后，哥伦比亚广播网和美国其他的媒体将对迄今为止无法想象的入侵、毁灭和死亡进行报道。入侵者不是什么外太空的生物，但他们传播的恐怖却是巨大的。

与此同时，美国人的注意力也更多地集中在国内。1937年，新政在一次经济衰退中停顿下来。罗斯福可以强调一下他的重大立法成就。1935年的《社会保障法》改变了几代人以来的美国社会和政策。《瓦格纳法》被认为是有组织的劳工的《大宪章》。但是，美国人是看重结果的。1938年大选，面对其政党里难以控制的人员，罗斯福试图惩罚那些反对新政的保守的民主党人，然而，他的这种努力出人意料地失败了。

尽管如此，罗斯福还是控制了政治大局。他是通过人格力量做到的。他是——正如他的一位传记作者在那本传记的副标题中指出的——"狮子和狐狸"的结合体。在尼科洛·马基雅维里1513年的经典名著《君主论》中有一段著名的话，君主必须知道怎样同时扮演狮子和狐狸的角色；换句话说，他必须同时做到强硬和聪明。富兰克林·罗斯福——尽管让他的批评者感到困惑——证明了他懂得如何扮演好这两种角色。

1　Witcover, Jules, *Party of the People: A History of the Democrats*, Random House: 2003, p.362.

2　Morison, Samuel Eliot, *The Oxford History of the American People, Volume Three*, Oxford University Press: 1994, p.303.

3　Allen, Frederick Lewis, *Since Yesterday: The Nineteen Thirties in America*, Harper & Brothers Publishers: 1940, pp.139-140.

4　Johns, Bud, *The Ombibulous Mr.Mencken*, Synergistic Press: 1968, p.36.

5　Kobler, John, *Ardent Spirits*, Putnam: 1973, p.340.

6　Morison, *The Oxford History of the American People, Volume Three*, p.306.

7　Black, Conrad, *Franklin D.Roosevelt: Champion of Freedom*, Public Affairs: 2003, p.314.

8　Black, p.314.

第三章 罗斯福与新政（1933—1939）

9   Morison, *The Oxford History of the American People, Volume Three*, p.318.
10 Klehr, Harvey, John Earl Haynes, and Kyrill M.Anderson, *The Soviet World of American Communism*, Yale University Press: 1998, p.34.
11 Morison, *The Oxford History of the American People, Volume Three*, p.318.
12 Nisbet, Robert, *Roosevelt and Stain: The Failed Courtship*, Regnery Gateway: 1988, p.6.
13 Klehr, Harvey, John Earl Haynes, and, Fridrikh Igorevich Firsov, *The Secret World of American Communism*, Yale University Press: 1995, p.8.
14 Klehr, et al, *The Secret World of American Communism*, p.8.
15 Hamby, Alonzo, *For the Survival of Democracy: Franklin Roosevelt and the World Crisis of the 1930s*, The Free Press: 2004, pp.240-241.
16 Hamby, pp.240-241.
17 Online source: http: //www.leg.wa.gov/pub/billinfo/2001-02/senate/ 8600–8624/8618_02162001.txt.
18 Barone, Michael, *Our Country: The Shaping of America from Roosevelt to Reagan*, The Free Press: 1990, p.67.
19 Barone, p.82.
20 Barone, p.82.
21 Williams, T. Harry, *Huey Long*, Alfred A.Knopf: 1970, p.845.
22 Williams, p.845.
23 Williams, p.845.
24 Leuchtenburg, William E., *Franklin D. Roosevelt and the New Deal, 1932-1940*, Harper Torchbooks: 1963, p.102.
25 Williams, pp.870-871.
26 Berg, A. Scott, *Lindbergh*, G.P.Putnam's Sons: 1998, p.298.
27 Wallace, Max, *The American Axis: Henry Ford, Charles Lindbergh, and the Rise of theThird Reich*, St.Martin's Press: 2003, p.103.
28 Berg, p.315.

29　Berg, p.315.
30　Berg, p.315.
31　Berg, p.341.
32　Churchill, Winston S., *The Second World War, Vol.One: The Gathering Storm*, Houghton Mifflin Company: 1948, p.192.
33　Churchill, *The Second World War, Vol.One: The Gathering Storm*, p.194.
34　Churchill, *The Second World War, Vol.One: The Gathering Storm*, p.7.
35　Churchill, *The Second World War, Vol.One: The Gathering Storm*, p.7.
36　Churchill, *The Second World War, Vol.One: The Gathering Storm*, p.199.
37　Gilbert, Martin and Richard Gott, *The Appeasers*, Phoenix Press: 1963, p.41.
38　Gilbert and Gott, p.41.
39　Gilbert and Gott, p.41.
40　Bernier, Olivier, *Fireworks at Dusk: Paris in the Thirties*, Little, Brown and Company: 1993, pp.36-37.
41　Bernier, p.36.
42　Hart-Davis, Duff, *Hitler's Games: The 1936 Olympics*, Harper & Row: 1986, p.68.
43　Hart-Davis, p.75.
44　Online source: http: //www.jewishmag.com/36MAG/olympic/olympic.htm.
45　Hart-Davis, p.79.
46　Online source: http: //www.jewishmag.com/36MAG/olympic/olympic.htm.
47　Online source: http: //www.jewishmag.com/36MAG/olympic/olympic.htm.
48　Online source: http: //www.jewishmag.com/36MAG/olympic/olympic.htm.
49　Hart-Davis, p.188.
50　Interview with Guy Walters, author, *Berlin Games: How the Nazis Stole the Olympic Dream*, William Morrow: 2006.
51　Hart-Davis, p.177.
52　Burgan, Michael, "Great Moments in the Olympics, " *World Almanac Library*,

第三章 罗斯福与新政（1933—1939）

	2002, p.13.
53	Wallace, pp.114-115.
54	Hart-Davis, p.128.
55	Hart-Davis, p.128.
56	Gilbert, Martin, *A History of the Twentieth Century: Volume Two: 1933-1951*, William Morrow and Company, Inc.: 1998, p.15.
57	Hart-Davis, p.225.
58	Hart-Davis, p.221.
59	Online source: http: //www.auschwitz.dk/schmeling.htm.
60	Hart-Davis, pp.241-242.
61	Hart-Davis, p.242.
62	Black, p.381.
63	Witcover, p.375.
64	Witcover, p.374.
65	Troy, Gil, http: //www.arts.mcgill.ca/history/faculty/troyweb/CanThisMarriageBeSaved.htm
66	Gould, Lewis L., *The Grand Old Party: A History of the Republicans*, Random House: 2003, p.272.
67	Gould, p.272.
68	Gould, p.272.
69	Barone, p.96.
70	Barone, p.101.
71	Gould, p.273.
72	Gilbert, Martin, *Churchill: A Life*, Henry Holt & Co.: 1991, p.568.
73	Gilbert, *Churchill: A Life*, p.569.
74	Gilbert, *Churchill: A Life*, p.569.
75	Gilbert, *Churchill: A Life*, p.569.
76	Hunt, John Gabriel, Ed. *Inaugural Addresses of the Presidents*, Gramercy Books:

	1995, p.383.
77	Barone, p.113.
78	Black, p.411.
79	Black, p.411.
80	Black, p.411.
81	Barone, p.113.
82	Witcover, p.378.
83	Online source: http: //xroads.virginia.edu/ ~ MA04/wood/mot/html/censor.htm.
84	Mooney, Michael Macdonald, *Hindenburg*, Dodd, Mead & Company: 1972, p.234.
85	Mooney, p.239.
86	Rich, Doris L., *A melia Earhart: A Biography*, Smithsonian Institution: 1989, p.161.
87	Rich, p.229.
88	Rich, p.212.
89	Rich, p.162.
90	Rich, p.259.
91	Rich, p.271.
92	Rich, p.270.
93	Beschloss, Michael R., *Kennedy and Roosevelt: The Uneasy Alliance*, W.W.Norton &Company: 1980, p.157.
94	Beschloss, *Kennedy and Roosevelt: The Uneasy Alliance*, p.153.
95	Beschloss, *Kennedy and Roosevelt: The Uneasy Alliance*, p.154.
96	Beschloss, *Kennedy and Roosevelt: The Uneasy Alliance*, p.154.
97	Beschloss, *Kennedy and Roosevelt: The Uneasy Alliance*, p.113.
98	Gilbert, *A History of the Twentieth Century, Volume Two*, p.177.
99	Gilbert, *A History of the Twentieth Century, Volume Two*, p.199.
100	Gilbert, *A History of the Twentieth Century, Volume Two*, p.201.

第三章 罗斯福与新政（1933—1939）

101 Gilbert, *Churchill A Life*, p.601.
102 Beschloss, *Kennedy and Roosevelt: The Uneasy Alliance*, p.178.
103 Beschloss, *Kennedy and Roosevelt: The Uneasy Alliance*, p.178.
104 Beschloss, *Kennedy and Roosevelt: The Uneasy Alliance*, p.179.
105 Beschloss, *Kennedy ond Roosevelt: The Uneasy Alliance*, p.176.
106 Beschloss, *Kennedy and Roosevelt: The Uneasy Alliance*, p.176.
107 Beschloss, *Kennedy and Roosevelt: The Uneasy Alliance*, p.171.
108 Beschloss, *Kennedy and Roosevelt: The Uneasy Alliance*, p.177.
109 Beschloss, *Kennedy and Roosevelt: The Uneasy Alliance*, p.174.
110 Beschloss, *Kennedy and Roosevelt: The Uneasy Alliance*, p.180.
111 Beschloss, *Kennedy and Roosevelt: The Uneasy Alliance*, p.178.
112 Online source: http: //www.americanparknetwork.com/parkinfo/ru/history/carve.html.
113 Online source: http: //www.americanparknetwork.com/parkinfo/ru/history/carve.html.
114 Online source: http: //www.americanparknetwork.com/parkinfo/ru/history/carve.html.
115 Online source: http: //www.pbs.org/wgbh/buildingbig/wonder/structure/empire_state.html.
116 Online source: http: //www.goldengatebridge.org/research/Construction BldgGGB.html.
117 Evans, Richard J., *The Third Reich in Power*, The Penguin Press: 2005, 302 (illus).
118 Online source: http: //www.pbs.org/wgbh/amex/carter/peopleevents/p_jcarter.html.
119 Gilbert, *A History of the Twentieth Century, Volume Two*, p.221.
120 Ketchum, Richard M, *The Borrowed Years, 1938-1941: America on the Way to War* (sound recording), Books On Tape: 1999.

第四章
美国人与命运的约会(1939—1941)

1936年罗斯福请求美国人民再次选举他为总统时,对美国人说他们"与命运有个约会"(a rendezvous with destiny)。这是他最值得记住的名言之一。那时,无数美国人知道年轻的阿伦·西格(Alan Seeger)的一首诗,这位为法国而战的美国人在1916年索姆河战役中牺牲。西格的这首诗名叫"我和死神有个约会"(*"I Have a Rendezvous with Death"*)。罗斯福以其典型的乐观主义,给西格这首短小而伤感的诗作了一个显然充满活力的改动——"与命运有个约会"。在这个喧嚣十年的开始阶段,美国人都在为生计而忙碌。欧洲和亚洲无尽的烦恼似乎离他们十分遥远。然而,综观整个20世纪30年代,时间和空间在不断缩小。大众传媒将轰炸机俯冲和高射炮的声音直接带进美国人的起居室。在每个周末的电影院里,正片之前的新闻短片都播放着军队前进的镜头。绵延数千英里的海洋突然不再那么宽阔了。从1939年起,事态发展的进度加快了,许多人觉得,他们听到了《启示录》中四骑士的马蹄声。从来没有一场战争像这次那么可怕。从未有过的毁灭从天而降,它们来势汹汹,使海洋翻腾,大地震颤。面对所有这一切,富兰克林·罗斯福却保持着前所未有的镇定,从来没有表现出疑虑。他对公众的感召力还是那样自信和乐观,这甚至让他的批评者都感到困惑。"白宫里的那个人",他们气急败坏地说,有时甚至不能说出他的名字。但就是那个人决心控制事态而不是让事态控制他。

1. 年度人物

1939年伊始,阿道夫·希特勒成为《时代》周刊评选出的1938年"年度人物",这让整个世界为之震惊。[1]这份受人欢迎的新闻周刊的编辑们连忙提醒读者,他们的选择并不意味着赞同这个纳粹独裁者。这一点他们在几十年里还会一而再,再而三地解释,"年度人物"的遴选仅仅意味着这样一个人比其他人更有影响力,不论是好的方面还是坏的方面。

希特勒在慕尼黑向张伯伦和达拉第保证,他"在欧洲不再有进一步的领土要求"。在民主国家的同意下,他将说德语的苏台德地区从伤痕累累的捷克斯洛伐克分裂出来。胆怯的西方人希望,这可以让希特勒从容地去获得他最后的、也几乎是没有流血的征服。但是,纳粹摧毁一切的力量并没有停下来的迹象。1938年,希特勒将德国的领土面积从186 000平方英里扩展到 225 000 平方英里,他所控制的人口也从 6 800 万增加到 7 900 万。[2]

不管他们如何解释,《时代》周刊的编辑们还是为希特勒作了巨大的宣传。他们当然知道希特勒针对犹太人残忍的谋杀和威胁行为。人们也十分清楚,纳粹正在强迫父母让他们的孩子脱离天主教和新教组织,把这些年轻人交给希特勒青年军控制。希特勒的青年军是一个由国家管理的组织,向德国和被占领土的年轻人灌输反基督的信仰。青年军的领导斥责教皇是"半个犹太人"[3]。有人在大会上对"纳粹学生联合会"(Nazi Students' League)说:"一个人要么是纳粹党员,要么是坚定的基督徒。我们必须放弃《旧约》和《新约》,因为对我们来说,只有纳粹的思想是明确的。对我们来说,只有一个榜样——那就是阿道夫·希特勒——此外再无他人。"[4] 可悲的是,无数德国人接受了这一教诲。

随着德国疆界的扩张,希特勒的影响也在不断扩大。希特勒的军事援助帮助西班牙的法西斯最高统帅弗朗西斯科·佛朗哥(Francisco Franco)在西班牙内战中获胜。约瑟夫·斯大林支持反法西斯的共和党人。美国的许多左派人士也支持共和党。数百名年轻的美国共产党人及其同路人组成亚伯拉罕·林肯纵队,自愿与法西斯主义作战。

然而,由于受到《中立法案》条款的限制,美国没有参加西班牙的三年内战。英国和法国也试图静观冲突的发展。德国的左派、意大利和苏联派出了代表参战。英国的乔治·奥威尔(George Orwell)和美国的厄内斯特·海明威(ErnestHemingway)等作家为共和党的目标所吸引,他们加入西班牙内战中,后来根据他们的惨痛经历写下了经典名作《向加泰罗尼亚致敬》(*Homage to Catalonia*)和《丧钟为谁而鸣》(*For Whom the Bell Tolls*)。西班牙著名艺术家帕勃罗·毕加索(Pablo Picasso)的绘画《格尔尼卡》(*Guernica*)所描绘的对平民的第一次空袭,享有盛誉。毕加索终生为共产主义事业所吸引。具有讽刺意味的是,在苏联,斯大林"清洗"了数千名艺术家和知识分子。他也枪毙了大部分布尔什维克老党员。在两年的时间内(1936—1938年),共有39 157名军队官员在斯大林的命令下被枪毙或投入监狱。*

1939年3月,希特勒撕毁了1938年9月签署的协议。这是张伯伦首相在机场的新闻发布会上骄傲地向世人展示的那份协议,这是"希特勒先生的大名签署在上面"的那份协议。3月15日,希特勒进军布拉格。不堪一击的捷克人惊惶失措,根本没有进行抵抗。希特勒现在不用再找"解放"德国人的借口了,因为捷克人是斯拉夫人。正如丘吉尔所言,捷克人"被无耻地抛弃了",他们信任的民主国家的朋友们彻底背叛了他们。法西斯军队的脚步似乎是无法阻挡的。4月份,佛朗哥在西班牙取得了胜利。

在执政的保守党成员的压力下,张伯伦对希特勒的侵略行为作了表态,并对波兰作出保证。如果希特勒入侵波兰的话,英国将支持这个处于危险中的国家,并对德国宣战。但是,拿出这种勇气并不意味着张伯伦放弃了绥靖政策。相反,他请求美国大使约瑟夫·肯尼迪与罗斯福总统进行斡旋。张伯伦的目的在于:让罗斯福对波兰人秘密施压,向德国作出让步!罗斯福感到十分失望,他让他的大使"用烙铁去烫张伯伦的屁股"。[5] 肯尼迪回答说,英国没有烙铁可用。[6]

---

* 既然在这种环境下的囚禁也意味着死亡,那么让人不解的是,为什么斯大林总是不嫌麻烦地对那些投入监狱的人作特殊的划分。

下一个月，1939年4月30日，罗斯福在纽约世界博览会上发表了他在新发明——电视机——上的第一次讲话。罗斯福用这个机会庆祝了乔治·华盛顿首次就职150周年纪念。他谈到了"民主和民主制度的生命力"。"是的，我们依然有一颗雄心之星，"他说："但这是一颗友谊之星，一颗人类进步之星，一颗有着更大幸福和更少苦难之星，一颗国际友善之星，最重要的，它是一颗和平之星。"[7] 讲完这些话后，世界最著名的科学家阿尔伯特·爱因斯坦按下开关，点亮了喷泉和泛光灯。博览会正式开始。[8]

那年，参加博览会的两个最著名的人物是英王乔治六世和他光彩照人的妻子伊丽莎白王后。他们从未期望会坐在英国古老的王位上。但是，当爱德华八世宁愿退位也不愿放弃他的美国未婚妻时，他的弟弟决定克服童年的口吃，履行他的职责。

罗斯福对英国王室首次访问北美做了细致的部署。[9] 他在斥责伦敦的乔·肯尼迪的同时，也通过他在巴黎的大使威廉·布利特来完成这个历史性的事件。[10] 在很多方面，罗斯福将这次访问视作对认为他是"本阶级叛徒"的上层美国人的反击。后者的态度在《纽约客》杂志的漫画里得到滑稽的表达，画中展现了一群前往影院看电影的有钱人，他们对一群赶赴晚宴穿着时髦的人打招呼说："来呀——我们要去特兰斯－勒克斯剧院（Trans-Lux Theater）向罗斯福发出嘘声。"现在，罗斯福愿意招待这个世界上最重要的上流社会人物——英国国王与王后。罗斯福在海德公园的家中隆重恭迎王室夫妇。这对王室夫妇刚换好衣服来赴晚宴，罗斯福就拿着一瓶他亲自调好的马提尼鸡尾酒出现了。总统说："我母亲认为你们应当喝杯茶——她不赞成喝鸡尾酒。"国王接过马提尼酒后回答说："我也不赞成喝鸡尾酒。"[11] 当反

对者们得知罗斯福和埃莉诺在海德公园竟然用热狗和豆子这样的野外午餐来款待王室,想象一下他们的震惊吧! [12]

这一切并不都是社交方面的。罗斯福与年轻的国王和加拿大总理麦肯齐·金(MacKenzie King)就逐渐逼近的战争危险长谈至深夜。*最后,罗斯福拍着国王的膝盖说:"年轻人,该去休息了。"[13]似乎没有人注意到,罗斯福打破了英国君主的一个最古老的禁忌——他们绝不会让一个平民触摸自己。面对可怕的战争前景——甚至希特勒德国有可能进行的更为可怕的入侵——年轻的君主或许因为得到罗斯福表示保证的触摸而感到欣慰。

在这个世界又要冲进另一场战争的当口,英国皇室的来访传递出英美联合的重要信息。然而,对无数美国人来说,欧洲的民主国家是脆弱的和颓废的,独裁统治却是强大的和危险的。最好的办法是完全避开这种冲突。对德美同盟的48万成员来说,这种姿态看上去尤其有吸引力。弗里茨·库恩(Fritz Kuhn)厚颜无耻地领导着他的亲德国组织的22 000名成员,在曼哈顿麦迪逊广场花园召开了一次集会。一面巨大的旗帜飘荡在华盛顿画像之上,但是在地面上,佩戴着卐字臂箍的同盟成员却行着"嗨,希特勒"的伸臂礼。[14]就麦迪逊广场的情况看,会议规模并不算大。但是,考虑到纽约数量巨大的犹太人、天主教徒、波兰人、东欧人和美国黑人,这次集会是一场不可思议的挑衅行动。

林白虽然不是德美同盟成员,但他同样决心让美国远离欧洲的麻

---

* 美国记者不喜欢这位嘴巴很紧的加拿大总理。退伍军人出身的新闻记者大卫·布林克利(David Brinkley)写道,他们编了一首对麦肯齐·金很不敬的打油诗:"威廉·莱昂·麦肯齐·金,从不告诉我们一件事情。"

烦。他和其他人一起组织了"优先保卫美国委员会"(The Committee to Defend America First)。林白已经结束了强加给自己的三年英国流放，回到美国。他当时是最著名的倡议美国孤立的人，也可能是最具争议的一位：在英国生活期间，林白不下六次访问德国。他甚至从德国空军元帅赫尔曼·戈林那里接受了纳粹奖章。"如果我们与德国开战，"林白曾经说："我们国家只会失去它最优秀的人。我们将一无所获……一定不能让这样的事情发生。"[15] 与肯尼迪大使一样，林白发现"克利夫顿圈子"里的人是和他最意气相投的英国人。他力劝他的英国东道主不要对抗德国，而是与希特勒结盟。在阿斯特女士的一次社交聚会上，林白"对德国强大的描述"，让包括乔·肯尼迪和美国驻法国大使威廉·布利特在内的每个人都"震惊不已"[16]。回到美国后，林白随即投身到反对罗斯福总统的计划当中。

与此同时，其他人也打算影响罗斯福的计划。列奥·西拉德（Leo Szilard）和尤金·维格纳（Eugene Wigner）是原子科学家，他们因纳粹的上台而逃离德国。现在，也就是1939年夏天，他们正在美国试图找到爱因斯坦。[17] 爱因斯坦在长岛的皮克尼科（Peconic）湾有一座夏季小别墅，他可以在那里享受航海的乐趣。维格纳和西拉德并不熟悉美国的道路（或许也并不熟悉美国的城市），他们迷路了。他们把南滩（South Shore）的帕丘格（Patchogue）与长岛北福克（North Fork）的卡丘格（Cutchogue）搞混了。由于找不到爱因斯坦的夏季小别墅，西拉德和维格纳几乎要放弃了。最后，西拉德将头伸向车窗外问一个小男孩："喂，你大概知道爱因斯坦教授住在哪里吧？"这个8岁的男孩儿很快把这两个外国移民领到了爱因斯坦别墅的门口。[18] 在那里，两位科学家急忙劝说爱因斯坦给罗斯福总统写封信。[19]

当他们打算请求林白作为信使把爱因斯坦的信送交白宫时,他们几乎作了严重的错误估计。[20] 这两个政治上的天真汉还没有意识到林白与他们的观念根本就不一致。最后,他们请与罗斯福亲近的亚历山大·萨克斯(Alexander Sachs)把信送交总统。

爱因斯坦在信中向总统解释说,核裂变可以产生一种释放巨大热能和放射性的连锁反应。[21] 爱因斯坦解释道,用铀或许会造出一种炸弹。他在信中还说,据信德国人一直在从事核裂变的工作。爱因斯坦了解德国所有的顶尖科学家。在希特勒上台之前,他一直是德国—瑞士知识界一位受人敬重的人士。然而,作为犹太人,爱因斯坦却无法被希特勒正在塑造的新德国所接受。

罗斯福从科学牛虻亚历山大·萨克斯手中接过爱因斯坦的信。他根本没有理会那些复杂的科学术语,他对萨克斯说:"阿历克斯,你的意见是不是不想看到纳粹把我们炸死。"

"完全正确。"萨克斯回答道。[22]

有了这样的意见后,罗斯福召见了他所任命的让人信任的助理埃德温·"帕"·沃森(Edwin "Pa" Watson)将军。"帕,这需要采取行动。"[23] 寥寥数语下,历史上最大的秘密武器计划启动了——这将是一场制造原子弹的竞赛。

2. 美国走向战争

1939年8月24日,整个世界被震惊了。从莫斯科和柏林传来消息,纳粹德国与苏联签署了《苏德互不侵犯条约》。几年前慕尼黑协定签署后不久,斯大林决定保卫苏联并与他声称的敌人希特勒达成协议。

为了缓和这一变故,斯大林免去了他的外交部部长犹太人马克西姆·李维诺夫的职务,取而代之的是维亚切斯拉夫·莫洛托夫(Vyacheslav Molotov)。莫洛托夫的名字是"锤子"的意思,他与纳粹签订互不侵犯条约让西方民主国家备感震惊,简直像遭到了可怕的打击。现在,希特勒可以毫无顾虑地对西方开战了——因为所有德国领导人最担心的两线作战不存在了。

希特勒不会浪费时机。他命令波兰人在他关于但泽自由市(今天的格但斯克)的所有要求上让步。* 他还要求通过波兰走廊。希特勒赢得了之前的冒险赌博——通过胁迫奥地利得到了莱茵兰,入侵捷克斯洛伐克兼并了苏台德地区。他把对张伯伦的保证抛到了脑后。希特勒确信,英国和欧洲大陆衰败的民主国家会再次让步。

在警告民主国家不得阻拦他的同时,希特勒还威胁说会荡平它们的城市,消灭它们的军队。最让人感到不祥的是,希特勒说,如果"全世界的犹太人"将整个世界推向另一场大战的话,欧洲的犹太人将被彻底消灭。英国伟大的外交史学家约翰·惠勒—班奈特爵士没有轻视希特勒的这番话,他说:"除非在他作出过保证的情况下,否则希特勒的话总是认真的。"[24] 希特勒对波兰的进攻让自由的欧洲人十分震惊。在经历了第一次世界大战战壕里的 4 年血腥的、筋疲力尽的自相残杀后,他们不能想象希特勒竟然会挑起另一场战火。[25]

希特勒通过仔细研究民主国家领导人的缺点,并根据他在 1938 年慕尼黑会议上与他们面对面的会见,对他们形成了一种看法。他认

---

* 这个"自由城市"实际上是一个城市国家,它根据《凡尔赛和约》而建立。其居民大多说德语。

第四章 美国人与命运的约会（1939—1941）

为，迅速和果断的行动会让他们出其不意，无法作出反应。希特勒对迅速和果断的行动向来擅长。早在 1934 年，他就显示了这一特点。当时他突然袭击了纳粹冲锋队褐衫党在慕尼黑的集会，而正是这些人曾帮助希特勒上台。他亲自逮捕了冲锋队的领袖恩斯特·罗姆（Ernst Rohm）。罗姆是一个激进的纳粹党徒、街头霸王、公开的同性恋者，他对希特勒的权力是一个潜在的威胁。希特勒冲进了他们召开集会的慕尼黑旅馆的走廊，逮捕了一些和男童共睡一床的冲锋队高级领导。[26] 希特勒枪毙了罗姆。他利用"长刀之夜"的混乱局面，谋杀了包括一些著名的保守人士在内的 400 多个政治反对者。其中一个被他用来杀鸡儆猴的是"天主教行动"（Catholic Action）组织的领导埃里希·克劳森纳（Erich Klausener）。[27] 希特勒在星期六晚上一举击溃了罗姆和其他人，他发现这一办法十分有效，值得再用一次。当他 1936 年进军莱茵兰和 1938 年 3 月 12 日进军奥地利时，他同样选择在星期六晚上行动。希特勒知道英国的政治家多么热衷于在他们乡间的庄园里度过周末。他对他的同伙说："快速行动……对按部就班的法国人或动作缓慢的英国人来说，不是那么容易。"[28]

1939 年 9 月 1 日，希特勒国防军的装甲师穿过波兰边界，他的空军同时从空中轰炸各个军事和民用目标。希特勒的军队面对医院、学校和教堂毫不怜悯。他发动的是一场恐怖战，旨在摧毁敌人的抵抗意志。这就是所谓的闪电战。

波兰的抵抗只持续了一个月。尽管惨遭蹂躏和失败，波兰军队还是进行了勇敢的抵抗。他们通常是在马背上。德国的宣传片强调了波兰骑兵面对德军豹式坦克时的无能为力。*

看到所有的辛苦努力毁于一旦，张伯伦首相勉强对德宣战，这已是入侵波兰第三天了。最终让张伯伦垂头丧气的是，当英国广播公司悲哀地宣布战争开始后，空袭警报便响彻伦敦的上空。丘吉尔胳膊夹着一瓶白兰地酒，与他的妻子一起进入防空洞。[29] 由于意识到需要得到下院的广泛支持，张伯伦请求他最尖刻的批评者丘吉尔再次成为英国海军大臣。1939 年 9 月 3 日，海军部向全球各个角落里的英国船只发出信号："温斯顿回来了。"[30]

一个星期之内，罗斯福给丘吉尔写了封私人信件。他解释说，他已经清除了与张伯伦首相之间的交流障碍。但是他希望直接写信给那个能够指挥世界上最强大海军的人。从那时开始，张伯伦就被排除在决策圈之外了。约瑟夫·P. 肯尼迪大使也必然得到这样的结局。罗斯福愿意与这个"前海军里的人"进行自己的外交联系。

波兰经受着极大的痛苦。当少年卡罗尔·沃伊蒂瓦（Karol Wojtyla）和他患病的父亲跟随躲避纳粹飞机轰炸的数百万逃难的队伍时，一个更可怕的消息让他们的逃亡停止了：苏联人已经从东部入侵波兰。在纳粹总督（Governor-General）汉斯·弗兰克（Hans Frank）野蛮的统治下，波兰人因为最小的过错也会被枪毙，比如当德军士兵行进时没能来到街上迎接。[31] 年轻的卡罗尔，未来的教皇约翰·保罗二世，只有回到家乡面对纳粹占领的严酷生活。

仅仅一个月，波兰就被撕成了碎片。苏联人从东部进攻这

---

*然而，3 年之后，苏军的骑兵在对抗德军时却取得了胜利。当德军坦克在俄罗斯令人畏惧的冬季 −50℃ 的恶劣气候下无法动弹时，苏军不断移动的马匹就可以展开进攻。

个国家,纳粹则从西部。随着波兰的崩溃,一个沉寂的大幕降落到这块古老的土地上。由屠杀和压迫组成的统治大部分都没有在西方媒体上得到报道。斯大林下令在卡廷(Katyn)森林屠杀3 500名被俘的波兰军官。[32] 西方直到战争结束后才知道此事。

在西方,英国和法国坐视这场"奇怪的战争"——一场没有战斗的战争。法国将他们最大的依靠寄托在以马其诺防线著称的十分现代的防御工事上。在经历了"一战"的血腥消耗后,法国人竟然倾向于全力防备。[33] 他们根本没有想过进攻德国防备松懈的西线。新闻记者不无讽刺地称这次备战为一次静坐战争。

民意测验显示,美国人强烈反对以任何形式参与这场新的欧洲战争。爱达荷州共和党参议员威廉·博拉是孤立主义势力的一位领袖。当德国人进攻波兰时,他对记者说:"上帝,如果我可以与希特勒会晤,所有这一切或许可以避免。"[34]

当30年代即将结束时,影片《乱世佳人》(Gone with the Wind)使无数美国人想起了战争带来的死亡和毁灭的代价。这部反映美国内战的好莱坞史诗巨片在亚特兰大举行了首映。影片由深受美国女性喜爱的男影星克拉克·盖博(Clark Gable)和两位英国演员李思廉·霍华德(Leslie Howard)和费雯丽(Vivien Leigh)联袂主演。然而,影片中两位最让人难忘的演员却没有出席首映式。海蒂·麦克丹尼尔(Hattie McDaniel,影片中黑人保姆的扮演者)和巴特福丽·麦奎因(Butterfly McQueen)没有被邀请出席这个全部由白人参加的亚特兰大首映式。[35]

1940年,罗斯福总统面临一个重要的抉择。如果他挑战乔治·华盛顿确立的总统任期只有两次的传统并且失败的话,他的全部记录将被写上失败。尤利塞斯·格兰特（Ulysses S. Grant）尝试过，但没能赢得第三次任期。他的亲戚西奥多·罗斯福也没成功。并且，他们的尝试还是在经过一段离任期后才开始的。罗斯福如果同意成为候选人的话，他将开创新局面。

无数美国人同意乔·肯尼迪的观点，这场战争是场灾难。他警告说：“战争结束后，我们在美国看到的民主将在英国和法国不复存在。”[36] 他的言论传到国内后，更加剧了失败主义情绪。

肯尼迪控诉道，英国只是在为它的帝国而战，英国人战胜德国人和它的轴心国伙伴的"希望渺茫"[37]。在大使馆举行的一场晚宴上，他进一步表达了他反对参战的观点。鉴于他关于英国将在这场新的战争里被击败的观点，他显然很喜欢触犯英国。[38]

随着挪威春天解冻期的到来，肯尼迪无限悲观的预言看上去相当准确。张伯伦首相夸口说，英国将击败希特勒，支撑起一个北方联盟，而"希特勒已经错过了这班车"。由一位最不好战的领导人说出这样一句最不好战的话，很快将被证明是绝对错误的。希特勒几乎不费吹灰之力就占领了挪威，这挫伤了英国的自尊，让之看到了可怕的失败。下议院爆发出强烈的责难之声。张伯伦以让人安慰的差额票数逃过了对他的"不信任"投票，但是他的保守党里的80位党员对他的背叛，实际上表明了对他的领导地位的不信任。

一些人谴责了海军大臣丘吉尔，因为挪威毕竟在他的责任范围之内。丘吉尔通过激烈的议会辩论为张伯伦首相辩护。丘吉尔对此前自己因为绥靖政策而批评的这个人保持了坚定的忠诚，以至于前首相劳合·乔治，他现在已经80多岁，但说话依然尖刻，站起来力劝丘吉尔不要让自己成为一个明显失败的政府的"空袭避难所"。

第四章 美国人与命运的约会(1939—1941)

在伦敦的政治危机中,希特勒坐着他代号为"美国"的私人专列离开了柏林。[39]*1940年5月10日,他又向北面和西面发动了进攻。他入侵了中立的荷兰和弱小的丹麦,在数小时之内击败了这些和平但领土面积狭小的王国。在空中力量的支持下,他的武装部队攻入法国。英国的工党领袖说,他们不会参加张伯伦为首的联合政府,张伯伦遂向国王递交了辞呈。现在,只有在外交大臣哈利法克斯勋爵(Lord Halifax)和海军大臣丘吉尔之间作选择了。哈利法克斯对他最好的朋友张伯伦说,他认为,他不能以他在上议院的地位来领导下议院。在唯一可能的竞争对手自己要放弃竞争之际,丘吉尔却非同寻常地保持着沉默。

国王召唤丘吉尔到白金汉宫觐见,他被请求组建一个包括英国所有政党在内的举国团结的政府。他后来写到了他在那个时刻对"政府交接的深切感受":

> 最后,我有权力为整个事态确定方向。我感觉此时我正在与命运同行,过去我所有的生活一直在为这一时刻和这一考验做准备。[40]

当法国和英国的军队面对德军的猛烈进攻而撤退时,丘吉尔在下议院发表了"鲜血、辛劳、眼泪与汗水"的演讲。他的目的十分简单,就是胜利。

---

* 希特勒对美国的态度是复杂的。人们知道他很羡慕美国的创造性、活力和干劲。他喜爱美国电影,尤其是西部片,甚至还有《乱世佳人》。然而,他把罗斯福看作是犹太人的俘虏,最后还将美国人蔑称为"半黑人化和半犹太化"。

> 不惜一切代价去夺取胜利，不惧一切恐怖去夺取胜利，不论胜利之途如何漫长、如何艰苦，因为没有胜利就不能生存……[41]

对许多英国人和当时的美国人来说，丘吉尔鼓舞人心的演讲并没有打动他们。他看上去就像一个极端的保守分子，毫不熟悉现代生活的现实。但是，在他对希特勒想法的了解上，他无疑是正确的，那些怀疑他的人则是错误的。丘吉尔知道，与这样一个性格乖戾和令人讨厌的人是不可能进行谈判的。他也知道，希特勒决心发动的这场战争是一场全面战争。

罗斯福的副国务卿萨姆纳·韦尔斯（Sumner Welles）警告说，丘吉尔只不过是一个"三等或四等的人"，一个完全的"酒鬼"[42]。乔·肯尼迪也不信任他。

罗斯福必须要面对一个史无前例的、为第三次任期的总统竞选。他知道美国人非常担心欧洲的战争。盖洛普民意测验显示，51%的美国人愿意向同盟国出售飞机和其他战争物资，但是49%的人反对。[43]美国人似乎感到了危险。2/3的美国人预料德国将征服欧洲——然后转向美国。2/3的人也认为，美国最终将加入反对希特勒的战争。但是盖洛普的访谈发现，1940年时，14人中只有一人同意对纳粹德国宣战。[44]

然而，随着法国的崩溃，在法国的英国军队在德军的猛烈进攻下撤退了。在仅仅几个星期之内，他们就撤退到法国的敦刻尔克港。在那里，背对着英吉利海峡，法国的全部英国军队被胜利的德军包围。他们要么被赶进海里，被消灭在他们站立的地方，要么成为俘虏。

第四章 美国人与命运的约会（1939—1941）

敦刻尔克距离比利时靠近英吉利海峡的西部边界只有 10 公里。*在代号"发电机行动"（Operation Dynamo）的船只调遣中，英国皇家海军竟然设法营救了大约 34 万多官兵——英国远征军的大部和许多法军及盟军部队。这次不可思议的行动是在 1940 年 5 月 26 日和 6 月 4 日之间完成的。

美国专栏作家乔治·威尔（George Will）从蹲在诺曼底沙滩上，且遭受德国空军定期轰炸和扫射的被困盟军中分享了这个惊人的故事。

敦刻尔克海滩上的一位英国军官发出了一封只有 4 个字的电报："即或不然。"人们立刻能认出这句话来自《旧约·但以理书》。当时，尼布甲尼撒王命令沙得拉、米煞、亚伯尼歌敬拜金像，否则就处死他们。他们反对道："我们所侍奉的神，能将我们从烈火的窑中救出来。王啊，他也必救我们脱离你的手；即或不然，王啊，你知道我们决不侍奉你的神，也不敬拜你所立的金像。"[45]

一名年轻的法国士兵对敦刻尔克之围的回应则没有如此的诗意，他幽默地祷告："噢，主啊，如果我能离开这里，我将学会这句英语——怎样才能游过去啊！"

德国陆军元帅赫尔曼·格林——也是德国空军元帅——在斯图卡（Stukas）飞机翅膀上装备了警报器，这种设计只为在他们不幸的受害者中引起恐惧。一名遭到斯图卡飞机袭击的英国步兵描述了他

---

*敦刻尔克的这个非法语发音的名字实际上来自接近荷兰语的佛莱芒语。从英国港口城市多佛坐船到达敦刻尔克只需要两个小时的航程。

的反应:

> 斯图卡飞机的攻击是难以描述的,没有经历过的人完全无法理解。仅是响声就可以带来巨大的恐惧,整个身体都变得瘫痪了,尚能活动的脑子告诉你,每一架飞机都正在朝你飞来。[46]

希特勒停止了进攻,他不想把他的敌人都赶进海里。他或许认为,看到失去了大炮、坦克和补给的败军狼狈地逃回伦敦,英国人民会士气低落,要求和平。丘吉尔集合了一支包括军舰、渡船、渔船、游艇甚至赛船在内的庞大的"快艇队"(mosquito fleet),以完成1940年5月末的"救援奇迹"。从那以后,这次撤退便以"敦刻尔克大撤退"著称。

正如他在许多时刻所要做的那样,希特勒错误地估计了他的敌人。看到士兵们从敦刻尔克回到家中,英国人并没有丧气。这些士兵浑身肮脏、衣衫褴褛。有些人失去了牙齿。许多人从海上登陆后脸上还沾满轮船的燃油。然而,他们是充满骄傲的。他们咧嘴笑着,向上竖着大拇指。他们说:"我很好,杰克。"只消看一下他们,英国人民就振奋不已。*

3个星期后,法国投降。1940年6月22日,法国签署了所谓的与希特勒的停战协定。希特勒以其戏剧性的天赋,要求法国人在将近22年前德国人被击败而签订停战协议时使用的同一列火车车厢里

---

* 不是所有的人都获救了。组成环形防线的数万勇敢的英国和法国士兵面临着被俘或死亡。他们中的一些被党卫军俘虏并杀害了。

第四章 美国人与命运的约会（1939—1941）

与他会面！他来到贡比涅森林中的一块空地上，距巴黎东北只有一小时路程。[47]

罗斯福热切关注着欧洲的事件。他于 1940 年 6 月 10 日在弗吉尼亚大学发表讲话。虽然没有指名提到意大利或墨索里尼，但是他提到 Duce* 对法国无缘无故的进攻是"将手中的匕首插入邻居的背上"。他批评了那些认为美国可以作为一个"孤岛存活于一个由暴力哲学统治下的世界"的美国人。[48] 罗斯福显然说的是由像林白那样致力于让美国远离战争的人成立的"优先保卫美国委员会"。

过去数周发生的一系列让人头晕目眩的事件彻底改变了"一战"留下的后果。1940 年 6 月 23 日，希特勒甚至要对巴黎市来一场黎明前的参观。他羡慕那里的建筑奇迹，发誓要以更大的规模重建柏林。美国人在他们每周的新闻短片中看到了希特勒一大早的胜利参观，同时回想起"一战"期间有超过 35 万的年轻法国人为了阻止德国人进入巴黎而丧命。这一次，不再有"马恩河奇迹"了。对无数美国人来说，这不过证明了"卷入"欧洲事务是没有任何益处的。

然而，有些美国人却把希特勒对欧洲的统治看作是对美国的致命威胁。他们大多是来自东北部的共和党人。这些人通常更为富有，更有可能到欧洲旅游，也更有可能在常春藤名牌大学里接受教育。由于有着这样的经历和背景，这些美国人知道美国不能在纳粹德国和日本帝国主义统治下的世界里存活。但是，在这一点上，他们并不是大多数。

丘吉尔在英国战时内阁里的对手是外交大臣哈利法克斯勋爵。这

---

* Duce 在意大利语中的意思是"领袖"。墨索里尼是欧洲第一位法西斯独裁者。他在 1922 年掌权。希特勒的头衔——der Führer（元首）——来自 Duce 的德语翻译。西班牙将军佛朗哥所采用的头衔 El Caudillo（首脑）则是 Duce 的另一种变体。

个温和严肃的贵族不为丘吉尔辞藻华丽的口才所动。对这个文雅的人来说，丘吉尔庄严的声音"是伴随着葡萄酒、白兰地和嚼在嘴里的雪茄发出的"。[49]然而，支持英国的美国人喜爱"温尼"叭儿狗般的形象。他们喜欢他代表胜利的"V"字形手势、雪茄以及经常戴在头上的霍姆堡毡帽*。对这些有影响的群体来说，他在1940年的演说是鼓舞人心的。下面这段讲话是丘吉尔在希特勒参观巴黎前5天发表的：

> 魏刚（Weygand）将军说法国的战斗已经结束。我期望英国的战斗即将开始。这场战斗将决定基督教文明的幸存，决定我们英国人自己的生命，决定我们制度和我们帝国的长期延续。敌人所有的狂怒和威力一定会很快针对我们。
>
> 希特勒知道，他必须在这个岛上击败我们，否则将输掉战争。如果我们能够勇敢地面对他，整个欧洲或许会得到自由，全世界的生命或许会走向一片广阔的、洒满阳光的高地。但是，如果我们失败了，那么整个世界，包括美国，包括我们知道的和关心的国家，都将坠入由被误用的科学所造成的更邪恶、也可能是更深不可测的新黑暗时代的深渊。
>
> 因此，让我们做好尽义务的准备，经受住考验。如果英帝国与英联邦能够延续1 000年，人们仍将会说："这是他们最美好的时刻。"[50]**

---

* 一种帽边卷起，帽顶向下凹陷的软毡帽。——译者注
** 戴高乐将军同一天在伦敦的电台发表讲话。他的《呼吁尊严》（*Appeal to Honor*）演讲通过英国广播公司向被征服的法国播出。他拒绝停战协定，呼吁"自由的法国人"加入他的队伍中来，抵抗希特勒。这也是戴高乐"最美好的时刻"。

第四章 美国人与命运的约会(1939—1941)

在法国陷落的戏剧性事件期间,共和党于 1940 年 6 月在费城召开会议。他们来到美国民主的发源地,重申他们的政党要对自由负责。两个重要的总统候选人分别是前总统塔夫脱的儿子——来自俄亥俄州的参议员罗伯特·塔夫脱(Robert A.Taft),以及纽约州的托马斯·杜威(Thomas E.Dewey)。杜威年纪不大,只有 37 岁。作为一个无畏的与暴徒或新闻界皆知的"凶杀集团"开战的地区律师,他在全国享有盛誉。在杜威宣布他打算竞选总统后,罗斯福信任的顾问哈罗德·伊克斯(Harold Ickes)嘲笑说,这个纽约佬已经"将他的尿布扔到了拳台上"。[51]

另一方面,塔夫脱既缺乏他父亲的肚量,又缺乏他父亲的热情。罗斯福的表姐爱丽丝·罗斯福·朗沃斯说,推选他为罗斯福之后的候选人就像"吞了一大口苯齐巨林后又喝了一杯牛奶"[52]。*会议代表对这两位领导人也怀有同样的疑惑。一个特意组织的名为"选择威尔基为候选人俱乐部"(Draft Willkie Clubs)的全国性运动,大声呼吁华尔街公用事业公司成功的执行官温德尔·威尔基(Wendell L.Willkie)为总统候选人。[53]当这两个重要的候选人互相阻挡对方时,一个事先安排好的声音从会堂深处发出:"我们需要威尔基!"实际上,这个"大众"的呼声是几个能够操纵他们自己的大众传媒的媒体巨头从喇叭里发出的。他们包括出版《时代》《生活》《财富》等杂志的亨利·卢斯,出版《观察》(Look)杂志的考尔斯家族(Cowles family)。《纽约先驱论坛报》的所有者雷德(Reid family)家族也对此强力支持。[54]他们给威尔基打气,把他视作唯一能击败罗斯福的人。[55]共和党人非

---

* 苯齐巨林是一种安非他明类药物,是一种兴奋剂。

常渴望能出现一个获胜者。威尔基是一个身材高大、坦率和友善的人,他的个人魅力使他成为罗斯福重要的竞争对手。

美国的宪法体制不鼓励建立多党的"举国团结"的联合政府,但是林肯在内战期间曾任命重要的民主党人加入他的内阁。如今,罗斯福也倾向这样做。他任命了两位重要的共和党人士:胡佛时代的国务卿亨利·史汀生成为他的陆军部部长;阿尔夫·兰登1936年的竞选伙伴弗兰克·诺克斯为海军部部长。

假如共和党要提名一位致力于使美国避开战争的竞选总统,那么罗斯福所做的这一切都不会有什么作用。老大党内的孤立主义情绪很强烈,可以说非常强烈。前总统胡佛嘲笑了希特勒对美国所形成的危险:"每一条喷水的鲸鱼可不是一艘潜艇。3 000英里宽的大洋仍然是屏障……要想进攻我们,敌人必须首先通过我们的海军。我们的海军现在可以阻止眼前的任何东西。"[56]

共和党前参议院多数派领袖詹姆斯·沃森(James E.Watson)向老大党的数百位基层发表了讲话,严厉地表达了对威尔基这个从民主党转投过来的共和党人的反对意见:"回到印第安纳的家里去吧,即使我们觉得,让城市里的妓女加入教会挺合适,我们也不会让她在第一晚就在唱诗班领唱。"[57]

民主党人没有做好认真的规划就在芝加哥集会。罗斯福从来没有宣布,他需要一个第三任期。事实上,他鼓励其他一些人去获得提名。他希望他的邮政总长詹姆斯·法利(James A.Farley)能够接受提名。在1940年民主党全国大会的代表中,至少有一个代表永远支持法利去竞选总统,这个人就是马萨诸塞州代表团的小约瑟夫·肯尼迪。即使当年轻的肯尼迪被人提醒去实现他自己竞选总统的抱负时,他也丝

毫不会松动对法利的支持。⁵⁸*

最后，年轻的乔的坚持并没有起作用。芝加哥市市长埃德·凯利（Ed Kelly）派了一个看护下水道的人进入会场下面的地下通道里去。这个人的喊声盖过了大会的喇叭，响彻整个会场："我们需要罗斯福！"代表们确实没有其他更有实力的候选人去考虑了。罗斯福还是不肯表态，他鼓励其他人去竞选，但是也绝没有将自己置身竞选之外。因此，这个"下水道里传出来的声音"就成为他们匆匆选择罗斯福所需要的。由于国际形势依然像以前那么危险，会议代表就决定派罗斯福去接受一个史无前例的第三任期。⁵⁹

由于不满副总统约翰·"仙人掌杰克"·加纳在整顿最高法院计划和其他新政倡议上，没有大力支持政府，罗斯福就唐突地将他从候选人名单上剔除了。**总统告知大会，他需要农业部部长亨利·华莱士（Henry A. Wallace）作为他的竞选伙伴。这令筋疲力尽和身受压力的代表们很难适应。华莱士给人的印象是一位有坚定的左派倾向、衣冠不整、做事无条理的前共和党人。他相信"神智学、轮回转世说和食品时尚"。⁶⁰只是在罗斯福威胁说他将拒绝提名并让他的政党处于无领袖状态之后，那些难以驾驭的代表们才开始在候选人名单上罗斯福和华莱士的名字下面画线。

---

* 年轻的乔·肯尼迪曾经夸口说，他将成为美国第一位天主教徒总统。但是在那个岁月里，没有一个有政治抱负的人敢公然反对他所在的政党对他的提名——尤其是在提名大会上，特别是没有哪个人像罗斯福那样有如此大的权力或有那么好的记忆力！

** "仙人掌杰克"说，副总统这一职务连"一口热吐沫"都不值。约翰·F. 肯尼迪总统在这位得克萨斯人95岁生日时拜会了他。加纳对总统说："你是我们的总统，我爱你。我希望你永远在那个位置上。"但就在那一天，总统在达拉斯遇刺身亡。（网络来源 http://www.suite101.com/article.cfm/presidents_and_first_ladies/35366/4.）

3. "前进，坚强而伟大的联邦"

法国的溃败使丘吉尔面对迫在眉睫的入侵危险。由总理保罗·雷诺（Paul Reynaud）领导的法国政府，答应不将它强大的舰队移交德国。然而，雷诺却被迫辞职。接替他的是菲利浦·贝当（Philippe Pétain）元帅。丘吉尔曾经与贝当打过交道。他知道这位上了年纪的"一战"英雄不再值得信任。贝当远离了他的英雄主义。他现在是最竭力主张投降的法国人。如果贝当把法国舰队移交德国的话——或者如果他允许希特勒的党卫军以某种方式"俘获"法国舰队的话——英国的日常生活将受到威胁。

丘吉尔命令他的战列舰在北非海岸的凯比尔港（Mers-el-Kébir）与法国海军形成对峙。法国的指挥官们接到了贝当的命令，拒绝站到英国一方。英国海军让他们作出选择：要么穿越大西洋前往法国属地，然后加入中立的美国；要么弃船。当法国的舰长们拒绝作出任何选择后，丘吉尔哭了。可他还是命令他的海军指挥官们摧毁法国舰队。在一场5分钟的血腥战斗中，一艘法国战列巡洋舰在海滩搁浅，一艘战列巡洋舰被击沉，120名法国士兵阵亡。[61] 丘吉尔在下议院称赞了"法国海军特有的勇气"[62]。这是他典型的行为，在胜利中宽宏大量，他一向如此。

在他的坚定推动下，丘吉尔向人们表明，英国政策已经发生了显著的变化。张伯伦的政府以前曾冒着丧失飞行员生命的危险向德军散发传单。丘吉尔如今则表明，他甚至可以攻击以前的盟国。为了生存，英国会不惜做任何事情。丘吉尔向人们有力地证明，英国雄狮仍然可

第四章　美国人与命运的约会（1939—1941）

以张牙舞爪。

"这里……是伦敦。"在一个不停抽烟的人的男中音的诵读下，这则断断续续的消息将战争带进了美国人的起居室里。在德军对伦敦的猛烈空袭期间，哥伦比亚广播公司驻伦敦的首席记者爱德华·默罗（Edward R.Murrow）将他的美国口音及其记者们对任何细节的观察带进这座被空袭中的伦敦的中心。

收听哥伦比亚广播公司《世界新闻综述》(World News Roundup)的美国人能够听到伦敦高射炮发射时的"砰砰"声。伦敦人对高射炮的发射声有不同的反应。一个人说："炮声让你无法入睡，但这是一种好听的声音。"[63] 一个上了年纪的清洁女工却不满地说："该死的炮声，我简直想杀了它们。"防空洞里一位正在安慰受到惊吓的孩子的祖母则抱怨说："这比该死的德国兵还糟糕。"[64] 男人通常喜欢听到回击德军的炮声。有人报道说："炮声越响，我们就越有信心。"[65]*

对于那些每晚受到德军飞机轰炸的英国百姓，一些职业观察家似乎惊诧于他们的勇气。心理分析家们曾预测过民众的歇斯底里情绪——"人们可能会转向婴儿车、妇女的子宫或坟墓。"[66] 个别人的精神或许已经垮了，但伦敦的人民，尤其是那些坚强的伦敦东区人民，正如他们所说，不会"一丝不挂地跑掉"。专家们被证明是错误的，这已不是第一次。然而，如同人们看到，雨点般落下的炸弹没有合理或不合理之分，人们也普遍看到享受政府补助的英国教会牧师们的缺陷，去教会的人们减少了。[67] 人们本来期望看到，英国国教的神父

---

* 在BBC的系列节目《战争中的世界》中，一位担当高射炮手的带有伦敦东区口音的老兵若干年后被问道击落了几架德国飞机。他笑着说："一架也没有。根本就没有机会。"那为什么他们还要发射高射炮呢？"它能给防空洞里的人以极大的信心！"

和修女们会带领大家将人们从被炸成瓦砾的公寓中解救出来,为消防人员设置流动餐车,等等。或许,教会需要一段时间才能领导对那些在空袭中处境艰难的人们的救援活动。但不幸的是,教会没有这样做。

在空袭的高峰期,一份政府报告注意到,离校的青少年中只有1%的人参加了某种形式的教会活动,与之相比,却有34%的人去影院看电影。[68] 人们或许会说,英国教会也是伦敦空袭的受害者。

然而,一位英国的俗世之人却对此提出了挑战。C.S.刘易斯(C. S. Lewis),这位剑桥大学教师在BBC发表了一系列讲话。[69] 这位强硬的《纯粹基督教信仰》(*Mere Christianity*)的作者向人们证明,自己是无线电广播里的有力的演说家。刘易斯的收音机讲话很快以《广播谈话》(*Broadcast Talks*)的形式出版了。这对建立在老百姓士气之上的丘吉尔政府的声望是一份大礼,因为纸张就像其他东西一样,需要严格的定量供应。[70] 刘易斯的《地狱来鸿》(*Screwtape Letters*)也非常受欢迎。这部书描绘了一个魔鬼在庆祝战争期间捕获灵魂的多种可能性。刘易斯举例揭露了和平主义者假装虔诚的诱惑,但是,他同样指出了变成残忍的嗜血者的危险,以及"认为你的敌人比他本人更坏"的罪过。直到今天,人们仍在阅读刘易斯在战争期间所写的著作。

像《时代》《生活》《观察》《科里尔周刊》(*Collier's*)这样发行量巨大的刊物,以及《星期六晚邮报》这样的报纸都印发了大量激动人心的照片和详细记录战争方方面面的稿件。地方影院的新闻短片也播放来自前线的战争镜头。在美国人不顾一切地想远离战争的同时,大众传媒却势不可当地要把他们拉进去。日复一日,美国人感觉到海外发生的事件不会总是处于难以解决的困境中。但纳粹势力的快速挺

第四章　美国人与命运的约会（1939—1941）

进和涉及范围之广，却威胁着美国人的安全感和远离欧洲冲突的念头。

即使是小学生也非常熟悉报纸上战事所发生的时间和地点——伦敦、巴黎、柏林、华沙、布拉格、奥斯陆、哥本哈根、阿姆斯特丹。此前，欧洲的事件从没有像今天这样成为美国人日常意识的一部分。

"一战"期间，人们是不可能感受到战争的即时性和危险性的。现在，收音机却使之成为可能。伦敦和新伦敦*之间的距离可以忽略不计。

就在几个月前，许多美国人可能会同意乔·肯尼迪关于英国要完蛋的观点。现在，1940年夏天，不列颠之战正在美国人从他们的诗歌书籍和高中文学课上所知道的"这一个英格兰"上空发生。"这一个英格兰"，正如莎士比亚所写的：

> 这一个君主们的御座，这一个统于一尊的岛屿，
> 这一片庄严的大地，这一个战神的别邸，
> 这一个新的伊甸——地上的天堂，
> 这一个造化女神为了防御毒害和战祸的侵入
> 而为她自己造下的堡垒。
> 杜绝了宵小的觊觎，
> 这一个幸福的国土，这一个英格兰。**

皇家空军的飞机每天都会紧急起飞，去击退希特勒空军的一波

---

* New London，美国城市名，康涅狄格州和俄亥俄州均有叫这个名字的城市。——译者注
** 见《理查二世》第二幕第一场，采自朱生豪先生的译文——译者注。

波攻击。"在人类的冲突中，从来没有过如此之多的人的命运系于如此之少的人手中。"丘吉尔赞颂那些每日面对死亡的年轻人。其中一些人本来可以好生待在牛津大学里，而就在不久前的 1936 年，他们还投票反对"为国王和国家而战"。现在，每一个人只有一个目标，那就是带着匈奴人的牙齿飞向长空，使出浑身的力量去抗击"纳粹野兽"。

皇家空军将英国从那个夏天的入侵中拯救了出来。1940 年 7 月，能够作战的皇家空军战斗机有 1 200 架。11 月增加到 1 796 架。德国空军的单引擎飞机则从 7 月份不列颠空战开始时的 906 架下降到 11 月的 673 架。[71] 为什么会有这种差距呢？许多英国战斗机被击落了，这是事实，但许多战斗机可以被修复，幸存的飞行员可以重新投入战斗。同时，工厂夜以继日地生产，英国飞机的产量也创下了纪录。任何在英国旷野降落的没有被损毁的飞机都会被修复。而德国所有在英国南部上空被击落的飞机和飞行员要么被俘，要么就被摧毁。*

丘吉尔在受到威胁的沿海地区都设置了蛇腹形铁丝网，上面锋利的倒钩为敌人的降落设置了障碍。如果德军侵犯海滩，他打算点燃珍贵的汽油。他发誓说，德军将会遇到全体英国人民的强烈抵抗。

默罗将这一切都带给了在家中收听广播的美国人。他引用了拿破仑著名的对手威廉·皮特（William Pitt）的话："英国将以她自己的努力拯救自己，而欧洲将会以英国为榜样拯救自己。"[72]

从伦敦上空投下的炸弹炸死炸伤数千名平民。默罗在收音机里播

---

* 通常认为，不列颠空战是指 1940 年夏末到秋初发生在英国南部上空的英德战斗机之间的空战。希特勒对英国城市的夜间空袭一直持续到 1941 年 5 月 10 日，到 1944 年，希特勒使用了 V-1 和 V-2 火箭再次对英国实施空袭。

放了救火车划破夜空的警笛声、圣凯瑟琳大教堂周围的爆炸声、伦敦东区的居民清理公寓建筑瓦砾的挖掘声。

和蔼可亲、面带羞涩的年轻国王和他充满生气的妻子没有逃离这个国家。白金汉宫也遭到了轰炸。首相办公室告诉国人，王后正在用一把左轮枪上射击训练课。[73] 或许埃莉诺也在海德公园展示自己的手枪呢！王后拒绝了加拿大将公主送往大洋彼岸的请求，她说："公主不会离开我——我也不会离开国王——当然，国王绝不会离开英国。"[74]

罗斯福同意送给丘吉尔50艘"一战"时的旧驱逐舰。这些驱逐舰对运输护卫任务来说是急需的。英国完全依赖于海上的运输线，因为绝大部分的食物和水以及全部的石油都要依靠海上运输。

反过来，英国把美洲的一些基地出租给美国99年，其中的一些，如甘德湾（Gander Bay）、纽芬兰以及英属西印度群岛已经为美国海军服务了数十年。罗斯福承诺给予"除了参战外的一切援助"。尽管美国人十分同情英国人的困境，但民意测验显示，美国人决定不让自己卷入其中。罗斯福依然大胆地提议采用《租借法案》和美国历史上第一个和平时期的征兵法案。[75]《租借法案》是一项新政策，允许英国在紧急时期借用军事物资。罗斯福用他典型而朴实的话解释了他的政策。他将之比作借给我们"邻居"一条花园浇水用的水龙带。换句话说，我们不需要他们的钱。我们只需要当火被熄灭后，把水龙带还给我们即可。[76]

当温德尔·威尔基精力充沛地在全国范围展开竞选活动时，罗斯福正处在他政治生涯中最紧张的竞选活动中。罗斯福明智地决定不直接与受人欢迎的威尔基展开较量。罗斯福知道，他不能公正地攻击威尔基的记录，因为这个出身商人的政客根本就没有记录。除此之外，威尔基是坚定的国际主义者,他被提名为总统候选人是共和党内的孤立派的重大失败。

相反,罗斯福关注的是共和党的"领袖们",以及他们怎样在国会里投票。罗斯福没有理睬有魅力的威尔基,他就禁运战争物资给被包围的盟国一事,谈及了那些在国会里居于高位的共和党人的记录。即使当荷兰人、丹麦人、挪威人、比利时人和法国人将要被击溃时,这些国会里有权势的共和党人也不打算援助盟国。罗斯福通过广播向全国发表了一次讲话,显示了他对讽刺和智慧的娴熟运用。这个讲话让美国人意识到,即使他们选举威尔基为总统,他仍然会与国会里的共和党孤立分子以及那些反对向盟国解除武器禁运的共和党人合作:

> 但是,那些共和党人怎样才能为撤销武器禁运而投票?
>
> 在参议院里,共和党人以14票对6票反对解除武器禁运。在众议院里,共和党人以100票对40票反对解除武器禁运。
>
> 向盟国提供战争物资的法案是由民主党投票通过的,它压倒了共和党领导人的反对意见。除了一些人以外,我们还可以举出一些反对这项法案的共和党领导人的名字,他们是:参议员麦克纳利(McNary)、范登堡(Vandenberg)、奈伊(Nye)、约翰逊(Johnson);等一下,还有一个非常完美的旋律呢——国会众议员马丁(Martin)、巴尔顿(Barton)、菲什(Fish)。
>
> 现在是11点,他们已经发现了我们一开始就知道的事情——海外对独裁势力侵犯的成功抵制,意味着美国的安全。这同样意味着,那些依然保持着独立的小国可以继续保持独立。这也意味着那些暂时丧失主权的小国会恢复它们的主权。我们知道,美国

第四章 美国人与命运的约会（1939—1941）

政策的一个基本原则是承认小国生存和繁荣的权利。

如果由马丁、巴尔顿、菲什来决定的话，大不列颠和其他许多国家不会受到来自我们的哪怕是一盎司的帮助。

罗斯福十分注意政治言论。整个晚上，这个国家都在重复着他那富有节奏的对极端保守的共和党人马丁、巴尔顿、菲什的嘲讽。特别让罗斯福感到高兴的是汉密尔顿·菲什（Hamilton Fish）是他的家乡纽约州的国会议员。

由于受到了威尔基在战争一事上的刺激，罗斯福对波士顿的听众说："我以前说过，但是我还会一遍又一遍地说：你们的孩子并没有被派到任何外国的战争中去。"[77]这些话说得有些过头了。因为没有哪个总统可以作这样的保证，也没有哪个总统应当作这样的承诺。这次讲话被作为罗斯福口是心非的证据被人们一次又一次地引用。但罗斯福并不认为自己不诚实。他与他的顾问辩论道，如果美国受到攻击，那么战争就不再是一场外国战争了。

希特勒对波兰、挪威、荷兰和丹麦毫无缘由的攻击也将对美国产生影响。宾夕法尼亚、俄亥俄、伊利诺斯、威斯康星和明尼苏达等州的许多美国选民的祖辈都来自这些被蹂躏的国家。在1940年大选时，这些州的每一个选民都会支持罗斯福。

1940年11月5日，一件以前从未发生过的事情发生了——它以后也绝不会再发生。美国出现了一位连任三届的总统。威尔基比之前两位共和党候选人的选票都多。他赢得了22 304 755张全民选票（占44.8%），比兰登在1936年多出将近600多万张选票。但是他仅仅得到83张选举人选票。除了兰登的缅因州、佛蒙特州以外，威尔基还赢得了密歇根州、印第安纳州、南北达卡他两个州、艾奥瓦州、堪萨斯州、内布拉斯加州和科罗拉多州。*

罗斯福的全民选票总数比上一次少了 200 000 张，跌到了 27 243 466 张（占 54.7%）。但是他从 38 个州得到了总共 449 张选举人选票，让他获得了一次决定性的和令人信服的胜利。这次胜利展示了罗斯福的难以匹敌的民众吸引力和政治技巧。

在选举那天晚上的早些时候却看不到这样的迹象。通常说来，罗斯福是一位最喜欢社交的活动家。那天晚上，他让自己独自一人待在海德公园里，远离每一个人。表情严肃、大汗淋漓的他经历了漫长的独自等待，直到胜利的消息得到确认。[78] 对这个伟大的合众国的领导来说，害怕人民是一件好事。

罗斯福的助手哈罗德·伊克斯嘲笑了温德尔·威尔基，说他是："来自华尔街的该死的赤脚小鬼。"[79] 但是，威尔基在 1940 年却扮演了一个重要的角色——他将继续为美国服务。沃尔特·李普曼所言甚好：

> 仅次于不列颠之战重要的是，威尔基的突然崛起和被提名为总统候选人是一件决定性的事件，或许是天意，它使自由世界在几乎被征服时，又有可能团结起来。1940 年，除了他以外，共和党的其他任何领导都拒绝帮助大不列颠，这让所有抵抗希特勒的人有一种被遗弃的感觉。[80]

罗斯福总统用一次讲给美国人民的著名的"炉边谈话"结束了

---

* 威尔基获得的选票甚至比 1952 前任何一位共和党总统候选人都多。

1940年这个多事之秋,《时代》杂志报道说,"总统在广播开始 5 分钟之前,坐着橡胶轮胎的小轮椅出来了"[81]。*他号召美国成为"民主国家伟大的武器库"[82]。这次讲话让人难忘,也取得了政治上的成功。一座武器库为抵抗提供了重要的手段,但是它并不参与武装战斗。这正是美国人赞同的政策。

当在竞选中输给罗斯福的温德尔·威尔基计划前往战斗中的英国时,罗斯福邀请他来白宫进行一次友好的会谈。他给了威尔基一封亲笔信,亲切地请他将这封信亲自交给丘吉尔首相。信中有一首两位"前海军里的人"都很欣赏的朗费罗的著名诗歌——《造船》(The Building of the Ship):

前进,国家之船!
前进,坚强而伟大的联邦!
带着所有的恐惧,
和所有未来的希望,
人类屏息等待他们的命运。[83]

罗斯福再次当选后,孤立主义者并没有放弃他们的努力。1941 年初,"优先保卫美国委员会"加紧了使美国远离战争的努力。尽管这些人明显将西奥多·罗斯福所说的"极端主义少数派"吸引到自己身边,但这并不是"优先保卫美国委员会"所得到的唯一支持。小乔·肯

---

*《时代》杂志是美国发行量最大的周刊。这句实事求是的话再次表明美国人毫不怀疑,他们的总统腰部以下已经麻痹了。

尼迪这个年轻的充满政治抱负的民主党人士,骄傲地签名加入"优先保卫美国委员会"。萨金特·施赖弗(Sargent Shriver)也加入了,他后来将被提名为民主党副总统候选人以及总统候选人(他也将与肯尼迪家族联姻)。金曼·布鲁斯特(Kingman Brewster)也是如此,他后来成为耶鲁大学校长。*共和党人士杰拉尔德·福特(Gerald Ford)也加入了"优先保卫美国委员会",其他人还有美国奥委会主席埃弗利·布伦戴奇、爱丽丝·罗斯福·朗沃斯、"一战"期间的王牌驾驶员埃迪·里肯贝克。[84]

查尔斯·林白与他的朋友亨利·福特取得了联系。正如《时代》杂志指出的,林白甚至不愿表达英国会胜利的希望。[85] 林白的言行对英国可真谓忘恩负义,1935 年英国曾慷慨大度地为他提供了一个安全的庇护所。但是,富有经验的外交史家约翰·惠勒—班奈特却认为林白并不是真正反对英国,他只不过断定英国是一个"糟糕的赌注"罢了。[86] 福特同意林白的观点。他甚至在 1941 年 1 月号的《斯克里布纳》(Scribner's)杂志上预言,德国会获得胜利。[87]

林白在"优先保卫美国委员会"里的重要地位,引起了一位名叫西奥多·盖塞尔(Theodore Geisel)的年轻漫画家的注意。盖塞尔将这位飞行英雄讽刺为"孤独的鸵鸟"。

> 孤独的雄鹰
> 带着坚强的勇气和火腿三明治

---

* 在一次最异乎寻常的外交任命中,吉米·卡特总统派布鲁斯特前往伦敦去担任驻英国大使。人们或许会想,如果当时年轻的布鲁斯特成行的话,伦敦或许早已被德国占领了。

第四章　美国人与命运的约会（1939—1941）

建造中的拉什莫尔山。著名雕塑家加特森·鲍格勒姆选择位于南达科他州的这个风景胜地，来为美国最伟大的四位总统建造雄伟的雕像。鲍格勒姆和他的工作组攀登上哈尼峰（HarneyPeak）去勘查现场。哈尼峰高7 242英尺，是拉什莫尔山的制高点，高度介于落基山和阿尔卑斯山之间。它做到了，让"美国的历史沿着这个纪念物的天际线前进"。

战火中的珍珠港，1941年。
日本在 1941 年 12 月 7 日对珍珠港的突然袭击，使美国的太平洋舰队和位于希卡姆机场（Hickam Field）的陆军航空兵（Army Air Force）基地措手不及。将近 2 500 名水兵、海军陆战队官兵和空军飞行员在罗斯福总统称之为"国耻日"的那天中丧生。日本将为此付出惨重代价。日本领导人在那个宁静的星期日早晨所发动的背信弃义的战争，将使这个国家将近 200 万军人和平民死亡。

第四章 美国人与命运的约会（1939—1941）

炮火之中的圣保罗大教堂，1940年。希特勒空军的近距离轰炸使大英帝国的这个象征处于炮火的包围之下。希特勒试图用空袭击溃英国人民的意志。尽管希特勒对伦敦和英国其他城市的空袭最终造成60 000名平民死亡，但英国人民并没有屈服。正如丘吉尔所说，这是"他们最好的时刻"。

温德尔·威尔基。被讥讽为"来自华尔街的赤脚小鬼"的温德尔·威尔基参加了在费城召开的共和党全国代表大会，当时几乎整个国家都处在1940年的选举风暴之中。随着法国的陷落，威尔基坚决反对孤立主义。正是他的支持，使罗斯福被允许为孤军奋战的英国提供一条生命线。尽管威尔基在竞选中是罗斯福的对手，但他还是将国家利益放在了他的政治抱负之上。

> 独自在大西洋上空飞行。
> 虽然拿出了巨大的勇气
> 可一听到德国飞机粗哑的声音
> 他就害怕得浑身战栗。[88]

作为无与伦比的苏斯博士（Dr. Seuss）*，盖塞尔将被大多数美国人所熟知。随着林白的去世，盖塞尔对他的蔑视公开化了。当罗斯福总统在公开场合把林白上校比作美国内战期间铜头蛇克莱门·瓦兰蒂甘（Clement Vallandigham）时，林白的反应十分生气。他很不明智地辞去了军中的职务。[89]

这是一个具有深远影响的举动，它将改变林白的一生。从此，他再也得不到他的政府或他的美国同胞的完全信任了。罗斯福的支持者指出，林白从来没有放弃德国人授予他的鹰骑士勋章。亨利·福特也同样获得了鹰骑士勋章。但是，林白却归还了美国军方对他的委任。这位著名飞行员的辩护者认为，他接受纳粹的勋章时是不谙世故的，他那时并不知道该怎么办。罗斯福丝毫不为所动，他回击道："我应该知道该怎么办！"[90]

4. "击沉'俾斯麦'号！"

英国有一年的时间是在独自与希特勒战斗。她忍受着希特勒每晚狂轰滥炸的折磨。1941年5月10日到11日夜，希特勒下令对英国南

---

* 苏斯博士是西奥多·盖塞尔的笔名。——译者注

部进行大规模空袭。在前一年里，43 000 名英国平民死于空袭，139 000 名平民受伤。[91] 这将是希特勒的空军对英国城市的最后一次可怕的空袭。希特勒此时在东线已经纠集了 300 万大军、数万匹战马、数千辆坦克和配有武装的车辆。在他计划针对苏联的战争中，他需要空军的支持。

希特勒绝对信任他的军队。他最信赖的指挥官是艾尔温·隆美尔（Erwin Rommel）。他任命隆美尔为陆军元帅并指挥非洲军团。隆美尔则将英军驱赶至埃及。就连他的英国对手也很敬重他，他们称隆美尔为"沙漠之狐"。现在，隆美尔威胁到了英国经由苏伊士运河的生命线。澳大利亚和新西兰军团[简称安萨克（ANZAC）]与被围困的英国军队一起，从希腊撤退到克里特岛。*

1941 年 6 月，希特勒为"踹开"苏联的国门做好了准备。一旦他决定这样做，他就向他的将军们保证，整个"腐朽的体制将会坍塌"。有谁能够对他质疑呢？自从对法国的闪电战胜利以来，希特勒就十分相信自己的军事天才，他的将军中没有一个人敢于怀疑他的判断。[92]

但是，希特勒在海上却没有这样的自信。他吹嘘道："在陆地上，我是个英雄。但是在海上，我是个懦夫。"[93] 海军元帅埃里希·雷德尔（Erich Raeder）当然不是懦夫了。这位希特勒海军舰队的最高指挥官请求希特勒让他的舰队参战。他渴望一洗 1919 年公海舰队在斯卡帕湾宁愿弃船也不愿成为英国人俘虏的耻辱。[94]

希特勒登上新下水的战列舰"俾斯麦"号时，神情差不多是阴

---

* 为纪念澳大利亚和新西兰军团，每年的 4 月 25 日被定为"安萨克"日。100 多年以来，澳大利亚在每一次战争中都是美国的盟友。

郁的。他忍不住注意到将要指挥"俾斯麦"号的司令贡特尔·卢金斯（Gunther Lutjens）用过去德国帝国海军正确的敬礼姿势来迎接他，而不是用忠诚的纳粹党徒的"嗨，希特勒"伸臂礼。[95]

雷德尔是美国海军上将马汉和他的《海权对历史的影响》一书的热诚信徒。[96]雷德尔和卢金斯希望德国海军可以在赢得西线的战争中扮演重要的角色。他们希望"俾斯麦"号能够击沉为遭受战争蹂躏的英国运送关键补给物资的护卫舰队。这50艘旧驱逐舰是罗斯福送给丘吉尔的，但是面对拥有八门口径15英寸大炮的"俾斯麦"号，它们根本就无力对抗。雷德尔元帅相信"远洋海军"（blue-water navies）有能力决定世界的统治权。* 希特勒却并不认为这艘强大的新型军舰可以有效摧毁英国从加拿大到美国的海上生命线。希特勒悲观地对一位助手说："德国潜艇做这些事，会更快和更好。"[97]

希特勒担心，以"俾斯麦"号这样的损失为代价，会打碎他战无不胜的光环。他对他最顶尖的军事助手陆军上将阿尔弗雷德·约德尔（Alfred Jodl）说，战列舰时代已经过去了。[98]** 当一些部下建议将铁血宰相俾斯麦的珍贵肖像从这艘以他的名字命名的战舰上取下时，希特勒生气地说："如果这艘战舰发生什么事的话，肖像自然会不复存在。"[99]

1941年5月21日，"俾斯麦"号和它的小型护卫舰"尤金亲王"

---

* 远洋海军是一支巨大的舰队，其战列舰可以在广阔的洋面上肆意纵横。

** 希特勒意识到战列舰容易遭受空中的打击——7个月后在珍珠港所发生的事件就证明了这一点——表明他真的具备军事天才。历史学家约翰·卢卡斯（John Lukacs）在《决战》（The Duel）一书中提到了拿破仑粗俗的名言：在战争中就如在卖淫中一样，有天赋的非专业人员往往是更好的。

第四章 美国人与命运的约会(1939—1941)

号(*Prirnz Eugen*)趾高气扬地从被占领的挪威出发,进入海上的主要航线,去搜捕受害者。[100] 丘吉尔向罗斯福发电报请求援助:"如果我们不能拦截他们……你的海军应确保能够为我们记录下他们的情况……将这些消息告诉我们,我们将消灭他们。"[101]

"俾斯麦"号驶入丹麦海峡时,与英国船"胡德"号(*Hood*)相遇。[102] 早在 20 年前,"胡德"号就曾经周游世界,象征着英国对海洋的控制。*现在,就在 1941 年 5 月 24 日黎明之后不过几分钟,"俾斯麦"号向这艘英国战列舰发动了几次迅速而致命的炮击。"俾斯麦"号的每发炮弹重 1 764 磅,射程在 38 700 码,明显优于"胡德"号的 30 000 码射程。[103] 当"胡德"号在巨大的爆炸声中裂成碎片时,英国船员和他们的德国对手都吓得目瞪口呆。"胡德"号在几分钟内就沉没了。"胡德"号上共有 1 400 名船员,只有 3 人幸存。[104]"俾斯麦"号可怕的杀伤性火力又击退了准备欠佳的英国船"威尔士亲王"号。在伦敦,坚强不屈的丘吉尔接到了"诺福克"号(*Norfolk*)发来的消息:"'胡德'号已被击沉。"丘吉尔被这一可怕的消息惊呆了,他对罗斯福总统的私人代表埃夫里尔·哈里曼(Averell Harriman)说:"'胡德'号沉没了,多么糟糕的一场战斗。"[105] 英国航空母舰上的飞机发射鱼雷进行反击,重创"俾斯麦"号,终止了它的这次任务。[106] 但此后,英国人便失去了"俾斯麦"号的行踪。

卢金斯司令的"铁面"依然保持冷静,他在想什么,人们不得而

---

*纳尔逊勋爵认为这艘船名字的主人塞缪尔·胡德(Samuel Hood)子爵是"有史以来最伟大的水手"。俄勒冈州的胡德山和华盛顿州的胡德海峡都是以他的名字命名的。胡德很少失败过,但是他 1781 年却没能帮助康华里(Comwallis)将军从宾夕法尼亚的约克镇半岛撤离,这保证了美国的独立。

知,不过他给位于德国占领下的巴黎的海军指挥部的上级发去了电报:
"5月24日深夜,我方再次被美国水上飞机侦察到行踪。"[107]在追踪"俾斯麦"号的不只是美国的飞机。美国海岸警卫队的快艇"莫多克"号(*Modoc*)也发现了在浓雾中若隐若现的"俾斯麦"号。[108]英国人很快得到了消息,从"皇家方舟"号(*Ark Roya*)上起飞的飞机在5月26日击中了"俾斯麦号"的船舵,给之以有效的重创。

现在,就像一群猎狗在攻击一只受伤的熊,皇家海军的军舰开始迫近"俾斯麦"号,准备杀戮。"俾斯麦"号不顾一切朝法国返航,以寻求潜艇和空军的保护。但是它那被击毁的舵却使它只能绕着一个个大圈子。1941年5月27日清晨,"罗德尼"号(*Rodney*)和"乔治五世国王号"开始集中火力向这个垂死挣扎的德国怪兽开炮。卢金斯手下的一些人曾认为,卢金斯是带来厄运的约拿[*]。现在他证明了这一点。卢金斯下令弃船。船上共有2 222名官兵,只有115人从大西洋冰冷的海水中生还。[109]一艘潜艇发出警报,迫使英国船只离开了沉船地点,几百名年轻德国水兵束手待毙。[110]

同一天夜里,罗斯福对国人发表了一次"炉边谈话"。他保证向英国提供除了参战以外的一切援助。他用戏剧性的语言强调:"这是可以做到的。也必须做到。马上就会做到。"[111]丘吉尔知道罗斯福是一个虔信宗教之人,他用《新约·哥林多后书》6:2中的一句话,表达了对他的无比感激:"在悦纳的时候,我应允了你;在拯救的日子,我搭救了你。"然后,丘吉尔又恳求更多的:"看哪!现在正是悦纳的时候,现在正是拯救的日子。"[112]丘吉尔想要的,是希望美国人能与

---

[*]《圣经·旧约》里的一位先知,常用来指带来厄运的人。——译者注

他并肩作战。

现在还没到时候。的确还没到时候。

5. "假如希特勒入侵地狱……"

美国人和英国人那个时候都不知道，希特勒在1941年就已经决定反对入侵英国了。赫尔曼·戈林的空军在摧毁英国皇家空军的行动中已经失败。他也没能借助空袭的力量摧毁英国人的意志。德国的飞行员在英国南部上空并不能确立空中优势。德国的海军也不能为入侵的军队提供安全通道，尽管英吉利海峡最窄之处只有22英里。

此时希特勒的目光关注的却是东方。1941年4月份，他进攻了南斯拉夫和希腊。一旦这些国家被拿下，他就可以执行他的"巴巴罗萨"计划：入侵苏联。

丘吉尔通过使用现在已为人所熟知的"谜"电码破译机知道了这些计划。英国人用它截获了德国人的密码信息。当丘吉尔试图告诉斯大林时，这位苏联的独裁者却毫不客气地拒绝了他。这位"各族人民的伟大领袖"倾其一生只信任过一个人：希特勒。

1941年6月22日，在这个星期日破晓之前，德国战争机器的全部力量向毫无防备的俄国释放了。1939年8月23日，那份玩世不恭的、被煞有介事签订的《苏德互不侵犯条约》仅仅维持了22个月。斯大林允许希特勒自由插手波兰、法国、低地国家和英国事务。现在，他的人民为他的背叛行为付出代价。

丘吉尔丝毫没有犹豫。他那位曾经怀疑过他的领导能力的私人秘书，现在记录下了首相挡不住的妙语。即使在如此危急的时刻，丘吉尔也不忘在下院开玩笑："假如希特勒入侵地狱，我至少会向撒旦提供一些有利的参考建议。"¹¹³ 他马上又"以一只猴子比一个捕鼠器的赔率"与他的顾问打赌，赌"俄国人从今往后会不停地战斗，直到两年后取得战斗的胜利"。¹¹⁴* 当晚，他在 BBC 发表讲话：

> 过去 25 年来，没有人比我更一贯地反对共产主义。我不会收回我对共产主义发表过的任何言论。但是，在当前的形势下，所有这些都过去了……任何与纳粹战斗的个人或国家都会得到我们的帮助……我们将尽其所能地帮助俄国。¹¹⁵

在美国，最引人注目的变化是美国共产党的成员和他们的同情者态度的迅速转变。曾经被莫斯科发布的"党的路线"所吸引的共产党员，从强烈的"帝国主义战争"的反对者转变为疾呼美国立即参战。

与此同时，德国入侵俄国为大屠杀打开了大门。1941 年，欧洲有大量的犹太人生活在波兰、俄国和乌克兰。纳粹德国的国防军几乎以不可阻挡之势，步步进逼俄国，数万犹太人将被屠杀。¹¹⁶ 所有这些犹太人很快将成为被消灭的对象。希特勒希望东边的土地能成为迅速膨胀的德国人口的"生存空间"。为了达到这一目的，他打算大面积地清洗这片广阔地区内的犹太人。

当年仲夏，丘吉尔决定访问正在北美海域的罗斯福总统。丘吉尔

---

* 丘吉尔有趣的语言对其听众来说，是颇有深意的。在这里"一只猴子"指的是 500 英镑，相应的，"一个捕鼠器"指的是 1 金沙弗林（gold Sovereign，英国旧时面值一英镑的金币——译者注）。即使以 500∶1 的赔率打赌，丘吉尔也会赢！（参见 Gilbert, Martin, *Churchill*, p.701.）

第四章 美国人与命运的约会（1939—1941）

在苏格兰登上了"威尔士亲王"号，穿越德国潜艇出没的海域，来到纽芬兰的普拉森蒂亚湾（Placentia Bay）与罗斯福会面。[117]

在途中，丘吉尔观看了影片《汉密尔顿夫人》（*That Hamilton Woman*）。这部电影由费雯丽和劳伦斯·奥利弗主演。奥利弗扮演的是英国著名海军英雄纳尔逊爵士，当得知他赢得了特拉法加（Trafalgar）战役的胜利时，这位英雄正奄奄一息地躺在"维多利亚"号的甲板上。"感谢上帝！"纳尔逊呢喃道。人们看到丘吉尔正在用手绢擦拭眼睛。这已是他第五次看这部电影了。[118]

对罗斯福来说，他让记者和家人认为，他只是乘坐总统游艇进行每年一次的钓鱼休假。[119]必须承认，罗斯福喜欢玩这类戏剧性的花样。很快，他命人调转"奥古斯塔"号（*Augusta*）的船头，驶向纽芬兰冰冷的海域。

1941年8月9日上午11时，丘吉尔登上"奥古斯塔"号，径直走向罗斯福。他带来一封国王的亲笔信。他向总统微鞠一躬。[120]毕竟他只是政府首脑，而罗斯福是国家元首。

罗斯福靠着他的儿子埃利奥特（Elliott）的胳膊，站在甲板上的凉棚下。他高兴地笑道："最终——我们还是在一起了。"丘吉尔回答道："是的。"[121]

这确实是一个与命运的约会。两个自由的捍卫者在普拉森蒂亚隐蔽的海域相会了。在以后的4年里，这两个伟人将一起为整个世界反对专制、捍卫自由的斗争指引方向。

1 | Online source: http://history.sandiego.edu/gen/USPics27/75297h.jpg.
2 | Gilbert, Martin, *A History of the Twentieth Century: Volume Two: 1933 -1951*,

	William Morrow and Company, Inc.: 1998, p.205.
3	Evans, Richard J., *The Third Reich in Power*, The Penguin Press: 2005, p.250.
4	Evans, p.250.
5	Beschloss, Michael R., *Kennedy and Roosevelt: The Uneasy Alliance*, W.W.Norton &Company: 1980, p.189.
6	Beschloss, *Kennedy and Roosevelt: The Uneasy Alliance*, p.189.
7	Online source: http: //www.presidency.ucsb.edu/site/docs/pppus.php? admin =032&year =1939&id=73.
8	Ketchum, Richard M., *The Borrowed Years: 1938-1941, America on the Way to War*, Random House: 1989, p.161.
9	Black, Conrad, *Franklin D.Roosevelt: Champion of Freedom*, Public Affairs: 2003, p.522.
10	Black, p.523.
11	Ketchum, p.156.
12	Ketchum, p.157.
13	Black, p.523.
14	Online source: http: //history.acusd.edu/gen/ww2Timeline/Prelude10a.html.
15	Berg, A.Scott, *Lindbergh*, G.P. Putnam's Sons: 1998, p.370.
16	Berg, p.372.
17	Ketchum, p.283.
18	Ketchum, p.280.
19	Ketchum, p.281.
20	Ketchum, p.283.
21	Ketchum, p.283.
22	Ketchum, p.284.
23	Ketchum, p.285.
24	May, Ernest R., *Strange Victory: Hitler's Conquest of France*, Hill & Wang: 2000, p.453.

第四章 美国人与命运的约会（1939—1941）

25 May, p.453.
26 Evans, p.32.
27 Evans, p.34.
28 May, p.456.
29 Meacham, Jon, *Franklin and Winston: An Intimate Portrait of an Epic Friendship*, Random House: 2003, p.42.
30 Gilbert, *Churchill: A Life*, p.624.
31 Weigel, George, *Witness to Hope: The Biography of Pope John Paul II*, Cliff Street Books: 1999, pp.50-51.
32 Courtois, Stéphane, Nicolas Werth, Jean-Louis Panné, *The Black Book of Communism: Crimes, Terror, Repression*, Harvard University Press: 1999, p.6.
33 Kagan, Donald, *On the Origins of War*, Doubleday: 1995, p.414.
34 Krauthammer, Charles, "Short-Term Gain, Long-Term Pain, " *Washington Post*, 11 August 2006, A19.
35 Online source: http: //ngeorgia.com/feature/gwtwpremiere.html.
36 Beschloss, *Kennedy and Roosevelt: The Uneasy Alliance*, p.193.
37 Beschloss, *Kennedy and Roosevelt: The Uneasy Alliance*, p.193.
38 Beschloss, *Kennedy and Roosevelt: The Uneasy Alliance*, p.195.
39 Lukacs, John, *The Duel: 10 May-31 July: The Eighty-Day Struggle Between Churchill and Hitler*, Ticknor & Fields: 1991, p.1.
40 Gilbert, *Churchill: A Life*, p.645.
41 Gilbert, *Churchill: A Life*, p.646.
42 Meacham, p.51.
43 Ketchum, p.471.
44 Ketchum, p.471.
45 Will, George F., "Readers' Block, " *Washington Post*, 23 July 2004, A29.
46 Jackson, Julian, *The Fall of France: The Nazi Invasion of 1940*, Oxford University Press: 2003, p.211.

47　Black, p.554.
48　Jackson, *The Fall of France*, p.181.
49　Jackson, *The Fall of France*, p.210.
50　Online source: http: //www.winstonchurchill.org/i4a/pages/index.cfm?pageid=418.
51　Gould, Lewis L., *The Grand Old Party: A History of the Republicans*, Random House: 2003, p.281.
52　Gould, p.281.
53　Gould, p.284.
54　Barone, Michael, *Our Country: The Shaping of America from Roosevelt to Reagan*, The Free Press: 1990, p.136.
55　Gould, p.284.
56　Peters, Charles, *Five Days in Philadelphia*, Public Affairs: 2005, p.82.
57　Peters, p.95.
58　Beschloss, *Kennedy and Roosevelt: The Uneasy Alliance*, p.209.
59　Barone, p.140.
60　Barone, p.140.
61　Gilbert, *Churchill*, p.667.
62　Gilbert, *Churchill*, p.667.
63　Harrisson, Tom, *Living Through the Blitz*, Schocken Books, New York: 1976, p.101.
64　Harrisson, p.101.
65　Harrisson, p.101.
66　Harrisson, p.308.
67　Harrisson, p.310.
68　Harrisson, p.310.
69　Jacobs, Alan, *The Narnian: The Life and Imagination of C.S.Lewis*, Harper: 2005, p.223.

70	Jacobs, p.223.
71	Overy, Richard, *The Battle of Britain: The Myth and the Reality*, W.W.Norton & Company: 2000, p.162.
72	Murrow, Edward R., *This Is London*, Simon and Schuster: 1941, p.135.
73	Ketchum, p.342.
74	Ketchum, p.343.
75	Barone, p.140.
76	Barone, p.146.
77	Barone, p.141.
78	Barone, p.143.
79	Peters, p.111.
80	Peters, p.194.
81	Peters, p.182.
82	Barone, p.147.
83	Meacham, p.95.
84	Wallace, Max, *The American Axis: Henry Ford, Charles Lindbergh, and the Rise of the Third Reich*, St.Martin's Press: 2003, p.249.
85	Wallace, p.275.
86	Wallace, p.277.
87	Wallace, p.257.
88	Wallace, p.260.
89	Wallace, p.277.
90	Wallace, p.285.
91	Bercuson, David J., and Holger Herwig, *The Destruction of the Bismarck*, The Overlook Press: 2001, p.2.
92	May, *Strange Victory*, p.480.
93	Bercuson and Herwig, p.14.
94	Bercuson and Herwig, p.24.

95　Bercuson and Herwig, p.18.
96　Bercuson and Herwig, p.15.
97　Bercuson and Herwig, p.14.
98　Bercuson and Herwig, p.16.
99　Bercuson and Herwig, p.15.
100　Online source: http: //www.history.navy.mil/photos/events/wwii-atl/batit-41/bismk-a.htm.
101　Bercuson and Herwig, back cover.
102　Online source: http: //www.history.navy.mil/photos/events/wwii-atl/batit-41/bismk-a.htm.
103　Bercuson and Herwig, p.29.
104　Gilbert, Martin, *The Second World War*, Henry Holt and Company: 1989, p.185.
105　Bercuson and Herwig, p.221.
106　Online source: http: //www.history.navy.mil/photos/events/wwii-atl/batit-41/bismk-a.htm.
107　Bercuson and Herwig, p.178.
108　Bercuson and Herwig, p.177.
109　Dear, I.C.B, General Editor, and Foot, M.R.D., Consulting Editor, *The Oxford Companion to World War II*, Oxford University Press, NewYork: 1995, p.133.
110　Gilbert, *Second World War*, p.186.
111　Gilbert, *Second World War*, p.186.
112　Gilbert, Martin, *Churchill and America*, The Free Press: 2005, p.225.
113　Jenkins, Roy, *Churchill: A Biography*, Farrar, Straus and Giroux: 2001, p.659.
114　Gilbert, *Churchill and America*, p.701.
115　Gilbert, *Churchill and America*, p.702.
116　Gilbert, Martin, *A History of the Twentieth Century: Volume Two: 1933-1951*, William Morrow and Company, Inc.: 1998, p.380.
117　Gilbert, *Churchill and America*, p.705.

118 Meacham, p.107.
119 Meacham, p.105.
120 Meacham, p.108.
121 Meacham, p.108.

第五章
领导伟大的联盟（1941—1943）

面对珍珠港所遭受的袭击，美国人深感震撼。冰冷的恐惧吞噬着无数美国人尤其是西海岸美国人的心。当时，几乎没有什么能阻止日本人完成他们的袭击。接着，日本人又朝着西南方向的菲律宾进攻了，那个地方那时还是美国的属地。在那里，数千美国士兵陈尸街头。美国海军亚洲中队的数千名水兵登上了破旧的船只。这些人将为他们国家20年前热情拥护的裁军行动付出血与自由的代价。可悲的是，1922年召开的华盛顿海军会议并没有让美国去防备这个太平洋上的新敌人。在这些严峻的日子里——温斯顿·丘吉尔从未称它们为黑暗的日子——我们的新盟友造访华盛顿。他是第一位以官方身份访问美国的英国首相。对他的欢迎几乎是欢天喜地的。他是我们真正的朋友。对罗斯福总统来说，温斯顿的白宫之行可以分散他对战争的关注以及失去他

第五章　领导伟大的联盟（1941—1943）

深爱的母亲的悲痛。在那个烟雾缭绕、布满地图和表格的深夜会议上，罗斯福和丘吉尔形成的相互信任，支撑他们走过4年漫长的战争岁月。在白宫，他们首先确定了击败德国的政策。在白宫，他们的部下彼此相识并开始为世界上最漫长和最血腥的战斗做着准备。英国与美国的联合同时意味着加拿大、澳大利亚和新西兰也将加入美国领导的战时联盟。战争将重塑整个世界。

1. 1941："让人窒息的一年"

全世界的自由所面临的危险似乎都没有1941年那样严重。在希特勒夺取总理大权几个星期之后，他以国会纵火案为托词压制着德国的自由。他的秘密警察"盖世太保"以深夜敲门的可怕方式驱赶着自由。他似乎也认为，以无情的空袭猛击自由，可以给英国造成同样的破坏。尽管希特勒秘密决定推迟入侵英国，但德国空军还是在夜间飞越英吉利海峡去轰炸英国。看来希特勒要从空中粉碎英国人民的意志。但是，当他的轰炸机击中下院时，下院的议员们只是来到隔壁的上院里，继续他们的讨论。骄傲而不屈不挠的英国人民更是众志成城。总共将有6万英国平民死于德国的袭击下。

1941年1月6日，富兰克林·罗斯福发布了他的国情咨文。他决心在美国要高举自由的灯盏。他向美国保证四种自由：

我们希望世界建立在四种基本的人类自由之上。第一种是言论和表达的自由——不论在世界什么地方。第二种是每个人都可以按照自己的方式信仰上帝的自由——不论在世界什么地方。第三种是免于贫困的自由……不论在世界什么地方。第四种是免于恐惧的自由……不论在世界什么地方。

深受人们喜爱的美国插图画家诺曼·洛克威尔（Norman Rockwell）及时地将这些果断的言语画在了海报上。在这幅名为《免于恐惧的自由》的画中，洛克威尔画的是一对典型的美国夫妇躺在阁楼卧室的被窝里，看着他们安然睡熟的孩子。父亲和母亲表现出渴望得到保护的神情。父亲的左手拿着一张报纸，报纸的大标题告诉我们世界上某个遥远的角落正在遭受着空袭。报纸或许讲述了希特勒正在轰炸鹿特丹、华沙或 1 000 座俄国城市。它或许与"南京大屠杀"的恐怖有关。在南京，日本兵杀死了超过 25 万的中国平民。许多人被强暴。数千人被吊着舌头挂起来，让士兵们练习拼刺刀，然后再被恶狗吃掉。[1]自由之敌从来不是慈悲之友。

从北极圈到希腊诸岛，整个欧洲都处在纳粹的控制下。美国人以特别的热情，高唱《我最后一次见到巴黎》和《上帝保佑美国》。而德国的盟国意大利正准备进攻阿尔巴尼亚和希腊。在罗斯福的第三个任期里，他平静地命令美国海军船只占领冰岛，以便向东延展美国驱逐舰的活动范围，为给战斗中的英国运送补给物的商船提供护卫。

1941 年 3 月，罗斯福终于成功地说服国会同意批准帮助英国的《租借法案》。丘吉尔已经暗地里告诉罗斯福，英国已经无力支付战争物资了。一句话，英国财政已经崩溃。《租借法案》是罗斯福为保证我们的盟国能得到战争物资而作的巧妙反应。它达到了目的，且得以实施。孤立主义者，尤其是俄亥俄州的共和党参议员罗伯特·塔夫

第五章　领导伟大的联盟（1941—1943）

脱和北达科他州的杰拉德·奈伊（Gerald Nye）强烈反对这一举措。罗斯福曾将《租借法案》比作当邻居的房子着火时，借给邻居浇花用的水龙带。塔夫脱对这个朴素的比喻的解释是，将战争物资借给一个战斗中的人，更像是借给他们口香糖："我们当然不想再要回来这块口香糖。"[2]

如果查尔斯·林白1927年跨大西洋的历史性飞行能证明什么，那就是美国不可以孤立于欧洲。不过，美国伟大的飞行英雄依然在无情地反对给予盟国任何形式的援助。林白动员"优先保卫美国委员会"。他在一次大型集会上对孤立主义同伴说："我宁愿很快看到我们国家做鸦片而不是炸弹交易。"[3] "优先保卫美国分子"（America Firsters）不久就变得为众人皆知了，他们的电报、请愿和信件雪片般地涌向国会，反对美国援助英国。*

面对全国范围内孤立主义者的激烈反对，罗斯福甚至不得不面对其政党内部发生的小规模冲突。刚刚从美国驻英国大使位置上卸任归来的乔·肯尼迪与其政党的领袖发生了激烈的冲突。他甚至在国会中证明反对提供援助的正确性。4年前，罗斯福派肯尼迪前往伦敦，是希望他能够在需要出售援助物资给盟友的时候帮助他。罗斯福需要肯尼迪以其影响在美国天主教徒中获得帮助。但是，现在，他再也不能忍受下去了。当罗斯福邀请众议院议长山姆·雷伯恩（Sam Rayburn）

---

*法国的民主友人指出，美国甚至不会给法国这个我们"一战"时的盟友送去援助。即使当第三共和国处于死亡的痛苦中时，即使当法国首相雷诺公开请求罗斯福总统送来"由飞机组成的祥云"时，美国人的反应仍然是无情的沉默。然而，罗斯福的辩护者认为，只有受到法国沦陷的冲击后，美国人才开始倾听呼吁通过《租借法案》的声音。即使在那个危急时刻，法案的通过也是困难重重。

和他年轻的门生、得克萨斯州的林登·约翰逊（Lyndon Johnson）来白宫访问他时，总统接到了肯尼迪大使的电话。像往常一样，肯尼迪强烈地抱怨了国务院糟糕的行为。罗斯福一边试图在电话里平息肯尼迪怒气，一边却用手指做了个抹脖子的动作，这只意味着一件事情：总统要中止这个讨厌的波士顿政客的职务。肯尼迪被免去大使职务，他为自己辩解说，他反对美国以任何形式参与罗斯福如今称之为第二次世界大战的战争。肯尼迪说："如果人们称我为绥靖分子，是因为我反对这个国家介入当前的这场战争，我会很乐意为我的罪名辩护。"[4] 尽管肯尼迪当时并不知道，他与罗斯福的公开冲突将证明，这对他自己的政治前途是毁灭性的。他以后再没有担任过任何政府职务。

国会里罗斯福的支持者将法案编号为 H.R.1776 号——具有明显的爱国玩笑的意味。这下子可惹恼了批评者们，他们说《租借法案》的后果将会是把美国和英国更紧密地团结在一起。在这一点上，他们是对的，尽管是英国开始变得依靠美国了。罗斯福的支持者对此反击说，美国的独立只有支持英国的民主政体，并反对纳粹对其他地方自由的威胁，才能得到保证。

威廉·艾伦·怀特是共和党堪萨斯州《恩波里亚报》（*Emporia Gazette*）的主编。他成立了"援助盟国保卫美国委员会"（Committee to Defend America by Aiding the Allies）。这个组织拗口的名字不如"优先保卫美国委员会"响亮，但并不缺乏影响。很快，美国人就卷起绷带、裹上毛毯、包好食品送上轮船运走了。这就是共和党发起的著名的"送给英国的包裹"活动。怀特的委员会成功地回击了"优先保卫美国委员会"。

经过国会里一系列的讨价还价、相互施加压力和某些修正后，

第五章　领导伟大的联盟（1941—1943）

议长山姆·雷伯恩和南卡罗来纳州议员吉姆·贝尔尼斯（Jimmy Byrnes）催促不情愿的国会通过了《租借法案》。[5]1941 年 3 月 11 日，罗斯福签署了这个法案。它为英国提供了 70 亿美元的援助。考虑到 1940 年全部联邦预算才 100 亿美元，这是一个惊人的数字。[6]

更困难的事情是 1941 年 6 月 22 号之后，对援助苏联的决定。密苏里州民主党参议员哈里·S. 杜鲁门（Harry S.Truman）对数百万美国人民发表了讲话。当时他说，他将很快看到苏联和纳粹两败俱伤。当斯大林在 1939—1940 年的"冬季战争"期间入侵斯堪的纳维亚勇敢的小国芬兰时，美国人就已经同情这个国家了。*

苏联人对芬兰不得人心的侵略有助于让希特勒确信，他只有"踢开大门，整个腐朽的共产主义体制才会坍塌"。** 机械化的战争加速了侵略力量的步伐。带着他特有的戏剧性的历史感，希特勒将入侵苏联的行动命名为"巴巴罗萨行动"，这一名称来自中世纪发动十字军东征的著名的德国皇帝腓特烈·巴巴罗萨（意思是"红胡子"）。*** 德国军队向莫斯科和列宁格勒开进，蹂躏了乌克兰的古代城市基辅和白俄罗斯的明斯克。

纳粹看上去不会止步。1941 年，斯大林甚至计划撤离苏联首都莫斯科。急速撤离的准备已经做好，列宁的遗体做好转移的准备。德国

---

* 芬兰人不仅以其勇敢、凶悍和独立赢得了美国人民的喜爱，而且他们还是唯一完全偿还了他们在"一战"中债务的欧洲国家。美国人不喜欢赖账的人。

** 面对数量和武器均占优势的苏联人，足智多谋的芬兰人点燃装满汽油的酒瓶，将之投向苏联人的坦克。他们称之为"莫洛托夫鸡尾酒"，其杀伤力很强。

*** 希特勒将他流产的入侵英国的计划命名为"海狮行动"。正如历史学家约翰·卢卡斯指出的，海狮并不是一种凶猛的野兽。

国防军的先遣部队报告说,通过他们的双筒望远镜已经看到了莫斯科克里姆林宫的钟楼。

德军包围了列宁格勒(现在叫圣彼得堡)。德军于1941年对这座沙皇彼得大帝称之为"面向西方的窗口"的美丽城市发起了进攻,进攻持续了900天。数百万保卫者死于饥饿或因疾病倒下。仅列宁格勒一地,就有200多万俄国人死亡。这一可怕的死亡数字超过了美英在"二战"中死亡人数的总和。[7] 稍后不久,对发生在这个前沙俄帝国首都街道上令人恐怖的杀戮的报道才浮出水面。* 然而,斯大林从没有放松唯一能使他的体制存活下去的恐怖政策。他的秘密警察在战争期间依然十分活跃。

德国军队在苏联很多地方都受到了在苏联政权下受到虐待农民的招待,他们向德军提供俄罗斯招待客人的传统礼物:面包和盐,表明他们对德国人并没有仇恨。然而,在纳粹的意识形态里,斯拉夫人被视为劣等民族。很快,德国人将乌克兰人、白俄罗斯人和俄罗斯人变成奴隶的意图就昭然若揭了。

随侵略者到来的还有海因里希·希姆莱(Heinrich Himmler)的党卫军,但是他们干的却是提供保卫之外的事情。这些身穿黑色制服,头戴画有骷髅像方帽的年轻人被训练得达到了狂热和无情的顶点,他们是哲学家尼采所谓的"杰出的白肤金发碧眼野兽"的缩影。

德国人的残酷无情让俄罗斯和乌克兰这些淳朴的工人、农民变成

---

*哈里森·索尔兹伯里(Harrison E.Salisbury)在他的《900天:列宁格勒围城》(*900 Days: The Siege of Leningrad*)中细致地讲述了这个人类历史上最可怕的围城故事。与之相比,美国历史上最长的围城战是联邦军队对维克斯堡(Vicksburg)的包围,它发生在1863年,持续了38天。

第五章　领导伟大的联盟（1941—1943）

了侵略者顽强的敌人。一旦斯大林从 1941 年 6 月 22 日德国入侵所造成的最初的神经崩溃中恢复过来，他就熟练地求助于被长期压抑的爱国主义和宗教感情。他放松了对俄罗斯东正教会的迫害。苏维埃宣传机构开始不再宣称为共产主义革命赢得胜利，而是为了保卫俄罗斯母亲。

罗斯福派出他最信任的助手哈利·霍普金斯首先赶往被围困的英国，然后前往莫斯科，以对形势作出估计。尽管明知战争大部分都是极度艰苦的，罗斯福还是希望借助霍普金斯的眼睛和耳朵去了解情况。不管战争中的英国人是否懊丧，人们见到他都十分激动。罗斯福的顾问哈罗德·伊克斯说，英国人十分绝望，但是即便霍普金斯带来鼠疫，他们也会迎接他！ [8] 当霍普金斯与丘吉尔的内阁一起就餐时，他引人注意地引用了《旧约·路得记》中的一句话——"你往哪里去，我也往哪里去；你的国就是我的国"*。在处于恐怖的战争期间的苏联首都，他并没有引用圣经箴言。但是，他带来的消息却是受人欢迎的。美国将帮助任何抵抗纳粹的人。

1941 年 8 月罗斯福与丘吉尔在纽芬兰海域内美国船"奥古斯塔"号上秘密会晤，两人签署了《大西洋宪章》。这个文件是史无前例的。它并不是一个国家间的条约，因为它没有结盟的条款（罗斯福并不打算将之提交给难以控制的参议院获得批准）。它也不是丘吉尔所希望的美国对德国的战争宣言。因为只有国会有那个权力。然而，它是两国领导人欣然接受的目的一致的联合声明。两位领导人都说，他们的国家不会从战争中寻求领土扩张。两人都强调了所有民族都有在他

---

*《旧约·路得记》1∶16。——译者注

们自愿选择的政府下生活的权利。

会面极富戏剧性。丘吉尔计划在英国船"威尔士亲王"号上举行一场联合的宗教仪式。英国和美国的海军官兵和两位领导人一道唱起了歌曲《前进,基督教战士》(*Onward Christian Soldiers*)和《千古保障》(*O God Our Help in Ages Past*)。这些圣歌是丘吉尔挑选的。他在激发罗斯福的美国情感。之后,令人畏惧的年轻美国水兵跟随他们的英国同伴参观了该船。这些美国人呆呆地看着,前不久与"俾斯麦"号战列舰激烈战斗中受损的尚未修复的船壳。皇家海军拼尽全力才击沉了"俾斯麦"号。丘吉尔同美国海军官兵一起摆好了照相的架势。[9] 罗斯福则指挥美国海军搬运他的"送给英国的包裹"。这些箱子里装满了根据美国海军部部长命令送给英国和加拿大战舰上每一位船员的礼物。这些箱子里有雪茄、新鲜水果、奶酪和糖果。[10] 备受战争折磨的年轻的英国和加拿大水兵非常珍惜这些礼物。战时的定量配给使他们很难得到奢侈品。*

2. 国耻日

罗斯福关心的是如何阻止希特勒蹂躏整个欧洲,但对美国的最直接的威胁却来自远东。日本军队的统治者对美国强加给它的石油禁运感到愤怒。罗斯福政府则希望阻止日本进攻荷兰的东印度群岛(今天的印度尼西亚)。在这个例子里,经济制裁直接导致了战争。[11]

---

* 对数百名年轻的英国水兵来说,罗斯福的箱子是他们收到的最后的礼物。不到 4 个月后,"威尔士亲王"号和他的姐妹船只"反击"号(*Repulse*)在新加坡海域被日本人击沉,伤亡惨重。

第五章　领导伟大的联盟（1941—1943）

美国与日本之间的紧张关系持续了数十年。正是美国，可能是不明智地，迫使英国终止与日本在"一战"后签订的合作条约。当年轻的军国主义者暗杀了日本具有民主精神的官员时，日本侵略中国的道路就被扫清了。美国人为日本毫无缘由地入侵其柔弱邻国的行为感到愤怒，尤其对1937—1938年间杀害数十万平民的"南京大屠杀"感到震惊。在进攻中国当时的首都南京期间，日本海军的飞机袭击了美国军舰"帕奈"号。

这艘美国海军的炮艇被击沉，3名水兵丧命，40多人受伤。

尽管日本后来作了道歉和赔偿，但这两个太平洋大国之间的感情却进一步恶化了。

1941年末，在日本派出特使前往华盛顿与美国国务卿科德尔·赫尔（CordellHull）斡旋和平之后，日本海军司令山本五十六（Isoroku Yamamoto）却在计划袭击停泊在夏威夷瓦胡岛珍珠港的美军舰队。

1941年12月7日凌晨，日本零式轰炸机机群快速穿过瓦胡岛青翠的群山，在没有任何警告的情况下，袭击了按"战列舰队列"停泊的美国海军船只。指挥官板谷茂（Itaya）报告说："珍珠港正沉睡在清晨的薄雾之中。"与此同时，他的鱼雷则划破了星期日港湾的宁静。[12] 在几乎一个小时内，偷袭的日本飞机击沉了"亚利桑那"号和"俄克拉荷马"号，并重创其他4艘战列舰。共有18艘美国军舰被击沉或遭到重创。有188架飞机被摧毁，它们中的大多数是在希卡姆陆军机场地面上被炸毁的。[13]*

最不幸的是，美国有2 403人丧生，1 178人受伤。几乎有一半人

---

* 1947年之前，美国的空军部队隶属于美国陆军。

死于"亚利桑那"号发生爆炸时。¹⁴ 在随后的年月里，偷袭珍珠港的细节会不断地让美国人感到愤怒和恐惧。那些注定要死亡的人痛苦地撞击倾斜的船只上的管子，此景让我们备感揪心。但是，身处被击沉的"加利福尼亚"号上，被烈焰包围的海军军士杜雷尔·康纳（Durrell Conner）的故事，却让我们群情激奋。当时康纳的许多船员同伴已经从船上跳下逃生，要救船上的大火已经是不可能的了。但是，康纳却在战列舰的船尾升起了美国国旗，水兵们又返回船上，使船漂浮在海面上。¹⁵ 他们没有弃船！

整整一代美国人都会记住，当他们听到偷袭珍珠港的爆炸性新闻时，他们在哪里。彼得·马歇尔（Peter Marshall）教士是美国参议院的宗教仪式主持人。他刚刚在海军学院作了一次名为"死亡像什么"的布道。仪式结束后，这位年轻的苏格兰移民顺便用车捎带一位海军学员回家，当他们从车里的收音机中听到这个消息后，马歇尔马上把车来了个"U"形转弯，送这位学员回学院去履行他应尽的责任。¹⁶*

陆军准将德怀特·艾森豪威尔的名字只被他的众多朋友、西点军校的同伴以及美国陆军里为数不多的1000名士兵所熟知。在几个星期的折磨人的战地训练过后，那个星期天他正在睡觉。尽管上面命令他休息，但他听到消息后再也无法入睡。他冲出位于得克萨斯州山姆·休斯敦基地（Fort Sam Houston）的营房，对他的妻子玛米（Mamie）说他要前往华盛顿，并说不知道什么时候才能回来。¹⁷ 马萨诸塞州共和党参议员亨利·卡波特·洛奇得知袭击的消息后，他停

---

* 凯瑟琳·马歇尔（Catherine Marshall）在《一个名叫彼得的人》（*A Man Called Peter*）的书中讲过这位长老派牧师的感人故事。

下手头的工作去寻找汽油。[18]和他那与威尔逊总统相处甚好的父亲一样,年轻的卡波特·洛奇现在向罗斯福总统表示,他愿意全力支持开战。[19]*同样这样做的,还有国会孤立主义者的领袖、密歇根州共和党参议员阿瑟·范登堡(Arthur Vandenberg)。当消息传来时,阿瑟·范登堡正在将他反对美国参战的新闻剪报粘贴在他的剪贴簿中。[20]

第二天,罗斯福总统出现在国会两院联席会议上。袭击加速了国家的团结,这是其他事情所不能做到的。加州的参议员希拉姆·约翰逊曾出现在 1912 年支持西奥多·罗斯福的名单上,也是老罗斯福的竞选伙伴,他曾强烈反对美国介入战争。但现在,他与一个民主党同僚挽着胳膊大步走进议院,为战争投票。[21]

总统走上讲台,吃力地倚靠在他的儿子吉米的胳膊上,说道:

昨天,1941 年 12 月 7 日——必须永远记住这个耻辱的日子——美利坚合众国受到了日本帝国海空军突然的蓄意的进攻。[22]

罗斯福神色严峻,和他胳膊上佩戴的纪念死难者黑箍很相称。他讲到了同一天日本对香港(英国殖民地)和美国的属地关岛、菲律宾群岛、威克岛(WakeIsland)以及中途岛的突然袭击。[23]他以下面这些话作为结束,来号召宣战:"相信我们的武装部队——依靠我国人

---

* 作为最终击败马萨诸塞州参议员洛奇的人,23 岁的约翰·F. 肯尼迪(John F.Kennedy)1941 年 12 月 7 日那天早晨正在华盛顿纪念馆门前的场地上玩触身式橄榄球。(资料来源:Renehan Jr., Edward J., *The Kennedys at War.*)

民的坚定决心——我们将取得必然的胜利，愿上帝帮助我们。"[24]*

那一刻，很少有美国人能意识到美国军队的形势是多么危险。我们陆军的规模比罗马尼亚还小。海军刚刚受到几乎是致命的一击。然而幸运的是，珍珠港遭到袭击时，美国的航空母舰舰队恰好出海了。

即使不把它当回事，我们也需要仔细思考一下经常听到的对罗斯福的指控，即罗斯福早已知道珍珠港将遭到袭击，但是他却保持沉默，以便让美国加入"二战"当中。珍珠港的消息打断了北达科他州共和党参议员奈伊正在进行的反对罗斯福的讲演。他对此表示："对我来说，这里面显然有鬼。"[25] 查尔斯·林白的反应则更谨慎一些；他同意取消在"优先保卫美国委员会"里的演讲。他的朋友和孤立主义同伴罗伯特·伍德（Robert E.Wood）将军对他说："这下好了，（罗斯福）让我们从后门进去了。"[26] 如果我们相信这些对罗斯福的怀疑，我们就必须相信两位忠诚的共和党人，陆军部部长史汀生和海军部部长诺克斯，也在与总统串通一气。[27]

美国军方的情报机构相信日本人的袭击会发生在某个地方，这一点是正确的。然而，由于日本军队数量众多，他们预测袭击会发生在日本本岛的西南部。[28] 他们认为，东京的军国主义者将对菲律宾群岛和英、法、荷在东南亚的殖民地发动攻击。这些地区包括缅甸、香港、新加坡、马来西亚、越南、柬埔寨、老挝和印度尼西亚。事实上，发生袭击的地点却恰恰是在日本大量军队不能到达，或者不能迅速到达的地方。在一些持阴谋论的文献中，证明罗斯福知道此事的证据仅仅

---

* 让人费解的是，总统这句话里的最后 7 个字竟然从被人们牢记的"二战"备忘录引语中漏掉了。

第五章　领导伟大的联盟（1941—1943）

是，"大量指向除珍珠港外所有方面的迹象被无意识地隐瞒了"。[29]

我们在珍珠港遭到袭击之前就已经破译了日本人的密码，这一点也是正确的。我们知道即将发生的某些事情。被破解的信息仅仅透露给我们一些含义模糊的句子，比如海军司令山本五十六发给日本特遣部队指挥官南云忠一（Nagumo）中将的这么一句话："登上新高山（Climb Mount Niitaka）。"[30] 华盛顿是有一种危机气氛。但在珍珠港却不是这样，这里看上去不可能遭到袭击。[31]

对罗斯福知道会发生袭击，但却保持沉默以便让我们介入战争的控告，在以后还能经常听到，但都经不起仔细的推敲。如果罗斯福想让美国介入与日本的战争，他可以通知太平洋舰队为即将到来的袭击做好准备，仅凭这一点他就能够轻易达到目的。日本人袭击珍珠港未遂也无疑是一种战争行为，美国人毫无疑问也会要求与日本人宣战。[32] 偷袭珍珠港让人备感震惊的主要原因在于，它太不合逻辑了。正如萨缪尔·艾略特·莫里森写道的："一个人徒劳地寻遍军事史，都不会发现一场对入侵者来说更为致命的军事行动。"[33] 几乎是与此同时，偷袭珍珠港的策划者就意识到这是一个什么样的致命错误。海军司令山本五十六说："我担心，我们已经唤醒了一个沉睡中的巨人，并给他注入了一种可怕的决心。"[34] 当美国在国耻日那天损失了2 400人的时候，由日本军阀在1941年12月7日挑起的这场冲突，最终将使他们的国家损失200万人的生命。[35]

与对罗斯福知道袭击将要发生的控告一起出现的一个更为荒唐的控告是，罗斯福是在英国人和犹太人的竭力劝说下参战的。这是查尔斯·林白指控罗斯福战前政策的本质。[36] 但是，假如希特勒没有对美国宣战，很难想象美国人会容忍将希特勒列为我们的敌人。可争议的是，一场对日战争可能会在几年内阻止美国对希特勒德国宣战，如果可能的话。

罗斯福并没有被狡猾的顾问所操纵。他是一个非常独立的人。他住在白宫里的时间并不像他在那里主持工作的时间那样长。正如一位作家所说的，他几乎把那里视作他家庭的活动中心。[37] 他认为，总统权力是要亲自掌控的。[38] 其他总统或许会被珍珠港的经历所震惊，但罗斯福不会。他极度自信。比如，他在15岁时收到了一份圣诞节礼物，即马汉的《海权对历史的影响》一书，他夸口说他已经仔细读过这本书了。[39]（但是，在这个例子里，希特勒对战列舰不可避免地易于受到飞机和潜艇攻击的看法，表明他在现代战争方面的知识已经领先于罗斯福和丘吉尔了。）

希特勒在1941年12月11日对美国宣战。这个无异于自杀的愚蠢行动，只有日本决定在4天前袭击珍珠港，可以与之相比。

然而在1941年，这一行动看上去并不像自杀。强大的日本军队很快发动了对菲律宾群岛的进攻。作为对日本进攻美英属地的反应，丘吉尔宣布对日本帝国开战。丘吉尔得到的不仅是美国这个强大的盟友，而且还多了一个在远东的危险而意志坚决的敌人。在远东，英国殖民帝国已经成熟到可以采摘了。

希特勒与日本的协定要求他一旦日本受到攻击，就要帮助这个盟国。但是，日本是珍珠港事件的挑衅者。当夺取莫斯科的计划在第一个寒冷难耐的俄国冬季被挫败时，希特勒痛斥了美国。他说，罗斯福被犹太人控制住了。希特勒在帝国东普鲁士州拉斯登堡（Rastenburg）

第五章　领导伟大的联盟（1941—1943）

的指挥部里发布宣战声明后，*向他的一个助手解释了他对美国宣战的原因："在日本，我们现在有了一个3 000年来都没有被消灭的盟友。"[40]

罗斯福称1941年12月7日为"国耻日"。他的这句话在另一方面颇具预言性。就在那天，希特勒开始用毒气屠杀波兰的犹太人。[41]他位于切姆诺（Chelmno）的军队将700名犹太人装上卡车，然后80人一组转移到一个经过特别改造的铁路货车上。货车的排气通道被改造成货车的分隔间。等货车抵达切姆诺时，所有80名犹太人都死掉了。这是第一次残忍地集体屠杀犹太人的尝试，集体屠杀犹太人后来以希特勒解决欧洲"犹太人问题"的"最终办法"而著称。在国耻日这天，所有700名犹太人都被杀害了。最终，德国人用这种移动的杀人货车杀死了附近200个村庄的36万犹太人。[42]

丘吉尔匆忙赶到华盛顿，在白宫里花了一个月的时间与他的朋友罗斯福进行紧急磋商。他承认，他对珍珠港遭到袭击的反应不完全是悲伤的：那天晚上，丘吉尔说他"睡了得到拯救的和心存感激的一觉"。[43]他出席了美国国会的联席会议，在那里受到了异常热烈的欢迎。即使在这些"严峻的日子"里，丘吉尔仍忍不住幽默地说道：

> 我忍不住这样想，如果我的父亲是美国人，我的母亲是英国人的话，而不是相反，我可能会成为你们中的一员。那样的话，你们就不是第一次听到我的声音了。[44]

---

* 东普鲁士在历史上属于德国的领地，介于波兰和立陶宛之间。苏联人在1945年侵犯了东普鲁士的首府哥尼斯堡（Königsberg），并包围了这个地方。德国人被屠杀并被驱逐出去。苏联和波兰瓜分了东普鲁士。今天哥尼斯堡成为俄罗斯城市加里宁格勒（Kaliningrad）。在波兰一边，东普鲁士城市但泽（Danzig）现在被称作格但斯克（Gdansk）。

他是白宫的一位重要的客人——也是让人难忘的一位客人。有关他的乖僻的故事开始流传开来。

"现在，菲尔兹（Fields），"温斯顿对白宫里负责招待的人员说："昨晚我们进行了一场愉快的晚宴，但现在我对你还有一些吩咐。我们要像朋友一样离开这里，不是吗？所以我需要你听好了。第一，我不喜欢有人在我的住处外面说话；第二，我讨厌有人在走廊里吹口哨；第三，在早餐前我的房间里必须要有一杯雪利酒，午餐前要有几杯苏格兰威士忌和苏打水，在我晚上睡觉前必须要有法国的香槟和90年之久的白兰地。"早餐时，丘吉尔点的是"蛋、熏肉或火腿和烤面包，带有英国芥末的两种冷肉和两种水果，外加一杯雪利酒"[45]。我们不知道菲尔兹作何感想——对白宫工作人员来说，这已经是需要适应的事了。他们开始习惯于首相身穿他的"防护服"，一种上下连成一体的皇家空军的飞行服，在住处周围散步。[46]

在另一个故事里，罗斯福坐着轮椅来到首相的会客室里，丘吉尔恰好午后洗澡后出来，他浑身泛红，还没穿衣服。当总统示意手下把他推出去时，据说丘吉尔爽朗地大声说："首相对总统没什么可隐瞒的。"

在另外一个流传甚广的故事里，丘吉尔问罗斯福，他是否可以让英国海军来白宫参观。"见鬼，不！"罗斯福马上大声叫道："上次他们到这儿来，可是烧掉了这个地方"——这指的是英国皇家海军1814年焚烧白宫一事。每当罗斯福开玩笑时，他自然会变得宽厚起来。

总统邀请丘吉尔和他一起点亮白宫的圣诞树。丘吉尔很高兴地答应了。一直到现在，人们还在说罗斯福是最受英国人欢迎的政治家，而丘吉尔则是最受美国人欢迎的政治家。[47]丘吉尔在圣诞树前简短而让人振奋的讲话，说明了为什么会这样：

> 让孩子拥有充满欢乐与笑声的夜晚。让圣诞老人的礼物使他们的嬉戏充满快乐。让我们这些成年人尽情分享他们的无限乐趣，然后再次面对摆在我们面前的严峻任务和艰难岁月……上帝保佑，祝你们所有人圣诞快乐！[48]

罗斯福知道，美国人特别是中西部的美国人对英国人还带有深深的猜忌之心，对他们面积广袤的帝国怀有敌意。他走出了重要的和具有象征意义的一步，宣布由美国来领导新的联盟。他邀请丘吉尔和他一起到弗吉尼亚州亚历山大城的基督教堂礼拜。这是一座新教圣公会教堂，乔治·华盛顿本人曾亲自在这里跪下祷告。据说，总统因为能和英国首相一起祷告华盛顿的"上帝保佑美国"而感到了一种"恶作剧式的快乐"[49]。在罗斯福心中，有一个庄严的意图。战争的目的是民主的，而不是帝国主义的。

罗斯福、丘吉尔、罗斯福夫人和他们的随从离开了亚历山大的教堂，然后驱车前往10英里之外的弗农山。在那里，丘吉尔向乔治·华盛顿的陵墓敬献花圈。罗斯福认为，这种重要的象征性活动会有助于改变公众的舆论。

沿着弗农山美丽的公园大道，丘吉尔喋喋不休地谈论着他最喜欢的话题：战争结束后，这两个说英语的民族需要携手共建和平与安定。"对、对、对。"罗斯福一路上不断这么说道。[50] 罗斯福不愿成为一个由英国、加拿大、澳大利亚、新西兰领导的联盟里的小弟弟。最后，埃莉诺突然发话："你知道，温斯顿，当富兰克林说对、对、对的时候，并不意味着他赞同你的观点。那只意味着他在听你说。"[51] 不幸的是，许多美国的政治家都有着和罗斯福一样的毛病。

在白宫的一天夜里，丘吉尔感到很热。他挣扎着自己打开了窗户。第二天早晨，他告诉他的医生，他感到气短并且胸口痛。他的心脏病犯了，但是他的医生并没有这么对他说。他知道，丘吉尔会拒绝卧床休息，并且不会取消他坐火车前往渥太华的计划。告诉他实情只会增加他的负担。

在美国参战之前，加拿大一直是英国强有力的左膀右臂。这个人口不多的国家有一支强大的部队。为了帮助英国生存下去，加拿大人把他们的海军规模扩大了50倍。[52] 1939年9月，英国对德宣战几天后，忠心的加拿大人也对德国宣战了。加拿大的军队与他们的英国兄弟部队一起在战争中出生入死。在1941年的最后一周，数千名加拿大、英国和英联邦其他国家的士兵在香港向日本人投降。

丘吉尔必须称赞能有这么一个坚固的联盟。在渥太华加拿大议会上发表讲话时，他提到，他曾试图说服法国坚持抵抗德国。法国懦弱的将军魏刚曾漫不经心地否定道："在3个星期之内，英国的脖子就会像一只小鸡那样被拧断。"丘吉尔蔑视地大声说："胆小鬼！"然后，当下议院的笑声刚落，他又大声说："脖子（neck）！"加拿大人的欢呼声又起，因为"neck"一词在加拿大俚语里指的是"勇气（nerve）"。加拿大人喜欢这种讲话。

1941年就这样结束了。这一年被迪恩·艾奇逊（Dean Acheson）称作"让人窒息的一年"[53]。

1942年新年那天，丘吉尔坐火车返回华盛顿后，与罗斯福签署了一项关于战争目标的联合声明，提到为了赢得对德国、意大利和日本

第五章 领导伟大的联盟（1941—1943）

的彻底胜利，需要成立联合国。这是美国历史上首次提到联合国这个词，作为对抗轴心国的由 26 个国家组成的联盟的正式名称。

当希特勒在新闻片中看到英美两国领袖的新闻发布会时，他说，罗斯福"脑子确实有病"，并声称整个事件堕落成一场"完全犹太人的"戏剧表演。*元首讽刺道："美国人是人们可以想象到的最愚蠢的人。"[54]

温斯顿试着在以下事实上刺激罗斯福，即美国仍然支持亲德国的法国维希政府，而英国则支持自由法国军队的戴高乐将军。罗斯福设法搪塞过去，他对丘吉尔说，这是由国务卿科德尔·赫尔和英国大使哈利法克斯爵士来解决的问题。丘吉尔知道，这是罗斯福确保息事宁人的方式。"地狱、赫尔和哈利法克斯。"丘吉尔带有挑战意味地回答。[55]

后来，在 60 岁生日时收到丘吉尔的祝福后，罗斯福给他发电报说："有趣的是，我和你是同一个十年段的人。"[56] 两个人真的是惺惺相惜，但是他们也在为各自的目的，在打各自的战争。劳工部部长弗朗西斯·柏金斯（Frances Perkins）向我们讲述了一个不同的罗斯福。在日本袭击珍珠港后，"他就像变了个人，"柏金斯说，"在性格上更加有力量和更有献身精神了。珍珠港所遭受的可怕打击，他心爱的战舰的毁灭，战争可能带给人民的未知的危险……就像是一次精神上的净化作用，使他更加纯净、更加坦率和更加真诚"[57]。

尽管罗斯福和丘吉尔有着善意的幽默，但盟国的形势的确更加严峻了。投降的加拿大和英国士兵在被俘期间经历了日本人难以置信的

---

* 希特勒的政党集会——莱妮·里芬斯塔尔曾将之记录在电影里，由阿尔伯特·施佩尔作曲——除了充满戏剧性以外，什么也没有。只有他对犹太人的仇恨可以让元首对下面的事实视而不见，即他的两个反对者在历史剧上比他更有感觉。

残忍。* 在菲律宾群岛,道格拉斯·麦克阿瑟将军领导下的美国军队和菲律宾军队被围困在班丹岛(Island of Bataan)上,形势越来越危急。岛上的日本军队在本间雅晴将军(Homma)的带领下,加紧了对美军的围剿。从 1942 年 1 月到 4 月,形势变得更加糟糕。看到无法减轻日军对克里基多岛(Corregidor Island)要塞的攻势,总统命令麦克阿瑟将他的家人和身边的参谋人员撤离到澳大利亚。澳大利亚人是重要的盟友。但是澳大利亚人吃惊地发现,他们正面对着日本人摧毁一切的巨大力量。罗斯福派麦克阿瑟前往澳大利亚,以便让澳大利亚人放心。当麦克阿瑟乘坐巡逻鱼雷快艇离开菲律宾时,他宣布:"我还会回来的。"

美国兵(G.I.)** 感到被抛弃了。日本人夜以继日地不停轰炸,美国兵唱起了悲伤的歌曲:

> 我们是战斗在班丹岛上的傻瓜,
> 没有山姆大叔、爸爸和妈妈,
> 没有婶婶、叔叔、侄子和侄女,
> 也没有子弹、飞机或大炮可拿。[58]

美国人最终于 1941 年 4 月向日本人投降,而恐怖正在等着美国和菲律宾的战俘们。将近 78 000 名战俘——这是美国历史上规模最大

---

* 1957 年,好莱坞授予描述这次被俘的影片《桂河大桥》(*Bridge on the River Kwai*)最佳影片奖。建造所谓的"死亡铁路"在 2001 年的影片《终止战火》(*To End All Wars*)中有着更生动的描述。这部影片有力地刻画了当时的恐怖情形。

** G.I. 是"政府派发"(Govemment Issue)两词的缩写,是"二战"期间美国兵的绰号,就像人们更喜欢用"面团"(*doughboy*)一词来称呼"一战"时的美国兵一样。

第五章 领导伟大的联盟（1941—1943）

的一次投降——被迫前往超过 65 英里外的一座战俘营。这些饥饿、患病的美国人和菲律宾人如果掉了队，就会被棍棒打死、刺刀刺死和枪毙。事后这一事件以"班丹岛死亡行军"著称。[59]（日本将军本间雅晴下令进行这次行军，他后来因战争罪被审讯、定罪和处以绞刑。[60]）

为了提高美国人在菲律宾遭到灾难性失败后的士气，罗斯福命令对东京发动一次空袭。吉米·杜立德（Jimmy Doolittle）上校率领美国空军的 16 架 B-25 轰炸机从"大黄蜂"号（Hornet）航母的甲板上起飞。杜立德轰炸机的飞行员接受过从被划成和航空母舰面积一样大小的机场起飞的训练，但是他们实际上从来没有从一艘颠簸和摇晃在经常是波浪起伏的北太平洋上的真正的航空母舰上起飞过。之前或之后也从来没有轰炸机从航空母舰上起飞过。海军副司令绰号"大牛"（Bull）的威廉·F. 哈尔西（William F. Halsey）的特遣部队将飞机运送到距离日本本岛 500 英里以内的地方。杜立德的这次突袭——著名的东京上空 30 秒——并没有给日本的战争机器带来什么破坏。但是它的确让日本军事领导人在日本人民中"丢了脸"。他们现在意识到，他们并不能够防止空袭。杜立德的突袭也鼓舞了美国人。就在珍珠港事件后仅仅 4 个月，杜立德的突袭证明了美国能够反击。[61] 在这次突袭中，80 名美国飞行员中有 9 名牺牲，其中几个被心怀报复的日本搜捕者杀死——这明显违反了《日内瓦公约》。*军方感到了压力，需要

---

* "80 个一套的银酒杯，每一个上面都刻着一位参加突袭的飞行员的名字，至今仍然在位于科罗拉多州科罗拉多泉市（Colorado Springs）的美国空军学院里展览。那里曾有一个私人的聚会仪式，幸存的飞行员们会举起酒杯向死去的战友们敬酒，并把上次聚会以来去世的那些人的酒杯倒置起来。当最后一个人死去后，他的酒杯也被倒置。"（在线资源：http：//www.historynet.con/magazines/american_hiatory/303 1641.html？ showAll=y&c=y.）

做一些引人注目的事情。一个焦躁的公众和同样焦躁的罗斯福也需要行动。[62]

"二战"期间,一些美国人面对恐惧屈服了。广为流传的有关日裔美国人不忠的谣言引起了恐慌,尤其在当时易于遭受攻击的西海岸。包括加州的共和党人司法部部长厄尔·沃伦(Earl Warren)在内的许多人都为此大声疾呼,于是,罗斯福在 1942 年 2 月 19 日签署了 9066 号总统行政命令。现在一般认为,该命令是罗斯福最严重的错误之一。根据这一命令,大约 110 000 名日本人后裔被拘捕。[63] 这些人中不仅有日本公民,还有在日本生长和受教育的第二代和第三代日裔美国人。这些人中有 64% 以上是美国公民。[64] 他们被送往广阔西部遥远地区的拘留营里。

幸运的是,在意大利的全部由第二代日本移民组成的第 100 营英勇的战斗记录封堵了偏见的火焰。100 营后来合并到了 442 团战斗队中。正是在这个团队里,一位来自夏威夷的第二代日本移民丹尼尔·井上(Daniel K. Inouye)赢得了国会荣誉奖章。在以后的日子里,他将宣誓成为美国国会的第一位日裔议院成员。当众议院议长山姆·雷伯恩用缓慢的声音按惯例说道"举起你的右手"时,众议院里出现了一阵可怕的寂静。众议员、现在的井上参议员在为美国服役时失去了他的右臂。[65]

对那些被称作"第五纵队"(fifth columnists)*即间谍的德裔美国人,罗斯福没有浪费时间和同情心。两队破坏分子被德国潜艇送

---

* "第五纵队"一词在"二战"期间被广泛使用。这个词首先使用于西班牙内战期间(1936—1939 年),用来指称一个被包围的城市内部的颠覆分子,它们帮助围攻这座城市的将军攻克它。这一称呼后来成为不忠的代名词。

第五章 领导伟大的联盟（1941—1943）

到了美国海岸上。一队来到佛罗里达海岸，一队来到长岛。年轻的海岸警卫队队员约翰·库伦（John Cullen）首先在纽约阿马甘塞特（Amagansett）附近拦截下他们。约翰·库伦马上通知了他的上级，所有德国人很快就被抓获了。罗斯福命令军事法庭进行审判。尽管得到了政府律师的成功辩护，这些德国破坏分子还是受到了美国检察总长弗朗西斯·比德尔（Francis Biddle）的起诉。他们以间谍罪论处。其中6人被判处死刑；2人因自首被判无期徒刑。[66]

罗斯福同样对查尔斯·林白冷面相向，他怀疑后者对国家不忠。珍珠港事件后，"优先保卫美国委员会"彻底垮台，林白则因提出重返军队一事而闹得沸沸扬扬。林白是真心希望与非白人的日本人作战，但是他并没有改变希望与希特勒达成协议的想法。罗斯福不可能与林白妥协。他也不会对林白常有的关于英美反对德国雅利安人的战争对白种人来说是自杀的想法作任何让步。罗斯福无情地拒绝了林白参加一次空军任务的请求。"我要剪断这个年轻人的翅膀。"罗斯福对几位参议员说。[67]他的确也这么做了。林白再也没有得到公众的信任。

罗斯福因其看上去报复性地处置了一位民族英雄而受到人们的批评。但是亚伯拉罕·林肯也曾在1862年亲自将约翰·凯伊（John J. Key）少校开除出军队。那个年轻的军官向总统承认，他和其他属于麦克莱伦将军（General McClellan）圈子里的下级军官不愿果断地打击叛军，他们宁愿对敌人采取协商性的解决办法。[68]罗斯福对待林白没什么不同。

罗斯福对国内的种族骚动非常敏感。数百万美国黑人涌向北方，以便在战争企业里谋得一份工作。他们在住房和许多日常活动中都受到白人的歧视。种族暴乱在这个关键时刻危及着国家。在1943年发生的一起最严重的暴乱中，底特律死了34个人。

年轻的黑人男性服从征兵的命令，但是他们都在全部是黑人的单位服役。在这样的单位中，塔斯克基飞行员（Tuskegee Airmen）在德国上空赢得了永久的声誉。罗斯福总统提拔老本杰明·戴维斯（Benjamin O. Davis Sr.）成为美国军中的第一位黑人将军，这是一次历史性突破。[69] 政府还宣传了拳手乔·路易斯对美国种族不平等现象的扭曲的回应："希特勒要取消的这个国家没有任何毛病。"[70]

然而，这个国家确实有许多问题。工会领导人A.菲利普·兰多夫（A. Philip Randolph）决定利用战争这一非常时刻来强迫国家给予黑人更多的平等。如果总统不解决政府防卫工程的承包商所引发的工作歧视的话，兰多夫主张在战争爆发前在华盛顿举行一场争取正义的盛大游行。罗斯福对此作出回应，成立了"公平雇佣实施委员会"（Fair Employment Practices Commission，FEPC）。埃莉诺也劝他这样做。[71] 兰多夫领导着"卧车列车员兄弟会"（Brotherhood of Sleeping Car Porters）。他的成员以"车轮上的民权传教士"而著称。[72] 兰多夫也将成为民权运动中的一位重要人物。

"自由不是被给予的，"他说："而是赢来的。"[73]

3. 战争中的世界

"一战"期间，俄国、欧洲和更广阔的世界里的人们并不知道劳合·乔治、克里孟梭、沙皇或伍德罗·威尔逊的名字。[74] 他们对于谁在打仗和为什么打仗只有一种迷糊不清的认识。然而，作为历史学家约翰·卢卡斯所说的决战的结果，希特勒和丘吉尔的名字让全世界的

第五章 领导伟大的联盟（1941—1943）

人都记住了。

到 1941 年的时候，整个世界都处于战争之中。对许多人来说，在这场战争中被击败不仅意味着失去自由，而是意味着毁灭。对苏联共产党的政治委员们来说，这是千真万确的。希特勒发布了"政委令"，要求立刻杀死这些落入德军手中的共产党官员。斯拉夫人同样面临着危险。希特勒想夺取波兰和乌克兰，以获得德国急剧膨胀的人口的"生存空间"。在饥饿和贫穷之后，按照希特勒的方式接受奴役将是斯拉夫人的命运。

当然，希特勒的"欧洲新秩序"给犹太人带来的危害最大。盟国的情报部门并不知道，1942 年 1 月 20 日，在柏林郊区万湖（Wannsee）召开的大会上计划了"欧洲犹太人问题的最终解决办法"。所谓解决办法——一个莫须有问题的委婉说辞——不是别的，而是杀死欧洲全部 1 100 万犹太人。在俄国发生的对犹太人的集体枪杀，以及在切姆诺发生的用毒气毒死犹太人，其毁灭性只不过使纳粹的最高指挥部确信，如果他们要毁灭欧洲所有的犹太人，他们需要"工业"方式的屠杀。因此，在万湖的大会上，他们计划使用铁路运输对所抓捕到的所有犹太人进行强制性再安置。周边的人将被告知犹太人不过是被"重新安置到了东部"。但是，在像奥斯维辛这样远离人们耳目的遥远地方，可怕的大规模屠杀装置将比人类历史上已知的任何装置都能更快地完成任务。这是"大屠杀"的开始。希特勒会在欧洲许多被占国家找到志愿的帮凶来完成他的计划。他试图使整个欧洲都成为一个没有犹太人的地方。希特勒公开警告犹太人，如果"他们"使整个世界陷入又一场大战当中，他们将被灭绝。西方几乎没有人能够想得到他真实的意图或想法是什么。

希特勒在柏林召开的一次大会上发表讲话,吹嘘说反犹主义现在正在全世界范围内兴起。在这一点上,他是对的。"在德国,犹太人同样曾经嘲笑过我的预言。我不知道他们是否仍在嘲笑。"元首带着恶毒的挖苦说道。[75] 同时,在东部几百英里远的地方,在波兰一个遥远的村庄里,运牲口的车带来了来自法国、比利时和荷兰的犹太人。许多人在路上就已经死掉了。在其中的一个押送队伍中,957名犹太人是1942年9月2日早晨从巴黎运来的。可到了那天中午,已经有918个人被毒气毒死了。[76]

希特勒欢迎耶路撒冷的大穆夫提(Grand Mufti)*——穆斯林领袖阿敏·侯赛尼哈只(Haj Amin al-Hus-seIni)——在战争爆发时来到柏林。在柏林,穆夫提在广播里向阿拉伯世界宣告了在军事上反犹太人的训示。[77] 他曾经帮助德国人征募巴尔干的穆斯林——组成了党卫军第13武装小分队。[78] 这些人当然不是什么雅利安人。数千名来自巴勒斯坦的犹太人加入驻扎在埃及的英国军队中。他们同样清楚地知道,如果隆美尔强大的非洲军团渡过苏伊士运河的话,希特勒将号召穆斯林起来消灭居住在处于英国托管下的巴勒斯坦的犹太人。一位杰出的犹太教育家在耶路撒冷呼吁犹太人应征入伍:"如果希伯来大学的人还意识不到当前的紧急情况,谁还能意识到?"[79]

罗斯福和丘吉尔就一项"德国优先"政策达成一致,因为两人都将德国视作更大的威胁。这一决定将给战争进程和其后世界的形成带来深远的影响。但是,同意优先与德国作战并不意味着两位领导人始终会赞同这一政策。同样,他们也不会发现与苏联领袖约瑟夫·斯大

---

* 阐述伊斯兰教教义的官员或宗教领袖。——译者注

林结盟是件容易的事。

"我感到非常沮丧。"哈利·霍普金斯在首相位于伦敦唐宁街10号的官邸中写道。他说丘吉尔就像一门大炮:放在身边非常好,可是一旦冲你发炮就危险了。[80]霍普金斯曾参与协商英国殖民地的一些问题,但发觉丘吉尔很难应付。

在大英帝国未来这一问题上,丘吉尔并不同意罗斯福的意见。当罗斯福大胆地提议将香港归还中国以及建议印度独立时,丘吉尔发火了,他回答说,或许应当派一支国际调查小组去美国南部![81]丘吉尔在美国广泛游历,十分了解美国种族隔离政策的实际情况。英国《租借法案》代表团团长约翰·梅纳德·凯恩斯十分讨厌美国律师与他说话时所带有的优越感。他说:"他们都是切罗基人(Cherokee)。"*他还说,美国试图"把大英帝国的眼珠子挖出来"[82]。凯恩斯代表团成员的感觉就像"一个战败的民族的代表正在讨论战败后的经济处罚"[83]。

罗斯福不愿花费美国人的鲜血和财富来支持一个他所看到的正在崩溃的大帝国。他愿意通过战斗将英国本土从希特勒残忍的暴行中拯救出来,但这就是全部。"为英国我会花掉数十亿美元,"罗斯福说道,实际上也是如此:"为帝国我不会花费一分钱。"

那时,美国的小学生已经习惯于看到世界地图上表示英国领地的巨大广袤的红色区域(实际上是粉红色)。加拿大、澳大利亚、新西兰、印度(包括今天的巴基斯坦),以及非洲、中东和亚洲的大片地区——所有这些都与英国王室有关。

---

* 就像对我说"希腊语"一样。

1942 年,"日不落"帝国仍然是一个事实。随着中国香港、新加坡和马来西亚落入日本人手中、随着印度受到威胁、随着德国的非洲军团向东逼近苏伊士运河,这一情况还会维系多久呢?

对丘吉尔来说,确实显得有些讽刺的是,他不得不为了他的国王而与他的说英语的盟友战斗。希特勒保证过不会干涉大英帝国。但现在,是伟大的民主人士罗斯福要求英国的殖民地自治。丘吉尔在议会里发表挑战性讲话时,心里无疑正想着罗斯福:"我还没有成为国王的第一位清算大英帝国的首相。"[84]

美国在"二战"期间的动员方式是前所未有过——之后也不曾有过。"希特勒应当明白一个被唤醒的民主国家的怒火。"德怀特·艾森豪威尔将军说。[85] 希特勒或许不能理解为什么很快会有那么多的人反对他。在战前征兵法的协助下(仅经过国会一轮投票而得到批准),美国快速建立起一支庞大的军队。很快,美国将有超过 1 200 万的男男女女投身部队——超过了所有参战的大国,甚至超过了俄国的全部兵力。[86]

国家	投入战场的兵力
英国	4 680 000
日本	6 095 000
德国	10 000 000
苏联	12 300 000
美国	12 364 000*

* 资料来源:Stephen Ambrose, *World War II*.

第五章　领导伟大的联盟（1941—1943）

　　这些数字意味着每 11 个美国人中就有 1 个在军中服役（比较一下 2007 年的情况，当时现役军人中每 200 个美国人中才有一个人）。这一不可思议的动员代表着一个民主国家的巨大投入——前所未有，此后也没有被超过。

　　美国人唱着像安德鲁斯姐妹（Andrews Sisters）的《布吉乌吉军号男孩》(*Boogie Woogie Bugle Boy*) 这样的歌颂军队的歌曲前进。当凯特·史密斯在战前的黑暗日子里唱起埃尔文·伯林的《上帝保佑美国》(*God Bless America*) 时，它那哀伤的曲调让每一个人感到振奋。现在，在 1942 年，伯林用幽默继续鼓舞人们的士气：

> 这是军营，琼斯先生，
> 没有私人房间和电话，
> 以前你在床上就能吃早饭，
> 到了那儿后就不再可能。

　　数百万年轻人在征兵时落选。几乎没有人会想到躲避兵役。真心反战的人被称作"逃避义务者"，人们对他们敬而远之。对许多人来说，在新兵训练营的军训经历是令人不知所措的。这有一个教官训练时的例子："你们这些人就像一群胆小鬼。每天都是新的一天。如果你们再这样紧张下去，我会给你们记过！"*

　　在大后方，美国人生活要依靠许多日常必需品的定量配给。肉、

---

* 这种日常训练，通常伴随着粗俗的笑料，这应归结于军事训练营指挥官的传统，可以追溯到在福吉谷（Valley Forge）训练美国军人的冯·施托伊本男爵。

汽油、汽车轮胎和妇女的尼龙短袜只是供应短缺的必需品中的一小部分。罗斯福让他的内政部部长哈罗德·伊克斯发起一项收集橡胶的运动，以便在战争中再利用。白宫宣布总统的苏格兰狗法拉（Fala）将捐献出它的用来咬着玩儿的橡胶骨头。[87] 伊克斯对于新分派给他的任务同样热心，他拿走了总统办公室门外的橡胶擦鞋垫，放到了他轿车的后备箱中！位于首都的一座美国石油公司（Amoco）的加油站可真是有些抓狂了。他们打出了这样的招牌：除了避孕套，我们接收所有的橡胶制品。[88]

美国人每天都被鼓励在他们后院的"胜利花园"里自种蔬菜。他们收集使用过的罐头盒和锡片再利用。随着汽车生产转向了坦克和飞机生产，美国人不能再购买新汽车了。许多其他消费品同样不能再购买了。正像政府的战时节约口号中所说的：

> 用光它
> 穿破它
> 凑合着用它
> 或者没有它也行

丘吉尔做出了世界闻名的代表胜利的"V"字形手势。通常，他的两根伸成"V"字形的手指中间夹着一支巨大的雪茄。他的这一手势在英国有着悠久的历史，据信可以一直追溯到亨利五世 1415 年在法国阿让库尔（Agincourt）战役中的非凡胜利。在那场战役中，传说法国人威胁说要砍掉英国弓箭手的手指，让他们再也无法使用致命的长弓。胜利的英国士兵炫耀地伸出"V"形的手势，证明他们的手指依然健在——他们还能战斗。[89] 胜利花园、胜利公债，人们眼睛所及之处，无不受到胜利的激励。难以识读的 V 邮递（V-mail）或胜利邮递*被人们接受也就是理所当然的了。美国军队中 1 200 万男女官兵收到和发出的信件都要被打开、摄影复制并接受检查。收件人收到的只是复印件。在这个前所未有的政府侵犯公民权利的行为中，很少听到抗议的埋怨声。

我们还可以举出一些关于"胜利"的并不让人感到愉快的例子。胜利女郎（V-girls）是指那些游荡在基地和训练中心、希望被那些好色的美国兵开车载走的年轻美国女性。[90] 难怪公共健康部门会为一种特别的"胜利性病"**而发愁。

在东海岸的某些大城市里执行战时的灯火管制。纽约的"百老汇"——热闹的戏院集中地——漆黑一片。美国人被告知夜间的灯火管制是必要的，尤其是在东部沿海地区。在海滨城市人行道灯光的映照下，纳粹的潜艇能够击中那里的美国商船。

当然，备受战争煎熬的美国人还可以经常光顾电影院。好莱坞全身心地投入到战争努力中。影星们出现在销售战争公债的集会上，鼓励美国人为战争筹措资金。这座影城不停地生产电影，以鼓舞大后方的士气。一些电影可谓精彩之作，但更多的是滥片。《北非谍影》（*Casablanca*）和《忠勇之家》（*Mrs. Minniver*）今天看来也是经典。在《血路》（*Desperate Journey*）一片中，埃洛尔·弗林（Errol Flynn）、阿瑟·肯尼迪（Arthur Kennedy）和罗纳德·里根（Ronald

---

* 即缩印邮递，美国在"二战"期间把军邮制成微缩胶片，到达目的地之后再进行放大、发送的服务。——译者注

** venereal disease，VD 是性病的简写。——译者注

Reagen）扮演三位迫降在敌军防线之后的美国飞行员。当然，对未来的美国总统来说，这并不是什么伟大的角色，但它却让里根能够开玩笑说，他习惯于那些试图抢他的戏的人。有一次，他与埃洛尔·弗林演对手戏。当时里根亲口说，那些制片人是一些不中用的东西："他们不希望它好，他们希望是星期二。"

罗纳德·里根本来可以在内布拉斯加州北普拉特（North Platte）的家中享受平静的生活。这座小城是一座典型的中西部城市，在战争爆发时人口只有 12 000 人。但是，那里却发生了非常特殊的事情。从 1941 年圣诞节那天开始，直到战争结束，这座小镇一直是北普拉特过往士兵的食堂。在那里，从一年 365 天的每一天黎明开始，直到最后一班军列开拔，来自遥远的大平原地带（Great Plains）居民区的志愿者为即将离去的年轻士兵提供热咖啡、干果、三明治和慰问。

所有这些努力却始于一个错误。镇上的人听说内布拉斯加国民警卫队 D 连将在前往太平洋的途中在此停留。[91]年轻的蕾伊·威尔逊（Rae Wilson）小姐写信给北普拉特的《每日公报》（*Daily Bulletin*），描述了发生在车站的事情：

> 我们这些迎接 5 点钟抵达这里的军列的人，正在期盼内布拉斯加小伙子们的到来。当然，我们带来了糖果、雪茄等慰问品，不过我们也十分愿意把这些东西送给那些来自堪萨斯的小伙子们。整个场面充满了微笑、眼泪和笑声。300 多人的脸上都带着感激之情。我说，让我们的儿子和其他母亲的儿子百分之百地回来吧。让我们尽快做些什么事吧。既然我们做不了其他事，那我们就用这种方式帮助他们吧。[92]

开始时的一个错误——堪萨斯国民警卫队被误认为是内布拉斯加人——却持续到了5年以后。到战争结束时，先后有600多万美国兵在北普拉特这个大食堂里受到过招待。[93]

数百万美国人在战争工业里工作。许多紧要部门的工作人员被禁止辞去工作。当美国矿工联合会（United Mine Workers）的约翰·刘易斯（John L.Lewis）计划在可能对战争产品产生严重影响的煤田组织一场罢工时，罗斯福威胁说要没收矿山，让这些矿工应征入伍。[94]

"二战"期间，数百万美国妇女首次进入劳动大军之中。"铆工露茜"（Rosie the Riveter）成为一个传奇。"她是一个了不起的人物。"一幅海报上这么说道。海报上展示了一位迷人的年轻妇女正在流水线旁仰视上方，想象着她的男人即将参战。作为一个女合同工，露茜被告知，她正在使一个男人从工作中脱身去参加战斗。[95]

妇女们和其他保卫国家的工人知道，他们不仅仅是在执行一项艰苦、单调的日常任务，他们是胜利的保障。对一个备受打击的世界来说，美国人的生产能力似乎是无穷无尽的。

4. 大西洋战役

盟国取胜的一个关键因素是建造船只。1942年，纳粹的潜艇对英国的生命线造成了严重的威胁。如果英国不能得到海上的驰援，她将遭受饥荒，并将失去这场战争。

罗斯福需要一个讲究实际的实业家来主管船只的建造。他犹豫是不是要求助于约瑟夫·肯尼迪。全国海员工会（National Maritime Union）——一个名声不好的亲苏联的机构——发电报给罗斯福，反对任命肯尼迪。电报上说：委任这个鼓吹绥靖的人以任何航运业上的职位将是致命的错误。[96]肯尼迪这时仍然对总统心怀不满，觉得这份工作有损于自己的尊严，拒绝接受。[97]这是罗斯福管理风格的一个典型例子。他可能已经预料到任性的肯尼迪会拒绝他。但是，为肯尼迪提供这份工作，会让他认为，他已经偿还了这位浮夸的波士顿政客的政治债务。

代替乔·肯尼迪的是亨利·凯泽（Henry J.Kaiser），此人因建造自由轮（Liberty ships）*而获得持久的盛誉。在"二战"期间，美国一共建造了数量惊人的 2 751 艘自由轮。**其中一艘从龙骨放好后到竣工，仅用了创纪录的 4 天 15 小时 30 分。[98]正如勇敢的商船水手打那以后一直夸耀的："我们能够让新船下水的速度，比希特勒击沉它们还快。"

这的确是一种勇敢的夸耀，但是不能被替代的是盟军的海员，而不是他们的船。从 1939 年英国和加拿大卷入战争算起，直到 1945 年，共有 36 000 名盟军水兵死在太平洋上，几乎所有人都死于德军的潜艇。同时，有相同数量的商船海员牺牲。[99]希特勒向美国宣战后不久，美国东海岸就成了德国海军元帅卡尔·邓尼茨（Karl Donitz）的行动灵活的潜艇群攻击的目标。***到 1942 年中期，德国人在大西洋击沉的盟

---

* "二战"期间美国大量建造的一种万吨货轮。——译者注

** 1941 年到 1945 年间建造了 2 751 艘自由轮，每艘轮船长 441 英尺，宽 57 英尺，能容纳 10 800 吨物质。每艘船的有效航程是 17 000 英里。（资料来源：http：//www.cr.nps.gov/history/online_book/butkowskil/in-dex.htm.）

*** 在"一战"期间，作为德意志帝国海军的一位下级军官，邓尼茨提出了让潜艇集结成群进行攻击的构想。正是依靠希特勒的支持，邓尼茨实现了他的梦想——我们的噩梦。或许这可以解释邓尼茨为什么对希特勒无比忠诚。

军船只吨位比日本人在对珍珠港、菲律宾群岛、威克岛、关岛和其他美国、英国、荷兰的亚洲属地进行的更惊人的攻击中击沉的船舶吨位还要高。[100] 尽管希特勒从来不允许超过12艘的潜艇在美国东海岸同时作战,但它们遭受到的损失也是惨重的。海军史学家萨缪尔·艾略特·莫里森曾将1942年美军遭受的重大损失,与假设纳粹破坏者成功摧毁一些我们最大的军工厂情况下的损失相比较。[101] 邓尼茨认为,德国本可以凭借潜艇赢得这场战争。[102] 考虑到盟军在相对较短的时间内遭受到的巨大损失,他或许是对的。

然而,美国和英国并没有仅仅依靠它们的造船厂优势巨大的生产能力。护航体系、护航驱逐舰队、诸如声呐(由英国人发明)一类的摧毁潜艇的发明、水上巡逻飞机和飞艇共同装备了反潜艇战,终止了德国潜艇的威胁。"二战"期间,美国海岸警卫队在反潜艇战中尤为活跃。反潜艇战中最伟大的战士或许是英国的强尼·沃克(F. J. "Johnnie" Walker)船长。他用自己发明的"伏击"法击沉了20艘德国潜艇。[103] 强尼·沃克不会给德国人投降的机会。沃克船长通常会用一艘船的声呐装置来确定德国潜艇的位置,同时悄无声息地静候在一旁。接着他会命令发射深水炸弹。[104] 没有哪艘德国潜艇能够逃脱沃克的连续打击。[105] 沃克战前是一名拳击手。他在拳台上总是怜悯自己的对手。

到了1943年3月,德国潜艇水兵深情怀念的北卡罗来纳海岸的"幸福时光"结束了。到战争结束时,4万名德国潜艇水兵损失了四分之三。不过,丘吉尔害怕潜艇超过任何事物的心态不足为怪。他说:"德国潜艇的攻击给我们带来了最大的伤害。德国人把所有的赌注压在潜艇上是明智的。"[106]

50年后，美国水兵莱斯利·莫里森（Leslie Morrison）描述了1943年1月他所在的商船"驯鹿洛奇"号（*Deer Lodge*）在南非德班（Durban）附近水域被鱼雷击中后所经受的磨难。当时德国U-516型潜艇的船长让潜艇浮出水面，向救生艇中的幸存者询问他们船只吨位、他们的货物、他们从哪里来、他们要到什么地方去。莫里森把这个故事讲给他的侄女，告诉她，德国船长葛哈德·魏伯（Gerhard Wiebe）是如何调转船头离去的。"这难道不可怕吗？"莫里森的侄女问。"一点也不！"老水兵笑着说："至少他没有向我们开火。"莫里森又讲到了伤员们在救生艇中是如何得到照料，而没有受伤的水兵则轮流把救生艇里的水舀到外面，然后在救生艇外面紧紧抓住艇身不放。

1942年末，"尚丹"号（*Zaandam*）在大西洋南部被击沉后，"尚丹"号上的护卫人员、美国海军水兵巴塞尔·伊兹（Basil Izzi）在一个竹筏子上熬过了令人惊讶的83天。煎熬开始时竹筏上有5个人。伊兹对一位采访者描述了那时的情形：

采访者：那次经历中您留下什么纪念物了吗？

伊兹：是的，先生。我留下了竹筏子上的一个喝水的杯子。

采访者：除了为死去的人进行宗教仪式外，您在竹筏子上还有过其他宗教仪式吗？

伊兹：是的，每个人死前我们都会做宗教仪式，就像每晚我们要上床睡觉那样。每一个人都会祷告，或者有时一个人会为全部的人祷告。

采访者：当你在竹筏子上的时候，您的家人被通知您已经失踪了吗？

第五章　领导伟大的联盟（1941—1943）

伊兹：是的，他们在 11 月 18 日被告知我失踪了，在 2 月 1 号时他们又被告知我已经被找到了。

采访者：营救船的名字叫什么，您还记得吗？

伊兹：它是一艘 PC576 型的船［美国海军的潜艇驱逐舰不被命名——PC576 在 1942 年建造于德勒维尔（Delaware）的德拉沃（Dravo）］，一艘美国船，小型的巡逻船。它当时正在为一艘来自特立尼达的船只护航。

采访者：您当时有多重？

伊兹：我通常的体重为 145 磅，但当我被找到时，体重大概只有 85 磅了。此刻我距正常体重还差几磅。我将在全国旅游一段日子，旅游结束后，我将有 2 个月的休假，然后再回到贝塞斯达（Bethesda，马里兰州）这里的（海军）医院。

采访者：您会对军工厂的工人演讲吗？

伊兹：是的，先生。我会的。[107*]

在军工厂里工作的美国人会定期听到像巴塞尔·伊兹这样英勇的年轻军人的演讲。这是"让国家的烈火燃烧起来"的努力中的一部分。

---

* 荷兰商船"尚丹"号的目的地是纽约，它运载了 8 600 吨铬矿石和铜矿石以及 600 吨普通货物。船上有 11 218 名护卫人员和 169 名来自以前被击沉的船只上的乘客。伊兹是这次引人注目的遇难事件中仅有的三名幸存者中的一位。考虑到伊兹的评论，得想一想一些与此无关的事：这位现实中的救生艇幸存者的故事与假想中的解救方法之间的差异是多么明显啊，这种差异被所谓的价值澄清（Values Clarification）课程提供的名不副实的救生艇演练所抵消了。

5. 美国的反击

日本人偷袭珍珠港之后,海军上将切斯特·尼米兹(Chester W. Nimitz)渴望进行反击。日本帝国海军从来不知道什么是失败。它的每一艘军舰都佩戴有 16 瓣菊花的帝国标志。1942 年 5 月份,日本航空母舰上的飞机与美国和澳大利亚海军部队的战斗机进行了著名的珊瑚海战役。日本军队试图在新几内亚的莫尔兹比港(Port Moresby)登陆。[108] 这是历史上第一次交战双方的舰队都没有仔细看到对方的海战。尽管美国人失去了"莱克星顿"号(Lexington)航母,但日本人的登陆也被挫败。在航空母舰飞机猛烈的轰击下,日本人撤退了。[109]

澳大利亚人和新西兰人将这场战役视作从日本的侵略下获得自由的关键一战。

1942 年 6 月,日本人占领南太平洋中途岛的企图也失败了。躲过了珍珠港袭击的美国航空母舰舰队对日本人发动了攻击。让人不可思议的是,一个朝着错误路线飞行的空军中队发现了日本驱逐舰航行时的尾浪。它们 90° 调头,一路跟随驱逐舰来到日本的航空母舰特遣队。在那里,美国海军的鱼雷轰炸机击中了南云忠一大将的正在准备迎接飞机降落的航空母舰。日本航空母舰的甲板上布满了炸弹和输送航空汽油的曲曲折折的软管。当美国人发动袭击时,南云忠一损失严重。曾经运载飞机对珍珠港发动突袭的航空母舰——"加贺"号(Kaga)、"赤城"号(Akagi)、"飞龙"号(Hiryu)和"苍龙"号(Soryu)——都被击沉。在珍珠港事件仅仅 6 个月后,美国人为给予日本人如此沉重的打击而感到振奋。[110] 杜立德将军的袭击在精神上达到的,在中途岛海战的现实中实现了。中途岛的奇迹戳穿了日本人不可战胜的神话。不过，中途岛海战的胜利不是没有损失的。美军"约克顿"号航母（*Yorktown*）沉没了。斯普伦斯上将（Admiral Spruance）派出的 51 架飞机只有 6 架返航。[111]

1942 年末，英国人也享受到了一次非凡的胜利。丘吉尔说过，要不惜一切代价阻止"沙漠之狐"德国陆军元帅隆美尔的脚步。隆美尔的非洲军团将英国人击退至距苏伊士运河不到 60 英里的地方。在这种情况下，不仅运河容易受到攻击——英国至关重要的来自波斯湾的石油供应即依靠它，而且，英国在巴勒斯坦的委任统治也会受到威胁。当隆美尔的装甲车快速逼近耶路撒冷时，犹太人的世界战栗了。

为了阻止具有领袖魅力的"沙漠之狐"，丘吉尔选择了可以与之平分秋色的陆军元帅伯纳德·劳·蒙哥马利（Bernard Law Montgomery）。1942 年 11 月，"蒙蒂"和他的英国第 8 集团军"沙漠之鼠"在阿拉曼（El Alamein）击败了隆美尔。英国可谓喜出望外。丘吉尔不顾妻子克莱门蒂娜"激烈"的反对，下令在全国范围内敲响自 1939 年 9 月 1 日以来就一直沉寂的教堂钟声，来纪念这次胜利。*丘吉尔说，这并不是战争的结束。"它甚至不是结束的开始。但是它或许是开始的结束。"的确如此。

如丘吉尔所言，希特勒不可阻挡的军队在北非和苏联的斯大林格勒被遏制了。盟军的这两次胜利产生了世界性的影响。

在此刻的欧洲，在最终解决办法的指令下，犹太人成为在肉体上

---

* 敲响教堂的钟声是为了告知人们纳粹的入侵。这一次，入侵的危险是没有了，但克莱门蒂娜担心英国如果再有失败，会让温斯顿的这次冲动行为看上去显得鲁莽。她总是试图保护他——避免他受到他自己的伤害。她并不需要担心。在阿拉曼战役之后，英国人获得了胜利。（资料来源：*Clementine Churchill*：*Portrait of a Marriage*，p.419.）。

被消灭的目标。根据战略情报局（Office of Strategic Services，OSS）威廉·多诺万（William Donovan）将军所汇集的资料来看，基督徒将被迫屈从。多诺万收集到希特勒计划毁掉基督教教堂和组织的证据。

"以教堂本身干涉了政治和国家事务为借口，纳粹将逐步剥夺教会影响德国人公众生活的一切机会。"正如作家查尔斯·多诺万（Charles A.Donovan）所指出的：阿道夫·希特勒和他的纳粹党是在"与上帝作战"[112]。*

紧随阿拉曼战役之后的是"火炬行动"。美英联军准备联合进攻法属北非，此次行动由艾森豪威尔将军指挥。阿拉曼战役的胜利有助于说服法国的维希当局尽快结束对盟军进攻的抵抗。在经历了最初的几场战斗后——其中1 400名美国人和700名法国人阵亡——北非的法国当局寻求停火。[113]** 尽管盟军在北非的"火炬行动"获得了巨大成功，但它却导致希特勒占领法国所有大城市的报复性行为。从这时起，年迈的贝当元帅在维希这个小度假村成立的德国傀儡政府就不再是摆设了。维希政府遵从了德国命令，提供法国奴隶劳工，并强迫法国人与纳粹合作围捕犹太人，这给几百万法国人尤其是数千法国犹太人带来了灾难性后果。[114]

现在，法国将完全仰仗于德国秘密警察"盖世太保"的怜悯。无数年轻法国男人和女人被聚集到一起，运到境外为第三帝国强迫劳动。法国的犹太人也遭到逮捕——经常是在维希政府警察局的配合下，然

---

* 查尔斯·多诺万是老詹姆斯·多诺万（James R. Donovan, Sr.）的儿子，1944—1945年在战略情报局工作［这两个多诺万与战略情报局的创建者"野蛮比尔"·多诺万（"Wild Bill" Donovan）没有关系］。

** 这是自1798—1800年的准战争状态以来，美国人和法国人唯一一次在战争中兵戎相向。

后被遣送到德国的死亡集中营。

丘吉尔成立了他的"秘密行动委员会"（Secret Operations Executive，SOE），命令它去"点燃欧洲的烈火"。他希望瓦解和挑战希特勒对大陆的统治。由"秘密行动委员会"训练的自由捷克间谍在1942年5月成功地杀死了德国帝国保安部部长（Deputy Reichsprotektor）莱因哈德·海德里希（Reinhard Heydrich）。[115] 此人曾经组织召开万湖会议，以对犹太人进行系统的种族灭绝。纳粹的惩罚却是可怕的。希特勒下令彻底铲平捷克的利迪村（village of Lidie），枪毙所有男性居民。妇女被送到集中营里，儿童则受到诱骗，加入希特勒臭名昭著的人类繁殖计划当中。*

为了鼓舞盟军的士气，埃莉诺·罗斯福于1942年末访问英国。克莱门蒂娜·丘吉尔写信给罗斯福，讲到了第一夫人的英国之行对英国女军人产生的惊人影响——以及她对付记者的方式："我被她与记者谈话时的从容、友善和尊严，以及他们给予她的明显的尊敬和爱慕所震动。"[116]

"克莱米"** 后来谈到了晚宴时埃莉诺和丘吉尔在西班牙问题上"有一点不同的意见"。克莱门蒂娜当时试图为这些不同意见作出调解，但是，她没有向总统坦率的妻子暗示她自己所固执的观点。[117] 最后，温斯顿意识到他不得不站在埃莉诺一边。他以其老派的风度奉承

---

* 育人计划以"生命之泉"而著称，纳粹认为符合日耳曼种族完美典型的妇女将与挑选出来的男性进行交配，以"生育出元首的儿童"。交配的地方被官方假扮成妇产医院。德国国家电视一台（ARD）说大约有7 000名儿童在这项计划中出生，尽管数字从来没有得到过证实。（资料来源：AP News story，17 November 1999.）

** Clemmie，克莱门蒂娜昵称。——译者注

埃莉诺。"您所过之处当然留下了金色的足迹。"当埃莉诺离开英国后，他这样写道。[118]

1943年初，罗斯福总统飞行17 000英里前往法属摩洛哥的卡萨布兰卡，与丘吉尔进行又一次秘密峰会。总统乘坐的是一架有"飞船"之称的商用波音314型飞机。[119] 美国人为他戏剧性的充满危险和神秘的战时飞行感到紧张。*

盟国的前景突然明朗了。美国士兵、水兵和海军正处在夺取所罗门群岛的瓜达尔卡纳尔岛（Guadalcanal）的最后阶段。尽管遭受到包括1 752名士兵阵亡的重大伤亡，美国人还是要向人们表明，即便在南太平洋的雨林之中，死硬的日本人也会被击溃。[120] 与此形成对应的是，在0℃以下的严寒中，德国一支重要部队被围困于斯大林格勒。

罗斯福希望将他的选择——亨利·奥诺雷·吉罗（Henri-Honoré Giraud）将军，强加给自由法国。总统不喜欢也不信任身材高大、没有合作精神、自命不凡的自由法国领导人夏尔·戴高乐将军。当丘吉尔幽默地说，戴高乐自认为是圣女贞德时，罗斯福试图为这两位法国领导人安排一次"强制性婚姻"。但是他失败了。戴高乐很快在法国流亡政治活动错综复杂的局势中战胜了吉罗。

卡萨布兰卡会议最重要的结果是要求"无条件投降"。但这一说法并没有出现在盟军的联合公报上，表明丘吉尔对此一点也不乐观，而罗斯福知道，美国人民必须对战争目的有一个简单明了的理解。[121]

---

* 华盛顿与卡萨布兰卡之间的直线距离是3 794英里，但是由于战时安全问题和机上所载的沉重的必需品，波音飞机"迪克西飞剪"号（*Dixie Clipper*）必须分段飞行。罗斯福在返回国内的航程中庆祝了他61岁生日。

罗斯福因这一要求而受到批评。批评者说，他延长了战争，削弱了德国内部的反纳粹因素，因此让更多的美国人付出了生命的代价。[122]然而，罗斯福知道，美国人在"一战"之后就完全不抱幻想了。他在这一点上与他的亲戚老罗斯福而不是威尔逊意见一致。[123]他必须让美国人放心，和纳粹没有什么交易可谈。丘吉尔后来弱化了盟军的这一要求，他说："我们不是国家的灭绝者，或人民的屠夫……我们的习俗和本性让我们有这个义务。"[124] 盟军必须以仁慈来对待战败的德国。

丘吉尔在卡萨布兰卡会议上得了肺炎。当他恢复后，他在著名的阿特拉斯山脉（Atlas Mountains）里的一个地势崎岖的休养所里安排了一次聚餐。他很有表现性地快速跑下一个陡坡，试图爬上一块巨大的岩石。"克莱米什么也没说，"克莱米的一位朋友黛安娜·库柏（Diana Cooper）女士写道："但是她却像一位温和的母亲，用一种不想毁掉她孩子的乐趣和大胆行为的神态看着他。"[125] 后来，黛安娜·库柏女士问克莱米，等战争结束后他们夫妇要做什么。"我从未想过战后的事，"她平静地说："你知道，我觉得，战争结束后温斯顿会死去……我们将我们的全部都投入到这场战争中了，它将带走我们的一切。"[126]*

1943年1月30日，希特勒任命弗里德里希·冯·保卢斯（Friedrich von Paulus）将军为陆军元帅，同时提醒正在围攻斯大林格勒的指挥官们，没有哪位德国陆军元帅被俘虏过。那一年冬天，俄国的气温骤然下降到 -30℃。饥肠辘辘的德国国防军士兵不得不吃掉他们的马匹。他们甚至挖出死马的尸体，炖它们的骨头来吃。苏联的广播一遍遍地

---

* "二战"结束后，丘吉尔又活了整整20年。他深爱的、长寿的克莱米活到了1977年。

向德国士兵播放：斯大林格勒是德国士兵的巨大坟场。1943 年 1 月 31 日，冯·保卢斯交出了他的新任陆军元帅的指挥棒。[127]9 万名患病的、备受冻饿之苦的德国士兵随他一起，穿越"地狱之门"进入斯大林的奴隶劳动营。他们是一支 25 万军队所剩下的全部。这些人中，只有不足 5 000 人可以再次看到他们的家园。[128] 入侵苏联的德国人对俄国人没有丝毫怜悯。如今，他们也没有得到俄国人的同情。

在德国国内，国家电台几天来一直播放哀乐。纳粹的宣传机器不再能隐瞒这一巨大的溃败，这一次也不再试着隐瞒了。德国矛头的利刃折断了。希特勒本来决心要占领斯大林格勒，不是因为它内在的军事价值，而是因为它的象征意义。出于同样的原因，斯大林下定决心要守住它。

当德国人最终投降的时候，这座伏尔加河畔的城市已经成了一堆瓦砾。今天，斯大林格勒保卫战的重要意义在于，它标记了德国如洪水般的军队所能达到的最高水位。德国人从斯大林格勒开始了漫长的、阴郁的，但也是有秩序的撤退。他们每撤退一步，都要受到红军和游击队的骚扰和追击。像往常一样，站在俄国人身旁的是他们伟大的、甚至连斯大林都无法恐吓的指挥官——冬天将军。丘吉尔很喜欢奚落希特勒。正如他对英国人民讲的那样：

> 当时希特勒犯下了第二个大错。他忘记了冬天。你们知道，在俄国只有冬天。在许多个月里温度都会十分低。那里有的只是雪与霜。
>
> 希特勒忘记了这是俄国的冬天。他所受的教育一定不全面。我们在学校里都听说过俄国的冬天，但是他却忘记了。我从来没

第五章　领导伟大的联盟（1941—1943）

有犯下像他那样的错误。

在阿拉曼战役之后才 3 个月，这可真是结束的开始啊。现在所有人都认为，自吹自擂的纳粹战争机器不堪一击，正走向失败。然而，这并不意味着这条垂死的眼镜蛇失去了它致命的毒牙。

艾森豪威尔将军——很快就以艾克（Ike）这个昵称为无数人所熟知——在取得北非的胜利之后，开始进攻西西里。美国人不情愿地跟随着丘吉尔打击希特勒欧洲的"软肋"和打击意大利，使其退出战争的幻想。意大利确实被击倒了，但是希特勒的军团很快占领了意大利半岛大部。对陆军元帅凯塞林（Kesselring）及其作战勇敢的德国士兵来说，没有什么软肋可言。在意大利岩石嶙峋的山区的战斗是残忍和血腥的。幸运的是，罗马被宣布为一座不设防的城市，因此这座永恒之城和它珍贵的建筑物才能免遭破坏。卡西诺山修道院却没有这样的好运——它遭到了盟军炮击的毁坏。盟军对教皇庇护十二世（Pius XII）的抗议不予理睬，他们认为德国人正在这座历史上著名的修道院中或它的周围避难。盟军认为，他们士兵的生命比这座最伟大的历史古迹更神圣。*当贝尼托·墨索里尼的法西斯政权倒台时，这位意大利的领袖成为阶下囚。希特勒派出的突击队完成了一项勇敢而成功的任务，将墨索里尼从他的抓捕者中营救出来。希特勒自始至终对他的盟友和好朋友表现出忠诚。

富兰克林·罗斯福不失时机地提醒美国人民，自由本身在他们所

---

* 1969 年，美国的调查者承认，德国人实际上并没有包围这座位于卡西诺山的修道院。因此，修道院的损失是一个战争期间"自己人开火"的悲剧性例子。教皇是正确的。（Dear and Foot, *Oxford Companion to World War II*, p.756.）

从事的这场战争中正处于存亡攸关的时刻。1943年4月13日是托马斯·杰斐逊诞辰200周年纪念日，罗斯福在华盛顿杰斐逊纪念堂落成典礼上发表了讲话：

> 今天，在为自由而战的伟大战争期间，我们向自由敬献了一座圣殿……
>
> （杰斐逊）所面对的是人们不为自由而战就会失去自由的事实。我们同样面临着这样的事实……
>
> 他生活在一个良心自由和思想自由仍然需要为之而战斗的世界里——这并不是为所有人所接受的原则。我们同样生活在这样的一个世界里……
>
> 他热爱和平与自由——然而他被迫不止一次地要在两者之间作出抉择。我们同样要被迫作出选择……
>
> 在寻求自由的同时，《独立宣言》和美国革命本身的每一个目的都呼唤放弃特权……
>
> 正如我们一样，托马斯·杰斐逊相信人类。正如我们一样，他坚信人类有能力实现自我的管理，没有国王、暴君能够代替人民实行统治，他们也不能为了自己的目的而进行统治。
>
> 正如我们一样，他坚信某种不可剥夺的权利。正如我们一样，他看到那些自由的原则受到了挑战。正如我们一样，他为自由的原则而战……
>
> 在这次纪念演说中，我们选择杰斐逊最崇高和最具紧迫意义的一句话作为结尾，我们为能够理解它和分享它而感到由衷的自豪：
>
> "我在上帝的圣坛上起誓，永远敌视和反对一切强加于人类

第五章 领导伟大的联盟（1941—1943）

思想的专制。"

罗斯福明白，"自由使徒"杰斐逊已经看到了人类不可剥夺的权利是造物主的恩赐。而罗斯福所熟知的这一信念，却受到世界范围内法西斯主义和日本军国主义崛起的威胁。

1	Ferguson, Niall, Empire: *The Rise and Demise of the British World Order and the Lessons for Global Power*, Basic Books: 2002, p.332.
2	Barone, Michael, *Our Country: The Shaping of America from Roosevelt to Reagon*, The Free Press: 1990, p.147.
3	McDougall, Walter A., *Promised Land, Crusader State: The American Encounter with the World Since 1776*, Houghton Mifflin: 1997, p.151.
4	Beschloss, Michael, *Kennedy and Roosevelt: The Uneasy Alliance*, W.W.Norton & Company: 1980, p.238.
5	Barone, p.147.
6	Barone, p.147.
7	*The World at War*, Film Documentary produced by Thames Television, Ltd., London: 1974, Vol.II, Barbarossa.
8	Wilson, Theodore A., *The First Summit: Roosevelt and Churchill at Placentia Bay, 1941*, University Press of Kansas: 1991, p.12.
9	Wilson, p.91.
10	Wilson, p.91.
11	Acheson, Dean, *Present at the Creation*, Books-on-tape, Cassette 1, Side p.1.
12	Morison, Samuel Eliot, *The Oxford History of the American People, Volume Three: 1869 Through the Death of President Kennedy, 1963*, Penguin: 1965, p.357.
13	Lord, Walter, *Day of Infamy*, Henry Holt and Company: 2001, p.212.

14 | Lord, p.212.
15 | Lord, p.158.
16 | Online source: http: //www.crossroad.to/Victory/stories/woman.htm.
17 | Lord, p.217.
18 | Lord, p.217.
19 | Lord, p.217.
20 | Lord, p.217.
21 | Lord, p.218.
22 | Black, Conrad, *Franklin Delano Roosevelt: Champion of Freedom*, Public Affairs: 2003, p.692.
23 | Black, p.692.
24 | Black, p.692.
25 | Fleming, Thomas, *The New Dealers'War: F.D.R.and the War within World War II*, Basic Books: 2001, p.40.
26 | Fleming, p.40.
27 | Morison, Samuel Eliot, *The Two-Ocean War*, Little, Brown and Company: 1963, p.69.
28 | Wohlstetter, Roberta, *Pearl Harbor: Warning and Decision*, Stanford University Press: 1962, p.386.
29 | Wohlstetter, p.387.
30 | Online source: http: //www.geocities.com/dutcheastindies/decemberl.html.
31 | Morison, *The Two-Ocean War*, p.74.
32 | Morison, *The Two-Ocean War*, p.69.
33 | Leckie, *Robert, The Wars of America*, Harper & Row, Publishers: 1981, p.735.
34 | van der Vat, Dan, *Pearl Harbor: Day of Infamy—An Illustrated History*, Basic Books: 2001, p.158.
35 | Online source: http: //www.historyplace.com/worldwar2/timeline/statistics.htm.
36 | Berg, A.Scott, *Lindbergh*, G.P. Putnam's Sons: 1998, p.425.

37　Larrabee, Eric, *Commander in Chief: Franklin D. Roosevelt, His Lieutenants, and Their War*, U.S.Naval Institute Press: 1987, p.3.
38　Larrabee, p.3.
39　Larrabee, p.3.
40　Gilbert, Martin, *The Second World War: A Complete History*, Henry Holt & Co.: 1989, p.275.
41　Gilbert, *The Second World War*, p.274.
42　Gilbert, *The Second World War*, pp.274-275.
43　Brookhiser, Richard, "Book of the Century, "*Finest Hour* No.103.Online source: http: //www.winstonchurchill.org/i4a/pages/index.cfm? pageid=469.
44　Gilbert, Martin, *Churchill: A Life*, Henry Holt and Company: 1991, p.714.
45　Bercuson, David, and Holger Herwig, *One Christmas in Washington*, Overlook Press: 2005, p.129.
46　Bercuson and Herwig, *One Christmas*, p.130.
47　Brinkley, p.101.
48　Brinkley, p.103.
49　Bercuson and Herwig, *One Christmas*, p.212.
50　Bercuson and Herwig, *One Christmas*, p.213.
51　Bercuson and Herwig, *One Christmas*, p.214.
52　*World at War*, a film documentary by Thames Ltd., Vol.Four, "The U-Boat War, Wolf Pack in the Atlantic, "1974.
53　Acheson, *Present at the Creation*.
54　Bercuson and Herwig, *One Christmas*, p.143.
55　Bercuson and Herwig, *One Christmas*, p.215.
56　Berthon, Simon, and Joanna Potts, *Warlords: An Extraordinary Re-creation of World War II Through the Eyes and Minds of Hitler, Roosevelt, Churchill, and Stalin*, DaCapo Press: 2006, p.131.
57　Berthon and Potts, p.131.

58 | Leckie, p.741.
59 | Dear, I.C.B, General Editor, and Foot, M.R.D., Consulting Editor, *The Oxford Companion to World War II*, Oxford University Press, New York: 1995, p.115.
60 | Dear and Foot, p.115.
61 | Dear and Foot, p.309.
62 | Dear and Foot, p.309.
63 | Dear and Foot, p.632.
64 | Dear and Foot, p.633.
65 | "The Medal of Honor: Bravest of the Brave."Online source: http: //www.medalofhonor.com/DanielInouye.htm.
66 | Williams, Nathan, "What Happened to the 8 Germans Tried by a Military Court in World War II?"Online source: http: //hnn.us/articles/431.html.
67 | Berg, p.437.
68 | Guelzo, Allen, C., *Lincoln's Emancipation Proclamation: The End of Slavery in America*, Simon & Schuster: 2004, p.163.
69 | Gates, Henry Louis, Jr., and Cornel West, *The African-American Century: How Black Americans Have Shaped Our Country*, The Free Press: 2000, p.53.
70 | Quoted in Thomas Sowell, "Enemies Within, "*Jewish World Review*, 9 January 2002, Online source: http: //www.jewishworldreview.com/cols/sowell010902.asp.
71 | Barone, p.160.
72 | Barone, p.159.
73 | Gates and West, p.183.
74 | Lukacs, John, *The Duel, 10 May-31 July 1940: The Eighty-Day Struggle Between Churchill and Hitler*, Ticknor & Fields: 1991, p.52.
75 | Gilbert, Martin, *Auschwitz and the Allies: A Devastating Account of How the Allies Responded to the News of Hitler's Mass Murder*, Henry Holt: 1981, p.72.
76 | Gilbert, *Auschwitz*, p.73.

第五章　领导伟大的联盟（1941—1943）

77　Online source: http: //www.palestinefacts.org/pf_mandate_during_ww2.php.
78　Online source: http: //www.palestinefacts.org/pf_mandate_during_ww2.php.
79　Gilbert, Martin, *Jerusalem in the Twentieth Century*, John Wiley & Sons, Inc.: 1996, p.162.
80　Meacham, Jon, *Franklin and Winston: An Intimate Portrait of an Epic Friendship*, Random House: 2003, p.192.
81　Ferguson, p.344.
82　Ferguson, p.344.
83　Ferguson, p.346.
84　Ferguson, p.346.
85　Ambrose, Stephen E., *American Heritage New History of World II*, Viking: 1997, p.365.
86　Ambrose, *World War II*, p.365.
87　Brinkley, p.131.
88　Brinkley, p.131.
89　Lacey, Robert, *Great Tales from English History*, VolumeⅡ ［sound recording］: "Chaucer to the Glorious Revolution."
90　Dear and Foot, 1246.
91　Greene, Bob, *Once Upon a Town: The Miracle of the North Platte Canteen*, HarperCollins: 2002, p.13.
92　Greene, pp.14-15.
93　Greene, back jacket.
94　Barone, p.162.
95　Ambrose, World War II, p.419.
96　Beschloss, *Kennedy and Roosevelt: The Uneasy Alliance*, p.246.
97　Beschloss, *Kennedy and Roosevelt: The Uneasy Alliance*, p.246.
98　Dear and Foot, p.689.
99　White, David Fairbank, *Bitter Ocean: The Battle of the Atlantic, 1939-1945*,

Simon &Schuster: 2006, front jacket.
100 Hickam, Homer H., Jr., *Torpedo Junction*, Naval Institute Press: 1989, xi.
101 Hickam, vii.
102 Hickam, vii.
103 White, p.247.
104 White, p.247.
105 White, p.247.
106 Hickam, vii.
107 Online source: http: //www.history.navy.mil/faqs/faq87-3j.htm.
108 Dear and Foot, p.271.
109 Dear and Foot, p.271.
110 Dear and Foot, pp.748-749.
111 Dear and Foot, pp.748-749.
112 Donovan, Charles A., "At War with God, "*Citizen Magazine*, Focus on the Family, ©2002.
113 Dear and Foot, p.815.
114 Dear and Foot, p.527.
115 Dear and Foot, p.527.
116 Soames, Mary, *Clementine Churchill: The Biography of a Marriage*, Houghton Mifflin: 1979, p.420.
117 Soames, p.420.
118 Soames, p.421.
119 Online source: http: //www.wpafb.af.mil/museum/annex/an27.htm.
120 Dear and Foot, p.515.
121 Dear and Foot, 1174.
122 Fleming, p.188.
123 Fleming, p.183.
124 Gilbert, Martin, *Churchill: A Life*, p.815.

125 Soames, p.420.
126 Soames, p.461.
127 Dear and Foot, 1059.
128 Ambrose, *World War II*, p.254.

第六章
美国的胜利（1943—1945）

1941年，当一位苏联外交官听到英美输送给被围攻的苏联的战争物资清单时，他欢呼道："现在，我们将赢得战争！"[1]民主国家巨大的生产能力是盟国赢得第二次世界大战的关键。但是，仅有生产方面的优势并不能取得胜利。一位日本海军将领在战后沮丧地回忆道："他们说美国人决不会参战，他们告诉我们，美国人不会卷入决定生死存亡的战争，他们不是那种能够经得起战争的民族。"[2]希特勒应该更好地了解这一点。毕竟，他是第一次世界大战时西部前线的一位下士。他应该见识过美国人对战争走向的影响力。但他也认为美国人不会参战。按照德国优先的战略，美国将足足85%的军队和物资投入对抗希特勒的战争。[3]拿破仑曾经用物质因素与道义因素做比较，得出的结论是，道义因素在战争中的重要性是物质因素的10倍。马歇尔（Marshall）将军、

第六章　美国的胜利（1943—1945）

一位如此睿智的人物认为，美英联盟是胜利的关键所在。[4]俾斯麦认识到这种关系的重要性，但德国皇帝和元首却从未有如此的见识。约瑟夫·斯大林总是将他在伟大的卫国战争中的胜利归因于马克思主义指导军队的作用。他曾经讽刺地问："教皇有多少个师？"丘吉尔确切地知道将装备精良、训练有素和求战欲望强烈的作战师投入战场是多么的重要。尽管如此，他仍然强调，是天意给盟国带来了胜利。[5]我们难道不同意吗？

1. 霸王行动

富兰克林·罗斯福总统动员其强有力的政府机构的每个部门去推进美国的战争努力。他在人们的记忆中总是亲自为那些勇敢的年轻战士颁授国会荣誉勋章。这些人中最有趣的一位是上尉指挥官爱德华·布彻·奥黑尔（Edward Butch O'Hare）。这位年轻的海军飞行员率领他的飞行中队同日本轰炸机展开殊死搏斗，当时日机正向他所在的航空母舰（*Lexington*，美国的莱克星顿号航母）发起进攻。布彻在5分钟内击落了4架敌人轰炸机，冒着生命危险赢得了国家对英雄行为的最高奖励。他在国内各种募集战争债券的集会上做巡回演讲后，回到南太平洋，在1943年著名的"马里亚纳猎火鸡战役"（Marianas Turkey Shoot）期间战死，也许是牺牲于己方的炮火。战争结束后，芝加哥奥黑尔机场就是为纪念这位勇敢的海军军官学校的年轻毕业生命名的。[6*]

接着,又有其他的英雄像陆军中尉奥迪·墨菲(Audie Murphy)和海军炮兵中士约翰·巴希洛尼(John Basilone)等加入到布彻·奥黑尔的行列。他们的事迹同样值得在这里讲述。"1945年1月26日在法国的霍尔茨维尔(Holtzwihr)附近,墨菲领导的B连受到6辆(德国)坦克和一波又一波步兵的攻击。墨菲中尉命令他的手下退到一片森林中构筑阵地,而他却仍然待在指挥所指引炮兵射击。连队的一辆反坦克装甲车被敌炮火直接命中,开始燃烧。墨菲中尉爬到正在燃烧的装甲车上用机枪瞄准敌人开火,射杀了许多敌人,使敌步兵攻击受挫。他坚守阵地一个多小时,一条腿负伤,但他坚持战斗直到弹药用尽。随后,他与连队会合并拒绝去治疗,继续组织连队反攻,迫使敌人撤退。"[7**]巴希洛尼中士的事迹同样令人惊叹。"巴希洛尼在'二战'期间被授予荣誉勋章是因为在瓜达尔卡纳尔岛(Guadalcanal)的海湾,他仅率领15人阻击了3 000名日军长达72小时,有12人牺牲。由于他的英雄事迹,他被召回国内推动与战争有关的事业。后来他要求回到他所在的部队,与伙伴们一起战斗。巴希洛尼在硫磺岛(Iwo

---

* 布彻·奥黑尔的父亲、E. J. 伊斯·艾迪·奥黑尔(Easy Eddie O'Hare)是臭名昭著的匪徒阿芳斯·卡蓬(Al Capone)的一个商业伙伴。伊斯·艾迪后来与卡蓬反目,可能是因为匪徒们在芝加哥制造了情人节大屠杀。卡蓬由于逃避收入税而被关进监狱,但当他被释放时,伊斯·艾迪已于1939年被枪杀。布彻·奥黑尔曾到芝加哥看望过他的父亲,但他一直生活在圣路易斯(St Louis)。尽管如此,但《芝加哥论坛报》(*Chicago Tribune*)的发行人罗伯特·麦考密克(Robert McCormick)上校想"创造"一位当地的英雄,他选择了布彻。(见:http://www.stlmag.com/media/st-louis-magazine/july-2005/the-butch-ohare-story/.)

** 奥迪·墨菲在好莱坞根据他的故事改编的电影《地狱归来》中出演主角。这个电影制作中心随后制作了多部涉及战时英雄主义题材的电影。

Jima)战役中摧毁了一座日军炮台。在那次战役中,他牺牲后又被授予海军十字紫心勋章,以表彰他的功绩。"[8]

政府确保那些牺牲者的事迹不被遗漏,使得像沙利文(Sullivan)五兄弟那样的事迹能够得到广泛传扬。沙利文兄弟都是年轻的水兵,在美舰朱诺号(*Juneau*)上遇难。*同样举国闻名的还有像4位随军牧师的感人事迹:尊敬的乔治·福克斯(George Fox),一位卫理公会派(Methodist)牧师;拉比(Rabbi)亚历山大·古德(Alexander Goode);尊敬的克拉克·珀林(Clark Poling),一位荷兰新教(Reform)牧师;约翰·华盛顿(John Washington)神父,一位天主教神父。这些勇敢的牧师将他们的救生衣让给美舰多切斯特号(*Dorchester*)上的年轻士兵和船员,当时,这艘过分拥挤的运兵船被纳粹的U型潜艇击中,正在格陵兰(Greenland)冰冷的海水中下沉。[9]

那时,欧洲仍然处在纳粹的严酷统治之下,抵抗运动遍及欧洲大陆。当德国在阿拉曼(El Alamein)和斯大林格勒(Stalingrad)的失败证明希特勒的军队不是不可战胜的时候,抵抗运动更加广泛地展开。从事地下活动的战士收听来自伦敦BBC的秘密广播。贝多芬第五交响曲(*Beethoven's Fifth Symphony*)的起始音符代表三个点和一个破折号(···——),国际莫尔斯电码(International MorseCode)的字首用字母V。"V"代表胜利。抵抗运动的一个最具戏剧性的事件发生在赎罪日(Yom Kippur)前夕、即1943年的9月末。[10] 在得知希特勒计划将丹麦的全部犹太人驱逐到捷克的特莱西恩施塔特

---

* 这个艾奥瓦州沃特卢市(Waterloo, Iowa)家庭的损失要远大于美国内战期间的那次损失,后者促使林肯总统给毕克斯比(Bixby)夫人写了那封著名的信件。这次不幸也导致美国陆军部下令不再允许兄弟同时参战,正如幸存的沙利文兄弟所要求的。

(Theresienstadt)集中营时,一位叫格奥格·斐迪南德·达克维茨(Georg Ferdinand Duckwitz)的德国外交官将消息传递给了丹麦政府。丹麦政府组织了一次海上撤离行动,运载 7 000 多名丹麦犹太人穿越斯克格拉克(Skaggerak)——一条将被占领的丹麦与中立的瑞典分隔开来的狭窄水域——到达瑞典。经常被传颂的故事——即丹麦国王克里斯琴十世(Christian X)戴了一个黄色的大卫王星[*]——并不真实,但这并未有损于这种歌颂同胞情谊的英雄事迹的吸引力。

富兰克林·罗斯福总统在 1943 年 11 月进行了一次艰险的旅程,他同意在伊朗首都德黑兰会晤丘吉尔和斯大林。这个第一次首脑会议很快就被称为"三巨头会议"(The Big Three)。斯大林对离开苏联感到恐惧,他总是怀疑,怀疑背叛者潜伏在各处。罗斯福总统拒绝了丘吉尔让他住在英国大使馆的邀请。他不想造成民主国家联合起来对斯大林施压的印象。而美国大使馆又离城太远,因此,罗斯福总统接受了斯大林的邀请,占用苏联使馆区的一套房屋居住。斯大林告诉罗斯福,他得到情报说,德国人企图绑架美国总统。美国驻苏大使埃夫里尔·哈里曼(Averell Harriman)说他怀疑绑架计划的真实性;相反,他认为斯大林是想让美国总统待在他的住处,那里已经被苏联的秘密警察机构、内务人民委员会(NKVD)窃听。[11]

罗斯福拒绝了丘吉尔要求的一次会面,而是首先会晤了斯大林。当三巨头最终聚会之时,很明显,斯大林也分享了罗斯福对戴高乐和

---

[*] 大卫王星图案是一枚六角星。据说大卫王的盾牌上就雕刻有这种图案,故而得名"大卫王星"。如同新月之于穆斯林、十字架之于基督徒一样,有着 6 个角的大卫王星已成为犹太人的象征和标志性饰物。以色列的国旗上就印有六角的大卫王星。——译者注

法国人的轻蔑态度，因为法国如此之快地在 1940 年战败。*斯大林还有另外的理由拒绝接纳戴高乐，因为一个活跃的、非共产党统治的法国将妨碍他的战后欧洲重建方案。戴高乐是苏联统治计划的绊脚石。[12] 罗斯福总统似乎一反常态，在斯大林面前嘲弄丘吉尔。哈里·霍普金斯（Harry Hopkins）注意到，斯大林优雅地穿着一套战地元帅制服，抽着烟斗，信手涂鸦，经常画的是狼，用几乎听不见的低声讲话。[13]

　　主要商谈的内容是美英承诺在西欧开辟"第二战场"。斯大林不停地回到这个话题上，即红军承担了所有对纳粹的战斗。从投入军队的数量看，这大体是真实的。他说他愿意中止对日本的中立态度（当时在联合国中仅有苏联没有对日本宣战）；但只有当德国被打败以后，他才能介入太平洋战事。而此时，麦克阿瑟将军（MacArthur）在太平洋战场成功地采取了"越岛作战"（island-hopping）策略，将战事一天一天地向日本本土推进。当罗斯福和丘吉尔承诺于 1944 年初实施"霸王行动"（Overlord），即计划中的对被占领的法国发起进攻时，多疑的斯大林要求知道盟军最高司令官的身份："他的名字是？"[14]

　　斯大林很快就会知道。在罗斯福总统从德黑兰回国的漫长旅途中，他在北非的突尼斯（Tunis）会见了德怀特·艾森豪威尔将军（Dwight D. Eisenhower）。几乎是随意地，总统俯过身来说："那么，艾克，你将指挥'霸王行动'。"[15] 罗斯福总统的指挥官们并非都能欣赏总统的这种非正式暗示。当他努力想叫出威严的陆军参谋长的名时，非常能干的乔治·马歇尔将军显然是在回避。"他叫我'乔治'——我认为

---

* 易于被忘记的事实是，法国共产党在斯大林的命令下阻碍了法国的防御努力，这种阻碍既发生在军队中、也发生在主要工业中。这是因为斯大林在 1940 年仍然是希特勒的盟友。

他再也不会这样做了。"[16]

人们都尊敬马歇尔将军。丘吉尔称他为"他们中最高贵的人"[17]。据说,即使他身着便服走进他在华盛顿的办公室,或许年轻的报童不知道他是谁,但人们都知道他是怎样的人。[18]

对马歇尔将军冷淡的矜持并不感到厌恶,罗斯福总统信任他,不断提升他的官职。马歇尔的地位远远高于艾克,只要他提出要求就会成为霸王行动的指挥官。但是他告诉总统,总司令需要他在哪里,他就在哪里。罗斯福果断地任命艾克指挥"霸王行动",并告诉马歇尔:"如果你不在华盛顿,我会睡得不安稳。"[19]*

丘吉尔担心跨海峡的进攻会遭受失败。"我们也许会给敌人以机会,集结一支优势力量来对抗我们,给我们造成比敦刻尔克(Dunkirk)更严重的军事灾难。这样的灾难将会导致希特勒和纳粹统治的复活。"[20]他忧郁地提到,美国、英国和加拿大年轻士兵的鲜血会将潮水染红。[21] 他仍然记得1942年夏季在法国的一个临英吉利海峡港口发生的那场灾难。在那里,一支主要由加拿大士兵组成的4 963人的突击队对迪埃普(Dieppe)发动袭击,结果造成3 367人战死。[22] 斯大林从来不必关注民意,他只是处死他的反对者。但丘吉尔和罗斯福依靠的却是自由人民的支持。

艾克必须应对在英国的诸种麻烦。乔治·巴顿(George Patton)将军在战争开始时是艾克的上级,但现在却是他很难相处的下级。巴顿将军在当地一次英国人的聚会上发表演讲,他说道,英国人和美国

---

* 说"唯一使我们恐惧的事情是恐惧本身"这句话的人确实有一种恐惧:那就是白宫晚上起火。他会有规律地起床,拿着他那有威力的手枪沿着走廊巡视。

第六章 美国的胜利(1943—1945)

人在战争结束后要共同统治世界。莫斯科提出严正抗议,国内的议员也群情激奋。报纸公开要求解除巴顿的职务。在告诉他能够留下之前,艾克让巴顿忍受了一个星期的煎熬:

> 当我告诉他最终的决定时,他的眼泪唰地流了下来,他努力地使我知道他的感激之情。他向我保证,他将成为谨慎处事的模范。他的姿态就像是一个小孩在忏悔,他说话时将头埋在我的肩膀上。
>
> 这使他的钢盔落下——那顶隐约发亮的钢盔,我有时认为他在睡觉时也会戴着它。当钢盔在房间地上滚动时,我有一种非常奇特的感觉,那就是我处在一种滑稽可笑的情势当中……我祈祷不要有人进来看到这一场景,窗外也不要有新闻记者的照相机在拍照。[23]

"好!出发!"这就是德怀特·艾森豪威尔的命令,当负责气象的参谋告诉他暴风雨的天气会暂时终止时。而正是天气迫使"D日行动"延迟了24小时。艾森豪威尔将军是盟国远征军的最高指挥官——缩写是SCAEF。艾克甚至准备了一份声明,当进攻部队被赶回到英吉利海峡寒冷的海水时发布。在声明中,他对"霸王行动"的失败负全责。[24] 幸运的是,那份声明从未发表。

艾克指挥的进攻部队数量之多,是此前世界从未曾见识过的。艾克集结了15万人、1 500辆坦克、5 300艘船只和12 000架飞机。[25]

盟军精心地伪装了他们已经确定的攻击目标——诺曼底(Normandy)海滩。他们在德国人中间制造了一种假象,即他们将在

德怀特·艾森豪威尔将军和美国士兵在准备"D日行动"。德怀特将军作为协调者的能力使他成为盟军最高指挥官的确定人选。艾克准备了一封信要承担D日进攻失败的全部责任——该信从未被发出。当珍珠港受到攻击时,艾克是一位不知名的陆军准将。到战争结束时,他成为五星上将。

第六章 美国的胜利（1943—1945）

诺曼底登陆，从登陆艇的角度拍摄。 德怀特·艾森豪威尔将军指挥了历史上最大规模的登陆作战。在D日，即1944年6月6日，7 000艘舰船和登陆艇跨越英吉利海峡在被德国占领的法国海岸登陆。在海上，舰船所载的全部195 701人中包括英国和加拿大的登陆部队75 215人、美国部队57 500人。他们攻击的诺曼底滩头代码分别是犹他、奥马哈、古尔德、朱诺和斯沃德。那一天，英国和加拿大军队伤亡4 300人，美国军队伤亡6 000人。直到今天，法国仍然保留着这些代码的名称。

丘吉尔、罗斯福和斯大林在雅尔塔。"三巨头"——首相温斯顿·丘吉尔、总统富兰克林·罗斯福和苏联领导人约瑟夫·斯大林。他们于1945年1月在苏联克里米亚半岛的雅尔塔会晤。因为斯大林未能遵守雅尔塔协议,使罗斯福尤其遭到指责。不过,从此时的战事看,美国和英国并没有什么手段来强迫斯大林遵守协议。

第六章 美国的胜利（1943—1945）

原子弹爆炸。美国在研制原子弹的竞赛中获得成功。1939年，世界著名的核物理学家阿尔伯特·爱因斯坦对罗斯福总统发出警告，希特勒的科学家也许有能力制造一颗原子弹。罗斯福立即启动了曼哈顿计划，这是历史上代价最昂贵的秘密武器制造计划。日本和德国并未了解到美国人的努力，但斯大林确实知道。从一开始，共产党人和共产党的同情者就泄露了原子弹计划的秘密。

加来（Calais）进攻法国——它是离英国多佛尔（Dover）港最近的地点。当纯粹出于巧合，"霸王"一词出现在一个填字游戏中时，盟军情报部门惊恐万分；而这种游戏是英国报纸读者所深爱的。[26] 更为严重的是，艾克一直未将进攻计划告知戴高乐和自由法国组织，直到行动前仅仅几个小时。*

作为最高指挥官，艾克能够对千军万马发号施令——但却无法对丘吉尔或罗斯福下令。当英国首相坚持要在 D 日加入攻击舰队时，艾克努力地劝阻他不要这样做。艾克敬重这位 69 岁的不停地吸着雪茄的领导人的勇气，但他不想让他介入其中。由于未能改变丘吉尔的决心，艾克便求助于英王乔治六世（George VI）。只是当英王告诉丘吉尔他将和他一道登上滩头时，坚定不移的丘吉尔才最终屈服。

艾克将这次远征称为"一次伟大的圣战"。他发布的一道命令告诉他的士兵："世界在关注着你们"。

当突击队员们爬上奥哈马海滩（Omaha Beach）奥克角（pointe-du-hoc）的悬崖时，就夺取了在欧洲大陆上的第一个立足阵地。** 1944年6月6日夜，在许多人称之为的"最长的一天"过后，富兰克林·罗斯福总统请求全国人民与他一道祈祷：

---

* 毕竟要解放的是他们的国家，但自由法国组织有容易泄密的坏名声。这不是出于对轴心国的同情，而是因为易于受情感支配的人民无法抵制告诉他们的爱人他们很快就要回家的诱惑。

** 在1984年纪念D日40周年的演讲中，里根总统宣称在奥克角牺牲的士兵永垂不朽。诺曼底登陆的海滩——代码分别是奥哈马和犹他（Utah）（美军负责）、朱诺（Juno）（加拿大军队负责）、斯沃德（Sword）和古尔德（Gold）（英军负责）——直到今天仍保留着这些名称。

第六章 美国的胜利（1943—1945）

万能的主啊：我们的孩子、我们祖国的骄傲，今天在开始一项重大的行动，开展一场保卫我们的共和国、我们的宗教和我们的文明的斗争，开展一场将受苦难的人民解放出来的斗争。

指引他们勇往直前吧；赋予他们以强大的火力，赋予他们以刚毅的精神，赋予他们以坚定的信念吧。

他们需要您的保佑。他们的路漫长而艰辛。因为敌人是强大的。他们也许会使我们的部队后退。成功也许不会迅速到来，但我们会一次又一次地向前。我们知道，承蒙您的恩惠、承蒙我们事业的正义性，我们的孩子将取得胜利。

他们将经受痛苦的磨砺，夜以继日地奋战，没有休息——直至赢得胜利。暗夜将充斥着嘈杂和火焰。他们的灵魂将经受战争的洗礼。

这些人最近才脱离和平的生活方式。他们不是由征服欲驱动而去战斗。他们战斗恰恰是为了结束征服。他们为解放而战。他们为正义而战，宽容和善意将为您的所有子民所拥有。他们渴望结束战争，他们渴望回归家园。

一些人将永远不会归来。圣父接纳他们吧，接纳您英勇的仆人到您的天国中吧！

对我们这些在家的人——那些海外英雄们的父亲、母亲、孩子、妻子、姐妹、兄弟——我们的挂记和祈祷将永远伴随着他们——帮助我们，万能的主，在这个巨大牺牲的时刻，让我们能真正地信仰您。[27]

自由的代价确实是巨大的。在 D 日登陆的 75 215 名英国和加拿大军人中,伤亡4 300人。美国军队遭受的损失更大。在攻击海滩的57 500人的部队中,美军的伤亡达6 000人。富兰克林·罗斯福总统的祈祷也包括他自己的亲戚,他的堂兄弟、陆军准将小西奥多·罗斯福(Theodore Roosevelt, Jr)和他的儿子就在海滩作战。当被告知在犹他海滩错误的地点上登陆时,小西奥多·罗斯福准将、这位美国前总统的儿子坚毅地说:"不,我们就从这里开战。"罗斯福将军和他的儿子在这里一起登陆,成为那天登陆的唯一一对父子。由于过度劳累,小西奥多·罗斯福准将3周后死于心脏病发作。

表面上固若金汤的欧洲堡垒(Fortress Europe)——它由陆军元帅隆美尔(Rommel)予以充分地加固——已经不可能再坚守。隆美尔知道,击败盟军进攻的唯一方法就是在滩头击退它。但他无法使希特勒相信攻击实际会在诺曼底展开。希特勒一直坚信主要攻击力量会在加来登陆。为了达到欺骗希特勒的目的,乔治·巴顿将军导演了"刚毅作战行动"(Operation Fortitude)的骗局。[28] 这一骗局取得了成效。

很快,盟国远征军就在诺曼底布满灌木的乡村遭遇强烈抵抗。攻击坦克很难在这些由树根和灌木组成的低矮、厚密的障碍物中前进。它们有时高达6~8英尺,构成了掩护德军撤退的绝好的防御工事。诺曼底地区最重要的城市卡昂(Caen)预计将在D日后3天拿下;结果,D日后31天也未能解放。盟军士兵抓获了成千上万的德军战俘,但也有许多盟军落在德国人手里。当加拿大战俘被党卫军杀害的消息传来时,这激怒了盟军。

诺曼底地区农民的反应使盟军感到兴奋。一个有关美国飞行员牺牲的故事在几十年间一直在流传。在D日10天后,康拉德·奈廷第三(Conrad J.Netting III)中尉加入了对一个德军车队的攻击。奈廷中

第六章 美国的胜利（1943—1945）

尉和他远在家乡的妻子正期盼着他们的第一个孩子在美国降生。他甚至将他未出生孩子的名字刻在他所驾驶的飞机的前端，那是一架P-51野马式战斗机（Mustang）。他驾机向车队俯冲下去，机身前端刻有"康拉德·乔恩第四"（Con Jon IV）的字样，但他的战斗机未能从过陡的俯冲中拉升起来。接下来所发生的事，由多年后一封来自法国农民的信作了讲述："我的祖父和一些邻居跑向墓地，就是飞机坠毁的地方去搭救飞行员，但不幸的是太迟了……我的祖父（村里的木匠）制作了棺木，装殓你的父亲……在他墓上撒满了鲜花。"[29]在圣迈克尔（Saint Michel）村，村民们如今竖立了一块墓碑来纪念那位年轻勇敢的美国牺牲者："康拉德·奈廷中尉，美国第八航空队，编号0694174。牺牲于1944年6月10日。"像我们所有的勇士一样，他为自由而献身。

在艾森豪威尔的全面指挥下，英国陆军元帅蒙哥马利（Montgomery）采取行动试图穿越被占领的荷兰进入德国，以缩短战争的进程。"市场花园行动"（Operation Market Garden）表现出英美精锐伞兵过人的胆识。美军第82空降师夺取了位于阿纳姆（Arnhem）的奈梅亨大桥（Nijimegen Bridge），但遭受严重的损失。德军的88毫米口径大炮使为夺取大桥而暴露在狭窄道路上的盟军士兵遭遇严重打击。这些狭窄道路是穿越洪水泛滥的荷兰低地唯一可走的道路。[30]奈梅亨大桥似乎是一座"遥不可及的大桥"，军事顾问们事前就曾警告过才华横溢、但鲁莽冲动的蒙哥马利。美军士兵在一位外国指挥官指挥下作战和牺牲的这种痛苦经历直到今天仍然强化着一种要求，那就是美国军队应该只由美国人指挥。

艾克要比他的下属应对更多的麻烦。蒙哥马利元帅的荣誉来自北非的沙漠战。他知道艾克不可能解除他的职务。[31]艾森豪威尔将军并不尊重骑在高头大马上作秀的将军。蒙哥马利已经找了一位英国著名的画家在他的营帐里待了两个星期,画他获胜时的肖像。蒙蒂(Monty)对完成的画像感到非常满意:"画得棒极了……是今年最伟大的画作。"³² 显然,蒙哥马利元帅不是艾克所喜欢的那类军人。艾森豪威尔也知道,他旧时的朋友和西点军校的同事乔治·巴顿将军对他也心存芥蒂。即使艾克多次帮助巴顿摆脱困境,但巴顿却讽刺地将艾克姓名字首的大写字母("D.D.E"Dwight David Eisenhower)戏称为"天定命运"(Divine Destiny)³³。在一封给妻子玛米(Mamie)的信中,艾克抱怨巴顿强迫他喝酒。³⁴ 尽管私下不停地抱怨,但艾森豪威尔要求在他的盟国远征军最高司令部内要有一种"祥和愉悦"的气氛——他做到了。³⁵

1944年7月20日,当德军正在从俄国退却并在诺曼底走向溃败时,一位德国军官参加了在狼穴(*Wolfsschanze*)*召开的会议。狼穴是希特勒在东普鲁士(East Prussia)的秘密司令部,靠近俄国边界。这位军官就是陆军上校克劳斯·冯·施陶芬博格(Claus von Stauffenberg)。他所具有的一切都是希特勒所痛恨的——一位虔诚的天主教徒、出身贵族、道德审慎。施陶芬博格曾经征询过他的主教是否允许他杀死一位暴君。他被告知这是正当的。施陶芬博格将一枚炸弹放在公文包中,又将公文包放置在狼穴中他们开会用的桌子下面,然后假称接一个电话离开了元首召开参谋会议的房间。

一声巨大的爆炸摧毁了那个建筑,炸死了几位将军,炸伤了希特

---

* 斯大林涂鸦的对象大多是狼,希特勒也明显对这种凶残的动物感到着迷,这很难说是这些嗜杀的独裁者唯一的相似之处。

勒——但没有炸死。这个涉及广泛的行刺希特勒的秘密计划很快就土崩瓦解，施陶芬博格被枪决。希特勒进行了恐怖的报复。他命令希姆莱（Himmler）的党卫军逮捕了数千名实际的或被怀疑的谋反者——包括所有家属。就这样，数千人简单地消失在夜幕中。安排的公审是为了羞辱年迈的将军和贵族。受难者被悬挂在挂肉的吊钩上，慢慢地勒死。希特勒将处死他们的过程拍成电影。这次受伤使希特勒的健康受到损害，他的手臂不停地颤抖，无法控制，但他对德国的垂死控制仍在继续。*

盟军一旦在诺曼底登陆，德国人就开始感受到美国经济力量的压倒性优势。德军的一位战区司令官表达了他对上级的不信任感。在被希姆莱的党卫军监视的国防军中，把这些话写成文字是需要勇气的。他也许已经被逮捕并由于失败情绪而被枪决：

> 我无法理解这些美国人。每天晚上我们都被告知，我们已经将他们分割包围、造成他们的严重伤亡、摧毁了他们的运输系统。但早晨时，我们却又面对新的部队，是全新的士兵、车辆、食品、工具和武器。这种情况日复一日。[36]

---

* 希特勒的恶意报复——这是理解他性格的关键所在——是无界限的。他强迫隆美尔元帅自杀，即使隆美尔仅与7月20日的密谋有些间接的联系。希特勒一定要将勇敢的路德教牧师迪特里希·潘霍华（Dietrich Bonhoeffer）绞死，而这是在整个纳粹统治于1945年崩溃之前一些天发生的。潘霍华是"认信教会"（Confessing Church）运动的领导人之一——该教会是由在德国的拒绝向希特勒屈膝的基督教徒组成的。潘霍华的著述、包括《追随基督》（*The Cost of Discipleship*）和《团契生活》（*Life Together*）都是基督教文学的经典著作。

2. 杀戮令日月无光

载满犹太人、驶往奥斯维辛（Auschwitz）集中营的列车加快了速度，因为即使是最狂热的纳粹信徒也肯定明白他们将输掉战争。许多犹太人在途中因窒息而死。惊恐万状的幸存者从拥挤的货车车厢中走下，列队通过奥斯维辛集中营的大门。对走得慢的人，卫兵用警棍抽打或唆使狼狗咬他们。在大门的上方悬挂一个牌子，上面写着："工作使你自由"。这正是纳粹统治的另一个谎言所在。数百万名走进集中营大门的人再也没有走出来。

世界的悲惨历史充斥着大屠杀、不定时发生的迫害运动、仇恨的突然发作、甚至是种族灭绝行径。其中的大多数像沙皇统治时期俄国制定的排犹计划，都是在短期内突然爆发的，具有毁灭性。不过，希特勒的最终解决方案是一种有计划、有步骤执行的死亡行动，它运用工厂的装配线技术来实施大屠杀计划。希特勒的帮凶甚至在计算能够从受害者的牙齿中提取的黄金的价值；能够释放致命气体（Zyklon B）的巨大的毒气室是由貌似合法的德国公司如法本公司（I.G.Far-ben）等提供的；同时修建了巨大的焚尸场来处理尸体。

这个秘密开始慢慢地从东欧泄露出来，有时是由知道最终解决方案的人冒着生命危险带出来的，而这一方案是在战争迷雾的掩盖下实施的。在罗斯福总统会见了这些年轻的勇士中的一位、一个名叫简·科杰列夫斯基（Jan Kozielewski）或卡斯基（Karski）的人之后，总统认为波兰人的故事应该让美国重要的犹太人领袖知道。但当卡斯基向最高法院法官费利克斯·弗兰克福特（Felix Frankfurter）做目击证词时，法官坦率地告诉这个年轻人："我不能相信你。"受到强烈震撼的弗兰克福特的好朋友、波兰大使回击道:"费利克斯,你不能当着他的面说他在说谎。"不是这样的,弗兰克福特做出一种无助的摇手姿态,就好像他要努力驱散这一恐怖消息似的,他说道:"大使先生,我并不是说这位年轻人在说谎。我是说我不能相信。这是有区别的。"[37] 我们知道,甚至就是在奥斯威辛集中营中的囚犯也不可能想象那是事实,尽管他们可能会看到烟囱里冒出的火焰和浓烟。

世界历史中有什么东西能使人们相信大屠杀存在呢?

在少有的一次做出痛苦反省的场合,丘吉尔评价了当时的世界历史进程,他在其中发挥了如此有特色和重要的作用:"我认为,历史上任何时候给世界造成的痛苦都没有如此之大和如此之普遍。杀戮令日月无光。"[38]

盟军在1944年夏涌入陷于困顿的德国。法国的戴高乐将军向艾森豪威尔将军施压,要求后者的部队援助巴黎的解放。艾克并不想额外增加300万人的供养负担。[39] 但戴高乐强调,如果盟军不能解放巴黎,那么德国人可能会摧毁它,或者抵抗力量中的共产党人可能会控制该城市,并在西欧的中心地带建立一个苏维埃政府。而且戴高乐补充道:请让法国军队率先入城。艾克回答道:"你也许是无可辩驳的。没有法国军队,我做梦也不会想到要夺取巴黎。"[40]

美国人过去习惯于将戴高乐视为一个碍事的人,一个不愿意承担他应该承担的战争重担的人。戴高乐指出,艾克从未设法规定谁来指挥英国军队,那为什么要干预他们的自由法国运动盟友的指挥机构呢?[41] 当艾克试图以撤回他的供给为威胁压戴高乐服从时,自由法国运动的领导人指出,在第一次世界大战期间担任盟军最高司令官时,法国元帅福煦(Foch)从未对美国人那样做过。[42]

除了戴高乐的要求外,艾克还必须考虑他的盟友丘吉尔的看法。

首相给他写信说:"如果在即将到来的冬季之前,您所率领的 36 个盟军师能够在欧洲大陆立足,能够占领法国北部的瑟堡(Cherbourg)和布列塔尼(Brittany)半岛的话,我将向世界宣布这次军事行动是最成功的一次战役。此外,如果您……能解放美丽的巴黎……我将宣布这次胜利是现代史上最伟大的胜利。在圣诞节之前解放巴黎,我们不可能再要求更多了。"43

德国将军迪特里希·冯·考尔梯茨(Dietrich von Choltitz)冒着生命危险近乎完好无损地交出了巴黎。希特勒命令他的最后一任巴黎指挥官破坏埃菲尔铁塔(the Eiffel Tower)、巴黎圣母院(the Cathedral of Notre Dame)、荣军院(the Invalides)、凯旋门(the Arc de Triomphe)以及巴黎所有著名的大桥和建筑珍品。希特勒打电话给冯·考尔梯茨,追问他有关炸毁整座城市的命令是否已经执行。希特勒咆哮道:"巴黎是在燃烧吗?"44 机敏的将军冯·考尔梯茨采取拖延策略,回答说他正准备焚毁这座城市。

遵守他的承诺,艾克大度地同意奥马尔·布拉德利将军(Omar Bradley)的决定,让法国将军莱克勒尔克(Leclerc)先进入巴黎。在被德国占领长达 4 年之后,他给予自由法国运动的战士们以收复他们的首都的荣耀。* 同样履行对艾森豪威尔的承诺,戴高乐否决了巴黎共产党领导人罗尔-唐盖上校(Rol-Tanguy)的要求,后者要求同等地享有接受德国卫戍部队投降的荣誉。45 令法国人群情激昂的是美国军队整齐地沿香榭丽舍大街(the Champs Elysée)行军通过解放的巴

---

* 艾克对受伤害的法国人的自尊心的抚慰将被感激地牢记,当戴高乐 1959 年担任法国总统时,艾森豪威尔正在担任美国总统。

第六章 美国的胜利（1943—1945）

黎——直接奔赴战场！⁴⁶

华沙（Warsaw）的命运就没有如此幸运了。波兰人希望将自己从德国的残酷统治下解放出来，就像巴黎人民所做的那样。但艾克并不在附近。相反，红军正在从东部向德国人施压。当华沙起义时，斯大林却命令他的部队停止进攻，而此时他们就在城外。德国人无情地摧毁了这个美丽的中世纪城市中残存的遗迹，它是斯拉夫文化发展的结晶。斯大林蓄意停止进攻，而同时波兰人却被蓄意报复的德国人屠杀。当丘吉尔和罗斯福请求斯大林允许盟军飞机在给绝望的波兰抵抗力量空投物资后在苏联境内着陆和补充燃料时，他断然予以拒绝。[47]这是对盟国战时联合的第一次重大打击。

英国在 1944 年夏再次遭到德国空军的攻击。但那时，曾经不可一世的德国空军几乎已经完全被摧毁。由于燃料短缺，就是勉强能够升空的为数不多的飞机也仅能飞行很短时间。希特勒虽然拥有了世界第一架喷气式战斗机，但为时已晚。如果早一年使用的话，梅塞施密特（*Messerschmidt*）ME-262 型战斗机也许会改变战争发展的态势。希特勒还发射了他的新复仇武器：V-1 和 V-2 型火箭。从德国的一个叫佩纳明德（Peenemunde）的地点发射，数千枚这种致命的武器在伦敦、南安普顿（Southampton）、朴次茅斯（Portsmouth）和曼彻斯特（Manchester）落下。3 500 枚火箭中的绝大多数未能被拦截，它们落在了伦敦，造成巨大灾难，炸死 6 184 人。[48]*

---

* V-1 和 V-2 型火箭是天才的德国年轻火箭科学家韦赫·冯·布劳恩（Wernher von Braun）的研究成果。冯·布劳恩不仅没有因研制和使用这种造成大量伤亡的恐怖武器而被控战争罪，而且他和他的佩纳明德研究小组在战争结束后被迎接到美国。在战争结束时，冯·布劳恩率领着他的火箭科学家小组到西部，希望向美国人投降。他成功了。冯·布劳恩后来领导了美国的登月计划。

在命运攸关的 1944 年夏天，盟军开始获得有关奥斯维辛集中营的可靠消息。飞越华沙上空完成补给任务的盟军轰炸机带回了在奥斯威辛和特雷布林卡（Treblinka）拍到的灭绝营的照片。

丘吉尔赞同轰炸通向奥斯威辛的铁路中转站。他告诉他的外长安东尼·艾登（Anthony Eden）："这也许是整个世界史上所犯下的最大规模的和最恐怖的罪行。"[49] 丘吉尔要求采取行动。他告诉艾登："可以假我之名。"

罗斯福总统发表演说公开反对大屠杀，毫不隐讳他对希特勒的鄙视：

> 在全部人类历史的最黑暗的一次犯罪行径中……对欧洲犹太人的大规模的、有计划有步骤的杀害在不停地继续……这些野蛮行径的参与者将会受到惩罚（这是对战后设立法庭的一次明确预告）。所有那些明知故犯地参与将犹太人运送到波兰或挪威的死亡营以及将法国人运送到德国的死亡营的人，同样犯有杀人罪……希特勒正在以德国人民的名义犯下这些反人类罪。[50]

罗斯福和丘吉尔都义愤填膺，但罗斯福必须考虑斯大林的反应。这位冷酷无情的苏联独裁者会如何对待英美在波兰的联合行动？斯大林越来越多地将波兰视为是苏联的势力范围。斯大林会被人道主义关注所打动吗？不可能。[51]

美国人的反应是在官样文章中的怒斥。罗斯福的一个讲稿撰写人萨缪尔·罗斯曼（Samuel Rosenman）担心，总统过于同情犹太人会冒激起国内反犹情绪的危险。[52] 罗斯福的顾问们也为一些侮辱性的话语——诸如称罗斯福的新政为"犹太政治"——所刺痛。[53]

采取联合行动的一个主要障碍是国防部副部长约翰·麦克洛伊（John J.McCloy），他多次搁置紧急干预的请求。麦克洛伊写道："即使是可行的，（它）也许会招致德国人更大的报复行动。"这明显表明他相信干预是不可行的。[54] 很难想象还有什么能比这更糟的，即数百辆装满无辜人们的列车飞奔向奥斯维辛，在那里他们将被处死。麦克洛伊在许多方面是一位杰出的公务员。在责任越来越重要的不同职位上，他供职于两党政府部门一直到20世纪70年代。但他也承载着一种重负，即要对多次阻挠终止大屠杀的紧急请求负责。

与麦克洛伊相反，更忠实于传统的美国人道主义关注的是美国在法国马赛（Marseilles）的领事。海勒姆·宾汉姆第四（Hiram Bingham IV）冒着严重风险发签证给陷于困境中的犹太人和反纳粹人士。由于他的所作所为，宾汉姆被国务院降职、调任——这次是去阿根廷。不过，即使是在遥远的地方，他仍然继续对纳粹在拉美的渗透发出及时的警告。*

罗斯福总统认为，他有关希特勒无条件投降的要求是终止他们对犹太人大屠杀的最可靠的方法。毕竟他有充分的理由使人们相信，希特勒想要杀害的不仅仅是波兰的犹太人，而是全部的犹太人。如果他突然出现在巴勒斯坦或在俄国发起反攻，抑或更糟的、如果他研制成一颗原子弹，并捆绑在他的一颗 V-2 型火箭上，那么死亡人数可能会更多。对许多人而言，杀死一条毒蛇最快的办法就是打它的头。希特

---

*海勒姆·宾汉姆在2006年获得了一定程度的肯定，那一年美国邮政局发行一张邮票来纪念他。国务卿科林·鲍威尔（Colin Powell）追认他的功绩，美国大屠杀纪念馆做了一个专题展，以纪念他为了犹太人的利益而做出的英勇干预。

勒就是蛇头。

罗斯福总统的财政部部长亨利·摩根索（Henry Morgenthau）为战后的德国设计了一个方案，即将德国削弱为一个农业国。希特勒的宣传部部长约瑟夫·戈培尔（Joseph Goebbels）知悉了摩根索计划。戈培尔指出，这证明罗斯福是由他的犹太人内阁部长们操纵的。摩根索计划并非都是报复性的。在由德国侵略引起的两次恐怖的世界大战之后，在非中央集权的德国建成另一个丹麦——和平的和过田园生活的——也许不是一个坏主意，不管是否可能这样做。不过，人口稠密的德国腹地作为农业社会绝不可能供养 8 000 万人。亨利·摩根索是内阁中罗斯福总统最亲密的朋友，他和总统是在哈得逊河谷（the Hudson Valley）共同居住多年的邻居和朋友。尽管如此，但罗斯福总统从未支持过摩根索计划。

1944 年夏，罗斯福总统的注意力被分散。他必须竞选下一届总统，对白宫而言，它是史无前例的第四次连任竞选。同时，他还患有严重的疾病。一次，在他的专列中，他让他的儿子吉米（Jimmy）帮助他下床平躺在地板上。他拒绝叫大夫，将剧烈疼痛归因于消化不良。现在我们知道，他患的是心绞痛——一种心脏病。[55]

由于讲话的直率（或这方面的不足），1944 年罗斯福总统与副总统的关系未能提高他的声誉。他似乎表现出不同寻常的消极和不坦率。当他写信"认可"副总统亨利·华莱士（Henry Wallace）时，他写道，如果他自己是决定候选人的民主党全国代表大会的代表的话，他将投更支持自由主义的艾奥瓦人的票。后来，在一次用极其模糊的语言称赞华莱士时，他说道："很明显，全国代表大会将做出决定。"并补充说，他并不想造成他似乎是在发号施令的假象。[56] 因此，尽管表面上并未直接说忠诚的华莱士的坏话,但罗斯福总统不热心的支持实际帮助了那些试图排挤掉有些理想化的华莱士的人。

排挤华莱士的小集团是这样一群人,他们大多是生活在大城市的爱尔兰裔的和信奉天主教的政客。"集团成员"包括民主党主席鲍勃·汉尼甘(Bob Hannegan)、纽约的埃德·弗林(Ed Flynn)、芝加哥市市长埃德·凯利(Ed Kelly)、民主党司库埃德温·鲍莱(Edwin Pauley)及邮政部部长弗兰克·沃克(Frank Walker)。*这个小集团还包括总统的军事助手"帕"·沃斯顿**和白宫新闻秘书史蒂夫·厄尔利(Steve Early)。[57]

这个小集团并不知道(但知道也不会感到吃惊)华莱士是一个严重的危险分子。作为副总统,华莱士已经将高度机密的信息透露给他的内弟查尔斯·布鲁格曼博士(Charles Bruggmann)。[58] 布鲁格曼是瑞士驻华盛顿的公使。布鲁格曼和瑞士也许是中立的,但在伯尔尼(Bern)的瑞士外交部已经被纳粹渗透。布鲁格曼定期将详细的情报送回国,这些情报主要是基于亨利·华莱士透露给他的信息。他提供的重要情报涉及诸如丘吉尔和罗斯福1941年在美国的军舰奥古斯塔(Augusta)号上进行的首脑会晤、珍珠港的实际损失报告等非常敏感的问题。[59] 布鲁格曼的情报在仅仅几天内就会被柏林获知——之后不久又会被东京获知。亨利·华莱士也许是"二战"时的防谍口号"祸从口出"的最好例证。[60]

罗斯福总统很乐于与南卡罗来纳州参议员詹姆斯·伯恩斯(James

---

* 此时,邮政部部长是政治避难的主要审批人之一。

** Pa Waston,这里的"Pa"是双重含义,除姓氏外,还有私人助理的意思。——译者注

F.Byrnes）合作进行竞选。但伯恩斯不被工会和黑人选民所接受。当他背弃他年轻时信奉的天主教时，伯恩斯就为数百万天主教选民所厌弃，而民主党领导人一个多世纪以来一直依靠这些选民的坚定支持。尽管如此，密苏里州参议员哈利·S.杜鲁门仍然到民主党全国代表大会表示不仅支持伯恩斯，而且发表提名他的演说。*

　　罗斯福总统非常看重杜鲁门。作为一个参议员，杜鲁门是一位忠实的新政拥护者，他以高效率管理着专为战时生产而设立的特别委员会。最终，罗斯福总统写信说，他所能接受的要么是哈利·杜鲁门，要么是自由主义者、最高法院法官威廉·O.道格拉斯（William O.Douglas）。其后，几乎是作为一种事后的判断，他告诉小集团成员"同希德尼打交道要清楚"。[61]

　　希德尼·希尔曼（Sidney Hillman）是纺织业工会主席和美国产业工会联合会（CIO）的新政治行动委员会的组织者。希尔曼反对詹姆斯·伯恩斯竞选。工会喜欢副总统华莱士，希尔曼在一次早餐会上告诉哈利·杜鲁门："（劳工）有第二种选择，我看好他。"[62]

　　还有别的因素使他们对人选的物色具有特别的紧迫性，那就是罗斯福总统身体明显快不行了。那些见过他的人都对他身体状况的迅速恶化感到震惊。新闻记者戴维·布林克莱（David Brinkley）后来写道，从外表看，罗斯福总统显得很苍老。他深陷的面颊或嘴唇没有血色。在那些新闻影片和《时代》杂志的封面仍然使用黑白颜色的日子里，罗斯福总统临终的苍白还不是那么明显。

---

* 哈利·S.杜鲁门中的"S"只是代表姓，由于未能确定他的名字是按哪一个姓"S"的远祖来命名的，所以他的父母干脆就在他的名字中留下一个"s"。

当鲍勃·汉尼甘将哈利带到他在芝加哥布莱克斯通旅馆（Blackstone Hotel）的套房中后，他打电话给总统。罗斯福总统正在圣迭戈（San Diego）视察那里的海军基地。总统那为人们所熟悉的洪亮清晰的男高音在旅馆的房间里回响。"鲍勃，你找到适合副总统的人选了吗？"[63] 当杜鲁门发表讲话提名詹姆斯·伯恩斯时，他本人是抵触竞选副总统的。他知道罗斯福已经病入膏肓，他不想成为美国总统。[64]

汉尼甘刺耳的回答也许意在劝动不情愿的杜鲁门。他对着话筒发牢骚地说"没有，"同时直盯着哈利："他是我所打过交道的、来自密苏里州的最执拗、最倔强的人"。罗斯福总统同样强硬地回答道："好，你告诉参议员，如果他想在战争期间分裂民主党的话，那他要负责！"[65] 罗斯福随即就扔掉话筒。据报道，哈利的反应是非常人性化。他大声叫道："噢，那好吧！"[66]

问题解决了。面对总统的不快和政治家詹姆斯·伯恩斯的压力，这种压力由于后者离开芝加哥回到家乡而加重，杜鲁门对竞选的抵触被打消。来自肯塔基州的阿尔本·巴克利（Alben Barkley）、支持伯恩斯的一位参议员告诉记者，他想撕碎他为罗斯福总统第四次竞选所写的提名讲稿，放弃整件事情。[67] 但他很快就改变主意了。

没有什么比这一重要事件更能表现出罗斯福总统误入歧途的偏执性。如果罗斯福甚至能将他最坚定的支持者都逼得快发狂了，那么，他的反对者会有怎样反应就可想而知了。

离开圣迭戈的海军基地，罗斯福总统到夏威夷参加与道格拉斯·麦克阿瑟将军和海军上将切斯特·尼米兹（Chester Nimitz）会晤的重要军事会议。尼米兹想直接攻击日本，但麦克阿瑟不同意。后者不断警告总统绕开菲律宾是危险的："我敢说，美国人民将被唤醒，以致他们会将对您的全部怨恨都发泄在选票上"[68]。再次地,一位重要的将军无法抵制就总统的政治责任教训总司令的诱惑——正如麦克莱伦(McClellan)曾尝试教训林肯一样。但菲律宾自1898年以来就是美国的一个殖民地,因此将该岛国从日本占领下解放出来的理由——数万美国和菲律宾战俘在敌人手中——也是充分的。

太平洋会议结束后,罗斯福总统决定视察在夏威夷的一个军队医院。他要求到病房中去慰问那些被截肢的年轻战士。平时,罗斯福并不介意被看到坐着他的轮椅被推着走。不过,这次他有意自己推动着,缓慢地经过受伤战士的床边。罗斯福总统的助手萨缪尔·罗斯曼描述道:"他坚持经过每一个人的床边。他想向小伙子们展示他自己和他无用的腿,他们将必须面对同样的痛苦。"[69]罗斯曼感叹道:"这个从无助中站立起来、并最终成为美国总统和自由世界领袖的人,正是人类精神力量所能够发挥作用的现实证明。"[70]

罗斯福总统实际上是拖着疲惫的身躯到各投票站参加1944年竞选的。[71]共和党人提名的竞选人是来自纽约州精力充沛又年轻的托马斯·杜威(Thomas E.Dewey)。杜威被赋予锐意改革的地方检察官的荣誉。他将有组织犯罪团伙暗杀公司(Murder,Inc.)的许多成员绳之以法,该团伙是一个犯罪集团的分支。杜威智谋出众,而且口舌如簧。共和党人对他们称之为"罗斯福萧条"的靶子发起攻击。在经历了12年的萧条之后,美国人明显厌倦了,他们厌倦改革,而目前是厌倦战争。

杜威历数不利于罗斯福总统的诸方面。例如,一种可信的指控在于,民主党由来已久的对国家银行的反感使得大萧条的破坏力更强、延续时间更长。我们知道,罗斯福总统赞同安德鲁·杰克逊对银行业所持的极端怀疑态度。借助各种"改革"措施,民主党人抑制了一个强大的、富于弹性的银行体系的出现。与之相反,加拿大有一个富有活力的国家银行,该国在大萧条期间没有一家银行破产。[72] 罗斯福总统对他在就职时就宣布全国银行业休业感到不舒服,但由于许多州长对当地银行破产的惊慌反应,使休业成为必然。这次信用危机导致诺贝尔经济学奖得主米尔顿·弗里德曼(Milton Friedman)将20世纪30年代的经济灾难称为"大紧缩"(The Great Contraction)。[73]

经济状况在1944年明显好转。确实,战时生产导致了高就业和工资水平的提高。但严密的控制和严格的配给制刺激着人们的神经,存在着普遍的抱怨和怀疑。人们在黑市上回避规章管理。* 谣言遍及每一个城镇,即有钱人或有社会关系的人正在他们拉下的窗帘背后大嚼牛排。

罗斯福在这个选举季很晚才投入竞选。在这个关键时刻,他的工作时间却在缩短,而且易于感到疲劳。不过,当他确实参加竞选时,这个老迈的竞选者被证明是一个驾轻就熟的政治家。"我事实上又长了4岁——这个事实似乎令一些人感到苦恼,"他幽默地说道。[74] 他的那些在全国电台联播中的听众,没有忘记收看著名的卡通电视剧"纽约人"(以前在第四章提过)。该剧表现的一个场景是一群富裕的戏迷通过一扇打开的窗户招呼他们的一些衣着考究的朋友:"快点!我们要去纽约的Trans-Lux剧院嘘罗斯福。"罗斯福正面回击了共和党人有关罗斯福萧条的宣称。他说道,正如你们讲一个上吊自杀的人,却不提他家中有上吊用的绳索一样:"如果我是共和党的领导人……

---

* 黑市是指在产品和服务交易中的"地下"或非法市场。每当实行配给制或政府定价时,几乎都会出现黑市。

我认为,我首先应该讲导致萧条的种种缘由,最后才讲到'萧条'这个词。"[75]

在华盛顿聆听罗斯福演讲的一群工会代表报之以热烈的欢呼。此刻,罗斯福总统就是要将对手彻底击出"拳台"。他一直在养精蓄锐地准备对一位无名的共和党议员发起猛烈的攻击。共和党的这位批评者宣称,罗斯福将他的苏格兰小猎犬丢在阿拉斯加了,结果他派遣一艘海军驱逐舰将它取了回来。

总统说,他已经习惯了共和党人对他、他的妻子和家人的攻击。但法拉(Fala)、即总统的小猎犬却不善解人意:"当它了解到共和党造谣作者编造了一个故事,即我把它忘在阿留申岛(Aleutian Island),并派一艘驱逐舰将它取回来——花了两三百万或二千万美元的代价——它彻底暴怒了。从那以后它再也不是原来的那条狗了!"[76] 听演讲的群众、收听联播的听众、整个国家都哄堂大笑。罗斯福击中了共和党的竞选要害。尽管杜威从未提到过法拉,但共和党人的竞选调子弥漫着轻蔑,这是他们的致命伤。[77] 罗斯福这位最重量级拳手给了对手致命一击。

尽管那个谎言被广泛认为是出自艾丽斯·罗斯福·朗沃思(Alice Roosevelt Longworth,西奥多·罗斯福的女儿),但已于事无补。杜威是"婚礼蛋糕上的一个小人偶",似乎是对这位学究气很浓、衣着考究但自以为是的纽约律师的活写照。

尽管杜威也许是自以为是的和学究气很浓的,但他也是一位爱国者。他得到消息说,美国早在珍珠港事件之前就已经破译了日本的军事密码。这有可能对罗斯福提出一种毁灭性的指控——即他知道或应该知道日本人即将进攻。

第六章 美国的胜利（1943—1945）

罗伯特·麦考密克上校也有军事秘密的消息来源。他创办的报纸《芝加哥论坛》竟然公布了美国情报机构已经破译了日本密码的消息。[78] 罗斯福总统大发雷霆，曾想以间谍处置条例起诉麦考密特，但被他的军事顾问所劝阻。他们注意到日本人在继续使用已被破译的密码。很明显，敌人并不读《芝加哥论坛》报。

陆军参谋长乔治·马歇尔将军不大关心政治，但他非常注意不使美国情报机构的消息和技术在战争期间泄露出去。马歇尔将军认识到，如果日本密码在感情色彩过重的竞选活动中成为引人注目的问题，那么，东京将会意识到它的密码已经被破译。马歇尔将军请求海军上将欧内斯特·金（Ernest J.King）、当时的海军作战部部长一道写信给托马斯·杜威。他们共同恳求杜威不要将紫色密码（Magic）被破译的真相泄露出去——这种密码是日本进行外交和军事联络的最高机密密码。[79] 如果有关紫色密码的消息被泄露出去，那么超级密码（Ultra）——机密的德国军事密码——被破译的消息也将被泄露。整个战争努力就将受到威胁。

这也许是托马斯·杜威一生中最杰出的时刻。他仍在夜以继日地继续着对罗斯福的竞选战，但却从未提到过紫色密码。就好像为了要弥补他拒绝使用这一巨大威力的攻击手段似的，杜威加强了对他纽约老乡的攻击。杜威攻击摩根索计划是矛盾百出和不具可行性的，认为它只会加剧德国人的抵抗。杜威指责道，它就像新增10个德国师一样有利于敌人。[80] 杜威还特别突出他的年轻和活力，以使人们关注罗斯福总统不佳的身体状况，尽管他没有直说。

为了消除有关他健康状况不佳的谣言，罗斯福总统乘坐一辆敞篷车穿越纽约的各街区，进行了一次长达4小时的竞选旅行。[81] 几十万美国人站在街道两边大声欢呼,直到喊哑了嗓子。尤其是蓝领工人更是疯狂地呼喊。罗斯福总统微笑着挥手示意,在寒冷的雨水中前行。他浑身都湿透了。这是一次勇敢而冒险的行动;不过,健康状况恶化的罗斯福总统似乎从人民的爱戴中汲取了力量。这将是他最后一次听到人民的欢呼声。

不过,罗斯福不大可能聚合他联盟中的所有力量。性情暴躁的乔·肯尼迪(Joe Kennedy)1944年10月末在白宫中与罗斯福总统相遇,他威胁要支持杜威。他直率地告诉总统,他的顾问们正在损害到他的声誉。肯尼迪气愤地说:"你已经被犹太人和共产党人所包围。"[82]后来,他向哈利·杜鲁门抱怨罗斯福道:"那个瘸子……杀死了我的儿子乔。"[83]事实上,小肯尼迪是自愿驾驶装满炸药的飞机飞越英吉利海峡执行危险任务的。小肯尼迪的死意味着乔·肯尼迪的所有抱负都将依赖他的第二个儿子、27岁的约翰·菲茨杰拉德·肯尼迪(John Fitzgerald Kennedy)来实现。

在选举日,罗斯福第四次赢得了选举。他赢得了25 602 505张选民票(53.3%)和432张选举人票,杜威的得票是22 006 278张选民票(45.8%)和99张选举人票。罗斯福的军事长官们也许要感谢杜威,他未揭露紫色密码的真相,但年迈的竞选胜利者却没有丝毫的感激之情,罗斯福在提到他最后的这位竞争对手时说:"我仍然认为他是婊子养的。"[84]

当美国在"二战"期间举行全国大选时,自由赢得了胜利。人们不再认为独裁政府更有效,这成为未来的发展趋势。意大利退出了战争,德国和日本处于守势,民主力量处于上升趋势。没有人能够否认红军在打败希特勒上所起的主要作用。但没有人能够证明斯大林是

第六章 美国的胜利（1943—1945）

一位民主主义者。在克里姆林官的一次宴会上，莽撞的阿斯特夫人（Astor）问苏联领导人："您准备什么时候停止杀人？"她是英国议会的第一位女议员，在斯大林的老巢中问这种问题是需要勇气的。旁边的共产党同志愣住了，但斯大林继续吸着烟斗，温和地说："当不再需要的时候。"[85] 正如丘吉尔所说的，"民主是基于这样一种思想，即最好是正面肯定人们的价值，而不是严厉地责骂他们"。这不是像斯大林这种残酷的人所能理解的。

罗斯福再次当选，法国大体也在1944年末被解放。德国设在佩纳明德的火箭发射场也被攻占。似乎只要做扫尾工作就能跨越莱茵河、结束欧洲战事。当盟军向希特勒的齐格弗里德防线（Siegfried Line）挺进时，德国已经门户大开。丘吉尔参观了所谓坚不可摧的防御阵地。他向那些陪同他的人——军官和记者们——使眼色。接着，他领着他们在希特勒著名的防线上小便。

如果说美国人认为欧洲的战事已经结束，但希特勒却不这样认为。他还在秘密地策划一次对西方盟军的重大反攻。事实上，他抽调了在东部的一些作战师到西部，而这致命地削弱了他对潮水般涌入的红军的防御。

希特勒策划的阿登战役（Ardennes campaign）开始于1944年12月16日。利用大雪和能见度低的有利条件，德军的装甲坦克横冲直撞地通过阿登森林。美国人遭受出其不意的攻击。突出部战役（Battle of Bulge）——很快就闻名于世——是德国人在西部发动的最后一次攻击。战役的第二天，80名美国战俘在比利时小镇马尔梅迪（Malmédy）外被杀害。马尔梅迪大屠杀是纳粹党卫军的血腥暴行。

美国人在突出部战役中遭受巨大损失，这不仅是因为德国的装甲坦克，严冬也造成了大量伤亡。在纬度偏北的地区，夜幕在下午 4 点 45 分就降临了，甚至来自达科他州的美军士兵也有被冻伤的。拉尔夫·英格索尔（Ralph Ingersoll）上校回忆道："当驾着吉普车通过阿登森林时，我穿着羊毛内衣、羊毛制服、装甲部队的作战裤、毛线衫、带松紧袖口的装甲部队作战夹克、厚围巾、带厚衬里的军用防水短大衣、两双厚羊毛袜子、加防水鞋套的战靴——但我从未感觉到暖和。"[86] 数千名士兵由于冻伤和战壕足病而病倒，后者是一种致命性疾病，它源自双脚长期暴露在潮湿的环境下。这时美国兵的典型形象是将湿袜子围在脖子上，以提供一双暖和的干袜子备用。[87]

在 D 日那天空降作战的美军 101 空降师是一支战斗力强、善打硬仗的部队。现在，它被进攻的德军部队包围在比利时小镇巴斯托尼（Bastogne）。但当德国指挥官要求他们投降时，101 空降师师长安东尼·麦考利夫（Anthony McAuliffe）将军有力地回答说："呸！"[88]

艾克命令巴顿将军脱离战斗向北去救援巴斯托尼。在圣诞节前夕，云雾逐渐消散。艾森豪威尔能够运用他的具有绝对优势的空中力量。那晚，2 000 架盟军飞机攻击了 31 个德国目标并摧毁了它们。[89] 由于燃料严重短缺和美国人的英勇反击，德国人的进攻很快就失败了。在突出部战役中，德军伤亡超过 10 万人。[90]

美军在突出部战役中的胜利是艾森豪威尔的沉着冷静、巴顿的勇往直前和麦考利夫的坚忍不拔的明证。但最重要的，是士兵民主精神的明证。美国人在最恶劣的战斗和气候条件下的应变能力，完全被希特勒和他的将军们低估了。[91]

3. 民主："热狗中的配菜"

正当战时作家协会、一个政府机构试图要提出一个可行的民主定义时，E. B. 怀特（E.B.White）在《纽约人》（*New Yorker*）报的专栏中提出了一种定义：

> 可以确信，协会知道什么是民主。它是构成正义的界线。它是禁止强制。它使自命不凡者尴尬，使傲慢者窘迫。民主是反复出现的怀疑，即对多数人在多数时间是正确的怀疑。它是在投票所里的私密、在图书馆中的亲密交流、在生活各个方面的活力。民主是写给编辑的信。民主是九度音程开始时的配乐。它是一种仍未被证伪的思想，一首歌词尚未过时的歌曲。它是热狗中的配菜和咖啡中的牛奶。[92]

当哈里·霍普金斯向罗斯福总统介绍怀特的文章时，后者大声地喊道："我喜欢这篇文章！它正是我的感受。"[93] 此时，罗斯福总统正计划一次低调的第四次就职典礼，没有阅兵仪式。他问道："谁在这里接受检阅呢？"因为数百万陆海空军战士正在海外作战。他们在勇猛地追击这个伟大共和国的敌人。[94] 甚至在一个规格降低的白宫招待会上迎候数百名来宾，对这位已经精疲力竭的总统来说似乎也是无法承受的。他让儿子吉米拿给他那瓶珍藏于卧室中的波旁酒，借助喝酒来增强体力以抵御寒冷潮湿的一月。[95] 意识到必要性后，他选择那个历史时刻告诉 37 岁的儿子吉米，他确定后者做自己遗嘱的执行人。他说，在他私人的保险箱中有一封信，其中有对他葬礼的安排。他告

诉他的长子:"我想给你我戴的家族戒指,希望你将戴着它。"⁹⁶

当下一次三巨头峰会临近时,罗斯福总统需要一种可信赖的民主定义。当丘吉尔得悉会议的地点在"雅尔塔"(Yalta)时,他抱怨道:"如果我们花10年来研究的话,斯大林就不可能选择一个更糟糕的地方来开峰会。"⁹⁷

雅尔塔在克里米亚半岛(Crimea),是乌克兰的一个地区,只是最近才从德国占领下解放出来。它是沙皇的海边避暑胜地。对罗斯福总统而言,这次会议将是一种折磨。他必须乘总统专机从地中海的马耳他(Malta)岛进行长时间飞行。*接着他还必须驱车8小时才能到达。对这位迅速衰老的总统而言,这是一次痛苦之旅。

在斯大林的家乡与他会晤,再次意味着为盟国领导人安排的住处将被窃听。男女佣、厨师、卫兵和所有与西方客人接触的人,都是苏联内务部的雇员。斯大林对此毫不掩饰。在一次愉快的氛围中,他指着一位苏联代表,对罗斯福说:"这是我的希姆莱。"⁹⁸他所说的就是拉夫连季·贝利亚(Lavrentii Beria),斯大林秘密警察机构的残忍的首脑。

罗斯福总统知道很难与这位苏联独裁者打交道,尤其是在红军已经做好准备对柏林实施最后攻击的时候。他私下曾向纽约州天主教大主教弗朗西斯·卡迪纳尔·斯佩尔曼(Francis Cardinal Spellman)透露,他预计苏联将在战后统治东欧。而他希望利用外交和慷慨的美国援助来保证一种温和的统治。⁹⁹

---

*那架有4个引擎,由螺旋桨驱动的飞机并没有与我们今天空军一号相关的那种舒适性。它飞行缓慢、空间局促、空气污浊,总统的飞机被称为"圣牛"。这个绰号来自媒体一些冷嘲热讽的人士。

第六章 美国的胜利（1943—1945）

罗斯福不仅必须与斯大林做斗争，而且也要应付国内大量的苏联支持者。沃尔特·杜兰蒂（Walter Duranty）是《纽约时报》（New York Times）驻莫斯科的记者，他在代表这些数量众多的支持者讲话。他写道："俄国人与我们一样自由。"[100] 美国人渴望结束战争，让小伙子们回家。有1 200万人在服役，几乎每个美国家庭的晚餐桌上都有一个座位空着。当罗斯福总统与丘吉尔和斯大林一道在沙皇华丽的宫殿中坐下来商讨时，他必须考虑到这种强烈的情感。

丘吉尔想恢复法国的力量和影响，这并非因为他发现戴高乐将军是易于打交道的。他曾经说过："我必须经受的最艰巨的考验就是去背负洛林（Lorraine）的十字架。"* 丘吉尔是想要一个强大的法国以抗衡苏联力量在欧洲的崛起。在日复一日的步步紧逼下，斯大林终于举手表示放弃，他说道："我认输了。"[101] 斯大林这位永远的现实主义者，允许英美在对德占领区划拨一块地方给法国，只要它是从已经分配给西方盟国的土地中划拨的就行。他同意让法国人加入欧洲咨询委员会（European Advisory Council）的意愿并不像表面上看起来的那样高尚，该委员会管理着被占领的德国。他已经表明，他能够通过他所控制的强大的法国共产党来影响法国。

如果说丘吉尔成功地支持法国恢复了国际地位，那么，罗斯福则推动了中国获得大国地位。[102] 在联合国的组织框架下，领导者们在为战后的解决方案进行谋划，法国和中国将获得安理会的常任理事国席位。

---

* 戴高乐将军将洛林的十字架作为他的自由法国运动的象征。这与共产党的无神论形成鲜明对比，后者对法国抵抗运动产生了巨大影响。

波兰问题引起了巨大的争议。斯大林允诺要建立"一个强大、自由、独立和民主的波兰"[103]。困难在于斯大林如何界定民主。可以确信，它不是"热狗中的配菜"。正如斯大林所指出的，谁投票无关紧要，关键在于谁计票。如果信奉无神论的共产党在信奉天主教的波兰取得统治的话，那教皇难道不会感到忧虑吗？斯大林有一个现成的答案："教皇？他有多少个师？"[104]

罗斯福希望他能够让苏联人尊重他们已经签署的协议，即有关如何对待"被解放的欧洲"的协议。但他相信，在即将到来的对日本本土的进攻中，他必须得到斯大林的帮助。斯大林在整个战争中一直避免参与远东战事，强调击败希特勒的紧迫性。目前，由于纳粹明显已经濒临灭亡，所以，斯大林最终同意了罗斯福的要求。在德国投降后2~3个月内，苏联将加入对日作战。罗斯福总统和他的军事长官们的喜悦之情溢于言表。海军上将欧内斯特·金欣喜地说："我们刚刚拯救了200万美国人的性命！"[105]

雅尔塔曾经是、目前仍然是一个引起热烈争议的领导人峰会。英国陆军元帅蒙哥马利也许是第一个称它为另一个"慕尼黑"的人，意指罗斯福和丘吉尔为了和平而蓄意将波兰和东欧出卖给斯大林。[106] 罗斯福的许多辩护者则极力为雅尔塔协定开脱，他们将之归结于罗斯福那致命的疾病，认为的确不应由他来承担责任。但埃夫里尔·哈里曼，罗斯福的一位密友和对苏联人意图有敏锐洞察力的人，却说："总统精疲力竭、衰弱不堪，但却思维敏捷。"[107]

在1944年，丘吉尔就已经看到了数百万苏联部队横扫东部欧洲所带来的问题。丘吉尔1944年到过莫斯科，提交斯大林一份临时协议，而此时红军正横扫东欧。该协议的目的不在于提供一份有关这些国家战后命运的最终声明，它仅是要对势力范围的划分提供一种指导性框架。就罗马尼亚而言，他建议90%是苏联的势力范围，10%是西方的；在希腊，份额将颠倒过来，90%是西方的，10%是苏联的：在南斯拉夫和匈牙利，首相划定的是50%对50%。丘吉尔也许认为，罗斯福和赫尔（Hull）将会拒绝这种势力范围的划分，所以他称他的领土分割明细表是一份"不当的文件"。他告诉苏联独裁者："我们以如此随便的方式处理这些问题，而它们是对无数人民命运攸关的问题，人们会不会认为我们是玩世不恭的？还是让我们把这张纸烧了吧。"在用他的蓝色铅笔仔细核对完丘吉尔所提供的数字后，斯大林带着一种嘲讽的表情回答道："不，您保存着。"[108]

现实是斯大林拥有数百个师。没有哪个国家可能谋划一场对斯大林的战争，以强迫他退回到战前苏联的边界内。因此，除了努力用"租借法案"不断地供应他物资以显示美英的诚意外，盟国领导人还能做什么呢？

无疑，罗斯福总统试图建立一种与斯大林私人关系——正如一位保守派学者罗伯特·奈斯比特（Robert Nisbet）所称的那样——是"一次失败的求爱"[109]。富兰克林·罗斯福似乎并未重视富于扩张的共产主义所造成的根本威胁。有充分的理由证明，罗斯福本人也将这种"求爱"视为是失败的。在他去世前两个星期，罗斯福总统痛苦地喊道："（斯大林）破坏了每一个他在雅尔塔许下的诺言！"[110]

批评家们正确地指出了阿尔杰·希思（Alger Hiss）、一位苏联间谍在雅尔塔的存在。希思是美国国务院的一位高级官员、一位被罗斯福总统任命的官员，他在雅尔塔会议后到莫斯科游历，并秘密地接受了红星勋章。[111]他并非是唯一的，国务院的劳伦斯·杜甘（Lawrence

Duggan）和摩根索领导的财政部副部长哈里·德克斯特·怀特（Harry Dexter White）也是苏联间谍。[112]

令人震惊的现实在于，美国政府已遭到苏联间谍的危险渗透。不过，在那时，对许多人而言，这并不比政府重要机构中存在的许多英国同情者更危险。

由于苏联人民顽强、勇敢地抵御纳粹侵略者，所以他们受到广泛的赞美。斯大林被视为一位严厉的、家长式的人物，一位俄国的独裁者，但不是被视为残忍、嗜杀的恶魔，像后来研究所证明的那样。美国人对在苏联"伟大的卫国战争"中牺牲的2 000万生命深表同情。他们从未看到数百万被遣返的苏联战俘被斯大林直接送到了集中营（Gulag），这对于我们而言简直是一种疯狂。必须记住的是，这些曾经是纳粹的囚犯，知道斯大林并未为战争做好准备；他们还知道，欧洲人的生活水平远高于苏联人。而对斯大林来说，凡是被俘的苏联人都是叛徒。他并未做任何努力去解救数百万俄国战俘中的任何人。他甚至容忍自己的儿子雅科夫（Yakov）死在一个德国战俘营中，而不用德国陆军元帅冯·鲍卢斯（von Paulus）去交换他。

从雅尔塔返回后，罗斯福总统立即出现在国会。在那里，他向两院联席会议做了一个有关三巨头峰会的报告。第一次，他是坐着讲话的。也是首次，他公开提到他身体的虚弱、提到他腿上10磅重的金属支架。他主要是告诉议员们，他已经向美国众议院充分地介绍了情况，并要求参议院批准全部条约。他明智地寻求国会的帮助，而避免了威尔逊（Wilson）总统在"一战"后所采取的对抗做法。* 他说，这

---

* 当然，威尔逊面对的是一个由共和党控制的国会，而罗斯福总统的民主党同事牢固地控制着两院。

个世界没有德国军国主义与基督教仁义共存的余地。[113] 他毫不隐瞒地提到在波兰边界问题上达成的妥协：给予苏联数百英里以前属于波兰东部领土的土地；而波兰被补偿以一定数量的德国在东普鲁士的土地（这次交易没有征询波兰人的意见）。罗斯福表明，他对东欧的自由选举，对一个新的国际组织，即取代国联的联合国负有责任。[114] 如果雅尔塔协议被实际执行了，很少有美国人会抱怨。

与此同时，在太平洋战场，麦克阿瑟将军解放了菲律宾，正向日本本土挺进。处于越来越绝望中的日军指挥官竟然祭出"神风"（Kamikaze）飞行员突击队。它实际上是由蓄意自杀的飞行员发起的一波致命攻击，他们驾着飞机撞向美国海军舰只。1945年4月，在美军进攻冲绳岛期间，"神风"攻击队摧毁了36艘美国战舰、击伤了368艘战舰。[115] 数千名美国海军官兵在这些野蛮攻击中牺牲。

尽管所有的峰会主要都关注着欧洲战场，这是对德战争需要的。但在太平洋战场，数万名美军官兵的伤亡使美国必须正视对日战争的重要性。年轻的中尉约翰·F. 肯尼迪（John F.Kennedy）发现他所指挥的鱼雷快艇（PT-109）在一天深夜被日本驱逐舰击成两半。肯尼迪拖着一个受伤的船员游到附近的一座岛上，其他人跟随着他也游到了安全地带。他由于勇敢而被授予勋章。

另一位中尉乔治·H.W. 布什（George H.W.Bush）放弃了在耶鲁的学业，成为历史上最年轻的海军飞行员。当他驾驶的飞机在父岛（Chichi Jima）附近被击落时，其他两位机组人员都牺牲了。布什疯狂地划着救生筏远离日军占据的岛屿。他拼命躲避被残忍的日本人抓获。他知道日本人会砍下美国飞行员的脑袋、吃他们的肉。[116] 很快，布什就松了一口气，他看到美国潜艇"鳐鱼号"（Skate）浮出水面来救他。日本人的自杀式抵抗以及来自菲律宾被解救的战俘关于他们遭受残暴虐待的故事,给无数美国人留下非常深刻的印象。

4. 哈利·杜鲁门:"月亮、星星和所有的恒星"

为了从艰苦的雅尔塔之旅中恢复过来,罗斯福总统去了位于佐治亚州的温泉区,在4月和煦的微风中做一些休整。露西·卢瑟福德(Lucy Rutherfurd)将画家伊丽莎白·苏马托夫(Elisabeth Shoumatoff)带到那里给总统画肖像画。卢瑟福德在将近30年前是罗斯福的情妇。[117] 作为妻子埃莉诺(Eleanor)同意不与他离婚的一个条件,罗斯福总统承诺不再见露西。但在这里,孤独多病的总统请求女儿安娜(Anna)将露西请来。罗斯福总统需要一个伴侣;他需要一个热情、宽容的朋友。但埃莉诺有着她一贯追求的理想和事业,并不断地为那些不幸的人们陈情,这令富兰克林疲惫不堪。

1945年4月12日早晨,在坐着被画像时,罗斯福总统用手指着自己的太阳穴说:"我头痛得厉害。"随即就栽倒死去。[118] 埃莉诺马上就了解到露西在场,但国人并不知情。当知悉是女儿帮助父亲安排了露西的来访后,埃莉诺冷漠地让女儿离开。但安娜和埃莉诺很快就重归于好。后来,埃莉诺甚至还和露西互通了彼此原谅的信件。

总统的去世令举国震惊。对无数人而言,富兰克林·德拉诺·罗斯福是他们所了解的唯一的总统。如他所愿,葬礼仪式非常简单。他的灵柩装在马拉的灵车上通过华盛顿市,接着由火车运往纽约的海德公园(Hyde Park)。美国人在那个星期四下午的晚些时候获知消息,星期天他将被安葬。当下葬的灵车经过时,40万人含泪为他送行。

在安葬的那一刻，西点军校的学员在墓地行鸣枪礼。飞机停飞、火车停运，全美国默哀 2 分钟。[119] 各地方报纸都发布了一个简短的讣告，就好像它们是在为家乡去世的男人发布的："富兰克林·罗斯福总司令，卒于佐治亚州温泉区。"甚至多年来一直称他为"那个人"的许多共和党人也停止了攻击。当论及罗斯福总统时，《恩波里亚报》（*Emporia Gazette*）的著名编辑、堪萨斯人威廉·艾伦·怀特（William Allen White）代表这些人写道："我们这些恨你华而不实的人向你致敬。"[120] 举国在悲痛中团结起来。

战争不可能停顿下来。在美舰"提兰特"（*Tirante*）号上——这是一艘在被日本占领的韩国南部水域巡航的潜艇，该水域布满了水雷——指挥官乔治·斯崔特（George Street）上尉锁定了敌人的货船。但斯崔特必须将他的潜艇浮在水面上驶入港口，因为水太浅无法下潜。1945 年 4 月 14 日凌晨 4 时，斯崔特用鱼雷击中了一艘巨大的军火船。斯崔特记录道："一声巨大而美妙的爆炸，令人目眩的、巨大蘑菇状的白色火焰喷射到 2 000 英尺的空中……（最初是沉寂，但接着）一声巨大的轰鸣震得我们头晕目眩"。但爆炸的亮光也暴露了"提兰特"号舰，它就像煤堆中的雪人一样清晰可见。不过，不是匆忙撤退，斯崔特沉着应战击中了两艘向他的小艇驶过来的敌舰、即两艘"御藏级"（Mikura class）护卫舰。当斯崔特和他的船员们进入敌港时，他们听到了罗斯福总统去世的消息。他发回太平洋潜艇指挥部的电报非常简练："那三艘敌舰是为富兰克林消灭的……一艘军火船和两艘护卫舰。"[121] *

---

* 舰长乔治·莱维克·斯崔特第三由于这次行动而被授予国会荣誉勋章。

"耶稣基督和杰克逊将军!"这是哈利·杜鲁门听到罗斯福死讯时说的第一句话。[122] 他正在国会大厦众议院议长的办公室里享用会后的饮料,当时的议长是来自得克萨斯州的、生硬粗暴的萨姆·雷伯恩(Sam Rayburn)。杜鲁门匆忙离开议长的办公室。在前往白宫的途中,他与得克萨斯州议员林登·约翰逊(Lyndon Johnson)擦肩而过。[123] 在白宫,他很快宣誓就任美国第 33 任总统。随后,当杜鲁门总统首次会见新闻记者时,他说道:"小伙子们,如果你曾祈祷的话,现在请为我祈祷吧……当他们昨天告诉我发生了什么事的时候,我感觉月亮、行星和恒星全都朝向我坠落。"[124]

英国人的反应是一种惊恐和不安。哈罗德·尼科尔森(Harold Nicolson)——一位经验丰富的外交官,在他的日记中透露道:"我对温斯顿深表同情。那天下午,从他的举止中可以明显看出,他遭受了一次真正严重的打击。在该死的美国宪法规定下,他们现在必须容忍副总统,他之所以被选择,实际是因为他是一个没有特色、不会造成伤害的人。正如柯立芝(Coolidge)所做的那样,他也许会被证明是一个有性格的人。但我尚未听到任何人说他一句好话。"[125]

丘吉尔在最后一刻决定不飞往华盛顿。作为替代,他在英国下院发表了感怀富兰克林·罗斯福总统的优美颂词:

> 他披甲而亡。我们可以更确切地说,他是披着战甲而牺牲的,像他的士兵、水手和飞行员一样。这些战士们与我们并肩而战,为他们的目标在全世界的实现而献身。罗斯福的牺牲多么令人羡慕。他领导着他的国家走过了最危险、最艰难的时刻。胜利之光毫无悬念地将他笼罩……他是有史以来从新大陆带给旧大陆以帮

第六章 美国的胜利（1943—1945）

助和安慰的最伟大的自由战士。[126]

民主国家的领导人能够理解罗斯福。他们也能够理解在自由国家中，权力从临终的总统手中传给其符合宪法程序的继承人的一种和平而有序的方式。

在莫斯科就并非如此。斯大林命令把所有红旗都加上黑边，但他同时指示苏联特工向罗斯福总统的儿子埃里奥特（Elliott）发出呼吁。斯大林试图让他自己的医生去检查总统的尸体。他确信是"丘吉尔及其同伙"毒死了罗斯福总统。[127] 对一个通过杀死他的所有对手而掌权的人而言，这似乎是唯一的逻辑。

在柏林没有任何悼念活动。深藏于地下、过着暗无天日生活的希特勒，从喜气洋洋的戈培尔那里得到消息："我的元首，消息是用加星号的文字写成的！罗斯福死了！"相信占星术的希特勒说道，这是德国命运长期等待的转折点。罗斯福的死就像俄国女沙皇的死一样，后者之死奇迹般地将希特勒心目中的英雄——弗雷德里克大帝（Frederick the Great）从失败中解救出来。[128] 希特勒在提到罗斯福之死时说道："老天消灭了历史上最大的战犯。"[129]

从希特勒嘴里说出，这确实是最高的褒奖。

历史证明，希特勒的命运是悲惨的。在罗斯福去世两周后，红军合围了柏林。万门大炮喷射出令人难以置信的火网，将这座历史名城炸成了遍地瓦砾。

在地面的山摇地动中，希特勒 1945 年 4 月 28 日得到消息，他的精神导师和朋友贝尼托·墨索里尼（Benito Mussolini）被抓获。意大利游击队很快就对他进行了审判，枪决了他和他的情妇及几名亲信。然后,游击队员们将他们的尸体倒挂在米兰的一个加油站中。希特勒惊恐万分,决定不能被生擒。他很快与埃娃·布劳恩(Eva Braun)——他的傻瓜情妇成婚。接着,1945年4月30日,在毒死了他最喜爱的阿尔萨斯牧羊犬布龙迪(Blondi)后,他和埃娃自杀。戈培尔和他的妻子首先通过注射毒药杀死了他们的6个小孩,然后为希特勒殉葬。

纳粹党卫队员在已经变为废墟的总理府(Reich Chancellery)的院子里焚烧了希特勒的尸体。宏伟的总理府是由希特勒下令建造的,意在震慑心存恐惧的参观者,他预计该建筑将保存千年。但在仅仅存在了12年后就化为废墟。第二天即1945年5月1日,在燃烧尸体的恶臭中,红军士兵在总理府废墟的顶部升起了一面苏联有锤子和镰刀图形的红旗。他们能够按时欢庆国际劳动节。

搜捕在逃纳粹领导人的行动开始了,许多人被抓获。但纳粹党卫队领袖海因里希·希姆莱在被英军关押期间,咬破、吞下一颗氰化钾胶囊而死。

随着纳粹死亡集中营的被占领和数千名幸存者的被解放,盟国下决心对所有第三帝国的领导人进行审判。奥斯维辛、特雷布林卡、拉文斯布吕克(Ravensbruck)、达濠(Dachau)、毛特豪森(Mauthausen),这些集中营的名称在1945年4月都成为家喻户晓的凶残的代名词。艾森豪威尔将军强迫德军战俘埋葬了堆积如山的尸体,它们在美占区内的所有死亡集中营中像木头一样堆放着。他命令德军战俘观看有关大屠杀的新闻资料片。[130]他还命令随军摄影师录制每个场景,以防西方一些人将来否认曾经发生过大屠杀。*出于对其暴行感到震惊，艾森豪威尔说："我检查了集中营的每一个角落。因为从那时起，我感到我的责任就是要对这些暴行提供第一手的证明，以防在国内生活的人产生这样一种质疑，即似乎有关纳粹暴行的报道都只是宣传。"[131]

杜鲁门总统保证执行富兰克林·罗斯福的政策。迫使希特勒德国无条件投降是其中的第一项政策。在一个星期内，德国的抵抗就土崩瓦解了。希特勒指定的接班人、海军总司令卡尔·邓尼茨（Karl Dönitz）下令全部德国部队投降。1945 年 5 月 7 日，盟军最高司令官艾森豪威尔在法国城市兰斯（Reims）接受了德国军队的无条件投降。"接受"是精心选择的词汇用以描述艾克的胜利。将军对他在集中营中看到的一切感到如此愤怒，以至于他拒绝亲自参加受降仪式，而是指定一位下属去见那些战败的德国人。[132]**

第二天，5 月 8 日，是哈利·杜鲁门 61 岁生日。尽管对全世界而言，它是胜利日——欧洲胜利日。在伦敦，数十万人聚集在特拉法加广场（Trafalgar Square），丘吉尔与国王、王后和伊丽莎白（Elizabeth）公主一起出现在白金汉宫（Bucking ham Palace）的阳台上。在整个西方，盟国和被解放国家的人民，共同庆祝世界迄今所知的对自由最大威胁的终结。在莫斯科，5 月 9 日，千门礼炮轰鸣，庆祝"伟大卫国战争"

---

* 尽管铁证如山——其中一些证据是以眼镜、头发和儿童穿的鞋子等形式存在的——但一些大屠杀的否定者仍然在继续着他们那些令人难以置信的研究。他们似乎在向那些容易受骗的听众说格罗科·马克斯（Groucho Marx）曾经说过的话："你会相信谁——我？还是你自己的眼睛？"

** 艾克的儿子约翰（John）在 1976 年回忆道："父亲是如此痛恨纳粹，他不想跟他们打任何交道。他永远也不会忘记集中营的恐怖。"（资料来源：尼尔：《哈利与艾克》，第 49 页。）

的胜利。

接下来的一个月,艾森豪威尔将被授予伦敦城的钥匙。在接受这一荣誉时,他发表了一生中第一次重要的公开演说。颇具特色的是,在 1945 年 6 月于伦敦市政厅(Guildhall)的那次演说中,他强调了自己的根在美国中西部。这样说,是在强调他的祖籍在英国。艾克是从自己的新大陆出发"去解放和拯救他来自的那个旧大陆的"。将军演说道:

> 在部下的流血和朋友们牺牲中赢得欢呼的人,必须时刻保持着谦卑。
>
> 一位指挥官也许在作战上有令人信服的长处。他也许全心全意地投入,去满足他战友的精神和物质需要。他也许写下了在军事史上永放光辉的一章。
>
> 即使如此,甚至这样一个人——如果他确实存在的话——也会悲痛地面对一个事实,即在他的记忆中,他的荣誉无法遮掩那标志死者安息之地的十字架。他也不可能慰藉那些丈夫或父亲已永远不会归来的遗孀和孤儿的痛苦。
>
> 一位司令官能够无愧地接受朋友们称颂的唯一态度就是谦恭地承认,虽然他个人是微不足道的,但他的职位是人类为了正义事业历尽千难险阻,并最终取得成功的伟大力量的象征。除非他感觉到了这种象征、感觉到了他努力完成事业的正义性,否则他会忽视他有幸指挥的百万大军的勇敢、坚毅和忠诚。如果与我一道服役的盟军的全部男女战士都能够认识到,正是他(她)们才是今天受到真正尊敬的威严大军。那么,我将真的感到满足。

当然，这种谦卑感不能掩饰我被授予伦敦荣誉市民资格的自豪。我不是这片土地上土生土长的人，我来自美国的腹地。我的家族关系、我的出生地和生长地，从表面看，都与这座伟大的城市相距甚远。堪萨斯州的阿比林（Abilene）和得克萨斯州的丹尼森（Denison）市加起来的面积也许仅有伦敦的五百分之一。

按照你们的标准来衡量，这些市镇都是新建立的，不像你们的城市都有悠久的传统。伦敦的历史可以追溯到没有文字记载的远古。成为伦敦的市民我感到无上光荣。[133]

尽管举行了各种庆祝活动，但战时联盟的合作并非都是愉快的。在经华盛顿去旧金山参加联合国成立大会的开幕式的途中，苏联外长维亚切斯拉夫·莫洛托夫（Vyacheslav Molotov）——绰号"锤子"（the Hammer）——被白宫阻拦，告之要先去拜谒新总统。当杜鲁门表达对苏联并未遵守他们有关波兰协议的忧虑时，莫洛托夫打断了他的谈话。他说，波兰人正在进行反对红军的活动。杜鲁门也打断了他的话，要他转告斯大林元帅，美国希望苏联遵守他们的协议。令人不愉快的是，莫洛托夫回答道，他从未经历过这种形式的会谈。杜鲁门严厉地说道："执行你们的协议，你就不会受到这样的约见了。"[134] 莫洛托夫是一个面色苍白的人，那是被称为"克里姆林宫苍白症"的症状。当时，他看起来是灰白的。[135] 此时冷战尚未开始，但凛冽的寒风已经划过白宫。

在成为总统后，杜鲁门所知悉的第一件事是有关曼哈顿计划（Manhattan Project）的。在担任参议员期间，杜鲁门多次反对研制原子弹的机密计划。他无法确定它是什么，但他知道那是一项庞大的计划。现在，在"月亮、星星和所有的恒星"全都压向他12天后，新总统获得了第一份来自陆军部部长史汀生（Stimson）有关原子弹情况全面介绍的简报。美国独家拥有原子弹将会改变一切，也会改变苏联人撕毁协议的企图，那些协议是斯大林在雅尔塔一本正经地签署的。

杜鲁门同意到波茨坦（Potsdam）参加新一次的三巨头会议。罗斯福去世后，对新总统很重要的是，要建立他自己与丘吉尔和斯大林的关系。波茨坦是战争中相对保存完好的、较为时尚的柏林郊区。它在苏联占领区一方。再次，斯大林费尽心机地用密探包围了盟国领导人。

如果说杜鲁门与莫洛托夫的冲突标志着美苏关系的一次意外交恶的话，那么，杜鲁门很快就要与罗斯福总统最亲密的私人朋友和最忠实的内阁成员绝交。作为财长的亨利·摩根索试图到波茨坦重提他的摩根索计划，那是战后处置德国的方案。[136]

杜鲁门不仅不想让摩根索或他的摩根索计划出现在波茨坦，而且也不想让他再待在华盛顿。随着罗斯福的去世，总统职位的继承顺序是从杜鲁门到国务卿詹姆斯·伯恩斯，然后是财长摩根索。由于杜鲁门和伯恩斯要乘坐同一艘美舰奥古斯塔号前往欧洲，所以海上的任何一种事故就有可能导致美国在仅仅几个月内经历另一次令人震惊的总统更替，摩根索就有可能成为新一任总统。杜鲁门意识到问题的严重性。不能允许一位未经选举的、醉心于一项要将德国削弱到原始状态的计划而引发巨大争议的人，以这种方式掌握总统大权。[137]* 在总统一

---

* 出于对美国不应由未经选举的人统治的深刻关注，杜鲁门支持修改总统继承法。此后，众议院院长和参议院院长将临时担任总统和副总统。杜鲁门的改革案由于第 25 条修正案的批准而变得不那么紧迫，但也并未完全过时。它允许总统提名填补副总统的空缺，但需得到参众两院的批准。

行登上前往欧洲的军舰之前，杜鲁门坚持要求摩根索辞职。[138] 在仅仅几个小时内，杜鲁门的朋党弗雷德·文森（Fred Vinson）将行囊从奥古斯塔号上搬了下来，他被参议院批准并宣誓就任新财长。很难想象如此笨拙的一次内阁成员更替，杜鲁门真是一开始就不顺，而亨利·摩根索也确实是受到不公正的待遇。

尽管处置忠实可靠的摩根索显得有些生硬，不过，杜鲁门的判断或许是对的。永久削弱德国的摩根索计划可能只会使苏联人占便宜。而且，如果成为总统，亨利·摩根索可能会受到致命的伤害。因为，他所信任的助手哈里·德克斯特·怀特（Harry Dexter White）是一名苏联间谍。最终，摩根索也不得不承认，"毫无问题，怀特是在为苏联人工作"[139]。

5. 自由的旗帜

在接近胜利的时刻，美国人可能会确信，他们在武器和物资供应上的优势倾斜了战争的天平。所有盟国人民都付出了巨大的投入和牺牲。各国的战士、水兵和飞行员也都表现出了令人难以置信的勇敢精神，并付出巨大牺牲。但美国是一个不可或缺的国家，是美国改变了战争的结局。阿里斯泰尔·库克（Alistair Cooke），当时是美国的一位年轻记者，他为BBC工作。在库克有关第二次世界大战报道的序言中，以生动的语汇描述了美国对胜利的贡献：

> 没有美国人民以惊人的速度生产军需物资，盟国不可能赢得在西线和东线的胜利，而这种速度是其他盟国所无法企及的。英

国在 1940 年到 1943 年间将其军工生产增加了 3 倍，这个速度超过了德国和俄国。德国和俄国两个国家增加了 2 倍。尽管日本增长了 4 倍。美国如何呢？美国竟然增加了令人惊愕的 25 倍。举个例子，在 1942 年，建造一艘英国设计的"自由"（Liberty）号货船需要 200 天才能下水。亨利·凯撒（Henry Kaiser）是斯波坎（Spokane）的一位大坝建筑商，以前从未造过船、飞机或其他手控武器。但通过预先制造配件，他将造船工期缩短至 40 天。他变的"戏法"是，在给船安装龙骨后 24 小时造出了"约翰·菲奇号"（John Fitch）船。没有凯撒所造舰船组成的船队来运送给养，英国人无疑将会饿死。[140]

在波茨坦，关注的焦点集中于如何处置战败的德国。斯大林下决心要洗劫苏占区——后者很快就以"东德"而闻名于世。红军被允许、甚至纵容，在其穿越的德国途中强奸妇女。在对德国的最后进攻中，大约有 200 万德国妇女被强奸。在攻陷柏林时有多达 13 万妇女被强奸，其中 1 万人自杀。[141]

苏联秘密警察在东普鲁士询问了一位德国妇女艾玛·科恩（Emma Korn），她讲述了当红军席卷东普鲁士时她的经历：

> 前卫部队……进入我所在的城镇。他们闯进我们藏身的地下室，用枪指着我和其他两位妇女，命令我们到院子中。在院子里，12 名士兵轮流强奸了我。其他士兵对我的两位邻居干了同样的事。第二天夜里，6 名醉酒的（苏联）士兵闯入我们的地下室，当着孩子的面强奸了我们。2 月 5 日，3 名士兵强奸了我们；2 月 6 日夜，

8 名醉酒的士兵强奸了我们,还打我们。[142]

几天后,艾玛·科恩和她的同伴看不到摆脱她们厄运的出路。她们割破了孩子们的手腕,然后是她们自己的,但她们没有死。[143]

亚历山大·索尔仁尼琴(Aleksandr Solzhenitsyn)那时 34 岁,在红军炮兵部队担任上尉。当他的同志们在劫掠珠宝、金银、当然还有酒时,他冲进一个工程师的办公室攫取了一支他垂涎已久的科依诺尔(Kohi-Noor)牌铅笔,那是这位正在成长中的作家曾经拥有过的唯一一支像样的铅笔。他在东普鲁士也强奸了一位妇女。他的罪行是在上司同意下犯下的,而且没有用枪胁迫,但那毕竟是强奸。令人感到惊愕的是,索尔仁尼琴在他的 8 000 行诗《普鲁士之夜》(*Prussian Nights*)中坦白了其罪行,这首诗是他在艰难跋涉地被押往集中营(Gulag)关押的路上创作的。斯大林的秘密警察逮捕了这位年轻的军官,因为他在一封信中将苏联领导人写成是农民,与无数年轻的俄罗斯男人并没有什么区别。

当获胜的三个重要盟国的领导人最终在波茨坦会晤时,杜鲁门总统担任了会议主席,他以快捷而有效率的方式引导会议进行。丘吉尔首相和他的战时联合政府中的搭档、副首相克莱门特·艾德礼(Clement Atlee)一同到来。来之前,丘吉尔的保守党和艾德礼的工党还在选举中进行着激烈的竞争。选举投票已经完成,但尚需几周来统计分布于世界各地的士兵的选票。没有人预料到丘吉尔会输。

丘吉尔突然有一种预感。1945 年 7 月 25 日,他说他做了一个梦。"我梦见我的生命结束了。我看到——非常清楚——我的尸体盖着一张白床单,被放置在一间空屋的一张桌子上。我认出我的赤脚,它未被床单盖住。这非常真实……也许这就是结束。"[144]

它不是死亡,也不是丘吉尔非凡政治生涯的终结。尽管如此,他肯定就是这样感觉的。世界为工党的压倒性胜利而震惊。丘吉尔忠实的、有抱负的妻子克莱门汀(Clementine)努力安慰他道:"这也许是塞翁失马,焉知非福呢。"丘吉尔闷闷不乐地答道:"这福也藏得太深了。"[145]

丘吉尔被艾德礼替代,使得斯大林面对的是两位经验不足的峰会伙伴。但杜鲁门刚收到一份密码电报,得知世界第一颗原子弹在新墨西哥州阿拉莫戈多(Alamogordo)试验成功。杜鲁门知道,如果仍有希望维系战时联盟的话,他在波茨坦必须做的一件事就是:告诉斯大林有关原子弹的情况。

在一次各方争吵不休的会议结束时,杜鲁门不经意地走近斯大林元帅。以一种交谈的方式告诉斯大林,美国已经研制出一种威力巨大的新式武器。斯大林并未作出什么反应,至少在感官上如此。杜鲁门后来提到:"他所说的只是,他很高兴听到这一消息,他希望我们很好地利用它来对付日本人。"[146]

当然,斯大林已经知道了这一情况。克劳斯·富克斯(Klaus Fuchs)——一位在德国出生、并从希特勒统治下逃离德国的流亡者——是一位热情而有才华的核科学家。他是英国公民,被派去同美国人一道为曼哈顿计划工作。他同时也是一位忠诚的共产党员和苏联间谍。[147]曼哈顿计划从一开始也许就泄密了。

另一位物理学家特德·霍尔(Ted Hall)也是为苏联工作的间谍。霍尔告诉他的一位苏联上级,他在新墨西哥州洛斯阿拉莫斯(Los Alamos)核试验室同另一位科学家的谈话。那位科学家告诉霍尔,他对美国和英国并未与他们英勇的盟国苏联分享原子弹制造技术感到愤怒。那位科学家说他愿意自己这样做，如果有机会的话。霍尔大声地迎合他的同事。霍尔告诉他，自己已经开始与苏联人合作。这次轻率的谈话明显令那位"左"倾的科学家感到恐慌，从这以后，他回避与特德·霍尔交往。但他并未向联邦调查局（FBI）报告。[148] 苏联人把他们成功打入曼哈顿计划的行动代号为"极大"（*Enormoz*），他们这次间谍活动的意义确实是非比寻常。[149]*

在波茨坦会议结束时，盟国再次发布命令敦促日本无条件投降。苏联人并未参与这项命令的发布，因为他们尚未与日本处于交战状态。

从来没有不使用原子弹的想法。那时，它也未被视为一种非凡的武器。老百姓已经习惯了数千架轰炸机对汉堡（Hamburg）和东京进行的恐怖性轰炸，这些轰炸造成了几十万人的死亡。对美丽的古城德累斯顿（Dresden）进行的燃烧弹轰炸，在一些城区引起了恐慌。在观看有关空袭的影片时，丘吉尔从他坐的椅子上跳起，他痛苦地喊道："我们难道是野兽吗？"但他并未下令停止轰炸。[150]

德国人对伦敦、考文垂（Coventry）、华沙和鹿特丹（Rotterdam）不加任何限制的轰炸，使盟国对德国人变得冷酷无情。类似的，日本人在东南亚和菲律宾的暴行也在美国人中激起了复仇情绪。

美国人在琉璜岛（Iwo Jima）和冲绳岛（Okinawa）遭受的巨大损失，使美国人下决心做必须要做的，以迫使日本人投降。美联社的摄影记者乔·罗森塔尔（Joe Rosenthal）捕捉到一个令人难以置信的

---

* 特德·霍尔在20世纪50年代初被联邦调查局发现。不像克劳斯·富克斯，他否认一切指控。仅是伴随着"极大"行动在20世纪90年代的解密，美国人民才了解到他在战时的间谍活动。

场景，6名美国军人在琉璜岛上升起一面星条旗。*尽管对5名海军陆战队员和1名海军医务兵在苏里巴齐山（Mount Suribachi）顶升起国旗的壮举，美国人感到热血沸腾，但伤亡人数却使无数美国人感到忧郁。硫磺岛战役比计划的时间要长近3倍——多达36天。海军陆战队员牺牲5 931人，伤17 372人。[151]

对冲绳岛的进攻损失更大。"神风"攻击机一波又一波的攻击——总共1 900架——造成了4 900名美国海军士兵牺牲，伤4 824名。海军陆战队的伤亡更多——7 613名牺牲，31 807人受伤。而且，还损失了763架飞机。[152]对冲绳岛的进攻开始于1945年4月1日。直到6月22日战斗仍未完全结束，这是整个"二战"期间最血腥的3个月。[153]

由于日本军队领导人顽固地对抗整个文明世界，所以杜鲁门下令使用原子弹。如果不是那年春天发生的各种事件，很难想象总统会作出这样的决定。杜鲁门担心，在进攻日本本土的过程中，美军会牺牲30万或更多的人。对冲绳岛大规模的自杀式攻击、日本军队一直不愿意考虑投降问题以及日本关押的盟军战俘营每月多达10万人的死亡，都使美国战争决策者们确信需要投掷原子弹。[154]

1945年8月6日，一架美国空军轰炸机在日本的广岛（Hiroshima）投下一颗原子弹。保罗·蒂贝茨（Paul Tibbets）上校驾驶着B-29轰炸机，他以妈妈的名字来命名它："依诺拉·盖伊"（*Enola Gay*）。这种厉害的飞机能够实施投弹并记录事件的过程，并完好无损

---

* 这是罗森塔尔赢得普利策奖的作品，这幅获奖作品已经变为一座巨大的塑像，它横跨华盛顿特区的一条河流，就是现在著名的"琉璜岛海军陆战队纪念雕像"（Marine Memorial）。

地安全返回基地。因为，要投掷的那颗原子弹是未经试验的，所以存在严重危险，即原子弹的爆炸也许会在毁灭既定目标的同时伤及飞机和机组人员。为了防止这种情况发生，原子弹的降落速度由一个降落伞的作用而变慢。这颗原子弹导致了 14 万人死亡。由于日本人仍不投降，第二颗原子弹于 1945 年 8 月 9 日在长崎（Nagasaki）投掷，估计造成 73 884 人立即死亡，还有 74 909 人受重伤，引起全世界对放射性毒害的警惕。[155]

这次斯大林遵守了承诺，宣布对日作战。裕仁天皇（Hirohito）首次通过广播向全国讲话，号召他的人民忍所不能忍，向盟军投降。这是在 1945 年 8 月 15 日发生的。在所有盟国，人民尽情表示无限的喜悦，欢庆对日本的胜利日。

1945 年 9 月 2 日，美舰密苏里（*Missouri*）号驶入东京湾（Tokyo Bay）。在那里，盟国的代表接见了日本的使者，对日本投降文件的签署人并未进行任何羞辱。道格拉斯·麦克阿瑟将军确保那种情况不会发生。"让我们祈祷，世界现在恢复了和平，上帝将永远保有它。"[156]

在东京湾获得的不仅是胜利，还有和平与自由。全世界的人民已经见证，民主国家从 20 世纪 30 年代后期严重的失败和颓废中恢复过来。美国孤立主义和英法绥靖政策已经名誉扫地。民主国家赢得了战争。伟大的美国确实成了"民主国家的兵工厂"。美国的生产率相比日本和德国而言具有压倒性优势。

对厌倦战争的全世界人民而言，战争的教训应该是永久性地解决了一个问题，即是否自由的人民也能够鼓起勇气和精神来保卫自己，如美国和英国所证明的那样。美国和英国在世界面前捍卫了民主的理想。

1945 年 5 月艾森豪威尔将军视察纳粹死亡集中营。随着艾森豪威尔的部队揭开了更多有关纳粹集中营的秘密,就像这个在德国奥尔德鲁夫(Ohrdruf)的集中营那样,欧洲盟军最高指挥官亲自视察了它们。他想能够作为见证者与那些将来也许会否定大屠杀的人当面对质。对纳粹的暴行感到极度愤慨,艾克拒绝在他设在法国兰斯的司令部与战败的德军将领进行谈判。他的办公室说他只"接受"无条件投降。

第六章 美国的胜利（1943—1945）

埃莉诺·罗斯福。 第一夫人埃莉诺·罗斯福要确保总统的自由政纲在战争期间不被忽略。她支持妇女发挥作用——不管是在军队中、还是在国内的军工产业中。她为塔斯基吉学院的飞行员，即黑人飞行员的利益说话，他们在仍然实行种族隔离的美国军队中服役。罗斯福夫人的社会良知从未泯灭过。她不停歇地巡视各方，经常充当行动不便的丈夫了解边远地区的耳目。

道格拉斯·麦克阿瑟将军。 麦克阿瑟将军1942年发誓说："我将回来。"那时，罗斯福总统命令他离开菲律宾被包围的柯雷吉多尔岛（Corregidor）。留下的数千名美军士兵都死在日军的战俘营中。此时，五星上将麦克阿瑟正在主持日本军队的投降仪式，地点在东京湾美国军舰密苏里号的甲板上，时间是1945年9月2日。麦克阿瑟英明地指挥了战后对日本的占领工作，既创造了稳定而民主的制度、又未破坏日本传统中的精华。

369

即使如这场最令人痛苦的战争也提供了一个重要的教训。

如此随便地被选民赶下台，温斯顿·丘吉尔受到了深深的伤害。尽管如此，丘吉尔那著名的幽默仍在。当乔治六世国王授予他嘉德骑士勋位时，他风趣地答道："在人民让我下岗后，我很难接受国王授予的嘉德骑士称号。"[157]

人民能够自由地更换他们的领导人是非常重要的。这就是自由的全部含义。它使自命不凡者尴尬，使傲慢者窘迫。由人民的主权决定，谁将统治他们。这是美国传达给世界的信息。那些海军陆战队员和海军医务兵在苏里巴齐山顶升起的那面布满星星的旗帜，不只是一面赢得那场战斗胜利的国旗，它还是一面自由的旗帜。

1	Overy, Richard, *Why the Allies Won* (W.W.Norton & Co., 1995), p.316.
2	Overy, *Why the Allies Won*, p.317.
3	Overy, *Why the Allies Won*, p.321.
4	Overy, *Why the Allies Won*, p.317.
5	Overy, *Why the Allies Won*, p.320.
6	Offner, Larry, "The Butch O'Hare Story, "online source: www.stlmag.com/media/st-louis-magazine/july-2005/the-butch-ohare-story.
7	From a speech by Rep.Ralph Hall (Texas), 30 May 1996, *The Congressional Record*.
8	Online source: http: //www.audiemurphy.con/stamp p1.htm.
9	Online source: http: //www.dcdiocese.org/swkregister/Nov_7_04/fourchaplainstv.htm.
10	Online source: http: //www.ushmm.org/outreach/denmark.htm.
11	Nisbet, Robert, *Roosevelt and Stalin: The Failed Courtship*, Regnery Gateway: 1988, p.45.

第六章　美国的胜利（1943—1945）

12　Meacham, Jon, *Franklin and Winston: An Intimate Portrait of an Epic Friendship*, Random House: 2003, p.250.
13　Meacham, p.251.
14　Barone, Michael, *Our Country: The Shaping of America from Roosevelt to Reagan*, The Free Press: 1990, p.168.
15　Ambrose, Stephen E., *American Heritage New History of World War II*, Viking: 1997, p.282.
16　Pogue, Forrest C., *George C.Marshall: Interviews and Reminiscences for Forrest C. Pogue*, George C.Marshall Research Foundation: 1991, pp.108-109.
17　Larrabee, Eric, *Commander in Chief: Franklin D.Roosevelt, His Lieutenants, and Their War*, U.S.Naval Institute Press: 1987, p.99.
18　Larrabee, p.98.
19　Eisenhower, John S.D., *General Ike: A Personal Reminiscence*, The Free Press: 2003, p.99.
20　Gilbert, Martin, *Churchill: A Life*, Henry Holt and Company: 1991, p.756.
21　Eisenhower, Dwight D., *Crusade in Europe*, Johns Hopkins University Press: 1948, p.194.
22　Dear, I.C.B, General Editor, and Foot, M.R.D., Consulting Editor, *The Oxford Companion to World War II*, Oxford University Press, New York: 1995, p.298.
23　Eisenhower, Dwight D., *At Ease: Stories I Tell to Friends*, Doubleday & Co., Inc.: 1967, p.270.
24　Beschloss, Michael R., *Eisenhower: A Centennial Life*, HarperCollins Publishers: 1990, p.66.
25　Leckie, Robert, *The Wars of America*, Harper & Row: 1981, p.796.
26　Leckie, p.796.
27　Online source: http: //www.presidency.ucsb.edu/site/docs/pppus.php？admin = 032&year = 1944&id = 37.
28　Ambrose, *World War II*, p.487.

29 | Netting, Conrad J., IV, "Delayed Legacy," *USA A Magazine*, 2004, No.2, 24.
30 | Ambrose, *World War II*, 498.
31 | Perret, Geoffrey, *Eisenhower*, Random House: 1999, p.325.
32 | Perret, p.312.
33 | Perret, p.324.
34 | Perret, p.359.
35 | Perret, p.324.
36 | Overy, *Why the Allies Won*, p.319.
37 | Source: http: //www.remember.org/karski/kaudio.html.
38 | Soames, Mary, *Clementine Churchill: The Biography of a Marriage*, Houghton Mifflin: 1979, p.479.
39 | Eisenhower, Dwight D., *Crusade in Europe*, pp.296-297.
40 | Perret, p.308.
41 | Eisenhower, John S.D., *General Ike: A Personal Reminiscence*, The Free Press: 2003, p.156.
42 | Eisenhower, John S.D., *General Ike: A Personal Reminiscence*, p.156.
43 | Eisenhower, John S.D., *General Ike: A Personal Reminiscence*, p.197.
44 | Ambrose, *World War II*, p.488.
45 | De Gaulle, Charles, *The Complete Memoirs*, Carroll & Graf Publishers, Inc.: 1998, p.647.
46 | Eisenhower, Dwight D., *Crusade in Europe*, p.298.
47 | Meacham, p.295.
48 | Dear and Foot, p.1252.
49 | Gilbert, Martin, *Auschwitz and the Allies*, Henry Holt and Company: 1981, p.341.
50 | Beschloss, Michael, *The Conquerors: Roosevelt, Truman and the Destruction of Hitler's Germany, 1941-1945*, Simon & Schuster: 2002, 59.
51 | Beschloss, *Conquerors*, p.41.
52 | Beschloss, *Conquerors*, p.59.

53	Online source: http://www.townhall.com/columnists/SuzanneFields/2006/04/20/recycling_antisemitism.
54	Gilbert, *Auschwitz*, p.303.
55	Black, Conrad, *Franklin D. Roosevelt: Champion of Freedom*, Public Affairs: 2003, p.974.
56	Witcover, Jules, *Party of the People: A History of the Democrats*, Random House: 2003, p.404.
57	Witcover, p.401.
58	Persico, Joseph E., *Roosevelt's Secret War: FDR and World War II Espionage*, Random House: 2001, p.149.
59	Persico, p.149.
60	Persico, p.149.
61	Witcover, p.404.
62	Witcover, p.405.
63	McCullough, David, *Truman*, Simon & Schuster: 1992, p.314.
64	McCullough, p.308.
65	McCullough, p.314.
66	McCullough, p.314.
67	McCullough, p.313.
68	Goodwin, Doris Kearns, *No Ordinary Time: Franklin and Eleanor Roosevelt, The Home Front in World War II*, Simon & Schuster: 1994, p.532.
69	Goodwin, p.532.
70	Goodwin, p.532.
71	Barone.p.176.
72	Powell, Jim, *FDR's Folly: How Roosevelt and His New Deal Prolonged the Great Depression*, Crown Forum, Random House: 2003, ix.
73	Powell, p.33.
74	Barone, p.177.

75　Barone, p.177.
76　Gould, Lewis L., *Grand Old Party: A History of the Republicans*, Random House: 2003, pp.297-298.
77　Barone, p.178.
78　Paul Greenberg, "A General In Charge of the CIA ?" Online source: Townhall.com, http: //www.townhall.com/columnists/column.aspx ? UrlTitle = a_general_in_charge_of_the_cia_shocking! &ns = PaulGreenberg&dt = 05/15/2006&page = 1.
79　Pogue, p.411.
80　Beschloss, *Conquerors*, p.163.
81　Barone, p.178.
82　Beschloss, Michael R., *Kennedy and Roosevelt: The Uneasy Alliance*, W.W.Norton &Company: 1980, p.257.
83　Beschloss, *Kennedy and Roosevelt*, p.259.
84　Gould, p.299.
85　"Stalin, Man of the Year: 1939, "*Time Magazine*, 1 January 1940, online source: http: //www.time.com/time/special/moy/1939.html.
86　Ambrose, Stephen E., *The Victors: Eisenhower and His Boys: The Men of World War II*, Simon & Schuster: 1998, pp.299-300.
87　Ambrose, *World War II*, pp.300-301.
88　Leckie, p.816.
89　Dear and Foot, p.52.
90　Dear and Foot, p.52.
91　Eisenhower, John S.D., *The Bitter Woods*, G.P.Putnam's Sons: 1969, p.462.
92　Meacham, pp.368-369.
93　Meacham, p.369.
94　Brinkley, David, *Washington Goes To War*, Ballantine Books: 1988, p.265.
95　Brinkley, p.265.
96　Brinkley, p.265.

97 Black, p.1043.
98 Black, p.1062.
99 McDougall, Walter A., *Promised Land, Crusader State: The American Encounter with the World Since 1776*, Houghton Mifflin: 1997, p.156.
100 McDougall, *Promised Land, Crusader State*, p.155.
101 Black, p.1066.
102 Black, p.1058.
103 Black, p.1070.
104 Churchill, Winston, *The Gathering Storm: The Second World War*, Houghton Mifflin: 1948.
105 Meacham, p.317.
106 Black, p.1074.
107 Black, p.1074.
108 Gilbert, *Churchill*, p.796.
109 Nisbet, Robert, *Roosevelt and Stalin : The Failed Courtship*, Regnery Gateway: 1988.
110 Gaddis, John Lewis, *The Cold War: A New History*, Penguin Press: 2005, p.22.
111 Weinstein, Allen and Alexander Vassiliev, *The Haunted Wood: Soviet Espionage in America—the Stalin Era*, Random House: 1999, p.269.
112 Weinstein and Vassiliev, pp.196-197.
113 Roosevelt, Franklin, D., "Address to Congress on the Yalta Conference, " 1 March 1945, online source: http: //www.presidency.ucsb.edu/site/docs/pppus. php？ admin = 032&year = 1945&id = 16.
114 Roosevelt, "Yalta Address, " 1 March 1945.
115 Dear and Foot, p.642.
116 Bush, George H.W., "Forrestal Lecture, "U.S.Naval Academy, Annapolis, Md., 4 March 2004.
117 Collier, Peter, and David Horowitz, *The Roosevelts: An American Saga*, Simon

& Schuster: 1994, p.430.
118 Collier and Horowitz, p.430.
119 Collier and Horowitz, p.432.
120 Online source: http: //hnn.us/articles/1834.html.
121 Online source: http: //www.history.navy.mil/cgi-bin/htsearch.
122 Black, p.1112.
123 Black, p.1112.
124 McCullough, p.353.
125 Nicolson, Nigel, Ed., *Harold Nicolson Diaries, The War Years: 1939-1945*, Atheneum: 1967, p.447.
126 Gilbert, *Churchill*, p.836.
127 Collier and Horowitz, p.442.
128 Black, p.1119.
129 Black, p.1119.
130 Ambrose, *World War II*, p.457.
131 Ambrose, *World War II*, p.80.
132 Neal, Steve, *Harry and Ike: The Partnership that Remade the Postwar World*, Scribner: 2001, p.48.
133 Online source: http: //www.eisenhower.archives.gov/guild.htm.
134 McCullough, pp.375-376.
135 McCullough, p.375.
136 Beschloss, *Conquerors*, p.248.
137 Beschloss, *Conquerors*, p.249.
138 Beschloss, *Conquerors*, p.249.
139 Beschloss, *Conquerors*, p.153.
140 Cooke, Alistair, *The American Home Front: 1941-1942*, Atlantic Monthly Press: 2006, xi.
141 Online source: http: //news.bbc.co.uk/1/hi/world/europe/1939174.stm.

第六章 美国的胜利(1943—1945)

142 Beevor, Antony, *The Fall of Berlin: 1945*, Penguin Books: 2002, p.29.
143 Beevor, p.29.
144 Mee, Charles L., Jr., *Meeting at Potsdam*, M.Evans & Company: 1975, p.224.
145 Gilbert, *Churchill*, p.855.
146 McCullough, p.442.
147 McCullough, p.443.
148 Weinstein and Vassiliev, p.209.
149 Weinstein and Vassiliev, p.208.
150 Harmon, Christopher, "Are We Beasts? Churchill and the Moral Question of World War II 'Area Bombing, '" *Finest Hour 76*, online source: http: //www.winstonchurchill.org/i4a/pages/index.cfm?pageid=680.
151 Dear and Foot, p.604.
152 Dear and Foot, p.836.
152 Dear and Foot, p.836.
154 Frank, Richard B., "Why Truman Dropped the Bomb, "Weekly Standard, 8 August 2005.
155 Dear and Foot, p.773.
156 Ambrose, *World War II*, p.597.
157 Online source: http: //www.johndilbeck.com/genealogy/orderofthegarter.html.

第七章
杜鲁门保卫自由世界（1945—1953）

在"二战"后不平静的岁月里，美国人将见证他们的国家以及整个世界的巨大变迁。根据杜鲁门政府支持的 G.I. 法案，几百万退伍军人进入大学学习。为了防止第一次世界大战后的幻灭感和孤立主义情绪，美国决心重整旗鼓抵制莫斯科领导下的共产主义集团在全世界的扩张活动。为了抑制苏联扩张其在西欧的势力范围，杜鲁门通过马歇尔计划重建这些被战争摧残的国家。接着，他用北大西洋公约组织（NATO）为经济援助增添军事保护，这个组织使美国带领欧洲实行共同防御。在国内，对共产党活动的反应最初过于自负。一些人认为，共产党人只不过是"激进的自由主义者"。在这方面，杜鲁门犯了严重错误。他将合理地关注共产党人在政府中的活动贬斥为"不相干的事实"。许多工会成了共产党人的接管目标——尤其是好莱坞的。反共事业——它

第七章 杜鲁门保卫自由世界（1945—1953）

将成百上千万美国人联合在一起，获得了民主党、共和党和独立人士的支持——遭到来自威斯康星州（Wisconsin）参议员乔·麦卡锡（Joe McCarthy）的破坏。罗纳德·里根后来提到他时说，在需要使用步枪的地方，他使用的是机关枪。杜鲁门并不赞同第22条宪法修正案，该修正案将总统任期限制在两届。这项修正案迅速被批准，被杜鲁门视为对其领导权的一种抑制。在1952年大选中，共和党人德怀特·艾森豪威尔由于提出了有关总统任期的保证，受到了美国人的热烈追捧。他所赢得的压倒性胜利，把又一位经过考验的、来自中西部的人送到国家领导的位置上。

1. 冷战伊始

当和平最终于1945年9月到来时，筋疲力尽的美国人欣喜若狂。美国从1941年12月8日起就处于战争状态，而他的主要盟国甚至更早就被拖入了战争。英国从1939年9月3日就一直在为生存而战。英帝国和英联邦的各个国家——加拿大、澳大利亚、新西兰、印度和南非——在反对希特勒和日本帝国主义者的战争中站在英国一方。苏联从1941年6月22日开始也在为生存而战，在那个日子，希特勒对他的盟友斯大林发动了残忍的闪电战。斯大林的失误——相信希特勒的话——使苏联付出牺牲2000万生命的代价。联合国是对反希特勒的战时联盟的正式称谓。以美国为领导，1942年1月1日，26个国家保证全力投入反对希特勒德国的战争，绝不单独与纳粹媾和。而在罗斯福的推动下，47个国家最终对希特勒宣战，温斯顿·丘吉尔喜欢称希特勒为"张着血盆大口的禽兽"。

美国在"二战"期间确实变成了富兰克林·罗斯福总统所称的"民主国家的兵工厂"。正如蒙哥马利·梅格斯（Montgomery Meigs）将军在美国内战期间为北方联邦军队提供了压倒优势的供给一样，卢修斯·克莱（Lucius D.Clay）将军在"二战"期间提供了同样的优势。克莱是美国内战期间南部邦联一位战士的孙子，也是伟大的妥协者亨利·克莱的后代。克莱将军负责制造了 88 000 辆坦克、200 万辆卡车和 178 000 门大炮。多么惊人的数字！[1]

使 1 200 万人入伍、将数百万将士派往海外作战，这需要国内有一种史无前例的动员机制。军队的巨大需求要征召健康的年轻男性入伍。他们在生产装配线上的位置被数百万年轻女性替代。美国人能够承受这种对正常生活的严重破坏，因为在珍珠港事件之后国家团结在了一起。几乎所有美国人都相信，国家和人民的自由都处于危急中。实施配给制、对工资和价格的管制和对新闻的（包括士兵寄往国内的信件）检查制度都是对美国人自由的限制，但绝大多数人都毫无怨言地接受。*无数美国人发现他们被"固定"在与战争相关的重要产业中，无法离开他们的职位去寻找更高报酬的工作。

与 1945 年和平一起到来的还有，各种无法抗拒的压力。穿军服的美国小伙子唱着"除了我，不要与别人一起坐在苹果树下"，要求回到苹果树下。他们的父母、他们的妻子和女朋友也想让他们回家。正如一艘军舰的全体乘员不经休息不可能长时间保持"全船战斗准

---

* 战时检查制度包括不报道被纳粹 U 型潜艇击沉的船只、在训练事故或友军火力下牺牲士兵的名字。V-邮（V-mail）是对 1200 万美军寄出或收到的每一封信件的复印件的称呼。

第七章 杜鲁门保卫自由世界（1945—1953）

备"一样，美国人民要求从战时动员的严格要求中解脱出来。民主政府不能忽略这些压力。解除战时动员体制是杜鲁门政府最紧迫的任务。

不过，在那些令人感到不安的和平岁月中，美国人在战后世界逐渐接受了一种领导角色。大多数美国人相信，捍卫国内自由需要一个遍布全球的盟国网。美国作为自由世界领导人的新的突出地位，使美国人的制度和行为成为世人关注的对象，有时也会将不好的方面放大。种族隔离政策与美国人作为人类尊严维护者的理念相冲突。很难在欢庆对希特勒邪恶种族主义的伟大胜利的同时，允许无数美国人蒙受公共饮水器的羞辱，这种公共饮水器被标为白人的和有色人种的。对平等使用公共设施的权利以及对投票和担任公职等基本公民权利的否定，似乎更像是希特勒的纽伦堡法典（Nuremberg Code），而不是建国之父们和亚伯拉罕·林肯的理想。这一时期，在吁请美国人民实践他们有关公民权利的最高理想时，美国总统们反复指出了世界对美国的注目。

具有讽刺意义的是，在世界范围内与共产主义进行新斗争的压力，既在最初迟滞了美国在公民权利方面的进步，又在其后最终加速了它的发展。"二战"之后，美国人对他们的战时盟友约瑟夫·斯大林的看法发生了分歧。对许多自由派人士而言，斯大林代表勇敢的苏联人民。他们承认，他非常暴戾，他所使用的很多方法是我们无法使用的。但要在一个被法西斯主义者及其在西方的同情者包围的世界中生存，他就必须暴戾。此外，他们还相信，斯大林的共产主义制度代表了某种对世界具有希望的东西。苏联的宣传机构经常谴责种族主义和反犹主义。

美国保守派从未对因利害关系而结为战时同盟的苏维埃俄国感到

满意。在欧洲胜利日刚过的几个月中,父母来自波兰和东欧的美国人就开始大声疾呼,反对斯大林对他们故国的铁腕统治。美国的天主教徒们定期祈祷,他们为东欧教友们的信仰自由越来越多地受到威胁而祈祷。

杜鲁门总统努力维系与苏联的友好关系,甚至迅速将大部分美国军队撤出欧洲,为此不惜减少他的影响力。抵制保守派的建议,他命令美国军队从战争结束时占领的前沿阵地上撤回。杜鲁门遵守富兰克林·罗斯福总统战时签署的协议,他希望苏联人也遵守他们的承诺。

1946年2月,斯大林在莫斯科大剧院(Bolshoi Theater)发表演说,标志着对旧政策的一种回归。几乎是平淡无奇的,斯大林复述了他在战前时期经常重复的主题:资本主义必然是帝国主义,帝国主义必然引发战争,苏联必须重新武装以避免被包围和颠覆。也有迹象表明,杜鲁门在波茨坦直截了当地告诉斯大林有关原子弹的情况,也许促使斯大林更加凶猛好战。斯大林也许已经得出结论,只有坚定而不屈服的立场才会使西方确信,他们不可能被美国的原子弹的垄断所吓倒。

1946年3月,杜鲁门邀请英国前首相温斯顿·丘吉尔到密苏里州自己家乡的一所很小的文科学院做演讲。威斯敏斯特学院(Westminster College)对能够接待世界最著名的人士而感到自豪——当然,他们也乐于看到哈利。丘吉尔和总统乘坐着专列从华盛顿到达位于富尔顿(Fulton)的大学城。在一天半的行程中,他们有足够的时间来讨论演讲的内容。

丘吉尔称他的演讲为"和平砥柱"(The Sinews of Peace)。那时已经71岁的丘吉尔似乎仍然保持着智力和体力上的活力。他拟定的演讲主题,要阐述他所称谓的在保卫自由中的英美特殊关系。[2] 他概

第七章 杜鲁门保卫自由世界（1945—1953）

述了大宪章（Magna Carta）和英国其他有关政治自由的伟大文献。他向接待他的主人深鞠一躬，说这些理想在美国《独立宣言》中找到了对它们的最好表述。合在一起，他说，这些英语文献构成了"自由的凭证"。[3]

对美国人而言，在丘吉尔才华横溢而又意味深长的演说中有许多需要仔细思虑的东西，但却很少有人曾经全文读完它。丘吉尔选择了在那个时刻用触目惊心的话语来吸引全世界的关注：

> 从波罗的海的什切青（Stettin）到亚得里亚海的里雅斯特（Trieste），一幅横贯欧洲大陆的铁幕已经落下。中东欧历史悠久国家的首都都落在了铁幕的那一边。华沙、柏林、布拉格、维也纳、布达佩斯、贝尔格莱德、布加勒斯特和索非亚，所有这些著名的城市……都落在了我必须称之为苏联势力范围的界线内，所有这些国家都将屈从于……来自莫斯科的日益增强的高压控制。[4]

对丘吉尔"铁幕"（Iron Curtain）演说的反应就像夏日晴空的一声霹雳。莫斯科被激怒，将丘吉尔谴责为战争贩子。在英国国内，工党政府遭到左翼"普通议员"（back bench）的声讨。* 在美国，该演讲受到自由派和保守派的共同攻击。批评者号叫道，这么一个外国人

---

* 普通议员指那些不是内阁成员、但是执政党成员的议员。他们的支持对多数党留任通常是重要的。工党的普通议员过去和现在大多是马克思主义者。保守党普通议员通常是君权的强烈支持者，不愿对左派作任何让步。在 20 世纪 30 年代在野期间，丘吉尔是一位保守党普通议员。

怎么敢提出一种英美之间永久联盟的关系。自由派被激怒则是因为老牌帝国主义者丘吉尔在设法煽动另一次世界冲突。进步派领导人、前副总统亨利·华莱士对此深感忧虑。[5] 很少有人真正读出了丘吉尔在说什么。他并未呼吁采取军事甚或外交行动以将铁幕推回到原来的界线。反之，他极力主张西方民主国家维持他们的军事和经济实力，而与苏联人商讨一个较好的解决办法。[6] 不是诉诸战争，丘吉尔希望通过实力获得和平。很快，人们开始谈论"自由世界"，以将民主国家（甚至一些非共产党统治的专制国家）区别于铁幕背后的大片地区。

杜鲁门不应感到意外。他刚刚收到美国驻莫斯科大使乔治·凯南（George F. Kennan）的"长文电报"。凯南详述了苏联行为的深层根源，建议实施一种"遏制"政策以阻止全部欧洲都将被置于苏联的控制之下。[7]

可以确信，并不是所有的美国人都反对丘吉尔那令人震惊的演说。来自纽约的共和党议员克莱尔·布思·卢斯（Claire Booth Luce）公开批评杜鲁门未能将东欧从苏联的统治下解放出来。[8] 卢斯女士是一个有影响力的人物，不仅由于她自身的原因——她是国会为数不多的女议员之一，而且还因为她是亨利·卢斯（Henry R.Luce）的妻子，后者是《时代》（Time）、《生活》（Life）和《财富》（Fortune）杂志的出版人。

来自密歇根州的共和党参议员阿瑟·范登堡（Arthur Vandenberg）在珍珠港事件前是最重要的孤立主义者。在制定战后的解决方案时，富兰克林·罗斯福总统曾经征求过范登堡的意见。罗斯福还任命这位中西部人士为参加在旧金山举行的联合国成立大会

第七章　杜鲁门保卫自由世界（1945—1953）

的代表。⁹* 如今，范登堡敦促美国人抛弃孤立主义这种可怜的幻想，这种幻想经常为我们国家的苏联同情者所助长，** 这些同情者（fellow traveler）认为，如果我们像俄国人那样强硬，我们也会危及和平。¹⁰

第二次世界大战期间建立的伟大联盟在 1946 年仍在发挥作用。甚至当丘吉尔发出有关"铁幕"的警告后，苏联的军事法官仍和美国、英国和法国的法官一道在德国城市纽伦堡（Nuremberg）审判纳粹战犯。该城市是希特勒纳粹党在 20 世纪 30 年代召开大会的地方。它还由于《纽伦堡法典》（*Nuremberg Code*）而臭名昭著，该法典剥夺了德国犹太人的公民权，并规定对那些与雅利安人发生性关系的犹太人判处死刑。杜鲁门希望国际军事法庭审判主要的纳粹战犯。他希望将德国领导人的罪证全部公之于众，以致没有人能够再说："噢，那从未发生过——只是一些宣传——是一套谎言。"¹¹

在战争期间，斯大林曾经唐突地说，简单地将 5 万名最高的纳粹领导人和军官拉出去枪毙，整个事情就能够更容易地掌控。富兰克林·罗斯福总统以一种半是玩笑的口吻回答道，也许"约瑟夫大叔"太过严厉，仅有 49 人应该被枪毙。丘吉尔则义愤地说："英国国会和公众绝不允许大屠杀发生"。斯大林坚持自己的意见。丘吉尔变得更为激烈，他警告苏联人，在这一点上不要再痴心妄想了。他怒气冲冲地离开德黑兰的会议室，说道："我宁愿现在就被拖到花园里枪毙，

---

* 在吸纳坚定的共和党人范登堡参与政务上，富兰克林·罗斯福总统和后来的杜鲁门总统表明，他们已经从伍德罗·威尔逊（Woodrow Wilson）的痛苦教训中汲取了经验，后者曾努力将他的政治对手排除在制定战后安排方案之外。

** "同情者"一词是共产党人自身所创造的，用以描述西方的左翼政治家和记者，他们倾向于像苏联人那样看待世界性的事件。

也不愿让这种恶名玷污我自己和我的国家的名誉。"[12]

杜鲁门选择最高法院大法官罗伯特·杰克逊（Robert H.Jackson）领导美国在纽伦堡的审判团队。他是富兰克林·罗斯福总统的司法部部长，后来担任联邦最高法院大法官。国际军事法庭（IMT）在美国国内不是没有批评者，孤立主义集团的领袖、参议员罗伯特·塔夫脱（Robert A.Taft）就认为诉讼程序带有复仇倾向，他说："绞死11人将是美国的一个污点，我们将长期感到懊悔。"[13]* 联邦最高法院首席大法官哈兰·菲斯克·斯通（Harlan Fiske Stone）私下甚至抱怨"杰克逊的高级别的私刑团队"[14]。

纽伦堡审判并非是处私刑。有关被指控的纳粹分子罪行的证据是无可辩驳的。希特勒、希姆莱和戈培尔通过自杀而逃避了审判。但赫尔曼·戈林（Hermann Goering）、鲁道夫·赫斯（Rudolph Hess）、外交部部长乔基姆·冯·里宾特洛普（Joachim von Ribbentrop）、凯特尔（Keitel）将军和约德尔（Jodl）将军、海军上将雷德尔（Raeder）、邓尼茨（Donitz）和阿尔伯特·斯佩尔（Albert Speer）都在24个重要被告之列，他们将面对有关他们的无可辩驳罪行的指控。法庭向每名被告提供了辩护律师。每名被告都被允许传唤证人以反驳对他们的指控。最终，纽伦堡审判确立了一种重要的判例："执行命令"不再作为对大屠杀、种族灭绝和公然侵犯人权罪行的辩护。

在国内，1946年11月意味着一次政治重组。"忍受够了吗？"成为共和党在非大选年的选举口号。美国人对世界历史上最快速的复员

---

* 参议员塔夫脱反对审判纳粹领导人的举动使他在参议员约翰·肯尼迪（John F.Kennedy）的畅销书《当仁不让》（*Profiles in Cournge*，或译为《勇敢人传记》）中赢得赞许，即使肯尼迪明确表示不赞同这个俄亥俄州人的观点。

行动仍嫌慢,他们变得不耐烦。随着战时价格控制的放松,通货膨胀加剧。甚至绞细牛肉(groundbeef)对普通美国人也变得过于昂贵。伴随零售价格指数达到峰值而来的是劳工对工资增加的要求。46个州中的19个州见证了美国历史上次数最多的罢工。[15]

杜鲁门总统在欢庆对德国和日本的胜利时的高支持率开始下降。他那浓重的密苏里口音和单调的讲话方式与富兰克林·罗斯福总统那文雅的用词和高贵的哈德逊流域的口音相比,明显处于劣势。通常,一个对人宽容的谚语是说"人非圣贤,孰能无过",现在它变为进行人身攻击的和被反复传诵的流行语:"杜鲁门总会犯错"。共和党人借着这波投票人不满的情绪在参众两院选举中大胜。在加利福尼亚州,共和党人选举年轻的理查德·尼克松(Richard Nixon)为议员。尽管如此,但也有人站出来与共和党占优的潮流相对抗,那就是马萨诸塞州民主党人约翰·肯尼迪,一位被授勋的战时英雄。未经选举而担任总统的杜鲁门被广泛地认为只能担当一个任期。现在,他将面对的是由他的政治对手所主宰的第80届国会。

不过,他的对手们低估了这位足智多谋的密苏里人。杜鲁门是一位凶猛的政治斗士,而不是盲目的派性政治家。他邀请前总统赫伯特·胡佛(Herbert Hoover)到白宫,这位受到过多诋毁的共和党人紧赶着到总统办公室参加一个会议。当哈利请他就世界粮食资源做一个调查时,胡佛没说一句话就从办公室跑开。被这位加利福尼亚人的粗鲁所震惊,杜鲁门愤怒地转向他的农业部部长要求解释。"总统先生,您难道没有意识到他不可能回答吗?泪水已噙满了他的眼睛。"使自己镇定下来后,胡佛赶紧给哈利打电话,告诉他自己接受了那个任务,并对自己的仓促逃离予以道歉。他说道:"总统先生,自1932年以来没有人请我为祖国做任何事。您是第一位。"[16] 正是像这样的一种简单的人性化的姿态使哈利赢得了迪安·艾奇逊（Dean Acheson）的称赞："总统有着宽大的胸怀。"[17]

杜鲁门是果断的。总统职位是作出决策的最重要的机构。杜鲁门甚至在他的桌子上放置了一个标牌，上面写着"议论到此为止"[18]。富兰克林·罗斯福总统也作出决策，但他有名的是决策的迂回性，这有时甚至到了令人愤怒的地步。罗斯福总统许多最重要的决策就是不决策；即他有意地拉长决策过程，以致他的目标通过排除掉所有其他选择而实现。罗斯福的领导风格给一丝不苟、有条不紊的艾奇逊的印象就是混乱无序。[19] 不过，无法否认的是，这种风格使罗斯福始终处于每个圈子的中心地位。

杜鲁门还从未遇到一个他无法应对的问题，或者说，没有一个他不敢捅的马蜂窝。例如，当戴高乐将军的法国军队从美国在德国的占领区撤离速度太慢时，杜鲁门直截了当地告诉他，要么赶紧撤出、要么就会有立即切断美国援助的风险。难对付的戴高乐很快就撤出了军队。[20] 对许多美国人而言，富兰克林·罗斯福总统似乎是生在白宫的；他担任总统就像他穿着那件时髦的深蓝色斗篷一样自然。但据说，杜鲁门出任总统就像你的邻居当了总统一样。

杜鲁门非常充分地利用他长期担任参议员建立的关系。由于共和党在议会选举中大获成功，因此杜鲁门求助于来自密歇根州有影响力的参议员阿瑟·范登堡。

急切希望通过援助希腊和土耳其以抵制共产党国家的压力，杜鲁门知道他需要得到共和党议员的支持来通过援助议案。范登堡很快抛弃了他的孤立主义，说服共和党议员相信，除了应对不断增加的共产党国家的威胁,美国别无选择。范登堡多次建议哈利"将邪恶势力赶出这个国家*"[21]。在做了如此的铺垫之后,杜鲁门于1947年发表了对国会的演说,该演说对于一个处于和平状态的国家而言是史无前例的。杜鲁门总统希望帮助希腊政府抵抗共产党游击队的颠覆活动。土耳其的情况略有不同:在那里,这个名义上的穆斯林国家面对苏联的强大压力,而后者是想通过控制达达尼尔海峡(Dardanelles)获得进入地中海的通道。斯大林要求在土耳其的领土上建立军事基地。此时,杜鲁门的吁请又增添了新的说服力,因为英国的工党政府宣布,作为一项节省预算措施,它将撤出驻扎在地中海地区的军队。杜鲁门和他的顾问们担心苏联人将填补英国人撤离后留下的真空。杜鲁门主义保证美国将给予那些正在奋力抵抗反民主势力活动的国家以财政援助。

杜鲁门的"对苏强硬"政策分裂了罗斯福建立的联盟。"进步人士"(Progressives)——一个包括共产党员、相当大数量的共产党同情者和无数真诚的和平拥护者在内的集团——谴责杜鲁门的冷战政策。但我们现在知道,斯大林有他自己的有关东西方关系的观点。尽管他不是像希特勒那样不顾一切的战争贩子,但斯大林也绝不想与西方和平相处。他的外长维亚切斯拉夫·莫洛托夫——绰号"锤子"——被丘吉尔描述为有着"西伯利亚寒冬式的微笑"。莫洛托夫直白地描述他老板的态度:"斯大林是这样看问题的:第一次世界大战将一个国家(苏联)从资本主义的奴役中解放出来;第二次世界大战创造了一个社会主义体系(苏联在东欧的卫星国);第三次世界大战将永远

---

* 指希腊。——译者注

终结帝国主义。"²² 只要斯大林——或苏联别的什么人——将安全视为一种"一方得益必然引起另一方损失的零和博弈",而苏联又只能通过威胁或消灭潜在对手获得安全的话,那么冷战就是不可避免的。²³

在接受他的国务卿乔治·马歇尔的政策建议上,杜鲁门表现出明显的谦恭态度。多年来,杜鲁门一直敬佩这位五星上将。甚至在担任参议员期间,杜鲁门就称马歇尔为"活着的最伟大的美国人"。²⁴* 当马歇尔1947年在哈佛大学的毕业典礼上发表演讲时,他呼吁美国援助遭受战争创伤的欧洲。马歇尔说,只有美国帮助他们重建受到破坏的经济,民主才可能得到恢复。杜鲁门完全拥护这个政策方案。为了防止共和党人由于反对他而阻挠这一必要方案的通过,杜鲁门立即将该方案定名为"马歇尔计划"(The Marshall Plan)。国务卿马歇尔将援助范围不仅限于西欧国家,而且也慷慨地将援助之手伸向苏联和东欧国家。斯大林拒绝了这一援助——同时,也强迫他的卫星国拒绝。尽管如此,马歇尔计划曾经是、目前仍然是杜鲁门政府最伟大的一项政绩。如果它不是"人类历史上最无私的行动"——丘吉尔将那个名衔留给了《租借法案》——那也肯定是历史上排名第二的最无私的行动。

尽管杜鲁门在努力——取得了一些成功——制定一种获得两党共同支持的外交政策,但他在国内政策的制定上继续寻求自由派的支持。美国《士兵权利法案》(G.I. Bill of Right)使数百万人能够上大学、购买住房、开办农场或其他经营。它是政府资助复员军人的一次史无前

---

* 这种无私的评论几乎阻止哈利被提名为副总统。富兰克林·罗斯福总统对此心存不悦。[资料来源:弗雷尔(Ferrell)的《杜鲁门:一种传记》,第253页。]

例的努力。杜鲁门甚至与保守的共和党参议员罗伯特·塔夫脱（Robert Taft）——人称"共和党先生"——合作，推动《公共住房法案》的通过，该法案意在缓解战后住房短缺现象。

不过，共和党人很快就劳动纠纷问题作出反应，他们推动通过了《塔夫脱-哈特莱法》（Taft-Hartley Bill），该法案是美国历史上最重要的一部劳工立法。塔夫脱十分关注共产党对工会的渗透。[25] 劳工领袖沃尔特·鲁瑟（Walter Reuther）和明尼阿波利斯市（Minneapolis）市长休伯特·汉弗莱（Hubert H.Humphrey）也同样关注这个问题。不过，他们并不赞同塔夫脱开出的猛药。杜鲁门别无选择，只能否决《塔夫脱-哈特莱法》。

国会——有许多民主党人也加入到了占多数的共和党行列——很快驳回了杜鲁门的否决。1947年通过的《塔夫脱-哈特莱法》，禁止企业只雇佣工会会员。它规定了一个80天的冷静期，在任何一次拟议中的罢工将会影响全国的繁荣或安全时适用。该法案规定将工会会费捐赠给政治候选人的做法为非法。它还要求工会官员宣誓证明他们不是共产党员。[26] 当《塔夫脱-哈特莱议案》成为法律时，它就对工会在美国的发展设置了一种永久性羁绊。[27]

随着强大的美国在欧洲抵制共产主义扩张以及在国内阻止共产党在工会运动中扩大影响，斯大林在1948年初决定在一切可能的地方施加压力。他支持1948年2月发生在捷克斯洛伐克的共产党政变。两周后，即1948年3月10日，捷克斯洛伐克外长贾恩·马萨里克（Jan Masaryk）的尸体出现在布拉格他的公寓外的人行道上。反共产党的马萨里克——捷克斯洛伐克第一任总统托马斯·马萨里克（Tomas Masaryk）的儿子——是自杀还是被从他公寓的窗户里扔出来的？这是布拉格历史上第三次将人从窗户里扔出，令各地自由的拥护者感到心寒。*

2. 好莱坞的赤色明星

与苏联战时联盟的解体令无数美国人感到失落和沮丧，他们对战后争取和平的合作有着很高的期望。没有哪个美国人群比好莱坞的电影圈子更对形势的变化感到不安。在战争期间，没有人比好莱坞的制片人、导演和影星更对赢得一场胜利倾注热情。其中的原因并不令人感到惊奇。阿道夫·希特勒在德国的上台令各地的自由派人士感到恐慌，他的暴力反犹主义对有思想的人来说是显而易见的。当共产党在好莱坞的主要召集人奥托·卡茨（Otto Katz）叩门时，各家的大门都会为他打开。卡茨会说："哥伦布发现了美洲，而我发现了好莱坞。"[28] 由于"乔大叔"·斯大林是美国和英国的战时盟友，所以美国共产党在这个华丽城镇招募党员并不困难。许多好莱坞人特别为共产党对反犹主义和种族偏见的公开谴责所吸引。因此，当法国共产党首脑雅克·杜克洛（Jacques Duclos）公开宣称在美国和苏联之间存在着一场冷战时，巨大的焦虑随之产生。[29] 杜克洛是克里姆林宫听话的奴仆。这场新的冲突考验着无数美国人的忠诚。

奥莉维亚·德·哈维兰（Olivia de Havilland）因在 1939 年大获成功的影片《乱世佳人》中扮演可爱的"玫兰妮"而为全世界的影迷

---

* 将人从窗户里扔出来摔死，这在捷克斯洛伐克有着悠久的历史。1419 年，约翰·胡斯（Jan Hus）的激进追随者将皇帝的顾问从布拉格的一扇窗户里扔出。还有 1618 年，那一次将人从布拉格的一扇窗户里扔出导致了欧洲的 30 年战争。

所追捧（连希特勒也看了这部电影，并喜欢它）。在事先安排于1946年6月在西雅图（Seattle）发表的一次演说中，德·哈维兰小姐略过了讲稿中亲苏的部分。该演讲稿是由共产党员、电影剧作家多尔顿·特朗博（Dalton Trumbo）为她撰写的。[30] 对于这部分讲稿，她是按新的内容演讲的，那是由詹姆斯·罗斯福（James Roosevelt）为她撰写的，他是一位反共产党的自由派人士、已故总统的儿子。德·哈维兰生硬的演说受到好莱坞左翼人士的谴责。当一位年轻的男演员罗纳德·里根（Ronald Reagan）为德·哈维兰表达自己思想的权利辩护时，里根被谴责为是"法西斯的狗崽子"[31]。很快，里根、德·哈维兰和其他影星就离开了共产党控制的好莱坞艺术、科学和职业独立公民委员会（Hollywood Independent Citizens Committee of the Arts, Sciences, and Professions），即著名的HICCASP。*

"杀了他！杀了他！"这是1946年9月27日，在加利福尼亚卡尔弗市**米高梅电影制片公司（MGM filmstudios）外一群罢工者的呼喊声。他们用瓶子击倒了警察局副局长斯塔福德（Stafford）。[32] 罢工者们受到了电影制片公司工会联合会（CSU）首脑赫伯·索雷尔（Herb Sorrell）的怂恿。索雷尔是共产党员，他创建了这个大工会。CSU是一个由电影制作辅助人员组成的集团，包括动画制作者、办公室工人和熟练的电影制作工人。这些工作对电影产业是至关重要的，但他们干的是一种低工资、长工时和缺乏吸引力的工作。索雷尔完全控制着

---

*在一个缩写字母流行的时代，HICCASP也许是最不实用的。在离开该委员会后，罗纳德·里根嘲笑说，它听起来像"一个垂死之人的咳嗽声"。[资料来源：拉多什（Radosh）夫妇的《好莱坞的赤色影星》，第114页。]

** Culver City，一译为"斑鸠城"。——译者注

这场冲突。他乘坐他的私人飞机在米高梅电影制片公司的上空，向在警戒线内的工会成员发号施令。[33] 尽管索雷尔明显是在煽动暴力，但共产党的报纸《人民每日世界》（*People's Daily World*）却使用耸人听闻的标题报道，诸如"警察棒击纠察工人血流成河"。[34]

警察确实使用了棍棒，但索雷尔事先布置了那里有暴力可供摄像机拍摄。共产党人以"二战"复员军人的荣誉，老练地伪装了他们自己和他们的事业。

索雷尔并未对他所煽动的暴力道歉。伴随着 CSU 罢工的继续，情况变得越来越糟。索雷尔不得不面对电影演员协会（SAG）的成员，要求这些高收入的电影明星支持他的工会，而不久前双方还发生过争执。索雷尔告诉罗纳德·里根、当时电影演员协会主席说："当罢工结束时，将只有一个人控制好莱坞的工人，那个人就是我。"[35] 他拒绝为他所激起的暴力行为负任何责任。他还挑衅地说道："我们对我们会员的控制能力，并不比 SAG 约束其成员不去强奸的能力更强。"[36]*

1946 年 12 月，共和党刚刚赢得对国会两院的控制权，而这是自 1928 年以来的第一次。所有参加工会组织的劳工都担心事态会变糟。劳工们在芝加哥召开了一次紧急会议。在美国劳工联合会（American Federation of Labor，简称为 AFL）召开的这次会议上，许多演员联合起来要求 AFL 抵制索雷尔及其 CSU 的暴力活动。

SAG 吸纳了一些好莱坞最大牌的明星参加——埃迪·阿诺德（Eddie Arnold）、吉恩·凯利（Gene Kelly）、罗伯特·蒙哥马利（Robert

---

* 与里根经常合作的著名影星埃洛尔·弗林（Errol Flynn）在他长期的演艺生涯中三次面临强奸指控。索雷尔知道所有这些发生在好莱坞外景地的"脏事"，而且知道如何利用它们。

第七章 杜鲁门保卫自由世界（1945—1953）

Montgomery）、乔治·墨菲（George Murphy）、沃尔特·皮金（Walter Pidgeon）、迪克·鲍威尔（Dick Powell）、罗伯特·泰勒（Robert Taylor），当然还有 SAG 的主席罗纳德·里根和他的妻子简·惠曼（Jane Wyman）。[37] 索雷尔并未屈服。在纽约人（Knickerbocker）旅馆召开的一次争吵不休的会议上，这位共产党的工会首脑对着吉恩·凯利大声咆哮，而后者过去曾是他的好朋友。[38] 这时，罗纳德·里根勇敢地站起来与索雷尔对抗："赫伯，在我看来，你今晚在这里表明，你打算对你两天前说的话食言……你根本不想要电影业的安宁！"[39] 在场的工会会员和演员们听了里根的发言都热烈地欢呼。这是一次引人注目的冲突，它标志里根获得了 SAG 的领导权。

但好莱坞反对共产党的斗争并未由此而结束。它持续了许多年，直到今天仍令电影业心有余悸。共产党人和非共产党人就好莱坞的"黑名单"展开了斗争——那是一份作家名单，他们由于与莫斯科的联系而无法找到工作。事实上，正是共产党人自己首先对所谓不忠诚的党员列黑名单的。爱德华·迪麦特雷克（Edward Dmytryk）是一位才华横溢的电影导演，也是一位共产党员。1945 年的一天，当他走过雷电华电影公司（RKO pictures）的摄影棚时，他向一位制片人朋友阿德伦·斯科特（Adrian Scott）提到一本非常有趣的新书《正午的黑暗》（*Darkness at Noon*）。[40] 斯科特也是一位共产党员，他用"嘘"声制止迪麦特雷克再说下去，并告诉他不应再读阿瑟·凯斯特勒（Arthur Koestler）写的任何东西。凯斯特勒的作品讥讽了苏联独裁者。这位生在匈牙利的凯斯特勒使用斯大林的真名——朱加什维利（Dzhugashvili）——来讽刺共产党人。[41]（正是由于此，使好莱坞花了 10 年、即于 1955 年才将凯斯特勒这部有影响的作品拍成电影。那时，斯大林已经去世。许多上了"黑名单"的好莱坞共产党员才又开始写作。)

3. 以色列的希望

随着东欧紧张局势的升级，美国人和全世界的犹太人突然转向中东，寻求一种令人目眩的突破。1948年5月14日，一个新的国家诞生，一个历史悠久的民族回到了他们的故土：以色列。这个犹太人国家是由联合国授权成立的，是犹太复国运动（Zionists）的结果。犹太复国运动是一个主要由在欧洲和美国的犹太人参与的运动，他们要努力为数百万以色列的子民们争取一个国家，这些人被放逐离开家园分散在世界各地已经2 000年了。

当新总理大卫・本-古里安（David Ben-Gurion）宣布以色列建国时，他诵读了犹太人的《独立宣言》（Declaration of Independence）。与美国的历史文献*一样，以色列的宪章向公正的世界提出了新国家存在的理由："在这里（犹太人的）精神、宗教和政治认同已经形成。在这里他们第一次创建了属于自己的国家、创造了具有民族和世界意义的文化价值观、并奉献给世界以永垂不朽的《圣经》。"⁴²

杜鲁门必须克服他在这个世界上最敬佩的人——国务卿马歇尔——的强烈反对。⁴³在总统办公室面对面的争执中，马歇尔警告总统，承认以色列将会危及美国在中东的目标。如果与5 000万阿拉伯人处于敌对状态，那么，在这个关键地区抵制共产党的渗透就会变得更难，

---

* 指美国的《独立宣言》。——译者注

这是国务院所忧虑的。杜鲁门的国务卿告诉他,如果他承认以色列国,那么,他将投票反对他竞选总统。⁴⁴ 这肯定深深伤害了杜鲁门。但哈利毕竟是一个来自堪萨斯城(Kansas City)的精明的政治家。他知道,在美国各城市的数百万犹太选民将特别感到安慰,并充满感激之情。杜鲁门正在与进步党人亨利·华莱士为争取犹太人,这一传统上具有自由倾向的、亲民主党选民集团的支持而激烈竞争。⁴⁵

杜鲁门也听到了埃迪·雅各布森(Eddie Jacobson)的诚挚恳求,后者是他在堪萨斯城开办的第一家、但不成功的男子服饰用品店的合伙人。雅各布森带着杰姆·魏茨曼(Chaim Weizmann)——后者将成为以色列的第一任总统——来看他的老朋友。这一次,杜鲁门决定不再顾及马歇尔将军的反对。

第137首圣歌(Psalm 137)是杜鲁门最喜欢的一首歌。"我们坐在巴比伦(Babylon)河边,当我们想起锡安山(Zion)时,我们潸然泪下。"⁴⁶ 在担任国会参议员时,杜鲁门就强烈支持英国政府在第一次世界大战期间颁布的《贝尔福宣言》(*Balfour Declaration*)。⁴⁷ 那份于1917年发表的文件承诺犹太人将在巴勒斯坦建立自己的国家。现在1948年,杜鲁门感到是兑现那个承诺的时候了。* 在本-古里安宣布建国11分钟后,杜鲁门宣布美国正式承认以色列。美国是世界上第一个承认以色列的国家。

杜鲁门受到一个更高权威——《圣经》——的影响。⁴⁸ 很简单,杜鲁门相信,在遭遇浩劫后犹太人应该获得一个家园。⁴⁹ 这是他与那

---

* 英国战后工党政府在犹太建国问题上的扯皮致使在巴勒斯坦的犹太人苦涩地嘲弄道,他们的故土不仅是"希望之乡",而且是"被两次允诺的希望之乡"。

时大多数美国人共有的观点。美国最高法院大法官费利克斯·弗兰克福特（Felix Frankfurter）平常是一个感情内敛的人。他写信给杰姆·魏茨曼说："我的眼睛看到了主驾临的荣耀；很高兴，您现在能够宣布……"[50] 杜鲁门对以色列的承认正是时候。以色列刚刚宣布独立，就遭到5个阿拉伯邻国的入侵。它很快就要为生存而战。

4. 1948年柏林大空运

战后对德国的解决方案形成了两个对立的体系。西德被美国、英国和法国军队占领，占德国领土和人口的2/3强。这个地区是自由的，而且很快就重建了一个充满活力的经济。东德则完全在斯大林的严密控制之下。希特勒的首都柏林也被加以分割。东柏林是苏联人的。西柏林是自由的，但却是不安全的，它深入在共产党控制的东德境内110英里。

1948年6月24日，斯大林对西柏林实行控制措施。通过切断所有通向被包围的自由城市柏林的铁路和公路交通，开始了对柏林的封锁。斯大林并不被世人认为是玩纸牌游戏的人，而杜鲁门却是。但前者却找到一种迫使杜鲁门"铤而走险或吃哑巴亏"的方法。这里，斯大林向以果断著称的杜鲁门提出了狡黠的挑战。哈利会用坦克或推土机碾倒障碍，强行开道进入城市吗？这肯定会导致第三次世界大战，在人类历史上最恐怖的大战结束不到3年再次爆发。否则，难道他会让250万西柏林人成为共产党侵略的牺牲品，由此向世界表明美国无力在海外保卫自由吗？

克莱（Clay）将军是杜鲁门驻德国的军事长官。他报告说他的食物储备仅能维持36天；煤的储备仅能维持45天。⁵¹ 克莱认为，斯大林的举动是现时代最为残忍的一种行为，他试图用造成普遍饥饿的手段来达到政治强制的目标。⁵²

杜鲁门作出抉择。他既不要战争、也不要屈从。他拒绝接受斯大林强加给他的任何一种选择。代之，他要用美国令人难以置信的实力来承载战后几次危机中的这一次最危险的压力。杜鲁门立即下令，通过空运向西柏林供应物资。为了保证这个完全暴露在敌人控制下的前哨阵地的自由，哈利将不惜一切代价。

由此开始了柏林大空运。在接下来的9个月中，美国和英国共有277 804架次飞机降落滕珀尔霍夫（Tempelhof）机场，将总计2 325 809吨物资运抵这座被围困的城市，平均每个男人、妇女和儿童1吨多物品。⁵³ 这次空运是如此成功，以致每个柏林人的实际配给量还有所提高。⁵⁴ 为了保证柏林人的自由，有近100名美国和英国军人失去了生命。仅仅是在3年前，美国和英国的轰炸机将柏林炸得满地瓦砾。现在，美国C-47运输机却用降落伞空投糖果给德国的孩子们，他们争着捡拾。作为柏林空运和西柏林人英勇斗争的结果，那座伟大城市中的自由地区在西方人眼中，从纳粹的大本营一跃而变为自由的勇敢的前哨阵地。

5. "好好教训他们，哈利！"

当1948年大选年来临时，哈利·杜鲁门总统已成为连任的热门人选。在《军人权利法案》的帮助下，数百万复员军人回到家乡，并找到了工作、购买了居屋、或进入大学学习。他们结婚——这通常是公众乐观主义的一种象征——并拥有一个宽敞的婴儿房。人们一直担心的战后萧条并未发生。美国经济支配着世界。仅有世界 6% 人口的美国，却提供了这个世界半数以上的商品和服务。[55] 诚然，杜鲁门的公平施政纲领（*Fair Deal Programs*）大多由于共和党人主导的第 80 届国会而受挫。例如，医疗保险（Medicare）法案最早是由杜鲁门提出的，但却遭国会拒绝。尽管如此，数百万退伍军人正在从《军人权利法案》中获益，由此他们信任杜鲁门和民主党。它所提供的慷慨资助，常常使一个结婚的年轻人在上大学的同时，还有可能供养一个家庭。其他人则在退伍军人津贴的帮助下购买房屋、开办农场和实业。《时代》杂志的发行人亨利·卢斯将这标榜为"美国的世纪"。

在国外，德国已被打败和占领；德国的西占区作为一个自由和民主的国家获得了和平迅速的发展。类似的，在道格拉斯·麦克阿瑟将军的开明管理下，日本也获得了安定、太平。麦克阿瑟授权战犯法庭谨慎地将裕仁天皇（Emperor Hirohito）排除在战犯之外。麦克阿瑟将军给予妇女选举权，实施经济和教育改革，甚至颁布一部新的民主宪法，后者宣布军国主义为非法。[56] 美国人已经拥有了原子弹，但在日本投降后就不再威胁使用它。由于马歇尔计划，西欧热诚地接受了美国的领导地位。

杜鲁门的连任应该是稳操胜券。但事实上，除了哈利自己外，没有人认为他会赢。前副总统亨利·华莱士已经离开了杜鲁门的内阁，他将作为进步党的候选人竞选总统。尽管华莱士不可能赢得选举，但他却可能使杜鲁门失去像纽约、伊利诺斯和加利福尼亚等州的关键性支持。民主党担心与杜鲁门一起遭受失败。有一首流行歌曲名叫"我就是迷恋哈利"，并不是赞誉这位来自密苏里州、说话直率的人。许多政客现在讥讽地说:"我不那么喜欢哈利。"

如果亨利·华莱士使民主党在争取进步人士上遇到麻烦,那么,南方的公民权利问题对民主党而言同样意味着麻烦。80年来,民主党一直依赖牢固的南方票仓获得选举胜利。不过,现在数百万退伍军人发现,种族隔离这种陈旧的束缚并不是他们努力奋战的目标。

1948年,两党都看到公民权利是一个紧迫的问题。杜鲁门在前一年就任命了一个民权委员会,该委员会的报告《我们掌握真相》(*We Hold These Truths*)要求进行深刻的变革。[57]

许多人怀疑哈利支持公民权利的诚意。他是南部联盟老兵的孙子,并为此而感到自豪。他代表密苏里州,那里的种族隔离仍然是法律规定。众所周知,他的母亲是如此痛恨伟大的解放者林肯,以致据传她曾经发狠地说,她宁愿睡在地板上,也不愿睡在白宫内林肯的床上。在私人谈话中,哈利有一个令人惊愕的习惯,即在私人谈话中将黑人说成是"n——s"。

作为总统的哈利·杜鲁门很快就消除了认为他不会支持美国黑人公民权利的看法。在白宫的一次午餐会上,一位来自阿拉巴马州的民主党女官员恳请他不要强迫南方人接受种族通婚。哈利将一本宪法从他的口袋中掏出,给她读了内战修正案。他以钢铁般的决心说道:"我是每个美国人的总统。我不会收回我所建议的东西,我也不会去寻找借口来躲避它。"[58] 一位白宫的黑人侍者非常感动,以致他无意中将总统的咖啡杯碰落在地。[59] 来自密西西比州的民主党参议员詹姆斯·伊斯特兰德(James Eastland)感到震惊。他咕哝道,为什么,如果哈利是对的,那么"卡尔霍恩(Calhoun)和杰弗逊·戴维斯(Jefferson Davis)就是错的"[60]。确实如此。

共和党人在费城（Philadelphia）召开的会议呼吁就公民权利问题展开行动。他们要求废除人头税，后者在南部各州被长期用来否决黑人的投票权。[61] 纽约州州长托马斯·杜威（Thomas E.Dewey）再次被共和党选为总统候选人。杜威是一位真诚的民权拥护者。他在纽约州黑人选民中的拉票活动进展顺利。

明尼阿波利斯市（Minneapolis）的年轻市长休伯特·汉弗莱也是一位民权的强烈支持者。他在1948年被明尼苏达州民主－农工党（Democratic-Farmer Labor Party）提名竞选国会参议员。他和他的自由派同事受到敦促去反对杜鲁门竞选总统。自然，汉弗莱希望在得票最多的、最强势的候选人的帮助下赢得参议员选举。但几乎没有人认为，哈利·杜鲁门是最强势的候选人。

詹姆斯·罗斯福（James Roosevelt）、已故总统富兰克林·罗斯福的儿子，确信杜鲁门不可能打败杜威。他正在领导一场竞选活动以推动德怀特·艾森豪威尔将军做民主党的总统候选人。早在总统任期内，杜鲁门自己就曾提出过，只要艾森豪威尔作为民主党人竞选总统，那他就竞选副总统。[62]

但此时，杜鲁门的战斗欲望高涨。他乘火车到加利福尼亚的伯克利，在那里他遇到小罗斯福："你的父亲（富兰克林·罗斯福总统）邀请我做这项工作。我不想做……但你的父亲仍然要求我做，我做了。"哈利用手指戳着小罗斯福的胸膛说："明说了吧：不管你喜欢与否，我仍将是下一届美国总统。"[63]

许多职业政治家齐聚费城参加1948年召开的民主党全国代表大会，对他们而言，华莱士参与竞选似乎会使杜鲁门失去北方自由派的支持。他们推断，如果杜鲁门确实有机会的话，那个机会也将会由于罗斯福联盟的任何进一步的失信行动而丧失。这意味着他们必须回避在民权问题上纠缠。

汉弗莱并没有以这种方式看问题。他认为，共和党的民权纲领是"相对前瞻的"[64]。他和他的支持者在民主党全国代表大会上进行了一场"政纲之争"，他要求在民权问题上接受一种更有说服力的政纲。汉弗莱推断，只有提出一种有说服力的承诺，民主党才可能在选举人票充足的各州与华莱士竞争，这些州分布在北方、中西部、最重要的是加利福尼亚州。当汉弗莱起身讲话时，他呼吁民主党走出"州权的阴影，拥抱人权的灿烂阳光"[65]。接受汉弗莱所提的政纲，令南卡罗来纳州的民主党州长斯特罗姆·瑟蒙德（Strom Thurmond）感到不悦。瑟蒙德退出了大会，还带走了数十个其他的南方代表。瑟蒙德发誓要作为支持州权的民主党候选人来竞选总统。新闻界立即将瑟蒙德小集团称为"南部各州民主党帮派"（Dixiecrats）。瑟蒙德承诺要维持种族隔离。*

所有民意测验都显示，杜威将轻松打败杜鲁门。《芝加哥论坛报》发表文章嘲讽四面楚歌的哈利："看现在的杜鲁门：郁闷、憔悴、满是伤痕——怎么办！"[66]

1948年8月份，《时代》杂志的编辑惠特克·钱伯斯（Whittaker Chambers）在众议院非美活动委员会提出了他那耸人听闻的证词，令国会和全国大为震惊。钱伯斯承认，他一度是共产党间谍，曾将高度机密的国务院文件拿给他的苏联"老板"。钱伯斯说，他是从阿杰尔·希

---

* 瑟蒙德肯定知道，在坚持对美国黑人实行隔离政策时，他也将自己的女儿当作二等公民。在他死后，我们了解到，他和家里的黑人女佣生了一个女儿。

思那里获得这些机密文件的，后者是罗斯福和杜鲁门政府的一位高官。[67] 众议院议长塞姆·雷伯恩（Sam Rayburn）、一位得克萨斯州的民主党人，机敏地看到了钱伯斯指控所蕴含的政治危险，但杜鲁门总统在这件事上犯了严重错误。[68] 他同意一位记者将该事件描述成"转移注意力的话题"[69]。事实证明，这是杜鲁门所犯的一个最严重的政治错误。

共和党人明显的是将回到白宫作为他们争取的目标。他们自1933年以来就一直在野。他们渴望重掌权力。托马斯·杜威当时是纽约州广受欢迎的进步党党员州长，他是全国获得最多选举人票的人。杜威认识到，他在1944年对富兰克林·罗斯福总统的尖刻攻击丢掉了选民。[70] 在第二次竞选总统时，他保持一种高姿态，超脱于冲突之外。他的举止就好像他已经是总统一样。这种竞选策略的问题在于，它只是强化了选民对杜威的印象，即他是一个自负、呆板和难以接近的候选人。一位共和党女士不友好地说道："即使为了讨厌杜威先生，你也必须很好地了解他。"[71]*

一次，杜威的竞选专列突然向后滑行，勉强避免了伤及在车站上的人。杜威告诉聚集的群众："这是我遇到的头一位傻瓜火车司机，他也许应该在日出时被枪毙。但我想，考虑到没有人受伤，我们可以放过他。"[72] 这句毫无掩饰的话使许多人感到杜威是一个冷漠和傲慢

---

*一些年后，一位学法律的年轻实习生在杜威州长的法律事务所工作，一次在两人工作的曼哈顿摩天大厦里，他与杜威同乘一部电梯。当两人单独在一起时，杜威问吉姆·康普顿（Jim Compton）是否去吃午饭。对可能与这位著名领导人外出吃饭感到激动不已，这位来自新墨西哥州的康普顿急切地回答："是的，先生！"杜威冷冷地问道："为什么不戴帽子？"然后昂首阔步地独自走去。

第七章 杜鲁门保卫自由世界（1945—1953）

的人，从而对他的竞选活动造成很大的伤害。

继1948年8月份在阿杰尔·希思问题上酿成大错后，杜鲁门接着采取的行动则被视为是他的一项最具深远意义的决策。不是屈从于斯特罗姆·瑟蒙德为首的南部各州民主党施加的压力，哈利勇敢地发布了在美国军队中废除种族隔离制度的总统行政命令。[73]* 尽管完全落实杜鲁门的命令要花许多年，但在美国历史上第一次，所有那些冒着生命危险为美国自由而战的人都将获得平等的地位和尊严。

哈利登上他的竞选列车穿越中西部进行选战。他必须借钱以使列车前行。杜鲁门谴责共和党居多数的国会是"无所事事的第80届国会"。参议员塔夫脱抱怨道，在西部的每一次短暂逗留中，总统都要谴责国会。那些话像梦魇一样困扰着不幸的共和党人。在一场为政治生涯的搏杀中，杜鲁门丢弃了所有预先准备好的讲稿；其实，他本是一位平庸的演讲者。但这次，杜鲁门以不变应万变，从容应对各种场合。在聆听他演讲的支持者中，欢乐的人群情绪不断高涨，他们高喊着："哈利，好好教训他们！"杜鲁门的竞选列车费迪南德·麦哲伦号（Ferdinand Magellan）变成了美国政府的指挥中心。在1948年不断在小站停留的竞选中，杜鲁门的行程达到史无前例的21 928英里。[74] 像他直截了当地攻击共和党人那样，哈利也同样谴责"华莱士和他的共产党人"。[75] 事实上，华莱士的竞选是由共产党人控制的，他们秘密接受莫斯科的指令。[76]

最后一分钟的努力得到了回报。

---

* 科林·鲍威尔（Colin Powell）将军在纪念9981号总统行政令发布50周年时说："我之所以能够晋升担任军队的要职，是因为那些先行者们证明，我们能够如此。正是杜鲁门给了我机会来表现我能够如此。"［资料来源：尼尔（Neal）的《哈利与艾克》，第104页。］

《芝加哥论坛报》提早发布竞选结果,版面上的大字标题写着"杜威击败了杜鲁门"。这是美国报刊史上最令人窘迫的一次报道。哈利咧着嘴笑的照片是美国历史上一幅经典的政治照片,那时他正高举着《芝加哥论坛报》向欢庆他竞选胜利的人群展示。

杜鲁门赢得了一场除他之外没有什么人预料到的胜利。休伯特·汉弗莱的策略被证明是对的。大量黑人选民和自由派的民权支持者把票投给了杜鲁门,使他处于优势。甚至厄尔·沃伦(Earl Warren)州长也把票投给了他,杜威未能在重要的加利福尼亚州赢得多数票。以色列的朋友们把票投给杜鲁门以感激他及时的帮助。有组织的劳工对哈利否决《塔夫脱-哈特莱法》心存感激。那次否决行为使杜鲁门赢得了罗纳德·里根和绝大多数非共产党员的好莱坞左派的支持。哈利弹着钢琴、女演员劳伦·巴考尔(Lauren Bacall)迷人地倚着钢琴而站的照片,象征着杜鲁门对普通百姓的吸引力。*

美国人争取民主行动组织(ADA)由主要的自由派人士,像埃莉诺·罗斯福、阿瑟·小施莱辛格(Arthur Schlesinger Jr)、约翰·肯尼思·加尔布雷思(John Kenneth Galbraith)和神学家莱因霍尔德·尼布尔(Reinhold Niebuhr)等人所领导,使罗斯福民主派能够大力支持劳工和民权,同时抵制共产党的诱惑。在其后1/4世纪里,ADA成为美国反共左翼势力的一个重要领导组织。

杜鲁门的公平施政纲领在实行中受到共和党和保守的南方民主党

---

*杜鲁门和巴考尔的照片实际是他在短暂担任副总统期间照的,有突出杜鲁门缺乏自尊之嫌。不过,支持者们却认为,他并非一个爱摆架子的人。漫画家本·沙恩(Ben Shahn)是一位亨利·华莱士的支持者,他用这幅照片嘲讽1948年两大主要政党的候选人。沙恩将微笑着的、有魅力的杜威放置在哈利钢琴的旁边,使人联想起两人在共同弹奏音乐。

的联合抵制。他的一项主要纲领是医疗保险制度,在接下来的20年中一直未能成为法律。一般地讲,杜鲁门对自由派而言过于保守,对保守派而言却又过于自由。[77]尽管如此,他在外交领域的领导才能以及他狂热、积极的竞选风格,使他能够无视一切民意测验专家和批评家而获得压倒性胜利。

杜鲁门赢得了24 179 346张选民票(49.8%)和303张选举人票,而杜威得票分别是21 991 291张(45.1%)和189张选举人票。前副总统华莱士获得1 157 326张选民票(2.4%),没有得到选举人票。南方民主党从最南部的一些州获得1 176 125张选民票(2.4%)和39张选举人票。

6. 战争阴云

当柏林被封锁和以色列为生存而战时,埃莉诺·罗斯福于1948年12月到达巴黎。她到那里是要向联合国人权大会(UNDHR)发表演说。自富兰克林·罗斯福总统去世后,她就不知疲倦地、全身心地投入一份有关普遍人权宣言(a Universal Declaration of Human Rights)的拟定工作。杜鲁门总统任命前第一夫人领导这个美国代表团。这是杜鲁门宽宏大度的又一个例子。罗斯福夫人在那个场合所讲的话仍然回荡在耳边:

> 本宣言基于一种精神,即人必须拥有自由来实现其全面的发展,并通过共同的努力以提高人类的尊严的水平。为了充分实现和确保本宣言中提出的各种权利,我们仍有许多事要做。但将它

呈现在我们面前，并得到58个国家在道义上的支持，这本身就是一项伟大的进步。

当我们在这里将有关人权宣言的工作成果呈现给大家时，我们同时必须再次投入那些未竟的工作。我们现在能够以新的勇气和灵感继续推进一个有关人权的国际盟约，并制定保障人权的各种措施。[78]

正是由于对联合国人权大会所勾勒的基本人权的公然否定，导致在未来50年间发生了如此多的紧张对立和流血冲突。甚至当罗斯福夫人发表演讲时，苏联军队却正在那些他们有可能扩大势力范围的地方践踏人权。许多阿拉伯国家正式加入了国际人权大会，尽管在统治自己的人民时他们经常忽略它的原则。他们憎恨新成立的以色列国，似乎并没有意识到这有什么不妥之处。富兰克林·罗斯福总统倡导四种自由：言论自由、宗教自由、免于贫困的自由和免于恐惧的自由。现在，在埃莉诺的努力下，这些自由有了一个国际基础。正是由于她所发挥的这种作用，罗斯福夫人获得了"世界第一夫人"的头衔。

相比美国外交官拉尔夫·本奇（Ralph Bunche），罗斯福夫人呼吁的普遍人类权利并未获得更强有力的支持。本奇那年秋天到巴黎参加联合国大会。他并非那种象牙塔中的知识分子。他刚刚逃过暗杀行动。作为联合国中东特使的副手，本奇原定与瑞典伯爵福尔克·贝纳多特（Folke Bernadotte）一道乘车前往耶路撒冷（Jerusalem）参加一个会议。但供职于联合国的贝纳多特被犹太复国主义军事组织的成员所暗杀，该组织即著名的斯特恩帮（Stern Gang）。后来，那个组织的

第七章 杜鲁门保卫自由世界（1945—1953）

一位成员说："我们知道，如果富有人格魅力和个人影响力的贝纳多特前往巴黎谈他的计划，那么，联合国大会将就这一计划进行表决并签署它。因此，我们必须在那天将他杀掉。"[79] 受到5个阿拉伯国家入侵亡国的威胁，犹太人方面也产生了一些极端分子。

当拉尔夫·本奇接过联合国的使命，斡旋第一次阿以战争（the first Arab-Israeli war）停火时，他对危险并不感到陌生。作为一个美国黑人，他已经亲历过暴力和歧视。不过。他要充分利用在美国接受的教育去破除坚冰。加利福尼亚州给了他接受大学教育的机会，在别的州他也许就没有这种机会。在那里，他依靠运动员奖学金上了大学。本奇说："加州大学的洛杉矶分校对我是一个全新的开始，在某种意义上讲，我是从那里起步的。"[80] 早在1928年，当时作为华盛顿霍华德大学（Howard University）的教授，本奇就支持他的一位学生，那个学生因为在美国首都一个实行种族隔离的餐馆进行抗议而被捕。*

本奇并未退缩。他投入了他的工作。他呈送联合国有关阿以停火的最终报告是"有条不紊和实用的"[81]。美国国务院的迪安·鲁斯克（Dean Rusk）非常欢迎本奇的这份报告："本奇的报告从整体上给予犹太人以充分的信任，应该会稳定住那些人的神经，他们被极端组织的宣传弄得心神不定。"[82]

拉尔夫·本奇并未给中东带来和平。那个琢磨不定的目标在半

---

* 本奇为之辩护的那位被捕的霍华德大学的学生也对历史做出了他自己的贡献。肯尼思·克拉克（Kenneth Clark）成为一名著名的精神病专家，他的研究将被美国最高法院在其里程碑式的布朗诉教育委员会案（*Brown v.Board decision*）中引用，该案最后判定公共教育中的种族隔离制度为非法。

"杜威击败杜鲁门"。共和党人渴望获得1948年大选的胜利。他们自1933年以来就一直未能入主白宫。纽约州的州长托马斯·杜威似乎是胜券在握。民意测验显示杜威明显处于领先地位。杜鲁门进行了一次长距离的竞选活动,他在各城镇短暂停留做竞选演说,其间支持者们呼吁他"好好教训他们,哈利!"杜鲁门的颠覆性胜利震惊了每一个人,但哈利自己除外。

柏林大空运。1948年6月,斯大林希望将盟军从西柏林赶走,他给了他们要么屈从、要么战争的选择。杜鲁门颇具灵感的第三种选择既避免了屈从,又制止了战争。由飞机向250万柏林人空运食品、医疗用品、煤,甚至糖果。美国有277 804架次飞机降落在这座被围困的城市,运送了2 325 809吨物资。这座城市的男人、妇女和儿童,平均每人获得了近一吨物资。

第七章 杜鲁门保卫自由世界（1945—1953）

艾森豪威尔总统的露齿笑。美国人以两次压倒性竞选的胜利来犒劳他们获胜的五星上将，即1952年和1956年的大选。据说，艾克标志性的露齿笑就是他的处世哲学。但现在我们知道，总统为了实现他的目标在拼力工作——通常是在幕后。

首席大法官厄尔·沃伦。作为战时加利福尼亚州州长，他要求拘留日裔美国人，但他同时是公民权利强有力的代言人。正是在沃伦到任后的1953年，最高法院以9票对0票裁定，"隔离但平等"的学校违宪——实施种族隔离绝不可能是平等的。

个多世纪后仍然未能实现。但他确实通过谈判达成了一次停火，终止了第一次阿以战争。他运用才能和勇气实现了那个目标，冒着他和几百万其他人生命的危险。

凭借这项成就，拉尔夫·本奇被授予1950年诺贝尔和平奖。他是第一位获得如此荣誉的美国黑人。这样一个人却仍不能在本国的许多大学里任教、没有投票权、不能随意在一家餐馆就餐或电影院看电影。这些对无数美国黑人而言，越来越难以忍受。参与民权运动的一些人批评本奇卷入了外交危机。但他在世界舞台上的显赫声望是对国内否定黑人权利的一种强有力驳斥。

伴随着1949年初中东停火和斯大林终止对柏林的封锁，杜鲁门政府应该有希望获得一个喘息的机会，暂时从国际危机中脱身。但事实却并非如此。

苏联在东欧的侵略举动使杜鲁门确信，美国必须与西欧民主国家结成更紧密的联盟。杜鲁门说服德怀特·艾森豪威尔将军暂时离开哥伦比亚大学校长的职位，去负责北大西洋公约组织（NATO）的军务。杜鲁门认识到，只有美国正式承诺保卫西欧免于外部侵略，才可能遏制苏联入侵的危险。北约奠基于"集体安全"（collective security）的设想。苏联对北约任何一个成员国的攻击将被视为对全体成员国的攻击。独裁者们将不能再瓜分欧洲，像希特勒和墨索里尼曾做的那样。

杜鲁门知道艾森豪威尔将军深谙外交和军事计划。他感到，只有艾森豪威尔作为希特勒征服者所具有的声望，才能促使欧洲人实现充分的合作。杜鲁门有胜过罗斯福夫人、赫伯特·胡佛、参议员范登堡和马歇尔将军之处，他在提拔艾克上再次表现出敏锐的洞察力和谦逊的风格。在杜鲁门的推动下，西德（德意志联邦共和国）正式建国，它将法占区、英占区和美占区合为一体。西德的重新武装最终成为一个自由民主的德国，北约的第二大军事成员国（1955年）。此前，从未有哪个获胜的国家做出过如此大的牺牲，来恢复、重建和保卫一个战败的敌国。

不过，与杜鲁门在欧洲成功地保卫自由相比，美国在亚洲的地位却处于风雨飘摇之中。1949年，与北约的成功组建相对应的，却是美国在中国支持的国民党政府遭遇灾难性的失败。共产党领袖毛泽东经过近20年内战后取得胜利，他成功地将蒋介石的国民党军队赶出中国内地，赶到了台湾这个小岛上。

美国国内发出了痛苦的呐喊："谁失去了中国？"那个明显的答案，即蒋介石失去了中国，并不令人满意。前美国驻华大使、保守派的帕特里克·赫尔利（Patrick J.Hurley）在一片抗议声中辞职。他抱怨道，在国务院负责中国事务的部门中有太多的共产党人。[83] 许多民主党人和共和党人都对共产党接管中国政权感到惊骇不已。尤其是在杜鲁门总统宣布苏联已经试爆了第一颗原子弹后仅仅几个星期，它就更是一件令人震惊的事件。杜鲁门的下述声明意在打消美国人的疑虑：

> 有证据表明，在最近几个星期内，苏联人试爆了一颗原子弹。
> 自从原子能首次被人类释放以来，其他国家最终开发出这种新式武器是可以预计到的。这种可能性已经被我们考虑到了。[84]

不管政府高层领导人是否预计到苏联人会研制出原子弹，但美国人民却震惊于，仅仅4年内，苏联似乎就已经"赶上来"。再加上共产党接管中国的政权和阿杰尔·希思的被揭露，共同造成了一种普遍的感觉，即不仅是苏联的实力，还有美国共产党的背信弃义导致了这些不幸事件。

众议员理查德·尼克松有着较高的声望，他被誉为对抗共产党的急先锋，那时他供职于众议院非美活动委员会（HUAC）。尼克松传唤希思到议会接受质询。阿杰尔·希思否认他认识惠特克·钱伯斯，尽管后来又含糊其词地说也许认识他，但不是这个名字。钱伯斯制作了国务院最高机密文件的微缩胶卷复制品，他说是希思给他的。具有戏剧性的是，钱伯斯是从一小片南瓜地里取回这些微缩胶卷的。他将这些"南瓜文件"藏在他位于马里兰州威斯敏斯特农庄（Westminster farm）中。钱伯斯的这些微缩胶卷文件似乎都是（有一个例外）由一台伍德斯托克打字机（Woodstock typewriter）打印的，那是希思的N230099号伍德斯托克打字机。[85]

希思的朋友们——他有着良好的上层社会关系——予以了回击。有关钱伯斯的谣言在广泛传播，他被说成是同性恋、精神病，有欺诈和犯罪行为。[86]

尽管希思坚决否认他曾经与钱伯斯合作过，但钱伯斯似乎确实非常了解他。钱伯斯告诉非美活动委员会（HUAC），当希思看到一只珍奇异鸟兰翅黄森莺（*prothonotary warbler*）时，他兴奋异常。后来，在气氛有所缓和时，一位议员问希思，他是否曾在华盛顿看到过一只兰翅黄森莺。希思的眼睛一亮，承认了他的不寻常发现。这就使得将他与钱伯斯联系在一起的有力证据似乎已经存在。希思在他漫长一生的其余时间都在否认他是一名活跃的苏联间谍，但维罗纳计划

（*Venona*）对苏联电码的破译，后来证明事实确实如此。[87]*

美国人还担忧共产党在电影界的影响。当非美活动委员会传唤几位电影明星接受质询时，许多人都如约而来。电影演员协会主席罗纳德·里根作证说，确实，共产党在好莱坞有着巨大的影响力。但他强烈要求不要搞政治迫害。他认为："民主是足够强大的，它能够抵御和对抗任何意识形态的入侵。"[88] 里根当然知道他正在谈论的是什么。他已经受到匿名威胁，如果再坚持反共活动，他将会被泼硫酸毁容。但他并未被吓住，里根告诉国会议员：

> 我绝不希望看到我们的国家由于对这个集团的恐惧或怨恨而背起沉重的包袱。我们一直是在用民主的原则与之抗衡的……我仍然相信民主能够完成这项任务……我相信，正如托马斯·杰斐逊所提出的那样，如果所有美国人都了解全部事实的话，那么，他们就会一个错误都不犯。[89]

冷战不仅使好莱坞，而且令许多美国机构发生分裂。大学、新闻界、有组织的劳工界和军队，都以不同方式感受到了压力。

在民权运动中，坚定的反共人士沃尔特·怀特（Walter White）在全国有色人种协进会（NAACP）中发挥着强有力的领导作用。怀特拒绝与亨利·华莱士领导的、由共产党支持的进步主义运动合作，他支持杜鲁门在1948年后来居上获得大选的胜利。才华横溢的黑人

---

* 维罗纳计划是美国情报机构一项绝密行动的名称，它要拦截、解码和破译数千份在美国的苏联间谍发送给他们在莫斯科上级的情报。只是到1995年，随着苏联解体以后，这些材料才公之于世。

歌唱家和演员保罗·罗伯逊（Paul Robeson）与著名的黑人知识分子 W.E.B. 杜波伊斯（DuBois）支持由共产党发起的一次向联合国的请愿活动，请愿的名称是"我们谴责种族灭绝行径"，怀特谴责了这次请愿活动。[90] 诚然，一些州政府实行了可恨的种族歧视政策。一些非法组织、像"三K党"甚至实施私刑和其他恐怖行径，来阻止美国黑人行使宪法赋予他们的权利。怀特论证道，但这并不等于美国政府支持种族灭绝政策。怀特有力地指出，"在减轻种族偏见上已经取得重大进展"[91]。任何持怀疑态度的人只要看一下目前无种族界限的军队，或去看一场棒球赛、看看杰克·罗宾逊（Jackie Robinson）打出的一记本垒打，就会一目了然（罗宾逊成功进入棒球大联盟已经证明是美国文化革命中的一个重大转折点）。怀特保证 NAACP 会支持马歇尔计划，它会拒斥"我们时代最野蛮的帝国主义：即莫斯科的发展道路"[92]。在国内倡导赋予美国黑人自由，沃尔特·怀特并非孤军作战，同时他也强有力地抵制国外共产党的诱惑。他获得了玛丽·麦克里奥德·贝休恩（Mary McLeod Bethune）、罗伊·威尔金斯（Roy Wilkins）、议员亚当·克莱顿·鲍威尔（Adam Clayton Powell）和其他许多黑人民权运动领袖的支持。[93] 他们共同给予美国愈益强化的反共外交政策以有力的支持。

7. 朝鲜战争

哈利·杜鲁门也许未料想到，很快他就必须考验那支无种族界限部队的战斗意志了，军队的种族界限是他下令取消的。除了努力将美国军队内的各种族团结在一起外，杜鲁门还将除海岸警卫队以外的所有陆海空三军统一于新成立的国防部指挥下。同是内阁成员的陆军部和海军部长官,将不必再为谋取总统的支持而明争暗斗。

1950年1月,国务卿迪安·艾奇逊发表了一个灾难性的演说。正统而又有风度的艾奇逊不会耐着性子与蠢人相处。他上预科学校的背景、修剪整齐的胡须和英国人的行事风格很容易成为被讽刺的对象。艾奇逊是一位非常有能力、有奉献精神的外交官。但他对亚洲形势发表的演说,却犯了一个灾难性的比例分摊错误。他提到在远东地区的"防御带",但却明显未将中国台湾和韩国包括在内。他说:"必须明确的是,没有人能够保证那些地区免于军事攻击。"[94]使这个严重错误变得更糟的是,得克萨斯州的汤姆·康纳利(Tom Connally)、时任参议院外交事务委员会(Foreign Relations Committee)民主党主席,在5月份宣布,俄国也许会占领朝鲜半岛,而美国不会作出反应,因为朝鲜是"非常不重要的"。[95]

斯大林密切地关注着这些事件。在克里姆林宫与北朝鲜共产党统治者金日成(Kim Il-Sung)的一次会晤中,斯大林勉强同意金日成进攻南朝鲜的计划。但斯大林警告金日成说:"如果你遭到失败,我不会给你任何帮助。你必须向毛泽东请求所有的帮助。"[96]而这些话正是金日成所需要的。

1950年6月25日,9万北朝鲜军队越过三八线(38th Parallel)进入南朝鲜。刚刚受到他的政府将中国"丢给"共产党的指控,杜鲁门知道,他必须抵制这次赤裸裸的入侵行径。那时,五星上将道格拉斯·麦克阿瑟负责对日本的占领工作,他被一些人称为"佩戴将星的天皇"。*麦克阿瑟建议杜鲁门,从日本提供空中掩护来帮助正在退却中的韩国军队。

只是由于苏联代表抵制参加联合国安理会就一个问题召集的会议,美国才获得了联合国的授权,采取行动击退北朝鲜的侵略。而此时,仅仅是在麦克阿瑟站在停泊于东京湾的美舰密苏里号的甲板上宣布和平重新到来之后的第5年,美国再次卷入一场在亚洲进行的战争。

1950年,麦克阿瑟将军已经70岁。他也许可以很容易地请求调离,以避免再一次接受作战任务,请杜鲁门选择一位较年轻的人来指挥。他在美国非常受尊重,这不仅因为他是太平洋战争的胜利者,而且因为他在占领日本时的开明统治。他老练地克服了超过37.5万日军战俘回国带来的威胁,他们是从苏联设在中国东北的战俘营中释放的。[97] 苏联人向这些人全面灌输了共产主义思想和破坏手法。不过,日本人对麦克阿瑟的尊敬是如此的强烈,而且麦克阿瑟在日本缔造的自由工会是如此的有效,以致遣返战俘的暴力破坏活动很快就被制止。即使麦克阿瑟下令审判战犯,法庭宣判720名日本战犯死刑,但事实证明,8 300万日本人民深深感激他的温和统治。[98] 为什么丢下这一切去朝鲜半岛接受一项危险的作战任务?对麦克阿瑟来说,答案只有一个、也是最重要的词汇:天职。

北朝鲜的入侵震惊了世界。新组建的中央情报局(CIA)严重失职,他们未能察觉"红色军队"的坦克和步兵部队在三八线以北的集

---

* 在美国历史上,仅有麦克阿瑟和其他4位将军获得五星上将军衔所赋予的殊荣,那4位将军是:乔治·马歇尔、德怀特·艾森豪威尔、亨利·阿诺德(Henry Amold)和奥马尔·布拉德利将军。海军仅有4位五星海军上将:威廉·莱希(William D.Leahy)、欧内斯特·金(Ernest J.King)、切斯特·尼米兹(Chester W.Nimitz)和威廉·哈尔西(William F.Halsey)。

结。韩国军队匆忙撤退。美国军队的表现也很糟糕。缺乏训练和装备不良——由于在日本轻松的占领任务而变得松懈——我们的一些部队被打垮、士兵成为俘虏。几周内,红色军队将美国和韩国军队包围在一个狭窄的地带上,即在韩国港口城市釜山(Pusan)周围的地带。麦克阿瑟决定打破这个"釜山包围圈"(Pusan Perimeter)。

麦克阿瑟的计划非常大胆。他计划在红色军队战线背后靠近仁川(Inchon)的地方进行一次海上登陆作战,仁川是韩国首都汉城(Seoul)(今为首尔)的港口城市。麦克阿瑟的一位军事助手说:"我们将被每一种可能的自然和地理障碍所阻止,而仁川正有着这各种障碍。"[99] 致命的30英尺潮水还不是最大的危险。麦克阿瑟的海军首长对其计划的最大认可,也不过是说:"这不是不可能的。"[100] 麦克阿瑟保持沉默,只是不停地吸着他那标志性的玉米棒子芯烟斗。他记得他父亲的话,后者像他一样是荣誉勋章的获得者:"道格,作战会议只会孕育胆怯和混乱。"[101]

麦克阿瑟的仁川登陆取得了辉煌的成功。它是美国历史上一次最伟大的转折性战役。由于它令人瞠目的大胆性,它与华盛顿横渡特拉华河(Delaware)、格兰特猛攻夏洛伊和巴顿解救巴斯托尼相提并论。韩国年迈的总统李承晚(Syngman Rhee)含着感激的眼泪回到被重新占领的首都汉城,他对麦克阿瑟说:"我们热爱您,您是我们民族的大救星。"[102]

由于这是联合国第一次抵抗侵略的尝试,所以美国获得了来自英国、澳大利亚、新西兰、加拿大、甚至法国军队的支援。[103] 杜鲁门拒绝称朝鲜战争为一场战争,他坚持认为这是一次"警察行动",极力强调联合国正在经受国际共产主义的考验。杜鲁门论证道,如果允许红色军队侥幸地在韩国获得成功，那么，将会鼓励共产党去攻击西方在亚洲、欧洲、拉丁美洲等其他地方的势力范围。

当麦克阿瑟与杜鲁门于 1950 年 10 月 14 日在威克岛（Wake Island，"二战"期间激烈战斗的发生地）会晤时，美国军队已经将红色军队赶出韩国，并正在向中朝边界鸭绿江（Yalu River）挺进。在威克岛，麦克阿瑟向杜鲁门总统打保票说，中国共产党的军队"不可能"进行大规模的干预。[104]

但中国共产党领导的20万志愿军的出现使麦克阿瑟的预言落空，他们潮水般地涌过封冻的鸭绿江。美国人感到震惊和沮丧。美国海军陆战队在长津湖（Chosin Reservoir）遭遇突袭，伤亡惨重，当时他们正沿不同的方向攻击前进。那是朝鲜一个世纪中最寒冷的冬季。"冷酷的长津湖"是这个战斗部队称呼他们自己的名字。史学家萨缪尔·埃利奥特·莫里森（Samuel Eliot Morison）称，海军陆战队指挥官奥利弗·史密斯（Oliver Smith）从长津湖"且战且退"，是"那个英勇团队历史上最辉煌的一个时刻，使人回想起色诺芬（Xenophon）那 1 万名永垂史册的战士们撤到海边"[105]。用不那么华丽的词汇说，美国士兵称这次长距离撤退为"逃窜"。尽管如此，他们在最恶劣条件下的勇气和纪律值得称赞。

麦克阿瑟试图将战线推到鸭绿江以北，轰炸中国境内的桥梁和部队集结地。英国和法国不同意他的这种想法。当时，英国正在马来西亚同一支共产党武装作战；类似的，法国也在印度支那陷于同共产党作战的困境。[106]

杜鲁门还记得乔治·凯南的那份"长文电报"。"遏制"是它所推荐的政策。遏制意味着控制自由地区，不将这些地区让给共产党。

第七章　杜鲁门保卫自由世界（1945—1953）

它并不意味使用武力将已经在共产党控制下的地区解放出来。此时斯大林也拥有了原子弹，那种解放战略也许会引发使用核武器的第三次世界大战。

同时，凯南已经开始看到存在于西方内部的危险。他看到，在"二战"前威胁自由国家的那种恐惧又回来了。他指出，那种同样的恐惧感已经使乔治·奥威尔（George Orwell）在他的小说《1984年》中作出恐怖预言，那本书很快就成为一部国际畅销书。凯南说，核武器已经越出西方文明的界线，倒退到一些亚洲游牧民族曾熟悉的战争观念。[107] 在他给国务院上级的一份备忘录中——该备忘录很快就被遗忘——凯南引用了莎士比亚的《特洛伊罗斯与克瑞西达》（*Troilus and Cressida*）中的话：

> 权力转变为意志，意志转变为欲望
> 欲望会造成绝对的贪婪，
> 当它与意志和权力相结合时，
> 必然造成普遍的掠夺
> 最终将自身吞噬。[108]

专横的麦克阿瑟试图用原子弹来威胁中国人，如果他们不同意在朝鲜半岛举行和平谈判的话。麦克阿瑟将军接下来采取的行动导致他立即被解职。他发布一份"军事评估报告"，解释为什么他必须将战事推向北方。更有甚者，他写信给众议院共和党领导人，表明为什么是他的观点，而不是杜鲁门的，是正确的。麦克阿瑟明确地宣称："胜利是无可替代的。"

303　　杜鲁门立即解除了麦克阿瑟的职务。国防部部长乔治·马歇尔和参谋长联席会议主席奥马尔·布拉德利——也是五星上将——建议说明这种调整是因为麦克阿瑟不服从命令，但这对许多人而言已无关紧要。杜鲁门必须忍受由此而来的抗议和谩骂。加利福尼亚州的参议员理查德·尼克松呼吁立即恢复麦克阿瑟的职务，威斯康星州参议员约瑟夫·麦卡锡（Joseph McCarthy）、一位臭名昭著的酗酒者，指责总统是在醉酒时免去麦克阿瑟职务的。[109]

麦卡锡在前一年突然显赫起来，当时他在西弗吉尼亚州惠灵市（Wheeling）告诉一位共和党人："我有一份名单，上面的人或者是共产党正式党员，或者肯定是忠于共产党的"，这些人都在国务院任职。[110] 被麦卡锡指控的人的确切数量至今仍有争议。由此，"麦卡锡主义"（McCarthyism）出炉。但麦卡锡确实提出了一个真实的问题：美国政府中存在不忠分子。但他处理这一真实问题的方式，却给这个他声称热爱的国家带来巨大的痛苦。

很明显，在共和党的会议上，没有人要求麦卡锡"说出那些名字"，从而揭穿他的欺诈行径。

麦克阿瑟将军告诉参众两院联席会议："老战士永远不会离去，他们只是慢慢地淡出人们的视线。"这是一个感情凝重的时刻。美军士兵在寒冷的朝鲜垂死挣扎。我们的一位最伟大的将军却告诉我们，总统和他的团队却不设法争取战争的胜利。一些刺耳的声音叫嚣道；那是因为他们根本不想打赢，他们受到苏联间谍的操控。杜鲁门的支持率降到23%这一历史最低点，对此没有人感到奇怪！

然而，我们现在能够说，正是在这样的时刻，才能真正考验总统的人格力量。不管麦克阿瑟是多么的杰出和富于见识，但这个国家绝

第七章 杜鲁门保卫自由世界（1945—1953）

不会容忍一位军队指挥官凌驾于文职政府之上。乔治·华盛顿不会那样做；乔治·麦克莱伦（George McClellan）没有那样做；它绝不会被容许。

在这个令人绝望的时刻，对这个国家幸运的是，许多共和党领导人，包括托马斯·杜威州长和哈罗德·史塔生（Harold Stassen）州长、亨利·卡伯特·小洛奇（Henry Cabot Lodge）参议员和约翰·福斯特·杜勒斯（John Foster Dulles）参议员，都勇敢地站出来说话，支持总统作为三军总司令对下级发布命令的权利。[111]再次地，托马斯·杜威将原则置于狭隘的党派偏见之上。

另一个需要强调的关键因素是，沃尔特·怀特和全国有色人种协进会领导层在这一重要关头的爱国立场是多么的重要。如果在种族问题方面有任何闪失影响到国家团结的话，那么，军队的状况也许就会变得难以控制。

共产党的宣传努力将美国人刻画为种族主义者，他们正在朝鲜与非白人作战。沃尔特·怀特对此表示反对。

尽管在处理黑人和犹太人问题上取得了成功，但哈利·杜鲁门作为总统，试图在外交上承认梵蒂冈罗马教廷国却不太成功。杜鲁门——具有他务实的、中西部的行事风格——将教皇庇护十二世（Pope Pius XII）和他的天主教会视为坚强的同盟，在冷战中共同反对无神论的共产党。[112]因此，他任命"二战"时的将军马克·克拉克（Mark Clark）——一位支持主教制度的新教圣公会教徒（Episcopalian）——作为他的大使去罗马。杜鲁门自己的浸礼会（Baptists）教友却提出最强烈的反对意见。他们严格地坚持一种宗教改革观点，即教会不能成为一个国家。在梵蒂冈（Vatican）第二次会议之前，美国许多新教徒仍然对天主教会持普遍怀疑的态度。在白宫一次会议上，杜鲁门努力劝说美国新教圣公会首席大主教："斯大林和他那伙人没有心智上的诚实和道德上的准则；他们破坏了与我们签订的 30 或 40 份条约……我想做的只是（与基督教徒一道）拯救世界的道德。"[113] 但这位圣公会主教非常固执，未能被说服，哈利厌恶地说："如果一位浸礼会教徒（像我一样）都能看到事物的发展趋势——为什么一位圣公会的大主教就不能呢？"[114]* 哈利是在取笑这位圣公会主教，但那些神学争论确实冒犯了他的实用常识。他只是想团结所有基督教徒去反对无神论的共产党。杜鲁门希望马克·克拉克在战时的声望——和他是一名新教徒的事实——能够克服对这一任命的反对意见。然而，由于未能得到国会中资深民主党人的支持，克拉克将军请求总统收回对他的任命。

8. 来自独立城的人

1952 年的大选即将来临，哈利·杜鲁门总统正面对着一场漫长、难挨和血腥的战争。马修·李奇微（Matthew B.Ridgeway）将军——他替代了被罢黜的麦克阿瑟——将联合国军的阵线大致稳固在三八线上，那条线是南北朝鲜在战前的分界线。

参战的美军士兵很难对这种结果感到满意，他们抱怨道："为什么为一个平局而付出巨大代价？"但通过谈判在三八线上稳定下来，至少遏制了共产党在朝鲜半岛的前进。而遏制正是

---

* 追随杜鲁门的这种策略，另一位来自中西部的总统在 30 年后与梵蒂冈建立了有效的联盟关系。来自伊利诺斯州狄克松市（Dixon）的罗纳德·里根在 20 世纪 80 年代向教皇约翰·保罗二世（Pope John Paul II）伸出友谊之手。

第七章 杜鲁门保卫自由世界（1945—1953）

杜鲁门政府的目标所在。杜鲁门信奉一种"有限战争"，他有时称之为"警察行动"。不用说，这种立场在他那个时代非常不受欢迎。

通货膨胀也损害了总统在国内的政绩。罢工成为棘手的问题。当杜鲁门对钢铁厂实施军管以防止罢工影响战时生产时，美国最高法院对此持有异议。在扬斯顿钢板和钢管公司诉索耶案（*Youngstown Sheet & Tube Co.v.Sawyer*，1952年）中，高等法院以令人震惊的6票对3票否决了杜鲁门的做法。那时，高等法院的大法官都是由富兰克林·罗斯福总统和杜鲁门任命的，这一事实使杜鲁门深受刺激。

那时已经存在总统两届任期的限制，它是由民主党控制的国会通过的。国会通过、各州也批准了宪法的第22条修正案，将总统的任期限制为两届。修正案的条款虽然特别豁免了对现任总统的适用性，但许多人仍将该法案的通过视为对哈利·杜鲁门的一种不信任投票。*

哈利·杜鲁门很珍视他说话坦率、诚实的声誉。一次，当《华盛顿邮报》（*Washington Post*）的一位乐评人批评总统女儿唱的歌时，哈利·杜鲁门作为一位充满义愤和保护女儿的父亲，作出回应。哈利立即给这位令他厌恶的乐评人写了一封信："你有8处溃疡，现在只报应了4处。"他甚至威胁地写道，当我碰到你时，"你将需要换一个新鼻子，需要许多牛排来补你的鼻青眼肿，也许下面还需要一个假

---

* 民主党一直支持两任期限制，这可以追溯到杰斐逊和杰克逊。正是共和党人尤利塞斯·格兰特和西奥多·罗斯福在严重挑战这一传统，他们寻求非连续的第三个任期（分别在1880年和1912年）。但只有民主党人富兰克林·罗斯福寻求并赢得了第三和第四个连续任期。富兰克林·罗斯福不仅压制着共和党人，而且也支配着许多保守的民主党人。第22条修正案正是他们的反应。

肢！"[115] 接着，以典型的杜鲁门式的风格，他将印有自己形象的 3 美分邮票贴在信封上。当威胁用拳头打一个专栏作家的鼻子时，他是不会滥用总统免费邮寄特权的！

由于他固守诚实、正直的个性，杜鲁门对他任命的一些人利用官职牟利的行为感到非常难堪。他必须让哈利·沃恩（Harry Vaughan）将军离职，后者从事香水走私活动。官员收受冰箱和貂皮大衣等礼物玷污了整个政府的声誉。根据过去的标准——特威德圈（the Tweed Ring）丑闻、信贷公司丑闻（the Credit Mobilier scandal）和茶壶顶丑闻（Teapot Dome）——杜鲁门时代的腐败只能算是小巫见大巫。尽管如此，他所在的党已经掌握政权 20 年，人们感觉到了某种懈怠。杜鲁门已经用他在 1948 年的获胜实现了历史上最令人惊诧的政治选举逆转。他不想由于输掉第三任期选举而使那次壮举受到损害。因此，他决定不参加竞选。

尽管在 1952 年他已经普遍不受欢迎，但杜鲁门总统在迎着困难坚持干下去。当大多数美国人对他的政绩感到强烈不满时，温斯顿·丘吉尔再次来到华盛顿，并像往常一样，对那个来自独立城的人作出了富有深刻洞察力的评价。

丘吉尔刚刚在英国领导他的保守党赢得大选胜利。与杜鲁门一道轻松地登上总统的游艇威廉斯堡号（*Williamsburg*），这位已经 77 岁的年迈首相说话异常直率。他当着哈利的面说，他最初对哈利的"评价很低，不喜欢他接替富兰克林·罗斯福的位置"[116]。但他继续说道，那种观点已经改变：

> 我对您有严重的误判。从那时起，相比任何其他人，您对拯

救西方文明贡献最多。当英国人无法再在希腊坚持的时候,是您、也只有您,阁下作出了决定,拯救那块古老的土地免于共产党的入侵。当苏联人设法控制伊朗时,又是您采取了相应的行动。您的马歇尔计划拯救西欧于水火,否则,后者将成为约瑟夫·斯大林恶毒阴谋的牺牲品。其后,您缔造了北大西洋公约组织……再往后,有您勇敢的柏林大空运。当然,还有朝鲜战争……[117]

公正地说,在那次两人于寒风凛冽的 1952 年 1 月在波托马克河(Potomac)上巡游的半个世纪后,大多数美国人今天都是以温斯顿·丘吉尔的方式来看待杜鲁门的,而不是以我们父母在 1952 年的方式来看待他的。在拒不允许麦克阿瑟使用——或威胁使用——原子弹上,杜鲁门大大增加了总统的职权。他也逆转了一种历史上被视为不可逆转的范式:即当新武器被制造出来后,它就一定会被使用,[118]而且是反复使用。

当哈利·杜鲁门与他深爱的妻子贝丝(Bess)一道回到他们在密苏里州独立城(Independence)的家时,他已经准备好去过作为前总统的生活。在 20 世纪 50 年代还没有退休金。对他而言,也没有什么别的机会。但他无怨无悔地回到了那个养育他的地方。当一个电视台记者问他,回到家里做的第一件事情是什么时,哈利还像以往那样率直,他说:"我把手提箱放进阁楼里。"

1 | Beschloss, Michael, *The Conquerors: Roosevelt, Truman and the Destruction of Hitler's Germany, 1941-1945*, Simon & Schuster: 2002, p.271.

2 | Muller, James W., Ed., *Churchill's Iron Curtain Speech Fifty Years Later,*

University of Missouri Press: 1999, p.6.
3. Muller, p.96.
4. Muller, p.66.
5. Barone, Michael, *Our Country: The Shaping of America from Roosevelt to Reagan*, The Free Press: 1990, p.187.
6. Muller, p.79.
7. Muller, p.102.
8. Graebner, Norman A., *Cold War Diplomacy, 1945-1960*, D.Van Norstrand Company, Inc.: 1962, p.28.
9. Barone, p.206.
10. Graebner, p.28.
11. Beschloss, *Conquerors*, p.275.
12. Harris, Whitney R., *Tyranny on Trial*, Southern Methodist University Press: 1999, p.497.
13. "Robert Jackson's Place in History, "Chautauqua Institution, Chautauqua, New York, 13 June 2003, online source: http: //robertjackson.org.
14. Online source: http: //robertjackson.org.
15. Barone, p.187.
16. Ferrell, Robert H., *Harry S.Truman: A Life*, University of Missouri Press: 1994, pp.194-195.
17. Ferrell, p.181.
18. Ferrell, p.181.
19. Ferrell, p.185.
20. Beschloss, *Conquerors*, p.276.
21. Ferrell, p.251.
22. Gaddis, John Lewis, *We Now Know: Rethinking Cold War History*, Oxford University Press: 1997, p.14.
23. Gaddis, *We Now Know*, p.15.

24	Ferrell, p.253.
25	Barone, p.192.
26	Morison, Samuel Eliot, Henry Steele Commager, and William E.Leuchte-nberg, *A Concise History of the American Republic*, Oxford University Press: 1977, p.676.
27	Barone, p.193.
28	Radosh, Ronald, and Allis Radosh, *Red Star Over Hollywood: The Film Colony's Long Romance with the Left*, Encounter Books: 2005, p.48.
29	Radosh and Radosh, p.112.
30	Radosh and Radosh, p.114.
31	Radosh and Radosh, p.115.
32	Billingsley, Kenneth Lloyd, *Hollywood Party: How Communism Seduced the American Film Industry in the 1930s and 1940s*, Forum: 2000, p.152.
33	Billingsley, p.153.
34	Billingsley, p.155.
35	Billingsley, p.157.
36	Billingsley, p.157.
37	Billingsley, p.157.
38	Billingsley, p.158.
39	Billingsley, p.158.
40	Billingsley, p.125.
41	Billingsley, p.125.
42	Gilbert, Martin, *Israel: A History*, William Morrow and Company, Inc.: 1997, p.187.
43	Ferrell, p.311.
44	Spalding, Elizabeth Edwards, *The First Cold Warrior: Harry Truman, Containment, and the Remaking of Liberal Internationalism*, University Press of Kentucky: 2006, p.98.

45　Spalding, p.96.
46　Spalding, p.97.
47　Spalding, p.96.
48　Ferrell, p.311.
49　Ferrell,p. 311.
50　Gilbert, *Israel*, p.191.
51　Clay, Lucius D., *Decision in Germany*, Doubleday & Company, Inc.: 1950, p.365.
52　Clay, p.365.
53　Ferrell, p.259.
54　Ferrell, p.259.
55　Barone, p.208.
56　Ferrell, p.314.
57　Humphrey, Hubert H., *The Education of a Public Man: My Life and Politics*, Doubleday and Company, Inc.: 1976, p.111.
58　Ferrell, p.295.
59　Ferrell, p.295.
60　Ferrell,p. 297.
61　Gould, Louis L, *Grand Old Party: A History of the Republicans*, Random House: 2003, p.316.
62　Beschloss, Michael, *Eisenhower: A Cetennial Life*, An Edward Burlingame Book: 1990,p. 94.
63　Ferrell, pp.268-269.
64　Humphrey, p.111.
65　Humphrey, p.110.
66　McCullough, David, *Truman*, Simon & Schuster: 1992, p.467.
67　McCullough, p.467.
68　McCullough, p.652.
69　McCullough, p.652.

70　Gould, p.315.
71　Gould, p.315.
72　Barone, p.219.
73　Barone, p.214.
74　McCullough, p.654.
75　Barone, p.220.
76　Haynes, John Earl, and Harvey Klehr, *Venona: Decoding Soviet Espionage in America*, Yale University Press: 1999, p.156.
77　Brands, H.W., *Cold Warriors: Eisenhower's Generation and American Foreign Policy*, Columbia University Press: 1988, p.7.
78　Online source: http: //www.americanrhetoric.com/speeches/eleanorroosveltdeclarationhumanrights.htm.
79　Urquhart, Brian, *Ralph Bunche: An American Life*, W.W.Norton & Company: 1993, p.179.
80　Urquhart, p.37.
81　Urquhart, p.193.
82　Urquhart, p.193.
83　Ferrell, p.253.
84　Online source: http: //www.atomicarchive.com/Docs/SovietAB.shtml.
85　Online source: http: //www.Iaw.umkc.edu/faculty/projects/ftrials/hiss/hisschronology htmL
86　Weinstein, Allen, *Perjury: The Hiss-Chambers Case*, Alfred A.Knopf: 1978, p.67.
87　Haynes and Klehr, *Venona*, p.156.
88　Schweizer, Peter, *Reagan's War: The Epic Story of His Forty -Year Stuggle and Final Triumph Over Communism*, Random House: 2002, p.16.
89　Schweizer, p.16.
90　Janken, Kenneth Robert, White: *The Biography of Walter White, Mr.NAACP*, New Press: 2003, p.320.

91　Janken, p.320.
92　Janken, p.320.
93　Janken, p.322.
94　Barone, p.237.
95　Leckie, Robert, *The Wars of America*, Harper & Row Publishers, Inc.: 1981, p.849.
96　Gaddis, John Lewis, *The End of the Cold War*, Penguin Press: 2005, p.74.
97　Morison, Samuel Eliot, *The Oxford History of the American People, Volume Three: 1869 through the Death of John F. Kennedy, 1963*, The Penguin Group: 1994, p.430.
98　Morison, *The Oxford History of the American People, Volume Three*, p.430.
99　Leckie, p.877.
100　Leckie, p.878.
101　Leckie, p.878.
102　Leckie, p.881.
103　Leckie, p.856.
104　Morison, *The Oxford History of the American People, Volume Three*, p.436.
105　Gaddis, *The End of the Cold War*, p.47.
106　Gaddis, *The End of the Cold War*, p.47.
107　Morison, *The Oxford History of the American People, Volume Three*, p.438.
108　Gaddis, *The End of the Cold War*, p.55.
109　Morison, *The Oxford History of the American People, Volume Three*, p.436.
110　Morison, *The Oxford History of the American People, Volume Three*, p.439.
111　Gould, p.322.
112　Morison, *The Oxford History of the American People, Volume Three*, p.438.
113　Spalding, p.217.
114　Spalding, p.217.
115　Spalding, p.217.

第七章 杜鲁门保卫自由世界（1945—1953）

116 McCullough, p.829.
117 Spalding, p.228.
118 Spalding, p.228.

第八章
艾森豪威尔和欢乐时光（1953—1961）

德怀特·艾森豪威尔正是美国人想象中的"二战"士兵的形象——友善、聪慧、务实、正派，最根本的是公正。这些正是美国军队在被占领的欧洲和日本所代表的形象，也是美国人希望他们在国内体现的特征。德怀特·艾森豪威尔所赢得两次大选的压倒性胜利，是他个人的胜利，而他所在的共和党从未像他那样受到民众的普遍欢迎。艾森豪威尔所任命的首席大法官导致最高法院一致通过反对公立学校实施种族隔离的决定。作为响应，年轻的牧师马丁·路德·金（Martin Luther King）博士起而要求美国人实践他们所宣称的理想。金博士所发起的大规模的民权运动开始于亚拉巴马州蒙哥马利市（Montgomery），1955年该城市的黑人发起了联合抵制乘坐公共汽车的运动，以抗议它实行种族隔离政策。艾森豪威尔总统希望用道义上的劝告、结合在南部设立联

第八章 艾森豪威尔和欢乐时光（1953—1961）

邦仲裁法庭的强硬措施，结束种族隔离制度。但阿肯色州民主党人州长奥尔沃·福布斯（Orval Faubus）的强硬抵制迫使艾克于 1957 年将美军 101 空降师派往小石城（LittleRock）各公立学校执行取消种族隔离的命令。苏联成功发射"旅伴号"（Sputnik）[*]。人造地球卫星使美国人深感不安。如果他们能发射卫星，那他们也同样能用一颗百兆吨级的核导弹打击美国本土，这种导弹是他们正在试验的，显然其目的是险恶的。艾森豪威尔平和而镇静的反应对有些人而言是不充分的，其中包括参议员约翰·肯尼迪。肯尼迪发誓要"再次使美国振作起来"。他提到一种"在导弹方面的差距"，他努力为自己树立一种强力和果断的领导人的形象。他在"二战"期间的英勇行为和在辩论中的强硬姿态使他成为一位年轻的领导人，并将美国带进了动荡的 60 年代。

1. "我喜欢艾克"

共和党人在 1952 年可能预感到要获得大选的胜利。民众对哈利·杜鲁门总统的普遍反感，使共和党的前景一片光明。德怀特·艾森豪威尔将军继续否认对竞选有兴趣。他甚至告诉参议员罗伯特·塔夫脱（Robert A.Taft），他将支持塔夫脱，只要这位俄亥俄州的保守派人士支持北约。但塔夫脱说，绝不。[1] 艾克去了巴黎，继续领导他的北约军事委员会。他有很多事要做。随着朝鲜战争在亚洲白热化、苏

---

[*] Sputnik 在俄语中是"旅伴"的意思，它是人类发射到宇宙的第一颗卫星，这是一颗非返回式卫星，在电池耗尽之后，便不再向地球发射任何信号，而消失在太空中。——译者注

联宣布研制成原子弹,以及斯大林试图使西柏林因饥饿而屈服,西方联盟处于高度紧张状态。艾克镇定地出现在北约司令部。

不过,在国内,马萨诸塞州参议员亨利·卡伯特·小洛奇(Henry Cabot Lodge Jr.)领导了"推举艾森豪威尔参选"的活动。艾克以非候选人的身份赢得了在新罕布什尔州的初选胜利。私下里,艾森豪威尔恼怒不已。他说,他不会寻求共和党的提名。不过,如果他真的想制止小洛奇的推选活动,他也许会回忆起西点军校的校友在上世纪说过的话。威廉·特库姆塞·谢尔曼(William Tecumseh Sherman)知道该如何制止推选活动:"如果被提名,我不会参选;如果当选,我不会就任。"但艾克并没有发表这种声明。相反,他越来越意识到,他有义务参加竞选。参议员塔夫脱已经公开要求将军队从欧洲撤回。艾森豪威尔认识到这样一种举动将是灾难性的,因为它所造成的权力真空将为苏联人填补。他必须参加竞选。15 000人聚集在纽约麦迪逊花园广场(Madison Square Garden)参加一场支持艾森豪威尔的集会。他们在标语上写道:"我们喜欢艾克。"[2] 正是这一口号很快就席卷了整个国家。

当艾森豪威尔辞职,从巴黎回国后,他终于开始就政治问题发表见解。他说,他反对大政府,反对高税收、通货膨胀,以及来自"克里姆林宫的威胁"[3]。很明显,他是一位共和党人。

塔夫脱不愿由于艾克的加入而退出。共和党的竞选人主要依靠本党的忠实支持者的支持,尤其是中西部和西部地区的选民。艾森豪威尔的支持则来自小规模、但却颇具影响力的东部共和党集团。托马斯·杜威,这位共和党在1944年和1948年的候选人也支持艾克。在1952年于芝加哥召开的共和党全国代表大会上,艾森豪威尔的支持者

第八章 艾森豪威尔和欢乐时光（1953—1961）

指责塔夫脱的竞选团队试图"暗中"做代表的工作。参议员理查德·尼克松将加利福尼亚州这一重要代表团的控制权从当地人拥戴的州长厄尔·沃伦*手中夺了过来。尼克松的适时介入最终确定了对艾森豪威尔的提名——而他本人则获得副总统的提名。[4]

民主党人对共和党有关政府官员腐败行为的指责非常敏感。他们要在杜鲁门政府之外寻找一位优秀的候选人。伊利诺斯州州长阿德莱·埃文·斯蒂文森（Adlai E.Stevenson）是出类拔萃的人。斯蒂文森是格罗弗·克里夫兰（Grover Cleveland）副总统的孙子，他对民主党内自由派知识分子有着很强的吸引力。文雅而诙谐的斯蒂文森发现本党的忠实支持者对他态度冷淡，但教授俱乐部的那些热情而积极的成员却因为"阿德莱而发狂"。

从许多方面看，推举斯蒂文森都是一个出人意料的选择。在民权或劳工问题上，他并不像杜鲁门那么强硬。他并未提出过任何有深远影响的经济纲领。但正是他的行事风格使大多数人赞同他来竞选。尊敬的诺曼·文森特·皮尔（Norman Vincent Peale）写作了一部1952年排名第一位的畅销书《积极思考的力量》（*The Power of Positive Thinking*）。皮尔解释了他对共和党的支持。斯蒂文森作出了著名的回应："我发现保罗是讨人喜欢的，而皮尔却是令人恐惧的。"[5]对他的追随者而言，最吸引他们的是斯蒂文森对理查德·尼克松的鄙视。斯蒂文森说，尼克松是这样的政治家，他会砍倒一棵红杉，尔后爬上树

---

*受当地人拥戴的候选人资格通常是指一位强力的当地人在全国代表大会上控制他所在州代表团的尝试。这种候选人资格的目的不在于为受拥戴的人赢得总统提名（尽管这种幸运在过去也曾降临过），而在于使受拥戴的人在关键时刻能将州代表团的支持给予最终的被提名者。

桩进行演讲。对自由主义的拥护者阿杰尔·希思而言，尼克松确实是令人毛骨悚然的，他给那些自由派人士扣上"赤色分子"的帽子进行政治迫害。

事实证明，艾森豪威尔是一位强有力的竞争者。他的微笑令无数美国人心动。他的战时履历在全世界都受到钦佩。但艾克要做到滴水不漏：他的竞选专列打破了此前的行程记录：51 276英里的不停歇竞选，超过哈利·杜鲁门的两倍多，后者是在1948年乘坐费迪南德·麦哲伦号走了21 998英里。[6]

不过，当艾森豪威尔的竞选伙伴理查德·尼克松被曝出受到一个"秘密基金"的支持时，他的竞选差点被葬送。该基金是由一个小的加利福尼亚商人圈为他募集的。尼克松出现在全国电视上为自己辩护。他泪洒讲坛，称赞了他的妻子帕特（Pat）为他准备的"共和党帆布外套"（这是对民主党貂皮大衣丑闻的讽刺）。不过，最有效的莫过尼克松断然拒绝归还捐赠人赠送的一个礼物——一只小狗。他年幼的女儿们称这只英国小猎犬为"切克斯"（Checkers），她们都非常喜欢它。尼克松的"切克斯演讲"挽救了他的政治生命。公众的反应是积极的和无法抗拒的。不过，当他关起门来和艾森豪威尔会面时，后者仍然感到没有把握。尼克松竟然无礼地敦促说："要么拉屎、要么让出马桶"[7]。

尼克松继续参加竞选，这对美国政治生活产生了重大影响。他对竞选的一些丑陋现象"贡献"颇多。他指责民主党人进行了"20年的叛卖活动"，抨击迪安·艾奇逊领导着一个面对共产党的遏制表现胆怯的政府机构。[8]

1952年也许是美国历史上第一次这样的竞选，即一个政党的候选

第八章 艾森豪威尔和欢乐时光（1953—1961）

人公开对选民采取鄙视态度。确实，联邦主义者和辉格党党员*有时会轻视那些支持杰斐逊和杰克逊的大众选民。但他们一般都保持克制，不表现出任何优越感。但阿德莱·斯蒂文森也许是第一位打破这个传统的人。当被问及为什么他似乎总是"说一些听众听不懂的话"时，平时理智的阿德莱却轻率地回答道："我说的是他们应该能听懂的。"**

私下里，艾森豪威尔的同事知道，认为他们所拥戴的候选人是没文化的和敌视知识分子的，并非事实所在。C.D. 杰克逊（C.D. Jackson），《时代》杂志的亨利·卢斯的保护人说，艾克善于调动年轻人的情感，有很高的文化修养。他说："艾森豪威尔的文化修养远远超过了那些出身高贵的人，当他准备演讲词时，古典文学、《圣经》和神话的典故不断涌现。甚至（演讲稿撰写人）埃米特·约翰·休斯（Emmett John Hughes）也肯定同意，他整理并修改一个复杂段落的能力有时是不可思议的，以致听起来就好像是他自己撰写的一样。"[9]

艾森豪威尔并不愿兵戎相见地将竞选对手彻底打垮。在整个选举过程中，艾克一直在民意测验中领先，他在1952年10月份简单的一句话："我要去朝鲜。"就将选举搞定。美国人相信，艾克的军事和外交经验使他能够找到一种解决办法来摆脱血腥的僵局，这种僵局那时正在困扰这个被战争蹂躏的国家。正因如此，

---

* 前者是共和党持有的思想，后者是共和党的前身。——译者注
** 斯蒂文森的党羽被讽刺为"自以为有大学问的人"，这是一个不公正的概括，因为艾克和阿德莱都炫耀了他们那令人印象深刻的秃脑袋，似乎这是智慧的象征。一个更具讽刺意味的事是，艾森豪威尔那部雅致而有思想性的回忆录《远征欧洲》（Crusade in Europe）从未绝版过，而所谓的知识分子斯蒂文森的那本很薄的文学作品却被放置在大学图书馆靠里的书架上，很少被人问津。

竞选实际已经结束。艾森豪威尔在 1952 年 11 月份赢得了巨大胜利。

他挽救了共和党，也许也挽救了美国的两党制。他赢得了 33 778 963 张选民票（54.9%）和 442 张选举人票。斯蒂文森获得了 27 314 992 张选民票（44.4%）和仅仅 89 张选举人票。斯蒂文森的得票数比杜鲁门的多了 300 万张，但这仍不足以避免被"我喜欢艾克"的声浪所淹没。

说艾森豪威尔在进入白宫前没有政治经验，那是老生常谈。尽管他确实没有执掌过行政机构，但他在战前政治气氛浓厚的军队中表现优异，在战争期间管理着历史上最大的国际战时联盟。他与丘吉尔、罗斯福、杜鲁门、马歇尔、戴高乐和苏联军队领导人有着私人关系。就美国在 20 世纪 50 年代所面临的危机重重的新世界而言，没有哪个美国人能够在经验的深度与广度上与他比肩。

对民主国家的领导人而言，更为重要的是，艾克是一位人民的代表。傲慢的杜威、冷淡而让人有疏远感的塔夫脱与高贵而显赫的麦克阿瑟——他们都缺乏艾克那种平易近人的风格。德怀特·艾森豪威尔、美国大草原的儿子也许是卢迪亚·吉卜林（Rudyard Kipling）的诗"如果"中的原型：

> 如果你能与群众攀谈、并保持你的美德，
> 如果与国王们在一起，也不失去你的普通本色……

第八章 艾森豪威尔和欢乐时光（1953—1961）

2. 克里姆林宫的阴霾

艾克马上就兑现了他最著名的竞选承诺。1952 年 11 月，他来到朝鲜，视察军队，对军事形势作了第一手评估。即将去职的杜鲁门总统提供给新当选总统一架政府飞机用于旅行，"如果"后者仍坚持要去的话。艾森豪威尔将那个"如果"视为对其诚信的一种冒犯。[10] 这是两位一同取得如此巨大成就的中西部人之间的第一次严重交恶。看到他们著名的将军和明显兴奋不已的士兵一起吃着用锡纸盘子盛的食物，美国人都激动不已。

尽管朝鲜战争困扰着美国，但反美主义情绪并未渗透进大众文化当中。确实，詹姆斯·米切纳（James Michener）的《独孤里桥之役》（Bridges at Toko-Ri）探讨了进行一场战争的某种模糊性，这场战争有时被称为"被遗忘的战争"。但米切纳并未质疑美国的动机。国家广播公司（NBC）电视台制作了一部成本高昂的系列剧《海上胜利》（Victory at Sea）。这部"二战"题材的系列剧被配以气势磅礴的凯旋音乐，它是由百老汇的顶级作曲家理查德·罗杰斯*（Richard Rodgers）创作的。对无数"二战"退伍的美国老兵而言，经常面对孩子们的问题："爸爸，你在战争中干了些什么？"而这类作品是回答孩子们的一种方式。

---

*理查德·罗杰斯早在 16 岁时就开始创作百老汇（Broadway）歌曲，但只是后来与奥斯卡·哈默斯坦（Oscar Hammerstein）的合作才使他的名字长久地为人们所牢记。罗杰斯和哈默斯坦风行一时的作品包括《俄克拉何马州》（*Oklahoma!*）、《旋转木马》（*Carousel*）、《南太平洋》（*South Pacific*）、《国王与我》（*The King and I*）和《音乐之声》（*The Sound of Music*）。

1953年1月20日在国会大厦举行了总统就职仪式,艾森豪威尔总统是20年来组阁的第一位共和党人。当艾克在祈祷声中开始领导这个国家时,美国人在欢呼雀跃,而世故的人们却在讥讽、嘲笑。

> 我们祈祷,赋予我们明辨是非的能力,使我们的言行受这块土地上的法律所支配。我们特别祈祷,我们将专注于人民的福祉,无论他们的地位、种族或职业为何。[11]

玩世不恭的人很快就指出,在进入白宫之前,艾克从未加入过任何一个教派。确实如此,但他也从未加入任何一个政党。年轻的新教传教士比利·格雷厄姆(Billy Graham)牧师不同意这些人对艾克的看法。格雷厄姆非常了解艾森豪威尔。艾克曾邀请他去巴黎,那时艾克是欧洲盟军最高司令部(SHAPE)的领导人。甚至在艾森豪威尔被提名总统候选人后,他还邀请这位新教传教士领袖到他在芝加哥的旅馆中,为他的提名演讲提建议。格雷厄姆回忆道:"艾森豪威尔是一位非常虔诚的人。"[12]

不过,许多变化都在孕育中。艾森豪威尔提到要进行"道德的重新武装"以应对共产党无神论的威胁,并敦促国会在忠诚宣誓中增加"在上帝的督导下"的字样。哥伦布骑士会(The Knights of Columbus),一个由天主教徒组成的团体,一直在进行院外活动以促成这一变化。在艾克的支持下,国会很容易就通过了这项动议。

在就职仅仅几周后,艾森豪威尔总统就收到了令人震惊的消息。1953年3月5日,苏联政府宣布约瑟夫·维萨里昂诺维奇·斯大林逝

第八章　艾森豪威尔和欢乐时光（1953—1961）

世。甚至直到今天，人们也无法确定斯大林到底是怎么死的。*是尼基塔·赫鲁晓夫（Nikita Khrushchev）暗中阻止了独裁者接受医疗救治？还是最后进行的大清洗、即所谓的犹太人医生的阴谋剥夺了他受医治的可能？因为所有医生都害怕接近他。纳坦·夏兰斯基（Natan Sharansky），现今一位以色列议员，回忆起他的父亲那天早晨将他送到莫斯科一个幼儿园时的情景，他父亲严肃地告诉他：其他孩子哭时，你也哭；他们写诗颂扬斯大林时，你也写。绝不要表现出任何欢乐的情绪，尽管这才是居住在他们拥挤的单元房中的无数苏联犹太人想要表达的。甚至就在死前，斯大林还在筹划一场对地位较高的苏联犹太人的大清洗。

　　不过，在克里姆林宫恐怖的高墙之外，很少有人了解这些。此时在国内，艾森豪威尔正面临着成为总统后的一项非常棘手的决策。他是允许对被判定有罪的泄漏原子弹机密的间谍尤利乌斯·罗森堡（Julius Rosenberg）和艾塞尔·罗森堡（Ethel Rosenberg）夫妇执行死刑，还是准予豁免呢？

　　罗森堡夫妇的判决是由杜鲁门那一届政府作出的。主持对他们审判的法官欧文·考夫曼（Irving Kaufman）是一位由民主党任命的法官，他不是共和党人。

---

* "绝不要用你的手指指着上帝"，一位年迈的妇女在一个乌克兰的教堂中斥责德克·莫洛伊泽克（Dirk Mroezek），后者是一位美国传教士，他于20世纪90年代在那个教堂中用手指着雕刻在天花板上的圣经中的"约翰三章16节"。但那恰恰是有关垂死的斯大林最后被记录下来的姿态。他的女儿斯维特拉娜（Svetlana）记录了他死前的情景："他突然睁开眼睛，扫视了一遍屋内的每个人。这是令人恐惧的一瞥。接着，令人不可思议和恐惧的事情发生了。他突然抬起左手，就好像他正在指向上面的某个东西，并将诅咒带给我们所有人一样。在作这最后努力之后，他的精神离开了肉体。"

1951年4月16日那期《时代》杂志报道了判决的情况。在宣判他们死刑时，考夫曼法官冷漠地告诉罗森堡夫妇：

> 普通的蓄意谋杀在严重程度上比起你们所犯下的罪行是小巫见大巫。我相信，你们使俄国人掌握原子弹技术的行为……已经导致共产党对朝鲜的侵略……我们知道无数无辜的人也许要为你们的叛卖行为而付出代价。[13]

像教皇庇护十二世（Pope Pius XII）和阿尔伯特·爱因斯坦等世界著名人士都呼吁新总统赦免他们的死刑。全世界的左翼人士很快都指责艾森豪威尔的反犹太主义。共产国际对艾克本人发出了通缉令。共产党的小说家霍华德·法斯特（Howard Fast）写道：我们国家的犹太大众已经在艾森豪威尔周围嗅到了"法西斯主义的陈腐味道"[14]。

这是对艾克一种不公正的指责，因为正是他强迫德军战俘走过被解放的纳粹死亡集中营，并命令军队的摄影师为后人记录下有关大屠杀的无可辩驳的证据。当被判决的间谍在纽约的新新监狱（Sing Sing Prison）的电椅上被执行死刑时，艾克保持了一种有威严的沉默。[15]*

艾森豪威尔总统在1953年7月27日宣布朝鲜停火。这个不稳定的停战一直持续至今。朝鲜战争造成美国人、中国人及南北朝鲜人大量伤亡。[16] 沿着三八线将南北朝鲜分割开来的非军事区（DMZ）至今

---

* 法国共产党首脑雅克·杜克洛（Jacques Duclos）是一位强硬的斯大林主义者。他攻击美国，将泄漏原子弹机密的间谍判处死刑解释为反犹主义，但在捷克，将8位共产党员，都是犹太人判处死刑，却不作这样的解释。［资料来源：拉多什（Radosh）夫妇的《共产党员们》，第46页。］

第八章 艾森豪威尔和欢乐时光（1953—1961）

仍然是世界上最危险的边境之一。

在冷战初期混杂着真正的背叛和谣传的背叛以及对间谍恐惧的氛围下，参议员约瑟夫·麦卡锡的权力和地位急剧上升。在麦卡锡的家乡威斯康星州的竞选中，艾森豪威尔未能保护他的朋友和支持者马歇尔将军免于麦卡锡的恶毒攻击。艾森豪威尔私下告诉朋友，他拒绝与"那个卑鄙的人展开令人厌恶的斗争"[17]。艾森豪威尔知道，麦卡锡——像所有煽动者一样——因公众效应而发迹，就像氧气遇着火一样。艾森豪威尔说："我真的相信，在与他这种特殊的麻烦制造者做斗争时，没有什么比不理他更有效。这是他不可能忍受的。"[18] 他向参议院提交了一项任命，任命查尔斯·博林（Charles Bohlen）为他的驻苏大使。[19] 这是对麦卡锡及其一伙的间接挑战。博林是富兰克林·罗斯福总统在雅尔塔时的翻译。艾克的行动证明他决心独立行事、并使用自己的人——不管麦卡锡喜欢与否。

艾森豪威尔援引行政特权来阻止麦卡锡进行"测试调查"。不管在旁观者眼中麦卡锡有时进行的是发掘出一些令人难堪的细节，还是对立法机构进行合法的监督，但艾克有越来越多的支持者用他们各自所掌握的手段来反对这位参议员。哥伦比亚广播公司（CBS）经验丰富的新闻记者爱德华·默罗（Edward R.Murrow）在他那脍炙人口的电视节目"今日观察"（*See it Now*）中反对麦卡锡的行径。他说："我们不可能把自由遗弃在家中而为自由辩护。"[20] 参议院中唯一的女性、缅因州共和党议员玛格丽特·蔡斯·史密斯（Margaret Chase Smith）勇敢地反击了麦卡锡。

当麦卡锡在他的委员会面前诟病艾克所深爱的军队时，帮助麦卡锡发迹的电视摄像机这次却令他遭遇毁灭性打击。麦卡锡设法"调查"一位左派牙医在新泽西州蒙默斯堡（Fort Monmouth）的升迁情况。（那个好牙医难道不会将放射性物质填充物装在士兵的牙里，以便共产党能够在战场上追踪他们吗？）来自佛蒙特州的共和党参议员拉尔夫·弗兰德斯（Ralph Flanders）嘲笑了麦卡锡：

> 整个国家目前都被共产党所接管……全世界似乎都动员起来参加伟大的善恶大决战……（参议员麦卡锡）盛装登场。他跳起战争之舞。他发出战争叫嚣。他冲向战场，自豪地押着一个红色牙医作为战利品凯旋。[21]

罗伊·科恩（Roy Cohn）和戴维·席尼（David Schine）是麦卡锡调查委员会（McCarthy's committee）的年轻工作人员。*他们进行了一次由纳税人买单的穿越欧洲的公费旅游，他们突然造访各地的美国大使馆，在美国资助的图书馆中查找危险书籍。在达特茅斯（Dartmouth）的一次毕业典礼演讲中，总统谴责了"焚书者"——明显是指科恩和席尼的滑稽行为。[22] 由艾克最亲近的顾问策划，军队揭露了麦卡锡在军队的看门狗罗伊·科恩为他年轻的伙伴戴维·席尼争取特殊待遇的丑闻。军队披露，当席尼被征召入伍时，科恩利用他的影响来免除与他关系密切的席尼去帮厨的必修课。[23]**

麦卡锡持续逼迫证人交代、他多变的个性和他不计后果的鲁莽，是他破产的原因。麦卡锡会打断一个证人的话，以确保一些有关一位

---

* 罗伯特·肯尼迪也曾短暂供职于麦卡锡调查委员会。
** K.P. 意指"帮厨人员"，包括诸如削土豆皮与刷锅和盘子等日常工作。

第八章　艾森豪威尔和欢乐时光（1953—1961）

年轻律师的不利信息被记录在案——这是通过电视在全国播放的。那位被怀疑的律师曾经隶属于一个由共产党支持的全国律师公会。目前，他为一家律师事务所工作，该事务所代表军队出现在军队—麦卡锡的听证会上。军队的辩护律师、标准的波士顿人约瑟夫·韦尔奇（Joseph Welch）用他著名的反驳回击了麦卡锡：

> 直到此刻，参议员阁下，我都认为我没有真正认识到您的残忍和鲁莽。让我们不要再诋毁这位年轻人了，参议员阁下；您做得够过分了。您难道不知自重吗，先生？最终，您难道给人留下了自重的感觉吗？[24]

麦卡锡的支持者开始瞄上拉尔夫·本奇，后者是诺贝尔和平奖的获得者。艾克告诉助手，本奇是"一位品质超群的人，是我们国家的信誉所在。我绝不能容许像这样一个人由于麦卡锡的攻击而被整得体无完肤"[25]。最后，本奇告诉艾克的白宫助手，他能够单独应付对他的指控。本奇博士在众议院非美活动委员会作证。尽管如此，当艾克邀请本奇参加在白宫举行的一次非正式宴会时，这位老练的黑人外交官得体地接受了邀请。[26]

艾森豪威尔一直认为，麦卡锡对追逐上报章头条比追逐共产党更感兴趣。[27]艾森豪威尔的确知道古语说过："给傻瓜绳子，他就会上吊。"在军队—麦卡锡听证会上，他给麦卡锡准备了足够长的绳子，他所控制的政府正在努力剪断麦卡锡的翅膀。[28]

这次，绳索是电视摄像机这个致命武器。像神话中的伊卡洛斯（Icarus）那样，麦卡锡凭借他自己精心制作的翅膀展翅高飞。但飞得太接近太阳——在这个例子中是全国公众的怒目而视——蜡融化了，他垂直摔落在地。

麦卡锡很快就被参议院以压倒性的 67 票对 22 票弹劾。[29]* 这次投票是在 1954 年 12 月 2 日举行的，离艾森豪威尔就职不到两年。在幕后，艾克敦促共和党人支持这项弹劾动议。[30] 它是所谓的"总统神秘之手"的一个突出案例。

3 年后，麦卡锡在酗酒之后死去，才 49 岁。他是因过度"操劳"而死的典型病例。正如迈克尔·巴罗尼（Michael Barone）描写的那样，他"完全是肆无忌惮、无视任何事实、不受任何正义感约束、不受任何完成一个具体目标的愿望支配"。[31] 最糟糕的是，麦卡锡玷污了反共这个"光荣"的事业。他使对抗苏联颠覆美国制度的合法努力变得名誉扫地。从此以后，对那些不忠诚的人或集团而言，他们只要叫喊"麦卡锡主义"，就能使公众的注意力从真正的问题上转移开来。长久以来，麦卡锡与共和党的主流政治家，像参议员塔夫脱和参议员威廉·诺兰（William F.Knowland）等进行了积极的合作。他甚至得到了才华出众的小威廉·巴克利（William F.Buckley）的辩护。然而，不幸的是，麦卡锡的堕落并未能成为对全体美国人的警戒。罗伯特·韦尔奇（Robert Welch），这位激烈反共的约翰·伯奇协会（John Birch Society）的创始人确信，艾森豪威尔总统是共产党

---

* 很明显，年轻的参议员约翰·肯尼迪没有投赞同票。他由于背部手术而住院观察。由此，他就避开了弹劾投票。他的父亲待麦卡锡如友，后者是他家的常客，并曾与他的姐姐约会过。约翰·肯尼迪后来开玩笑说，如果记者问他，他会说当他正在被推进手术室时，他大声呼喊："噢！我的背！"埃莉诺·罗斯福夫人并未被逗乐。她后来指出，约翰·肯尼迪需要表现出更多的勇气，而不是躲起来。

阴谋集团的一名间谍。³²

这种荒谬的指责是针对艾森豪威尔总统的，他在回忆录中以明显的厌恶之情写道，苏联人清除一片雷区的办法就是齐步前进通过它！当艾克于1945年访问莫斯科时，朱可夫元帅亲自证实了这种方法。³³苏联对生命的明显漠视给富于同情心的艾森豪威尔留下了深刻的印象。

3. 自由在扩展

共产主义能够利用人之间的不公正和不平等。这种意识形态对意大利人、法国人或南美洲人并没有那么大的吸引力，但对那些正在痛苦挣扎以争取满足一般人类需求的人却颇有吸引力。在那里，它拥有很大的扩张能力。不管大众的不满是基于集团压迫、普遍的贫困、还是儿童的饥饿，共产党都可能发动一场进攻。而对这种进攻，军事力量是不可能抵御的。不满能够被煽动成革命，革命能够演化为普遍的社会混乱。后果就是独裁统治。仅仅依靠军队来应对这种战略是徒劳的。³⁴

大量著述论及国际共产主义的吸引力和危险所在，并提出适当的应对措施。没有人比德怀特·艾森豪威尔更能理解它所带来的挑战。上面那段话来自他那本最畅销的战争回忆录《远征欧洲》，它清晰地表明了这一点。艾克被敌对的文化作品普遍地嘲讽为是一个愚蠢、懒惰和老弱的人。但这段有启示作用的话表明，他对这一问题的深刻把握和他对共产党危险诱惑力的敏锐洞见。

在这种背景下，艾森豪威尔拒绝废止新政，而且他鼓励那些能给普通美国人带来更大物质富裕的政策，这能够被视为对自由最有效的保护措施。让工人能够买得起汽车、电视机和湖边的夏季避暑的小屋，那么，对红色煽动就没有什么可恐惧的。在艾森豪威尔时代，美国和欧洲享有史无前例的繁荣。

1955 年，艾森豪威尔到日内瓦会晤苏共新领导人尼科莱·布尔加宁（Nikolai Bulganin）和尼基塔·赫鲁晓夫。艾克的英国和法国盟友也参加了会晤。他大胆地提出了一项建议，即"开放领空"——尝试以允许双方飞越彼此国家来缓解国际紧张局势。赫鲁晓夫——很快就作为克里姆林宫的真正权威出现——拒绝了艾克的提议。但由"日内瓦精神"（The Spirit of Geneva）所带来的冷战"解冻"舒缓了铁幕两边紧张的神经。

在国内，艾森豪威尔任命的大法官、加利福尼亚人厄尔·沃伦（Earl Warren）很快就对学校中的种族隔离问题作出反应。沃伦所缺乏的法律工作背景和对宪法的精确了解，都由他老练的人际关系处理予以弥补。在他的第一个任期中，沃伦带领最高法院通过了具有里程碑意义的对布朗诉教育委员会案的裁决。以 9 票对 0 票，美国最高法院取消了公共教育机构中的种族隔离。* 自由在扩展。

由于未能公开支持最高法院的裁决，艾森豪威尔受到很多批评。但他感到这样做，将会开创一个不良的先例。如果总统支持他同意的一个裁决，他难道不会去反对一个他不同意的裁决吗？这对法治意味着什么？"最高法院已经发表意见，我也已经发誓要尊重宪法程序……

---

* 亲沃伦的最高法院也许作出了一项有利于种族融合的裁决，但战略家担心一个分裂的最高法院会强化对取消种族隔离的抵制。但沃伦所策划的全体一致通过，对公众接受最高法院在布朗案中的裁决是至关重要的。

我将遵守它的裁决。"³⁵ 艾森豪威尔作出谨慎反应的另一个原因在于，他担心南部的一些州可能会关闭他们的公立学校体系，而不是将它们纳入国家的统一规定中。在这种情况下，艾克担心，所有学生、不管是黑人还是白人，都将遭受损害。³⁶

对全国有色人种协进会的首席律师瑟古德·马歇尔（Thurgood Marshall）和其他领导人而言，这是一个令人难以置信的胜利，他们长期以来一直在为自由而斗争。当杜鲁门的好朋友弗雷德·文森（Fred Vinson）担任最高法院首席大法官时，瑟古德·马歇尔仅能指望最高法院内最多不过 4 票支持取消种族隔离。³⁷ 而在 1954 年，艾克提名的厄尔·沃伦担任大法官后，奇迹似乎发生了。

自由是能够传播的。没有满足于在布朗诉教育委员会案中来之不易的胜利，有色人种协进会的领导们要求更多的权利。民权运动广泛展开。就在第二年，在亚拉巴马州蒙哥马利市，一位黑人女缝纫工拒绝在公共汽车上给白人让座。年轻的牧师马丁·路德·金立即抗议对罗莎·帕克斯女士（Rosa Parks）的逮捕。罗莎为那些公共汽车纳税。金博士也如此。很快，金博士就组织了一场联合抵制运动，抵制乘坐公共汽车。他坚持联合抵制必须在严格的纪律下进行。援引先知阿摩斯（Prophet Amos）的话说，金要保证参与的每个人都不使用暴力：

> 我想让整个蒙哥马利市和整个国家都知道，我们是基督徒……我们决心在蒙哥马利市工作和战斗，直到公平和正义如江河潮涌般地到来！³⁸

金博士感到必须强调，他要求的民权运动的基督教的和符合宪法的性质,其中一个原因在于,民权运动已经受到有共产党渗透的指责。他公开表明信仰并不会令自由主义的支持者感到不快。民主党占多数的国会刚刚通过一个法案,很快被艾森豪威尔总统签署,该法案使"我们信仰上帝"成为正式的信条。共和党总统和民主党的国会领袖们相信——正如杜鲁门在他们之前所做的那样——在美国对宗教自由的信奉和苏联对无神论的宣传之间划清界限是重要的。金牧师强调了他信奉基督教的原则。他一再援引《独立宣言》和《美国宪法》作为他的权威来源。*

即便如此,金博士的反对者仍然指责他发起的蒙哥马利市对公共汽车联合抵制运动是由共产党策划的。联邦调查局局长埃德加·胡佛(J. Edgar Hoover)指认贝阿德·拉斯廷(Bayard Rustin)的存在,他是作为金博士团体组织的顾问在发挥作用。拉斯廷在20世纪30年代曾是共产主义青年团成员。到20世纪50年代,他已经中断了与共产党的联系。承认自己是一位同性恋者,他在加利福尼亚州由于道德指控而被捕。[39] 不过,金博士的白人律师斯坦利·莱文森(Stanley Levinson)确实与共产党有着无可否认的联系。很明显,胡佛局长并未理解德怀特·艾森豪威尔有关共产党的深刻认识。金博士的反对者对他强烈的美国情结不可能有合理的解释。金说:"美国民主的伟大之处在于,人民有为争取他们的权利而抗议的权利。"[40] 从这种观点看,怎么能够认为,美国人拒绝二等公民的待遇,仅是因为共产党煽动者的鼓动呢?

---

* 由于专门强调马丁·路德·金是一位牧师的事实,本书作者曾获得科丽塔·斯科特·金(Coretta ScottKing)的称赞。

第八章　艾森豪威尔和欢乐时光（1953—1961）

蒙哥马利市的公共汽车联合抵制运动持续了一年多时间，数百名志愿者搭载那些通常需要乘公交的人去上班、去教堂、甚至去商店。该城市向法院申诉要求停止合伙共用汽车。几位黑人牧师、包括金最好的朋友拉尔夫·戴维·艾伯纳西（Ralph David Abernathy）牧师都遭到燃烧弹的攻击。一位在黑人教区任职的路德教白人牧师的家被炸。[41] 被这种暴力行径所震惊，金博士在宗教集会上含泪祈祷，感动了全场听众："主啊，我希望没有人必须为我们争取自由的斗争而死……但如果有人必须去死的话，让我去！"[42]

大笔一挥，美国最高法院作出裁决，宣布公共汽车上的所有种族隔离措施为非法。[43]

一夜间，小马丁·路德·金博士成了黑人民权运动公认的领袖。《纽约时报》对他作了人物介绍。他还上了《时代》杂志的封面。艾森豪威尔总统邀请他和其他几位美国黑人领袖到总统办公室参加会议。这是自林肯总统在内战期间邀请弗雷德里克·道格拉斯（Frederick Douglass）到白宫参加授予黑人公民权利仪式以来，第一次这样的会议。[44]

1955年，大多数成年美国黑人和白人都是挣工资者。不管他们是不是有组织的工会成员，但美国劳工联合会（劳联，AFL）和美国产业工会联合会（产联，CIO）的合并对他们而言都是头条新闻。工会领导人乔治·米尼（George Meany）和沃尔特·鲁瑟（Walter Reuther）都是坚定的反共分子。但他们也都是民权运动的拥护者。他们知道，在苏联为首的阵营中，工人并不享有罢工权和集体谈判权。新合并成立的劳联—产联将被证明是抵御共产党扩张的防波堤，在美国和全世界都是如此。在全世界争取自由的斗争中自由劳工是可信赖的力量。

很突然地，1955年秋艾森豪威尔总统经受了一场严重的心脏病发作，这使得举国震惊。不过，与威尔逊、哈定和富兰克林·罗斯福形成鲜明对照的是，艾克决定告诉美国人民有关他病情的一切。他的新闻秘书吉姆·哈格蒂（Jim Hagerty）就总统的治疗情况作了全面而详细的介绍。45 哈格蒂的清楚介绍令紧张不安的公众平静下来，但其作用并不仅限于此：它为充分满足人民的知情权提供了典范。* 正如大法官布兰德斯（Brandeis）所说的："阳光是最好的消毒剂。"在总统健康问题上，没有比这一谚语更明智的。

1956年，艾森豪威尔想挑战政治惯例。他甚至考察了与俄亥俄州民主党州长弗兰克·拉什（Frank Iausche）一同竞选的可能性。总统钦佩拉什的良好判断力，他想成为第一个将天主教徒列为候选人的人。46

并不令人感到奇怪，一个刚刚在1956年由于心脏病而暂时离开总统职位的人不会平和地对待被撇在一边的事实。当艾克设法诱使尼克松离职时，后者没有感到受了伤害。总统力劝尼克松担任4年国防部部长以积累"行政经验"。艾克非常重视这一职位。但尼克松更珍视权力，拒绝辞职。艾森豪威尔由此而对他的医生发怒就不令人感到奇怪了。医生警告他要避免"失落感、焦虑、恐惧、特别是发怒"。艾克回击道："你认为总统职位是闹着玩的吗？"47

不管是否有失落感，艾森豪威尔在1956年以"和平与繁荣"的口号进行竞选。他的竞选对手仍然是阿德莱·斯蒂文森。这次，斯蒂文森并未选择与参议员约翰·斯巴克曼（John Sparkman）合作竞选，

---

* 艾克树立的榜样将为约翰逊、福特、卡特、里根和两位布什总统效仿。不过，肯尼迪、尼克松和克林顿则拒绝让美国人民对他们的健康状况有所了解。

第八章 艾森豪威尔和欢乐时光（1953—1961）

后者是亚拉巴马州的种族隔离主义者，他是斯蒂文森在 1952 年的竞选伙伴。作为一种替代，斯蒂文森将副总统竞选搭档的选择留给民主党全国代表大会决定。当代表们被允许作出自己的选择时，他们兴奋异常。来自田纳西州的参议员埃斯蒂斯·基福弗（Estes Kefauver）勉强挤掉了来自马萨诸塞州的参议员约翰·肯尼迪。基福弗勇敢地抵制在"南方声明"上签字，这是一份种族隔离主义请愿书，它在来自南方各州的参议员中散发。来自得克萨斯州的林登·约翰逊（Lyndon Johnson）和来自田纳西州的老阿尔伯特·戈尔（Albert Gore Sr.）也都拒绝签字。

1956 年 6 月份，艾森豪威尔得了一场肠炎，这是一种具有潜在生命危险的疾病。尽管已经如此地接近选举，但哈格蒂继续对总统的健康状况做全面而简短的报道。艾克很快就得到康复。

疾病并非是艾克面临的唯一问题。竞选被同时发生的国外危机所打断。当埃及的独裁者迦玛尔·阿卜杜尔·纳赛尔（Gamal Abdel Nasser）封锁苏伊士运河时，英国和法国用武力作出反应。他们的进攻得到以色列的配合，试图迫使运河向国际船只开放。艾森豪威尔愤慨地作出反应。对北约盟友没有同美国协商就采取行动感到异常愤怒，他将他们的行动称为侵略。受到艾森豪威尔的斥责，安东尼·艾登首相不得不撤军，并很快辞职。自从格罗弗·克里夫兰时代以来，这是英美间发生的第一次严重分歧。

在铁幕的那一边，来自一年前的日内瓦精神被证明是短命的。就在 1956 年美国总统大选前夕，匈牙利工人发动了一次起义，努力使他们热爱自由的国家脱离苏联的控制。一个以共产党员伊姆雷·纳吉（Imre Nagy）为首的更为自由的政权一度在布达佩斯建立。不过，很快苏联的坦克就蜂拥而至，好几万名匈牙利自由战士被镇压。目前地位已经稳固的苏联独裁者赫鲁晓夫，谴责西方人煽动了这次起义。正是苏联的专制统治点燃了革命的火焰，但事实也在于，匈牙利人确实受到了美国之音的煽动。当他们发动起义时，艾森豪威尔并未介入，整个东欧都弥漫着痛苦的幻灭感。在美国，许多爱好自由的人也谴责艾克未能解放铁幕那边的人民。*

尽管尼克松鄙视对遏制共产主义政策表现胆怯的竞选路线，但艾森豪威尔实施的政策同样是遏制。艾克决心不让任何国家再被共产党执掌。但他对避免一场第三次世界大战也同样坚定，新的世界大战也许就源于用武力将东欧卫星国解放出来的尝试。[48]

斯蒂文森鲜有机会胜出。选举慢慢演化为不可战胜的、颇受民众欢迎的艾森豪威尔的另一次压倒性胜利。用自己特有的风趣，阿德莱·斯蒂文森援引了林肯有关一个小男孩的故事，他在黑暗中踢碰到了他的脚趾，少年说道："我太大而不能哭，但又太疼而不能笑。"除了南方腹地外，艾克横扫了每个地区。他甚至在几个南方州也获得了胜利，包括弗吉尼亚州、田纳西州、肯塔基州、路易斯安那州、得克萨斯州和佛罗里达州。对一个共和党人而言，这是不曾有过的最好表现。在全国，艾克获得了 457 张选举人票和 35 581 003 张选民票（57.6%）。斯蒂文森仅从南方腹地获得了 73 张选举人票和总共 25 738 765 张选民票（41.6%）。

不过，艾森豪威尔的受欢迎程度并没有被他所在的党分享。不像

---

* 在匈牙利起义被镇压近 50 年后，在铁幕倒塌 10 年后，保守派领袖保罗·威利奇（Paul Weyrich）仍然尖锐地谴责艾森豪威尔未能援助勇敢的匈牙利人民。

第八章 艾森豪威尔和欢乐时光（1953—1961）

1952 年共和党的大获全胜，这次民主党控制了国会的两院。政治评论家经常会提到"裙带效应"（当一位总统或州长候选人拉抬较低职位的候选人和其他候选人时，就称之为依靠他们领导人的裙带效应）。但政治讽刺作家很快就在 1956 年嘲讽道，著名的艾森豪威尔夹克——艾克使那种军队着装风格在"二战"期间流行一时——"没有裙带"。

私下里，艾克甚至不想让他的一些共和党同事当选。例如，在提到共和党参议院领导人威廉·诺兰时，艾森豪威尔写道，他似乎对问题并没有最终的解决办法："他怎么能变得如此愚蠢呢？"[49] 艾克对一些共和党人变得非常不耐烦，他们竟然要求取消社会保障、废除最低工资制、废止农场发展计划和包括失业补偿的劳工立法。[50] 艾克写信给他的兄弟埃德加（Edgar），反对其商人的保守主义观点。艾克说，尝试埃德加的建议无异于政治自杀。[51] 艾森豪威尔极力推行他所谓的"现代共和主义"。他"鲜明的中间道路"立场导致巴里·戈德华特（Barry Goldwater）将艾森豪威尔政府贬斥为"一个推销新政的廉价商店"。

年轻的保守派聚集在《国家评论》（*The National Review*）的大旗下。这个仓促上马的新杂志是 1955 年由小威廉·巴克利创办的，他要尽力避免约翰·伯奇的极端主义和反犹主义立场。他拒斥一些保守派所宣称的种族主义。他创办的这个活跃的杂志是赔钱的，但却获得了追随者。保守派的著作也变得畅销起来。自 1944 年出版以来，有 600 多万人读了弗雷德里克·哈耶克（Friedrich Hayek）的《通往奴役之路》（*The Road to Serfdom*）。哈耶克以令人钦佩的明晰性和逻辑性向人们揭示，即使是民主社会主义也将导致基本自由的丧失。哈耶克绝非是一位那么受欢迎的作者，即达到每个人都在街角的报摊边读他作品的程度。但这位奥地利的流亡者揭示了希特勒暴政的根基。他的著作对热爱自由的年青一代保守派产生了深远的影响。

甚至哈耶克可能也会赞同艾森豪威尔那项颇受欢迎的公共工程计划。在任职早期,艾克在批准圣劳伦斯湾航道(the Saint Lawrence Seaway Project)开凿项目时,就否决了宾夕法尼亚州和俄亥俄州钢铁利益集团的建议。不满于数十年的耽搁,加拿大政府计划单独开展工程,使五大湖(the Great Lakes)的各港口能够停靠海上航行的船只。艾森豪威尔总统很快认识到该项目牵扯到国防问题。[52] 超越狭隘的经济利益,艾克选择与加拿大政府进行充分合作。这个项目是和平时期世界上最大的国际合作项目。苏联就不可能与它那些受到威胁的邻国进行类似有信任和互敬的合作项目。

1956年,艾森豪威尔总统说服民主党占多数的议会,支持他建造州际公路体系(Interstate Highway System)的计划。早在1920年,那年艾森豪威尔少校曾率领一队军车进行了一次长达2个月的穿越国内大陆的远征,他就了解到这个世界上最富裕国家的发展仍受道路严重不足的羁绊。[53] "二战"期间担任盟军最高总司令时,他看到希特勒从优良的德国高速公路中获得的优势。作为总统,他决心要将美国带入20世纪。国会批准了艾克的计划,即一项大规模的道路建设项目。艾森豪威尔的州际公路体系长达4万英里,是美国历史上最大的公共工程项目。[54] 它堪与古罗马的道路、金字塔和中国的长城相媲美。* 它

---

* 古罗马人修建了5万多英里长的道路;中国的长城长4 500英里。(分别引自《世界大百科全书》2004年版第16卷361页和第8卷349页。)当然,两个项目都花费了数个世纪才完成。而且,没有一个项目是由自由人建造的。

第八章 艾森豪威尔和欢乐时光（1953—1961）

永久地改变了美国。*

艾森豪威尔总统在 1957 年面临着两场重大危机。在阿肯色州小石城，当地选出的地方教育董事会投票决定遵守布朗案的裁决。他们开始在城市的学校中取消种族隔离，尽管进展缓慢，但毕竟在 1957 年秋开始实施。9 名黑人学生在该市的中心高中（Central High School）注册进入各班学习。在一些白人表示抗议后，民主党州长奥尔沃·福布斯（Orval Faubus）出动阿肯色州国民警卫队阻止黑人学生进入学校注册。艾森豪威尔总统命令司法部通过联邦法院要求州长撤出该州的部队。福布斯服从了命令。但当黑人学生开始上课时，白人抗议者爆发了骚乱。迅速地，艾克派遣 101 空降师去保护黑人学生和执行法律。101 师在那所学校里待了几个月以维持秩序。

艾克非常了解 101 空降师优秀的战斗素养：13 年前他命令这只"啸鹰"（the Screaming Eagles）引导了对诺曼底的进攻。总统通过电视向全国解释他采取行动的原因。对着注视他的听众，他呼吁全体美国人都尊重法律。他的目标是恢复"和平与秩序。对我们国家在世界上的公正名誉和崇高声望产生威胁的污点必须予以清除"。艾森豪威尔知道，小石城事件将被苏联的宣传机构所利用。[55]

将军队派往小石城的艾森豪威尔知道，这一举动会使他的共和党在该地区的选举变得异常困难。但对艾克而言，职责是第一位的。民主党领袖们批评艾森豪威尔总统滥用联邦军队。佐治亚州参议员理查德·拉塞尔（Richard Russell）将艾森豪威尔的行动与希特勒的暴

---

* 对州际公路体系成本的最终估算在 1991 年公布。估计它的总成本达到 1 289 亿美元，联邦政府承担了 1 143 亿。这一估算仅包括在州际工程体系下建造的英里数（42 795 英里）。（网上资料来源：http：//www.fhwa.dot.gov/interstate/faq.htm#question6.）

行相比拟。^56 具有讽刺意味的是，参议员约翰·肯尼迪和林登·约翰逊也在那些谴责艾克使用武力的人之列。^57

小石城事件很快就被强敌的一个重大事件挤出了报章的头版。苏联由于发射第一颗人造地球卫星（Sputnik）而震惊全世界。在俄语里，该词意指"旅伴"，但对美国人而言，它意味着麻烦。200年来，美国受到了数千英里开阔海域的保护。但在人造地球卫星发射后，美国的腹地也易于受到洲际弹道导弹（Interconti-nental Ballistic Missiles）的核攻击。美国人战栗不已。

一位记者问艾森豪威尔，人造地球卫星的发射是否证明共产主义比资本主义具有优越性。他说，毕竟赫鲁晓夫在炫耀锤子—镰刀旗帜在月球上飘扬。艾克回答道："我认为这是愚蠢的，当独裁者做这些事时，我们不应该有歇斯底里的感觉"。^58

赫鲁晓夫却不这样看。

4. "我们将埋葬你们！"

1956年，膨胀的尼基塔·赫鲁晓夫喊道："我们将埋葬你们！"赫鲁晓夫对美国在政治、军事和外交方面的霸权地位提出了新的挑战。不像谨慎、诡秘的约瑟夫·斯大林很少离开他在克里姆林宫的房间，赫鲁晓夫似乎无处不去。他在苏联之外进行了广泛的访问，尤其是访问了亚非的不结盟国家。继英法帝国的殖民化解体之后，风向朝着有利于社会主义的方向变化。

赫鲁晓夫带有着一种农民特有的粗狂，他也有着一种质朴的幽默。作为克里姆林宫无数次清洗和密谋的幸存者，他精明机智。他身材不

第八章 艾森豪威尔和欢乐时光（1953—1961）

高、体型矮胖，有着突出的赘肉，腰围52英寸。但他行动起来又像个瘦人。赫鲁晓夫走起路来强健有力，给人造成苏联正在引领未来发展方向的印象。人造地球卫星每90分钟发出一次的电波穿越天空，赫鲁晓夫将这次令世人震惊的成就视为苏联具有技术优势的证据。他说，苏联将赢得太空竞赛。

美国人并不知道，他们已经处于一种太空竞赛中。苏联的人造卫星计划是在完全秘密的状态下运行的，这导致了举世的震惊。吉姆·哈格蒂的反应是全部公开进行。美国将邀请世界观看美国发射它自己的人造地球卫星。哈格蒂确实是正确的，但这一决策对美国的声望产生了灾难性影响——至少是在短期内。正如世界所看到的，美国的几颗火箭都在发射台上爆炸。冷嘲热讽的作者以"发射失败"为题来取笑这种发射行动。一个漫画家画了一个高尔夫球在轨道上跟踪着人造地球卫星。也许，总统、一个热心的高尔夫球爱好者，能够把那只球打入太空轨道中！这是一件令美国在国际上感到困窘的事。参议员约翰·肯尼迪和州长纳尔逊·洛克菲勒（Nelson Rockefeller）——后者是一位持不同政见的共和党人——开始提到我们与苏联"在导弹方面的差距"。他们说，在艾森豪威尔任职期间，美国已经落在苏联后面。这一指责是不正确的。

艾克知道这是不正确的。当赫鲁晓夫拒绝艾克于1955年在日内瓦提出"开放领空"的建议时，总统就批准了秘密飞越苏联领空的计划。飞得非常高的美国U-2型喷气式飞机为美国情报部门提供了许多宝贵的情报。令艾克感到愤怒的是，他的政治对手正在利用他因保密而表现出的沉默。[59]

类似的，美国在潜艇方面也有巨大的优势。1958年，美国军舰鹦鹦螺号（*Nautilus*）、世界第一艘核动力潜艇，在北极的冰盖下从太平洋航行到大西洋（后来，鹦鹉螺号在北极浮出水面宣告了美国在军备竞赛中获胜）。终于，西北通道被发现！在天才的海军上将海曼·里科弗（Hyman G.Rickover）的领导下，美国核动力潜艇为美国和世界提供了进行"大规模报复"的手段。在一个危险和暴力充斥的世界中，里科弗的装有弹道导弹的攻击性核潜艇提供了"核保护伞"，保护着美国的自由。

艾森豪威尔总统任命里科弗海军上将为他的私人代表，参加在纽约市举行的沿百老汇大街进行的盛大的抛彩带游行仪式，以欢迎美舰鹦鹉螺号回国。这是一个老西点军校毕业生给予一个美国海军军官学校毕业生的非常得体的邀请，两个学校一直处于竞争状态。像往常一样，里科弗海军上将允诺在纽约不做一个闲着的客人。海军领导试图让所有参加者都穿上线条笔直的白色军礼服。但三星海军上将里科弗说他没有那样的军服，此外，他更喜欢他工作时穿的卡其布军服。[60] 这就是颇具特色的里科弗。

"核动力海军之父"里科弗在近 40 年间一直在重要岗位上领导着海军发展方向。他作为 6 岁的移民儿童到达埃利斯岛（Ellis Island）。他的母亲和兄弟姐妹已经得到了标有"驱逐出境"的文件，但他的父亲在最后一分钟出现，认领了他们。[61] 在海军学院，仅有 125 磅重的里科弗被迫与学院里侮辱他犹太出身的学生们打架。一位犹太同学遭受了侮辱，学员年刊中他的一页被扎了一排孔——易于撕下。[62] 但里科弗却克服了周围的傲慢、偏见和压力。

当他说他没有海军人士都喜欢穿的海军军官白礼服时，里科弗海军上将也许并没有说谎。他穿一身西装出现在他领导建造的核潜艇处女航的仪式上。潜艇的乘员接到舰长的指令，为他提供所需的海军上将制服和全部盥洗用品。里科弗的行囊里只装着整齐的办公用品和一台老旧的文字处理机。

当新潜艇按照他制定的最严格的标准航行时，海军上将准备好他的设备开始工作，他将各种信函从海底发给国会有影响的议员和大企业的首脑。[63] 里科弗成为海军中的传奇人物。他由于聪明才智和奉献精神而获得地位晋升——他精心维系着与美国国会的联系。里科弗得罪过数不清的人。里科弗曾告诉长期跟随他的助手比尔·巴斯（Bill Bass）说："他们称我为那个婊子养的丑陋东西、婊子养的卑鄙小人，但他们从未称我为婊子养的哑巴。"

正是由于里科弗的天赋和对安全标准的严格要求，美国才迅速发展出了一支核潜艇力量，并由此制止了苏联人利用核武器发动攻击的可能性。它是在相对低成本的条件下完成的，并表现出了对美国核潜艇水兵生命的最大尊重。在德怀特·艾森豪威尔的领导下，将不会有"齐步走通过雷区"的现象发生。

艾克知道我们领先于苏联人。他拒绝对因政治引发的恐慌让步，拒绝对任何侵吞国库的行径让步。也只有具有军事专长和崇高声望的艾森豪威尔能够拒绝作出让步。这需要力量和勇气。再一次地，吉卜林能够这样来描述艾克：

当所有人都失去了理性并指责你时，你还能保持头脑冷静。

5. 艾克的最后岁月

艾森豪威尔在国防上的"新面貌"增加了美国对核武器的依赖。他的国务卿约翰·福斯特·杜勒斯（John Foster Dulles）提到了对苏联的"大规模报复"（Massive Retaliation），一旦它入侵西欧的话。这种对核霸权的依赖也使艾森豪威尔能够减少联邦支出。艾克还利用新成立的中央情报局来破坏或颠覆那些他认为与美国利益敌对的左翼政权。1953年，他支持采取秘密行动，清除了伊朗左翼领导人穆罕默德·摩萨德（Mohammed Mossadegh）。摩萨德是1951年《时代》杂志评出的年度人物（那肯定是一个漫长的新闻年度）。中央情报局在德黑兰的要人那时是柯米特·罗斯福（Kermit Roosevelt），他是西奥多·罗斯福的孙子。[64] 艾克的中央情报局在来年复制了这一成功，驱逐了危地马拉（Guatemala）总统雅柯伯·阿本斯·古斯曼（Jacobo Arbenz Guzmán）。在这个中美洲共和国，古斯曼与危地马拉共产党合作接管了大地产。艾森豪威尔决心不让共产主义扩张到西半球。

1959年，国务卿约翰·福斯特·杜勒斯去世，美国失去了一位著名的反共领袖。杜勒斯是一位充满争议的人物。丘吉尔说他是一头驮着自己的瓷器店的公牛。但杜勒斯愿意或说更愿意采取强硬立场，在艾克在国际友好的氛围中享受时。艾克在他的印度之行中竟被欢呼为"耶稣基督"。尽管如此，我们现在知道，艾森豪威尔批准并支持了杜勒斯的"边缘政策"。* 它就是美国那种"好警察（艾克）和坏警察

---

* 自由主义者将杜勒斯的政策批判地称为"边缘政策"，杜勒斯宣称，不惜"走到战争边缘"以阻止共产党的领土扩张。

第八章　艾森豪威尔和欢乐时光（1953—1961）

（杜勒斯）"的老游戏。然而，这种政策是有效的。

尽管如此，许多人都担心战争真的爆发。好莱坞在1959年拍摄了电影《猪排山》（*Pork Chop Hill*），由格里高利·派克（Gregory Peck）担任主演。正如在20年前拍摄的影片《西线无战事》（*All Quiet on the Western Frornt*）一样，《猪排山》强调了战争无用论。[65] 它是依据发生在朝鲜的一座山上的战事创作的，该山被美军占领，后被中国军队夺走，美军再占领，最后撤离，共损失了314名美军士兵的生命。

1959年在莫斯科举办的美国贸易展上，副总统尼克松与赫鲁晓夫会面。他们两人就展示的美国消费品发生争论。在洗碗机和电视机中间，赫鲁晓夫说，苏联将在经济发展上超过美国。先是挥手"告别"，然后是咧着嘴笑，赫鲁晓夫对着新闻照相机做起了鬼脸。一位苏联公民——我们必须希望克格勃永远也不要认出他的笔迹——表达了无数苏联人的心声，他在美国的来宾意见簿上写道："当我们超过他们时，把我放在美国。"

在预定于1960年5月在巴黎召开的东西方峰会的前几天，苏联击落了一架美国U-2型飞机，艾森豪威尔陷入令人窘迫的困境。最初，美国政府发布了一个掩人耳目的报道——中央情报局的飞行员弗朗西斯·加里·鲍尔斯（Francis Gary Powers）实际是一位进行气象勘测的飞行员，他由于偏离航线而被击落。接着，赫鲁晓夫让全世界都知道，那位飞行员已经被活捉并坦白了所从事的间谍侦察活动。艾克由于说谎而受到指责。当赫鲁晓夫要求艾克道歉作为继续召开峰会的条件时，艾森豪威尔拒绝了。

这次，英国首相哈罗德·麦克米兰（Harold MacMillan）、法国总统查尔斯·戴高乐和西德总理康拉德·阿登纳（Konrad Adenauer）——这些北约民主国家的领导人——都完全支持艾森豪威尔总统。参议员肯尼迪曾建议艾森豪威尔为了和平而道歉，但他没能达到目的。

由于赫鲁晓夫和苏联代表团的退席，1960年的巴黎峰会未能召开。赫鲁晓夫的策略是努力使即将到来的美国选举天平向民主党倾斜。但像他们在各种危机中通常所做的那样,美国人民完全支持艾森豪威尔总统。

艾克受到许多新潮文化作家的诟病。像莫特·萨尔（Mort Sahl）和莱尼·布鲁斯（Lenny Bruce）等机智、时髦的年轻喜剧演员，将这位年迈将军所讲的话无情地讥讽为是句法错误和语法混乱。严肃的社会分析家则哀叹愚蠢的唯命是从和低俗的物质中心主义。约翰·肯尼思·加尔布雷斯（John Kenneth Galbraith）嘲讽了"富裕社会"（*The Affluent Society*），斯隆·威尔逊（Sloan Wilson）的《身着法兰绒西装的男人》（*The Man in the Grey Flannel Suit*）质疑"多少财富算是成功的"？汽车周身镀着一层铬闪闪发亮、让父母享用鱼翅大餐、兄弟们戴着戴维·克罗克特（Davy Crockett）式的浣熊皮制的帽子、姐妹们玩着呼啦圈——所有这些被一些人视为没有思想深度的艾森豪威尔"欢乐日子"的活写真。阿德莱·斯蒂文森的律师事务所的合伙人、联邦通信委员会委员牛顿·米诺（Newton Minow）责难电视造成了精神上"一片巨大的荒漠"。喜剧演员弗瑞德·艾伦（Fred Allen）更将电视称为"视觉上的泡泡糖"。

但电视并非仅仅是由《奥齐与哈莉特》（*Ozzie and Harriet*）所代表的那种对家庭生活的浓缩反映。电视节目主持人埃迪·沙利文（Ed Sullivan）所呈现的不仅有"猫王"埃尔维斯·普雷斯利（Elvis

Presley)的歌曲《猎狗》(*Hound Dog*),而且也有由理查德·塔克尔(Richard Tucker)和莱昂黛·普里斯(Leontyne Price)演绎的严肃歌剧咏叹调、维克托·鲍格(Victor Borge)的轻喜剧和马塞尔·马尔索(Marcel Marceau)的哑剧艺术。*今天,我们将20世纪50年代看作是电视的"黄金时代"。罗纳德·里根每周预报社会影响巨大的《通用电气剧场》(*GE Theater*)的节目,确实对电视的普及——也对他的知名度——贡献颇多。

同样是那些电视,也在传送着马丁·路德·金博士争取自由的强有力的呐喊。在短短的几年中,黑白新闻片记录的那些可恶的坏蛋们对和平的民权运动示威者的攻击,对全国形成正义和自由的新共识贡献巨大。

有着类似作用的还有艾森豪威尔所倾心的州际公路体系。在艾克之前,美国的无数社区确实是缺乏联系的。一旦这些四通八达的"州际公路线"完工,它们就能够通过公共汽车,将那些宣传自由的乘客载往遥远的城镇。艾森豪威尔以其政策推动的通讯和运输革命,意味着自由的传播、扩大。不动声色地,艾森豪威尔提名的法官填补了联邦司法部门的空职,他们勇敢地终止了种族隔离制度。[66] 未来几代人还能将这些变化视为总统"看不见的手"所起的作用吗?

对当今的我们而言,已故的斯蒂芬·安布罗斯(Stephen Ambrose)

---

*通过电视收看马尔索的无声滑稽动作的人很少能猜出,他所演绎的最著名角色与"二战"期间的法国地下运动有关。他扮演一个童子军团长,带领孩子们"行军"进入阿尔卑斯山(Alps)。事实上,他正在帮助这些犹太儿童逃往中立的瑞士。(网上资料来源:http://movies2.nytimes.com/gst/movies/filmography.html? p_id=45295.)

对艾克作了最好的总结：

> 他是如此令人鼓舞、如此慈祥、如此沉着、如此自信、如此娴熟地管理经济、在美国国防方面如此经验丰富、在控制他的情报机构方面如此内行、对世界事务如此有见地、在解决争端的立场上如此客观公正超乎党派之上、如此坚持中间道路，以致他所赢得信任在广度和深度上，堪与乔治·华盛顿以来的任何一位总统相媲美。[67]

艾森豪威尔本人曾对亨利·华莱士的一封赞扬信作了回复。富兰克林·罗斯福总统的第二任副总统在许多讲演中都将艾克与乔治·华盛顿作比较。尽管非常高兴，但艾克还是非常谦恭地回答道："我的自豪感一直都很强，因为我绝不同意那些贬低华盛顿出众智慧的人。我认为太多的人……将表达流畅混同于智慧，将引人注目混同于深刻的洞察力。我经常深切地希望慈悲的主能赋予我华盛顿那样伟大的智慧和勇气。"[68]

艾森豪威尔自己对他两个任期的评价带有他一贯的含蓄："（在朝鲜战争后）美国在我的任期内没有损失一个士兵或一寸土地。我们维系着和平。人们如果要问它是如何发生的，那是由于上帝的保佑。战争确实没有爆发，我要告诉你的就是这些了。"[69]除了古巴受困于共产党革命这个重大例外，艾克保守的自我评价基本是正确的。当所有这些都结束时，那些在他明智而仁慈的领导下成长起来的成百上千万美国人，仍然能够心悦诚服地说：我喜欢艾克！

第八章 艾森豪威尔和欢乐时光(1953—1961)

1 Beschloss, Michael R., *Eisenhower: A Centennial Life*, HarperCollins Publishers: 1990, p.100.
2 Beschloss, *Eisenhower*, p.106.
3 Beschloss, *Eisenhower*, p.106.
4 Beschloss, *Eisenhower*, p.108.
5 Online source: http://www.firstthings.com/ftissues/ft9411/reviews/briefly.html.
6 Beschloss, *Eisenhower*, p.111.
7 Beschloss, *Eisenhower*, p.111.
8 Barone, Michael, *Our Country: The Shaping of America from Roosevelt to Reagan*, The Free Press: 1990, p.258.
9 Brands, H.W., *Cold Warriors: Eisenhower's Generation and American Foreign Policy*, Columbia University Press: 1988, p.185.
10 Beschloss, *Eisenhower*, p.115.
11 Hunt, John Gabriel, Ed., *The Inaugural Addresses of the Presidents*, Gramercy Books: 1995, p.412.
12 America Online Transcript, 6 July 1999, http://www.time.com/time/community/transcripts/1999/070699grahamtime100.html.
13 Online source: http://www.fortunecity.com/tinpan/parton/2/julius.html.
14 Radosh, Ronald, *Commies*, Encounter Books: 2001, p.46.
15 Barone, p. 267.
16 Gaddis, John Lewis, *The End of the Cold War*, Penguin Press: 2005, p.50.
17 Gould, Lewis L., *The Grand Old Party: A History of the Republicans*, Random House: 2003, p.336.
18 Beschloss, *Eisenhower*, p.127.
19 Barone, p.266.
20 Powers, Richard Gid, *Not Without Honor: The History of American Anticommunism*, The Free Press: 1995, p.268.
21 Powers, p.268.

22　Powers, p.264.
23　Barone, p.269.
24　Online source: http://itre.cis.upenn.edu/~myl/languagelog/archives/001036.html.
25　Ambrose, Stephen E., *Eisenhower: The President*, Simon & Schuster: 1984, p.81.
26　Ambrose, *Eisenhower: The President*, p.81.
27　Ambrose, *Eisenhower: The President*, p.81.
28　Powers, p.268.
29　Barone, p.270.
30　Beschloss, *Eisenhower*, p.128.
31　Barone, p.269.
32　Barone, p.271.
33　Eisenhower, Dwight D., *Crusade in Europe*, The Johns Hopkins University Press: 1997, p.468.
34　Eisenhower, *Crusade in Europe*, p.476.
35　Wicker, Tom, *Dwight D.Eisenhower*, Times Books, Henry Holt & Company: 2002, p.47.
36　Wicker, p.53.
37　Wicker, p.50.
38　Frady, Marshall, *Martin Luther King, Jr.*, The Penguin Group: 2002, p.35.
39　Frady, p.42.
40　Frady, p.35.
41　Frady, p.49.
42　Frady, p.50.
43　Frady, 4p.8.
44　Frady,p. 52.
45　Beschloss, *Eisenhower*, p.137.
46　Beschloss, *Eisenhower*, p.140.
47　Beschloss, *Eisenhower*, p.138.

第八章 艾森豪威尔和欢乐时光（1953—1961）

48　Gaddis, *The End of the Cold War*, p.109.
49　Beschloss, *Eisenhower*, p.122.
50　Beschloss, *Eisenhower*, p.126.
51　Beschloss, *Eisenhower*, p.126.
52　Ambrose, *Eisenhower: The President*, p.80.
53　Parrett, Geoffrey, *Eisenhower*, Random House: 1999, pp.74-75.
54　Beschloss, *Eisenhower*, p.126.
55　Barone, p.299.
56　Wicker, p.99.
57　Wicker, p.99.
58　McDougall, Walter A., *The Heavens and the Earth: A Political History of the Space Age*, Basic Books, The Johns Hopkins University Press: 1985, p.221.
59　Beschloss, *Eisenhower*, p.153.
60　Duncan, Francis, *Rickover: The Struggle for Excellence*, Naval Institute Press: 2001.
61　Duncan, p.5.
62　Duncan, p.14.
63　Personal interview, Capt. John Gallis (USN Ret.), 17 July 2006.
64　Gizzi, John, "Should the U.S.Have Overthrown Iran's Mossadegh?" *Human Events*, 13 October 2003.
65　Gilbert, Martin, *A History of the Twentieth Century: Volume Three—1952-1999*, William Morrow and Company, Inc.: 1999, p.222.
66　Bischof, Gunther and Stephen E. Ambrose, eds. *Eisenhower: A Centenary Assessment*, Louisiana State University Press: 1995, p.100.
67　Taranto, James and Leonard Leo, *Presidential Leadership: Rating the Best and the Worst in the White House*, The Free Press: 2004, p.164.
68　Ambrose, Stephen E., *Eisenhower: The President*, Simon & Schuster: 1984, p.393.
69　Bischof and Ambrose, eds., p.251.

第九章
薪火相传（1961—1969）

"同胞们，不要问你的国家能为你做什么，而是问你能为你的国家做什么。"以那个令人振聋发聩的告诫，约翰·肯尼迪激励美国人在一个全新的10年中行动起来。美国人抱有很高的期望，希望新的肯尼迪政府的活力和热忱将"再次推动这个国家前进"。约翰·肯尼迪在黄金时段举行的记者招待会赢得了媒体的赞赏，记者招待会在美国历史上首次向全国直播。肯尼迪号召美国人为争取自由进行一场艰苦长期的斗争。他激励我们向月球挺进，我们果然就到了那里。他在分裂的柏林、被包围的古巴和受到威胁的越南等方面的努力并不是十分成功。尽管如此，肯尼迪成功地消除了苏联在古巴部署导弹所造成的致命威胁，他强烈呼吁结束长达一个世纪之久的种族隔离制度。1963年11月22日，约翰·肯尼迪在达拉斯（Dallas）光天化日之下被残忍地枪杀。

第九章 薪火相传（1961—1969）

肯尼迪的继任者林登·约翰逊克服了自由主义者对他出生于南部得克萨斯州的怀疑。他用其不可思议的立法技巧打破了在民权问题上的僵局，签署了自南部重建时期以来最具深远影响的法案。约翰逊在1964年的压倒性胜利——仅是通过恶意地将正直的巴里·戈德华特（Barry Goldwater）妖魔化而实现的——也预示了将困扰他第二个任期的信用危机。林登·约翰逊试图完成所有这些计划——在国内向贫困开战、建设一个"伟大社会"（Great Society），在国外遏制共产党国家。他的目标很多，成绩不少，但造成的伤害也很大。1968年他被自己的党赶下台，让位于更机警、谨慎的斗士理查德·尼克松。约翰逊在美国人评价中的兴衰可以用两个希腊词汇予以总结：自大与报应。

1. 新边疆

约翰·肯尼迪的肖像在1960年遍布各地。在多种杂志的封面上，美国人看到他古铜色的皮肤、英俊的脸庞，他美丽、文雅的妻子与他们可爱的小女孩的微笑。肯尼迪出现在新闻影片、报纸和电视中。他那部赢得普利策奖的书《当仁不让》，在竞选时期被再版。此前没有哪个人如此活跃地竞选总统职位。活力（Vigor）——正如他那波士顿口音将"活力"念成"活率"（Vigah）一样——是肯尼迪魅力的关键所在。另一个新词——领袖人物的超凡魅力（Charisma）——开始被普遍使用。美国人热切地期待着变革。

从1956年在竞选民主党副总统提名中以微弱劣势败给凯弗维尔

(Estes Kefauver)的那一刻起,肯尼迪一直在筹划参加总统竞选。*(一些人会说他的父亲自从约翰·肯尼迪的哥哥乔·约翰在"二战"中死后,一直就计划着这件事)但获得竞选提名并非易事。

民主党人嗅到了胜利的气味,党的头面人物都在觊觎总统候选人提名。阿德莱·斯蒂文森不想退出竞选,但也没有宣布自己的候选人身份。他的优柔寡断被证明是致命的。斯蒂文森像哈姆雷特那样的立场削弱了对自由主义斗士、来自明尼苏达州的参议员休伯特·汉弗莱的支持。汉弗莱在民权问题、农业问题上令人信服的表现以及他用百姓易于接受的方式清楚表达自由主义理想的能力,使他成为中西部人民党党员心目中的英雄。他提议成立和平队(Peace Corps)和食品换安全计划(Food-for-Peace program)。[1] 许多人将他视为参议院历史上最具创造性的立法者。来自得克萨斯州的参议员林登·约翰逊也是一位有影响力的议员,能够娴熟地在议会中运用战术。他知道如何使议案在难驾驭的参议院通过。

1960年,对民主党而言,斯蒂文森、汉弗莱和约翰逊都是较年长的、经验丰富的总统候选人。与这些参议院的巨头们竞选,肯尼迪不会轻松。

在参议院短短8年的生涯中,肯尼迪并没有什么值得炫耀的成就。没有哪一部重要立法、哪一项重大创议冠以他的名号。患有慢性病,加上活跃的社会交往,使他经常缺席通常是乏味的参议院会议。但从追逐政治权力的积极进取方面看,没有人能够与这位马萨诸塞州年轻

---

* 凯弗维尔是一位来自田纳西州的自由派议员,在一次由电视直播的听证会上,他因调查美国有组织犯罪活动而出名。斯蒂文森将副总统提名交予民主党代表大会公开选出,结果凯弗维尔勉强胜出。后来,民主党在选举中大败,肯尼迪认为自己没有被提名是幸运的。

第九章 薪火相传（1961—1969）

的参议员相抗衡。在猛打猛冲上也没有人能够与约翰·肯尼迪的弟弟博比·肯尼迪（Bobby Kennedy）比肩。博比在政治上冷酷无情的终身声誉就是在 1960 年选举中打拼得来的。

　　肯尼迪知道他必须在某个地方打败汉弗莱。他需要这样做，以向那些大城市的民主党领袖们证明——他们中许多人也是天主教徒——他的宗教信仰将不会妨碍他问鼎白宫。威斯康星州的初选似乎是一个可能的地点。人们都知道汉弗莱是威斯康星州"第三位参议员"。肯尼迪兄弟倾注了金钱、才干，还有他们非常上相的家庭照。汉弗莱抱怨道，这就像是街角的药店与雷氏连锁药店*相竞争一样。**当哥伦比亚广播公司（CBS）新闻节目主持人沃尔特·克伦凯特（Walter Cronkite）问他，是否作为天主教徒会有损约翰的竞选时，博比·肯尼迪的怨愤情绪对着电视观众爆发了。博比指责这位主持人违反了竞选人的誓约，即不将宗教因素带到选举中来。² 令人不可思议的是，在天主教色彩浓厚的选区的信箱中发现的选举传单，竟然是敦促投票人拒斥一位与罗马天主教有着密切关系的候选人。

　　在威斯康星州失利后，汉弗莱前往贫困的西弗吉尼亚州。这是一个贫穷的州，汉弗莱与这里劳工组织有密切的联系，这应该给他带来胜利。汉弗莱从未赞同过反天主教运动。他是美国黑人民权运动的斗士，他当明尼阿波利斯市长时还与反犹主义进行了斗争。而且，一个新教徒占绝对多数的州也应该会倾向于新教徒汉弗莱。但结果并非如此。肯尼迪兄弟用他们的个人魅力征服了这个以煤炭业为主的多山的

---

*Rexall Chain，一译康和连锁店——译者注
** 这既是一个常用的类比、也是一个真实的类比。休伯特·汉弗莱是一位经过专业训练的药剂师。他在南达科他州多兰德市（Doland）的家族产业是一个旧式的街角药店。

州。著名歌手弗兰克·西纳特拉（Frank Sinatra）演唱了肯尼迪的竞选歌曲。博比利用小富兰克林·罗斯福来推动选举，后者在西弗吉尼亚州仍然受到尊敬。小罗斯福猛烈攻击汉弗莱是一个逃避兵役者，这位明尼苏达人在"二战"期间因身体原因被排除在兵役之外。[3] 肯尼迪在这个多山的州令人信服的胜利淘汰了汉弗莱。具有讽刺意味的是，正是那些大多数是天主教徒、来自大城市的民主党领袖们对约翰·肯尼迪获得候选人资格仍然心存忧虑。[4]

肯尼迪的势力主宰了1960年在洛杉矶举行的民主党全国代表大会。博比似乎考虑到了每一种可能性。当林登·约翰逊建议得克萨斯州和马萨诸塞州代表团举行一次联席会议时，他是希望用他的成熟和经验获胜。肯尼迪用打消对方戒心的办法戳破了约翰逊的竞选气球。他同意约翰逊是历史上最好的参议院领袖，并允诺，如果他肯尼迪进入白宫的话，将与他密切合作。约翰逊错误地认为，支持他的参议员们可能会帮他拉一些大会代表们的票。事实是，他们不可能如此，约翰·肯尼迪在第一轮投票中就获得提名。*压服博比的强烈反对，约翰逊被提名为副总统候选人。因为民主党特别需要得克萨斯州的选票。

1960年共和党人是在芝加哥召开全国代表大会的。因为艾森豪威尔总统是受到第22条宪法修正案限制的第一位总统，所以副总统尼克松相比共和党内其他竞争对手具有较大优势。尼克松作为强硬派反共人士，和在艾森豪威尔执政8年间对共和党的建设方面的不懈努力，以及他在艾克病重期间非常得体而有效的表现所赢得的声誉，

---

* 肯尼迪兄弟在1960年的竞选中做得是如此专业，以致它成为此后所有竞选的典范。自从约翰·肯尼迪在1960年洛杉矶民主党全国代表大会上第一轮投票获得提名以来，任何一个政党的提名竞选都没有在第一轮投票中见分晓的。

都对他获得提名有很大帮助。纽约州州长纳尔逊·洛克菲勒（Nelson A.Rockefeller）从未正式宣布参加竞选。洛克菲勒在纽约州受到少数群体——天主教徒、犹太人、黑人、波多黎各人——的欢迎确实是奇迹。他喜欢深入种族群体中，吃薄饼卷、微笑着握手。尽管洛克菲勒有着明显的竞选技巧，但西部和中西部的共和党人普遍认为他过于自由主义。尼克松选择东部温和的亨利·卡伯特·小洛奇（Henry Cabot Lodge Jr）为他的竞选伙伴，并对洛克菲勒有关党纲的一些重要建议作出妥协。但保守派人士对他们所说的尼克松"出卖"原则很不满意。参议员巴里·戈德华特甚至称它为一次"慕尼黑阴谋"。但当他们企图提名保守派英雄戈德华特作为一种抗议时，那位亚利桑那人却拒绝了。他敦促保守派赶快组织起来接管共和党。

　　肯尼迪主张对苏联作出更强硬的反应和联邦政府在国内事务中发挥更大的作用。他雄辩地呼吁美国人迈向"一个新的边疆"。尼克松被他遍访全部 50 个州的誓言所累。*在习惯了乘喷气式飞机旅行以前的日子里，飞往阿拉斯加州和夏威夷州是非常漫长的旅途。

　　在得克萨斯州休斯敦（Houston）与新教牧师协会的一次会晤中，肯尼迪正面涉及了宗教问题。肯尼迪说，他相信，没有哪一个天主教总统会允许一位天主教主教告诉他该如何做。他发誓，如果他所信仰的宗教试图控制他行使职责时，他将辞职。这被视为既是对天主教会发出信号要给他活动余地，也是说给那些在酒店舞厅里的新教牧师们听的。他告诉参加会见的牧师们，他不会为天主教会的利益说话。而

---

* 1960 年的选举是第一次包括全部 50 个州在内的选举。允许阿拉斯加州（1959 年）和夏威夷州（1960 年）加入是第一次将非毗邻领地作为州参加大选。夏威夷州的参选被参议院内种族隔离主义者所耽搁，他们拒绝一个非白种人占多数的州参加大选。

且很明显,天主教会也不会为他说话。那时的关键问题不是——像后来变成的那样——堕胎或由联邦资助进行生育控制,而是联邦资助教育。肯尼迪赞同联邦资助教育,但要将那些在天主教教区和其他教会学校中的学生排除在外。[5]*

当参议员肯尼迪在一系列电视辩论中与尼克松副总统相遇时,大多数人希望更年长、更有经验的尼克松获得令人信服的胜利。不过,有着古铜色皮肤、能言善辩的肯尼迪却表现出极强的竞争力,不时冒出智慧火花。尼克松最近才出院,他由于膝部感染而住院。他看起来非常憔悴。5个小时的辩论使他的脸色更加灰暗,这也受到了过多的渲染和讽刺。通过广播收听辩论的那些人的打分有利于尼克松,但电视观众却将优胜给予了年轻的肯尼迪。[6]

在选举日,肯尼迪以令人难以置信的微弱多数胜出。肯尼迪赢得了34 227 096张选民票(49.7%)和303张选举人票,尼克松赢得了34 107 248张选民票(49.5%)和219张选举人票。仅仅119 848张选票(0.2个百分点)将两位候选人截然分开。选举次日清晨,尼克松就向肯尼迪认输。数年后,共和党声称,在理查德·戴利(Richard Daley)任市长的芝加哥和林登·约翰逊所在的得克萨斯州存在计票舞弊行为。

肯尼迪出现在马萨诸塞州海恩尼斯港(Hyannis Port)他家附近的一个简易消防站中。在那里,与怀孕的漂亮妻子杰奎琳(Jacqueline)及他那引人注目的大家庭在一起,他宣布了选举的胜利。肯尼迪的超

---

* 那时堕胎在全部50个州都是非法的,正如自杀和同性鸡奸是非法的一样。无过错离婚在49个州都是非法的,只有在内华达州允许较容易地结束婚姻关系。所有这些在下一个10年中都将发生改变。

第九章 薪火相传（1961—1969）

凡魅力帮助他产生了一个创纪录的高投票率。超过 6 800 万选民成群地涌向投票站，64% 的投票率也是此后一直未曾达到的。*

至少有 78% 的天主教徒和 81% 的犹太人将票投给了肯尼迪。

肯尼迪竞选团队最后一分钟打给马丁·路德·金妻子的电话，使黑人选区的天平倾向了肯尼迪。金博士因为一次轻微的交通肇事而被关在佐治亚州的监狱里，肯尼迪团队打电话表达他们的关心。不像其他新教徒——他们仅将 38% 的选票投给约翰·肯尼迪——70% 的黑人新教徒支持肯尼迪。[7]**

在 1961 年 1 月的一个阳光充足、但寒冷异常的重要日子里，美国历史上最年轻的当选总统发表了他的就职演说。***

在一个受到无神论共产党威胁的世界中，肯尼迪重申他对《独立宣言》理想的信奉："人的权利不是来自国家的宽宏大量，而是来自上帝。"他提出的奉献和牺牲的响亮号召，令无数人激动不已："不要问你的国家能为你做什么，而是问你能为你的国家做什么。"[8] 他以如下富于感染力的话作为结论："拥有善良的心地，我们肯定能获得

---

* 投票者数量的明显下降大部分可归因于第 26 条宪法修正案，它允许 18、19 和 20 岁的人投票。这是他们应做的事情，但这个庞大的年轻美国人群体在历史上的投票率一向很低。

** 肯尼迪的竞选并未改变各群体的忠诚，它只是将原来的忠诚放大到极致。天主教徒自杰克逊时代以来就是民主党的支持者。犹太人由于富兰克林·罗斯福总统而将选票过多地投给民主党。自从共和党于 1856 年建党以来，南部之外的新教徒大多是共和党人。黑人选民直到大萧条以前都一直支持林肯所在的党。约翰·肯尼迪独特的魅力使少数群体中的投票人数显著增加。

*** 约翰·肯尼迪是 43 岁当选的。西奥多·罗斯福继任遇刺的麦金莱时是 42 岁。本书作者 1961 年时 17 岁，在华盛顿特区一所天主教高中读书，参加了约翰·肯尼迪的就职典礼。正如对无数美国人的影响一样，约翰·肯尼迪的就职演说对这位年轻的、将要成为民主党的人产生了一种终生的影响。

回报；让历史作我们行为的最后裁判者，让我们勇往直前引领我们热爱的祖国走向繁荣，请求上帝的保佑和帮助，我们仅仅知道在这个世界上，上帝的工作就是我们自己必须完成的事业。"

在国内外危机纷至沓来之际，他注定没有执政的"蜜月期"。由艾森豪威尔班子谋划、中央情报局执行的推翻古巴菲德尔·卡斯特罗（Fidel Castro）政府的行动方案提交到新总统面前，他允许它继续执行。但在最后一刻，他撤销了美国对古巴流亡者部队的空中掩护，这些部队正在古巴海岸发起进攻。也许，这些古巴流亡者从来就没有机会颠覆卡斯特罗政权，但撤销空中掩护必然会导致失败。在猪湾（the Bay of Pigs）的惨败似乎证实了约翰·肯尼迪的批评者们曾对他的指责：他太年轻、太缺乏经验、太草率地作出判断。

事实上，肯尼迪一直在努力保持对他的联合国大使阿德莱·斯蒂文森和民主党自由派的支持，是他们不赞成对古巴流亡者给予直接的支持。[9] 约翰·肯尼迪很快就承认在猪湾事件上所犯的错误，表示"失败是成功之母"。美国人团结在他们陷入四面楚歌的新总统周围，正像他们在 U-2 型飞机被击落后支持艾克一样。

年轻的总统在 1961 年 6 月初对法国国事访问期间，很令法国人着迷。当年轻而有教养的第一夫人、以前的杰奎琳·布维尔（Jacqueline Bouvier）用纯正巴黎口音的法语与戴高乐总统交谈时，平时态度冷淡的戴高乐也变得热情起来。约翰·肯尼迪以对年轻可爱妻子的殷勤态度赢得了人心："我是陪杰奎琳·肯尼迪来巴黎的那个男人。"

不过，当 1961 年 6 月肯尼迪在维也纳会晤赫鲁晓夫时，猪湾失败的阴霾仍然弥漫着。赫鲁晓夫告诉他的克里姆林宫同事："柏林是西方的命根子。每次我想令西方尖叫时，我就会攥紧柏林。"[10] 在秘

第九章 薪火相传（1961—1969）

密会晤中，赫鲁晓夫申斥和恐吓年轻的总统。赫鲁晓夫以战争相威胁，尽其所能地恫吓他的对手。他警告说，他将与他的卫星国东德单独签订一个条约以迫使西方盟国撤出柏林。肯尼迪说，只要西方的占领权得到尊重，他能够与东德签署赫鲁晓夫所希望的任何条约。赫鲁晓夫威胁地答道："那只能兵戎相见了。"[11] 为了打破沉默，肯尼迪问赫鲁晓夫佩戴的是一枚什么勋章。当被告知那是列宁和平奖章（the Lenin Peace Prize）时，约翰·肯尼迪忍不住嘲弄道："我希望您能一直戴着它。"

为了改变话题方向，肯尼迪努力使赫鲁晓夫对签订一项禁止在大气层试验核武器的条约感兴趣。这是斯蒂文森的建议，它非常有价值。锶-90——一种放射性元素——在世界上的平均含量一直在增加；甚至在儿童喝的牛奶中都探测到它的存在。约翰·肯尼迪引用了一句中国古代的谚语说道："千里之行始于足下。"赫鲁晓夫认为肯尼迪是在奚落他，因为莫斯科和北京之间的争执刚刚公开化，这是两个共产党大国间的第一次重大分歧。赫鲁晓夫带着狡黠的微笑说道："你似乎非常了解中国人。"[12] 肯尼迪回答道，美国也许了解他们更多些。[13] 这是在这次峰会上肯尼迪对狡诈的赫鲁晓夫占上风的为数不多的一次。* 苏联统治者在结束这次峰会时说，他将在6个月内与东德政府签署那项条约。肯尼迪相信那将意味着战争。他不屈地说："如果真是那样的话，那将是一个寒冷的冬天。"[14]

这是一场火的洗礼。这是斗志昂扬的年轻总统第一次直接面

---

* 这也是对一种可能性的深刻洞察，即美国也许可以在与苏联的全球竞争中打"中国牌"。它将留给理查德·尼克松来执行那项战略。

对残忍的苏联体制。约翰·肯尼迪向他的同事坦白道:"他刚刚对我盛气凌人。"[15] 肯尼迪"私下秘密"告诉詹姆斯·雷斯顿(James Reston)、一位《纽约时报》的专栏作家,猪湾惨败令赫鲁晓夫胆大妄为:"最重要的,他认为我没有胆量。"[16]*

赫鲁晓夫在维也纳感到轻松还有另外一个重要理由。苏联最近刚刚发射了历史上第一艘人造太空飞船。1961 年 4 月 12 日,尤利·加加林(Yuri Gagarin)少校在他的东方号(*Vostok*)飞船中沿地球轨道飞行三圈。Vostok 意指"东方",它使太空竞赛中的东方阵营远远处于领先位置。

苏联在太空领域的领先地位对肯尼迪提出严峻的挑战。他在就职时宣誓要将美国再次推向前进。目前,苏联似乎已经超过美国。赫鲁晓夫曾看到指定 7 位参与水星计划(Project Mercury)的宇航员在西方引起的兴奋。[17] 外表俊朗、穿戴整齐,年轻的军队飞行员拥有所需的必备条件。** 在他们踏进太空之前,美国媒体就已经使他们成为英雄。赫鲁晓夫决心要走在肯尼迪前面。随着加加林的飞行,他实现了目标。

---

* 当一位总统或其他政府高官透露会谈的"秘密情况"时,这意味着他的话不能被直接引用。"深度秘密情况"意味着记者甚至不能援引那次谈话的内容。约翰·肯尼迪学会了用这种手法来获取有影响记者的支持。

** 水星计划的宇航员是将成为美国进行太空飞行的第一批人员。他们是唐纳德·斯莱顿上尉(Donald Slayton,美国空军)、艾伦·谢巴德中尉(Alan Shepard,美国海军)、威利·希拉中尉(Wally Schirra,美国海军)、维吉尔·格瑞瑟姆上尉(Virgil I.Grissom,美国空军)、约翰·格伦中尉(John Glenn,美国海军陆战队)、莱洛伊·戈登·库珀上尉(Leroy Gordon Cooper,美国空军)、斯科特·卡彭特中尉(Scott Carpenter,美国海军)。斯莱顿由于轻微的心脏不适而停飞了 10 年,最后于 1972 年参加了在绕轨道飞行的阿波罗—联盟太空站上的飞行。

第九章　薪火相传（1961—1969）

美国人担心随着3号月球卫星飞越月球、拍摄月球背面的照片，苏联正在计划将一个人送上月球。随着宇航员在月球登陆，跟着会发生什么呢？建立月球殖民地？在月球上建立可能会威胁到美国城市的导弹基地？确实，一些这样的担忧是杞人忧天，但无法否认的是，苏联似乎正在获得比美国领先的地位。

赫鲁晓夫认为，苏联太空发展的成功证明了马列主义的有效性。这种制度的重要性在于它积极进取的无神论思想。宇航员加加林是一位忠实的共产党员。在第一次绕轨道飞行后被问及他在天上看到什么时，他笑着回答："没有看见上帝！"

肯尼迪对这种挑战的反应是富有独创性的。情报显示，在未来几年美国在太空发展方面绝无可能赶上苏联，约翰·肯尼迪要求国家航空航天局的领导给出答案。*"是否存在我们赶上他们的可能？我们能做什么？我们能否在他们之前绕月球飞行？我们能否在他们之前将一个人送到月球上去？"[18] 新总统的科学顾问告诉他，我们能够在登月竞赛中打败苏联人。那正是肯尼迪想要听到的。他说，我们将实现这一目标。

肯尼迪立即重新界定了太空竞赛的内涵。从此刻起，苏联的每一种第一——第一位女宇航员、第一次太空行走、第一次长时间的绕轨道飞行——都将围绕着这个总体目标被评估：他们到目前为止已经在月球着陆了吗？肯尼迪向太空竞赛的胜利迈出一大步：他挪动了终点线！

---

* 国家航空航天局（NASA）是艾森豪威尔设立的民用太空发展机构。艾克决心避免太空军事化。

很快,美国人就能欢呼他们自己的太空英雄了,先是海军中尉艾伦·谢巴德、然后是空军上尉维吉尔·格瑞瑟姆由火箭送入太空。约翰·格伦乘坐的友谊7号(*Friendship 7*)太空飞船的隔热板差点脱落,这一故障被全部记录下来,并通过实时直播的电视为世人所见证。面临被烧死的可能,格伦镇定的勇气令世人欣慰和钦佩不已。

肯尼迪的果敢举动大出苏联人和他的国内竞争对手的意料。

艾克在《星期六晚邮报》(*Saturday Evening Post*)上责问道:"为什么这么仓促登月?"

尽管如此,当共和党人谴责约翰·肯尼迪不与苏联人展开太空竞赛时,他们似乎忘记了艾森豪威尔总统不将太空军事化的决定。但他们现在又同样地批判约翰·肯尼迪的阿波罗登月计划(Apollo moon program)。[19]

"为什么不告诉苏联人:'很好,你们已经到了月球,但同时在美国这里,我们一直在努力——不管多么艰难——传播自由和正义?'"这就是小威廉·巴克利在《读者文摘》(*Reader's Digest*)上的回答。[20]参议员巴里·戈德华特最初投票赞成阿波罗计划;但现在他称之为"一种浪费"。[21]

共和党人反对阿波罗计划,似乎因为它是肯尼迪提议的。肯尼迪比他的对手更富想象力,对赫鲁晓夫如何利用太空竞赛来挑战美国在发展中国家的地位,他有着直觉的理解力。用这样一种努力,肯尼迪驳斥了赫鲁晓夫所散布的无敌论。赫鲁晓夫是美国的所有苏联对手中最危险的一个。他是一个愿意冒巨大风险的人。赫鲁晓夫给予苏联的太空计划以过多的投入。他自己在克里姆林宫的政治地位和苏联在世界的地位都取决于太空发展的成就。

第九章　薪火相传（1961—1969）

1956年，苏联坦克开进布达佩斯。 出于多方面的原因，1956年匈牙利起义是不合时宜的。重要原因在于，它发生于美国总统选举和中东政治危机期间。艾森豪威尔总统直到今天仍因未能"阻止"共产党对这个东欧国家的入侵——就像共和党发誓要做的那样——而遭受诟病。

尼基塔·赫鲁晓夫。 赫鲁晓夫是一个移动起来像瘦子的胖人。他精力充沛、思维敏捷，但非常凶险。他对苏联的空间计划抱有巨大期望，相信这将对新近摆脱殖民统治的亚非国家产生有利影响。他在1964年被赶下台，但并未被处决或监禁。这是他在不时有阴谋发生的社会中取得的成就。

1962 年古巴导弹危机，古巴几个部署导弹地点的航拍照。通过在古巴部署攻击性导弹，赫鲁晓夫进行了一次豪赌。肯尼迪在猪湾惨败中的犹豫和在维也纳峰会中的软弱表现导致赫鲁晓夫走过了头。通过用美国军舰封锁古巴，肯尼迪迫使赫鲁晓夫撤出了导弹。

约翰·肯尼迪和杰奎琳·肯尼迪。年轻而富有活力的肯尼迪在国际舞台上大放异彩。杰奎琳用其纯正的巴黎口音迷住了平常态度冷淡的戴高乐总统。当约翰·肯尼迪说："我是陪杰奎琳·肯尼迪来巴黎的那个男人"时，他赢得了赞许的笑声。也许正是在这次旅行期间，肯尼迪夫人在凯旋门见证了什么是真正的热情。

第九章 薪火相传（1961—1969）

通过夺取那面旗帜，约翰·肯尼迪大大帮助了赫鲁晓夫的共产党同事——他们正在进行密谋并最终将他赶下台。他们指责他的太空竞赛是"草率制定的计划"。但那是后话。

此时，赫鲁晓夫仍然是一个危险的对手。1961年8月，当许多西方领导人正在休假时，赫鲁晓夫再次封锁了西柏林。他必须做些事。苏联所缔造的严酷的、斯大林主义残存的政权被称为德意志民主共和国（German Democratic Republic）。它既非民主，也非共和。它甚至不是德国人的。它纯粹是由苏联占领者一手建立起来的傀儡政权。许多德国人替莫斯科控制着它，他们是一些"二战"期间待在莫斯科的人。目前，1961年，德国这部分苏联占领区的人口大量流失。成千上万名受过专业训练的医生、教师、工程师和科学家——尤其是年轻人——涌入西柏林寻求更好的生活。他们能够乘坐高架有轨电车或简单地步行穿越东西柏林的分界线。没有人敢开玩笑说："最后一个离开苏占区的德国人会关掉探照灯吗？"那就是赫鲁晓夫对分裂的柏林充满敌意的幕后原因。

1961年8月下旬，赫鲁晓夫蓄意发难。违背他在维也纳宣布的6个月的最后期限，这位苏联统治者命令东德政府沿东西柏林的边境线拉起一条带刺的铁丝网。这种分割很快就被用推土机和混凝土筑成的一堵长而丑陋的墙予以了强化，那堵墙包围了整个西柏林这座自由城市。预计到会发生另一次柏林封锁，肯尼迪此时发出一声叹息。但也许这最终不是一个漫长而寒冷的冬天。因为只要赫鲁晓夫不封锁盟国进入西柏林的通道，美国就能够通过抗议来表达不满，但那时也许尚无法证明立即就推倒它——现在人们称之为柏林墙（the Berlin Wall）——的正当性。

德国人的家庭被无情地分割开来。残忍的东德哨兵竟然向他们的同胞开枪,在他们设法逃出"工人的天堂"时。看到17岁的彼得·法彻尔(Peter Fechter)被边界卫兵枪杀,整个世界都感到毛骨悚然。那个小伙子倒在东德设置的禁区内,临死前他在血泊中请求宽恕。东德的警察据说是"人民警察"。人民警察用枪瞄准了西柏林人,威胁要向任何试图援救法彻尔的人开枪。在其后的30年间,有几百人在试图逃离时被枪杀。

2. "约翰·格伦,一路平安!"

海军陆战队的中尉约翰·格伦似乎并不是一个将扮演重要角色的人。他瘦削而健壮,"长而密的头发"标志着他是一个正直坦率的人。在俄亥俄州新康科德城(New Concord),他邂逅了他的妻子安妮(Annie)。在这个世界上,对他而言,除了这位黑眼睛的漂亮女孩再也没有别的女人。正当安妮努力克服她口吃的习惯时,约翰战胜了其他接受测试的飞行员,那些人都是大学毕业生。在宣布水星计划最初的7位飞行员的新闻发布会上,当格伦大胆地说出他的宗教信仰时,他成为关注的焦点。甚至在那些宗教情感更为外露的时代,格伦在电视上对信仰的坦白,对许多世故的人而言也是"不冷静的"。

当他直率地告诉他的宇航员同事"拉紧裤子的拉链"时,他几乎遭到了他们的联合抵制。国家航空航天局担心,性丑闻可能会使这些闻名于美国的、雄心勃勃的喷气式飞机的飞行员们丧失驾驶飞船的资格。

肯尼迪总统喜欢这位来自俄亥俄州的充满活力、富于战斗性的飞

第九章 薪火相传（1961—1969）

行员。在他预定驾驶友谊 7 号飞船飞行前几个星期，总统邀请格伦到白宫做客。这是美国第一次尝试将一个人送入地球轨道。肯尼迪将他自己的大部分政治声誉押在了这位海军陆战队队员身上。在内阁的会议室中，肯尼迪请格伦讲解他的航线图、飞船的型号和其他信息。他就飞行的每一方面向格伦提问，时间长达 1 个多小时。[22] 总统的求知欲非常强烈。

格伦和他的水星计划的宇航员同事经常会唤起美国民众的强烈感情。许多人渴望打败苏联人，真诚地喜爱这些勇敢的年轻人，因为他们愿意冒着生命危险来完成使命。税务律师利奥·德奥赛（Leo DeOrsey）也不例外。他同意媒体用"追求自由"来描述这些宇航员们。当约翰·格伦准备由火箭运送至太空时，他的家人和朋友了解到他并没有生命保险。德奥赛告诉约翰·格伦和他的妻子安妮·格伦，伦敦的劳埃德（Lloyds）公司愿意为宇航员预计 6 小时的处女航保险——保费为 16 000 美元！[23] 不过，几天后，德奥赛打电话告诉他们，他拒绝了劳埃德的出价。他说，他对此感到不舒服。德奥赛告诉格伦："我不会同你打赌"。[24] 代之，他给他们共同的一位朋友一张 10 万美元的支票，假如约翰发生不幸，就交给安妮·格伦。[25]

宇航员斯科特·卡彭特、格伦的替补，感情明显受到触动。当有 36.7 万磅推动力的大力神火箭（the Atlas rocket）轰鸣着发射升空时，卡彭特大声喊道："祝你平安！"汤姆·奥玛莱（Tom O'Malley）、通用动力公司（the General DynamicsCorporation）的项目主管也送上了他的祈祷："愿慈悲的主与你一直同在。"[26]

在火箭发动机的轰鸣声中，格伦不可能听到这些祝福。当格伦沿轨道飞行时，令人窒息的一刻发生了。行动控制中心开始怀疑，格伦报告的那些神秘的光"蝴蝶"是太空船的隔热板过早被使用的结果。在飞行中测试它是危险的。当格伦接到指令启动隔热板的开关时,在稍微的犹豫之后,他小心翼翼地照做了。当他重新回到地球的大气层时,舱外的温度达到了华氏 9 500 度,这个温度虽然低于太阳表面的温度,但也低不了多少。没有隔热板,格伦将被烧成灰烬。世界屏住了呼吸。

在返回地球大气层时,有一个无线电静默期。这是预计到的,但此时它只是增加了紧张情绪。最后,在漫长的等待之后,约翰·格伦表现出了镇定这种必备的素质,他那具有专业水准的声音打破了寂静。隔热板支撑住了!再一次地,美国使全世界见证了它的成功。

在约翰·格伦降落在大西洋几分钟后,美国驱逐舰"诺亚号"(Noa)就救起了他。美国有了一个新的英雄。稍后,格伦与来访的苏联宇航员盖尔曼·季托夫(Gherman Titov)发生争执——只是在口头上。季托夫大声宣布他的观点,他没有在太空中看到上帝,这验证了共产主义意识形态。格伦非常自信地回答道:"我相信上帝是尊贵的,我不可能在大气层上面一点就遇见他。"[27] 接着,他邀请季托夫和他的妻子与他和安妮一道参加一次美国风味的户外野炊。格伦在太空中的技能要远胜过他在野外烧烤的技能。当艾伦·谢巴德和路易丝·谢巴德夫妇与季托夫夫妇乘一辆豪华轿车到来时,约翰·格伦正在奋力扑灭可能会将牛排烧焦的火焰。[28]

3. 在古巴的对峙

1962 年,4 万名苏联军人进驻古巴。我们现在知道当时的情况。[29]

当纽约的共和党参议员肯尼思·基廷（Kenneth Keating）大声抗议苏联人在离我们海岸仅 90 英里的地方集结时，肯尼迪总统被激怒了。[30] 他认为，政府泄密使共和党人在妨碍他的工作，并使他看起来非常软弱。

在竞选途中，总统被召回华盛顿。他从飞越古巴的 U-2 型飞机收集的情报得到确认，苏联人正在这个岛国的要塞内安装中程弹道导弹。这些苏联制的中程导弹能够对整个美国东部海岸发动核打击。这一简单而秘密行动的后果是，得克萨斯州、俄克拉何马州、路易斯安那州和佛罗里达州，目前都处于遭遇一次珍珠港式核袭击的严重危险之中。

肯尼迪总统立即召集他的高级顾问商讨危机应对措施。一些军队将领向他发出警告，在这些导弹能够操作之前对古巴发起一次先发制人的攻击以摧毁这些导弹基地，可能会导致核战争爆发。[31] 肯尼迪拒绝了那种选择。但他知道，绝不能容许苏联的导弹留在古巴。克里姆林宫将它冷酷的一面展现给世界，断然否认他们已经在古巴部署了进攻型导弹。

肯尼迪总统于 1962 年 10 月 22 日通过电视直播告知美国人民和世界以真相，美国知道苏联的欺骗行径，知道他们在古巴进行秘密的和不计后果的核武器集结，严正要求苏联撤出这些导弹。

> 美国和世界共同体都不能容忍蓄意的欺骗行径和对任何国家的攻击性威胁，不管这种威胁是大还是小。我们不再生活在那样的世界中，即只有武器的实际开火才代表对国家安全的充分挑战和最大的危险。核武器是如此具有破坏性、弹道导弹是如此迅速，以致使用它们的可能性的任何实质增加或在它们安置地点上的任

何突然改变,都被视为对和平的明确威胁。

接着,肯尼迪下令"对古巴进行隔离"。*他要用美国强大的海军优势来包围这个岛国,拦截携带更多导弹驶往哈瓦那(Havana)的苏联货船。

那时,英国从克里姆林宫内部向美国提供了重要情报。奥列格·潘可夫斯基上校(Oleg Penkovsky)、一位苏联军队情报机构官员是秘密为英国工作的间谍。**肯尼迪得到了美国人民、英国保守党首相哈罗德·麦克米伦(Harold MacMillan)和法国总统戴高乐——的确出乎意料——的全力支持。当肯尼迪的特使迪安·艾奇逊进入戴高乐在爱丽舍宫的豪华办公室时,他提出向这位苛刻的法国人展示美国 U-2 飞机在飞越古巴时拍摄的照片。戴高乐令人激动地说道:"收好你的文件。美国总统的话对我而言就足够了。告诉你的总统,法国毫无保留地支持他。"32

在联合国,阿德莱·斯蒂文森大使展示了 U-2 型飞机拍摄的照片,与苏联大使的谎言对质。苏联大使声称,他对斯蒂文森评论苏联的发言被翻译成俄文时感到费解。"我愿意等待,大使先生。直到地狱都因为您的回答而关闭。"这是阿德莱最精彩的时刻。通过电视收看的肯尼迪总统说道:"妙极了!真不知道阿德莱还有这一手。"33

---

* 他回避使用"封锁"一词,该词在国际法中是一种战争行为。在选择称他的行动为"隔离"时,他借鉴了富兰克林·罗斯福总统著名的"隔离侵略者"的演说。它是约翰·肯尼迪喜欢的一种比拟关系。

** 潘可夫斯基被克格勃抓获并处决。多年来,在莫斯科流传的说法是他被隐匿在该市的顿河火葬场中——仍然活着。最近,对这种说法已经产生怀疑,但它达到了它的目的。

第九章 薪火相传（1961—1969）

当肯尼迪收到苏联政府两份截然不同的电报后，他不理睬口气强硬的那一份，而集中关注更为缓和的那一份。他推测，前面那一份电报是由苏共起草的，而赫鲁晓夫本人起草了那份较温和的电报。

赫鲁晓夫向肯尼迪提出一种交换——从古巴撤回苏联导弹，换取美国从北约盟国土耳其撤回美国的导弹。肯尼迪必须拒绝这种交易，至少在公开场合。但他顺从了赫鲁晓夫的另一个建议：美国同意保证古巴的领土完整。这意味着美国必须停止对反共的古巴流亡者的支持，承诺美国军队不入侵古巴。[34]

当一艘苏联货船驶向美国设置的对古巴包围的警戒线时，全世界的紧张气氛陡然增加。它会撤回吗？它会拒绝一支美国检查队登船吗？会有杀戮吗？我们正在观看第三次世界大战的开幕吗？最后，苏联货船返航了。

赫鲁晓夫不愿就古巴问题展开一场核战争。宣称他试图做的只是保护古巴免于入侵，赫鲁晓夫公开退却。1962年10月28日，他同意从古巴撤回导弹。[35] 古巴的卡斯特罗（Castro）以谩骂回报他的苏联盟友。卡斯特罗在愤怒与沮丧中用脚踢墙，称赫鲁晓夫是同性恋，还打碎了一面镜子。[36]*

肯尼迪获得了胜利。当国务卿迪安·鲁斯克（Dean Rusk）提到这件事时说："我们处于对峙中，那个人最后动摇了。"[37] 但鲁斯克的话是私下里讲的。肯尼迪下令不允许在公开场合对赫鲁晓夫的明显受辱幸灾乐祸。约翰·肯尼迪并不想让世人知道，他确实私下同意将美

---

* 卡斯特罗对同性恋的痛恨是出了名的。他通常将古巴的同性恋者判刑，关押在皮内斯岛（Isle of Pines）。

国导弹从土耳其撤回。[38] 也许我们是在古巴问题上玩眼睛对眼睛、看谁先眨眼的游戏，我们的对手先眨眼了！*

肯尼迪经常说："表象造就事实。"从表象上看，年轻勇敢的总统无畏地使他的苏联对手作出让步。那时，赫鲁晓夫给肯尼迪的私人信件包含"缓和"（*détente*）一词。他说，他看到了紧张局势的一种普遍缓和。相应的，他赞同在莫斯科和华盛顿之间搭建一条新的"热线"。这实际是一台连接两个首都的电传打字机，一旦发生危机可以有一种更迅速的交流。肯尼迪所深深忧虑的是，一种信息的错误传达也许会导致核战争的爆发。赫鲁晓夫也放弃了他对禁止核试验条约的反对。这成为肯尼迪政府的一项主要政绩。

对美国的天主教徒而言，肯尼迪时期是"两个约翰"时代。教皇约翰二十三世（Pope John XXIII）于1958年接替了严肃而勤勉的庇护十二世的大位**。约翰二十三世开朗的个性令世人着迷。他的友善、对人民真正的爱，融化了几个世纪的敌意与猜疑。他倡导召开一次全球性会议以促进天主教的现代化。"现代化"（*Aggiornamento*）是意大利语，意指把事物提升到现代：教皇毫不犹豫地用它来描述他计划中的改革。第二届梵蒂冈大公会议（Vatican II Council）持续了3年，引发了全面的变革：做弥撒将用大众语言；供奉圣餐时要面对教众、而不是圣坛；除了在斋期，天主教徒不再被禁止在星期五吃肉；鼓励新教徒、东正教徒、犹太教徒和穆斯林教徒间的对话。

---

* 在媒体对古巴导弹危机的报道中，那些布置在土耳其的导弹被老套地描述为"陈旧的"。但在它们被安装时肯定不是陈旧的，那些是在赫鲁晓夫要求撤走它们之前几个月才安装的。

** 另一个约翰是约翰·肯尼迪总统。——译者注

第九章 薪火相传（1961—1969）

新教徒现在被称为"分离的教友"而不是异端，他们也被邀请参加第二届梵蒂冈大公会议的所有会议。

肯尼迪努力打破樊篱。他在纽约举行的纪念阿尔弗雷德·史密斯（Alfred E.Smith）的宴会发言中提醒听众，据说史密斯是在1928年总统竞选惨败后发给教皇那份著名电报："负担解除。"肯尼迪眨了一下眼，说他刚收到梵蒂冈对他的教育提案的反应："背上负担。"一些著名的天主教徒、新教徒和犹太教徒听众——纽约的精英们——都捧腹大笑。一位天主教总统通过开政治中的一个最敏感问题的玩笑来取悦于人。

尽管玩笑提升了总统受欢迎的程度，但它并不有助于教育法案的通过。肯尼迪的提案排除了对上天主教学校儿童的任何资助。像肯尼迪很多类似的立法计划一样，该提案在国会受阻。

同时，《国家评论》也对梵蒂冈提出批评，因为它似乎愿意与东欧的共产党占领者做生意。自由派的约翰·肯尼迪与《国家评论》保守的天主教徒编辑们所持的不同于罗马天主教会的立场，平息了有关天主教徒主宰美国政治生活的担忧。

战争与和平并非是在这些令人兴奋的时代唯一引起关注的问题。一种新的关注提出了有关对地球人文关怀的问题，它也许是由对大气层核试验影响的讨论所引发的。雷切尔·卡森（Rachel Carson）在她1962年出版的畅销书《寂静的春天》（*Silent Spring*）中写道："人类此前从未受到过质疑，我们要证明我们的成熟，要证明我们驾驭自己、而不是控制自然的能力。"[39] 美国人表现出新的关注，即关注工业化和现代化对他们周边环境的影响，保护环境运动兴起。最初，它是一种个体公民自愿参加的志愿者运动。逐渐地，它以立法的形式来表达自身的要求。

4. 自由在前进

在富裕的 20 世纪 60 年代，美国享有持续繁荣的事实使肯尼迪政府似乎更为成功。但肯尼迪在努力使他支持的立法被国会批准方面却遭遇了普遍的挫折。他就削减税收问题向民主党控制的国会施压。他是民主党中第一个拥护这种思想的人，即削减税收能够在实际上刺激经济增长和增加政府收入。肯尼迪未能使医疗保险计划获得议会通过。这项将老年人的医疗社会化的政府规划，自 1912 年西奥多·罗斯福进步党的努力宣告失败后，一直在社会政治议程中。[40]

在将无数理想主义的美国年轻人纳入他的和平队派往世界各地方面，约翰·肯尼迪确实是成功的。他的进步联盟（*Alianza Para Progreso*）允诺，要在美国长期忽视的拉丁美洲拉开新的序幕。

杰奎琳·肯尼迪是一位非常受欢迎的第一夫人。她重新装修了白宫，邀请权威的艺术家赋予这座旧官邸以魅力。西班牙大提琴演奏家帕布罗·卡萨奥（Pablo Casals）为一次星光熠熠的招待会奉献了一场音乐会。法国作家安德鲁·马尔罗（André Malraux）做了朗诵。精力充沛的年轻总统和他的夫人一直以时尚和舒适的风格展现白宫作为礼仪和社交场合的一面。肯尼迪夫人对优雅文化的爱好为这对迷人的年轻夫妇增色不少。公众以看到年轻的卡罗琳·肯尼迪（Caroline Kennedy）和小约翰（小约翰·肯尼迪，JFK Jr.）的照片为乐趣，前者骑在她的小马马卡罗尼（Macaroni）身上，后者从他父亲那张历

第九章 薪火相传（1961—1969）

史久远的办公桌下向外偷看。* 颇受欢迎的百老汇表演的《卡米洛特》（*Camelot*，亚瑟王宫所在地的名称）抓住了时代的想象力。肯尼迪领导的新边疆政策的开拓者们并不十分反对将他们年轻而富有活力的政府与参加圆桌会议的神秘骑士所作的类比。肯尼迪经常援引莎士比亚的《亨利五世》（*Henry V*）中的短句"我们很少快乐，我们结成兄弟"。** 肯尼迪还引入了令人印象深刻的新白宫主人的入住仪式，我们现在对此已习以为常。肯尼迪的另一项创新是为执行新边疆政策的总统职位设定了一个很高的文化品位。

在航空时代之前，来访的国家元首一般都是乘火车到达，由总统或一个官方代表团在华盛顿的联邦火车站迎接。而杜鲁门和艾森豪威尔总统通常会到华盛顿之外的安德鲁空军基地去迎接外国客人。在他总统任期的头几个月，肯尼迪也是如此。

但在继 1961 年 6 月与尼基塔·赫鲁晓夫会晤的维也纳峰会访问伦敦时，肯尼迪亲身见证了英国皇室是如何接待客人的。不是女王去机场，而是来访者从机场到白金汉宫拜谒女王，在那里有正式的欢迎仪式。当肯尼迪回到华盛顿时，他大略形成了自己的想法，在白宫草坪上举行仪式，军乐队演奏、身着殖民地时

---

* 本书作者的叔叔约翰·沃尔什（John W. Walsh）医生是接生小约翰·肯尼迪的产科医生。约翰·沃尔什是约瑟夫·沃尔什医生的儿子，后者据说是"阿尔弗雷德·史密斯的私人医生"。两位医生都拥护共和党。他们的开业誓约要求如此。

** 仅是在肯尼迪过世的一些年后，有关肯尼迪玩弄女性的庸俗谣传才为美国人所了解。只是到那时，也许才可以指出卡米洛特宫的美丽和公正丧失了，因为在其内部发生的通奸行为。约翰·肯尼迪的优秀遗产也不例外，也沾染了不幸。

期盛装的士兵列队经过、由总统和客人发表演讲。从那时起,这就成为著名的国宾欢迎仪式,它成为华盛顿的一景。[41]

对美国黑人而言,繁荣的经济使各种状况都变得更加难以容忍。他们在旅店和餐馆被否认有和白人平等的待遇,在工作和住房方面受到歧视,在整个南部的广大区域他们被剥夺了投票资格。这一时期,人们在谈论所谓的"期望不断提高的革命"。宪法第15条修正案(Fifteenth Amendment)重申了自由投票权,但联邦政府的执行效果却非常差。人头税(Poll taxes)、文化水平测试(literacy tests)和祖父条款(grandfather clauses)是以前的南部邦联各州惯常使用的剥夺黑人投票权的手段。*

肯尼迪总统领导的政府要求州际商务委员会(the Interstate Commerce Commission,ICC)禁止在沿着新州际公路从事州际商业的餐馆中实行种族隔离。从北方来的反对种族隔离的示威者乘公共汽车来到南方,他们要求在无种族界限的餐馆中就餐。他们乘坐的一些公共汽车遭遇燃烧弹的攻击,一些示威者被打伤。肯尼迪总统对是否支持示威者的行动感到犹豫,但他要求保持秩序。州际商务委员会明确禁止了在州际商业中的种族隔离行为。[42]

金博士决定使亚拉巴马州伯明翰市(Birmingham)成为他的自

---

* 人头税是要求公民支付的一种税,用于维持选举机制和支付选举组织官员的工资。这种税对贫穷的黑人佃农产生了一种排斥效应,因为他们中的大多数人无力支付。所谓的祖父条款免除了一些公民参加文化水平测试,如果他们的祖父是有官方证明的选民的话。当然,在奴隶被解放之前,南方的黑人是不可能参加投票的。因此,祖父条款是一种明显的让不识字的白人参加投票,而将黑人选民排除在宪法赋予的权利之外的手段。

由民权运动的中心。他称伯明翰为"在美国最全面实行种族隔离的大城市"。[43] 当地的——大部分是白人的——商会强烈希望避免对峙,但绰号"猛牛"(Bull)的警察局局长尤金·康纳(Engene Connor)发誓要进行抵制。[44] 康纳同时也是亚拉巴马州民主党全国代表大会的代表,是一个有较大影响力的人。在金博士的家受到一枚炸弹袭击后的夜里,伯明翰爆发了骚乱。"猛牛"康纳使用凶猛的警犬来确保骚乱的人群能被控制住。"猛牛"康纳使用警犬攻击示威者的电视画面令该市在全世界都臭名昭著。亚拉巴马州民主党州州长乔治·华莱士(George Wallace)在他1963年的就职演说中发出了挑战。这就是他对自由的理解:

> 我站在杰斐逊·戴维斯站过的地方向我的人民盟誓。从这个南部邦联的发源地发出誓言正逢其时……今天我们擂响了自由的战鼓,就像我们各代先辈在整个历史过程中一次次地所做的那样……我将固守最后的界限,在专制的铁蹄下抵御各种挑战……我要说……今天种族隔离……明天种族隔离……永远种族隔离。[45]

显然,华莱士州长并未将像金博士和他领导的黑人民众等伯明翰居民和纳税者视为"他的人民"。

正如他所盟誓的那样,华莱士站在校舍门口阻止两位黑人学生进入亚拉巴马大学注册,肯尼迪总统别无选择,只有派遣联邦军队干预。尽管他曾在小石城事件上批评艾森豪威尔使用联邦军队,但这次他通过电视向全国发出警告。他呼吁每个美国人对照这些违法行径扪心自问。[46]

肯尼迪赞扬了南方人民的爱国主义和他们在和平与战争时期为国效力，但他决心支持各种民权运动。他受到了来自全国有色人种协进会的罗伊·威尔金斯（Roy Wilkins）、城市联盟（the Urban League）的惠特尼·杨（Whitney Young）和列车车厢服务员工会的菲利普·兰多夫（Philip Randolph）等人的持续不断的压力。民权运动的高级领导人表达了他们对变革缓慢的失望。肯尼迪在竞选期间曾经夸口说他"大笔一挥"就能结束在住房方面的歧视。美国黑人开始将成千上万支钢笔寄到白宫。

尽管如此，在伯明翰民权方面的进展也带来了诸多的问题。一位美国纳粹党成员跳上讲台攻击金博士。尽管金并未受伤，但不断发生的暴力行为直接与他所倡导的非暴力运动相违拗。金伤痕累累，他曾被一位疯狂的黑人妇女刺伤、在飞机上被一名愤怒的白人乘客打伤、在亚拉巴马州塞尔玛（Selma）一家新开业的无种族界限的旅馆中遭受拳头的连续重击。47 这位 33 岁的牧师不知哪一天就会丧命。

总统于 1963 年 6 月 11 日通过电视就民权问题向全国发表演讲。他掷地有声的每一句话都值得在今天回忆。

> 如果一个美国人就因为他的皮肤是黑色的而不能到为公众开放的餐馆中就餐，如果他不能将他的孩子送到最好的公立学校读书，如果他不能投票选出代表他利益的政府官员……那么，我们中谁还愿意去改变他的肤色？谁还会愿意付出耐心和时间去进行协商？我们的国家和民族面临一场道德危机……一场伟大的变革即将来临。我们的任务就是使这场革命和平地发生，并对所有人都具有积极意义。48

第九章　薪火相传（1961—1969）

在密西西比州，拜伦·德·拉·贝克维茨（Byron de la Beckwith）未能听到肯尼迪有关和平与正义的诉求。他射杀了全国有色人种协进会的领袖梅德迦·埃瓦茨（Medgar Evers），这位民权运动领袖当时正在回家的路上。埃瓦茨在被送回家的途中因失血过多而死亡，他的妻子和孩子就在他的跟前。[49]

当金博士被关押在伯明翰的监狱时，他写下了一封值得记忆的信。此后，这封信一直作为民权运动的重要文本。在信中，他解释了为什么需要采取行动。他写道："为了获得宪法与上帝赋予的权利，我们已经足足等待了340年。""亚洲和非洲的国家正在以喷气式飞机的速度取得政治独立，但我们却仍然以马拉车的速度在争取能到餐馆喝杯咖啡。也许对那些从未感受过种族隔离刺痛的人而言，很容易说'再等等'。"[50]

金博士强调尊重法律具有本质的重要性。他写道，当作为最后一种手段，他被迫抵制一种不公正的法律时，他必须服从由此给予他的惩罚。对此，金博士深深地植根于美国的——和基督教的——非暴力抵抗传统。金博士同时将他从事非暴力抵抗的决心同他对道德准则与合法原则的严格尊重结合起来。结果，当法院认为他违反法律时，他顺从地接受了监禁判决。

肯尼迪的民权议案在1963年6月19日向议会提出。数十年来，参议院著名的第22条规定一直阻碍着意义重大的议案通过。第22条规定意味着少数意志坚决的参议员能够以冗长发言阻挠一个议案的通过。*肯尼迪对立法进程的缓慢深感失望。民权议案的主要倡导者、参议员休伯特·汉弗莱也有同感。宪法并没有哪个条款能为终止参议院的辩论提供法律依据。在第 22 条规定下，一份议案需要 2/3 参议员的支持才能表决。但汉弗莱论证道，宪法明确指出，议案只需多数同意即可通过。[51] 无论如何，人们认识到立法程序改革的必要性。

进行一次以华盛顿为目的地的长征，是菲利普·兰多夫一直抱有的想法。他主张采取这种行动已经 20 多年了。不过，较早是富兰克林·罗斯福总统劝阻了他。在 1963 年，金博士加入了全国民权运动的领导层，他主张几十万人在 8 月份赤热的阳光下到华盛顿集会。兰多夫举行一次长征的创造性想法与贝阿德·拉斯廷（Bayard Rustin）的组织能力结合起来了。工会也加入了这场运动，劳联—产联的乔治·米尼和沃尔特·鲁瑟都全力支持长征。数百个教会领袖和犹太人群体都参加了。

肯尼迪总统的反应是谨慎的。他担心，在这样巨大的人群中，任何无序都将被反对民权运动的参议员所利用。在事件发生前，他也不愿见长征的组织者。他不想让他们向他提出一揽子要求，他要保持一定的距离，以防暴力发生。但他没有排除在长征后安排一次白宫会见的可能性。[52]

福音歌手玛哈莉亚·杰克森（Mahalia Jackson）用一首古老的黑

---

* 以冗长发言阻挠议案通过是对参议院"无限制辩论"传统的称呼。实际上，参议员们并不一定要研究一项议案的价值，甚至可能就是浏览一下所有那些声称将受到未决议案不利影响的人的电话号码簿就能去辩论。他们所必须做的就是不停地发言。斯特罗姆·瑟蒙德（Strom Thurmond）在 1957 年创造了一个冗长发言的记录，他为反对一项民权议案，进行了长达 24 小时 18 分钟的演讲。他得到一个"尿不湿"的帮助——该装置使他能如此长时间地站立发言而不用上厕所。

第九章 薪火相传（1961—1969）

人灵歌的歌词来介绍金博士：

> 我回家时要告诉我的上帝，
> 长久以来你一直虐待我。
> 我受尽责骂和鄙视
> 一直孤独地走在漫漫长路上！ [53]

大多数美国白人从没有经历过黑人传教士演讲的巨大震撼力。因此，当金博士登上魁伟而冥思着的亚伯拉罕·林肯雕像前的讲坛时，他请求评价黑人孩子们时，不要根据他们的肤色、而要根据他们品质的内涵。那天，他的大多数听众对他那《圣经》般韵律的演讲所能唤起的感染力和情感毫无思想准备：

> 我有一个梦……我今天有一个梦！让自由之声响起……让自由之声从佐治亚州石山（Stone Mountain）上响起。让自由之声在密西西比州的每一座大小山岗上响起。当这发生时——当我们允许自由之声从每一座城镇和每一个村庄、每一个州和每一座城市中响起时，我们就能够加速那一天的到来。到那时，所有上帝的子民——不论黑人和白人、犹太教徒和异教徒、新教徒和天主教徒——都能够携起手来，同唱一首老的黑人灵歌："终于自由了，终于自由了，感谢万能的主啊，我们终于自由了！" [54]

人们很少承认演讲能够改变现实本身。有见识的人贬斥公开演说的影响力，视之为主要是或仅仅是辩论术。但金博士的演讲却改变了现实,而且仍然在改变着现实。

肯尼迪总统赋予了金博士和他的所有黑人兄弟以灵感。仅是在向华盛顿为民权进军的前几周,肯尼迪在西柏林对民众说:"自由是不可分割的,当一个人被奴役时,所有人都是不自由的。"肯尼迪宣称:"我是一个柏林人!"

如果自由果真如约翰·肯尼迪所说的那样是不可分割的,那么,为什么在西柏林保卫自由有意义,但却不让自由的钟声在亚拉巴马州伯明翰敲响呢?在20世纪60年代,美国仍然实行征兵制。如果年轻的黑人能够被征召入伍,送到西柏林或将南北朝鲜分割开的非军事区的话,那么,如何才能证明国内的种族隔离制度具有合理性呢?为什么这些年轻的美国人在自己的家乡要被否认具有自由呢?

由于炎热、饥渴和疲劳,巨大的人群以一种平静而有序的方式解散了。大约20万名参加者散去后,没有留下任何垃圾。随后又有几百名示威者进入华盛顿。在首都,每个周末都会有这种或那种目的的游行。但它们中没有一个——这种断言是有争议的,而且肯定不是指所有这些游行都加起来——能够产生如1963年向华盛顿大进军那样的影响力。

明显对长征的壮举感到兴奋,肯尼迪总统欢迎民权运动领导人到白宫做客。罗伊·威尔金斯赞扬了总统:"您改变了一切。您给予我们祝福。这是将民权运动变为一场帮助我们的政府,而不是对抗政府的有序抗议的主要原因之一。"[55]威尔金斯也许想到了肯尼迪在幕后的作用。

当年轻的约翰·刘易斯(John Lewis),一位激进的民权运动倡导者,声称用非暴力手段彻底消除《黑奴法典》,并像谢尔曼的长途游行那样,穿过美国南部(Dixie)中心地区时,受到华盛顿天主教会大主教的限制。[56] 红衣主教奥伯伊尔(O'Boyle)说,如果刘易斯坚持他的激进观点,他将拒绝为刘易斯所倡导的游行祈祷。红衣主教奥伯伊尔坚定地支持民权运动,他受到普遍的尊重。领袖们压制了年轻的刘易斯。这场向华盛顿的自由进军就这样夭折了。[57]

5. 肯尼迪遇刺

肯尼迪总统的政治前景在1963年秋看起来非常光明。他预计在1964年竞选中的共和党对手要么是纽约州长纳尔逊·洛克菲勒、要么是亚利桑那州的保守派参议员巴里·戈德华特。他认为洛克菲勒缺乏勇气,而巴里缺乏头脑。[58] 尽管充满自信,但他不想有任何闪失。得克萨斯州的民主党由于自由派参议员拉尔夫·亚伯洛(Ralph Yarborough)和保守的州长约翰·康诺利(John Connally)之间的严重争执而发生分裂。约翰·肯尼迪认为,一次总统视察也许有助于弥合政治分歧。他尤其感到高兴的是杰奎琳将同他一道前往。一般情况下,第一夫人非常讨厌政治,得克萨斯州的政治就更是如此。但她认识到了这个关键州对她丈夫的重要性。

在1963年11月的一个晴朗的白天,总统和第一夫人坐在一辆豪华敞篷轿车上,沿着得克萨斯州达拉斯市的一条主干道行进。州长的妻子内尔·康诺利(Nellie Connally)在车中将脸转向总统和总统夫人,评论着道路两旁列队欢迎的大批人群,她兴奋地说:"总统先生,您肯定不能说达拉斯今天不欢迎您。"

接着,枪响了。

他们刚刚驶过得克萨斯州的教材书仓库。子弹从后面射来。她写道:"我回过头看,看到总统的手飞快地抬起来捂住他的喉咙。他没有发出任何声音、没有喊叫——什么都没做。"康诺利夫人后来告诉《达拉斯新闻晨报》(*Dallas Morning News*)的记者说:"我有一种恐惧的感觉,总统不仅被击中,而且可能死了。"她说:"眼前好像满是黄玫瑰和红玫瑰,满车都是鲜血……我们身上也到处都是。我永远也不会忘记那时的情景……它发生得如此迅速和如此短促,但却如此强烈。"[59]

州长康诺利坐在前排和后排之间的活动座椅上,他也被击中,并向前倾斜。当豪华轿车突然向前疾驶、开向医院时,另一颗子弹击中总统的头部。肯尼迪夫人冒着生命危险爬过座位、探身车外,帮助一位特工人员爬上车。

当第二颗子弹射中肯尼迪时,他当即就死了,但帕克兰纪念医院(Parkland Memorial Hospital)的医生们仍然竭尽全力抢救他。

瞬间全国就知悉了这一噩耗。当哥伦比亚广播公司经验丰富的新闻节目主持人沃尔特·克伦凯特(Walter Cronkite)宣布总统死讯时,他流泪了。当装殓总统尸体的棺椁被抬上空军一号(*Air Force One*)——如同目前总统喷气式专机的名称——时,整个世界似乎都停顿下来。当肯尼迪夫人进入飞机时,她似乎受到惊吓,她鲜艳的粉红色套装仍然留有她死去丈夫的血迹。林登·约翰逊请她到飞机的前舱站到他旁边。当飞机仍然留在跑道上时,他在联邦地方法院法官萨拉·休斯(Sarah T.Hughes)的主持下宣誓就职,成为第36任总统。休斯是约翰逊的一位长期支持者。提名这位达拉斯律师为终生的联邦法官,对约翰逊是有利的。

第九章 薪火相传（1961—1969）

没有人能够确定这不是一个对美国政府不利的阴谋的开始。肯尼·奥唐纳（Kenny O'Donnell），一位易动感情、忠诚于肯尼迪的人将矛头指向新总统，那位随着波音707喷气式飞机起飞前往华盛顿，将执掌政府的人。他以几乎听不见的低语，议论林登·约翰逊说："现在他得到了他所想要的，但我们要在1968年将它夺回。"[60] 不过，大多数美国人对政治复辟并不感兴趣。他们只想哀悼他们被杀害的总统。

丹尼尔·帕特里克·莫尼汉（Daniel Patrick Moynihan）当时是肯尼迪任命的一位劳工部官员，他的话代表了大多数人的想法。他说："如果你不懂得世界最终将令你伤心的话，那么，我不认为做爱尔兰人有什么意义。"在11月那寒风刺骨的4天中，所有美国人都是爱尔兰人。*

肯尼迪的遇刺和随后举行的葬礼是第一次通过电视直播的，它使美国人民团结在一起。整个婴儿潮出生的那一代人都将拥有这种记忆——正如他们的父辈那一代由于珍珠港被偷袭而团结在一起和今天的年轻人由于2001年9月11日的恐怖主义袭击而团结在一起一样。成百上千万个家庭都保留着肯尼迪的照片。成百上千万人为他们的孩子购买和保存《时代》《生活》和《新闻周刊》杂志制作的纪念版。

被指控的凶手李·哈维·奥斯瓦德（Lee Harvey Oswald）很快就在达拉斯被捕。他本人又被杰克·鲁比（Jack Ruby）枪杀，后者是达拉斯一家低俗夜总会的经营者，当奥斯瓦德被从一个监狱押往另一个监狱时他开了枪。奥斯瓦德曾经叛逃到苏联，并娶了一位俄罗斯妻子，然后又回到美国，受雇于一个共产党的外围组织公平对待古巴委员会

---

* 莫尼汉告诉同是爱尔兰天主教徒的专栏作家玛丽·麦格罗里（Mary McGrory）说："我们还会笑，但我们将不再年轻。"

（Fair Play for Cuba Committee），这一事实似乎并未对当时的媒体产生什么影响。达拉斯城受到谴责，即使法官休斯（Hughes）和康诺利（Connally）先生已经作证他们并未对善良的达拉斯人民感到恐惧。自暗杀发生以来的这些年里，有无数的文章、书籍和好莱坞电影在谴责一个由右翼势力策划的暗杀阴谋。

有关肯尼迪遇刺是阴谋的说法很快就出现。为了平息这些谣传，约翰逊总统任命大法官厄尔·沃伦和众议院共和党委员会领袖杰拉尔德·福特（Gerald Fort）领导一个委员会调查这次刺杀行动。一个固执己见的少数群体对沃伦委员会的报告并不信服，这份报告是于次年发表的。报告指出，约翰·肯尼迪是被一个人——李·哈维·奥斯瓦德——而不是被一个阴谋杀害的。

人们常认为，肯尼迪死于暴力并不意味着"纯真年代的终结"。这怎么可能呢？它的确是我们历史上的一个显著的分界线。林登·约翰逊有许多肯尼迪所没有的长处，尤其在同固执的国会打交道上。但他缺乏肯尼迪特有的风度，他也知道这一点。

肯尼迪于1961年在维也纳与赫鲁晓夫那次表现糟糕的会晤期间，亲手抄录了亚伯拉罕·林肯的一段话，成为揭示肯尼迪信仰的一个例证。这份资料由肯尼迪忠实的秘书伊夫林·林肯（Evelyn Lincoln）所保存：

> 我知道上帝是存在的——我看到一场暴风雨即将来临；如果他为我留下了一个位置，我相信我做好了准备。[61]

6. "一种新观念的时代已经来临"

1963年11月27日,林登·约翰逊总统在第88届国会联席会议上发表演说,这次大会因肯尼迪遇刺而显得非常抑郁。在向全国的电视直播中,他告诉议员们:"让我们继续。"接着他提出这次大会首先要考虑的事情:

> 没有任何纪念演说或歌功颂德的话,可以比尽可能早地通过民权法案,能更好地纪念肯尼迪总统,因为那是他长久以来一直为之奋斗的目标。在这个国家有关平等权利的问题上,我们已经浪费了过多的口舌,已经空谈了100年甚或更长的时间。现在是写下一个篇章并将它写入法典的时候了。[62]

许多民权运动的支持者普遍不信任林登·约翰逊。他们担心他的得克萨斯州的出身;他们怀疑他与佐治亚州参议员理查德·拉塞尔(Richard Russell)、弗吉尼亚州参议员哈里·伯德(Harry F. Byrd)和参议院中其他种族隔离主义者之间的密切联系。现在,约翰逊要证明那些几十年间形成的关系将很好地为他所用。他将用行动证明他对民权的真诚。在公开表明自己赞同约翰·肯尼迪的民权法案时,约翰逊还将竭力保护肯尼迪的遗产。他第一次对全国发表演讲仅在达拉斯悲剧事件发生5天之后。因全力支持民权,林登·约翰逊声称他继承了约翰·肯尼迪的衣钵。肯尼迪议案能否通过是对他真诚的考验。他没有失败。

在约翰逊的强烈支持下,明尼苏达州的休伯特·汉弗莱被任命为负责民权议案在议会通过的民主党领导人。私下里，就自由派一直未能实现他们目标的不利因素，约翰逊告诫汉弗莱说："你这位重炮手能够做很好的演讲，*你有宽广的胸怀，你信奉你所代表的事业；但当需要你的时刻，你总是不能胜任。你满足于夸夸其谈，演讲过于空洞而无法令人信服。"⁶³

约翰逊直率而务实的总结，反映了他在国会工作25年的经验。他督促汉弗莱去研究理查德·拉塞尔熟练的国会动员策略，以其人之道，还治其人之身。他还告诉汉弗莱，参议院的共和党领袖、伊利诺斯州的参议员埃弗雷特·麦金莱·德克森（Everett McKinley Dirksen）是通过民权议案的关键人物。

约翰逊被证明是正确的。汉弗莱必须克服南方民主党人对议案的阻挠。这要求有67票支持。**只有得到共和党人的支持才有可能打破僵局。汉弗莱反复地劝说那位伊利诺斯州人："埃弗雷特，没有你，我们不可能通过这个议案。"⁶⁴德克森因说话的声音像涂了一层蜜，得到"淤泥老怪"（the Wizard of Ooze）的绰号，他对共和党倡导民权的传统颇感自豪。他非常珍视他作为伊利诺斯州代表的职责。伊利诺斯州毕竟是"林肯的家乡"。德克森在每一个关头都是民权的坚定拥护者。

6月，在一次决定性考验中，参议院投票表决是否结束辩论和终止对议案的阻碍，结果以70对30票通过（达到了终止辩论的票数）。

---

*约翰逊并非意指自由派人士是真的重炮手。这是他对感情比较容易外露的人的比喻性描述，他们能够做热情洋溢的演讲，但他们并不能就他们的立法提案做充分的准备工作。

**今天只需要60票就能终止辩论，打破冗长发言对议案的阻挠。但它仍然是一种难以逾越的障碍。

第九章 薪火相传（1961—1969）

当民权的支持者聚集在一起庆祝的时候，全国有色人种协进会的克拉伦斯·米切尔（Clarence Mitchell）与理查德·拉塞尔一道静静地回到后者在参议院的办公室。拉塞尔耐心地解释南方民主党人为什么必须奋勇斗争，他们必须抵制那份议案的通过，而且它在南方也不具有可行性。他所做的是一种奇怪的、并不令人信服的论证。但克拉伦斯·米切尔，这位来自巴尔的摩一个卓越黑人之家的儿子，有礼貌地微笑着倾听他的讲话。[65] 作为全国有色人种协进会的院外活动者，米切尔20多年来为使民权议案通过，在国会进行了耐心和扎实的工作，他对这项有历史意义的议案的最终通过所作的贡献，丝毫不亚于任何一位在任的参议员。米切尔可能也认识到了林登·约翰逊所认识到的东西，即单身汉拉塞尔确实是一个孤独的人，他的整个生活就是参议院。[66] 因具有这种同情心，克拉伦斯·米切尔被各方尊为"第101位参议员"。

随着一个主要障碍的清除，休伯特·汉弗莱将全部身心投入到议案的通过上。该议案要求平等享用所有的公共设施。它禁止基于种族、肤色、宗教或性别而在雇佣、晋升和解雇上实行歧视。它是自南部重建时期以来影响最为深远的民权立法。

汉弗莱必须回击那种认为民权法案将导致种族配额的批判。他对那些反对派的回击值得回忆："如果哪位参议员能在第7条款下发现……任何这样的文字，即规定雇主必须在与肤色、种族、宗教或民族出身相关的百分比或配额基础上雇佣员工，那我将一页接一页地吃掉它，因为那里根本就没有。"[67]

在这场伟大的辩论期间，汉弗莱得到消息，他的小儿子鲍勃（Bob）由于脖子上的癌症肿瘤被送进了手术室。在这个关键时刻不能离开他的岗位，这位落泪的民主党参议院领袖得到了参议院同事们的安慰。[68]

使议案通过的工作在继续。意识到他的对手们已经被说服,参议员汉弗莱将伟大的1964年民权法案拿到议会进行投票表决。忠实于自己的承诺,德克森支持议案的通过。他援引伟大的法国自由战士维克托·雨果(Victor Hugo)的话说:"比所有军队都更强大的是一种观念的时代已经来临。一种人们共享政府、共享教育、共享就业的机会平等的时代已经来临。它不容耽搁或否定。它就在这里!"几百名神学院学生——既有天主教徒、也有新教徒——在议会的走廊上祈祷。美国人打电话和发电报到国会,敦促通过议案。无数组织——宗教的、公民的、商业的、专业的、劳工的和自由派的——写信表示支持议案。

德克森率领26名共和党人投了赞成票。仅有巴里·戈德华特等5位共和党人投了反对票。在参议员拉塞尔领导的种族隔离主义支持者一方,有西弗吉尼亚州的参议员罗伯特·伯德(Robert Byrd)、田纳西州的老阿尔伯特·戈尔(AlbertGore Sr.,前任副总统的父亲)和斯特罗姆·瑟蒙德,后者那时是一位民主党人。在参议院最后通过的投票表决是71票对29票。共和党人是27票对6票赞成议案,民主党是44票对23票赞成。*

1964年7月2日,林登·约翰逊总统签署了美国历史上影响最为深远的民权法案。应邀来白宫参加签字仪式的有马丁·路德·金博士、全国有色人种协进会的罗伊·威尔金斯、城市联盟的惠特尼·杨、菲利普·兰多夫和民权运动的其他主要领导人。对议案通过给予必不可少支

---

* 那些投票反对民权议案最后通过的人有参议员威廉·富布赖特(William Fulbright,阿肯色州的民主党人)和塞姆·欧文(Sam Ervin,北卡罗来纳州的民主党人)。

持的参议员埃弗雷特·德克森、加利福尼亚州的参议员托马斯·库彻（Thomas Kuchel）和其他重要共和党参议员也在嘉宾席的前排就座。

在他们生命的其余时间里，无数美国黑人和白人都将牢记住这一天，它是长期被延搁的美国人对自由的承诺最终变为现实的一天。现代美国人生活中的一大悲剧在于，太多的批判者贬低了参议员休伯特·汉弗莱、埃弗雷特·德克森和他们的同事所取得的划时代成就，他们仅将1964年的民权法案视为"第一步"。但是，为了取得他们在那一天的成就竟然花了100年时间。

7. 一种选择，而不是仿效

对几代人而言，政治学家和评论家是依据哲学来称呼两大政党的——自由党和保守党。富兰克林·罗斯福在白宫告诉温德尔·威尔基（Wendell Willkie）说，他想让像威尔基这样的自由派人士加入民主党，并说他不介意将一些反对新政的保守派民主党人交换到共和党去。

1964年，那种选择转换政党的行为出现了。在林登·约翰逊签署民权法案仅仅两周后，参议员巴里·戈德华特在旧金山的牛宫（Cow Palace）接受共和党提名竞选总统。由于出人意料，所以戈德华特接受提名令人目瞪口呆。

在副总统理查德·尼克松于1960年以微弱差距败给约翰·肯尼迪后，他在1964年再次获得提名是很自然的事情。但尼克松不明智地于1962年同意竞选加利福尼亚州的州长。他并未告诉加州选民更多与他们生活有关的东西。他对共产党谩骂不休，但加州并不是制定外交政策的地方。尼克松惨败于民主党人帕特·布朗（Pat Brown）。

在痛苦的选后新闻发布会上，尼克松谴责媒体所抱持的偏见，并说他要远离政治："你们不会再有粗暴地对待尼克松的机会了。"随后，他动身前往纽约，从事赚钱的律师职业。

纽约州州长纳尔逊·洛克菲勒于1962年成功地再次当选。尽管共和党人普遍认为他的自由倾向过浓，但洛克菲勒经常公开支持建立更强有力的国防。凭借着他有魅力的个性、他强有力的竞选风格和他无尽的财富，洛克菲勒是共和党总统候选人最主要的竞争者。不过，他克服困难与共同生活30年的妻子离婚和他迷人的新妻子失去对她的孩子监护权的事实，引起人们的深切关注，即洛克菲勒将为白宫树立一种什么样的榜样。共和党基层民众对他非常不信任。

戈德华特是新保守运动的代表。尽管有一些年轻的保守派思想家对巴里的思想深度持怀疑态度，但戈德华特那本获得惊人成功的著作为他赢得了无数狂热支持者。[69]《一个保守派的良心》（*The Conscience of a Conservative*）先后印刷12次、售出70多万册。[70]这对一部政治书籍而言是前所未闻的。由于特有的直率，戈德华特后来否定了他的畅销书中的部分内容（他会愤怒地说道："该死的，我并没有写过……是布泽尔［Bozell］写的"）。[71]对加入巴里所领导运动的那些忠实的年轻保守派而言，这是无关紧要的。为了反对自由派的指责，即指责他不可救药地落后于时代，是早先时代的残余，他雄辩地指出："上帝和自然的法则并没有日期界限。"[72]为了反对林登·约翰逊，其主要成就随着各种法案的颁布，在立法上的声望而急剧增加，戈德华特直率地表示："我的目标不是通过法律，而是废除它们。"[73]

戈德华特并不是法西斯主义者，像自由派媒体经常指责他的那样。他是一位原则性很强的自由的拥护者。他受到弗雷德里克·哈

第九章 薪火相传（1961—1969）

1961年，自由乘车运动示威者乘坐的公共汽车着火。民权运动的示威者利用艾森豪威尔新建成的州际公路体系挑战旅馆和餐馆中存在的种族隔离政策。来自北方的自由乘车运动的示威者在相对孤立的南方社会中面临着敌意。但他们的勇敢行为唤醒了良知。

小马丁·路德·金对向华盛顿进军的民众演讲。牧师马丁·路德·金博士在他的家乡领导了反对种族隔离的示威游行。1963年8月，他在华盛顿请求全国支持一项具有历史意义的民权立法，以终止在公共设施和就业方面的所有歧视。他大声呐喊："我有一个梦。"这次演讲使他成为民权运动的领袖。

约翰·肯尼迪遇刺。一些特定年龄的美国人能够确切地回忆,1963年11月22日,他们在哪里听到了肯尼迪总统在达拉斯遇刺的消息。他们的父母是通过广播收听到珍珠港遇袭消息的,而婴儿潮时期出生的人则是通过电视获悉肯尼迪遇刺的。肯尼迪的死对国家的自信是一种沉重的打击,预示了国家政治的一个黑暗和忧思时代的来临。

林登·约翰逊签署1964年民权法案。最初不受民权拥护者的信任,林登·约翰逊应对自如,他盟誓尊重约翰·肯尼迪对民权的承诺。他对参议院的深刻了解,给那些寻求克服参议院阻碍通过议案的人以强有力的帮助。1964年民权法案和1965年投票权利法案改变了美国的公共生活,目前仍然是约翰逊遗产中最优秀的部分。

小马丁·路德·金遇刺引发的骚乱和火焰从美国国会大厦的后面升起。美国国会大厦看起来像伦敦大空袭时的圣保罗大教堂。但照片上的火焰是由美国人之间冲突的骚乱导致的。林登·约翰逊政府未能阻止城市骚乱潮的爆发和在越南没有结果的血腥战争宣告了民主党将被长期排除在白宫之外。

第九章 薪火相传（1961—1969）

耶克的《通向奴役之路》以及亚当·斯密著作中自由市场思想的影响。[74] 他经常说，他是一位杰斐逊的追随者，他相信最好的政府是管得最少的政府。他写道："政治是一门最大限度地实现个人自由的艺术，它与维持社会秩序相一致。"[75]

1964 年的共和党全国代表大会是一次喧闹无序的活动。当州长纳尔逊·洛克菲勒讲话时，全场嘘声一片。这几乎是史无前例的。一位支持戈德华特的代表——一位女士——极度愤怒，甚至尖叫道："你这个卑鄙下流的情夫！"洛克菲勒适度回击了充满敌意的代表们，他谴责了极端主义并拒绝支持代表们对戈德华特的提名。但戈德华特在公开进行的总统候选人竞争中击败了洛克菲勒。

戈德华特在接受提名时说："我要提醒您，维护自由的极端主义绝非邪恶！我还要提醒您，追求正义中的温和绝非美德！"[76] 戈德华特这些最值得记忆的警句明显是对洛克菲勒的嘲弄，也是对他自己支持者们一种明显的激励。这些话是年轻的教授哈里·杰法（Harry Jaffa）精心设计的，其中并没有托马斯·杰斐逊和亚伯拉罕·林肯不赞同的内容，但它却被媒体抓住，作为极端主义的一种危险的表述。

洛克菲勒州长会继续支持戈德华特，但热情大不如前。其他温和的共和党人，像纽约市市长约翰·林赛（John V.Lindsay）及纽约的两位共和党参议员雅各布·雅维茨（Jacob Javits）和肯尼思·基廷则不再支持他。在他的盖底斯堡（Get-tysburg）农庄中，前总统艾森豪威尔对戈德华特怒目以对："你是说称我为'一名共产党间谍'没有错吗？不，它是错的。它完全是胡说八道！"[77] 艾克明确表示伯奇派激怒了他，这是第一次。为了能够说服前总统，戈德华特费尽口舌，说他的意思是不赞同那种激进主义。[78] 最终，艾森豪威尔答应支持戈德华特，但热情不高。私下里，艾克摇着头说："你知道，在我们这次会面之前，我认为戈德华特只是固执。但现在我确信他简直是愚蠢得要命。"[79]

尽管如此，艾克还是忠实于他的党，他在一个电视节目中表示支持戈德华特，他还驳斥了有关这位四肢瘦长的亚利桑那人"胡说八道"的不利指责。

巴里·戈德华特是一位很有魅力的人物。一个整洁、有着棕褐色皮肤、爱好运动的西部人，他能骑善射，爱好滑雪和野营。戈德华特飞机驾驶技术娴熟，在空军后备役部队中已经晋升到准将军衔。很快就为他的追随者所接受的口号是："在你心中，你知道他是正确的。"他的自由派批判者反击道："在你的内心感觉中，你知道他是愚笨的。"[80]

自由派尤其忧虑，他们认为，问题严重的是他对核武力的过分炫耀。作为一位参议员，戈德华特曾论证，如果苏联入侵西欧的话，北约的司令官应有权发起一次核反击。戈德华特认为，我们能够信任像艾森豪威尔和劳瑞斯·诺斯塔德（Lauris Norstad）这样可信赖的人，他们拥有那种决心。但这种思想被视为似乎是带有辐射性的。戈德华特被广泛地描述为不计后果地倡导核战争。这种指责是因他有一次开玩笑说，"扔一颗到克林姆林宫里去"。[81]这是在一个特定的时间，当时一些重要的空军将领，像柯蒂斯·勒梅（Curtis LeMay）提到"将他们*炸回石器时代"。作为一个男子气概很强的男人，戈德华特是生硬、直率和古怪的。但总统候选人绝不能拿核战争开玩笑，除非他不希望

---

* 指苏联人。——译者注

第九章　薪火相传（1961—1969）

当选。*

约翰逊的竞选团队确切地知道如何应对戈德华特的威胁。约翰逊年轻的竞选助手比尔·莫耶斯（Bill Moyers）后来也认同那是——现在仍然是——美国历史上最恶意的电视广告。画面显示，一个可爱的小女孩从一棵雏菊上摘花瓣，数道"1、2、3……"接着，一个男人倒过来数"6、5、4"，给人以明白无误的印象，即在进行导弹发射前的倒计时。美国人非常熟悉这种火箭发射程序，因为艾森豪威尔曾决定直播我们的太空计划过程。广告显示了那个可爱的小女孩消失在一次核爆炸的画面中。旁白是约翰逊的声音："我们必须彼此和平相处，否则就是死亡。"这不道德地暗示，戈德华特当选就意味着死亡。在适合葬礼场合的黑屏幕上打出一行白字"投约翰逊的票"。"利害关系如此重大，以致人们不能坐视家中。"[82] 约翰逊竞选中仅播放了一次莫耶斯策划的雏菊广告，但在收看有线和卫星电视之前的那些岁月，大多数美国家庭仅能收看到3或4个频道。因此，有5 000万人收看了这个典型具有负面意义的广告。而对接下来的竞选活动，在广播电视网讨论选举中的核责任问题时，它们为此做了免费的广告。

戈德华特与约翰逊在白宫相见。他同意不将哈莱姆黑人区的骚乱作为争论的话题。他希望避免将种族问题纳入竞选。[83] 当他的竞选团队制作了一部被称为《选择》（Choice）的影片时，该影片描述了酗酒

---

* 我们所知，此规则的唯一例外是罗纳德·里根在1984年说的俏皮话。为每周一次的广播演讲做准备，里根说，他刚刚签署了消灭苏联的命令，轰炸将在5分钟之内开始。白宫迅速发出声明，说总统是在开玩笑，并不知道麦克风是开着的。那时，里根已经担任了4年总统，并获得了镇静、稳健的领导者的美誉。即便如此，这对他的竞选经理人而言也是一次令他们窒息的时刻。

的白人青年在赤裸地寻欢作乐，年轻的黑人在滋事。他信守诺言，拒绝用它作为宣传。他说，它将恶化种族关系。[84]

　　在攻击戈德华特上，约翰逊就未表现出这种克制。他选择休伯特·汉弗莱做他的竞选伙伴，鼓励这位明尼苏达州的参议员努力与戈德华特竞逐。汉弗莱对戈德华特的竞选纲领逐点地进行了仔细研究，这也说明了为什么参议员们很少被提名竞选总统。在民主党全国代表大会上，汉弗莱用共和党和民主党都支持的措施来应对代表们。当高兴的代表们作出热烈回应时，休伯特却有节制地说："但参议员戈德华特不赞同这些措施。"[85]汉弗莱的攻击是强有力和有效的，但不是漫无边际的。戈德华特珍视他有独立思想的声誉。但他经常偏离常规的竞选言论，易于被人们视为极端主义的表现。

　　政治可不是游戏。

　　《事实》杂志也犯了极端主义的错误。编辑们使用令人震惊的大字标题宣称："1 189名精神病学家说，戈德华特从心理上看不适合担任总统。"＊他们忘记了告诉读者，共有12 356名精神病专家被提问这个问题，仅有2 417人作答，其中还有571人指出，在甚至没有同戈德华特交谈的情况下，他们不可能对这位参议员作出诊断。[86]（在选举后，巴里·戈德华特起诉《事实》杂志诽谤，并打赢了官司。联邦法院发现那篇文章是如此具有欺骗性、如此毁人名誉、如此恶毒，因此作为惩罚性赔偿，判杂志社赔付戈德华特7.5万美元。美国最高法

＊可以确信，《事实》（Fact）杂志不是《生活》（Life）杂志。尽管如此，但它耸人听闻的报道还是被主流媒体所选摘，造成了广泛的传播。

第九章 薪火相传（1961—1969）

院支持该判决。[87]）*

戈德华特赞成做一次广播竞选，它将对美国历史产生重大影响。当每一次民意测验都显示戈德华特将在几乎所有地区遭遇失败时，巴里同意由加利福尼亚州的罗纳德·里根发表一次演说。这位颇受欢迎的前电影演员和电视节目主持人对全国观众发表了题为《选择的时机》的演说。该演说是这次竞选中非常成功之处。里根非常流畅、令人信服和不带任何威胁地系统阐述了有关自由、有限政府、军事力量、反对共产主义和爱国主义。这些观点同样是戈德华特在演说中要努力捍卫的，但他的演说却并不成功。戈德华特的竞选被无情地漫画为一辆旧金山的缆车沿着陡峭的斜坡滑落，题为《灾难号街车》（*A Streetcar Named Disaster*）。**里根的演说给竞选带来大量捐助，这弥补了竞选资金很快被用完的燃眉之急。

更重要的是，一夜之间，它使里根成为保守运动的希望所在。从发表演说那一天起，罗纳德·里根实际上就变成了美国保守运动的领袖。

与戈德华特被讥讽为战争贩子的形象相对照，约翰逊宣称是主张和平的候选人。约翰逊说："这就是所有人的利益所在——即塑造一个世界，其中上帝的所有子民都能够生存，而不是陷入黑暗之中。我们必须彼此相互爱护，否则我们肯定会灭亡。"[88]确实是高尚的理想，但约翰逊的一个最忠实的助手曾称他为"戴牛仔帽的马基雅维里"，

---

* 文章发表后，美国医疗协会就谴责该杂志的这篇文章。随后，美国精神病学协会接受了戈德华特规则，称没有与当事人面谈就作出诊断为违反职业道德。

** 这种讽刺说法借鉴了由田纳西人威廉斯（Williams）创作的名为《欲望号街车》（*A Streetcar Named Desire*）的戏剧。

这肯定是有其理由的。[89]* 甚至当总统大讲和平与爱的时候，他在五角大楼的人却在准备发起对越南北部的轰炸。

约翰逊匆忙通过了东京湾决议（the Gulf of Tonkin Resolu-tion），背景是北越的炮艇于1964年在东京湾向两艘美国的驱逐舰发动了进攻。该决议就这次冲突谴责了北越，并授权总统可以"采取所有必要的措施击退任何对美国军队的武装进攻，阻止进一步的侵略行径"。他反对进行任何谈判，要求立即采取行动。只有两位参议员——俄勒冈州的韦恩·莫尔斯（Wayne Morse）和阿拉斯加州的欧内斯特·格里宁（Ernest Gruening）——投了反对票。

越南问题在1964年的竞选中很少被涉及。然而它却在迫近，就像班柯（Banquo）的鬼魂，在就座的客人们身后出现在麦克白（MacBeth）的宴会上那样。**

戈德华特竭力提升战争与和平议题的重要性。他指责民主党已经将国家盲目地引入"林登·约翰逊在越南的战争中……美国士兵正在被共产党的子弹和炸弹所杀死。但我们却至今未能听到关于他们为什么去死的一丝真相"。[90] 他的指责是合理的。但在竞选的这一刻，没

---

* 尼科洛·马基雅维里（Niccoló Machiavelli）在文艺复兴时期的经典著作《君主论》描述了对权力的卑鄙和无原则的追逐，这是他那个时代意大利城市国家的特征所在。讲英语的读者对马基雅维里有关制定非道德政策的训令感到如此恐惧，以致他们数个世纪以来一直将尼科洛作为魔鬼撒旦（Satan）的同义词。

** 肯尼迪政府支持驱逐南越独裁总统吴庭艳（Ngo Dinh Diem）。但当南越军队的密谋者不仅将吴庭艳和他大权在握的兄弟吴庭儒（Ngo Dinh Nhu）赶下台，而且于1963年11月1日将他们两人杀害时，肯尼迪总统大为震惊。这使美国的密谋策划者必须尴尬地与已经掌握了西贡大权的嗜杀的密谋者共事。不过，这个恐怖事件被仅仅3个星期后约翰·肯尼迪的遇刺所掩盖。

第九章 薪火相传(1961—1969)

有人听他的言论。

1964年的选举夜产生了美国历史上最悬殊的一次选举胜利。林登·约翰逊赢得486张选举人票和42 825 463张选民票(占60.6%),而戈德华特仅赢得52张选举人票和27 175 770张选民票(占38.5%)。约翰逊所得选民票的比率甚至超过了1936年富兰克林·罗斯福的。除了南部腹地,他横扫了所有地区。戈德华特敦促共和党人向南方白人发出呼吁。但他甚至失去了共和党传统势力范围的支持。许多从共和党建党以来就支持该党的地区却将民主党人选进1964年国会。约翰逊的竞选成功地产生了民主党占巨大优势的第89届国会。约翰逊的批评者指责他试图包揽全部选票,为了赢得一场压倒性胜利不择手段。确实,约翰逊的虚荣是出了名的。他用自己的名字命名他在得克萨斯州的农场为"LBJ"。他的妻子伯德夫人(Lady Bird)有同样的词首大写字母,像他的女儿露西·贝奈斯(Luci Baines)和琳达·伯德·约翰逊(Linda Bird Johnson)一样。*只有他的宠物毕尔格小猎犬——他经常向上拉它们下垂的耳朵——没有使用得克萨斯人的名字。它们被称为海姆(*Him*)和赫尔(*Her*)。

约翰逊想彻底"埋葬"巴里的实际原因非常简单:他试图削弱保守的南部民主党和共和党的权力,他们抵制中央政府大支出的施政纲领。约翰逊知道他在1964年需要一场大胜利来弥补在南方预计的选票损失。他看到富兰克林·罗斯福、杜鲁门和约翰·肯尼迪都受挫于国会。他有庞大的立法计划。只有大胜才能产生他所需要的议会多数

---

* 并不是约翰逊给他妻子取的名字。博恩·克劳迪娅·阿尔塔·泰勒(Bom Claudia Alta Taylor),在她还是婴儿时,据说"就像瓢虫(lady bird)一样美丽"。她的别名由此而产生。

来实施他的立法计划。

约翰逊想要实现富兰克林·罗斯福总统在1944年国情咨文中所勾勒的施政纲领。富兰克林·罗斯福总统是他的政治导师和心目中的英雄。约翰逊想扩充联邦政府的政纲,赋予政府在住房、教育、福利和医疗保险等方面以广泛的权力。仅有这些还不充分,约翰逊知道伟大的总统都是文化的支持者。从个人讲,他不关心文学、音乐或艺术,但他相信他能够赢得这些文人雅士的支持。因为,他对待他们艺术兴趣的方式会像他对待他的国会同事的愿望一样,比如后者想造一座新桥或建一个邮局。他并非全错。*

私下里,约翰逊对那些夸夸其谈的哈佛毕业生没有什么好感。[91]在杰奎琳·肯尼迪举行的一次高雅的文化招待会上,约翰逊被发现在大厅里用脚踩着干净的墙壁、用随身携带的小剪刀剪手指甲,非常令人讨厌。公平地说,约翰·肯尼迪也很讨厌杰奎琳的文化招待会。[92]

8. 丘吉尔的葬礼

温斯顿·丘吉尔爵士的身体太过虚弱,无法参加1963年在白宫举行的仪式,在这个仪式上肯尼迪总统签署了第88-6号公共法令(Public Law 88-6)。那份国会决议使这位英国政治家成为历史上第二

---

* 有证据表明,艺术家非常支持联邦政府对他们特殊兴趣的资助,但在认为他们也将感激他所促成的慷慨拨款上,约翰逊做了错误的估计。

第九章 薪火相传（1961—1969）

位美国荣誉公民。*总统说，丘吉尔"武装了英语，并将它投入战场"**。小肯尼迪公开赞美他父亲讨厌的人。

丘吉尔死于1965年1月24日，90岁高龄。从他著名的父亲兰多夫·丘吉尔（Randolph Churchill）勋爵去世到他死那一天已有70年。[93]温斯顿的去世肯定是意料之中的。英国政府12年来一直设想着这一时刻到来时该怎么办。[94]

美国政府应该做好了准备。但当林登·约翰逊总统宣布他将不参加葬礼时，我们都感到极为困惑。约翰逊的回忆录并未告诉我们这是为什么。一些人认为，他听从国务院的外交礼仪安排——他们也许告诉他，因为丘吉尔只是首相而不是国家领袖，所以作为总统，约翰逊去参加葬礼是不合适的。[95]***或者也许是由于出了名的要面子，约翰逊对英国首相哈罗德·威尔逊（Harold Wilson）和工党政府未能在越南问题上提供帮助耿耿于怀。约翰逊建议派大法官厄尔·沃伦前往哀悼。沃伦肯定是一位有声望的要人，但这显然会伤害英国人。

不过，这种可能造成的深刻伤害得到了缓解，女王伊丽莎白二世邀请前总统德怀特·艾森豪威尔作为她个人的嘉宾来伦敦参加葬礼。女王已经颁布命令，丘吉尔应该享受国葬——他是第一位享受如此荣

---

* 丘吉尔是继马奎斯·德·拉法耶特（Marquis de Lafayette）之后第二位被授予美国荣誉公民称号的。从1965年以来，特蕾莎修女（Mother Teresa）、拉乌尔·华伦伯格（Raoul Wallenberg）——瑞典外交官，在"二战"结束时为营救匈牙利犹太人而牺牲——与威廉·佩恩和汉纳·佩恩夫妇（William and Hanna Penn）被添加到荣誉美国公民的名单中来。
** 丘吉尔据说是掌握英语词汇最多的人，他的自传获得了诺贝尔文学奖。——译者注
*** 丘吉尔本人对这种形式主义的做法并不陌生。当他于1941年8月参加大西洋宪章会议、登上美舰奥古斯塔号会晤富兰克林·罗斯福时，他稍微欠身向罗斯福鞠躬，然后交给他一封英王写的介绍信。

誉的平民。丘吉尔的葬礼是一个具有高度戏剧性的场面，它完全模仿威灵顿公爵（the Duke of Wellington）葬礼的排场，后者于 1815 年将英国人从拿破仑手中拯救出来。

历史学家约翰·卢卡克斯（John Lukacs）感到必须去见证这一历史时刻。这位出生在匈牙利的美国人带着他 8 岁的儿子前往伦敦。人们列队等候着，在葬礼开始前他们已经在刺骨的寒冷中长久地、默默地等待了几个小时。卢卡克斯加入队伍中：

> 参加葬礼有劳动人民。我们并未赶上第一轮悼念，人们在交谈着。女佣……穿着淡绿色的旧粗花呢外套、围着褐色的丝巾、小眼镜架在她们灰白色脸部的突出部位上，她们的牙齿已经损坏，嘴唇瘦薄。"我 40 年代就在这里了。""你知道，那时有圣保罗大教堂（St.Paul），全城的火焰都围着它燃烧。"10 万名英国工人，他们心地善良、饱经风霜，出于一种仍然鲜活的感情而不是记忆——到一个人的棺椁前吊唁。这个人领导他们获得的不仅是一场伟大的胜利，而是将他们从可能最糟糕的失败中、从英国人的自尊险些丧失中拯救出来。[96]

尽管在 1965 年已很少人有人记得，正是这位年轻的温斯顿在半个世纪前给予这些工人们以养老金、工作中的茶歇和"职业介绍所"——我们称它们为失业办公室。这位公爵的孙子是一位伟大的民主人士。丘吉尔是保守党的，同时也是自由党的。

法国总统查尔斯·戴高乐也加入送葬队伍。丘吉尔对法国有一种深刻而浪漫的爱。竭尽全力阻止法国在 1940 年投降，丘吉尔甚至建

第九章　薪火相传（1961—1969）

议成立英法联盟——所有法国人和英国人有同样的公民身份。接着，当法国人落入纳粹的军事高压统治下时，他又用法语向他们广播说"上帝保佑法国"。当戴高乐这位高卢巨人于1940年逃离纳粹统治飞到英国时，丘吉尔称他为"法国的统帅"。*在丘吉尔不可或缺的帮助下，他领导了自由法国运动。**卢卡克斯指出，希特勒邪恶政权的真正对手是那些正义之人：丘吉尔、戴高乐、康拉德·阿登纳（Konrad Adenauer）。[97]他写道："丘吉尔立刻就看出希特勒是邪恶的化身。因此，他英雄般地激流勇进，在1940年的那几个月达到了人生的最顶峰。那时人类的尊严处于生死攸关之中。那时犹太教徒和基督教徒站在同一阵营……正是他所在的阵营中。"[98]

在威斯敏斯特教堂（Westminster Abbey），国王和王后向他表示敬意。他们庄严肃立，此时唱诗班唱起《共和国战歌》（The Battle Hymn of the Republic）——它是丘吉尔最喜欢的歌曲。当棺椁由英国皇家空军飞行员们抬着走下教堂台阶时，BBC向全世界广播了由德怀特·艾森豪威尔撰写的颂词：

此刻，在我们的灵魂肃立之际，我们要对这位领袖表示深切的挚爱，这是令人悲伤的告别。全世界的自由人都对他充满感激。

---

* 丘吉尔与高个子的戴高乐有着一种暴风雨式的关系。私下里，他开玩笑说，戴高乐认为他自己是圣女贞德（Joan of Arc），然后，又面露不悦地说："但我的主教们不会让我烧死他。"提到戴高乐自由法国运动的象征，丘吉尔说："我必须背负的最沉重的十字架就是洛林的十字架（the Cross of Lorraine）。"

** 每位英国首相都会收到来自他的君主的一份礼物，一个装急件的红色皮制盒子，供他在唐宁街10号（No.10 Downing Street）期间使用。丘吉尔的盒子存放在巴黎的军事博物馆中，是由他的遗孀克莱门汀（Clementine）赠送给法国人民的。

在未来的岁月里，连篇累牍的著述会不懈地解读温斯顿·丘吉尔的动机、描述他的成就、歌颂他的美德。他是一位士兵、政治家和公民。两个伟大国家都以宣称他为自己的公民而自豪。在所有这些所写所说的内容中，有一个将世代回响、不可抑制的主题：这是一位自由的斗士。

蒙上帝恩准，我们和将要铭记他的后人们都将聆听他的教诲：他的言行举止、他的生活点滴已经为我们树立了榜样。

我们将继续他的事业，直到所有国家都摆脱奴役；直到所有人都获得实现自己价值的机会。

现在，我要对温斯顿爵士、我的老朋友道一声：再见！[99]

英国人民听到这些发自美国人民所钟爱的人的肺腑之言——伤痛得到了抚慰。覆盖着国旗的丘吉尔的灵柩被搬运到泰晤士（the River Thames）河边，抬上水文探测船"海文格尔号"（*Havengore*），它航行通过伦敦东部。* 这里是港口区，它在纳粹的大空袭中破坏严重。在这里，有名的左派码头工人做了一件特别的事。这些工人驾驶着高大的吊车，在这个世界上最大的港口运送着货物。就像约好的一样，所有吊车都对温斯顿·丘吉尔"垂臂施礼"。他的灵柩现在要转送到一列特殊的火车上，该列车被命名为"温斯顿·丘吉尔号"。那是一列英国产的贝特型（Battle）机车。最后，丘吉尔的遗体被送往布伦海姆宫（Blenheim Palace），近 1 个世纪前，他因早产出生于此。现在，他将在这里与他的父亲同眠。

---

* 水文探测船是一种方便其他船只航行的海岸勘测船。

9. "我们将战无不胜！"

约翰逊没有浪费任何时间，去充分利用他最近扩展了的新国会中的多数派。约翰逊称他为这个国家制定的发展规划为"伟大社会"（The Great Society），他敦促国会通过有关教育和医疗保健的新的联邦立法。国会于 1965 年 4 月 9 日通过了具有划时代意义的初等和中等教育法案（Elementary and Secondary E-ducation Act），总统在两天后签署，使之正式成为法律。林登·约翰逊打破了持续几十年的僵持状态。作为新教徒，他能够为那些在教区学校上学的学生（大多是天主教徒）提供资助。约翰逊同时克服了南方势力的反对。由于取消种族隔离已是不可避免的，所以南方的国会议员试图以同意取消种族隔离为砝码，获得所有他们能够得到的联邦援助。

约翰逊在 1964 年 11 月获得的选举胜利，及南方腹地投票支持戈德华特的事实，只是向金博士和他的支持者表明，没有投票权，他们是多么的无能为力。在 1965 年 3 月一个寒冷且有大风的星期天，蒙哥马利市有一次计划中的向首都进军，起程于亚拉巴马州的塞尔玛（Selma）。金在塞尔玛告诉支持者："它不仅是黑人的、而且是所有遭受偏见和不公正待遇的人的行动。我们将获胜。"[100] 这次进军被挥舞着警棍的骑警所拦截，他们封锁了通往埃德蒙—派蒂斯大桥（the Ed-mund Pettis Bridge）的道路。

其他暴力行径也不断发生。一位波士顿的白人牧师詹姆斯·瑞伯（James Reeb）因为参加示威游行而受到一群年轻白人暴徒的攻击。他受伤而死。[101] 稍后，一位底特律（Detroit）的家庭主妇维奥拉·利厄佐（Viola Liuzzo）因为尝试帮助一位年轻的黑人志愿者进行选民登记而遭枪杀。[102]

数百名参加长途游行的人与金博士在塞尔玛会合,包括劳联—产联、宗教团体和全国民权组织的领袖们。当3000名长征者在塞尔玛要求民权时,约翰逊总统走上电视向全国宣布,他支持意义深远的投票权法案。

投票权法案在第89届国会获得压倒性票数通过后,约翰逊于1965年8月6日签署了它。随着他的签字,约翰逊终止了一项政治制度,它自南方重建时期以来一直统治着他出生的那个地区。随着投票权被定为法律,支持种族隔离制度的政治家的"活动空间已经非常微小"。斯特罗姆·瑟蒙德、杰西·赫尔姆斯(Jesse Helms)、乔治·华莱士和数百名寻求公职的人都放弃了对种族隔离制度的支持。[103]正如参议员德克森在谈及他的那些误入歧途的同事时所说的:"当感到压力时,我看到了希望。"

美国黑人的投票权改变了政治内容。美国能够站在世界面前宣称:我们确实是自由的故乡。联合国内的共产党国家和不结盟国家的代表们将不再能嘲笑美国的虚伪。

约翰逊并不满足于他取得的荣誉。他敦促国会通过医疗保险法案(Medicare),国会顺从地照办了。林登·约翰逊来到密苏里州独立城,在当地杜鲁门总统图书馆(the Truman Presidential Library)举行该法案的签字仪式。约翰逊对哈利·杜鲁门的远见予以不吝辞藻的颂扬——约翰逊马上作为年老体弱的公民报名成为第一位参加保险的人,这是一项专为老年人设置的庞大的新医疗保险项目。约翰逊要求成立新的联邦部门——住房、城市发展和运输部(departments of Housing and Urban Development and Transportation),并获得通过。对这个新成立的部,他选择罗伯特·韦弗(Robert C.Weaver)担任部长。韦弗是第一位在总统内阁任职的黑人。约翰逊还提名瑟古德·马歇尔(Thurgood Marshall)担任最高法院法官。马歇尔是第一位在最高法院任职的黑人。

总统大大扩展了公民福利。如果他曾读过丹尼尔·帕特里克·莫尼汉有关黑人家庭危机的告诫,那他明显没有对此给予关注。莫尼汉警告说,黑人家庭的私生率——那时是22%——将对社会稳定造成严重威胁。但在林登·约翰逊的"伟大社会"政纲中,婚姻将不再是联邦家庭政策的中心问题。在约翰逊治下,许多联邦官员质疑婚姻问题是否还有任何意义。丈夫似乎能够被支票所替代。约翰逊的"向贫困宣战"(War on Poverty)计划,导致数十亿美元流向美国东部贫困地区和各城市贫民区的发展项目上。其中的一些资助被证明是有价值的,但许多项目确实如共和党批评者所称的那样是"不必要的浪费"。

第一夫人伯德·约翰逊获得大量贷款用于她所推动建设的美观的联邦公路网。商业利益集团,包括户外广告的客户都抱怨不已,但约翰逊夫人的观点仍占据着上风。

林登·约翰逊利用其巨大的官职任命权将一些职位赋予那些倡导消费的人。继《任何速度都不安全》(Unsafe at Any Speed)这部书的出版,消费运动在1965年获得了巨大的推动力量,该书是一本揭露丑闻的小册子,它揭露了通用汽车公司(General Motors)颇受欢迎的一款运动型汽车科威(Corvair)的不安全性。通用公司的主管人员作出了笨拙的反应,他们试图通过窥探该书作者拉尔夫·纳德(Ralph Nader)的私生活来丑化他,而且还用妓女勾引他。这些都被《新共和》(New Republic)杂志的一篇文章所揭露,该文称这位消费积极分子为"圣拉尔夫"(Saint Ralph)。[104]*

约翰逊还成立了国家艺术基金会(the National Endowment for the Arts)与国家人文基金会(the National Endowment for the Humanities)。他创立了公共广播公司(CPB),后者又孕育了电视业的公共广播网(PBS)和全国公用无线电台(NPR)。它们从未造成联邦政府对广播的垄断——如在欧洲通常发生的那样——但却有助于推动约翰逊式大政府走向自由主义的制度化建设。

10. 越南

林登·约翰逊对巴里·戈德华特的竞选是如此夸张,他将戈德华特谴责为战争贩子的言论是如此极端,以致约翰逊总统并未给自己作为战时总统的活动留下多少空间。他并没有威尔逊和罗斯福那样的优势——他们面临着敌人进攻的实在威胁。当与国会同事打交道时,约翰逊夸大其词和不择手段的做法对他很有帮助。但在努力说服美国人民方面,那却是灾难性的。西奥多·罗斯福称白宫为"天字第一号讲坛"(the Bully Pulpit),意指白宫主要是一个施加道德影响的地方。哈利·杜鲁门对白宫的看法具有典型的讽刺意味:"我整天坐在这里,努力劝说人民做那些他们没有我劝说,也应该能充分意识到他们应该

---

* 纳德的行动主义对成立国家高速公路交通安全管理局(National Highway Traffic Safety Adiministra-tion)有很大帮助,该局于1973年发现科威汽车的安全性能一点也不比纳德的支持者所青睐的欧洲轻型汽车差。这一发现并无损于消费者保护运动的声誉。(资料来源:Bailey, Ronald, "Saint Ralph's OriginalSin", *National Review Online*, http: //www.nationalreview.com/comment/comment062800a.html.)

第九章 薪火相传（1961—1969）

做的事情……那就是总统的全部工作。"[105]

最初，越南战争不是林登·约翰逊的战争。杜鲁门主义承诺，美国要帮助那些试图抵制共产党推翻的国家。相应的，杜鲁门为在南越的法国和反共军队提供了援助。尽管副总统尼克松对遏制政策进行了猛烈攻击，但艾森豪威尔总统还是承诺，美国要遏制共产党的扩张。[106] 艾克是第一个使用多米诺骨牌效应来解释美国为什么必须支持南越的人。[107] 根据多米诺骨牌效应理论（the Domino Theory），如果南越落入共产党手中，老挝（Laos）、柬埔寨（Cambodia）也会如此，泰国、马来西亚、新加坡及所有的东南亚国家都非常可能如此。由于在波兰、捷克斯洛伐克、匈牙利和其他东欧国家的冷战经验，它似乎是一种非常有说服力的理论。

作为总统，约翰·肯尼迪支持南越政府。他将美国军队从1961年的3 164人增加至他1963年遇刺身亡时的16 263人。[108]

当约翰逊就职时，他必须应对南越总统及其弟被杀造成的灾难性后果。肯尼迪赞成将他们赶下台，但不赞成杀害他们。[109] 肯尼迪政府怀疑吴庭艳和吴庭儒可能是在利用法国人重新统一国家，然后使它中立化，而将美国人驱逐出去。[110]

不过，约翰逊很快就发现，美国自由派的意见与美国在南越的目标相去甚远。记者斯坦利·卡诺（Stanley Karnow）描述了一个中国裔的越南商人被判处死刑并被处决的过程。这个商人被控从事"投机活动"。阮高其少将（Nguyen CaoKy）——反对吴庭艳的政变策划者之一——判处这位商人死刑，公开执行。

渴望证明他对反共事业的热诚，阮高其安排在西贡（Saigon）

中心市场公开执行这位被强加罪名的犯人的死刑。我在人群中见证了这一令人毛骨悚然的场景。一个身材圆胖、满脸惊吓的年轻人谢荣（Ta Vinh）被拖到南越军人设置的树桩前绑上，他的妻子和孩子穿着白孝服，发出令人恐惧的绝望哀号。当行刑队开枪时，旁观者麻木地看着，当行刑完毕后，他们默默地散去。[111]

不仅"投机活动"是一种似是而非的指控，而且选择一位中国族裔的商人，这是亚洲版的"东方反犹主义"（the anti-Semitism of the Orient）的一个例证。在东南亚的所有国家中，有进取心的中国族裔经常成为忌妒的对象并遭受迫害。然而，当林登·约翰逊在火奴鲁鲁（Honolulu）与阮少将会晤时，他却赞同阮对他自己国家的看法。约翰逊说："朋友，你说起话来就像一个美国人。"[112]

约翰逊不仅未能向美国人民证明越南战争的合理性，而且也未能获得美国盟国的支持。在戈德华特竞选失败仅仅几周前，英国选民将保守党赶下台。新工党政府首相哈罗德·威尔逊（Harold Wilson）并不想参与对东南亚的武装干预。约翰逊设法将加拿大总理莱斯特·皮尔逊（Lester B.Pearson）吆喝上越南战车。他以如此轻蔑的态度对待这位最受人尊重的加拿大外交官，以致加拿大媒体刊登讽刺漫画，漫画显示约翰逊拽着耳朵把皮尔逊提起来——后者就像约翰逊的一条毕尔格小猎犬一样！

约翰逊与法国戴高乐的关系一开始就不好。当戴高乐拒绝于1964年访美时，约翰逊表现出了愤慨。法国领导人说，如果他匆忙赶到华

第九章 薪火相传（1961—1969）

盛顿参加约翰·肯尼迪的葬礼，会被认为是丢下他的职责去访美。*

法国提供帮助也许不是非常有益的。毕竟，法国人是统治越南的旧帝国主义者，他们于1954年在奠边府（Dienbienphu）遭受了可耻的失败。但戴高乐将军强烈而直白地表达反对意见对美国的利益是非常不利的。戴高乐在全世界被视为一位保守的、民族主义的领导人。他对美国政策的反对使他在各处获得了反共领导人的尊敬，这些领导人持有与约翰逊不同的立场。在约翰逊时期，美国和法国的分歧是如此严重，以致戴高乐最终将美国领导的北约军队司令部赶出了巴黎。

对他们所在地区的动乱是如此的敏感，澳大利亚和新西兰仅提供了小规模的部队支持美国在越南的行动。[113] 不过，与盟国的支持相比，每当美国人在遥远的土地上作战、并付出伤亡时，美国人民的支持才是最重要的。汉弗莱副总统于1967年访问了西贡，他努力向越南新总统阮文绍（Thieu）说明，美国人民正在对美国在越南的目标提出质疑。汉弗莱后来描述了阮文绍轻蔑的态度："我努力向他发出警告，如果想使我们继续支持他的话，（他的政府）就必须做出明显的改变。我说我不能确保我们的人民会接受一种无限期地介入越南的政策。"[114]

---

* 美国人是在约翰逊时期开始不喜欢法国人的。戴高乐总统被普遍认为是易动怒的、不合作的和不领情的。英国人对他的印象似乎也是如此，他否决了英国在欧洲共同市场（the European Common Market）中的成员资格。戴高乐对法国的民族主权异常敏感。"二战"期间，在伦敦的戴高乐在法国民族荣誉问题上曾公开与丘吉尔对抗。他的自由法国运动的同事都吓呆了。他们赞同他、信任他，但他们却是依靠丘吉尔首相提供每一颗子弹、每一双战靴和每一把刺刀。挺直他那6英尺5英寸的身躯，戴高乐冷峻地告诉他那些充满忧虑的下属："英国人必须知道他们只能依靠那些真正具有抵抗能力的力量。"在20年后对抗林登·约翰逊时，戴高乐做的没有什么不同。从约翰逊时期起，法国人给我们造成了很多不便。

阮文绍听着，优雅地吸着一支雪茄，喷出的烟雾袅袅散去。他改变姿态弹去雪茄的烟灰，其方式表明他也同时把我所说的当成了耳旁风。

"不，你们将在这里待很长时间。我们意识到您所说的，但我们也认识到你们的支持将必须继续下去，也许在未来5或6年中甚至会增加……"[115]

傲慢的阮文绍似乎一点都不理解，美国那时正在从明尼苏达州的各小镇中征召19岁的人服兵役来为他的自由而战。甚至在那时，他的政府却对那些符合条件的年轻越南男性缓征兵役。他们中的一些人闲散地待在巴黎的咖啡馆中，讨论着法国哲学家让-保罗·萨特（Jean-Paul Sartre）的存在主义（existentialist）。另一方面，美国人民也很少知道越南共和国军队（ARVN）在保护他们自己国家中的英勇行为。*

当林登·约翰逊视察驻越南的美国军队时，他告诉士兵们努力争取胜利，最终赢得这场战争。[116] 由于他不可能向美国人民提供一个使他们去战斗和牺牲的令人信服的理由，所以林登·约翰逊本人也就越来越成为反战的对象。他粗鲁的言行举止和过分表露情感的脾性，使他的批评者对他的政策更为恼怒。约翰逊自怜地将所有这类批评都谴责为是对他作为一个得克萨斯人的蔑视。

这是约翰逊为私利而夸张的又一个例子。在公职部门有很多得

---

* ARVN 是越南共和国（the Republic of Vietnam）军队的首写字母的缩写。这些军队是那个国家中的反共军队。

第九章 薪火相传（1961—1969）

克萨斯人，他们有尊严有礼貌，像威尔逊的助手豪斯上校（Colonel House）、詹姆斯·贝克第三（James A.Baker III）、洛伊德·本特森（Lloyd Bentsen）和约翰·康诺利等人。长期任职的众议院议长塞姆·雷伯恩很难说是有教养的，但他一直保持着一种尊严。他们中没有哪个人像林登·约翰逊那样，猛地拉起衬衫展示胆囊手术留下的疤痕。*约翰逊不招人喜欢并不是由于某种得克萨斯人特有的东西，而是因为他自身的品行。约翰·肯尼迪和艾克可能会动粗口而使谈话风格变得低俗，但他们绝不会在公共场合如此，也绝不会公开出洋相。

  约翰逊的个性及其执政记录成为1966年共和党竞选的焦点。在谈及3个"漫长而炎热的夏季"中许多城市爆发的种族骚乱，休伯特·汉弗莱在全国有色人种协进会的大会上说，如果他必须生活在一个黑人聚居区，同样"他可能也会领导一场反抗活动"。这些话表明，汉弗莱似乎宽容不断蔓延的违法行为，使许多美国人相信自由派对犯罪和骚乱是软弱的。[117]1965年在洛杉矶瓦茨区（Watts section）骚乱中有34人死亡。[118]理查德·尼克松从他4年的引退生活中回归，领导共和党于1966年发起反击。共和党在参议院中获得47席，新增了3名参议员。其中一名是来自马萨诸塞州的爱德华·布鲁克（Edward Brooke），他是自南部重建时期以来第一位黑人参议员。

  在加利福尼亚州，罗纳德·里根的得票数比在职州长埃德蒙·帕特·布朗要多100万张。布朗的竞选，愚蠢地将里根的演艺生涯与杀害林肯的凶手约翰·威尔克斯·布斯相类比。蓄着长发、吸着大麻和

---

*有一群人肯定非常喜欢林登，即那些政治漫画家。戴维·莱文（David Levine）有关林登·约翰逊的讽刺漫画，将他手术留下的那块伤疤画成越南地图的形状。

抗议越南战争的学生们、征兵以及有关美国人生活的几乎每一件事情，都成为里根竞选幽默的嘲讽对象。那些人即著名的"嬉皮士"（hippies）。里根和善地说："他们行动起来像泰山（Tarzan）、长得像简（Jane）、嗅觉像猎豹。"[119] 加利福尼亚人喜欢这种幽默。

约翰逊夸大其词的习惯被视为是对他的战争政策的拙劣辩护。约翰逊曾宣称，"我们不会把我们的防线后撤到旧金山"。[120] 林登·约翰逊自己似乎也不清楚美国人为什么而战。他过多地倚重国防部部长罗伯特·麦克纳马拉（Robert S.McNamara），后者是来自福特汽车公司（Ford Motor Company）的一位所谓"奇才"。麦克纳马拉是约翰·肯尼迪杰出的新边疆政策团队的一员，被约翰逊继续留用。*

约翰逊开始面对规模越来越大的反战运动。由于他从未向美国人民说明战争的理由，也从未请求国会同意宣战，所以约翰逊过多地倚重民意调查。这些调查显示支持美国介入越南事务，至少直到1966年仍是如此。大多数美国新闻媒体，尤其是那些"有影响力的媒体"，直至1966年还在支持约翰逊政府对战争的立场。[121]

约翰逊在与戈德华特的竞选中，主要指责这位保守的参议员办事不计后果。现在，林登·约翰逊吹嘘道，他对他的将军们有着如此严密的控制，没有他的同意，"他们不可能轰炸北越的一间户外厕所"。[122] 在这句话中，唯一不可信的部分就是约翰逊提到的"户外厕所"。尽管约翰逊能够正确指出并不是他发动了这场战争，但他无疑是使美国介入战争升级的人。正是约翰逊增派到越南的美国部队超过50万人，

---

* 林登·约翰逊对那个头发梳理得井井有条的家伙的印象非常深刻。当他告诉议长塞姆·雷伯恩，麦克纳马拉和他的同事是多么精明能干时，据说塞姆先生回答道："也许，林登。但如果他们中某个人竟选县治安长官，我会感觉好得多。"

第九章 薪火相传（1961—1969）

其中大多数人都是被征召入伍的。

美国的政策制定者们一直受到越南问题的困扰。当 1967 年 6 月，埃及的独裁者迦玛尔·阿卜杜尔·纳赛尔驱逐了驻扎在西奈沙漠（the Sinai Desert）的联合国维和部队时，约翰逊总统使用由肯尼迪和赫鲁晓夫建立的"热线"建议，两个核超级大国应该避免直接卷入中东战争。苏联总理阿列克塞·柯西金（Alexei Kosygin）向约翰逊保证不会介入，但苏联人已经将埃及和其他阿拉伯国家武装到了牙齿。[123]

当纳赛尔封锁蒂朗海峡（Straits of Tiran）、阻止以色列自由出入海洋时，以色列决定采取行动。纳赛尔公开宣称："我们的根本目标就是消灭以色列。"[124] 以色列人进行了反击，阿拉伯空军来不及起飞就被摧毁。随后，以军对埃及、约旦和叙利亚发动了闪电战。在 6 天内，以色列人迫使他们的阿拉伯敌人后退，并在约旦河西岸（the West Bank of the Jordan River）、西奈沙漠和叙利亚（Syria）的戈兰高地（the Golan Heights）获得了大片领土。

以色列的喷气式飞机还攻击了美国军舰自由号（Liberty），导致 34 名美国海军士兵阵亡和 172 人受伤。约翰逊总统接受了以色列的正式道歉。他们解释说未辨认出这艘有着明显标志的情报机构的舰只。以色列同意支付 1 300 万美元作为赔偿。

全世界的犹太人——尤其是苏联的——都对以色列击溃阿拉伯军队的辉煌胜利感到兴奋不已。以色列的友国高兴地看到，犹太国家现在有了一个领土的"缓冲地带"来保护它免于恐怖主义袭击。东耶路撒冷（East Jerusalem）——有著名的西墙遗址（Western Wall）、是所罗门神庙（Soloman's Temple）所在地——目前在以色列的控制之下。*对西岸和加沙（Gaza）的占领——有超过 300 万巴勒斯坦阿拉伯居民——将给以色列带来大量问题，并且一直持续到今天。

美国的新闻媒体在谈论政府与国会的"鹰派"（hawks）和"鸽派"（doves）。《生活》杂志刊登了 300 名美国青年的照片，他们是在越南仅仅一周的战事中阵亡的。这样的流血周还有很多。媒体喋喋不休地谈论约翰逊的"信任危机"，指责他的谎言将国家带入战争的漩涡。在许多美国人看来，媒体似乎意味着同政府对立。一些人更是认为，媒体对北越共产党统治者比对他们自己的政府更友好些。

伍德罗·威尔逊能够为他的战争政策辩护。富兰克林·罗斯福对牺牲的必要性进行了有说服力的辩护。杜鲁门为他的朝鲜战争政策的辩白是苍白无力的。艾森豪威尔避免了在亚洲或其他地方打一场地面战争；而从他"二战"中的言行判断，他有可能使美国卷入战争。约翰·肯尼迪在与公众交流方面是无与伦比的。（"如果是勇敢的人，那么任何地点都能够守住"是肯尼迪雄辩演讲中的典型用语。）但他们中没有哪个人曾遭遇过林登·约翰逊所遭遇的那种令人难堪的、激烈的人身攻击。例如：

嗨！嗨！林登·约翰逊！
今天你又杀死多少年轻人？

---

* 以色列人允许穆斯林控制岩石圆顶清真寺（the Dome of the Rock Mosque），后者是伊斯兰教的一个圣地。

第九章 薪火相传（1961—1969）

敏锐地察觉到美国国内的舆论动向，北越共产党领导人将宝押在 1968 年 1 月的攻势上，即春节攻势（the Tet Offensive）。他们推动在南越的盟友越共（Vietcong）在整个越南南部发动了一系列自杀性攻击。*从军事上看，这次行动对越共来说是一场灾难，因为有数千名越共士兵阵亡。但在美国驻西贡大使眼中，却是美国士兵在整个南方的数百人伤亡，这表明我们离胜利还非常遥远。约翰逊的逐步升级政策在无数电视观众眼中，似乎是一种完全的和血腥的失败。

春节攻势计划在一个节日停战期发动。春节是一种佛教徒的节日而不是美国人的节日。在南越北部城市顺化（Hué），越共枪杀了 2000~3000 名平民。他们中的许多人是被棍棒打死或活埋的。[125]

这些并未在美国的电视中播放。顺化被共产党部队控制。但当南越警察局局长阮隆将军（Loan）向一名越共团长头部开枪将其枪杀时，照片却在世界各地的报章中刊登。它赢得了普利策奖（Pulitzer Prize）。阮隆将军似乎就是照片中显示的那个残忍的暴君，他对一个手无寸铁、双臂被捆在背后的人开枪。我们现在知道，阮隆认识他，他是在一次对西贡周边地区的袭击行动中被俘的，当时他穿着平民服装。[126] 阮隆杀死的那个人刚刚枪杀了这位警察局局长的一位密友，并杀害了那位朋友的全家。但这些情况对那些反战抗议者并不重要。

反战抗议波及的范围在扩展和激烈的程度上增加。示威者烧掉了美国国旗和征兵卡。3 名美国人竟然自焚而死，他们无疑受到那张一名进行抗议的佛教徒在西贡自焚的令人恐怖的画面的影响。[127] 美国

---

*越共是指那些在越南南部穿着黑色宽松长裤的共产党游击队。我们现在知道他们并不独立于北方，而是完全隶属于它。

的共产党煽动者鼓动人们抵制政府的政策。全国性的反战组织"终战总动员"（the Mobilization to End the War，即激进分子所熟知的"the Mobe"）被信奉利昂·托洛茨基（Leon Trotsky）暴力思想的共产党追随者所接管。[128]

作家苏珊·桑塔格（Susan Sontag）说，北越是一个理想的地方。[129] 女演员简·方达（Jane Fonda）到了河内（Hanoi），并在北越的高射炮旁摆姿势照相。而此时，美国的飞行员正被击落、杀害或囚禁、遭受酷刑。美国的反战积极分子们接受了北越的宣传，后者宣传他们实际供给美国俘虏的食物要比给他们自己人的还多，因为"他们比我们高大"[130]。战俘杰里迈亚·登顿（Jeremiah Denton）尽管不能公开说，但他还是发出了一份情报。他根据莫尔斯电码（Morse code）眨他的眼睛。他送出的情报是令人胆寒的"酷刑"。

国防部部长麦克纳马拉于1968年1月辞职。他写下了自此以后受到广泛批评的回忆录，其中他宣称，他一直对美国介入越南持严重的怀疑态度。* 约翰逊用克拉克·克利福德（Clark Clifford）替代了他，克利福德全面评估了美国的政策。

继春节攻势之后，数千名年轻的反战积极分子"为吉恩（Gene，尤金·麦卡锡的昵称）而修饰自己"。他们修剪了头发，自愿到新罕布什尔州帮助参议院的鸽派尤金·麦卡锡（Eugene McCarthy）竞选，后者凭借反战纲领已经进入民主党的总统初选。麦卡锡是一位诗人，

---

* 国务卿迪安·鲁斯克和国家安全顾问沃尔特·罗斯托（Walt Rostow）终生都相信美国在越南的使命。麦克纳马拉并未暗示他个人对任命他的两位总统、对美国人民、对他送到越南作战和战死的年轻人有丝毫的不信任。但他极力讨好反战精英的做法，只能是进一步损毁了他已经被玷污的声誉。

第九章　薪火相传（1961—1969）

曾经是半职业棒球运动员，他的参议院生涯是平凡的。尽管如此，但现在媒体将他捧为名人。吉恩成为反战激进分子扳倒林登·约翰逊的希望所在。

当麦卡锡在新罕布什尔州的民主党初选中获得 42% 的选票时，媒体宣布他是胜利者。* 来自纽约的参议员罗伯特·肯尼迪** 处于越来越大的压力之下，公众要求他参加竞选，与林登·约翰逊竞争。

肯尼迪采取克制态度。他说他不想分裂民主党，不想让他的挑战看起来像是由于忌妒而进行的竞争（肯尼迪和约翰逊之间的彼此厌恶是众所周知的）。最初，他并不认为约翰逊是易于击败的。不过，在新罕布什尔州的竞选后，麦卡锡已经表明约翰逊是可能被扳倒的——尽管也许不是被麦卡锡扳倒。权威的民主党反战人士担心，缺乏亲和力、学究气很浓的麦卡锡可能永远也赢不了一场大选。

当罗伯特·肯尼迪宣布，他也将挑战林登·约翰逊时，许多约翰·肯尼迪过去的支持者都激动不已。不过，一些麦卡锡的支持者却愤怒不已。他们敬重麦卡锡有勇气与约翰逊相对抗。但现在他们抱怨罗伯特·肯尼迪掺和进来。所有有关罗伯特·肯尼迪冷酷无情的老故事又都被搬了出来。

---

* 实际上，约翰逊赢得了 49% 的选票。他的选举成绩令人非常惊诧，因为他并没有进行竞选，而且他的名字甚至都没有出现在候选人名单中。但正如约翰·肯尼迪所说的那样，表象造就事实。公众马上就相信麦卡锡真的赢得了新罕布什尔州的选举。在新罕布什尔州获得次多选票的人被"编排"成获胜者，这在历史上并非是最后一次。比尔·克林顿（Bill Clinton）1992 年在花岗岩州（新罕布什尔州的别称）竞选就遇到了同样的情况。

** 即博比·肯尼迪，约翰·肯尼迪的弟弟。——译者注

11. 不堪回首的 1968 年

美国人在战战兢兢中迎来了 1968 年。5 年来，国家必须忍受种种危机：古巴核危机、受爱戴的总统遇刺、反对民权运动的暴力、数百座城市的骚乱以及一场似乎无休止的血腥战争。林登·约翰逊的支持率直线下降，他自己非常看重这种支持率。作为一个天性乐观的民族，美国人希望新的一年会有好的气象。但事实并非如此。1968 年将被证明是美国历史上最令人沮丧的一年。

在麦卡锡于新罕布什尔州的初选中有强势表现之后，林登·约翰逊可能无法容忍被罗伯特·肯尼迪击败，后者是他所鄙视的。约翰逊感到了苦涩和受伤。他告诉密友，他从未想要过什么越战。他追随约翰·肯尼迪的政策——那是由后者的顾问敦促实施的。当他进入白宫时，罗伯特·肯尼迪仍然是一位越南问题上的"鹰派"。在约翰·肯尼迪的墓上有一顶绿色贝雷帽（a Green Beret）——美国反游击战特种部队的标志。而绿色贝雷帽在华盛顿最大的支持者就是罗伯特·肯尼迪。

与此同时，约翰逊总统的"国内动乱问题调查委员会"（Commission on Civil Disorders）提交的报告声称，美国正在变成两个社会，彼此越来越分离和不平等。尽管有着广泛民众支持的主要民权法案已经通过和签署，但委员会的多数人将城市骚乱归结为美国多数的白人实行种族主义的结果。

约翰逊宣布将于 1968 年 3 月 1 日举行一次面向全国的电视演讲。白宫透露这次演讲将是对美国在越南政策的检讨。它有这方面的内容——但并非仅仅如此。在演讲结束时，约翰逊宣布了令世界震惊的

第九章　薪火相传（1961—1969）

消息，他将退出总统竞选。举国为之震动。这对那时仍在越南作战的部队意味着什么呢？它是否意味着约翰逊已经抛弃了将他们派往那里的政策呢？是否意味着他已经抛弃了他们呢？

紧随这个消息而来的是一个来自孟菲斯市（Memphis）的、甚至更令人心碎的消息。尽管自1955年以来就一直受到死亡威胁，但马丁·路德·金博士从未回避过公开露面。1968年4月3日夜，他在一座教堂中向一群人发表演说："我已经置身于山巅。我并不介意。像任何人一样，我希望活得更长久……但现在我对此并不关注。我只是想按照上帝的意旨做事。是他允许我到达山巅的，我已经一览无余，我已经看到了乐土（the Promised Land）!……我的眼睛已经看到了主的光辉！"[131] 这是他的最后一次公开演讲。第二天，金博士倚在洛林旅馆（Lorraine Motel）的栏杆上，对一位朋友说："今晚请为我演唱《亲爱的主》（Pr-ecious Lord）这首圣歌，因为你以前从未唱过它。"[132]* 就在那一刻，他被刺客的子弹击倒。

罗伯特·肯尼迪是在威斯康星州竞选时，与一大群黑人选民同时听到这个消息的。在听完罗伯特·肯尼迪下面的这些话后，相互抱头痛哭的群众和平地散去：

> 我请求你们今晚回家，为马丁·路德·金的家庭祈祷……但更重要的是，为我们的国家祈祷……为彼此的理解和同情祈祷。
> 在这个国家我们能做得更好……它不是暴力的终结、不是非

---

* 在金博士遇刺的地点立有一块纪念碑。上面刻着："他们彼此相告，看啊，这里有一个做梦的人……让我们杀死他……让我们看他的那些梦将变成什么。"见《圣经·创世纪》第37篇：19—20。圣经的铭文激励着我们每一个人都去"看他的那些梦将变成什么"。

法的终结,也不是骚乱的终结。但这个国家中的绝大多数白人和绝大多数黑人想共同生活在一起,想提高我们的生活质量,想让居住在我们这块土地上的所有人都获得正义。

让我们将自身贡献于那种事业……驯服人身上的野性,使这个世界的生活更文明。让我们将自身贡献于那种事业,为我们的国家和我们的人民祈祷。[133]

罗伯特·肯尼迪在那个悲伤场合的讲话,至今仍令我们感动不已。但在那天晚上,骚乱在数百个城镇爆发。让人回想起 1863 年发生在纽约,由征兵引起的骚乱。骚乱、劫掠和焚烧在许多城市持续了数天。当必须征召国民警卫队来恢复秩序时,已有数百人死亡。在华盛顿特区,国会大厦看上去有点像圣保罗大教堂(St. Paul's Cathedral)在伦敦大空袭时的模样。烟雾与火焰在全国各地升腾而起。

1968 年,美国的感觉就像是一列奔驰的火车失去了控制。当副总统汉弗莱宣布他参加总统竞选时,他提到了"欢乐政治"(the politics of joy)。博学的汉弗莱只是在引用约翰·亚当斯的话,但他却为此而遭受到了严厉的批评。在这样的一年怎么可能谈欢乐呢?

而且,事情变得越来越糟。

1968 年 6 月初,罗伯特·肯尼迪在加利福尼亚州民主党的初选中打败吉恩·麦卡锡。当肯尼迪在洛杉矶的大使旅馆(Ambassador Hotel)宣布他获胜时,他被一名年轻的巴勒斯坦移民西尔汉·西尔汉(Sirhan Sirhan)开枪击中,西尔汉由于参议员肯尼迪支持以色列而

第九章 薪火相传（1961—1969）

痛恨他。第二天凌晨，罗伯特·肯尼迪去世。*

伴随着金死去、肯尼迪死去、一周在越南 300 人伤亡、我们被火焰笼罩的城市、我们许多处于骚乱中的大学校园与无法控制的通货膨胀，权力机构似乎已经失去控制力。伟大共和国的根基正在发生动摇。在这恐怖的一年中的这些可怕事件，难道就没有尽头吗？

当 1968 年民主党全国代表大会在芝加哥召开时，副总统汉弗莱获得大多数代表的支持。汉弗莱后来透露，他的妻子和孩子受到反战抗议者的威胁。情报机构警告说，人们也许会往汉弗莱的夫人穆里尔·汉弗莱（Muriel Humphrey）身上泼红油漆或更糟地泼粪便。[134] 这里没有"欢乐政治"可言。抗议者下决心要破坏这次全国代表大会。芝加哥警察也下了同样的决心阻止他们这样做。民主党本身在一系列问题上发生了严重的分歧：在战争问题上、在征兵问题上、在城市和大学校园危机问题上、在提名一位并未参加初选的候选人问题上。

在仅仅 4 年前，林登·约翰逊还在新泽西州大西洋城（Atlantic City）1964 年民主党全国代表大会上庆祝他 56 岁生日。那时，声音低沉而洪亮的卡罗尔·钱宁（Carol Channing）用歌曲《你好，多利》（Hello, Dolly）的曲调演唱了《你好，林登》。但现在，拒绝接受提名的约翰逊甚至不敢在他所在党的代表大会上露面。

芝加哥的格兰特公园（Grant Park）和整个城市爆发的骚乱，通过电视全面地展现在美国人民面前。在芝加哥市市长理查德·戴利在伊

---

* 在这些年中，有大量笔墨将美国描述成一个"病态社会"，因为这些恐怖的刺杀活动。但约翰·肯尼迪是被一个已经放弃了美国公民身份的人杀害的。尊敬的金博士是被一个社会底层的、在监狱度过大半生的流浪汉杀害的。这次，罗伯特·肯尼迪是被一个外国人杀死的。西尔汉的复仇行为应被视为阿拉伯恐怖主义在美国的首例。

利诺斯州代表团的座位上发出令人讨厌的吼叫时,来自康涅狄格州的自由派参议员埃布·里比科夫(Abe Ribicoff)谴责该市警察滥用武力。汉弗莱在他居住旅馆的房间里,等待着发表他接受提名的演说,几乎被催泪瓦斯熏倒。门外,示威者拼命地喊道:"不要汉弗!"杰利·鲁宾(Jerry Rubin)是后来由于在代表大会期间的破坏行为而受到审判的"芝加哥七人"(Chicago Seven)之一,他说他们那伙人是非常有罪的。鲁宾补充说:"我们是想……促使城市当局做出反应,就好像它是一个警察国家那样,由此将全世界的注意力都转移到我们身上。"[135]

　　反战示威者宣称信奉一种"新左派"(New Left)观念。他们想要一种更人道形式的社会主义。在铁幕那边,捷克斯洛伐克的亚历山大·杜布切克(Alexander Dubcek)提供给他的人民以"一种人道外表的社会主义"[136]。他所缔造的"布拉格之春"(Prague Spring)代表了在共产党统治中的某种新东西,深受捷克人民的欢迎。不过,苏联坦克在这年8月份开进了布拉格,终结了这次以一种更自由的共产党面目出现的实验。杜布切克和他的同事被抓到了莫斯科。在那里,他们被镣铐锁在克里姆林宫的墙边。从一个宴会上醉酒而归的勃列日涅夫(Brezhnev)辱骂他们。这些捷克人没有得到一丝的仁慈;他们一直被捆缚着,直到他们的粪便弄脏了他们自己。那位总是醉眼朦胧的独裁者向世界宣布了他的勃列日涅夫主义(Brezhnev Doctrine)。他的遏制观就是:"我们保持我们所拥有的。"*

---

* 尽管受到苏联人的虐待,但杜布切克还是回到了捷克斯洛伐克,并在那里平静地生活直至1992年去世。他见证了苏联帝国在东欧的解体。

第九章　薪火相传（1961—1969）

约翰逊政府发表了抗议，但并未对苏联采取行动。苏联对捷克人为后代争取自由活动的镇压，导致80名平民被杀。500辆苏联坦克和50万华约部队粉碎了捷克人民对自由的渴望。[137]

继芝加哥民主党全国代表大会的骚乱之后，在1968年夏天的民意测验中，共和党提名的总统候选人理查德·尼克松有些意外地领先了30多点。亚拉巴马州的州长乔治·华莱士作为独立候选人投入竞选。那时，预计华莱士的加入会损害汉弗莱的竞选。许多蓝领工人同情华莱士对战争的鹰派立场和他对示威者的强硬态度。他威胁说，如果示威者拦截他的豪华轿车，他就"碾过去"。

随着气温和肝火在秋天的下降，汉弗莱和他的竞选伙伴、来自缅因州的参议员埃德蒙·马斯基（Edmund Muskie）在民意测验中的支持率上升。汉弗莱必须努力争取反战选民的支持，但同时又不能失去林登·约翰逊的支持。约翰逊尝试进行秘密的和谈，但谈判被拖延，因为尼克松秘密向西贡传递消息说，他们应该阻止谈判以换取在共和党政府下的更好待遇。[138]

没有候选人之间的辩论。尼克松一帆风顺。他镇定自若地进行指挥调度。他告诉竞选同事："我不会冒着失去郊区选民的危险去争取黑人选票。"[139] 这种宣称再加上戈德华特在1964年采取的立场，导致了黑人选民从此之后开始疏远共和党。*被他在1960年的竞选失败所刺痛，尼克松这次的目标是不能再输。[140] 他没有输。

尽管汉弗莱在民意测验中的支持率有所反弹，但尼克松赢得了

---

* 直到1960年，尼克松还能赢得30%黑人选民的支持。这固然远非多数的支持，但仍是一种可观的表现。

31 710 470 张选民票（43.4%）和 301 张选举人票。汉弗莱赢得了 30 898 055 张选民票（42.3%）和 191 张选举人票。由于在选举临近结束的几周内有组织的劳工运动决定支持他们的朋友汉弗莱，所以华莱士在北方以工业发展为主的各州的选民支持率暴跌，但这位亚拉巴马人还是赢得了南方腹地 5 个州的支持。他赢得了 9 446 167 张选民票（12.9%）和 46 张选举人票。尼克松读着一个小女孩手书标牌上的文字"让我们团结起来"，向电视观众宣布了胜利。美国人民为此而祈祷。

在即将结束这可怕的一年之际，终于有一个事件促使美国人民团结在一起。自 1967 年 1 月在肯尼迪角（Cape Kennedy）的一次发射台试验中，飞船舱起火烧死 3 位宇航员后，人们似乎开始怀疑能否兑现约翰·肯尼迪的誓言，即在 20 世纪 60 年代结束之前，使美国人登陆月球。

不过，目前在 1968 年 12 月，人们更多关注着苏联人也许会试验"8 字形"绕月盘旋飞行，并由此获得世人瞩目。这在任何时候都是对美国名誉的灾难性破坏，尤其是在美国人经历了如此可怕的一年之后就更令人沮丧。

约翰逊总统命令国家航空航天局推进阿波罗 8 号（*Apollo 8*）飞船的升空计划。宇航员弗兰克·博尔曼（Frank Borman）、吉姆·洛弗尔（Jim Lovell）和比尔·安德尔斯（Bill Anders）已经准备好成为首批离开地球运行轨道、进入月球轨道的人。他们的妻子被航空航天局告知，他们丈夫生还的可能性不超过 50%。[141] 他们不会在月球上着陆，但飞船会将他们送到离月球表面不到 100 英里的上空，他们会飞越危海（the Sea of Crises）、睡地（the Marsh of Sleep），接着向宁静海（the Sea of Tranquility）飞行。[142] 弗兰克·博尔曼通常是一个感

第九章 薪火相传（1961—1969）

情非常内敛的人，但他说，作为第一个看到地球的人——就像上帝看着地球那样，他感受到了精神力量的支持。他和其他宇航员在月球表面上空 69 英里处向世界播报。他们去了前人所未到的地方。他们选择在圣诞节夜诵读《圣经》的"创世纪篇"。

> 在原初，上帝创造了天国和尘世；尘世没有形状，而且虚空一片；在深渊的表面是漆黑一片；上帝的精神浮在水面上游走。
> 上帝说："给这里光明吧。"光明就出现了。
> 上帝看到光明，它是善的表征。
> 上帝将光明从黑暗中分离出来。[143]

在死亡、幻灭、骚乱、战争和充斥着战争谣言的一年之后，阿波罗 8 号宇航员们的勇敢飞行和他们要治愈人民伤痛的愿望，就像基列山上的乳香*。全世界都心存敬畏地伫立在那些显示地球从月球地平线上升起的照片前。我们惊叹这颗明亮的蓝色球体在暗夜中的美丽。正如一封感谢宇航员的电报所写的："你们拯救了 1968 年。"[144]

对美国人而言，阿波罗 8 号兑现了一种承诺，即自由的人民和自由的制度绝不会失败。团结在一起的美国人仍然能够创造奇迹。

1. Barone, Michael, *Our Country: The Shaping of America from Roosevelt to Reagan*, The Free Press: 1990, p.312.
2. Collier, Peter and David Horowitz, *The Kennedys: An American Drama*, Summit

---

* a balmin Gilead——来自《圣经》，指镇痛之物，基列山是古巴勒斯坦的一座山。——译者注

	Books: 1984, p.236.
3	Barone, p.323.
4	Barone, p.322.
5	Barone, p.331.
6	Barone, p.332.
7	Barone, p.335.
8	Hunt, John Gabriel, Ed., *The Inaugural Addresses of the Presidents*, Gramercy Books: 1995, p.428, p.431.
9	Beschloss, Michael R., *The Crisis Years: Kennedy and Khrushchev, p.1960-1963*, HarperCollins Publishers: 1991, p.465.
10	Gaddis, John Lewis, *The End of the Cold War*, Penguin Press: 2005, p.71.
11	Reeves, Richard, *President Kennedy: Profile of Power*, Simon & Schuster: 1993, p.171.
12	Reeves, p.168.
13	Reeves, p.168.
14	Reeves, p.224.
15	Beschloss, *Crisis Years*, p.211.
16	Reeves, p.172.
17	Schefter, James, *The Race: The Uncensored Story of how America Beat Russia to theMoon*, Doubleday: 1999, p.81.
18	McDougall, Walter A., *The Heavens and the Earth: A Political History of the Space Age*, Basic Books, The Johns Hopkins University Press: 1985, p.318.
19	McDougall, *The Heavens and the Earth*, p.391.
20	McDougall, *The Heawens end the Earth*, p.392.
21	McDougall, *The Heawens and the Earth*, p.400.
22	Glenn, John and Nick Taylor, *John Glenn: A Memoir*, Bantam: 1999, p.253.
23	Glenn and Taylor, p.255.
24	Glenn and Taylor, p.255.

25	Glenn and Taylor, p.255.
26	Glenn and Taylor, p.255.
27	Glenn and Taylor, p.288.
28	Glenn and Taylor, p.289.
29	Reeves, p.345.
30	Reeves, p.345.
31	Gilbert, Martin, *A History of the Twentieth Century: Volume Three—1952-1999*, William Morrow and Company, Inc.: 1999, p.280.
32	LaCouture, Jean, *De Gaulle: The Ruler, p.1945-1970*, W.W.Norton & Company: 1991, p.375.
33	Reeves, p.406.
34	Gilbert, *A History of the Twentieth Century: Volume Three*, p.282.
35	Gilbert, *A History of the Twentieth Century: Volume Three*, p.282.
36	Beschloss, *Crisis Years*, p.543.
37	Barone, p.346.
38	Beschloss, *Crisis Years*, p.547.
39	Gilbert, *A History of the Twentieth Century: Volume Three*, p.275.
40	Reeves, p.327.
41	Barnes, John A., "John F.Kennedy on Leadership," quoted in David Frum's National Review Online column, 29 August 2005, online source: http: //frum.nationalreview.com/post/?q=ZDYwYTZmZDFkYzQ2ZmY4MzAzY2VlOTRiYjdmODA1MDc=.
42	Online source: http: //www.pbs.org/wgbh/amex/eyesontheprize/story/05_riders.html.
43	Gilbert, *A History of the Twentieth Century: Volume Three*, p.301.
44	Gilbert, *A History of the Twentieth Century: Volume Three*, p.301.
45	Online source: http: //www.archives.state.al.us/govs_list/inauguralspeech.html.
46	Gilbert, *A History of the Twentieth Century: Volume Three*, p.301.

47 Frady, Marshall, *Martin Luther King, Jr.*, The Penguin Group: 2002, p.51.
48 Reeves, p.522.
49 Reeves, p.523.
50 Online source: http: //almaz.com/nobel/peace/MLK-jail.html.
51 Humphrey, Hubert H., *The Education of a Public Man: My Life and Politics*, Doubleday and Company, Inc.: 1976, p.269.
52 Reeves, p.581.
53 Reeves, p.583.
54 Frady, p.124.
55 Reeves, p.585.
56 Reeves, p.581.
57 Reeves, p.581.
58 Reeves, p.320-321.
59 Online source: http: //web.1conn.com/mysterease/connally.htm.
60 Beschloss, *Crisis Years*, p.675.
61 Reeves, p.174.
62 Humphrey, p.273.
63 Humphrey, p.274.
64 Humphrey, p.278.
65 Humphrey, p.284.
66 Humphrey, p.284.
67 Online source: http: //www.opinionjournal.com/diary/ ? id = 110009275.
68 Humphrey, p.285.
69 Edwards, Lee, *Goldwater: The Man Who Made a Revolution*, Regnery Publishing, Inc.: 1995, p.115.
70 Edwards, p.150.
71 Edwards, p.116.
72 Edwards, p.123.

第九章　薪火相传（1961—1969）

73	Edwards, p.122.
74	Edwards, p.274.
75	Online source: http: //www.theatlantic.com/issues/95dec/conbook/conbook.htm.
76	Edwards, p.275.
77	Edwards, p.276.
78	Edwards, p.277.
79	Edwards, p.278.
80	Edwards, p.317.
81	Barone, p.376.
82	Edwards, p.300.
83	Edwards, p.242.
84	Edwards, p.330.
85	Edwards, p.279.
86	Edwards, p.318.
87	Edwards, p.319.
88	Barone, p.376.
89	Edwards, p.281.
90	Edwards, p.332.
91	Beschloss, *Crisis Years*, p.513.
92	Reeves, Richard, *President Kennedy*, p.475, p.476.
93	Lukacs, John, *Churchill: Visionary, Statesman, Historian,* Yale University Press: 2002, p.163.
94	The [British] National Archives, Online source: "Operation Hope Not," http: //www.nationalarchives.gov.uk/news/stories/56.htm.
95	Eisenhower, John S.D., *General Ike: A Personal Reminiscence*, The Free Press: 2003, p.215.
96	Lukacs, *Churchill*, p.169.
97	Lukacs, *Churchill*, p.185.

98	Lukacs, *Churchill*, p.188.
99	Eisenhower, John S.D., *General Ike*, p.216.
100	Frady, p.163.
101	Frady, p.163.
102	Frady, p.164.
103	Frady, p.165.
104	Bailey, Ronald, "Saint Ralph 's Original Sin, " *National Review Online*, http: // www.nationalreview.com/comment/comment062800a.html.
105	Online source: http: //www.presidency.ucsb.edu/ws/index.php? pid=13174.
106	Podhoretz, Norman, *Why We Were in Vietnam*, Simon and Schuster: 1982, p.31.
107	Podhoretz, p.32.
108	Podhoretz, p.57.
109	Podhoretz, p.60.
110	Reeves, p.574.
111	Gilbert, *A History of the Twentieth Century: Volume Three*, p.341.
112	Gilbert, *A History of the Twentieth Century: Volume Three*, p.341.
113	Gilbert, *A History of the Twentieth Century: Volume Three*, p.360.
114	Humphrey, p.348.
115	Humphrey, p.348-349.
116	Gilbert, *A History of the Twentieth Century: Volume Three*, p.354.
117	Gould, p.371.
118	Gould, p.370.
119	Gould, p.372.
120	Podhoretz, p.67.
121	Podhoretz.84.
122	Podhoretz.88.
123	Gilbert, *A History of the Twentieth Century: Volume Three*, p.366.
124	Gilbert, *A History of the Twentieth Century: Volume Three*, p.366.

125 Leckie, Robert, *The Wars of America*, Harper & Row: 1981, p.1010.
126 Leckie, p.1009.
127 Leckie, p.1007.
128 Radosh, Ronald, and Allis Radosh, *Red Star Over Hollywood: The Film Colony's Long Romance with the Left*, Encounter Books: 2005, p.90.
129 Podhoretz, p.90.
130 Podhoretz, p.91.
131 Frady, pp.202-203.
132 Frady, p.204.
133 Humphrey, p.384.
134 Humphrey, p.385.
135 Gilbert, *A History of the Twentieth Century: Volume Three*, p.387.
136 Gilbert, *A History of the Twentieth Century: Volume Three*, p.386.
137 http://www.hbci.com/~tgort/rfk.htm.
138 Gould, p.380.
139 Gould, p.374.
140 Gould, p.379.
141 "The Race for the Moon," The American Experience, PBS, 26 February 2007.
142 Chaikin, Andrew, *A Man on the Moon: The Voyage of the Apollo Astronauts*, Penguin Books: 1994, p.121.
143 Chaikin, p.121.
144 Chaikin, p.134.

第十章
独一无二的尼克松（1969—1974）

仅仅数月间，这个国家本可以因为载人登月而达到未曾梦想的高度，却因为一个扰人的总统警告美国不要变成"可怜而无用的巨人"，而陷入了失望的深渊。一个著名的政治王朝将在查帕奎迪克（Chappaquiddick）的一座桥下的污泥中结束，尽管这一点在当时并未被充分认识。20世纪70年代早期美国经历了一次从一场无结果的流血战争中拖延的撤军。抗议的学生们将要面对国民卫队的刺刀，甚至可悲地面对子弹。克罗斯比、斯蒂尔斯、纳什与杨乐队唱的是哀伤的挽歌："士兵和尼克松登场；我们最终要依靠自己；这个夏天悲鼓响；四人死在俄亥俄。"美国似乎总从一个危机徘徊到另一个危机——城市中心在绝望中沉沦、法庭裁定的公共汽车运输案、汽油短缺、堕胎法被推翻、被迫辞职的副总统与总统。城市骚动退潮时，外部危机又接踵而至。越南

第十章　独一无二的尼克松（1969—1974）

战争、恐怖活动在慕尼黑奥运会和平竞争中留下的创伤、20世纪70年代早期的"石油冲击"、阿拉伯人在攻击以色列的赎罪日战争中几近成功，所有这些威胁的出现似乎显示美国在受到这些事件的摆布。美国是否将不得不调整，以适应一个在世界事务中克制和更少发挥作用的时代？年青一代面对的未来是否将比他们父母所知的美国更为冷酷、黑暗与贫穷？更为重要的是，人类自由是否会变成竞争性价值中的一种，美国没有权利将之"强加"给第三世界国家？这些国家的统治者更愿意牺牲人权，以换取更为快速的发展——只要他们在位就会如此。这些统治者宁愿用人民的自由换取面包——而面包又被他们吃掉了。

1. "请在意"

在美国人决心支持伟大的1964年"民权法案"、1965年"投票权法案"以及其他一系列措施以保障住房、教育与就业的平等权利后，许多主要城市随即出现了种族骚乱。洛杉矶、底特律、纽沃克名列最为严重的"失控城市"榜单，"失控城市"是主流媒体对它们的委婉称法。骚乱致使数百人失去了生命，并造成无数的财产损失。但受伤害最大的还是文明。

尼克松与20世纪60年代晚期的复兴和日渐恶化的城市场面毫无关系。尼克松保证过法律和秩序。自由派媒体指责他是种族主义者，说法律和秩序只是激发白人反击美国黑人正义热望的委婉表达。

没有人比纽约市市长把自由派白人的希望表达得更为人性，市长约翰·V. 林赛（John Vliet Lindsay）是一位身材高大、优雅的绅士。

作为市长,他做了力所能及的一切,以保持纽约的稳定。他衣着朴素地走上街头,试图用他的魅力安抚愤激不满的人群。

当然也不全靠个人魅力。在格雷西市政府大厦中的林赛政府还给一些非常麻烦的街头组织者现金。这些组织者们向受惊的市政官员们保证,他们,仅仅是他们不会在纽约纵火。恐吓和勒索这些胆小的市政官僚的过程遭到"新记者"汤姆·沃尔夫(Tom Wolfe)的嘲笑。沃尔夫还用术语"激进主义的时尚"来刻画曼哈顿自由派社会精英们的风格。雷纳德·伯恩斯坦(Leonard Bernstein),这位纽约交响乐团的天才指挥家,对左翼政治事业的信奉与其狂热的指挥风格一样闻名。他在其豪宅中为暴力的黑豹党组织募捐,这一场景在沃尔夫辛辣的笔下被永久定格。

林赛是"社会动乱问题全国顾问委员会"幕后的真正力量。约翰逊总统1967年任命伊利诺斯州州长奥特·凯尔纳(Otto Kerner)为委员会主席,但正是林赛推动委员会成员和全体职员完成了一份强硬的、毫不留情的报告。* 这个通常被称作《凯尔纳报告》(*The Kerner Report*)警告,美国正在急速变成"两个社会——一个是黑人的,一个是白人的——分离而不平等"。委员会指责白人种族主义者应该对这种可怕的状况负责。该报告受到主流媒体的广泛欢迎,被看作是"历史性的"[1]。

它当然是历史性的。这是一个总统委员会首次决定把社会状况归咎于大多数美国人民。本质上,委员会成员力图建立一个新的民族。

---

* 奥特·凯尔纳被提名为联邦法官,不过很快有人发现他当州长时受贿。他因为17项受贿、阴谋、做伪证及其相关指控被审讯、定罪并被送入联邦监狱。

为达成该目的,他们热切地接受了林赛的曼哈顿自由主义。"请在意",是他们要求结束社会分裂的呼吁。他们要求商业机构、慈善组织、教会与市民拿出更多的时间、更多的金钱,来解决国内的少数民族贫民窟问题。

《凯尔纳报告》在其公布时很少受到批评。批评报告只会被指控为种族主义。不过,回过头来看,它显然忽略了1940—1970年间美国黑人所取得进步的一些明显标记——预期寿命(延长了10年)、家庭财产(增加了15%)、收入(上涨了150%)以及白领工作岗位(增加了17%)。[2] 林赛对报告写作者们的激励,没有为记录城市骚乱的受害者们的遭遇留下什么余地。[3] 数千家小商贩被赶出了我们国家城市的中心区。这些小商业活动给社区提供了就业和生机。它们与教会一起,构成了社区。市政府及其全国范围的合作者们放任暴力赶走这些稳定的居民。他们这样做时,也播下了贫穷、暴力和绝望的种子。

约翰·林赛对这些人视而不见。相反,他还采用了激进的勒索者们的艺术性辞令。在民主党国会试图削减联邦对城市的援助时,他警告说:"如果我们的城市发生暴力事件,华盛顿那些总是无视我们请求联邦援助的人,必须为此承担他们相应的责任。"[4]

仿佛受到暗示一样,一伙年轻的骚乱者在林赛发出邀请后洗劫了曼哈顿一周。这些"邻里青年俱乐部"的成员们砸坏了具有历史价值的伍尔沃思大楼的窗户、踩踏汽车、滋扰妇女,并抢劫街头小贩。[5] 城市的"骚乱"并未止于财物损害以及粗暴地对待行人。激进的言辞带来了更为激进的行动,城市警察逐步变成了袭击的目标。那位6.5英尺高的市长对少数市民们的活动毫不介意,不过他在应对城市其他少数民族社区时,却畏缩了。对于波兰人、意大利人、希腊人和斯拉夫人而言，他没有什么吸引力。

他为正式打电话通知遇害警察的寡妇们感到苦恼——当然不是出于悲伤。寡妇们总是相信她们被杀的丈夫们一直说的那样，是市长阁下与其容忍的政策，导致街头暴力更为激烈。一个市长助手回忆说："她们接他的电话时什么都不顾，她们向林赛咆哮，并痛加谴责，因为她们的丈夫们是在少数民族居住区被射杀的。她们要他对死者负责。林赛脸色苍白地挂掉电话，你能看出他的痛苦。"[6] 林赛自我解嘲说："你们从来没有在医院看过一个牺牲的警察，他的遗孀看我的神态如同我是凶手一般。"[7]

1972年4月，一个电话伪称一名官员被枪杀了，于是纽约警察局的警察们袭击了哈勒姆（黑人居住区）的一栋建筑。警察们不知道这座建筑是"伊斯兰第七号清真寺"，同时也是马尔科姆·X（Malcolm X）被穆斯林教徒暗杀前布道的地方。警察们被刘易斯·法拉汉（Louis Farrakhan）的"伊斯兰国家派"的愤怒成员所包围。有人在清真寺人群拥挤的楼梯附近开枪。巡警菲利普·卡蒂洛（Philip Cardillo）中弹倒下。哈勒姆区的国会议员查理·兰格尔（Charlie Rangel）、法拉汉随后赶到。他们与林赛政府的官员们一起，当场轰走了白人警察。[8] 兰格尔与法拉汉威胁警察说，如果他们继续待在那里，将会爆发一场骚乱。高级警官都是林赛的人，他们掩盖了卡蒂洛枪击案的细节。不许弹道专家去现场，这对于罪行调查而言是前所未有的事情。[9] 巡警卡蒂洛伤重不治后，市长林赛和他亲手选拔的警察专员没有出席葬礼。"我想他们不敢来。"卡蒂洛的遗孀说。[10] 此前，从来没有一个市长会拒绝出席一位在公务中牺牲的警官的葬礼。

紧随伟大的民权法案通过的那些年份，可能是美国种族关系中的黄金岁月。但如果不考虑全体美国人民的这个非凡成就，太多有主张的领导们让普通美国人确信，他们根本没有关心数百万人对安全而有效率的学校的向往，对远离毒品贩、妓女和小偷小摸行为的邻里生活的期盼。用种族主义借口指责正派的、遵纪守法的美国人，宽恕少数民族社区内少数人确切的犯罪活动，由于这些行为，这些领导人丧失了他们选区民众对他们的信任和喜爱。

约翰·林赛早就退休了，他后来指责美国白人"并不在意"。这对林赛而言是难过的，对美国而言则是不幸的，真正能改善种族关系的机会失去了。林赛的纽约同胞们彻底地报复了他对他们的蔑视。

2. "'鹰'已经着陆！"

在1969年的7月酷暑中，75万至100万人聚集在佛罗里达州肯尼迪角，目睹了阿波罗11号发射升空。[11]人群中有许多外国记者。"这才是我们所爱的美国，完全不同于在越南作战的美国。"一个捷克记者写道，他们的国家前一年夏天遭到了苏军坦克的蹂躏。[12]苏联官方报纸《真理报》向"这三个勇敢的男人"致意。《法兰西晚报》的特别版卖出了150万份，而德国的《图画报》则更为骄傲地精确地算出，在57位阿波罗管理者中，有7个人，或12%生于德国。[13]

在这个历史性登月飞行的前一天，尼克松总统计划与阿波罗11号的宇航员们共进晚餐。美国宇航局（NASA）的首席医生查尔斯·A.伯里（Charles A. Berry）博士否决了这个安排。他告诉新闻媒体，尼克松与数百人接触，很可能在毫不知情的情况下把疾病传染给宇航员。[14]宇航员弗兰克·鲍曼（Frank Borman）认为，医生言过其实，"完全是无稽之谈",不过他没有要求伯里收回决定。鲍曼想:"如果有人在月球上打喷嚏,人们会怪罪总统的。"[15] 就在阿波罗 11 号的宇航员们离开地面,准备人类第一次在地球以外的球体上着陆时,身后就是这些不信任的气氛。

1969 年 7 月 20 号,星期天。宇航员迈克·柯林斯（Mike Collins）在哥伦比亚号航天飞机上独自绕月飞行。他几乎是很随意地对任务指挥者内尔·阿姆斯特朗（Neil Armstrong）与布兹·阿尔德林（Buzz Aldrin）说了声再见,他们乘坐的月球登陆舱就分离了。名为"鹰"的月球登陆舱样子很丑陋。阿姆斯特朗与阿尔德林要实现人类的首次登月。哥伦比亚号航天飞机、"鹰"号月球登陆舱与三位美国宇航员共同组成了阿波罗 11 号使团。

"你们在月球表面上要从容点,"柯林斯冷静地提醒他的同伴们,"如果我听到你们膨胀了,我就要骂你们。"[16] 几分钟内,阿姆斯特朗将奋力控制他的太空舱,以避开月球环形山的锯齿状岩石。控制"鹰"下降的火箭搅起大量灰尘,模糊了他的视野。努力绕过危险障碍物的飞行耗费了宝贵的燃料,有一刻差点使阿姆斯特朗造成人类首次月球着陆行动的失败。[17] NASA 的飞行主任基尼·克兰茨（Gene Kranz）回忆说:"全体宇航员都没有反应。他们太忙了。我感觉他们正全力以赴,从他们开始手动控制后我就感觉到'他们真棒'。我一边画十字架一边说'上帝保佑'。"[18]

阿姆斯特朗关闭了他的火箭,在几乎察觉不到的情况下降落了。没有得到提示,他向等待中的世界发回信号:"休斯敦,这里是宁静基地。'鹰'着陆了。"[19]

10 年前,美国试飞员精英会曾笑话航天员是"罐装的火腿肉"。

第十章 独一无二的尼克松（1969—1974）

宇航员们，并不总是亲切地被比作汉姆——一头被国家宇航局送上太空并安全返回的猩猩。*不过此刻，阿姆斯特朗证明了他具有美国最好的试飞员们所具有的那种最令人羡慕的、最难以捉摸的品质：正确的素质。**那晚，在阿灵顿国家公墓，有人在约翰·F.肯尼迪墓前放了一束花，并附上了一句未署名的话："总统先生，鹰着陆了。"[20]

在得克萨斯州休斯敦，阿姆斯特朗的宇航员同事查理·杜克（Charlie Duke）回答阿姆斯特朗传来的平静声音："收到，宁静基地，你们要让一群家伙们郁闷了。我们终于能再次呼吸。谢谢。"[21] 杜克知道这个世界所不知道的事情："鹰"在月球的着陆实属九死一生。如果阿姆斯特朗未能找到一块着陆平台，如果鹰倾覆至侧翼，他和布兹·阿尔德林将因氧气耗尽而判处死刑，在痛苦中缓慢死去。那个噩梦将会在6亿人的注视下发生。[22]

登陆月球不仅是美利坚合众国的胜利，也是自由的胜利。8年前，约翰·肯尼迪总统开始迎接尼基塔·赫鲁晓夫总理的太空竞赛挑战。总统重新界定了太空竞赛，将目光瞄准月球。在生命的最后一天中，肯尼迪谈到巨大的阿波罗项目时说："他们把帽子扔过了太空墙，我们没有选择，只能跟进。"[23]

倘若苏联人抢先登月，可能会产生难以计算的后果。他们取得的一切成果都是在秘密状态下完成的，资源的大规模的和专一的转向都只能由无情的独裁者决定。任何人胆敢质疑苏联的空间项目，他将会听到克格勃的敲门声。如果苏联赢得了登月竞赛，遍布世界的无数人

---

* 美国人不仅因苏联人造地球卫星进入太空的打击而感到震惊，同时惊骇于苏联的太空狗莱卡在吃完最后一顿食物后将死去。苏联人在食物中放了毒药。

**《正确的素质》是汤姆·沃尔夫所写的一本关于美国早期宇航员的伟大著作。

将会得出这样的结论：赫鲁晓夫是对的，苏联的确埋葬了美国。

世界已经知道，1967年1月27日，佛罗里达发射台上的一场大火烧死了宇航员维吉尔·格里索姆（Virgil Grissom）、爱德华·怀特（Edward White）与罗杰·查菲（Roger Chafee）。本来进行的是常规测试，但全氧登月指挥舱中的一粒火星瞬间将之变成地狱。温度在几秒钟内升至2500华氏度。[24] 世界关注着对这场灾难的详细调查，调查使得阿波罗项目被迫延迟18个月。整个项目不得不重新进行设计。美国仿佛在100码的冲刺中，跑到80码时伤了一条腿。苏联勉强地承认，在"索鱼兹"（Soyuz）飞船首次飞行撞上地球时，宇航员弗拉季米尔·M. 科马若夫（Vladimir M. Komarov）失去了生命，不过他们迅速掩盖了失败的秘密。[25]

肯尼迪已经作古，赫鲁晓夫被赶下了台，但是超级大国的竞争仍在持续。苏联共产主义头目L. 勃列日涅夫通过新的"缓和"（détente）政策来寻找获取西方技术的通道。"缓和"是一个法语词汇，其意是"张力的缓解"。[26] 这是一种含蓄的示弱。不过，他向苏联的共产主义者同伴们吹嘘，空间将把苏联经济带入21世纪。[27] 整个1968年，美国被国内的骚乱和暗杀弄得心烦意乱时，苏联发射了"崇德"（Zond）绕月探测火箭。[28] 这绝不意味着他们已经退出了空间竞赛。

当苏联在征服空间的竞争中领先时，共产主义无神论意识形态也会赢得一个巨大的胜利。"当人类征服了宇宙，"马克思主义历史学家蔡娅·斯威尔蒂洛娃（Zheya Sveltilova）说，"他就会学习相信自己。依赖任何自身以外的力量是荒唐可笑的。相信上帝的人们现在将会抛弃上帝。这种相信既不符合逻辑，也不符合自然。人将比上帝强大。"[29]

不过，随着阿姆斯特朗的安全着陆，美国的胜利得到了保证。当

第十章 独一无二的尼克松（1969—1974）

他从通往月球的梯子上下来后，阿姆斯特朗平静地说："这是个人的一小步，却是人类的一大步。"[30]

与此同时，在月球飘移舱中的布兹·阿尔德林，以其自己的独特方式平静地观察着这个历史性的场景。阿尔德林一直对陪同爱德蒙·希拉里（Edmund Hillary）爵士登上珠峰顶部的尼泊尔夏尔巴丹增·诺盖（Tenzing Norgay）印象深刻，诺盖曾清扫雪地以腾出地方向上帝表达谢意。[31] 现在，阿尔德林倒出葡萄酒，在月球只有地球1/6引力的作用下，酒液几乎跑出他的小杯子。[32] 他手拿着薄饼，静静地读着从《约翰书》上摘下的话：

> 我是葡萄树而你是葡萄枝，
> 无论是谁，心中有我，我心中有他，就会产出更多果实；
> 离开我，你就会一无所获。[33]*

在越南漫长、拖延而无结果的战争硝烟中，在国内被看似不可修复的分裂所困扰时，成功登月真是一件大好事。韦纳·冯·布劳恩（Wernher von Braun）博士一度当过希特勒的火箭科学家。现在作为一个美国公民，他信心十足地谈起了将来："我想……用摩西十诫来应对技术革命所带来的和将要带来的问题完全足够了，不需要任何修

---

* 在前一次圣诞夜，阿波罗8号宇航员在探月飞行时阅读了《创世纪》，不安的航天局官员们下令阿波罗11号的宇航员们不要在月球表面说有关信仰的话，神学家马德林·莫雷·奥海尔随后起诉了NASA。不过CBS的沃尔特·克伦凯特得知这个有关月球的第一次交流后，将之公开了。最高法院后来没有受理奥海尔案件。（资料来源于詹姆斯·汉森的《第一人》，第487~488页。）

正。"[34]

并非每个美国人都这么看。"你们整个夏天都在狂欢,"激进主义作家诺曼·迈勒(Norman Mailer)说,"他们占有了月球。"[35] 迈勒似乎在为日益高涨的反传统文化而责怪他的同胞们。这是一种抛弃了以约束、成就与动力为特征的正统世界的亚文化。激进主义者抨击这个正统世界正在将美国带向法西斯主义。意味深长的是,迈勒只是说"他们占有了月球"。他没有与无数美国人一样感到满意与自豪。他在表达一种作为年轻人反叛运动旗帜的疏离感。

到 1969 年为止,诺曼·迈勒已有 10 多年的时间一直在说"陌生的国家"。这个天才小说家 1957 年写过一篇有影响的文章,叫作《白奴》。他在文中写道:

> 唯一提神的答案是从社会中分离出来,不带任何根基地存在,带着自我反叛的诫命,开始那未知的旅程。不是反叛就是服从,不是美国夜生活中狂野西部的边境居民,就是古板守旧的细胞,深陷于美国社会的极权主义问题中。……无论是不是罪犯,这个决定都是鼓励内在的反社会人格。[36]

迈勒并不是释放抽象的疏离号召,以使自己变成一个哲学的反叛者。不是这样,迈勒直率而厚颜无耻地说:"对于两个 18 岁的强壮流氓而言,击打糖果店管理者的脑壳不需要勇气……也需要一种勇气,因为加害的不仅仅是一个软弱的 50 岁男人,而且是一种制度,他侵犯了私有财产,与警察形成了一种新的关系,将危险元素带入自己的生活中。因此流氓敢于胡作非为,不管行为多么残忍,完全不怯懦。"³⁷ 200 年前，这种观念在巴黎的沙龙上引起激动的颤抖。他们使无辜者血流成河，如同 1969 年后的几年中他们将做的那样。迈勒的恶毒文章使其成为美国的马拉。迈勒详尽地写作了登月尝试。他的著作《月球之火》探索了他认为的这一事件的深层含义。在提到成功登月是英国新教徒（WASP）的智力胜利时，迈勒的话被广泛引用。正如激光，因其是如此之褊狭，故能达到不可思议的远处。*

在迈勒的激励下，年轻的反叛者们以许多方式，对赢得登月竞赛胜利的年轻工程师和技术人员们的旧衬衣和短平头，表达了他们的蔑视。在"鹰"登陆的那个夏天的早些时候，纽约市一家酒吧内爆发了一场骚乱，骚乱持续了数天时间。石头墙旅馆是格林尼治村的一家受欢迎的酒吧，同性恋者与扮成女性模样的男妓们频繁光顾那里。³⁸ 在 1969 年，纽约州法律禁止男扮女装或男人与男人跳舞。为嫖娼拉皮条与鸡奸也是非法的。石头墙旅馆的顾客们不满连黑手党都有他们下流的沙龙这一事实。³⁹ 他们害怕几乎不在酒吧水盆冲刷的脏酒杯会传播肝炎。⁴⁰ 但大部分同性恋者更憎恨他们所认为的警察迫害。1969 年 6 月 28 日，当警察例行"突袭检查"时，一场混战爆发了。易装的男妓们拒绝安静下来。他们用酒瓶与砖块砸向警察。美国现代同性恋运动由此拉开了序幕。以"抨击"诗歌闻名于 20 世纪 50 年代的阿伦·金斯伯格（Allen Ginsberg）在骚乱后现身，他宣称同性恋者有权如此。作为一名同性恋者，金斯伯格赞扬骚乱者，称他们已经失去"10 年前受伤的外表"⁴¹。这个新的挑衅使很多人惊恐。"情况完全变了，"一

---

* WASP 是尖刻的迈勒称呼白种人盎格鲁·萨克森新教徒的缩写。在美国国家航天总局（National Aeronautics and Space Administration，NASA 又称美国宇航局）的科学家与工程师中只有部分人是这种情况，现在 WASP 比例更少了。

个警察局副巡警官说,"他们忽然间不再俯首帖耳。"[42] 这个巡警官、他的巡逻队和无数率直的美国人对媒体和"权威机构"纵容社会反叛行为的做法极为怨愤。

为急于表现他们的"欢呼"姿态并从年轻人日益高涨的反叛情绪中获益,CBS(哥伦比亚广播公司)雇用了左翼激进主义者吉姆·福拉特(Jim Fouratt),与反叛文化的代表詹妮斯·乔普琳(Jamis Joplin)*、朱迪·芝加哥(Chicago)、桑塔娜(Santana)进行联络——这些艺术家们与哥伦比亚广播公司签约。[43] 福拉特是石头墙的同性恋政治活动家,他与激进主义领导人阿比·霍夫曼(Abbie Hoffman)、阿伦·金斯伯格、杰里·鲁宾(Jerry Rubin)关系很好,因此高兴地接受了这份新工作。[44]

诺曼·迈勒说起这个狂欢的夏天时,毫无疑问,他心中记住了那时的文化反叛事件。1969年8月,在麦克思·雅斯格(Max Yasgur)位于纽约州北部的奶牛农场上,25万年轻人聚集到那里,倾听那时当红摇滚乐队和艺术家们的演出。这个名为"伍德斯托克"的音乐会是以大约50英里开外的小镇伍德斯托克来命名的。[45] 庞大的人群在雨中、泥中、大麻烟中狂欢,为舞台上每一次挑衅般的叫喊而欢呼。这次狂欢节中,有两人死亡,同时也有两个小生命降临人世。[46] 在伍德斯托克演出的艺术家们是美国摇滚乐的真正名人:琼·贝兹(Joan Baez);带子乐队(The Band);杰夫·贝克组合(the Jeff Beck Group);血、汗与泪组合(Blood, Sweat & Tears);保罗·布特菲尔德布鲁斯乐队(Paul Butterfield Blues Band);罐头

---

* 为弄清细节,作者很久以前曾在一群显赫的人中单独约见了显赫的乔普琳小姐。

第十章 独一无二的尼克松（1969—1974）

热乐队（Canned Heat）；乔·柯克（Joe Cocker）；乡村乔和鱼乐队（Country Joe & the Fish）；克里登斯清水复兴合唱团（Creedence Clearwater Revival）；克罗斯比、斯蒂尔斯、纳什与杨乐队（Crosby, Stills, Nash&Young）；感激的死者乐队（the Grateful Dead）；阿罗·古斯利（Arlo Guthrie）；基夫·哈特莱（Keef Hartley）；里奇·海文斯（Richie Havens）；吉米·亨德里格斯（Jimi Hendrix）；不可思议的绳子乐队（the Incredible String Band）；詹妮斯·乔普琳（Jamis Joplin）；杰弗逊飞机乐队（Jefferson Airplane）；山脉乐队（Mo-untain）；奎尔（Quill）；梅兰妮（Melanie）；桑塔娜（Santana）；约翰·塞巴斯蒂安（John Sebastian）；沙娜娜（Sha-Na-Na）；拉维·山卡（Ravi Shankar）；淘气包与家庭之石乐队（Sly and the Family Stone）；伯特·索迈尔（Bert Sommer）；甜水乐队（Sweetwater）。[47] 批评者们把这次巨大的集会看作是"在泥浆中发情"而严加斥责。*

"美国中间阶级"中许多人是依法纳税、遵纪守法的稳定可靠的老百姓，他们的娱乐品位与众不同。他们晚上喜爱看"罗文与马丁的笑料"喜剧节目、"Heehaw"杂耍、连续剧《海军陆战队员戈墨·派尔》、西部片《好运》。他们看到溅满泥浆的摇滚乐迷们在抛弃美国价值的基本原则时，对此深感厌恶。自由恋爱与随意吸毒的恐怖故事，促使正统的人进一步疏离时尚。耶鲁大学法学教授查尔斯·雷奇（Charles Reich）出版了一本美妙的书《绿化美国》（*The Greening of America*）。[48] 该书招来热烈的评论。雷奇断言，一场文化革命正在到来，

---

* 在1998年对美国海军学院的学生演讲时，这位作者指出，如果说伍德斯托克演出可以定义为美国新一代的生活方式，那么1/4世纪前，诺曼底登陆则是他们父母一代的生活定义。

出现了一种基于感官的新式美国文明。雷奇对自由的界定抛弃了所有旧的性与道德的约束。清醒与勤勉是老派社会的东西。激进主义者叫嚣，"如果感觉不错，就做吧"。他们对美好感受的赞美让无数美国人感觉非常糟糕。

当"梅莱大屠杀"的报道在1969年浮出水面时，文化反叛主义者感到他们对美国制度的鄙视是正确的。威廉·凯利（William Calley）中尉被军事法庭指控在南越梅莱小村屠杀了22名平民。[49] 屠杀事件发生在1968年，紧随越南共产主义者春节间的凶残攻击之后，但是没有理由能为杀害手无寸铁的妇女、儿童与老人辩护。激进主义者把凯利看作传统社会的代言人。这些批评者们指责说，凯利是既有制度不可避免的结果。一些美国人不相信屠杀事件。* 大多数美国人相信对我们士兵的战争罪指控是可信的，并深深为此感到痛苦。还有一些人指责说，梅莱事件不是反常现象，而是湄公河三角洲美军的典型行为。** 当然，批评者们把陆军二级准尉休·汤普森（Hugh Thompson）排除在外。正是汤普森看到了杀戮，并将他的直升机降落在凯利手下与危险的村民们之间。汤普森冒着自己与机组人员的生命危险，救下了数百名必死无疑的南越村民。[50]

显示梅莱死难者尸体堆积在沟渠中的各式招贴困扰着美国神话。问：有孩子么？答：有孩子。这段话摘自军事法庭凯利案卷宗。数千份这种招贴被张贴到大学生宿舍的墙壁上，以道德十字军的名义来反

---

* "从来没有发生过，而且即便如此，他们也是该死"，一个聪明的作家嘲笑那些对梅莱的混乱与不信任的反应。

** 年轻中尉约翰·凯里（John F. Kerry）在国会的作证控诉了美国军队在越南例行公事地犯下了"战争罪"。

第十章 独一无二的尼克松（1969—1974）

对战争。没有任何有关越南共产主义者在顺化生生活埋数千南越人的招贴。也没有招贴赞扬二级准尉汤普森的英勇行为。

这个狂欢夏季的另一起事故与幸存的肯尼迪兄弟的名声有关。罗伯特·肯尼迪被杀身亡后，其弟弟参议院的爱德华·肯尼迪拒绝参加1968年的大选竞争。1969年，他参加了在马莎葡萄园的一个热闹聚会。5位单身女子和6位已婚男人——所有人都曾参加过罗伯特·肯尼迪的总统大选活动——来此野餐、饮酒。其间肯尼迪带着年轻的玛丽·乔·库普契尼（Mary Jo Kopechne）离开了聚会，前往埃德加顿渡口。1969年7月19日凌晨，肯尼迪的汽车在查帕奎迪克冲下桥梁，沉入漆黑一片的河水中。[51] 肯尼迪成功逃脱，但一直拖延了10个小时才报警。库普契尼曾是罗伯特·肯尼迪总统大选队伍中的"开水房女郎"。她淹死在肯尼迪的深蓝色奥兹莫比尔车中。

这则新闻被披露时，正是内尔·阿姆斯特朗将"鹰"号月球舱登陆在月球表面的同一天，因而全世界没有充分注意到马莎葡萄园事件的意义。"月食"使媒体未能就此进行深入分析。没有人提问，为什么肯尼迪不合常理地拖延呼救，为什么官方奇怪地决定不对库普契尼进行尸体解剖，为什么马萨诸塞地方援引法律时"谨慎处理"。这与10年前CBS主持人爱德华·默罗（Edward R.Murrow）在经典电视节目"今日观察"（See It Now）中对犯错的参议院乔·麦卡锡进行强烈追究形成鲜明对照。肯尼迪显然从中受益了。他在马萨诸塞的可怜演讲是约翰·肯尼迪的遗产保护人泰德·索伦森（Ted Sorenson）帮助起草。演讲回避的问题与其回答的问题一样多。肯尼迪在查帕奎迪克的行为10年之内未被深究，直到他竞选总统时为止。那时，许多疑问已经不会触及问题的实质了。

3. 沉默的大多数

理查德·尼克松从来没有说过他有一个结束越南战争的"秘密计划"。而这是一个批评者对他的指控。事实是，尼克松保证将美国带出直接参与南越战事的泥潭，同时不让这个国家落入共产主义之手。尼克松宣誓就职时，有 535 000 名美国年轻人在越南。这支庞大的军队是林登·约翰逊总统从 16 000 人基础上逐步发展起来的。约翰逊总统采纳了国防部部长罗伯特·S.麦克纳马拉设计的逐步升级战略。

面对大规模的示威游行，尼克松 1969 年 11 月走到前台，发表了他准备在东南亚将战争"越南化"的计划。所谓越南化，尼克松指要求南越军队自己保卫家园。美国将继续提供空中支持、海上支持，当然还有金钱支持，以免南越落到共产主义的北越手里。

朝鲜战争时期，道格拉斯·麦克阿瑟将军曾向无数美国人发表演讲，他说"胜利无可替代"。然而美国的政策制定者们知道，当美国被拖入与有核武器的红色中国或者苏联，或者与两者同时直接对抗时，他们所打的"局部战争"很可能演变为世界大战。为避免这种危险，约翰逊政府与尼克松政府都寻求保护东南亚的有限目的。

尼克松提到过，美国人中"沉默的大多数"支持他逐步从越南撤军。1969 年 6 月，尼克松曾下令 25 000 人规模的军队从越南撤回。1969 年 9 月，又有 35 000 人奉命回家。[52] 盖洛普民意测验表明，75%的美国人完全支持尼克松的越南化政策。[53]

这一事实未能阻止反战示威者。极端的反战者似乎暗示美国人民，他们反对的是美国领导者们的罪行。激进主义者把美国写成"Amerika"。用德语拼写国家名字，旨在将美国与丑恶的希特勒政权

第十章 独一无二的尼克松（1969—1974）

联系起来。连自由派反战专栏作家大卫·布洛德（David Broder）都已经看出，那些组织盛大反战抗议的人有非常深的反民主情绪。[54] 巨大的反战示威游行不再仅仅是宣泄不满，不再是努力劝说，而是竭力阻止政府执行政策。年轻的反抗者们包围五角大楼、塞住华盛顿特区的街道，高呼口号"停车"。他们焚烧美国国旗，甚至用燃烧的候选人卡片照亮热闹的集会场所。

尼克松总统发现，很难理解让他卷入其中的年轻人的反抗行动。尼克松是一个孤独的、没有幽默感的人，他不会同年轻的抗议者开玩笑。就这一点而言，他完全不像加州州长罗纳德·里根。里根面对在伯克利造反的愤怒学生时，应对自如，从容不迫。他们警告一场"大屠杀"（bloodbath）。里根回答说，他们可以从洗澡（taking a bath）开始。[55] 学生们阻塞人行道并向他怒目圆睁时，里根踮起脚尖从他们身边走过，手指放在唇边，发出"嘘（安静一点）"的声音。他的一些反对者们也忍不住笑出声来。[56] 从加州大学董事会开会出来，里根遇到学生们聚在一起喊口号。学生们猜得很对，里根来这里是为解雇他们的自由派长官，上涨他们的学费。他们高呼："我们是未来！"一直微笑的里根在便签上写了几下，然后将之举到他的豪华轿车车窗上，只见上面写着："我要卖债券。"[57]

尼克松总统只有一次，在1971年，试图接近包围白宫的抗议者。他在黎明时分出来，与整夜守在林肯纪念碑前草坪上的示威者交谈。他努力制造轻松气氛，与一些人谈足球，谈他们的故乡——但就是不谈他们来华盛顿的目的。[58] 尼克松羞怯而笨拙，虽然努力，但从来不能理解他的反对者。

当总统尼克松在1970年下令入侵柬埔寨时，反战运动狂潮涌起。

在他们看来，这是愚蠢的战争升级行为。他们指责尼克松将战争扩大至另一个主权国家。事实正相反。北越一直把柬埔寨用作攻击南越的集结地。伦敦著名的《经济学家》杂志直接看透了双重标准，记下了以下事实，即世界其他国家对共产主义者侵入柬埔寨的中立，"几乎不作一点抗议"[59]。北越共产主义军队从柬埔寨避难所入侵南越，杀死了数千人，包括许多美国人在内。尼克松告诉国民，他的行动只是进入，而不是入侵——只在于扫荡敌对行为的基地。美国军队在目标完成后就会立即撤离。

那些认为肯尼迪在古巴导弹危机时期使用"封锁"一词是聪明之举的自由派领导人，现在却把尼克松使用"进入"一词当作他奸诈的证据。对民主党人林登·约翰逊在越南布置庞大军力一直保持沉默的那些人，或者未将他们对美国战争政策的批评说出来的那些人，现在看到美国在作战中的牺牲达每周 300 人时，再也坐不住了。[60] 他们攻击尼克松没有进行制止。缅因州民主党参议员埃德蒙·马斯基（Edmund Muskie）指责尼克松"寻求军事方式，而不是谈判方式来结束战争"[61]。脾气通常比较温和的参议员王尔德·蒙代尔（Walter Mondale）迎头痛击尼克松。他说道："这不仅仅是悲剧的升级，它会扩大战争、增加美国人的伤亡，这还是彻底承认战争越南化政策的失败。"[62] 事实证明蒙代尔错了，随着美国在柬埔寨的行动取得成功，美国人的伤亡的确降了下来。[63] 进入柬埔寨使尼克松得以加快了美国从南越的撤军过程。

不过批评者们对事实不感兴趣。他们已经将自己以及追随者的情绪调动到狂热程度。在肯特州立大学，州长詹姆士·罗德斯（James Rhodes）下令俄亥俄国民警卫队遏制反对柬埔寨军事行动的学生骚

第十章 独一无二的尼克松（1969—1974）

动。年轻的士兵们神经过敏，在那儿向有威胁的抗议者开枪，打死了4个人。整个国家都为此而震惊——并围绕肯特州立大学惨案产生严重分裂。最红的作家詹姆士·米切纳（James Michener）在随后一年出版了《肯特州立大学：发生了什么，为什么会发生》（*Kent State: What Happened and Why*）一书。米切纳为年轻的卫兵们辩护，称他们害怕自己失去生命，因为叫骂、喧嚷、扔石块的示威者人数大大超过了他们。[64] I.F. 斯通（I.F.Stone）在畅销书《肯特州谋杀案：凶手为何不受惩罚》（*The Killings at Kent State: How Murder Went Unpunished*）中愤怒地驳斥了这种说法。[65] 除斯通的尖锐指责外，法律系统从来没有对造成学生不幸死亡的警卫队进行过谴责。后来有人发现，斯通数年中与苏联情报人员保持接触。有充分证据表明，这些情报人员是苏联间谍。他们替他买单。他在克格勃中以"俄式薄煎饼"出名。[66] 今天，我们或许可以用看波士顿惨案的眼光来看肯特案：一场骇人的、但却是可以避免的惨剧。

尼克松可以直接宣称大部分美国人支持他的战争政策。他以大国的术语看待冲突。他不想让美国变成一个可怜的、没用的巨人。[67]

在"沉默的大多数"的演讲中，尼克松为其越南的新方针强力辩护。不过他警告不要进行"贸然的撤退"：

> 美国军队从越南贸然撤退将会是一场灾难，不仅仅对南越如此，对美国、对和平事业也是如此。
>
> 对南越而言，我们的贸然撤退将不可避免地听任北越共产主义者再次进行大屠杀，15年前他们接管北越时就是如此。他们那时残害了5万多人，还有数十万人死于劳工营中。

我们把北越共产主义者去年进入顺化看作是南越即将发生的一切行为的序幕。他们在短暂的管理期间，实施血腥的恐怖统治，3 000人遭到棍打，被枪击至死，后被集体掩埋。

如果我们的支持突然终结，顺化城的暴行将变成整个国家的噩梦——对于共产主义者接管北越时，逃到南越的150万天主教难民而言，尤其如此。

对于美国来说，这是我国历史上的第一次失败，将导致对美国领导能力信心的崩溃，不仅仅在亚洲，而且在全世界。

三位美国总统已经认识到卷入越南的巨大危险，认识到我们必须要做什么。

4. 尼克松访问中国

在这个节骨眼上，尼克松准备打出中国牌。早在进入白宫前，他就写过，需要用新办法接近红色中国。到1971年，尼克松决定派遣国家安全事务顾问亨利·基辛格博士秘密访问北京。他想抓住中苏分裂的机会，使中国切断对北越的支持。基辛格使团以意大利探险家马可·波罗的名字命名，被称为波罗号。使团首先前往巴基斯坦。基辛格从巴基斯坦可以更为谨慎地接近北京。他与毛泽东、周恩来的七月会谈是在极端保密的情况下进行的。中国那时候刚刚从无产阶级文化大革命最初几年的高涨热情当中走出来。

当基辛格宣布与中国的友善关系时，这个消息震惊了世界各国及其领导人。尼克松取得了极大成功。不过并非所有人都为之感到高兴。

第十章 独一无二的尼克松（1969—1974）

没有谁比美国的忠实朋友——"中华民国"更为震惊与失落了。基辛格承认："没有哪个政府比台湾地区更不该遭受这一切。他们曾经是忠诚的盟友，他们对我们的行为堪称典范。他们的代表举止具有中国人民的可靠与精明的特点。"[68]

基辛格是现实主义者，他相信，美国已不再能在联合国大会上阻止多数成员国每年一度地投票支持中国取代台湾地区，不再能阻止中国获得安理会常任理事国席位。他认为美国不能继续想当然地把台湾"中华民国"视为大陆10亿人民合法的政府。

几十年来一直以"民族主义中国"著称的台湾地区，将很快被剥夺其在联合国安理会与联合国大会的席位，在美利坚合众国的大使级地位甚至也突然降级。基辛格在起草内容源自尼克松太平洋建议的《上海宣言》中扮演了关键角色。一切看上去都很令人满意，能保留下的东西都留下了。美国敦促中国与台湾地区和平相处，并继续与这个蓬勃发展的岛屿保持贸易关系，更为重要的是，美国继续给台湾地区提供用于自卫的武器装备。尼克松与基辛格没有料想到，他们能够或者应当做得比这更多。尼克松总统1972年对中华人民共和国的访问，是其任期内媒体关注的重点。他与夫人在长城上漫步，在一个盛大的北京国宴上向毛主席祝酒。尼克松的政治生涯是从谴责自由党人将中国"输给"共产主义者开始的。如今他回到了原地。此后，"尼克松去中国"被用以指称那些强烈地反对一种政策，却能忽然转脸又与之拥抱的精明政治策略。毫无疑问，有足够合理的理由重新评价美国的对华政策。乔治·华盛顿曾警告，不要缔结永久的联盟，也不要陷入永久的对抗。不过尼克松的方式——秘密、玩世与突然，还是使人们对美国的坚定、美国的目的、美国的原则产生了严重怀疑。

这同时也提出了关于美国政治进程中自由含义的严肃问题。当选民们1968年以绝对多数选举尼克松时，他们选择了什么？人民或他们选出的代表们在这个主要转变中充当了什么角色？什么也没有。没有人问过他们，他们的意见也没有被考虑。那些1950年在朝鲜战场同中国共产主义军队作战中牺牲的年轻士兵们，他们的父母如何理解总统用香槟向与美国军队以及整个联合国军开战的领导人祝酒？的确，有时需要发生某些变化，但是否必须采取那样的方式？为达成外交成果而欺骗公众，将成为尼克松的风格。尼克松的密友哈德曼（H.R.Haldeman）在一次与媒体的会见中，对基辛格建议说："在这个范围内，你只能撒谎。"[69]确实，能够在多大程度上撒谎，成为尼克松政府迫切要考虑的。

在对苏关系上，尼克松与基辛格采取了缓和策略。尼克松1974年在莫斯科与苏联签署了《限制反弹道导弹系统条约》，禁止双方布置反导弹防御体系（围绕两国首都的城市除外）。共和党人相信他们退回到了艾森豪威尔和杜勒斯时期的国策，以"互相确定的摧毁"（Mutual Assured Destruction）而著称。这个短语的缩写是"疯狂"（MAD），可谓恰如其分。处于美苏拥有数万件核武器的危险世界，安全只能依靠丘吉尔所说的"恐怖的平衡"来加以保证。尼克松还批准了与苏联签署的《限制战略武器条约》。

尼克松对美国人说，他决定不从越南撤军。不过，他似乎对中国人说，他准备那样做。[70]基辛格写道，中国人似乎比哈佛校园里的教授们能更好地理解美国的策略。71

尼克松经济政策的倾向更是令其对手们震惊,让朋友们吃惊。尼克松赞同保守主义经济学家米尔顿·弗里德曼(Milton Friedman)的看法,认为林登·约翰逊增加10%的收入所得税对于解决通货膨胀问题不起作用。到1971年,这个问题失去了控制。72 通胀不仅吞噬了中产阶级的积蓄,而且对于依靠保守派支持的总统选举构成特别威胁。

蒙大拿州民主党议员麦克·曼斯菲尔德(Mike Mansfield)推动国会两院立法,要授权总统建立工资和价格控制机制。尼克松有力地回应说:"政府固定物价不起作用,这个教训从未被认识。我不会使国家走工资和价格控制的道路。"民主党人应该料到他会如此说。他们这个计划的目的就是要使总统困窘,曼斯菲尔德和他的民主党同僚们知道,美国人民不会同意尼克松的自由市场经济政策。73

不过方案并未按照预期的那样起作用。尼克松径直走进了陷阱,引来了他的对手们。他令人吃惊地支持了立法。

尼克松在这个问题上的转变,部分是受到强有力的财政部部长约翰·康纳利(John B.Connally)的影响。几年前,康纳利曾是民主党的德州州长,在肯尼迪遇刺事件中逃生。尼克松接受了康纳利"冻结"工资—价格的建议,对贸易采取了保护主义的政策。74 一个作家将康纳利比作"凡尔赛宫里的德州牛仔,对于谁或为什么修建宫殿一无所知,毫不顾忌他的子弹会伤着哪里"。75 一个较公平的批评者指出,不是康纳利的德州,而是德州的康纳利。很多有见识的德州人可能已经告诉尼克松,工资和价格控制,如同油井的大火:开始容易结束难。尼克松并不想听这些,他无动于衷地说:"我们现在都是凯恩斯主义者。"[76] 他似乎并不在意，英国经济学家约翰·梅纳德·凯恩斯的学说是其保守主义支持者的诅咒。凯恩斯曾经倡导在经济低迷时增加政府支出，以用作刺激恢复的手段。尼克松沾沾自喜于，对经济问题的不满意率曾超过 70%，现在随着他在这个问题上立场的变化，令人震惊地下降了。美国人热情拥护对工资和价格控制的观念。在民意测验中，他们给予尼克松的经济政策超过 70% 的支持率。[77] 但这种短期内帮助了尼克松的好景不长，美国经济很快又跳水了。

20 世纪 70 年代的美国经济承受着过度控制和低投资的不利影响，1973—1975 年间是大萧条之后最严重的衰退。这将在尼克松遭遇水门危机时，适时地削弱着他的群众基础。黯淡的前景使无数美国人深信，他们子女的将来必定更困苦，正成长的一代经济机会将更少。愁云惨雾笼罩着这个国家，许多人向总统尼克松发泄着他们的不满。

尼克松不仅仅在中国与经济问题方面让其大部分忠实的支持者失望。一个总统委员会建议取消对色情出版物的大多数法规限制。虽然许多法律只是一纸空文，很难执行，但解禁令还是很快使整个国家色情出版物泛滥成灾。*

另一个尼克松提名的委员会，由劳伦斯·洛克菲勒（Laurance Rockefeller）掌管，研究人口增长问题。洛克菲勒委员会支持联邦政府资助的生育控制并废止反堕胎法。尼克松说他反对蓄意堕胎，但是他签署了 1970 年的《家庭生育计划和生殖健康法案》，此后，数十亿

---

* 从越南返回的战俘后来成为落伍者。许多人记录了他们在电影、书籍与舞台上所见所听到的色情场景，这些让他们感到震惊。纽约的电影批评者滔滔不绝地说着电影中的裸体情节！

第十章 独一无二的尼克松（1969—1974）

税收被用于计划生育。*

尼克松也试图改变联邦福利政策。他支持其内政顾问丹尼尔·帕特里克·莫尼汉（Daniel Patrick Moynihan）的动议。莫尼汉是一个自由民主党人，他奉承尼克松说，他是能贯彻大多数自由政策的保守主义者——如19世纪英国的本杰明·迪斯雷利（Benjamin Disraeli）曾做的那样。莫尼汉迫切要搞"家庭资助计划"，即变政府福利为向贫困家庭提供现金补贴。保守主义经济学家米尔顿·弗里德曼甚至提出"负所得税"。他想，如果政府能对高收入者征税，为什么不对穷人的收入进行补贴？[78]

控制了国会的民主党人阻止尼克松资助计划的任何举动（或许他们赞同莫尼汉，但担心如果尼克松变成美国的迪斯雷利，他们在国会中的优势地位将要失去）。普通的美国工薪阶层不喜欢福利，但他们更不喜欢其他人因不工作而得到收入这一观念。许多人问，如果养家糊口者的工作是多余的，这将意味着什么？**

尼克松支持或者起码不反对日益兴起的环境运动。这场运动由雷切尔·卡森（Rachel Carson）1962年的著作《寂静的春天》引发，并因从月球上拍摄的地球照片宛如一块"巨大的蓝色大理石"而得到极大的促进。参议员埃德蒙·马斯基是国会山这项运动的领导者。马斯

---

* 《家庭生育计划和生殖健康法案》获得民主党掌控下国会的认可。休斯敦的共和党议员乔治·H. W. 布什也是发起人之一。布什的支持为联邦政策向家庭方面的激进转变提供了一个温和的"封面"。资深的布什在这个法案通过中的关键角色，使他一直得不到保守派大众的信任。

** 在西雅图与丹佛进行的收入对维持婚姻测验的有力证据再次表明，福利对婚姻有重大影响。如果收入有保障，白人与黑人的离婚率将分别提高36%与42%。（资料来源：Murray, Charles, Losing Ground, pp.151-152.）

基巧妙地推动了洁净空气和水的立法。尼克松义不容辞地签署了这些法案，并授权成立一个新的环境保护机构。[79] 一些保守人士抱怨，第一个地球日——1970年4月22日——也是共产主义革命领导者列宁的百年诞辰日。不过，这场运动并非红色，而是绿色的。

尼克松时期也见证了新女权主义运动的主要进展。两党现在都认可一项宪法"平等权利修正案"（ERA）。尼克松的大老党（即共和党）数代人都一直支持这项法案。当伟大的1964年"人权法案"因弗吉尼亚州民主党众议员、隔离主义者霍华德·W.史密斯（Howard W.Smith）而修订时，它同时也禁止了性别歧视。史密斯"法官"曾指望不合法的性别歧视成为"杀手修正案"，它会减缓甚至使"人权法案"停滞。但那样的情况没有出现。相反，它为新女权主义提供了法律基础。

除"平等权利修正案"外，新女权主义者还希望有流产自由。*此前每个州的法令都曾视堕胎为杀人罪，现在一些州已通过立法使堕胎行为合法化。纳尔逊·洛克菲勒（Nelson Rockefeller）州长在纽约签署了一项激进法令，允许怀孕不足6个月的妇女可以因任何理由流产。加利福尼亚州州长罗纳德·里根尽管很痛苦，但也出于为母亲生命和健康的考虑，签字许可流产。在华盛顿州，支持者进行公民投票以使堕胎合法。州长丹·埃文斯（Dan Evans）认可了这种转变。洛克菲勒、里根和埃文斯代表了共和党内的多数意见。

民主党在堕胎问题上产生分化。许多黑人和西班牙裔的领导人提出反对意见。加州农场工会领导、美籍墨西哥人恺撒·查韦斯（César

---

* 19世纪许多女权主义者和妇女参政论者都强烈反对堕胎，最有名者为苏珊·B.安东尼。

Chavez)宣称,他基本的宗教信仰强烈反对堕胎。受人尊敬的杰西·杰克逊(Jesse Jackson)谴责堕胎行为是"对黑人进行的种族屠杀"。一些当选的民主党人也反对堕胎。密苏里州参议员托马斯·埃格雷顿(Thomas Eagleton)、威斯康星州参议员威廉·普鲁克斯迈尔(William Proxmire)、约翰逊政府的老兵约瑟夫·加利法诺(Joseph Califano)都是如此。马萨诸塞州参议员爱德华·肯尼迪,至少在其职业生涯中的这个阶段,宣称反对堕胎。也有民主党人在天主教大城市开动政治机器大规模地支持堕胎。因而民主党在自由堕胎问题上,既有强有力的反对者,也有同样有力的支持者。

看到草根阶层对自由流产越来越抵制,组织者提出新的策略,希望借助联邦法院,以代替去州立法机关或直接面对选民。华盛顿州针对堕胎的全民公决只有微弱的胜率——54%对46%。密歇根州的选民则用61%对39%的选票,直接拒绝了废止1972年州的堕胎法。北达科他州拒绝自由堕胎更有力,投票结果是77%比23%。[80]

在纽约以及其他一些州,废止堕胎法的努力刚起步。堕胎提倡者朱迪·布莱克(Judith Blake)表明,接近八成的美国人反对不加限制的堕胎。布莱克力劝她的支持者去美国高等法院,视之为"促进快速变化的唯一道路"。[81]

她争辩说,在这样一个重大问题上,民主不可信。女权主义者坚持认为,妇女的生育权利不应当服从于选民的许可的理由,同反对种族隔离主义不应当依赖南方白人选民的大多数一样。受到女权主义挑战的不仅仅是美国的民主。废止堕胎法无法满足一场容忍不了任何反对意见的运动中的最极端分子的要求。

激进主义作家苏拉米·费尔斯通(Shulamith Firestone)说,对于传统价值的攻击必须走得更远。"女权主义者必须质疑所有的西方文化，包括文化自身的结构，更甚至是自然的结构。"[82]

5. 1972年大选

尼克松总统是在强有力的位置中迈入大选之年的，但他感觉不到力量。他成功地使美国从南越脱身，并以抽签式兵役制代替征兵制，为美国城市和校园带来了宝贵的安宁。[83]要不是因为他的个性，他或许会成为战后最成功的总统。正如他多年的亲密同事布里斯·哈罗（Bryce Harlow）提到他时所说：人民不喜欢尼克松，因为他不喜欢人民。[84]

尽管如此，他在党内的重新提名只是遇到了象征性的反对。俄亥俄州保守派众议员约翰·阿什布鲁克（John Ashbrook）和加州自由派众议员彼特·麦克柯罗斯基（Pete McCloskey），在共和党初选中，对尼克松的堂吉诃德式挑战没有获得任何支持。相反，所有的注意力都聚焦于民主党人。

南达科他州参议员乔治·麦戈文（George McGovern）曾是自由反战活动的领袖。麦戈文有很大优势，因为他曾执掌过对党内总统候选人提名规则进行重大修改的委员会。麦戈文规则彻底改变了两党的提名程序。自1972年后，两党从州初选和党的核心层中选出党代会的绝大多数代表。党的"老板们"将不再支配党的执行领袖。在民主党内，这意味着提名程序将由自由派积极分子把持。对共和党而言，任何选择都要由保守的基层同意。

虽然参议员埃德蒙·马斯基已经在工会领导人、民主党当选官员以及最大限度的公众中有广泛的、有组织的支持，但他早期支持越战的活动还是使"竞选运动"的成员不满。他们更倾向于乔治·麦戈文。他们说，麦戈文在战争问题上"自开始就一直正确"。参议员休伯特·汉弗莱（Hubert H.Humphrey）与其1968年的竞选搭档马斯基都参加过国会的反战派，但这一事实没有为他们赢得从道德上指控他们的自由派的信任。

马斯基1972年的总统竞选活动在新罕布什尔州很壮观地崩溃了。二月的风雪时节，马斯基出现在《曼联领导者》办公室外面。马斯基对好斗的报纸编辑威廉·劳布（William Loeb）攻击他妻子的做法反应很强烈。电视评论员怀疑说，马斯基是否有当总统的稳定情绪。当然，这不过是一个荒谬的看法，众所周知，即使如乔治·华盛顿和温斯顿·丘吉尔那样的强人，也曾在公众面前落泪。然而，马斯基确实容忍了花岗岩州（即新罕布什尔州）那个易怒编辑的欺负。那人在首页"社论"中称他为"莫斯科的马斯基"。（更为糟糕的是，劳布称艾森豪威尔总统是"迟钝的德怀特"。）[85]

华盛顿州参议员、外号叫"铲子"的亨利·M. 杰克逊（Henry M. Jackson）加入了民主党候选人提名的竞争。杰克逊是"鹰派"，强烈支持抵御共产主义的挑衅。他为遭受迫害的苏联犹太人辩护。他与有组织的劳工和人权团体有过硬的关系。值得注意的是，杰克逊反对法院规定用公共汽车运送孩子上学以实现学校中的"种族平衡"。他被指控为伸张"白种人的强烈情绪"，不过他同时受到白人和黑人的支持，所有的民意调查都表明了这一点。[86]对运送学生上学计划的反对不会随时间的流逝而消退。1983年，一个黑人母亲对《纽约时报》说："这是对我们孩子的虐待，他们需要在附近上学。为什么要将孩子们连根拔起?白人却在上大学前一直在自己附近的学校里上学。这不公平,也不安全。这是该死的耻辱。"[87]

杰克逊和休伯特·汉弗莱进入1972年提名竞选非常晚,也极度缺乏组织,所以都被麦戈文横扫出局。具有讽刺意味的是,对乔治·麦戈文提名的唯一重大威胁来自前隔离主义者乔治·C.华莱士(George C.Wallace)。因为提名权不在党领导手中,他们无法否决华莱士。华莱士在民主党领先的地区竞选中赢得了密歇根州和不吉利的马里兰州。这位亚拉巴马州州长1972年5月在马里兰州劳雷尔(Laurel)遭遇暗杀。华莱士活了下来,不过却遭受极大痛苦,从此将不得不在轮椅上度过余生。他的受伤为麦戈文的提名扫清了道路。

麦戈文或许是这场被称为和平运动的一位不同寻常的候选人。他最早在公共部门的经历是,在22岁时成为"二战"期间的轰炸机飞行员。他博得了乘坐他所驾驶的B-24解放者号上更为年轻的机组成员们的尊敬和热爱。为向他的妻子爱莲娜(Eleanor)表达敬意,他们称飞机为"达科他女王号"[88]。因结婚和成熟,麦戈文在机组中几乎是父亲一样的角色。他带领他们完成一个任务又一个任务,穿过德军高射炮和致命的88毫米口径防空炮火的袭击,将他们安全带回位于意大利的基地。

在一次执行任务中,很多架B-24被严重打坏了,大声抱怨与无线电通话都在说这些"该死的黑人",种族主义情绪所指的是塔斯克基飞行员(Tuskegee Airmen)*,他们的工作就是保护飞得稍慢、更容易遭受攻击的轰炸机。当P-51野马战斗机黑人飞行中队(他们一直在

---

* 美国在"二战"期间组建了第一支全部由黑人飞行员组成的战斗机飞行队。——译者注

上空盘旋保护轰炸机）指挥员插话进来时，抱怨很快被打断了。司令说："你们为什么都不闭上嘴，白人小伙子们？我们都准备带你们回家。"[89] 野马中队赶走了德军战斗机，麦戈文的中队安全返航了。

从那以后，麦戈文成为"二战"老兵中伟大一代的成员，他们不论在哪儿见到种族歧视，都会加以反对。作为一名众议员和参议员，麦戈文是争取黑人平等权利的有力支持者。

麦戈文的提名大会在佛罗里达州迈阿密举行。这次会议比4年前芝加哥那场吵闹的集会要远为和谐，但它在组织方面并不是更好。麦戈文允许杰西·杰克逊进行挑战，后来又撵走了芝加哥实力派戴来（Dailey）市长率领的代表团。

由于程序的拖延以及疲惫不堪的代表们头昏脑涨，选择副总统候选人延迟了数小时。只有对政治最有瘾的人，才能熬夜到凌晨时看到密苏里州参议员托马斯·伊戈登（Thomas Eagleton）获得提名。这种延迟掩盖了代表中对伊戈登的反对情绪。伊戈登年轻、有魅力，是天主教徒，他反堕胎，与劳工组织有过硬的关系，并有很硬的民权记录。作为一名新参议员，他没有越南的记录。[90] 尽管如此，自由的激进派还是不满麦戈文的选择。他们在集会场所做出各种古怪的姿态，这些使他们看起来很不严肃，不可能成为治理国家的一个政党。

参议员麦戈文在民主党全国大会接受提名的演说也被拖到凌晨。他直到3点才开始讲话，此时大多数投票者早已经上床睡觉。[91] 那种成功的候选人所期待的，在全国大会后民意测验的支持率会"反弹"的现象一直没有出现。

麦戈文热情洋溢地召唤"回家吧，美国"，被看作是呼吁从越战中撤军。问题是尼克松的政策正将美国人从越南带回家。面对支持者要求改变口号的热切愿望,麦戈文说:"我们反对那种观点,即'爱美国,或离开它'。我们的回答是'让我们改变美国,这样我们会就更爱它。'"[92] 麦戈文的批评者们驳斥道,他和他的支持者们似乎在说,只有按照他们自己的设想改造美国后,他们才会爱美国。

毫无疑问,麦戈文在"二战"期间的记录是英雄主义的。当他为把欧洲大陆从纳粹手中抢回而努力时,几年里每天都要勇敢地面对死亡。1972年的美国公众很少知道这一点。*民主党不仅反对越战,还要减少美国在富兰克林·罗斯福、杜鲁门、约翰·肯尼迪时期热衷充当的自由战士角色。

麦戈文还不得不淡化他在1948年对共产主义骗子亨利·华莱士(Henry Wallace)的支持。尼克松那一年正忠诚地支持共和党人杜威**。

麦戈文—伊戈登的竞选活动几乎刚刚开始就结束了。有人揭露伊戈登曾经因精神抑郁而数次住院,令麦戈文的竞选负责人不寒而栗。麦戈文在南达科州布莱克山(Black Hills)新闻发布会上说,他"百分之一千"[93] 地支持他的竞选伙伴。麦戈文自己对那些曾遭受精神疾病的人真正不带任何偏见。当有人再次揭露伊戈登曾接受电击疗法治疗时,麦戈文听从了其顶级助手的劝告,换掉了伊戈登。由于他拒绝给出提示,参议员伊戈登被随便地从选票上拿掉了。纽约州的一位

---

* 与之相比,尼克松的竞选团队却披上了美国国旗的外衣。尼克松曾在南太平洋的一艘海军补给船上服役,他在玩扑克时赢了高达5 000美元的巨大数目。麦戈文领导反战运动,因此根本没有从战争英雄的位置中获得好处。尼克松在"二战"中的故事最后写在斯蒂芬·阿姆布鲁斯的畅销书《狂野的蓝色》中。

** 而有趣的是,罗纳德·里根正为哈利·杜鲁门的竞选奔走。

第十章　独一无二的尼克松（1969—1974）

民主党领导说到党的许多规则时，摇摇头并咕哝道"他们从选票上拿错了人"！政治家会忍受从其党派领导那里来的很多东西，但是他们不能忍受完全的无能。

紧接着，麦戈文手忙脚乱，寻找竞选搭档。因数次显著的拒绝而被公开羞辱后，他最后决定选择热情洋溢的萨金特·施赖弗（Sargent Shriver），他是肯尼迪的堂兄、和平公司的前任董事。施赖弗英勇不屈，但眼看着疾驰的列车奔向被洪水冲蚀的桥梁，束手无策。提名麦戈文的代表是按照严格比例选出来的——多少男性与女性，多少少数民族，多少城市和乡村人员。这种奇异的方式不可避免会挤出被有组织的劳工所支持的代表。美国劳工联合会与美国产业工会联合会（AFL-CIO）主席乔治·米尼（George Meaney）回应说不再支持麦戈文——没有一个现代民主党候选人曾被如此拒绝。[94]

总统政治此刻被西德慕尼黑奥运会所暂时牵开。这是德国自1936年希特勒奥运会之后再次承办奥运会。康拉德·阿登纳呕心沥血建立的现代、自由、民主的德意志联邦共和国希望借此展示其宽容和开放，因此不愿用神经紧绷的安全人员包围体育场。德国人不想让世界电视观众面对太多的武装人员。阿卜都德（Abou Daoud）是巴勒斯坦恐怖主义头领亚西尔·阿拉法特手下的一个中尉。都德和他的"黑色九月"绑架者潜进了奥林匹克村，他们绑架了11名以色列运动员。一场营救人质的行动失败了，都德的黑色蒙面袭击者拉响了手雷，并将之投进以色列运动员所在的地方，将他们全部杀死。慕尼黑惨案成为日渐兴起的恐怖主义幽灵被用作国际政治工具的忧伤见证。苏联慷慨地向

阿拉法特提供了资金和武器。⁹⁵ *

麦戈文在民主党内的对手们嘲笑他。其他民主党人以"堕胎、迷幻药（LSD）与特赦"的口号嘲弄党的候选人。他们提到了迷幻药和对逃避越战兵役者的特赦。在民主党内部，麦戈文被称为"麦古"（Magoo），这是一个近视的卡通形象，只知道永远在耙子上踏步。古老的罗马格言说"让他们恨吧，只要他们害怕"。没有人恨麦戈文，但也没有人害怕他。他们嘲笑他，这才是最不幸的。

麦戈文的团队似乎没有理解他们置身其中的战斗。他们派发巨大的招贴，上面写着"记住10月9日"。嘿！这个神秘的信息指尼克松1968年10月9日发表的演说，演说中这个挑战者说"那些有4年时间可以带来和平但却没有做到的人，不该享有另一次机会"。这种含混的提示不在棒球中，而是在沙壶球游戏中。即便是和平问题，对麦戈文而言的一根芦苇，被他在1972年10月26演讲中抓住不放，亨利·基辛格博士也以其浓重的音调宣布："我们相信和平已经握在手中。"基辛格那时正在与北越派往巴黎和谈的代表黎德寿磋商。

1972年11月7日，星期二，麦戈文遭遇了总统政治史上史无前例的失败。在林登·约翰逊击败戈德华特（Goldwater）8年后，共和党人尼克松拿走了除马萨诸塞州与哥伦比亚特区外的每一个州。对马萨诸塞州，乔治·威尔（George Will）曾有一句有影响的话，那里的大学教授要比登记的汽车多。

曾经有所担心，尼克松还是迅速积累了积分。他赢得了520张选

---

* 阿卜都德5年后在巴黎被抓获，但被法国当局释放。以色列情报部门摩萨德及时地追踪并杀死了策划与实施慕尼黑惨案的恐怖分子，只有一个人逃脱。

第十章 独一无二的尼克松（1969—1974）

举人票和 46 740 323 张选民票（占 60.3%）。麦戈文获得可怜的 17 张选举人票和 28 901 548 张选民票。麦戈文有气无力的竞选活动的典型特征，是来自纽约州常春藤联盟中一些年轻支持者们声嘶力竭的叫喊。当《纽约每日新闻》民意调查显示，这个南达科人在愚人村哥谭（即纽约）的支持率以 52% 对 48% 将尼克松边缘化时，他们欢呼"麦戈文在该城领先尼克松"！没有人有心向他们解释，民主党必须要获得纽约市超过 60% 的选票，才能抵消州北部以及长岛上共和党的力量。知道这些事情的人，即那些曾提名过获胜者如罗斯福、杜鲁门、肯尼迪的经验丰富的党内老政治家们，一直被这些聪明的年轻"麦古"们随意地领着方向。

"我因健康原因而离职——人们对我已经厌倦了。"从民主党密歇根州前州长嘴里蹦出这样令人吃惊的率直而有趣的话，在政治领域是很罕见的。*许多政治家深信人们爱他们，并认为他们值得人们的爱。理查德·尼克松没有这种错觉。他知道人们不喜欢他。[96]

这种不安全感总是使尼克松想得到过度的补偿。由于渴望探知民主党人在 1972 年大选中明显的混乱情况，尼克松显然希望从中"获取"一些信息。他的密探闯进了民主党全国委员会位于华盛顿水门饭店的总部。1972 年 6 月 23 日，正当这支低水平的窃贼队伍进入大楼时，被抓了个正着，尼克松宣称对整个事件毫不知情。不过，事后白宫的录音带无可辩驳地表明，他知道情况，而且在他向美国人民承认之前，早就知道这件事。他对此撒谎整整两年时间。

水门事件就这样出现了。或许他看到，泰德·肯尼迪阻挠获取查

---

* 这个机智的吉米·布兰查德后来担任克林顿政府时驻加拿大大使。

帕奎迪克真相的一切努力后，仍然被当作自由之狮一样受到欢呼。*他肯定也看到，丹尼尔·埃尔斯伯格博士前一年违反了联邦法，将五角大楼的文件泄露给《纽约时报》，仍然被当作"吹牛皮的人"一样受到欢迎。

在1971年围绕五角大楼文件的重要事件中，最高法院坚持认为，宪法第一修正案应该在大多数案件抵制事先预防（prior restraint）（事先预防是防止信息公开）。不过，这段历史中常常被忘记的一点是，最高法院的多数意见是，针对出版物的犯罪调查，可以在出版后进行。然而，还没有出现过这样的起诉案例。

执政早期，尼克松在白宫安装了一种新式的声控录音磁带系统。就这样，他将为自己的违法与欺骗行为提供资料证据。总统们如罗斯福、肯尼迪、约翰逊曾明显地录下过某些电话交谈内容，但是尼克松的系统可以记录椭圆形办公室的所有讨论。

在赢得对麦戈文无甚乐趣的胜利后不久，总统要求其所有内阁成员辞职。**艾略特·理查德森（Elliot Richardson）试图突破尼克松的内心防线："我希望以某种方式深入你的内心，这样你就能相信你真的赢了……你获得了压倒性胜利。"[97]理查德森后来担任过尼克松的健康、教育和福利部部长、国防部部长以及最重要的总检察长。他最终也没

---

* 当水门调查者围拢来时，尼克松对其下属说"我希望你们能像石墙一样挡住"。这是尼克松自己的表述，意思是阻止任何获得真相的努力。

** 对于一位获得继任选举胜利的总统而言，这是前所未有过的举动。改组是英国议会体制下的标准做法，但是引进得不好。尼克松出访巴黎归国后，还竭力以新的喜剧歌剧制服重新装备白宫卫兵。戴高乐总统威严华丽的共和国卫队给他留下了深刻印象。尽管他煞费苦心，尼克松卫队的新制服还是遭到了嘲笑。

第十章　独一无二的尼克松（1969—1974）

能穿透尼克松包裹在自己身上的盔甲。

白宫或许从来没有过比尼克松更不像样的男人。他在加州圣克莱门特（San Clemente）的沙滩上一边散步一边思考，任海水沾湿衣服边缘。他就着番茄酱吃松软干酪。他垂涎椭圆形办公室20年，一朝得手，却逃离到旧行政大楼的"逃亡"办公室。在那儿，他把空调开到华氏68度（20℃），却又坐在熊熊燃烧的壁炉前。他确实不知道怎么和人交谈。当竞选助手试图向这位著名的候选人介绍一些漂亮的空乘人员时，他回答道："哦，B-女郎（酒吧女）。"意识到犯了将之等同于妓女的错误后，他竭力掩盖说，B是指蒙大拿的毕林斯（Billings），即竞选飞机刚刚着陆的地方。[98]后来，在华盛顿每年一度的烧烤晚宴上，尼克松走到罗纳德·里根州长和他的客人身边。"你好，总统先生，这是卢·坎农，他写过一本关于我的书。"里根介绍说。尼克松小心地看着这两个男人，摇着他的杯子："好的，我会看看。"他离开后，和蔼的里根转身对加农说："卢，他刚刚在照顾我们。"[99]

描写这个有压迫感的人几乎也是一种折磨。他竭力给里根为竞选而往返各地的旅行餐会提建议。尼克松建议这个阳光地带的加利福尼亚人，在饭店房间吃饭，等到听众吃完饭你再进入大厅，这样会保持神秘感。尼克松热切地说，如果你和他们一起吃饭，你就会降低身份。里根倾听着、微笑着，毅然拒绝了尼克松的建议。里根真正喜欢他的听众，喜欢在演讲前和他们在一起。

肯尼迪激励美国人开始了向太空的伟大探索，但是尼克松现在停止了这项工程。他曾经说起过美国需要"去掉精力旺盛的梦"。除此外，太空还有什么用呢？尽管如此，他还是在1972年12月宣布，阿波罗

17号将是"本世纪的最后一次"登月。[100]

[宇航员杰克·施密特（Jack Schmitt）]不敢相信他的耳朵……他厌恶这些话——所以厌恶是因为这些话缺乏远见。这些话还是国家领导人说的！即使尼克松真的相信，他也没有必要在公开场合这么说，带走了一代年轻人的希望。施密特愤怒于在这样一个胜利时刻，他从任务中脱身出来，听到的却是如此打击人的话。在剩下的飞行中他将耿耿于怀。[101]*

大选后，尼克松不得不面对巴黎和平谈判的几近崩溃局面。和平不仅仅不在手里，而且看似比以往更加扑朔迷离。尼克松对南越首都河内发动了新的一轮狂轰滥炸。批评者们深信他为赢得大选一直在撒谎，谴责他的1972年"圣诞节轰炸战役"。** 关押在被戏称为"河内的希尔顿"的美国战俘们为这次轰炸而欢呼。他们后来说，轰炸给了他们希望。

释放战俘变成美国战争策略的一个中心目的。在得克萨斯企业家H.罗斯·佩罗特（H.Ross Perot）的帮助下，战俘问题在越战中比在美国此前的任何冲突中都更重要。佩罗特是美国海军学院毕业生，

---

* 滑稽的是，美国人最熟悉的或许是阿波罗13号使命的失败。飞船舱内的一次爆炸几乎使阿波罗13号灾难性地结束了飞行。这迫使宇航员吉米·洛威尔（Jim Lovell）、弗莱德·海斯（Fred Haise）与杰克·斯韦格特（Jack Swigert）在辅助动力的帮助下绕月，然后返回地面。他们安全返回的令人激动的故事是对美国人设计能力的褒奖，罗恩·霍华德的电影是好莱坞最好的电影。

** 那些责骂尼克松在1972年违背了圣诞节精神的人，对北越却没有一个字的批评。北越人在1968年当地春节期间袭击了南部。

第十章 独一无二的尼克松（1969—1974）

他利用与老同学的广泛关系，努力营救战俘。尽管行动失败了，但佩罗特使人确信，战俘和他们的家庭没有被遗忘。越战以来的美国战俘——如吉姆·斯托克戴尔（Jim Stockdale）、约翰·麦凯恩（John McCain）、杰雷米·邓通（Jeremiah Denton）以及比尔·洛伦茨（Bill Lawrence）——为他们自己和他们的国家赢得了荣誉。

20世纪50年代，当一小部分被"洗脑"的美国战俘在朝鲜敌对他们自己的国家时，美国震惊了。现在，美国人听到在拷打、饥饿、关禁闭等极端严酷环境中表现出"无畏精神"的故事，依然为此战栗。退休的海军上尉杰里·科菲（Gerry Coffee）告诉学校团体，只是靠强烈的基督教信念，才使他经受住了考验。[102] 前战俘们会笑对他们的苦难。约翰·麦凯恩说："他们没有在河内希尔顿的枕头中放过一块巧克力。"杰克·费洛斯（Jack Fellowes）甚至对虐待开了玩笑："我们没有被拷打制服，但是一些人确实有些弯了。"

美国人开始给越战俘虏荣誉，而此前的战争俘虏没有一个得到过荣誉。荣誉部分是对他们忠诚和忍耐力的褒奖，同时也是对以下事实的注解：当许多人质疑责任、荣誉、国家等过去的真理时，美国军方的这些人员用行动证明了它们是真实的。他们或许感到被美国所抛弃，但他们没有抛弃美国。他们见到过其他美国年轻人焚烧国旗，但他们珍爱它。他们完全配得上一个国家因感激而给予他们的所有赞美。

尼克松总统把政府的注意力集中到释放战俘问题上，这一点应得到肯定。尽管他因1972年12月的轰炸行动而受到恶毒攻击，尼克松从未对释放战俘失去信心。与之相比，参议员麦戈文却说，如果轰炸能使他们得到释放，他宁愿"膝行至河内"。在美国总统大选史上，还有比这更加自污形象的吗？

与大部分美国人认同战俘一样,许多美国人对女影星简·方达前往河内、在南越高射机枪前留影、与美国战俘面对面等场景反应强烈,暴露出这个国家灵魂中深深的、尚未治愈的创伤。除了在无数美国人的心中和头脑中,方达和她的旅伴从未受到过背叛的指控。

与此同时,尼克松在国会和欧洲的批评者们公开抨击,把他说成是一颗"疯狂的炸弹"。参议院民主党领袖麦克·曼斯菲尔德称之为"石器时代的策略"。瑞典政府把尼克松1972年的轰炸比作纳粹行动。*美国的北约盟国拒绝提供帮助。[103] 媒体批评者指责尼克松对南越民用设施进行地毯式轰炸。只是在后来,很久之后,诚实的记者们才对伤害作了调查并报道。几乎没有人注意到,《巴尔的摩太阳报》的彼得·沃德(Pete Ward)写道:"河内的确受到破坏,但现场证据驳斥了不加区别轰炸的指控。"[104]

美国的轰炸行动起了作用。北越人在1973年1月签署了巴黎协定。基辛格必须迫使南越政府,我们勉强的盟友,接受他与黎德寿在巴黎敲定的和平方案。

尼克松准备第二个任期宣誓就职时,世界对越南战争的结束——或者起码是美国卷入的结束大为惊奇。美国战俘被释放了,他们情不自禁地发出欢呼。**

---

* 瑞典人在狂怒中很容易忘记,他们的"中立"政府如何为希特勒征服他们的和平的欧洲邻居们提供了关键性的帮助。

** 北越共产主义者只是释放了名单正式在册的战俘,但从来没有对战斗中失踪人员的全面统计。

第十章 独一无二的尼克松（1969—1974）

"'鹰'已经着陆！"1969年7月20日，内尔·阿姆斯特朗在月球上行走，他的护目镜上有反光。约翰·F.肯尼迪的必中之箭——正如贝伯·鲁斯（Babe Ruth）[（1895—1948年）是美国职业垒球手，美国垒球史上最具天赋和最受欢迎的垒球运动员之一——译者注]的一击一样——取得了辉煌的成功，美国实现了他要在1970年之前将人类送上月球的目标。肯尼迪知道，在与好斗的苏联共产主义的冲突中，太空是多么重要。杰克（即肯尼迪）没能活着看到胜利，不过在登月舱着陆的那天夜里，有人在他的墓前放上了鲜花，并附言："'鹰'已经着陆。"

1973年1月，释放越战战俘。尼克松总统寻求在越南实现"光荣的和平"。他的一大成就是使北越释放了数百名美国战俘。美国获知了这些勇敢的男人们所经受的折磨与艰难。海军飞行员约翰·麦凯恩曾三次拒绝提前获释，忠诚地和他的战友们待在一起。他说到被美国人称作"河内的希尔顿"的糟糕监狱时，称"他们没有在我们的枕头上放过一块巧克力"。

尼克松离开白宫。尼克松后来接受电视采访,谈到他在水门事件中的掩饰时,说"我授人以柄"。尼克松数年时间一直声称他不知道发生过什么。但最高法院逼他交出使他负罪的录音带后,他的罪过就显而易见了。他的话使自己获罪,这些话是"冒着烟的枪"。尼克松是唯一辞职的总统(不过或许不是唯一一位应当辞职的总统)。

1980年,吉米·卡特与里根在辩论。1980年大选中,在与吉米·卡特总统的唯一一次辩论中,罗纳德·里根州长用避免激怒对方的口吻说"你又来了"。里根说这句话,是为了回应卡特一再指责这位加利福尼亚人不计后果,是一位种族主义者。里根温和的回答避免了愤怒情绪。无数尚未作出决定的选民——特别是女性——得出结论,可以将国家托付给一个能控制自己的人去管理。里根以料想不到的压倒性胜利排除了卡特。

第十章 独一无二的尼克松（1969—1974）

讨论中。本书作者任教育部部长时，与里根总统在空军一号上交谈。

6. 罗伊诉韦德："原始司法权力"

1973年1月22日，林登·约翰逊在得克萨斯死于心脏病，时年64岁。这位前总统自4年多前离开华盛顿后，一直过着离群索居的生活，很少从他的大牧场或者总统图书馆中走出来。他见证了阿波罗11号的发射，这是他曾热心支持的工程。

约翰逊之死、巴黎和谈协定、释放战俘遮蔽了本可成为1972年1月22日主要新闻的故事：美国最高法院在罗伊诉韦德案（Roe v. Wade）中以7比2作出裁决。这份裁决勾销了所有50个州的限制堕胎法，允许孕妇在怀孕的前3个月内可以任何理由堕胎。在怀孕的第二个3个月内，限制堕胎只有出于保护母亲的健康目的时才能被许可。最高法院大法官哈里·布莱克门（Harry Blackmun，由尼克松任命）说，只有在怀孕的最后3个月内，为保障母亲的生命和健康，各州才能限制堕胎。

与之相伴的另一宗"多伊诉博尔顿案"（*Doe v. Bolton*）也在同一天裁决。不过，布莱克门清楚地表明，母亲健康的定义（包括精神健康）过于宽泛，以至会为取消任何限制母亲自由堕胎的法律提供依据。自此以后，在罗伊与多伊案例的指引下，父亲们将没有权利，怀孕小姑娘的父母们只有很有限的权利，未出生的孩子根本没有任何权利。这样，一个多世纪以来，在许多州曾是重罪的堕胎，按照新的司法推理和一系列案例，就变成一项基本的宪法权利。肯尼迪提名的大法官拜伦·R.怀特（Byron R.White）对"多伊"案判决持反对观点，他称"多伊"案例是一项"原始的司法权力"，因其依据来自各州的判决，并将这些判决在最高法院的推理中作为效法的判例。

布莱克门此前一年的大部分时间都是忙于法院沿袭下来的这个观点。罗斯福总统提名的法官威廉·O.道格拉斯（William O. Douglas）曾威胁说，要把他谴责首席法官伯格（Burger）操控各种观点的事实公之于众。[105]他知道——所有人都知道——布莱克门是法院中笔头最慢的。[106]那些赞成更宽泛堕胎裁决的人知道，道格拉斯不可能承担阐述这个观点的任务。他看上去太自由了。他曾结婚4次这一事实也不适合。按照阅历、倾向和法律技艺来看，经验丰富的自由派法官布伦南（Brennan）显然适合撰写堕胎的判决书，但他是法院唯一的天主教徒，有人考虑这将会使一大部分美国人产生反感。[107]

最终，道格拉斯大法官接受让哈里·布莱克门去写的意见。[108]布莱克门以许多方式为法学院教师精英以及《纽约时报》编委会写作。在这些上层的领域，他从来不缺乏支持者。

并非所有的学者都接受布莱克门所干的活。约翰·哈特·伊利（John Hart Ely）是一位有名的支持堕胎合法化的自由派宪法学家，他看出了裁决中心论点中的瑕疵："罗伊案缺乏宪法文本、历史或者任何宪法学说的适当来源中哪怕似是而非的支持……罗伊案是糟糕的，因为它是糟糕的法律，或者说因为它不是合乎宪法的法律，看不出它想承担的责任。"[109]

法院的举动将在美国人民之间打下很深的楔子。在其缺乏民主过程的决定中，最高法院进一步削弱了美国人对司法体系的信心。在罗伊案之前1/4世纪的时间里，"非常相信"司法的美国人从83.4%锐减为32.6%。[110] 罗伊案也是一次作茧自缚，法院一直还没有从其中的伤痛中恢复过来。有相当多的人认为，法院在这起堕胎案中的判决和权力都走过了头。

自由派和女权主义者欢呼法院对"罗伊诉韦德"案的裁决。如劳伦斯·拉德（Lawrence Lader）所写，"这是生活中一切的中心，无论我们想怎么面对"。[111] 拉德是"废除禁止堕胎法全国联合会"的一位奠基人。传统的新教徒们一般都满意这个裁决。自由派教会组织如美国基督教长老会、圣公会和联合卫理公会派教徒支持该判决。许多犹太教团体也支持这个他们视之为"生育的权利"。

媒体资源继续引述民意调查结果，数据表明大部分美国人支持某种方式的自由堕胎。当被问到他们是否支持"推倒罗伊判决"时，大多数人回答"不"。批评者指出，公众从不支持"推倒"任何东西。这个技术性的法律词汇听起来太猛烈和危险。在分析公共问题时，投票者不会采用法律行话。同样真实的是，大多数人一向支持对堕胎审查进行必要的限制，罗伊案和后来的一些法院裁决已经排除了这种限度。自罗伊案裁决以来的若干年中,许多美国人已经对堕胎的数目变得不满(截至 2005 年,美国做了 4 000 多万例堕胎手术)。

对法院裁决的反对一直持续到今天。法院不合理地剥夺了数千万未出生者不可让渡的生命权,威胁到了美国在世界人权问题上充当的领导角色。"全国生命权利委员会"已经将这些反对转换成合乎宪法的、立法的和社会的行动。主要的宗教团体——包括美国天主教大会、南方浸信会教友会、全国福音派联合会与路德教会(密苏里大会)——也集会反对法院的裁决。自由派和女权主义团体将相应地集会支持法院的裁决——将裁决看作他们支持宪法解释的试金石,看作妇女权利的根本。许多人已经厌倦了这种简单的方式:那些反对罗伊案的人相信法院应当保护生命,或者各州的权利就是保护生命;那些支持罗伊案的人相信,法院应当保护妇女选择堕胎的权利。因此,"生命权优先"与"选择权优先"成为区分人们在堕胎问题上立场的术语。

7. 水门事件曝光

1973 年春天,水门事件曝光了,总统尼克松的政治声望直线下降。艾森豪威尔提名的法官约翰·J.西利卡(John J.Sirica)开始给窃听案中的小人物施加压力。这些小人物们暗示有上级指使,上级暗示还有更高的上级。尼克松的助手约翰·埃利希曼(John Ehrlichman)示意倒霉的联邦调查局局长可以"磨蹭点,在风言风语中慢慢处理"。这段生动的话很快不仅被用来描述 L.帕特里克·格雷(L.Patrick Grey),而且也指整个尼克松政府。

新闻界憎恶尼克松。他的新闻发布会越来越少,这种做法挑战着美国禁止斗熊游戏的法律观念。尼克松与新闻集团的关系总是对立的。[112]《华盛顿邮报》首席漫画家赫尔伯特·布洛克（Herbert Block）为尼克松1969年宣誓就职画了一幅"刮脸"的像——痛苦只是缓解了一天。他很快重又每日在首都家乡报纸的编辑版面上糟蹋尼克松及其灰头土脸的形象。现在狼群从四面靠近，尼克松非常不安，他将在新闻发布会前认输。[113]

1973年10月，美国上演了"完美风暴"。参议院水门事件委员会公开了总统大量滥用职权的行为，此举看似必定引发弹劾。全国媒体把委员会的民主党主席、北卡罗来纳州参议员萨姆·欧文（Sam Ervin）变成了英雄。*田纳西州共和党参议员霍华德·贝克（Howard Baker）的冷静、专业提问给美国公众留下了深刻印象。贝克问每一个证人，"总统知道什么，何时知道的"（当回答者开始回答时，陷阱就张开了）。

副总统斯皮洛·T.阿格纽（Spiro T. Agnew）不可能接替尼克松，他正在为任职马里兰州州长期间从高速公路合同中受贿的问题接受调查。1973年10月10日，阿格纽在巴尔的摩联邦法庭恳求说："我不抗辩。"他因辞职而逃过了牢狱之灾。

与此同时，埃及入侵了以色列。埃及抓住犹太人在赎罪日祈祷的机会，发动了第四次中东战争。最初，以色列军队节节败退。以色列突然面临灭绝的危险。苏联人将阿拉伯人武装到牙齿，并在一旁怂恿他们。以色列的战争英雄M.达扬——勇敢的独眼龙将军——出现在

---

* 欧文数十年反对人权的行为得到宽恕。这个"率直的乡村律师"成为圣人，诠释了一个规则，即敌人的敌人是我的朋友。所以只要欧文起诉讨厌的尼克松，他过去的罪孽就得到赦免。

国家电视中,以平息以色列人的恐惧。达扬说,只需要几周而不是几个月时间,以色列国防军就可以集合起来并将他们的阿拉伯敌人赶走。一个英国访问者在日记中写下了这样的话:"话很自信,但是他看上去比听起来要更焦虑。"[114] 达扬有理由忧虑。埃及人从来没有在战斗中表现得这么出色。他们有压倒性的人数。如果他们保持高度的军事纪律,很可能就推翻了这个微小的犹太国家。

在赎罪日战争初始阶段,以色列的年轻姑娘们送给数百名母亲的电报是:"你儿子牺牲了。"[115] 之所以是姑娘们送信,因为许多男性邮递员被号召去服兵役。一个女信使曾惊恐地看到,一位失去儿子的母亲痛苦得以头撞地。[116]

正处于烦恼中的尼克松总统立刻使美国全球军事力量保持高度警惕。紧随着罗纳德·里根州长提出的务实建议以及来自以色列总理戈达·梅厄的紧急请求,尼克松下令美国军方全力补给以色列,向以色列提供他们极度需求的军事装备。[117] 他不能允许苏联利用华盛顿绝望的政治危机,让他们的阿拉伯代理人碾碎以色列。没有尼克松的再补给,以色列或许已经倾覆了。

几周时间内,以色列国防军扭转了战争势头,在西奈半岛的沙漠中包围了埃及军队。梅纳凯姆·贝京与他的以色列利库德集团想一劳永逸地消灭埃及军队。亨利·基辛格知道,一旦发生这种情况,苏联将不得不开始支持地方独裁者如卡扎菲与萨达姆·侯赛因。他们将给地方恐怖主义头目亚西尔·阿拉法特更多支持。基辛格说,美国主导的停火要比苏联在中东扩大影响力更加合算。当他告诉以色列总理戈达·梅厄,他首先是一个美国人,美国国务卿,然后才是一个犹太人时,梅厄有意提醒基辛格:希伯来文是从右向左念的!

第十章　独一无二的尼克松（1969—1974）

基辛格在中东主导的停火谈判没有给理查德·尼克松带来时间和信任。当他要求总检察长艾略特·理查德森解雇特别检察官阿齐巴德·考克斯（Archibald Cox）时，理查德森拒绝答应并辞去了职务。副总检察长威廉·拉考斯豪斯（William Ruckelshaus）也拒绝答应并同样辞去了职务。最终司法部副部长罗伯特·伯克（Robert Bork）同意解除考克斯职务，也只是为了在没有副总统的情况下，避免行政机构土崩瓦解。媒体对这种骚乱的迅速反应是，迎接这场"火力风暴"，并将解职和辞职称为"星期六晚上的大屠杀"。

媒体有些夸大。以色列人本可以告诉记者一些真实的风暴火力和大屠杀的情况。尼克松的权力仍旧像沙漏中的沙子一样在滴漏。他提名密歇根州共和党众议员杰拉尔德·R. 福特任副总统，以接替丢脸的阿格纽。福特虽然是强硬派，但受到左右两翼人的喜爱。在"宪法第25修正案"下，他很轻易地被批准为副总统的第一人选。

阿拉伯人通过石油禁运来报复美国，这引起整个北美大陆和欧洲急剧而严峻的汽油短缺。油价像火箭一样飙升。

对于大部分美国人而言，汽车就是他们的自由。[118] 随着为加油排起的长队、随着分单双日购买汽油，情况变得越来越糟糕。那些掌权者不可避免地受到了诅咒。

尼克松没有努力与他的共和党同僚分享 1972 年的大选胜利。他也没有试图伪装正在到来的塌方或者赋予其意义。他现在面对的是不喜欢他、也不惧怕他的敌对的国会。[119] 理查德·尼克松的政治终点或许在他辞职前几个月就已经到来了。为安抚穷追不舍的调查者，他拿出了数小时又数小时经过仔细编辑的录音带。他辩解说，这些将证明他是清白的。但事实并非如此。尼克松的对手们嘲笑它们。录音带严重削弱了美国中部对尼克松的支持。

共和党参议院领袖、宾夕法尼亚州的休·斯科特（Hugh Scott）听到编辑后的录音带时，称之"卑鄙、恶心、无耻"[120]。沉默的大多数（即民众）被录音带中满嘴脏话的尼克松震惊了，当数万蓄长发的示威者在华盛顿集会时，他们曾经毫不动摇地支持过尼克松。转录过的每一个句子几乎都带有一句可定罪的"多余的删除"。尼克松总是给率直的美国人留下一副正派的形象。他甚至谨慎地与约翰·肯尼迪辩论，关于艾森豪威尔如何使得体的语言回归白宫。*现在尼克松成了下贱卑鄙的阴谋者，更糟的是，他还是一个成癖的撒谎者。他可怜巴巴地对报纸编辑说"我不是撒谎者"。他说这句话时，或许已经让这句夹心话露了馅。[121]

因为水门事件危机不断加深，1974年6月27日至7月3日，尼克松对苏联的历史性访问笼罩着即将被弹劾的阴影。

这是美国总统第一次访问苏联，然而，还是引起人们对国际关系的"缓和"问题的重大争论。华盛顿民主党参议员亨利·杰克逊（Henry Jackson）强烈反对苏联的排犹政策，包括苏联拒绝同意让苏联犹太人移民到以色列或者美国。这项政策的受害者叫"被拒绝的移民者"。参议员杰克逊与他人共同发起了"杰克逊–范尼克修正案"（Jackson-Vanik Amendment），该法案限制美苏贸易，直到苏联允许犹太人离开为止。尼克松政府在赎罪日战争中很像是救了以色列，这次却强烈反对"杰克逊–范尼克议案"。

---

* 在尼克松抨击哈利·杜鲁门曾粗俗地诅咒尼克松的选民可以下地狱时，候选人杰克·肯尼迪轻易地避开了这个话题。杰克以其典型的风格机智地说"我想我们不该提出宗教问题"。

第十章 独一无二的尼克松（1969—1974）

反对尼克松"缓和"政策的人指控说，政策模糊了自由与独裁的区别。具有讽刺意味的是，以猛烈反对"无神论的共产主义"开始职业生涯的那个人，现在却把美国和苏联看成道德上相等的。

议会司法委员会 1974 年 6 月继续投票，选出了弹劾总统尼克松的 3 个条款。希拉里·罗德汉姆（Hillary Rodham）是热切帮助起草条款的年轻民主党成员之一。委员会的共和党成员也把国家利益放在了政党利益之上，压倒性地投票同意弹劾尼克松，虽然这不会给他们带来什么好处。老练的自由派记者杰克·格蒙德（Jack Germond）称，议会中共和党人对宪法的捍卫是"高尚的"。[122]

当美国最高法院一致同意在"美国诉尼克松案"（*U.S. v. Nixon*）中裁定总统必须交出白宫录音带时，尾声已经临近了。那盘显示"总统知道什么，何时知道"的录音带很快被搜了出来。被称为"烟枪"的磁带表明，尼克松自闯入水门大楼开始，一直知道全部情况。尼克松曾试图让中情局迫使联邦调查局取消对水门事件的调查，磁带为此提供了无可辩驳的证据。尼克松想让中情局告诉联邦调查局，这么做是出于"国家安全"的考虑。参议员巴里·戈德华特对尼克松两年来欺骗国会、欺骗国家和共和党的做法极为震怒，他打电话给白宫的亚历山大·黑格将军。"艾尔，"这个说话直率的亚历桑那人咆哮道，"这是迪克·尼克松最后一次欺骗我，也是最后一次恶劣地欺骗参议院和众议院中的其他许多人了。我们对这一切都感到恶心得要死。"[123] 戈德华特在参加参众两院共和党领导与总统的最后一次会谈中，他从来没有要求尼克松辞职。但三方会谈清楚地表明，尼克松在国会两院的共和党人中都失去了支持。这就是巡回演说时不和他们一起吃饭的结果！

443

1974年8月9日中午，尼克松辞去总统职务。他情绪激动地出现在白宫工作人员面前，仍然竭力保持镇静。这个饱受折磨的人成了185年来第一位辞职的总统。他也是唯一一位让其名字镌刻在月球的一块金牌上的人。正如查尔斯·戴高乐（他是少数几位让尼克松尊敬的公众人物之一）在赫鲁晓夫被推翻时所说："这个世界的辉煌过去了。"

1	Cannato, Vincent J., *The Ungovernable City: John Lindsay and His Struggle to Save New York*, Basic Books: 2001, p.206.
2	Cannato, p.209.
3	Cannato, p.210.
4	Cannato, p.216.
5	Cannato, p.217.
6	Cannato, p.489.
7	Cannato, p.489.
8	Cannato, p.486.
9	Cannato, p.486.
10	Cannato, p.488.
11	Hansen, James R., *First Man: The Life of Neil A.Armstrong*, Simon & Schuster: 2005, p.1.
12	Hansen, p.3.
13	Hansen, p.3.
14	Hansen, pp.2-3.
15	Hansen, p.3.
16	Chaikin, Andrew, *A Man on the Moon: The Voyages of the Apollo Astronauts*, Penguin Books: 1994, p.189.
17	Chaikin, p.199.

第十章 独一无二的尼克松（1969—1974）

18 | Hansen, p.470.
19 | Chaikin, p.200.
20 | Hansen, p.474.
21 | Chaikin, p.200.
22 | Chaikin, p.213.
23 | Online source: http: //www.jfklibrary.org/jfk_san_antonio_11-21-63.html.
24 | Chaikin, p.24.
25 | McDougall, Walter A., *The Heavens and the Earth: A Political History of the Space Age*, The Johns Hopkins University Press: 1985, p.411.
26 | McDougall, *The Heavens and the Earth*, p.432.
27 | McDougall, *The Heavens and the Earth*, p.432.
28 | McDougall, *The Heavens and the Earth*, p.411.
29 | McDougall, *The Heavens and the Earth*, p.455.
30 | Chaikin, p.208.
31 | Chaikin, p.204.
32 | Chaikin, p.204.
33 | Chaikin, p.205.
34 | McDougall, *The Heavens and the Earth*, p.454.
35 | McDougall, *The Heavens and the Earth*, p.412.
36 | Magnet, Myron, *The Dream and the Nightmare: The Sixties' Legacy to the Underclass*, Encounter Books, 2000, p.169.
37 | Magnet, p.169.
38 | Duberman, Martin Bauml, *Stonewall*, Penguin Books: 1994, p.182.
39 | Duberman, p.182.
40 | Duberman, p.182.
41 | Duberman, p.208.
42 | Duberman, p.208.
43 | Duberman, p.180.

44 | Chepesiuk, Ron, *Sixties Radicals, Then and Now: Candid Conversations with Those Who Shaped the Era*, McFarland Company: 1995, p.211.
45 | Barone, *Our Country: The Shaping of American from Roosevelt to Reagan*, The Free Press: 1990, p.468.
46 | Online source: http: //www.wordiq.com/definition/Woodstock_festival.
47 | Online source: http: //www.wordiq.com/definition/Woodstock_festival.
48 | Barone, p.468.
49 | Leckie, Robert, *The Wars of America*, Harper & Row Publishers: 1981, p.1017.
50 | Online source: http: //www.law.umkc.edu/faculty/projects/ftrials/mylai/My1_pho.htm.
51 | Online source: http: //www.usatoday.com/news/index/jfk/jfk038.htm.
52 | Barone, p.470.
53 | Barone, p.472.
54 | Barone, p.471.
55 | D'Souza, Dinesh, *Ronald Reagan: How an Ordinary Man Became an Extraordinary Leader*, The Free Press: 1997, p.72.
56 | D'Souza, p.72.
57 | D'Souza, p.72.
58 | Barone, p.476.
59 | Podhoretz, Norman, *Why We Were in Vietnam*, Simon and Schuster: 1982, p.147.
60 | Barone, p.477.
61 | Podhoretz, p.147.
62 | Podhoretz, p.147.
63 | Podhoretz, p.149.
64 | Online source: http: //dept.kent.edu/sociology/lewis/lewihen.htm.
65 | Online source: http: //dept.kent.edu/sociology/lewis/lewihen.htm.
66 | Haynes, John Earl, and Harvey Klehr, *Venona: Decoding Soviet Espionage in America*, Yale University Press: 1999, p.248.

第十章 独一无二的尼克松（1969—1974）

67 | Barone, p.476.
68 | Kissinger, Henry, *White House Years*, Little, Brown, and Company: 1979, p.733.
69 | Kissinger, *White House Years*, p.733.
70 | Hayward, Steven F., *The Age of Reagan: The Fall of the Old Liberal Order, 1964-1980*, Random House: 2001, p.278.
71 | Hayward, p.278.
72 | Hayward, p.258; Barone, p.487.
73 | Hayward, p.260.
74 | Barone, p.492.
75 | Barone, p.493.
76 | Barone, p.487.
77 | Frum, David, *How We Got Here: The 70s—The Decade That Brought You Modern Life (For Better or Worse)*, Basic Books: 2000, p.298.
78 | Barone, p.473.
79 | Barone, p.478.
80 | "Testimony of the United States Catholic Conference on Constitutional Amendments Protecting Unborn Human Life before the Subcommittee on Constitutional and Civil Rights of the House Committee on the Judiciary," 24 March 1976.
81 | Blake, Judith, "Abortion and Public Opinion: the 1960-1970 Decade," Science, Vol.171, 12 February 1971, p.540-549.
82 | Frum, p.249.
83 | Thompson, Kenneth W., Ed., *The Nixon Presidency: Twenty-Two Intimate Portraits of Richard M.Nixon*, University Press of America: 1987, p.32.
84 | Thompson, p.9.
85 | Germond, Jack W., *Fat Man in a Middle Seat: Forty Years of Covering Politics*, Random House: 1999, p.245.
86 | Barone, p.489.

87 | Frum, p.263.
88 | Ambrose, Stephen E., *Wild Blue: The Men and Boys Who Flew the B-24s Over Germany*, Simon &Schuster: 2001, p.102.
89 | Ambrose, *Wild Blue*, p.214.
90 | Barone, p.506.
91 | Barone, p.506.
92 | Online source: http//: www.4president.org/speeches/mcgovern1972 acceptance. htm.
93 | Barone, p.506.
94 | Frum, p.329.
95 | Frum, p.319.
96 | Barone, p.479.
97 | Thompson, p.54.
98 | Thompson, p.189.
99 | Thompson, p.189.
100 | Chaikin, p.546.
101 | Chaikin, p.546.
102 | Rempt, Rodney P., "Vice Admiral, " *USNA Chapel Talk*, 1August 2004.
103 | Kissinger, Henry, *Ending the Vietnam War: A History of America's Involvement in and Extrication from the Vietnam War*, Simon & Schuster: 2003, p.414.
104 | Kissinger, *Ending the Vietnam War*, p.415.
105 | Woodward, Bob and Scott Armstrong, *The Brethren: Inside the Supreme Court*, Simon& Schuster: 1979, p.172.
106 | Woodward and Armstrong, p.172.
107 | Woodward and Armstrong, p.173.
108 | Woodward and Armstrong, p.173.
109 | Greenhouse, Linda, *Becoming Justice Blackmun: Harry Blackmun's Supreme Court Journey*, Henry Holt and Company: 2005, p.135.

第十章　独一无二的尼克松（1969—1974）

110　Frum, p.18.
111　Thompson, p.11.
112　Lader, Lawrence, *Abortion II: Making the Revolution*, Beacon Press: 1973, p.223.
113　Thompson, p.196.
114　Gilbert, Martin, *Israel: A History*, William Morrow and Company, Inc.: 1998, p.436.
115　Gilbert, *Israel: A History*, p.445.
116　Gilbert, *Israel: A History*, p.445.
117　Hayward, p.418.
118　Barone, p.520.
119　Barone, p.517.
120　Germond, p.119.
121　Frum, p.26.
122　Germond, p.114.
123　Edwards, Lee, *Goldwater: The Man Who Made a Revolution*, Regnery Publishing, Inc.: 1995, p.398.

第十一章
蝗虫侵蚀的几年（1974—1981）

喇叭裤、厚底鞋、披肩长发、带花的T恤，这是20世纪70年代西方世界许多人的标志性装束。时尚总是随时代而改变。这是个极其不庄重的时代。美国人渴望领导权，但他们遭到严厉的指教，因为错误就在他们自己身上。美国自身似乎已经变成事件的受害者。20世纪70年代，美国及其西方民主国家盟友的自由都在下滑。工人们以更低的现实购买力结束了整个10年，因为通货膨胀吞噬了他们的工资和投资。美国是否会如尼克松警告过的那样，以一个"可怜的无用巨人"形象进入20世纪80年代？总统职位对一个人是否是一份过于沉重的工作？这个自由社会弥漫着一种非常悲观的情绪。人们常用"压抑"一词来描述公众的情绪。不过，20世纪70年代末，整个西方的自由出现了复苏迹象。铁幕后的勇敢与挑战性的行动或许就是预兆。俄国作家亚历山大·索尔仁尼琴（Aleksandr Solzhenitsyn）喊着："吹去时钟上的灰尘吧，你们的钟已落后于时代。打开你们如此珍视的沉重窗帘——你甚至不会怀疑，外面已是黎明。"[1]乔治·奥威尔（George Orwell）曾经把共产主义极权解释为踏在脸上的一只脚。索尔仁尼琴现在朝那只脚狠狠咬了一口。俄国的安德烈·沙卡洛夫（Andrei Sakharov）与纳坦·沙兰斯基（Natan Sharansky）、波兰的列赫·瓦文萨（Lech Walesa）与卡罗尔·沃伊蒂瓦（Karol Wojtyla）、捷克斯洛伐克的瓦茨拉夫·哈维尔（Vaclav Havel）也是这么做的。这些东方人鼓舞了西方的新领导人——如玛格丽特·撒切尔与罗纳德·里根，同时，他们也得到了西方的鼓励。最戏剧性的事件是出现了一位波兰籍的新教皇，他用"不要害怕"这句话开始了他的统治。自由在触地后再次反弹。*

1．"我不是林肯，我是福特"

当理查德·尼克松的直升机离开白宫南草坪时，杰拉尔德·R.福特宣誓就任总统职位。他对一个如释重负的国家说："我们国家漫长的梦魇结束了。"在无数美国人看来，尼克松的被迫辞职，证明了建国者们200年前设计的那套权力制约与平衡系统确实是有用的。[2]

福特总统的第一份指令是选举一个副总统。很快，他提名了前纽

---

* 蝗虫侵蚀的几年，这是英国国防部部长托马斯·因斯基普（Thomas Inskip）爵士用以形容1931—1935年的短语。那段时间，英国在重整装备方面越来越落后于德国（引自丘吉尔的《第二次世界大战》第一卷，第52页）。本书所以选用该短语作为标题来指代美国20世纪70年代中期到1981年的那段时期，是因为自由的力量在退却，苏联共产主义在挺进。

约州州长纳尔逊·洛克菲勒（Nelson Rockefeller）。国家已经因副总统和总统的辞职而深受打击。福特希望让焦虑的美国与怀疑的世界确信，美国人民有能力解决管理与合法继承的难题。许多人并不喜欢洛克菲勒的自由主义，不过没有人怀疑他的能力。

支持加利福尼亚州长罗纳德·里根的保守主义者深受刺激。他们认为洛克菲勒对共和党并不忠诚。他们把共和党在 1964 年大选中的溃败归咎于他对巴里·戈德华特的冷淡。尽管有些困难，福特还是设法让闷闷不乐的民主党国会认可洛克菲勒为副总统。选择了洛克菲勒，福特实际上已经注定他在 1976 年总统预选中必遭保守主义的严重挑战。³

福特迫切想把水门事件抛诸脑后。但直到他决定如何处置前总统尼克松后，水门事件才告一段落。宪法规定，国会对一个失职官员的最大惩罚是弹劾与撤职。但被撤职并失去职位豁免权后，一个前总统就与任何其他公民一样，要接受法律关于妨碍司法公正与唆使作伪证的指控。

尼克松隐居在加州圣·克莱门特，他现在面临着被控犯罪、审判和入狱的实际可能性。这些过程可能提出的大量法律问题会使法学教授们忙上一个世纪。尼克松被迫交出的磁带能作为指控他的证据么？如果能，那么宪法第五修正案反对自证其罪的保证将变成什么？*哪里才能找到公正的陪审员？过去两年中媒体逐渐强烈的愤怒，没有使国家沉浸在审判前的不利宣传中吗？除了法律问题，审判和囚禁前总统

---

* 自证其罪，指刑事案件中的作不利于自己或有可能使自己受到刑事起诉的证言，美国宪法第五修正案认定此种证言不能作为合法证据。——译者注

第十一章　蝗虫侵蚀的几年（1974—1981）

对于美国的世界地位将意味着什么？在即将迎来国家 200 周年大庆的过程中，这桩审判案将会怎样？审判很可能在 1976 年总统大选中来临，那它对美国的政治制度又意味着什么？不仅如此，福特还必须考虑，审判理查德·尼克松对于他心爱的共和党会有什么影响？

福特是在公众赞成声中进入白宫的。美国人民真诚地欢迎这位说话直截了当的中西部人。"杰里"·福特曾谦逊而真诚地说过："我不是林肯，我只是福特。"很少美国人会认为林登·约翰逊或者理查德·尼克松是基本上正派的、令人尊敬的、值得信赖的人。但很少美国人会怀疑杰里·福特具有这样的品行。

如果不是被选为总统，他有机会代表密歇根州大急流城（Grand Rapids）在国会中待上 1/4 个世纪。实际上，"大急流"与美国职业道德、美德及睦邻是同义词。在此地及在密歇根大学（福特曾是那儿的橄榄球明星），杰里·福特学会了果断行事，而且还能帮助其反对者。尼克松对一直变长的"敌人名单"愤恨不满；福特则可以与他的对手保持通信。媒体给了他一个"蜜月期"。公众形象中，这位 61 岁健康整洁的老人纵身跃入游泳池。他自己烤英国松饼当早餐。

但蜜月是短暂的。在他签署无条件赦免尼克松的文件时，原本指望结束水门事件引发的分裂与仇恨，不料却使自己身陷泥潭。他的支持率从 1974 年 8 月的 71% 跌落至 1974 年 9 月的 50%，[4] 他的整个任期内再也没能得到恢复。

福特对消费品物价急速上涨的反应是"即刻锁定通货膨胀（其英文缩写是 WIN）"。他佩戴着一枚印有"WIN"字样的翻领纽扣，力劝美国民众控制购物，不要求增加工资。他否决了国会送到他办公桌上的通货膨胀引发的庞大的支出提案。福特的"WIN"行为激起了大片嘲笑声。他们重新翻出林登·约翰逊嘲笑福特的陈年丑事,说福特不戴头盔玩橄榄球太久了。*

民主党利用赦免尼克松事件以及日渐恶化的经济形势,在中期大选中赢得了历史性的胜利。这些"水门的家伙"——年轻、聪明、有攻击性的自由派候选人——组成了新一届国会,将使美国发生实质性的变化。** 福特一再使用否决权的努力被国会新生力量所挫败。民主党动员国会"抵御否决权"并赢得了胜利。***

东南亚人民首先感受到了自由派民主党多数派在国会山的影响。如果没有美国对西贡非共产主义政府的物质援助,南越不可能生存下去。这是事实,尽管北越在1973年的巴黎和平协定中作过保证。

为使自己从查帕奎迪克事件中恢复过来,参议员爱德华·肯尼迪(即泰德)变成了自由派最坦率直言的领导,反对美国对南越的任何援助。他的两位长兄杰克与鲍比,做过太多使美国卷入南越的事情。泰德现在采取这些策略,甚至拒绝五角大楼在越南增加经费的要求。[5]

---

* 约翰逊曾如此评价这位众议院共和党领导人:"杰里·福特很蠢,他不能在放屁的同时嚼口香糖。"约翰逊对对手粗俗有趣的刻画是华盛顿的一段逸事。不过职业生涯中这种残酷的奚落方式,最终使林登·约翰逊变成沮丧的孤家寡人。媒体讥讽这个时,只是说约翰逊说福特不能在走路的同时嚼口香糖。(Reeves, Richard, *A Ford, Not a Lincoln*, p.25.)

** 佛蒙特州民主党代表帕特里克·李(Patrick Leahy)首次于1974年当选为参议员。那年初次入选国会的还有爱荷华州民主党参议员汤姆·哈金(Tom Harkin)、蒙大拿州民主党参议员马克斯·巴库斯(Max Baucus)、加利福尼亚民主党众议员乔治·米勒(George Miller)、加州民主党众议员亨利·瓦克斯曼(Henry Waxman)、明尼苏达州民主党众议员詹姆斯·奥伯斯塔(James Oberstar)以及宾夕法尼亚州民主党众议员约翰·穆沙(John Murtha)。

*** 抵制否决权的国会是指总统的反对者们在参众两院都拥有超过2/3的席位。美国历史上很少出现这种情况,即便在福特时期,也通常在经济问题的有限范围内才会出现。

第十一章　蝗虫侵蚀的几年（1974—1981）

在肯尼迪的领导下，1975年3月，新生代民主党多数派投票切断了对南越的一切支持。⁶福特政府一名不安的官员问："你想让柬埔寨垮掉吗？""是的，为将生命牺牲降到最低程度，只能如此控制局势。"明尼苏达自由派民主党众议员唐·弗拉瑟（Don Fraser）回答说。⁷

北越军队领导人们从华盛顿这个"和平"的国会中察觉到了机会，他们撕毁和平协定，侵入南越。很短时间内，装备低下的南越军队在北越正规军的装甲攻击下步步撤退，而美国在一旁袖手旁观。数十年中，一直有争论说在南越的战争是内战，越共是当地的部队。现在北越部队厚颜无耻地蹂躏着他们的南方邻居。

美国驻西贡——很快被更名为胡志明市，以纪念这位共产主义北越的创始人——大使馆被入侵者包围了。美国大使和其他工作人员只能在大使馆屋顶上，通过直升机救援而脱身。大使腋下夹着叠得平整的美国国旗。1975年4月30日，这是美国卷入东南亚的最后一天。总统福特说："这不是相互指责的一天。"据说罗纳德·里根回答道："更好的是哪一天？"＊

亨利·基辛格记录下了柬埔寨一位亲美领导的反应。美国意志与美国盟友在东南亚的崩溃令基辛格心烦意乱，他允诺把西里克·马塔克（Sirik Matak）从必死无疑的状态中救出来。马塔克用优雅的法语作了令人难忘的回答：

　　衷心感谢你的来信，感谢你答应把我带向自由世界。但我不

＊大使逃跑时所用梯子的复制品现陈列于密歇根州大急流城福特图书馆。这对任何总统都注定是最奇怪的纪念品之一。（资料来源：Trranto, James, *Presidential Leadership*, p.185.）

能以这种懦弱的方式离开。说到你、特别是你们伟大的国家,我从不相信你们会抛弃一个选择自由的民族。你们现在拒绝保护我们,我们毫无办法。你走了,我希望你和你的国家能在蓝天下找到幸福。如果我死在这里,我犯过的唯一错误就是相信你们。[8]

共产主义的红色高棉(Khmer Rouge)拿下金边后,他们朝马塔克胃部开了枪。无人照顾的马塔克于3天后死去。[9]

在今天被称为柬埔寨"杀人场"的地方,数年时间里无数马塔克的同胞死于恐怖行动。法国左翼作家在《共产主义黑皮书》中说明了人数:红色高棉的首领波尔布特(Pol Pot)下令将所有金边居民集中到乡村,导致"40万"人死亡。该黑皮书的作者们指出,红色高棉军队所有处死的人数约为"50万"。另有40万至60万人死在狱中。当然,袭向城市居民的还有饥饿和疾病。人们被突然赶到乡村,没有任何供给,这导致另外70万人死亡。[10]

西里克·马塔克在其难忘的信中说的一切都被证明是对的——或许除了收信人之外。他应当把信送给参议员肯尼迪与众议员弗拉瑟(Fraser)。

福特总统帮助已经被抛弃的南越盟友的能力遭到国会领导的严重削弱。他们切断了一切资助,福特只能尊重国会受宪法保护的财权。尽管如此,福特还是下令海军营救了大约13万"船民",即从东南亚恐怖肆虐中逃亡而任凭风浪摆布的难民。乔治·麦戈文(George McGovern)认为,他们最好离开战乱的家园。

以各种方式热爱自由、信奉自由,很难说是美国的发明。西里克·马塔克渴望如此。曾被斯大林关押的俄罗斯作家阿列克谢·索尔尼仁琴也是如此,他获得了 1970 年诺贝尔文学奖。

索尔尼仁琴获奖使克里姆林官的苏联统治者们很生气。1962 年,尼基塔·赫鲁晓夫曾允许索尔尼仁琴出版他的短篇小说《伊凡的一天》。赫鲁晓夫读到该书时,只看到它对斯大林古拉格集中营的控诉。更敏感的共产主义者们认为,该书的每一页都巧妙、幽默地谴责了苏联的统治。赫鲁晓夫 1964 年被赶下台时,允许出版索尔尼仁琴这一杰作的决定曾被看作是他的"轻率举动"之一。

1974 年,苏共首领勃列日涅夫对勇敢的索尔尼仁琴失去了耐心。《古拉格群岛》1973 年晚期在巴黎出版后,勃列日涅夫下令逮捕索尔尼仁琴。在这部三卷 50 万字的大部头著作中,索尔尼仁琴把苏联的人道外衣剥得干干净净。他详细记录了数千万在苏联集中营中失去生命或自由的人们。这些集中营始于列宁,并非斯大林,遍布苏联的十二个时区。在这些群岛中,一些小的"岛屿"不超过电话亭大小,而有一个大岛比法国还大。

全世界的作家和知识分子都为这位勇敢作家的生命与自由而呼吁。美国诺贝尔奖得主索尔·贝洛(Saul Bellow)代表许多人讲话。他称索尔尼仁琴"拯救"了"英雄"这个词汇。[11]贝洛在《纽约时报》警告道,克里姆林官针对索尔尼仁琴任何进一步的行动——囚禁、驱逐或者在苏联臭名昭著的精神病院中"治疗"——都将证明苏联道德的彻底破产。[12]

克格勃审讯了索尔尼仁琴,他们威胁说要杀死他的妻子和 3 个年幼的孩子。他们可以使谋杀看起来像一场普通的车祸。在这方面他们有丰富的经验。"那就来吧!"索尔尼仁琴挑衅地说。什么也不能阻止索尔尼仁琴说出真相。黔驴技穷的勃列日涅夫剥夺了索尔尼仁琴的苏联公民身份，将他驱逐出境。其他国家的一些共产党首领们精明地估计到，西方将很快厌倦这位坚定的道德主义者。

1975年，福特总统被邀请这位流亡的俄罗斯人去白宫的呼吁所困扰。福特拒绝了这种要求，他认为不能从与索尔尼仁琴的会面中学到任何"实质性"的东西。保守派专栏作家乔治·威尔（George Will）赞同这一做法，但嘲笑说，福特的拒绝说明了总统吸收智慧的能力比索尔尼仁琴传授智慧的能力要强。

人们普遍认为亨利·基辛格应该对拒绝索尔尼仁琴一事负责。作为国务卿，无疑他知道，为这个对克里姆林宫及缓和政策持批评态度的人安排任何祝捷式的白宫会面，必定要破坏使其他持不同政见作家从克格勃控制下脱身的措施。尽管如此，国务院的一个官僚称索尔尼仁琴实际是"一个法西斯主义者"。[13] 这种愚蠢行为导致保守派参议员杰西·赫尔姆斯（Jesse Helms）号召在国务院搁上"一张美国办公桌"。

2. 1976：200周年大选

"我是吉米·卡特，我在竞选总统。"这个来自佐治亚州的花生农场主咧着嘴笑着说。卡特知道他不太可能成为总统候选人。他在南部一个中等规模的州做过一任州长，从海军学院毕业后曾在核潜艇项目中在海军上将海曼·里科弗（Hyman Rickover）手下工作，卡特的家庭收入主要来源于普通的"花生"。

他不是律师，不是国会成员，也不是华盛顿的知情人。在竞选1976年民主党总统候选人时，为避免这些"不是"成为缺点，卡特聪

第十一章 蝗虫侵蚀的几年（1974—1981）

明地使它们成为无取胜希望的竞选活动的主要特征。具有讽刺意味的是，麦戈文规则为初选投票人打开了党的窗口。这对那些有强烈动机的人造成了特别影响。因为从华盛顿来的自由派候选人能使对这个分裂政党的支持产生分化，他们造成了噩梦般的情形：轮椅州长乔治·C.华莱士事实上可能在拥挤的初选区获得领先地位。党的领导们和记者们拼命阻止华莱士。虽然这个前种族隔离主义者否认他的过去，东部自由派既不能原谅也不会忘记他曾"站在校舍大门口"抵制种族融合。

为了阻挡华莱士，许多自由派想到，他们必须找一位在种族问题上有良好记录的南部人。这就指向了"吉米"·卡特。卡特十分聪明地与选民们交流，也许在选择使用他的绰号时更是如此。这么做有许多理由。他想突出一种更为简朴、更少威严的总统形象。他想强调而不是隐藏其南方人的身份。此外，他无论如何不能使用正式名字。卡特寻求的关键是在黑人社区得到强力支持：在一个刚刚经历了审判和指控詹姆斯·厄尔·雷（James Earl Ray Jr.）的国家里，雷暗杀了受人爱戴的马丁·路德·金博士，詹姆斯·厄尔·卡特永远不会有什么好机会。

卡特还突出他的福音基督教徒的信仰。对于许多美国人而言，他们是通过吉米·卡特的竞选而首次了解一个"再生"的基督徒。* 在许多南部州和许多有大量农业人口的其他州——如爱荷华、明尼苏达、威斯康星、宾夕法尼亚——卡特的福音色调会拨动无数选民的心弦。[14]

---

* 查克·科尔森的畅销书《再生》也吸引了大批读者。科尔森因领导尼克松的"肮脏诡计"而一度被关进监狱。他在那里令人吃惊地成为监狱之友会的领导。他的书是浪子回头的感人故事。

卡特细心地挑出自由派新闻界精英的领军人物。《巴尔的摩太阳报》的杰克·格蒙德（Jack Germond）不屑地问道，这位"来自佐治亚的碧玉"是谁？[15] 不过，即便是这位无情的格蒙德，也无法抵御卡特的周到关心。格蒙德14岁的女儿患白血病即将去世时，卡特送给她一份体贴的礼物。他将在家庭花生农场找到的印第安慈姑送来，并附上手写的便条，请她和姐姐一起尝一个。[16] 这是一个漂亮的举动。

正是基于他无望获胜的地位与清新的呼吁（"我将永远不会对你们撒谎"），卡特在1976年春的初选中横扫了所有竞争对手。获得民主党总统候选人提名后，他甚至成为历史上第一位公开谈及其性取向的候选人。在接受《花花公子》杂志采访时，还出现了前所未有的情况，卡特承认在内心中有"强烈的性欲"，不过他从未违背过结婚誓言。

与此同时，福特总统仍旧受到媒体的煎熬。不仅报刊的社论版对他严厉指责，连电视台《周末午夜直播》（Saturday Night Live）栏目年轻聪明的喜剧演员也大不敬地对他加以讽刺。这位泰迪·罗斯福以来最健壮的总统被描绘成一个愚蠢的呆子。喜剧演员蔡维·蔡斯（Chevy Chase）以模仿福特摔倒在空军一号的舷梯上为业。在福特一个失误的高尔夫球击中一位观众的头部后，他更是迎来新一轮的嘲讽。所有的总统都不得不面对玩笑。大多数人以良好的姿态接受，杰里·福特当然也是如此，不过持续嘲讽的累积效应使福特看上去既不称职也没有能力。这个印象对一位严肃的政治家是致命的。

福特在1976年竞选共和党总统候选人提名时，遇到了来自加利福尼亚州州长罗纳德·里根的有力挑战。里根在新罕布什尔州初选中以1 317张选票的微弱优势击败了福特。然而，自由派报刊并没有为此喝彩，如他们在1968年对吉恩·麦卡锡（Gene McCarthy）那样，

第十一章　蝗虫侵蚀的几年（1974—1981）

这个勉强的胜利被渲染为一次扰人的挫折。

里根拒绝了支持者希望他与亚拉巴马州州长乔治·华莱士（George Wallace）一同竞选，作为挑战福特的第三方力量的要求。里根欣赏华莱士与卡特，这两位南方州长所追求的人民党的政治风格，不过这位加利福尼亚人反对华莱士过去支持种族隔离的历史。[17]里根也抵制别人为他准备好的竞选宣传单，上面印着一个报纸故事，推测福特总统将会选择马萨诸塞参议员爱德华·布鲁克（Edward Brooke）作为竞选搭档。在主流保守派看来，布鲁克是不能接受的，因为他是马萨诸塞的自由派。里根意识到传单会被自由派媒体利用，示意里根阵营因布鲁克是黑人而反对他。[18]里根指示销毁这种宣传单。

里根以其加州州长的记录而自豪。他曾任命过250多位黑人官员，比加州的其他任何一位州长都多。[19]他深情地回忆起在尤里卡学院橄榄球队时的情景。当顽固的旅店经营者拒绝让他的黑人队友入住时，年轻的里根把朋友们带回了位于狄克松（Dixon）的家中——离赛场不远。他的父母从来不会拒绝需要一张床和一顿热餐的朋友。[20]

里根在那个春天遭受到其他一些挫败。他的竞选经费花光了。连参议员巴里·戈德华特（Barry Goldwater），这位从1964年以来就是标准的保守派，也力劝他退出竞争。在北卡罗来纳州的新闻发布会上，记者们实际上追问里根说他打算何时退出竞选。[21]里根当时的竞选经理约翰·西尔斯（John Sears）担心里根在选民中的形象如同共和党人乔治·华莱士一样。因此西尔斯淡化里根强硬的保守主义立场，只是组织"介绍性的竞选"。西尔斯其实已经与福特总统的竞选经理就预期的里根退出竞选进行过秘密会谈。[22]

在参议员赫尔姆斯（Helms）华盛顿的办公室中进行的会谈至关重要。在那儿，北卡罗来纳的保守力量压迫里根的竞选班子按照团队不带任何色彩（Nopale pastels）的原则竞选。²³ 这可能是主题为"让里根成为里根"的许多次会谈中的第一次。他们知道许多想成为"管理者"的人后来会学到什么——里根在重压下状态极佳。两种想法的较量使他激动。他在背水一战时最为投入。里根的民意测验专家狄克·韦思林（Dick Wirthlin）说得最为充分："他热情高涨、神情专注、激情澎湃。他是我见过的确实能从对抗中得到快乐的少数领导之一。"²⁴

里根回到北卡罗来纳。这次他决心以自己的方式竞争，无论成功或失败。在精明的赫尔姆斯的支持下，里根向巴拿马运河问题发难。福特和基辛格正在准备条约，拟将运河交给巴拿马。里根反对两党领导人以及所有的主流媒体。

"我们造了运河，我们花了钱，它是我们的！"里根以人民党式的呐喊反对交割运河。运河谈判意味着比它表面上看更多的东西。巴拿马运河问题之所以打动无数美国人，在于它象征着美国在世界上的权力和特权正在衰落。里根感受到了这一点，他在密苏里州堪萨斯城的共和党大会上始终提出这个问题。继北卡罗来纳之后，里根在南部和西部的初选中获胜。

杰里·福特因建国 200 周年庆祝活动而幸运地从政治灾难中暂时脱离出来。背着越战和水门事件的记忆包袱，美国人将 1976 年 7 月 4 日看作是庆祝自由和独立 200 年的一次机会。福特总统在庆祝盛会上表现得既尊贵又幽默。在华盛顿特区和费城的典礼中，总统对于国家的好转感到心情愉快。他在独立大厅告诉 200 年典礼的司仪神父：

第十一章 蝗虫侵蚀的几年（1974—1981）

无论好坏，美国的一举一动都受到全世界的关注，因为今日美国仍是最成功地实现了人类普遍希望的国家。无论世界是否跟随我们，但我们的全部历史说明，我们必须领导。自由对于所有男人和女人而言，是平等和不可剥夺的权利。在国外建立正义与和平，很大程度上将取决于我们在自己国内创造的和平与正义，因为我们仍旧在这方面做出示范。[25]

在纽约市，福特主持了"帆船启动仪式"，来自世界各地的帆船在光辉的1976年7月4日举行了盛大游行。200万人在哈得逊河两岸，观看由美国海岸警卫队鹰号训练舰率领的横帆帆船庄严行进，为之欢呼雀跃。* 在下曼哈顿和纽约码头，历史上规模最大的焰火表演象征着这个国家在欢腾中。幸运的是，在这个历史性的日子里，纽约没有发生自杀事件。

福特总统在庆祝现场只作了短暂逗留。里根攻击福特的外交政策。他指责"缓和政策"无视"我们时代压倒一切的现实——苏联势力在全世界的扩张"[26]。

里根选择宾夕法尼亚州自由派共和党参议员理查德·施韦克（Richard Schweiker）做竞选搭档，试图动摇福特的代表们以赢得提名。这或是一个勇敢的，或是灾难性的措施。施韦克的投票记录为他赢得的自由派评价与乔治·麦戈文一样，不过施韦克曾顽固地反对枪支控制和堕胎，坦率地为苏联的"附庸国"辩护。这依然是一种不可能的

---

* 无论苏联还是其附庸国波兰和罗马尼亚的水手们都认为，美国对200周年自由的庆祝活动很有吸引力。智利年轻的帆船水手们也有类似的感觉，尽管他们当时仍处于右翼的皮诺切特将军的独裁统治下。

联合。

里根摸索着试图争取一些新的支持者。在挑战福特总统一年之前，罗纳德·里根发表广播评论，称堕胎仅从"自我保护"的意义上说是合理的，他还提到未出生孩子的"人权"。选择施韦克做副总统，他想以此表明他支持施韦克所代表的蓝领的、亲劳工的立场。里根认为，蓝领工人逐渐不再痴迷于"缓和政策"所描绘的苏联社会自由主义及其调和性。

福特总统的团队利用任职的一切便利条件反击里根的挑战。福特是一个谦虚的人，不过他在争取连任的努力中却没有表现出谦虚。一次，为向纽约长岛上犹豫不决的共和党代表们示好，福特的竞选经理邀请这些党的实干家们来到白宫，出席为到访的伊丽莎白二世女王而举行的盛大国宴。这些"犹豫不决者"很快不犹豫了——当然是支持总统。[27]

通过这些策略，福特在1976年的提名竞选中以微弱优势击败了里根。福特获得的选举人票是1 187张，而里根获得了1070张。[28]里根告诉儿子迈克尔，他不会痛苦，但遗憾不能在峰会上坐在苏联领导人的对面，听他提出控制军备的要求，然后绕到他身边，悄悄在他耳边说"不"。[29]

尽管福特取得了胜利，但当福特恳求里根走上胜利的舞台，在共和党全国大会上发表讲话时，里根却占尽风头。福特抛弃了纳尔逊·洛克菲勒，选择参议员鲍勃·多尔（Bob Dole）作为竞选伙伴，并在党的政纲中对里根派关于堕胎和"缓和政策"的看法作了重要让步。他需要里根的支持。当时他在一些民意测验中落后吉米·卡特多达30个百分点。[30]这位皮肤黝黑的加州人谦和地微笑着说，他已经准备了

第十一章 蝗虫侵蚀的几年（1974—1981）

一封要封入时光瓶中的信。这封信将在建国 300 周年时打开。里根应邀将信封好。这是关于世界和平的信：

> 100 年后那些读到这封信的人将知道这些导弹是否已经发射。他们将知道我们是否遇到了挑战。他们是否拥有我们拥有的自由，要取决于我们现在做些什么。
>
> 当他们回首时，是否会带着感激说："谢天谢地，1976 年的那些人阻止了自由的失去，使我们的世界免遭核毁灭？"
>
> 如果我们失败了，他们或许根本不能读到这封信，因为信中提到了个人自由，而他们没有被允许谈论自由或阅读这封信。[31]

这是一位 65 岁的老人在谈论自由及其前景。结束时，他以激动人心的高呼告诉世界："我们（美国人）带来了他们等待的信息。"[32]代表们潸然落泪。传记作家埃德蒙·莫里斯（Edmund Morris）后来写到里根的"即兴演说"时评论说："演说的力量是超凡的。你能从大厅的每个角落感受到代表们明显的情绪，他们意识到选错了人。"[33]里根安慰那些心碎的追随者："虽然我受伤了，但还没有死。我将站起来再次战斗。"[34]他说到做到。

福特精力旺盛地投入竞选。他狂热地巡游全国，在每一个投票点缩小了他与卡特的差距。不过，他受到自己糟糕的沟通技巧的妨碍，而且他传递的信息含混不清。他倾向于一直忠实贯彻的尼克松—基辛格的"缓和"政策呢，还是倾向于政纲中认可的更新、更自信的里根政策？福特让受欢迎的贝蒂（Betty）为他谈堕胎——结果贝蒂很快否

定了该党支持生命权的纲领。³⁵ *

福特在他的家乡大急流城发表了演说，结果"如以往一样无聊"。即使在这儿，介绍他出场时的欢呼要比他坐下时更为热烈。³⁶ 他在电视上的付费广告效果要更好些。一阵快活的叮当声告诉观众，他们感觉美国很好。广告展示了200周年国庆的庆祝场面。卡特日渐负面的权力政治形象被看作是对美国的一种批判。

当在民意测验中远远落后于卡特时，福特发出辩论挑战。这是美国历史上第一次现任总统与挑战者在电视上的辩论。** 这次辩论在旧金山进行，福特失足了。这次不是身体的失态——如电视喜剧演员蔡维·蔡斯喜爱嘲弄的那样——但情况更糟。为回应卡特对其外交政策的攻击，福特灾难性地说："东欧没有苏联的控制，在福特政府内永远也不会有。"³⁷ 什么？福特的助手们迅速掩饰这次不留神的口误。他们强调波兰人民的忍耐精神，强调福特政府逼迫苏联在1975年签署《赫尔辛基人权协定》。这一切都是事实，不过美国人看到过苏联坦克碾进东柏林（1953年）、匈牙利（1956年）与捷克斯洛伐克（1968年）。如果这不算是苏联的控制，那么到底什么才算是？失态无法挽回。无数美国人断定这位令人尊敬的、好心肠的杰里·福特只是不能胜任总统职务。福特在有大量波兰人、匈牙利人、波罗的海人与斯拉夫人

---

* 重要的是，1976年的共和党全国政纲反对罗伊诉韦德案的裁决，对堕胎辩论的双方都给予尊重，不过坚定支持"那些人为未出生胎儿的权利寻求宪法修正案保护的努力"。这是共和党第一次对罗伊的正式回应。尽管该"条款"每4年都会激发冲突，主要在报刊上，共和党从此后一直支持未出生孩子的生命权。

** 也是历史上的第二次总统电视辩论。肯尼迪与尼克松的辩论没有形成惯例。自1976年福特与卡特的辩论后，以后的每次总统选举中都有主要候选人之间的辩论。

等少数民族聚居的州尤其遭到重创。

毫无疑问,"没有苏联的控制"的失误在如宾夕法尼亚、俄亥俄与威斯康星这样的州里破坏了福特的上升希望。而且贝蒂·福特的社会自由主义也挫伤了总统的政治基础。[38]

福特以对媒体没有忌恨而著称。但这并不意味他能从所谓的第四等级成员那里得到公正的对待。*一个典型的例子是《纽约每日新闻》的大标题:福特对纽约的态度:让其倒毙。[39] 之所以如此,因为挥霍的政客们把纽约弄到破产的境地,而福特拒绝向美国人民征税来为纽约提供保证金。

那时(现在依然如此)美国人平均年收入远远赶不上纽约居民的收入。出现如此不公的标题令人匪夷所思。

卡特赢得了 40 830 763 张选民选票,只是令人惊讶的 50.1%。卡特和他的搭档、明尼苏达州自由派参议员王尔德·蒙代尔(Walter Mondale)获得 297 张选举人票。这对一度在民意调查中领先 30 个百分点的人而言,是巨大的跌落。福特赢得 39 147 793 张选民选票(48.0%)和 240 张选举人票。**

---

* 法国大革命前,据说有三个等级:僧侣、贵族和普通民众。记者们有时认为他们不属于任何等级,因此是第四等级。

** 这比福特应得的票数要少一票。华盛顿州"不守信用的选举人"迈克·帕登(Mike Padden)投了里根一票。帕登在投票前核实,俄亥俄州的选举人票已经确立了卡特在大选中的胜利。这是里根下次选举人票中大获全胜的预兆。

3. "道德的战争"

某种意义上，卡特是独特的少数派成员之一。他是自1848年扎卡里·泰勒（Zachary Taylor）以来第一位当选的南方总统。* 卡特比肯尼迪更加受到福音派教徒的喜爱，但不大受天主教徒欢迎。他对黑人选民有很强的吸引力，但对犹太人的关系相对弱些。[40]

在宣誓就职仪式的讲话中，卡特总统重新阐释了美国对自由的责任。他说："因为我们是自由的，我们永远不能对其他地方的自由命运无动于衷。我们的道德感指令我们明确偏爱那些和我们一样持久地尊重个人权利的社会。"不过他也警告不要以物质进步为标准来界定自由："我们知道'更多'未必是'更好'，甚至我们伟大的国家也有已经认识到的局限，我们既无法回答所有问题，也不能解决所有难题。"[41]

讲话之后，卡特做出了让聚集在就职仪式游行路线旁无数人惊讶和欣喜的举动，他走出豪华轿车，在长长的宾夕法尼亚大街上步行。他拉着第一夫人罗莎琳·卡特（Rosalynn Carter）和他们女儿艾米（Amy）的手，向人群挥手致意。卡特决定抛弃就职典礼的繁文缛节。与托马斯·杰斐逊一样，他想把总统职位还给人民。他免除了"向首脑欢呼"的环节，卖掉了总统游艇——"美洲杉"号（*Sequoia*）。

吉米·卡特带着民主党在国会两院人数2∶1的巨大优势进入白宫。倘若他不是如此专心地与华盛顿特区做斗争，这至少会是一个很大的优势。他的党毕竟是富兰克林·罗斯福与林登·约翰逊的政党。他的

---

* 伍德罗·威尔逊虽然生长在南方，但当选总统前任新泽西州州长。密苏里人哈里·杜鲁门来自边境州。林登·约翰逊来自得克萨斯，但他只是在肯尼迪被刺杀后继任的总统。感觉到美国不愿意选南方人，约翰逊更喜欢强调他的西部关系。

党是大政府党。当他称国会仔细起草的税收制度是"人类的耻辱"时，国会议员们并不轻松。⁴²

卡特决心把国会山的民主党领导们带到他的麾下。为显示想要的结果，他让参谋长汉密尔顿·乔丹（Hamilton Jordan）把国会发言人托马斯·奥尼尔（Thomas P. O'Neill）及其家人安排在就职宴会最远的地方。这是一个设计好的侮辱——也是一个愚蠢的举动。⁴³卡特错误地告诉奥尼尔，他已经转变了那些在他当州长时曾阻挠他计划的佐治亚州议员们的立场。"我能比你更容易地与你的议员们交谈。"卡特说。奥尼尔不相信卡特把兼职的佐治亚立法机构与美国国会相提并论。"嗨，总统先生，你在犯一个大错误。"奥尼尔对这位新任首脑说。⁴⁴

1976年大选结果如此接近的真正原因，是无数卡特的早期支持者在选举日改变了主意。那年夏天，卡特在大部分民意调查中都曾领先福特30多个百分点。1976年11月份，他仅仅以两个百分点的微弱优势击败了在任总统。（50.1%对48%。）

许多美国人最初被卡特的高调（我将永远不会对你们撒谎）所吸引，他们很快发现必须仔细分析他的语言。例如，1976年1月份在爱荷华的核心成员会议上，卡特告诉投票者他"不喜欢堕胎"。他说我们要取消"需要性"堕胎。不过，在组成政府后，这对卡特而言意味着要提高对联邦生育控制诊所的资助。倾向生育的草根阶层视其为一个搪塞。他们说，生育控制用得越多，就会越来越失败，这将导致更多的堕胎。截至1976年，每年有超过160万例的堕胎发生。堕胎成为数量上仅次于包皮环切术的普通手术。自由派记者伊丽莎白·德鲁（Elizabeth Drew）称赞卡特以保守派的修辞包裹了自由政策的立场。⁴⁵不过平常的美国人抵制这种诡辩，认为其含糊不清：如果你不喜欢什么，你就要做点什么来阻止它，或者起码是限制它。

卡特确实想做。他在1977年迅速签署了《海德修正案》。该法案由众议员亨利·海德（Henry Hyde）发起，禁止联邦资助堕胎。卡特在堕胎问题上竭力做办不到的事情：他不想对堕胎活动的合法性作任何限制，他也不想触怒堕胎反对者们，强迫他们用他们的纳税为堕胎买单。卡特发觉这个立场，虽然是真心诚意的，将会在他与民主党自由派之间引起严重分歧。

卡特强力支持宪法"平等权利修正案（ERA）"。第一夫人罗莎琳·卡特在推动修正案上尤其卖力。保守派领导菲利斯·施拉夫雷（Phyllis Schlafly）谴责修正案和卡特夫人充当的促进者角色。修正案的反对者们愤怒于第一夫人对一个修正案施加政治压力，而美国人民并未选举她承担任何工作。

施拉夫雷争论说，因为修正案含混不清，它可以作任何解释。年轻的母亲们还会继续被排除在草案之外么？她们是否将被迫投入战斗？母亲们会失去对小孩的监护权么？孩子的抚养和生活费会被剥夺么？联邦政府以及各州是否会资助要求的堕胎？同性恋者会要求结婚的权利么？所有这些问题都是无限制的修正案提出来的。

修正案的鼓吹者们嘲笑施拉夫雷夫人和她的草根阶层积极分子。"穿网球鞋的小老太太"，是对她惯常的奚落。修正案的支持者们讥笑说："他们担心无性别的公共厕所。"的确，他们也担心这些。

卡特总统就他所说的"能源危机"向美国人民发表讲话。总统坐在壁炉前，穿着一件开襟羊毛衫。他警告说美国到1987年就要用完石油，必须不顾一切地采取节能措施。[46]他称"能源危机"是"道德的战争"，敦促美国人要适应一个节制的时代。[47]很快，风车房和放置

第十一章 蝗虫侵蚀的几年(1974—1981)

在屋顶的太阳能板将免交联邦税款。卡特大力支持55迈的汽车限速,使西部人极为不满。在美国西部开阔的露天场所,一场由华盛顿特区首先开始的"艾树灌木丛造反运动"告诉人口稀少的各州居民,他们的汽车能开多快。

如果说卡特的政策只是令自由派不悦,它们则更会让保守派感到极度不安。在卡特任期内,诸如"保罗·威利奇自由国会基金会""遗产基金会""美国企业研究所"这样一些集团认真充当了反对卡特内外政策的先锋。

连续的"滞胀"(经济增长停滞,高失业率,高通货膨胀)挫伤了普通美国人。此外,数十亿美元花费在林登·约翰逊的"向贫困开战"之后,贫困人口的比例(12.4%)实际仍然停留在1965年的水平,这让美国人很受打击。[48]

20世纪70年代美国对自由的传统理解遇到了许多挑战。在旧金山、纽约和其他一些主要城市,同性恋酒吧与性俱乐部阐释了一种新的"抛去安全套"乱交的亚文化。法国哲学家、同性恋者米歇尔·福柯说出了这种无法抵御的对权利和自由的感受。"我想这种满足是真正的满足,它是那么深、那么强烈、那么压倒一切,以至于我无法抵御它。我宁愿去死。"[49]"为之去死"成为那个时代的口头禅——这是对福柯虚无主义的一种粗俗的美国式解释。

可以预见到,这些自由观念激起了强烈的反对。罗纳德·里根曾在加利福尼亚抵制"布里格斯动议"(the Briggs Initiative),该动议试图将同性恋教师赶出教室。不过被性革命释放的个人情绪的起伏呈现了异乎寻常的转向。旧金山的管理者丹·怀特(Dan White)1978年谋杀了市长乔治·莫斯康纳(George Moscone)和他的同事哈维·米尔科（Harvey Milk）。米尔科是公开的同性恋者。怀特使用荒谬的"甜点辩护"（Twinkie defense），使他免除了死刑，不过这个较轻的判决引发了旧金山的同性恋抗议者们连续数日的骚乱。*

朝国外看，卡特总统很快表明，他不愿在人权问题上给苏联施压太甚。卡特在1977年告诉巴黎圣母院大学的毕业生们，"我们现已远离对共产主义的过度恐惧，这种恐惧曾一度让我们抓住我们身边的任何一个独裁者"[50]。从卡特就任总统之初，卡特政府就对反共的独裁政权施加压力，而对苏联在当今所称的第三世界的扩张采取多少有些放任的态度。**

卡特任命西鲁斯·万斯（Cyrus Vance）为国务卿。万斯1978年告诉《时代》杂志，卡特总统和苏联共产党老板勃列日涅夫"在最根本的问题上有相似的梦想和热望"[51]。卡特显然赞同其国务卿的说法，他在维也纳峰会上吻了勃列日涅夫。[52] 万斯被老练的纽约民主党人莫里斯·阿勃拉姆斯（Morris Abrams）描述为"美国所有国务卿中最接近和平主义者的人物，可能威廉·詹宁斯·布里安（William Jennings Bryan）除外。"[53]

卡特的看法引起人们的警觉，甚至包括他自己党内的一些人。华盛顿州的亨利·杰克逊在参议院领导了反对《限制战略核武器条

---

* Twinkies是畅销美国的一种金黄色的甜蛋糕，热量很高。怀特的律师们辩解说，他是在饱食女主人的甜蛋糕以及其他高糖的垃圾食物后，行为能力下降时做出的举动。怀特仅被判刑7年零8个月。这是犯罪审判系统令人崩溃的骇人听闻的案例。甜点抗辩现成为一个专有名词，指一个罪犯将自己的罪行归咎外在因素的狡辩行为。（有部分是译者注。）

** 第三世界国家一般指亚非拉发展中国家。如果一些国家因采取自由市场而繁荣，它们将不再是第三世界国家——如新加坡、韩国。因而在实践中，第三世界指这些地区十分贫穷的国家。

约》(SALT Ⅱ)的行动。杰克逊深信,苏联的诡计会使条约无法贯彻。纽约州的年轻参议员丹尼尔·帕特里克·莫尼汉(Daniel Patrick Moynihan)指责卡特"试图把我们的注意力从我们时代的核心政治斗争——民主与专制的共产主义之间的斗争中转移开来"。[54]

卡特必须努力使他的《巴拿马运河条约》在1978年4月获得参议院通过。正如批评者所说,支持"转让"的是许多共和党人与大部分民主党人。共和党参议院领导人、田纳西州的霍华德·贝克(Howard Baker)因在巴拿马运河问题上触怒党的保守派基层组织,而失去了他的总统希望。9位参议员坚持到最后获胜,尽管反对者们攻击他们支持转让运河。[55] 里根曾使转让运河变成一个有力的象征性事件,他的立场得到大多数保守派的支持。

1978年的《戴维营协定》是卡特外交政策的最大成就,也有人认为是唯一的成就。卡特成功地将埃及总统A. 萨达特(Anwar Sadat)、以色列总理M. 贝京(Menachem Begin)带到总统度假地戴维营,就以色列从埃及的西奈半岛撤军问题进行了漫长而累人的谈判(萨达特戏剧性地飞到耶路撒冷开启谈判之门)。萨达特对卡特坚持邀请苏联保持警惕。[56] 卡特在该问题上作了让步,苏联没有被邀请。萨达特与贝京将因在《戴维营协定》上的贡献而获得诺贝尔和平奖。*

流亡的俄国作家阿列克谢·索尔尼仁琴在1978年对哈佛的毕业生发表演讲。他警告说西方正在失去抵抗苏联侵略的意志。为故意煽动听众,索尔尼仁琴说,他不能把西方当作文明的样板推荐给铁幕后

---

* 卡特要等待24年后才获得他的诺贝尔和平奖。他在2002年的获奖,被看作是对乔治·W. 布什推翻伊拉克萨达姆·侯赛因政权的战争计划掴了一掌,卡特强烈反对这场战争。

被奴役的民族:"在遭受数十年暴行和压迫后,人的灵魂渴望更高尚、更温暖、更纯净的东西,这些不是今日的大众生活习惯所能提供的,使人反感的商业广告的入侵、电视麻痹以及不堪入耳的音乐被当作名片一样介绍。"[57]当埃塞俄比亚、安哥拉、莫桑比克和格林纳达落入共产主义之手时,索尔尼仁琴的话激起了美国自由派精英的痛苦反应。《纽约时报》《华盛顿邮报》,以及第一夫人罗莎琳批评了索尔尼仁琴。[58]

这位诺贝尔奖得主的少数支持者中,有一位是敏感的乔治·F. 威尔(George F.Will)。在其有影响力的专栏中,威尔写道:"《纽约时报》的巨大怀疑主义已延伸至除它自己以外的一切价值。"[59]威尔还把索尔尼仁琴比作《旧约全书》中的先知,称他犀利的言辞迫使这个国家作出回应。索尔尼仁琴的思想是西塞罗、奥古斯丁、阿奎那、帕斯卡尔、托马斯·莫尔和埃德蒙·柏克的思想。[60]他们代表了西方的自由遗产。"与勃列日涅夫的最不可思议的价值有同感"的吉米·卡特能代表什么?自丘吉尔1946年在威斯敏斯特大学演讲或乔治·C. 马歇尔1947年在哈佛大学演讲之后,没有一场毕业典礼的演说能激起这样的争论。

卡特总统最大的政治优势和个人优点之一,是他与美国黑人的强烈认同感。这对于那位坚定的种族隔离主义者"厄尔先生"的儿子而言,是令人惊异的成就。吉米·卡特轻松地游走于黑人领导之间,特别是来自其家乡佐治亚州的那些人。亚特兰大的安德鲁·扬(Andrew Young)是卡特最亲近的朋友之一。扬曾是马丁·路德·金博士的门徒,一位献身于人权的战士。

不过安德鲁·扬非常不适合担任美国驻联合国大使职务。扬在惹人注目的位置上,似乎成心要让卡特和美国难堪。他称卡斯特罗的军队在非洲是"反对种族主义"[61]。古巴曾派遣武装力量到非洲作战，扬说："因为古巴也有被压迫和被统治的殖民地意识。"[62]

扬大使还为苏联审判杰出的犹太人（refuseniks）如拿丹·阿纳托利·沙兰斯基进行辩护。扬说："毕竟我们也有数百人、或许是数千人在监狱中，我称他们为政治犯。"[63] 扬攻击美国最亲密的盟友大不列颠，是个"几乎发明了种族主义"的国家。[64] 更糟糕的是，扬把尼克松和福特总统称作种族主义者。在一次《花花公子》杂志的采访中，记者问他对共和党人的指责中是否也包含亚伯拉罕·林肯时。"尤其是林肯。"他回答道。[65] 他批评以色列"顽固且不肯妥协"[66]。在他通过"暗道"与阿拉法特的巴勒斯坦解放组织（PLO）的代表会谈被曝光后，扬在联合国充满风波的任期突然结束。那时，国务院将巴解组织列为恐怖主义组织。

4. 美国人质事件

到了1979年，卡特的处境显然非常糟糕。他发明的曾经有效地用以反对杰里·福特的"痛苦指数"（失业率加上通货膨胀率），现在成为拖累自己的重负。由于能源危机，美国人不得不采取"单双日"的办法获取汽油。卡特在能源部培育了一套庞大的新官僚制，不过他仍然不能保证加油站有足够的汽油供应。

在其年轻精明的民意测验专家帕特·加戴尔（Pat Caddell）的建议下，卡特大大疏远了美国人民。他在获得大胜的戴维营召集了大批领导、学者和新闻记者们。卡特那时刚从山上下来，如摩西一样，解雇了大多数内阁官员。他把年轻而缺乏经验的白宫职员们留在了任上。

一位资深的民主党议员惊叹道:"天哪,他砍倒了大树,却留下了猴子!"[67]卡特随后向全国人民发表了重要的电视讲话。讲话中,他为遍布全国的"信任危机"而悲哀,并斥责其为"对民主的根本性威胁"。[68]

在大多数美国人看来,总统的行为极度令人不安。那个咧开嘴笑的卡特不见了。那个问"为什么不是最好"的原子能工程师神气活现的乐观不见了。现在,他甚至不得不在度假时挡开"攻击的野兔"。*卡特的讲话很快以"压抑的(*malaise*)演讲"而出名。尽管卡特从来没有用过那个法语词汇,但它却粘上了。

杰克·格蒙德(Jack Germond)感到整个插曲很扰人——压抑的首脑、压抑的演讲。令人惊讶的是,连女权主义者格蒙德也对罗莎琳·卡特在高层闲谈中的专断角色很厌烦。"我们都知道,第一夫人对总统有很大影响力,因为她是那么聪明而认真,我们中大多数人可能对之感到很舒适。不过总统夫人在这种场合下的表现如一个官员,这绝不会只让我一个人震动。在回来的路上,《华盛顿邮报》的专栏作家乔·克拉夫特(Joe Kraft)一直摇头,咕哝说这确实是多么不同寻常的事。"[69]

吉米·卡特与夫人努力使整个国家在逐渐受到关注的家庭问题上团结起来。许多州通过所谓的无过失离婚法之后,离婚率急速攀升。非婚生婴儿出生率以令人担忧的速度持续上涨。与信心十足的预测相反,堕胎的便捷并未减少婴儿的出生量。卡特夫妇在一系列有关家庭的白宫会议上,真诚地寻找这些问题和其他一些麻烦问题的共同原因。

---

* 卡特自己讲过一个故事,说他在佐治亚平原的家中钓鱼时,曾被一只野兔攻击过。这个不走运的佐治亚人因此遭到国际上的奚落。

这些会议的名称很快被换成"家庭"。这里面有一个故事。

还在开展反对《平等权利修正案》运动时，菲利斯·施拉夫雷夫人就将她的组织天才用于提升公众对"家庭"一词含义的意识。以她的法律背景，她认识到白宫正处在扩大对多种家庭组织的官方认可的边缘。她知道，人口调查局数十年来对家庭的定义，即一群因婚姻、出生与领养而结合到一起的个体，已濒临危险。她与其他一些保守派人士如"自由国会基金会"的保罗·威利奇（Paul Weyrich）以及福音组织"家庭聚焦"的詹姆斯·C.多布森博士（Dr. James C.Dobson）一起，组织支持者集会。他们催促追随者们介入为白宫会议而做准备的地方和地区预备会议，涉足代表选举过程，参与要提出的实质性问题。于是出现了参与者所称的"支持家庭运动"。对他们的目标——显然是对急速社会变化的一种防御性反应——持批评态度的那些人或是不承认这场草根运动，或是为其贴上"信仰权利"的标签。或许不可避免，这场运动很快将影响国家的政治。

某种意义上，令人尊敬的杰里·伏威尔（Jerry Falwell）[*]、保罗·威利奇与施拉夫雷夫人是在对媒体数十年来迷恋左翼激进组织，从而在保守派一侧留下真空作出回应。20世纪60年代组建的民主社会学生组织（SDS）、种族平等大会（CORE）、非暴力不合作的学生委员会（SNCC）总体上得到了积极的媒体评价。斯托克雷·加米凯尔（SNCC）、H.拉普·布朗（他是SNCC与黑豹的成员）与汤姆·海登（SNCC）经常嘲笑法律。他们还不知满足地对社会提出一系列尖刻的要求。鲍比·希勒（Bobby Seale）与胡耶·牛顿（Huey

---

[*] 他是新成立的草根组织"道德的大多数"的头头。

Newton）是黑豹组织的领导，这个组织是最好战的左翼集团之一。黑豹曾卷入一系列暴力事件和数起谋杀案。

卡特夫妇并不缺乏信心。三里岛核电厂出故障时，吉米与罗莎琳一起赶到现场，安抚受惊的人们。[70] 不过，总统如果聪明的话，不会承认发表了一次有些不当的演说。卡特的奇怪行为使参议员泰德·肯尼迪相信，或许卡特根本上就很脆弱。民主党在上一年的选举中遭到重击。在肯尼迪积极的自由派支持者看来，卡特的继续领导将会在1980年给党带来灾难。所以肯尼迪宣布参加1980年民主党总统候选人提名的竞选。*

共产主义者在非洲与拉美的挺进十分扰人。勃列日涅夫尽管公开地拥抱卡特，但资助恐怖分子如意大利的布里加第·罗西（Brigadi Rossi）、法国的"直接行动组织"、西德的"巴德—迈因霍夫帮"却是公开的秘密。尼加拉瓜的撒丁内斯塔政权正发生有威胁的转变，在这个中美洲共和国内镇压自由，同时向邻居萨尔瓦多输出革命。

为回应上述情况，许多曾支持"铲子"杰克逊和休伯特·汉弗莱（Hubert Humphrey）的民主党人与纽约作家米治·戴克特（Midge Decter）联合起来，组成了"当前危机委员会"。政治学教授吉恩·杰克逊·科克帕崔克（Jeane Jackson Kirkpatrick）写了《独裁与双重标准》一文，有力地批判了卡特的外交政策。他的文章发表在《评论》（Commentary）上，被罗纳德·里根读到了。在这个束缚和压抑的时代，谁能为自由挺身而出？如果美国因疑虑和内疚而削弱，谁将领导这个

---

* 卡通画家杰夫·麦克尼尔画过一张卡通画，画面上卡特正在一家店面里主持一场信仰复兴的布道仪式，而不感兴趣的酒鬼们将鼻子贴在窗户上张望。在窗外，泰德与伯纳德正摇晃着走过新罕布什尔的雪地，脖子上套着一只标有完全自由主义的桶。

第十一章　蝗虫侵蚀的几年（1974—1981）

自由世界？这些事件和关注汇集到一起，孕育出一场被称作新保守主义的运动，《评论》是这场运动中的主要刊物。科克帕崔克博士指责说，卡特总统的无能应当为许多亲美领导人（包括伊朗国王）的垮台负有责任。

1979年11月4日，大批"学生"在伊朗德黑兰蹂躏了美国大使馆。他们将所有美国人扣为人质——包括外交官与大使馆的平民雇员、甚至海岸警卫队队员——总共有52人。*A. 霍梅尼（Ayatollah Khomeini）不仅不谴责这个举动，还称赞扣留人质挑衅美国这个"大撒旦"的那些人。或许期盼危机早日解决，CBS电视台晚间新闻每天播报结束时，沃尔特·克伦凯特（Walter Cronkite）都要报美国人质被扣押的天数。竞争的ABC新闻成功推出由泰德·科佩尔（Ted Koppel）主持的深夜节目"美国人质"。现在卡特真的要对付压抑的场面了。

美国人质被扣押的时间延续数月，他们遭到殴打、虐待和死亡威胁。伊朗的"外交官"来纽约参加联合国大会时，他们来去都未受到阻拦。他们有外交豁免权。

起初，美国人聚集到他们的总司令身后。但他们很快发现他无法掌控局势。卡特求助于他的兄弟比利（Billy），一个佐治亚州的平原居民、汽车加油站老板，试图利用他与利比亚卡扎菲（Muammar Khaddafi）的关系使美国人质获释。[71] 卡特还派美国前总检察长拉姆西·克拉克（Ramsey Clark）去德黑兰，试图营救人质。克拉克从当

---

* 如果不是加拿大大使肯·泰勒与其职员的行动，人质数量还要增加。加拿大人冒死帮助美国人逃脱。

上林登·约翰逊的总检察长以来，10 年中因直率地批评美国的外交政策而出名。卡特或许认为克拉克的"第三世界主义"能使他进入霍梅尼的内部圈子。但霍梅尼显然对克拉克越来越激进的反美举动没什么印象，甚至拒绝了与卡特的这位特使会面。[72]

泰德·肯尼迪挑战现任总统应当很容易。在 1979 年，每次民意调查都显示肯尼迪优于卡特，有时甚至以 2∶1 的优势。卡特在民主党建立的组织中的朋友很少。*而泰德自从其兄长鲍比 1968 年去世后，便是肯尼迪遗产"显然的继承人"。

不过现在由于伊朗人质危机奇怪地对总统产生了益处，肯尼迪的支持下滑了。在接受 CBS 电视台新闻记者罗杰·穆德（Roger Mudd）采访时，肯尼迪的表现是灾难性的。他吞吞吐吐、结结巴巴，说不出一个清晰而有说服力的竞选总统的理由。更为糟糕的是，许多原先并未在意 1969 年他在查帕奎迪克事件中行为的那些人们，现在对其中的细节穷追不舍。[73]尽管如此，肯尼迪没有退缩。他在新罕布什尔州发起了挑战。

看到卡特不会使用武力解救在德黑兰的美国人质，苏联人大胆起来。1979 年圣诞节刚过，苏联代理人便推翻并谋杀了阿富汗的统治者。他们在喀布尔扶植了一个傀儡人物穆罕穆德·纳吉布拉（Muhammed Najibullah）。纳吉布拉顺从地邀请苏联军队进入他们的国家。**卡特说

---

* 当然，国家教育联合会是个例外。这个有着 200 万成员的教师工会感激卡特成立了教育部。事实证明，联合会完全忠于他们尴尬的恩人。联合会吹嘘他们派去参加民主党全国大会的代表比加州的还多。

** 1996 年纳吉布拉在喀布尔足球场的一根绳子的末端走到了命运的尽头，他被塔利班处以绞刑。

第十一章 蝗虫侵蚀的几年（1974—1981）

他对苏联入侵感到震惊。他的驻苏联大使马尔科姆·图恩（Malcolm Toon）震惊于卡特的震惊。"很显然，他从来没有看过我送给他的那些情报"，图恩后来说。[74]*

在新的 10 年来临时，美国迎来了一个更具威胁的世界，尽管有一些胜利，事情看起来却更为糟糕。在纽约普莱西德冬奥会上，美国冰球队击败了优势的苏联队，这让美国人狂喜不已。"美国！美国！"人群的喊叫带着挑衅和自豪。

卡特误判了形势，他宣布抵制 1979 年 7 月份在莫斯科举办的夏季奥运会。爱看比赛的粉丝们感到精神紧张，而训练水平很高的美国奥运会运动员们则被打蒙了。美国夏季奥运会的对手们在普莱西德目睹过美国整个国家对美国队获胜的触电般反应。这些训练有素的年轻运动员们都决心要将金牌——和荣誉——带回国家。美国游泳队队员格伦·米尔斯（Glenn Mills）说出了许多运动员的心声。他说：

> 冬运会的运动员们做得越好，我们自己的训练就越加刻苦。我们每周要在游泳池里游 10 万米。每天我们都提醒自己，我们同样有机会如冰球队队员那样振奋国人的精神。苏联人必将会刻

---

* 据一位在场的朋友介绍，1982 年 1 月，图恩大使在华盛顿大学的演讲中，开场便激烈地批评里根总统把克里姆林宫的领导们说成是推进世界共产主义而不惜撒谎、欺骗，甚至犯任何罪行。图恩说他非常不赞同国务卿黑格让苏联驻美大使多布里宁（Anatoly Dobrynin）难堪的狭隘做法，比如拒绝在国务院车库中给这位使节一个车位。这是图恩演讲的头 5 分钟内容。这位前大使接着对他的前老板卡特作了讽刺批评。图恩说在 30 年外交生涯中，他只有一次为美国担心，那就是吉米·卡特成了总统。图恩报告说，他以前从没有看到苏联人对美国的弱点表现出如此轻蔑。《西雅图邮报》第二天的标题没有写图恩对卡特的精辟分析，而是直接标为"图恩抨击里根"。

苦训练，以便能成为国家英雄。我们必须打败他们。我们中许多人已经远离了家人和朋友，为加强训练作出重新部署。我们的父母不得不勒紧腰带，资助我们；同龄的朋友们不得不理解我们不能分享他们所做的一切。我们正全力以赴，以使自己配得上国家对我们的信任。正当我们蓄势待发时，卡特总统却宣布我们不能参加运动会。全体运动员的梦想、数年来的准备、奉献和牺牲——这一切在瞬间消失了。

米尔斯说这些时毫不痛苦。他和同伴们已经克服了那些日子的绝望，他还说"我们很高兴能结束我们的任务"。[75]

卡特也切断了美国对苏联的谷物出口，这个举动让美国西部的农场主们愁眉不展。苏联人不会因此而受到伤害，因为他们总能从澳大利亚、加拿大和阿根廷买到谷物。只有美国西部的农场主们感受到了冲击。卡特以在宾夕法尼亚大道上的步行开始他的总统任期，如托马斯·杰斐逊一样。现在他收到了杰斐逊政策的最坏结果。正如1807年那样，禁运对美国人的伤害要远大于对我们对手的伤害。

罗纳德·里根宣布参与1979年总统大选时，他已经68岁。他是有史以来年龄最大的竞选者，不过他看起来很有活力。他一直不断清除他的加州西洛农场上的厚厚灌木丛，体形保持得很好。里根说："那些谈论年龄局限的人实际上在谈论他们自己的局限，而不是美国人的局限。"[76]他没有提吉米·卡特，也犯不上提。里根既不相信年龄的局限，也不相信对年龄的限制。

卡特获知他在白宫专心于危机时，民意测验支持率上升了。由于采用"玫瑰花园战略"，他在对泰德·肯尼迪的初选中获得压倒性胜利。

当德黑兰的美国人质从学生手中转归伊斯兰革命政府直接控制时，卡特将之看作是一个"积极的"信号。他们的被扣仍没有结束。草率处决的威胁仍未结束。他们的危险没有解除。什么才是积极的？霍梅尼嘲笑说"他不过是在敲空鼓"[77]。国务卿西鲁斯·万斯持几乎是软弱的看法："大多数美国人认识到我们不能单独掌控事件。这种认识不是美国衰落的信号，而是在复杂世界中变得成熟的信号。"[78]连霍梅尼和他的伊斯兰革命力量都能掌控事件，为什么美利坚合众国反而不能？

卡特最终于1980年4月奋起而为。6个月来，美国人质在德黑兰受尽折磨。卡特下令采取秘密营救行动，不幸的是，行动失败了。数架直升机撞到了一起，一些突击队员牺牲了。"沙漠一号"突击行动成了卡特政府软弱的象征。西鲁斯·万斯震怒于美国诉诸武力，辞去了国务卿职务。[79]

5. "美国！美国！"

美国人强烈要求他们的国家利益和荣誉。从纽约普莱西德冰球观众中自发出现的呐喊声——"美国！美国！"——很快传遍全国。泰德·肯尼迪倘若能抓住时机，并借助于其兄弟约翰·肯尼迪的遗产，他很有可能将卡特撵下台。不过泰德在民主党内领导着"和平"派别。早在4年前，吉米·卡特保证过"一个和美国人民一样好的政府"。现在，美国人民要求有一个和他们一样壮的政府。

在1980年新罕布什尔州共和党的初选中，里根必须抓住或突破其进军白宫的最后一次机会。乔治·H.W.布什在赢得爱荷华州预备会议的胜利后，声称要获得"大胜"。"NBC 新闻"记者汤姆·佩蒂特（Tom Pettit）在这个新闻集团中代表许多人讲话。他在爱荷华州形势明朗后说道："里根死了。"[80]

不是这样的。

一路领先的乔治·布什仅要求一场一对一的辩论，里根同意应战。当里根与共和党其他所有竞争者——参议员霍华德·贝克（Howard Baker）、参议员鲍勃·多尔（Bob Dole）、众议员菲尔·克兰（Phil Crane）、众议员约翰·安德森（John Anderson）——在新罕布什尔的纳舒厄城（Nashua）一同出现时，布什试图进行阻挠。他让辩论主持人切断里根的麦克风。里根控制着愤怒，用上了演员的技巧。他对着主持人的麦克风说道："我现在买这个麦克风，格林先生！"主持人叫布林，但谁在意呢？通过这种有力的姿态，里根抓住了辩论，抓住了新罕布什尔初选，抓住了提名。

美国人需要力量。而里根很有力量。

保守派云集到新罕布什尔为"吉珀"而战。*倾向生命权的人士保证支持里根。草根阶层积极分子对于贝克支持交付巴拿马运河很愤怒。他们抵制基辛格的"缓和"政策。他们为里根支持的"加州 13 号提案"——这是反抗税收的开始——而欢呼。里根自 1964 年为巴里·戈德华特而发表强硬的演说后，一直是保守派运动名义上的领导。1980 年将成为里根的时机。

里根在春季初选中获得压倒性胜利后，去底特律尝试当共和党

---

* 里根曾在一部影片《克努特·罗克恩的故事》中饰演过背运的橄榄球明星乔治·吉珀。谈到自己时，他喜欢请追随者们喊"为吉珀赢一个"。

的领导。尽管共和党团结在他身后，他在挑选副总统时还是几乎陷入麻烦。在底特律乔·路易斯中心，一场由一个无聊媒体煽动的运动提出建议，提名前总统杰里·福特作为副总统参加票选。对于里根而言，选择福特将表示承认他真的不能胜任这项职务。那些"健谈的人物"——电视网的评论员们——喜欢这个主意。CBS 的沃尔特·克伦凯特甚至耸人听闻地将之描述为"共同执政"。但里根的总统任期将不会有调教者。他优雅地绕开了这个愚蠢的陷阱，选择乔治·布什作为竞选搭档。党内的东北部人士对此选择很满意。党主席比尔·布洛克（Bill Brock）嚷道，幸福的共和党人将如"敲鼓"一样击败吉米·卡特。布洛克是一个有严密组织能力和竞争力的党的领导人，他在水门惨败后帮助重建了共和党。

卡特的民主党人阴郁地聚集到纽约。泰德·肯尼迪在难忘的演讲结束时，有力地重复着：梦想永远不会消失！肯尼迪的口才唤醒了他的已故兄长们的勇敢承诺。他使数千名代表当场落泪。

吉米·卡特接受提名的演说中只有一句话能让人记得，这就是他对明尼苏达已故的休伯特·霍雷肖·汉普雷（Hubert Horatio Humphrey）的损毁。卡特面对听众的嘘声，响亮地称他为自吹自擂的休伯特·霍雷肖。

卡特现在不顾一切地要得到泰德·肯尼迪支持，在会场到处追逐这个大人物，捕捉难得的"照相机会"。有趣的是——也烦人的是——肯尼迪总是设法与这位追逐的总统保持着几英尺的距离。

卡特的竞选经理们不得不在民主党的政纲上对肯尼迪的势力彻底让步。肯尼迪主张扩大政府对关键经济部门的控制。在社会主义显然正窒息西欧、加拿大与美国的经济活力时，这种做法看起来太接近社会主义了。吉米·卡特只在一个问题上不同意肯尼迪代表们要求的十分自由的政纲。卡特礼貌而坚定地拒绝同意由联邦政府资助自由堕胎。

到 1980 年 9 月初，沃尔特·克伦凯特每晚为伊朗美国人质被扣的天数统计已超过 300 天。他显然从没有估计到会如此，不过克伦凯特停止计数后，变成每晚评论卡特在解救人质问题上的无能。

里根的一个初选对手、国会议员约翰·安德森（John Anderson）在过去几年中越来越"左"倾。他最终退出共和党，宣称要以独立候选人身份竞选总统。乔治·威尔恶作剧般地写道，安德森只在他能够获胜的地方竞选——而他也失去了那些地方。他虽然没有获胜，但起码曾成为"大解放希望"昙花一现的代表。*1980 年 9 月，他与里根在电视辩论中摆开架势。卡特受到了邀请，但拒绝出席。自由派曾被他们的舆论领导们反复灌输里根愚蠢而危险，他们渴望观看里根与安德森的辩论。

杰克·格蒙德娱乐般地描绘了支持安德森的选民的典型："她开着一辆沃尔沃。当她参加'妇女选民联盟'（LWV）集会时，故意选择了一个坏脾气的丹麦人。她觉得有红酒和奶酪聚会'很有趣'。她认为罗纳德·里根和吉米·卡特一点也不好玩。"[81] 令格蒙德吃惊的是，真有一个符合他描述的女选民给他打来了电话。她告诉他，安德森在辩论中的表现很优秀，而里根因为恐慌，一点也不能给人留下深刻印象。妇女选民联盟组织中大多数是共和党人，她们决定支持里根。她们不想"浪费"选票。[82]

---

*国会议员安德森首次当选后，曾试图修改美国宪法，使美国明确成为一个基督教国家。当然，当他寻求世俗自由派支持时，这一切都被忘光了。他们在华盛顿说这些时，他已经成熟了。

第十一章 蝗虫侵蚀的几年（1974—1981）

安德森在三方选举中的份额很快崩溃了。与里根辩论后，他的支持率从 20% 跌落至 7%。[83] 安德森不可能赢——但他能对选举结果产生很大的影响。*

卡特的经理们知道，他们唯一的机会是使选民相信，让里根接触核武器太危险。与此同时，卡特的团队力劝工业家阿曼德·哈默（Armand Hammer）利用这件事，使他的苏联朋友们在犹太移民问题上作出让步。[84] 卡特的国家安全顾问 Z. 布热津斯基（Zbignieuw Brzezinski）向苏联驻美大使多布里宁（Dobrynin）暗示，卡特需要他们帮忙，并会记住这一点。多布里宁在回忆录中写道："他的信息很清楚：莫斯科不应做有损卡特竞选的事情，甚至可以帮点忙。"[85] 他们寻求苏联提供担保。我们现在知道，哈默曾为美国共产党洗钱，是苏联情报部门的关键信息来源。[86]

卡特和里根准备一对一的辩论——这是 1980 年总统大选中两大政党候选人唯一的一次同台竞技。民主党每天指责里根鲁莽草率，这种指责起了作用。与历次大选不同，拿不定主意的选民人数在攀升。选民们知道他们不想再要卡特，但他们不能把自己交给里根。

辩论的舞台设在俄亥俄州克里夫兰市，卡特紧张而表情严肃，里根很放松。在 90 分钟内，卡特不断试图用攻击性的话刺激里根。他 6 次说里根的观点"烦人"[87]。里根把这个"痛苦指数"扔还给卡特。1976 年的痛苦指数是 12.5，当时卡特曾攻击福特说，"任何一个痛苦

---

* 安德森的堂吉诃德式的追求进一步证明了这个事实，第三党的努力根本就没有用。纵观整个美国历史——除了 1948 年的特例外——第三党候选人给观点和他们接近的政党候选人带来了失败。列宁曾说过一段有名的话，对于孕育一场革命而言，"最坏的东西就是最好的东西"；不过务实的美国人从来不接受这个看法。

指数如此之高的人都没有权利谋求连任"[88]。在 1980 年那个 10 月的夜晚，吉米·卡特的痛苦指数达到了 20！[89] 辩论后期，卡特试图再次激怒罗纳德·里根。这位前演员看上去在发呆。他把头昂向一侧，一面轻轻地摇着一面说："你又跑到老路上了。"

媒体没有抓住这一点。有些冷酷的记者甚至加以嘲笑。多么无力的回答！不过他们没能理解。这是一个毁灭性的机敏回答。这是一个完美的回答。里根没有说："你又跑到老路上了，吉米。"这么说可能对总统不敬。他也没有说："你又跑到老路上了，总统先生。"这么说将会抬高卡特在观众眼中的地位。里根照单全收了卡特整晚的打击。卡特称他是一个种族主义者，一个危险人物，一个愚蠢的人。但他没有丢掉风度或力量。无数美国人那晚得出了结论，他通过了领导能力的测试。里根的表现对美国妇女有最大的影响。她们一直犹豫不决。她们迫切想知道这个加利福尼亚人在压力下会怎么做。《圣经》上说，"温和的回答能避免天谴"。这句格言的智慧对里根来说的确如此。

卡特在最后陈述中说，他已经就美国面临的最重要的问题问过他 12 岁的女儿艾米。艾米说她害怕核战争。卡特的批评者们轻蔑地嘲笑说，"问艾米"那是残酷的。强大而有力者温柔地关心年轻而脆弱者，这没有什么错。保守派可能还记得 W. 钱伯斯（Whittaker Chambers）在《见证》中是如何描写他凝视幼小的女儿耳朵上复杂褶皱的。那种体验使钱伯斯相信存在着上帝，确实存在着爱，共产主义是个谎言。这是美国政治文学中最重要的段落。

吉米·卡特那么做的问题在于，在他的总统任期内，他问国内的每个人他该如何管理。他召集过无数次城镇会议。他曾真诚地盘问过"压抑峰会"的参与者们。他就家庭问题召开过详尽的白宫会议。他

第十一章 蝗虫侵蚀的几年（1974—1981）

咨询过加戴尔的民意调查受访者和被关注的群体。程序、没完没了的程序是那天的日程。他的"艾米"陈述失败了，因为他变成了自己的拙劣的模仿者。

天主教徒说新当选的教皇约翰·保罗二世，"他知道如何当教皇"。美国人现在难过地得出结论，卡特不知道怎么当总统。

里根那晚的最后陈述也是令人难忘的。"你们比 4 年前过得更好了吗？你们比 4 年前更安全了吗？"里根的自由派批评者们认为那是号召人们自利。不过他们没有弄清里根的话语来源：这些话是从罗斯福 1934 年的炉边谈话中吸收过来的！这些话在 1980 年与它们被第一次使用时同样有分量。

1980 年的大选在 11 月 4 日举行，这是美国驻德黑兰大使馆被困一周年纪念日。52 个美国人已经被扣作人质 365 天了。瀑布般的回落令自由派媒体震惊与生畏。选举地图变成了"里根的蓝色"。*

民意测验专家迟迟才看到浪潮来了。在全国最自由的那些州里，约翰·安德森的支持人数大量减少。

卡特在东部时间晚上 8：30 刚过不久就勉强承认了选举结果。这时在太平洋沿岸才是下午 5：30，一些紧张的众议院和参议院角逐尚未结束。[90] 帕特·加戴尔警告卡特将被横扫出局。卡特不想在夜幕降临时面对被全国抛弃的羞辱。奥尼尔狂暴地尖叫着、诅咒着。[91] 卡特显然不理解他不成熟的声明会对影响党内候选人的"选票倾泻"。当无数中西部和最西部的党内选民决定甚至不去投票时——那儿的投票

---

* 广播网分别将共和党与民主党的竞选地图分成蓝色与红色。自那以后，它们颠倒了颜色。不过在全世界范围内，左翼党派一般是红色，保守派一般是蓝色（只有德国除外，保守派是黑色）。

站还有一个半小时才关闭,数百名民主党候选人将要输掉。

里根在 44 个州获得 489 张选举人票。在三方角逐中,他赢得了所有选民的绝对多数——43 898 770 张选票(占 50.8%)。吉米·卡特在他的家乡佐治亚州、弗里茨·蒙代尔的明尼苏达州,以及另外 4 个州(罗得岛、西弗吉尼亚、马里兰与夏威夷)获胜,所获选举人票一共 49 张。他得到的选民票有 35 480 948 张(占 41%)。这是自 1932 年赫伯特·胡佛以来在位总统失败最惨的一次。约翰·安德森最后不是为职位而竞选,而是为了金钱。他获得 5 719 222 张选民票,不过总共 6.6% 的得票率已经足够使他有资格获得联邦竞选资金。

约翰·安德森的社会自由主义有重要意义,虽然这一点不是蓄意的。[92] 安德森保证联邦全力资助堕胎,这是他不同于卡特的主要政策。安德森的得票在使 10 个州向里根倾斜方面,是决定性的——这 10 个州分别是康涅狄格(12.2%)、特拉华(6.9%)、缅因(10.2%)、马萨诸塞(15.2%)、密歇根(7.0%)、纽约(7.5%)、北卡罗来纳(2.9%)、俄勒冈(9.5%)、佛蒙特(14.9%)和威斯康星(7.1%)。即使卡特把这些州都拿走,里根也将赢得 365 张选举人票。但在这些地方的胜利——有些地方是自由派的堡垒——极大地增加了里根不可战胜的光环。他带来了一个共和党参议院,在众议院也有很大收获。有人称之为"里根革命"。

"朝自由挖去。"这是陷在地下的煤矿工人所做的事。在他们听到或看到以前,他们能闻到清新的空气。[93] 20 世纪 70 年代末期,美国人民疯狂地朝自由挖去。他们并不孤单。

在不列颠,玛格丽特·撒切尔在 1979 年赢得了未曾预料到的巨大胜利。她不得不一面向下盯着共产主义的工会,一面回击被打垮了

第十一章　蝗虫侵蚀的几年（1974—1981）

的工党。最重要的是，她还必须克服托利党同事们软弱的膝盖。据说在保守党集会中，撒切尔常常是"整个屋子里唯一的'男人'"。她的政策简单而急迫：她希望重建自由。她想把"伟大"带回大不列颠。

在铁幕背后，波兰的瓦文萨开始发展那个在苏联集团内唯一自由的工会组织。团结工会大胆地向波兰共产党政权发起挑战——这是苏联人扶植的政权。教皇约翰·保罗二世1979年回到他的故乡波兰时，他为100万波兰人公开举行弥撒。瓦文萨也在场，戴着圣母玛利亚的翻领别针。波兰人叫喊道："我们需要上帝！我们需要上帝！"电视机前的候选人罗纳德·里根眼眶湿润，他说起了这位新教皇："我想和他一起工作。"接下来的10年里，这4位人物——教皇、撒切尔、里根和瓦文萨——都持坚定自由的立场。他们和他们忠诚而热爱自由的追随者们一道，将改变这个世界。

开始于20世纪70年代晚期的"自由革命"把宿命论打扁成一顶三角帽。自由的人们可以选择抓住历史的尾巴猛拉一下。他们就是这样做的。美国与希望，又正在回归。

1 | Pearce, Joseph, *Solzhenitsyn: A Soul in Exile*, Baker Books, Grand Rapids, Mich.: 2001, p.187.
2 | Thompson, Kenneth W., Ed., *The Nixon Presidency: Twenty-Two Intimate Portraits of Richard M.Nixon*, University Press of America: 1987, p.64.
3 | Barone, Our Country: *The Shaping of American from Roosevelt to Reagan*, The Free Press: 1990, p.532.
4 | Barone, p.532.
5 | Frum, David, *How We Got Here: The 70s—The Decade That Brought You Modern Life (ForBetter or Worse)*, Basic Books: 2000, p.305.

6	Barone, p.539.
7	Frum, p.305.
8	Frum, p.307.
9	Frum, p.307.
10	Courtois, Stéphane, Nicolas Werth, Jean-Louis Panné, Andrezej Paszkowski, *The Black Book of Communism: Crimes, Terror, Repression*, Harvard University Press: 1999, pp.590-591.
11	Pearce, p.189.
12	Pearce, p.215.
13	Pearce, p.224.
14	Barone, p.550.
15	Germond, Jack W., *Fat Man in a Middle Seat: Forty Years of Covering Politics*, Random House: 1999, p.125.
16	Germond, p.127.
17	Shirley, Craig, *Reagan's Revolution: The Untold Story of the Campaign that Started it All*, Nelson Current: 2005, p.37.
18	Shirley, p.163.
19	Shirley, p.164.
20	Cannon, Lou, *Ronald Reagan: The Role of a Lifetime*, Public Affairs: 2000, pp.457-458.
21	Shirley, p.161.
22	Shirley, p.161.
23	Shirley, p.162.
24	Shirley, p.162.
25	Online source: http://www.ford.utexas.edu/LIBRARY/speeches/listpres.htm.
26	D'Souza, Dinesh, *Ronald Reagan: How an Ordinary Man Became an Extraordinary Leader*, The Free Press: 1997, p.78.
27	Barnes, Fred, "Comments on the passing of President Ford, " *FOX News,* 30

第十一章 蝗虫侵蚀的几年（1974—1981）

December 2006.
28 D'Souza, p.79.
29 D'Souza, p.79.
30 Hayward, Steven F., *The Age of Reagan: The Fall of the Old Liberal Order, 1964-1980*, Random House: 2001, p.482.
31 Online source: http: //www.nationalcenter.org/ReaganConvention1976.html.
32 Hayward, *Reagan*, p.480.
33 Kengor, Paul, "A Pair for History, " *National Review Online*, 27 December 2006, http: //article.nationalreview.com/ ? q = OWQ1NzJjZmViNTRkOWY3ZDZjMWQ5YzFjNjBiYjAyYzc = .
34 D'Souza, p.79.
35 Barone, p.543.
36 Reeves, Richard, *A Ford, not a Lincoln*, Harcourt Brace Jovanovich: 1975, p.173.
37 Barone, p.555.
38 Barone, p.543.
39 Kristol, Bill, Comments on the passing of President Ford, FOX News 30 December 2006.
40 Barone, p.557.
41 Hunt, John Gabriel, Ed., *The Inaugural Addresses of the Presidents*, Gramercy Books: 1995, p.466, p.465.
42 Online source: http: //americanrhetoric.com/speeches/jimmycarter1976dnc.htm.
43 Hayward, Steven F., *The Real Jimmy Carter*, Regnery Gateway, Inc.: 2004, p.91.
44 Hayward, *Carter*, p.91.
45 Drew, Elizabeth, *American Journal: The Events of 1976*, Random House: 1977, p.20.
46 Frum, p.312.
47 Frum, p.313.

48	Frum, p.334.
49	Frum, p.211.
50	Hayward, *Carter*, p.111.
51	Hayward, *Carter*, p.114.
52	Taranto, James and Leonard Leo, Eds., *Presidential Leadership: Rating the Best and theWorst in the White House*, The Free Press: 2004, p.191.
53	Hayward, *Carter*, p.114.
54	Hayward, *Carter*, p.110.
55	Barone, p.571.
56	Barone, p.574.
57	Pearce, p.234.
58	Pearce, p.236.
59	Pearce, p.236.
60	Pearce, p.236.
61	Hayward, *Carter*, p.117.
62	Hayward, *Carter*, p.117.
63	Hayward, *Carter*, p.117.
64	Hayward, *Carter*, p.117.
65	Hayward, *Carter*, p.117.
66	Frum, p.273.
67	Barone, p.583.
68	Germond, p.137.
69	Germond, p.137.
70	Barone, p.580.
71	Hayward, *Carter*, pp.162-163.
72	Barone, p.587.
73	Barone, p.585.
74	Author interview with William B.Weide, University of Washington alumnus, who

	attended the Toon lecture in 1982. Interview recorded 7 January 2007.
75	Author interview with Glenn Mills, 2 January 2007.
76	Hayward, *Carter*, p.141.
77	Frum, p.343.
78	Frum, p.343.
79	Barone, p.592.
80	Germond, p. 187.
81	Gennond, p.158.
82	Germond, p.158.
83	Germond, p.159.
84	Hayward, *Carter*, p.161.
85	Hayward, *Carter*, p.182.
86	Haynes, John Earl and Harvey Klehr, *Venona: Decoding Soviet Espionage in America*, Yale University Press: 1999, p.246.
87	Hayward, *Carter*, p.186.
88	Hayward, *Carter*, p.187.
89	Hayward, *Carter*, p.187.
90	Hayward, *Reagan*, p.712.
91	Hayward, *Reagan*, p.712.
92	Barone, p.593.
93	Frum, p.327.

第十二章

里根与复兴（1981—1989）

当"牲口"维克多·克鲁拉克（Victor Krulak）将军问里根总统，他对年轻的海军官兵有什么建议时，里根毫不犹豫地回答说："插好你们的旗帜。"他意指要找到你们将把声望押在上面的那些原则、那些思想、那个计划或项目，然后把旗帜插在那儿。克鲁拉克"二战"时就做到了这些，当时他在登陆艇上为两栖攻击的成功而努力工作。*在1981—1989年的这些岁月中，随着自由取得世界性的进展，美国人一直插着他们的旗帜。但成就绝不是一帆风顺和轻而易举可以得到的。20世纪80年代的许多事情

---

* 2004年9月10日，克鲁拉克在美国海军学院表彰他和另外4位杰出毕业生的典礼上讲述了这个故事。传奇般的克鲁拉克将军此时已经90岁，当他在1930年到达安纳波利斯（海军学院所在地）时，获得了"牲口"这个绰号。当时他才16岁，身高只有5英尺多点，体重121磅。

第十二章　里根与复兴（1981—1989）

让美国故事几乎变成悲剧。富兰克林·罗斯福说过，"我们唯一要恐惧的事情就是恐惧本身"，他完全理解恐惧对美国人自由抱负的挫败力量。1981年来临时，整个国家都在为52名美国人质担忧，他们被扣押在德黑兰已经超过一年时间。被俘的美国人在那儿度过了两个圣诞节，受尽打击，每天要受到暴死的威胁。和德黑兰穆斯林极端主义分子谈判的缓慢步伐令美国人民感到沮丧。忽然间，52名人质被释放了——一个国家感受到了解放。

1. 1981：一个新的开始

1981年1月20日，里根在国会西侧登上了就职讲台。就职典礼第一次在那儿举行。这很合适，这位加州人应当朝西部看。

那时候美国经济状况极度糟糕。"滞胀"意味着高失业率和折磨人的利率。美国人排队等候配额汽油时，牢骚满腹。伊朗武装分子残酷地扣押他们的52位同胞长达444天。

里根宣誓并引述了约瑟夫·沃伦博士（Joseph Warren）的话。沃伦是最不为人所知的国家奠基人之一，1775年牺牲于邦克山（Bunker Hill）。沃伦是马萨诸塞议会主席，他曾对他的爱国同事们说："我们的国家在危险中，不过不要绝望……美国的命运取决于你们。你们将决定重要的问题，那些问题承载着无数未出生者的幸福和自由。做配得上你们地位的事情吧。"[1] 里根对美国人正准备做配得上他们自己地位的事情充满信心。走下就职讲台时，里根签署了一份总统行政命令。大笔一挥，他就废除了持续10年之久的石油价格控制。第二天，他走得更远。他取消了"工资和价格稳定委员会"。耗尽卡特总统任期的能源危机那一天结束了。² 美国人从此再也不用排队买汽油。

那天晚上,在一个盛大的就职舞会上,里根总统作出重大宣告:美国人质获释了!他请求前总统卡特作为他的私人代表,飞往西德的威斯巴登(Wiesbaden)。这位被里根击败的竞争对手将在那儿迎接重获自由的美国人质。

在卡特政府向里根政府过渡期间,伊朗人将触角伸进即将到任的里根团队。他们说或许还需要 6 个月时间才能释放美国人。里根选定的国务卿是北约军队前总司令亚历山大·黑格。黑格的回答不如麦考利夫(McAuliffe)将军在巴斯托尼(Bastogne)的回答那么简洁,但表达了同一个意思:呸!美国人开玩笑道,"什么在 1981 年 1 月 20 号又青又红?答案是:伊朗"。多么勇敢的谈话。事实上,与这位新就职的更强硬的总统政策结合在一起的,还有美国的许多让步——比如解冻卡特总统曾冻结的伊朗财产、保证国际法庭不起诉霍梅尼政权。伊朗人认为最好尽快结束僵局。

里根总统很快宣布了美国历史上最大的减税计划。马萨诸塞州民主党人、国会发言人奥尼尔声称要阻止这个计划。马萨诸塞州另一位有力的自由派、参议员爱德华·肯尼迪也反对里根的动作。尽管他已故的哥哥曾大量削减企业和高收入者的税收。"60 年代,约翰·肯尼迪总统提出过将最高税率从 91% 降到 70% 的减税方案,"经济学家丹·米切尔(Dan Mitchell)写道,"在 1961—1968 年间,经济增长超过了 42%,税收增加了 1/3,富人们看到,他们的税负从 11.6% 攀升到 15.1%。"³

1981 年 3 月 30 日,里根在华盛顿希尔顿饭店向一批工会的听众讲解他的经济计划。之后,他走向等候着的豪华轿车。忽然,

第十二章　里根与复兴（1981—1989）

一个精神错乱的年轻人冲出人群，向总统开了 6 枪。约翰·辛克利（John Hinckley Jr.）严重打伤了总统的新闻秘书吉姆·布拉迪（Jim Brady），但还不是立刻清楚总统是否被击中。辛克利也击中了一位警官和一位秘密安全人员。秘密安全人员把里根推进车里，并扑上去用身体保护他时，里根以为自己只是断了一根肋骨。总统被送达乔治·华盛顿大学医院后，他还挤出了一个无力的微笑。不过，一旦进入医院后，他的膝盖就软了，医生们火速进行手术。

几年后美国人才得知，刚上任仅仅两个月的罗纳德·里根那天离死神多么接近。暗杀的子弹离他心脏只有一英寸距离，而且他遭受了可怕的失血。*不过那个晚上，当里根对第一夫人南希说的话——亲爱的，我忘记了躲避——被每一次新闻广播引用时，刚刚松了一口气的国家又笑了。即便在死亡边缘，这位和蔼可亲的演员也不忘幽默一把。**

里根的幽默感从不落后。他总是重复丘吉尔的妙语："没有什么比击中却没有效果，更让人高兴了。"里根的工作人员詹姆士·A. 贝克三世（James A. Baker Ⅲ）、爱德·梅西（Ed Meese）和麦克·迪弗（Mike Deaver）来到康复中的总统房间，向他保证白宫里的一切都在平稳运转时，总统嘶哑地问道："你们为什么认为，我听到这些会高兴？"[4]

---

* 乔治·华盛顿大学医院打开总统胸腔的医生们对于他的肌肉组织大为惊讶。其中一个人说他从来没见过 70 岁的人拥有如此发达的胸肌。

** 热心的拳击迷们知道，里根的话——如他的许多精彩话语一样——并非原创。重量级拳击冠军杰克·邓普西（Jack Dempsey）半个世纪前就首先用过那句话。邓普西另一句经典的话——冠军就是在不可能的情况下还能站起来的人——用在那可怕的历史时刻也同样贴切。

新总统的精神状况也很好。有一刻,他要求见一位牧师。迪弗召来了纽约红衣主教特伦斯·库克(Terence Cooke)。当这位杰出的天主教领导匆忙赶到里根身旁时,总统告诉他:"我已经决定,不论何时离开,都去上帝那儿。"[5]

记者萨姆·唐纳森(Sam Donaldson)认为,这次暗杀之后,里根将必定远离美国民众。[6]唐纳森或许从来没有碰到过安妮·希金斯(Anne Higgins)和查克·多诺万(Chuck Donovan)。这些不显眼的忠实献身于里根的人领导着总统通信小组。他们确保总统不失去与美国人民的联系。希金斯和多诺万负责迅速回复收到的每一封信。他们定期从数十万封来信中精选出成打的信件,给总统送去。林肯曾把他沉浸在这些信件和地方报纸中称作是"在民意中沐浴"。当里根从枪伤中复原时,他甚至给苏联共产党老板勃列日涅夫写过一封打字的信件。尽管文学沙龙会发现它很可笑,但里根是真正"写信的人"。

里根从暗杀中康复后,在国会联席会议上演说,推动他的经济复兴计划。他是第一位在遭受枪击后活下来的总统。一位作家写道:"他对被枪击的反应,要比大多数政治家面对一个坏标题时的反应好。""他站在那儿,像拉扎勒斯(Lazarus)*一样。"蒂普·奥尼尔(Tip O'Neill)的年轻副手克里斯·马修斯(Chris Matthews)说。"他那晚的支持率达到顶峰。"[7]他需要他们的帮助时,美国人民热情地支持着他。众议院议长奥尼尔发现有29位他的民主党代表支持总统,这让他很受打击。这些众议员大部分是保守的南方民主党人,来自竞选中里根大大领先

---

* 拉扎勒斯是耶稣的朋友。他死后第三天被耶稣从坟墓中唤醒复活(《圣经·约翰福音》第14章44节)。——译者注

于不幸的吉米·卡特的那些地区。国会山有句老话："如果他们没有看到光,他们必定感受到了热。"南方人、路易斯安那州参议员约翰·布里奥克斯(John Breaux)甚至开玩笑说,他的选票不出售,但可以出租。[8]

尽管里根在众议院必须为每一张选票与民主党议长奥尼尔角逐,但他从不让竞争变成人身攻击或挖苦。奥尼尔70岁生日时,里根邀请他来白宫。这位爱尔兰裔的总统用香槟向议长敬酒,向也是爱尔兰裔的对手致敬:

> 如果我有一张上天堂的票,
> 而你没有,
> 我就卖掉我的票,
> 然后,和你蒂普一起下地狱![9]

里根总统在"西部白宫"——即他的西部白宫德尔西洛牧场——签署了"经济复兴法案",法案是大规模减税和削减政府支出的联合体。理查德·达曼(Richard Darman)后来记述了当时浓雾笼罩的象征意义,浓雾让媒体和受邀的客人们很难找到他们。[10]共和党参议院领袖、田纳西州的霍华德·贝克说道:"这就是一场河船的赌博。"[11]

国会议员杰克·坎普(Jack Kemp)鼓吹通过减税而刺激生产和投资的经济学。坎普—罗斯(Kemp-Roth)提案的基调是简单地认为,税负过重会让企业气馁,会抑制束缚经济活动。正如供应经济学模型所显示的那样,降低税负从长期来看会刺激经济增长、产生更多收益。虽然肯尼迪和约翰逊总统在数年前就已经表明,这个理论有实用价值，不过在里根政府的早些时候，仍有人对这种理论充满敌意。坎普嘲笑堪萨斯共和党参议员鲍勃·多尔（Bob Dole）的高税收政策是"根管"（root canal）*经济学，而无党派国会议员纽特·金里奇（Newt Gingrich）称多尔是"福利国家的收税人"。[12]多尔用一个故事来回应，他说一辆装满供应经济学家的汽车越过悬崖。"真是太不幸了，"多尔面无表情地说，"为什么呢？因为车上有了两个空座！"[13]

大部分政治家确实不知道谁说得正确，不过他们的确知道，当里根1980年在新罕布什尔州初选中获得压倒性胜利时，这位英勇的多尔在全州才获得597张选票。

里根把目光聚焦在一些很少的、更容易理解的目标上。专栏作家乔治·威尔这样总结里根的议事日程："政府太大，征税太多，苏联人正逍遥法外。"[14]霍华德·贝克注意到，吉米·卡特从不能依照轻重缓急地排列他的立法目标。他"提出了成打的动议，不知道核心在哪儿"。[15]

1981年夏天，"空中交通控制者职业工会"（PATCO）举行罢工。里根曾在1980年自豪地宣称赢得了这个工会的支持。他吹嘘说自己是有史以来入主白宫的唯一的工会总统。现在他却签署了严厉的警告：如果PATCO的会员——政府雇员们——违反联邦法律擅自离职，他将把他们全部解雇。没有什么人相信总统会将威胁付诸实施。但他真就那样做了。这是一个不可思议的大胆举动。即便只要发生一起空中撞机事件，里根的总统任期就可能遭到致命的破坏。[16]

那时候还不清楚解雇PATCO的工人们会带来何种影响。1980年

---

* 以植物吸收营养的根管来形容高税收政策。——译者注

各领域内参加罢工的有795 000人；到1987年，全国范围内的罢工人数降到174 000。[17] 对PATCO罢工的应对不仅仅给美国国内带来了劳工和平，也让许多旁观的欧洲和克里姆林宫的首脑们目瞪口呆，里根真的说到做到。连克格勃也注意到了这一点。在一篇写给苏共领导层的背景文章中，他们提到里根"言行一致"。[18]

里根还必须对付国际恐怖主义。年轻而精力旺盛的教皇约翰·保罗二世在圣彼得广场遭到枪击。人们普遍认为，土耳其凶手穆罕默德·阿里·阿加（Mehmet Ali Agca）是保加利亚秘密警察的代理人。这也意味着他是苏联克格勃的代理人。里根给教皇写信，祈祷他早日康复。尽管伤势很重，教皇还是康复了。这两位领导人都把他们从死亡线上获救归功于上帝的保护。这将把他们紧紧连在一起。

利比亚独裁者卡扎菲派遣数架苏联制造的米格战斗机威胁在锡德拉湾（the Gulf of Sidra）国际水域的美国海军喷气机时，里根下令击落它们。[19] 与卡特时代的政策相反，里根告诉他的军事首脑们，他们可以追踪来骚扰的利比亚飞机。军事首脑们问是否可以追到利比亚境内，里根回答说："你们可以追到他们该死的飞机库中。"[20] 他的答复迅速传遍五角大楼和整个军方。

有关里根决心的故事——与美国历史上规模最大的和平时期军队建设一道——像电流一样在国家军方各级流传。里根极大地改善了军事人员的收入。卡特时期也是"军力中空"的年份，士兵和他们的家庭曾不得不求助于发给食品券来维持收支平衡。[21] 现在，军队士气大振。

起码军方有活干。对于接近千万的失业大军而言，里根经济正变成一个残酷的玩笑。里根通过削减税收来刺激经济的赌博看似输掉了。

当卡特提名的保罗·沃克（Paul Volcker）和联邦储备委员会要求止住货币供给时，通货膨胀迅速回落。汽油价格在最初的峰值之后，也在回落，并且供应充足。里根答应"持续既定路线"，拒绝了再次增税的建议。国会里，他的反对派的响亮呼声是预料中的。自由派媒体明显流露出对里根及其政策的鄙夷。里根的问题在于，他自己党内的大部分成员，甚至包括他政府内的大部分成员都建议撤退。但里根固执己见。

到 1982 年，衰退加剧了，里根看似只能当一任总统。《纽约时报》的编辑明显"幸灾乐祸"地写道，"失败的恶臭气味"正在里根的白宫上方升腾。"幸灾乐祸"（*schadenfreude*）这个德语词汇准确地描绘了他们"恶毒的喜悦"。不过里根仍然战斗着。里根采取了和以往四面楚歌的总统们一样的行动，当国内批评者威胁要推翻他们时，他们常常会那么做。他变换了主题——以及场景。6 月份，里根总统成为第一位到英国国会下议院发表演讲的美国总统。225 位工党成员中，有 125 位联合抵制这次历史性的演说。[22] 他没有被吓倒：

> 在某种讽刺意义上，卡尔·马克思是对的。我们今日正目睹一场巨大的革命危机，对经济秩序的要求和对政治秩序的要求正在直接斗争。不过这场危机并未发生在自由的、非马克思主义的西方，而是在马列主义的故乡苏联。自由和民主的挺进将把马列主义抛进历史的烟灰中，正如它已经把从前压制自由、钳制人民自我表达的暴君们抛弃了一样。[23]

许多英国议会成员被里根的强硬和他的技巧震住了。[24] 他们一直

第十二章 里根与复兴（1981—1989）

被美国新闻媒体牵着鼻子走，以为里根是一个蹒跚、衰老而糊涂的人。里根掌控了议会的气氛。他用上了一种英国人从来没有见过的新式讲演词提示器。他们还以为他记牢了整个演说。[25] 大卫·欧文（David Owen）是一位工党领导人，他对此印象深刻："或许他将作为一个比我们中任何人目前所承认的更棒的总统而继续走下去。"[26]

里根这趟旅行也有机会与伊丽莎白二世女王会面。总统与女王都热衷骑马。总统的人马尤其渴望看到总统和女王在温莎皇家庄园骑马。两位国家首脑骑着马，疾速爬上一座陡峭的小山，女王的马匹忽然长嘶一声。

"哦，对不起，总统先生。"女王说。

没有丝毫犹豫，里根回答说："没关系，陛下。我想马就是这样。"[27]

参众两院的共和党人对东西方冲突不感兴趣。他们担心高失业率。虽然经济中的通货膨胀被挤走了，利率仍然高得让人痛苦。他们不敢面对选民。

总统继续外出登上议员竞选演说坛，敦促选民们"为吉珀（Gipper）*赢一个"。他在康涅狄格纽黑文"哥伦布骑士会"百年纪念会上发表演讲。他向深红色的、戴着帽子的代表们讲述了一个好莱坞式的故事。"我很自豪曾当过演员，"总统说，"那些日子中有很多值得自豪的事情。"骑士们大声欢呼。他接着描述了他和兄弟尼尔（Neal）的失望之情，因为他们的父亲不允许他们去看一部即将来到南方的热播影片。这两个十几岁的孩子想看其他伙计们都在谈论的这

---

* 吉珀（George Gipper）是一个美国橄榄球运动员，他临死时嘱咐教练说，当球队士气不高时就请大家喊："为吉珀赢一个。"里根曾在20世纪40年代影片中扮演过吉珀，"吉珀"也成为里根的昵称，他借用这句话作为竞选口号。——译者注

教皇约翰·保罗二世。"别害怕。"这是《圣经》中天使对圣母玛利亚说的话,也是卡罗尔·沃伊蒂瓦在1978年加冕教皇约翰·保罗二世后最先说的话。这位教皇不怕挑战苏联对其祖国的统治——或者挑战无神论哲学对人类思想和希望的统治。

撒切尔首相与里根。英国与美国的"特殊关系"在玛格丽特·撒切尔首相与罗纳德·里根总统时期是从未有过的亲近。她坚定地支持他对抗苏联的扩张。苏联人称她为"铁娘子",撒切尔夫人回击道:"本娘子不准备改变。"

第十二章 里根与复兴（1981—1989）

里根在勃兰登堡门前——"推倒这堵墙！" 美国国务院与国家安全委员会一再拒绝里根在勃兰登堡门前的演说草稿。职业外交官最多称柏林墙"有一天"会消失。但里根每一次都要把这行字加回演说稿中："戈尔巴乔夫先生，推倒这堵墙！"而且，他还有力地强调这句话。这正是他的伟大之处。

1988年12月，布什、里根与戈尔巴乔夫在纽约州加弗纳斯岛（Governors Island）。 若不是苏联大规模削减常规武器与核武器，冷战不可能平稳结束。此时在加弗纳斯岛上的戈尔巴乔夫刚刚结束他在联合国的发言，他在发言中宣布了大规模削减常规性武器。只有这些削减，欧洲那些被威胁的民主政体才能轻松地呼吸。里根一贯的压力与谈判技巧促成了这个和平的奇迹。

673

部片子。杰克·里根（Jack Reagan）说："那部片子赞扬'三 K 党'。他们不是英雄,他们是凶手和盲目信仰者。我们不要去。"里根总结道："这部影片我从来没有看过,也永远不想看。"骑士们的情绪反应极为热烈。他们认同杰克·里根反对'三 K 党'的勇敢行为。这个组织威胁美国黑人,仇视犹太人、天主教徒和移民。他们无疑知道,杰克·里根的一生曾受到酒精的折磨。罗纳德·里根提升了他父亲的形象,在数千名他父亲的天主教教友中表达了对他的尊敬。里根当着数十名红衣主教即教会巨头的面纪念了他的父亲。[28]

在那个令我们不满的寒冬中,这只是里根少有的几个美好瞬间。许多共和党候选人不敢支持里根坚定的反共立场。对于里根的经济计划而言,他们是不可靠的。许多人害怕他支持生命权的立场对选民产生的影响。

奥尼尔准备夺取里根税收问题上的胜利。他抓住了社会保障问题仔细研究,然后加以一顿猛击。1982 年 11 月,共和党人仅仅勉强地保住了在参议院的位置,在众议院失去了 27 个席位。[29]

2. 一个邪恶的帝国

进入白宫后,里根不愿修饰或放弃他的核心原则。他不为"中期选举"做任何努力,而死板的政治评论家们说他必须那样做。大多数记者仍旧被里根顽固地坚持他的基本信仰所震惊。

勃列日涅夫于 1982 年去世。里根知道苏联共产党新任总书记尤里·安德罗波夫是一个更有威胁的人物。与勃列日涅夫不同,众所周知,

第十二章 里根与复兴（1981—1989）

安德罗波夫非常聪明。他是苏联秘密警察克格勃的前首脑。*西方自由派欢迎他上任。一些媒体人物热衷于议论，安德罗波夫可能喜爱爵士乐和美国电影。

安德罗波夫决心要阻止美国在欧洲布置巡航导弹和潘兴二号导弹。他希望永远分裂北约同盟。克格勃支持呼吁核"冻结"的西方和平运动：不要造更多的导弹；不要在欧洲布置导弹来对抗苏联早已经布置好的 SS-19 和 SS-20 型导弹。里根提出他的"零选择"计划：只要苏联人撤走他们的攻击性导弹，美国就将推迟部署。具有讽刺意味的是，巡航导弹不是罗纳德·里根的动议。紧张的北约盟国担心苏联向前推进时，吉米·卡特曾保证要部署这些导弹。不过现在无数欧洲人和美国人担心这个"牛仔"里根将鲁莽地触发战争。总统决心坚持卡特的保证。他给摇摆不定的欧洲各政府施压，要他们遵守承诺。

英国首相玛格丽特·撒切尔在该问题上坚定地和里根站到一起。西德总理赫尔穆特·科尔也是如此。连法国社会主义的总统弗朗索瓦·密特朗也回心转意了。北约联盟在维持着。

里根的言辞吓坏了大西洋两岸的许多自由派。但这不能使他有所顾忌。在 1983 年，他比 1982 年在巴黎圣母院大学毕业典礼的演讲走得更远，甚至比在英国国会的演说走得还要远。1983 年 3 月，他在"全国福音派协会"的大会上发表演说。里根警告，宗教界在两个超级大国之间寻求"道德平衡"的趋势在增长，他要求代表们不要对一

---

* 克格勃——国家安全委员会——是列宁 1918 年创立的秘密警察机构的最后一个名字。在苏联历史上，它有过不同的名字——契卡、奥格普、内务人民委员会，但是其标志总是骷髅上有一颗子弹。克格勃夺取了无数无辜者的生命。（克格勃的标志是一柄剑垂直插入一块盾牌中。——译者注）

个"邪恶帝国"的侵略行为熟视无睹。

这两个词传遍了全世界。里根只使用了一次。但它们无休止地被引用、被重复。纳坦·阿纳托利·夏兰斯基(Natan Anatoly Sharansky)当时身陷苏联,被扣为囚犯,他获悉了里根用的这个词。他用监狱密码在下水管道上敲出了这两个字。里根曾说,他们都知道的那些情况是真的!有句古老的俄罗斯格言说:"一个真理词汇就能感动世界。"两个真理的词汇将世界彻底地震动了。

1983年3月末,里根总统就弹道导弹防御问题向全国发表讲话。他提出一项新的战略防御动议(Strategic Defense Initiative,SDI),推进技术突破。这将使美国能保卫自己及其盟友免遭苏联导弹的攻击,或者重要的是,免遭"无赖"国家比如伊朗和北朝鲜的偷袭。里根问道:"保卫生命难道不比报复他们更好吗?"一些保守派支持该动议,不过仅仅是将之作为"讨价还价的筹码",来换取苏联在军备控制上的让步。自由派无不厌恶这种想法。参议员泰德·肯尼迪问:"你们想让炸起来的碎石弹多高?"他随后嘲笑SDI是"星球大战"——这是狡猾地提及里根的好莱坞背景,暗示总统一再混淆现实与幻想。*

1983年9月1日,这是1939年"二战"爆发的纪念日,一架韩国客机误入堪察加半岛上的苏联领空。苏联米格飞机匆忙拦截。这架客机有明显标识。苏联飞行员报告说,他们能看到飞机里的平民。他们没有做任何迫使客机降落的努力。相反,他们将客机打了下来,包

---

* 保守派对于肯尼迪攻击SDI非常愤怒,但里根总统从来没有抱怨。他知道,《星球大战》是有史以来最有想象力、最受欢迎的影片。它描绘了"共和国"勇敢的战士们与"邪恶帝国"交战并获取胜利的过程。里根相信,制造《星球大战》的计算机技术进步也能胜过苏联笨重的官僚战争机器的"重金属装备"。

第十二章　里根与复兴（1981—1989）

括男人、妇女和儿童在内的269人全部遇难，美国佐治亚州众议员拉里·麦克唐纳（Larry MacDonald）也在内。

里根从加利福尼亚飞回华盛顿。他的军事顾问和民事顾问建议广泛部署防御设施。他们还建议对苏联实行贸易和文化制裁，在联合国进行谴责，提高军事警戒的级别。"伙计们，"里根打断他们，"我想我用不着做这种该死的事情。整个世界将会公正地、有力地谴责苏联的野蛮行径。我们要记住我们的长期目标。"[30] 精明的里根现在知道，那些曾赞扬克里姆林宫内那个喜爱爵士乐的影迷的那些人，被认为是很蠢的。全世界都看到苏联熊亮出了尖牙。

随后一个月，一辆自杀式卡车在黎巴嫩首都贝鲁特的海军军营内爆炸，这震惊了美国。241名水兵和海军警察在睡梦中被炸死。他们来到这座被战火摧残的城市，是为了维持黎巴嫩、巴勒斯坦和以色列之间的和平。里根下令美国军舰炮轰恐怖分子据点，但很快又下令美军远离弹坑累累的阿拉伯首都。这是里根时代遭受的最致命的攻击和最糟糕的失败。

别处也有动荡。加勒比小岛格林纳达1983年经历了一场政府内部的激烈暴动。马克思主义派总理莫里斯·毕肖普（Maurice Bishop）被其副手伯纳德·考德（Bernard Coard）推翻。被考德废黜之前，毕肖普已经领导"新宝石运动"有4年时间。毕肖普和他的7名追随者在鲁珀特要塞被考德下令枪杀。这个前英国西印度群岛上说英语的人们震惊了。[31] 6个迷你州向里根总统求助。里根一直带着越来越多的怀疑，注视着这个西半球国家内共产主义政权的建立。

他迅速行动，不过必须要克服参谋长联席会议的勉强情绪。前国务卿乔治·舒尔茨（George Schultz）回忆道："帽子（温伯格）不停

677

地说在格林纳达采取行动之前,必须做好更充分的准备,要投入更多的部队。"³² 里根具有拿破仑在他的元帅们那里寻找的东西——运气。格林纳达的结果可能很糟糕。当时他应当用上肯尼迪在猪湾危机时说过的话:"胜利有一千个父亲,但失败是个孤儿。"

1983 年 10 月 19 日,美国与盟军部队进入格林纳达。他们迅速制服了那些古巴的"工程师",这些人一直在帮助岛上的共产主义者,修建能起降波音 747,或者如里根所警告的苏联远程轰炸机的大型跑道。大部分格林纳达人为 6 000 美国军队解放了他们而欢呼。被美军营救出来的美国医学院的学生们返回了美国,他们回国后亲吻了故乡的土地。³³ 许多里根的反对者们大声谴责"紧急复仇行动",认为它违反了国际法,但美国人民对把苏联人和古巴人踢出了附近的岛屿感到由衷的高兴——特别是入侵行动几乎以兵不血刃的方式就完成了。

格林纳达是里根全球战略的一部分,该战略旨在迫使苏联帝国从外围收缩。他延续卡特对阿富汗穆加哈定(Mujahaddin,北方联盟抗苏武装之自称)的援助。他支持尼加拉瓜反共的康特拉(Contras)组织。他还与波兰的反共力量一道工作。里根与波兰籍的教皇会面,保证支持波兰团结工会运动。电工列赫·瓦文萨领导着铁幕后的第一个自由工会。他曾被波兰的共产主义政府囚禁过。里根发表强硬警告,称如果瓦文萨受到伤害,美国将作出剧烈反应。里根还秘密地给团结工会提供复印机和传真机。他还不那么秘密地与美国劳工联合会—产业联合会(AFLCIO)一起,鼓励铁幕下的各自由工会发挥作用。

与美国及大部分欧洲国家的世俗精英不同,里根总统极为重视信仰在人们生活中的作用。他强烈信仰上帝,到处以捍卫信仰自由名义大声宣讲。里根统治下,美国政府的《美国之音》开始向苏联集团广播宗教节目。美国教区的天主教弥撒被费劲地播送到天主教的波兰。一个俄罗斯东正教神父维克多·伯塔波夫（Viktor Potapov）向苏联广播他的节目。"我们生命中的信仰"每周以 7 种语言各向苏联信徒广播 6 次。[34]

里根毫不怀疑信仰在美国人生活中的作用。1 月 22 日，这一天是最高法院裁决"罗伊诉韦德案"的纪念日，他接见了"生命权利运动"的领导。他与国内福音传道者的领军人物、令人尊敬的比利·格拉汉姆（Billy Graham）保持着亲密关系，与纽约天主教领导、红衣主教特伦斯·库克的关系尤为密切。因癌症而濒死的库克常被邀请去里根的白宫。修女特雷莎也常被邀请，这位诺贝尔和平奖得主为加尔各答的穷人服务了数十年。里根谨慎地给许多宗教大会送去表达支持和同情的视频信息。这是他绕过主要电视网的一种途径，以传递他的未加过滤的和未经审查的信息，而电视网那里的许多主持人和记者冒称他们是信息的"看门人"。

里根的公共联络办公室不断与企业集团和友好的职业协会进行沟通。由于他在电视上的技巧，里根赢得了"伟大的交流者"这一头衔。他通过"童子军""4H"*"美国的未来农场主"等传统组织与美国人民交流，而诽谤者们却很难理解他的各种方式。

在里根时期，被统称为"信仰权利"的各种新组织都求助于保守的天主教、犹太教和福音派。令人尊敬的杰里·法威尔（Jerry Falwell）的"道德多数派"影响了选民登记。保罗·威利奇（Paul

---

* 这是美国农业部合作推广系统管理的一个青少年组织，其宗旨是引领青少年参加一些于大脑、心灵、操作能力和健康有益的活动，因四者的英文单词的第一个字母都是 H（head, heart, hand, health）而得名。——译者注

Weyrich）的"自由国会基金会"和菲利斯·施拉夫雷（Phyllis Schlafly）的"鹰派论坛"擅长于草根组织。施拉夫雷许诺要击败平等权利修正案（ERA）。该修正案最初以2/3以上的得票数获得国会通过，两党、国家新闻媒体、企业和工会的领导、职业团体以及全国所有的学院和大学都支持该案。尽管如此，施拉夫雷召集了另外的妇女来反对这个女权主义的东西。她特别向妻子和母亲们发出呼吁。

施拉夫雷是哈佛毕业的研究生，拥有圣·路易斯华盛顿大学的法学学位。她不能忍受愚弄或女权主义者的欣喜。她揭示修正案无限制的、目标含混的语言可被自由激进的法官利用，迫使国会和州立法机构用税收为堕胎买单。她指出，如果美国再征兵，修正案将要求妇女上阵。孩子的照管和赡养费将受影响，这同样对妇女不利。尽管需要38个州批准，该修正案即正式成为宪法修正案，而35个州已经批准了修正案，施拉夫雷还是扭转了局势，阻止了任何进一步的认可，甚至提高了一些州废除原先批准的可能性。一些宪法学者问道："那也能做到吗？"实际上，他们提出这个问题本身，就是对施拉夫雷组织能力的褒奖。显然，她在这场竞争中已占据上风。

3."美国的早晨"

在许多方面，格林纳达意味着冷战的回潮。正如小镇葛底斯堡是邦联的"高水位标记"一样，格林纳达是苏联扩张的高水位标记。

1983年10月之前，苏联稳步扩张，从1918年布尔什维克革命以来就一直如此，有时是秘密地进行的。某些时候，他们看似在撤退——比如1946年撤出伊朗、1955年撤出奥地利。但总是如斯大林

第十二章 里根与复兴（1981—1989）

说的那样，"进两步、退一步"。"勃列日涅夫声明"一直在起作用。这位已故的苏联独裁者说过，"我们所拥有的一切，我们都要保住"。苏联人从来没有放弃全世界共产主义化的想法。整个世界早晚将被置于"无产阶级专政"之下。国际工人运动的专制统治是他们存在的目的，而苏联共产党就是"先锋队"。

美丽的格林纳达岛只有 51 平方英里，面积仅有罗得岛 1/39 的大小，人口是我们最小州人口的 1/10。如果仅以其微小的规模来看，人们会很容易忽略它在冷战中的重要性。里根解放格林纳达，粉碎了苏联人不可战胜的神话，是对其必然性观念的有力一击。苏联模式的共产主义是"未来的浪潮"，这种说法看上去不再那么肯定。里根显示他能漂亮地从苏联熊嘴里夺食——而苏联熊无可奈何。

对里根而言，重要的是，1983 年 10 月不仅仅是自由与共产主义的世界性斗争的转折点，也是里根低落的政治时运的转折点。那一年真正的"十月革命"是属于里根的。他很早以来一直宣称的经济复苏开始出现在生活中，萧条冷落的市场开始升温。住房需求出现上升状况。失业工人回到了工作岗位上。

至于他的批评者们，里根只是嘲笑他们。他讲了两个老朋友应邀出席一个奇特的化装舞会的故事。其中一人问另外一人，他该穿什么："我想你可以弄个鸡蛋砸在脸上，然后像一个自由经济学家那样走。"更厉害的是，里根在演讲台上笑着说："我注意到，他们不再称之为里根经济学了。"[35]

虽然里根重建了声望，但民主党人迫切盼望 1984 年大选。对于他们来说，1980 年是失常的——原因更多是吉米·卡特非常地不受欢迎，而不是里根天生就有魅力。谈到卡特的低评价时，许多民主党人自己就鄙视他。在他们看来，卡特是克里夫兰（Grover Cleveland）之后最保守的民主党人。

　　民主党在初选中提出了很多有才干的人。前副总统沃尔特·蒙代尔即使没有被狂热地拥护，也是受人尊敬的。俄亥俄州参议员约翰·格伦（John Glenn）是前水星项目的宇航员，一位国家英雄。内部人士预测，好莱坞放映电影《太空先锋》（*The Right Stuff*）后，格伦的候选人声望将有很大的提高。该电影根据汤姆·沃尔夫（Tom Wolfe）的畅销书改编，正好要在初选前公映。参议员加里·哈特（Gary Hart）又高又瘦，很有风度，他那布满皱纹的脸很好看，使人想起了他是在科罗拉多出生的。他当过乔治·麦戈文的竞选经理，这个角色曾为他在民主党内现在占统治地位的"改革之翼"中赢得过许多合同和追随者。那时还有令人尊敬的马丁·路德·金的前副手、令人尊敬的杰西·杰克逊（Jesse Jackson）。"竞选吧，杰西，竞选吧。"黑人观众和许多自由派白人都劝他。

　　蒙代尔对事实和数据有让人印象深刻的掌控能力，这个能力是从近 20 年在参议院和卡特的椭圆形办公室的经历中磨炼出来的。不过他缺乏感召力。当参议员哈特强调的"新"开始引起狂热共鸣时，蒙代尔用那时流行的一条电视广告反问道："牛肉在哪里？"广告中，一位暴躁的老太太要求知道当地的汉堡包店为什么少找她钱。这有效果，因为哈特所谓的"新"缺乏实质性内容，不过它也告诉人们，蒙代尔最难忘而有影响力的话来自麦迪逊大街的广告作家。这是修辞名角能发出的最亮的光。纽约州有趣的民主党州长马里奥·库墨（Mario Cuomo）引用了他的意大利母亲的话，承认这是蒙代尔的弱处。他母亲说明尼苏达人认为蒙代尔就像麦片粥："能充饥，但不能让人激动。"

第十二章　里根与复兴（1981—1989）

蒙代尔的黯淡形象因他错估了选民的作用范围而被进一步破坏。他错误地认为，他当时组织来的支持——美国劳工联合会—产业联合会与强大的教师工会组织全国教育协会（NEA）——能替代草根阶层的真正力量。36 他在国会山活动毫不费力，与自由利益集团的说客关系良好，不过他正逐步失去在"明尼苏达博览会"中的位置。

约翰·格伦遇到了类似的麻烦，只不过他的缺陷更严重。他的催眠般的演说风格和糟糕的组织能力，迫使他不得不退出竞选。尽管电影中饰演格伦的演员、引人注目的艾德·哈里斯（Ed Harris）是一个有趣得多的人物，这也无济于事。相比之下，格伦显然还不是先锋。

与此同时，杰西·杰克逊也有他自己的问题。有人无意中听到他把纽约称为"海米"*。这个粗鲁、反犹的话语令无数人震惊，遂激发起一阵批评的大风暴。杰克逊是基督教牧师，圣徒马丁·路德·金的助手，他自己与犹太人的关系一直堪称典范。犹太人对黑人民权运动的支持很有名。民权运动三位最有名的烈士迈克尔·施韦纳（Michael Schwemer）、安德鲁·古德曼（Andrew Goodman）与詹姆斯·切尼（James Chaney）中，前两位都是北方的犹太年轻人，他们与密歇根黑人切尼一道，曾于1964年夏天为争取黑人的选举权而抗争。这三人都被残酷地杀害了，一起埋葬在浅浅的墓穴中。在许多美国人看来，黑人社会出现这种反犹思想极不合逻辑。当"伊斯兰民族"（Nation of Islam）组织臭名昭著的排犹领导人、牧师路易·法拉汉（Louis Farrakhan）站出来为杰克逊辩护时，情况变得更加恶化。

把哈特和杰克逊从候选提名中挤走后，蒙代尔开始物色竞选搭档。

---

* Hymietown，对犹太人的蔑称。——译者注

他立刻把副总统的选举过程变成一场"配额检阅"行动,邀请所有有希望者去他位于明尼苏达的家里访问。[37] 他还加上了几乎每个黑人大城市的市长、每个著名的西班牙裔官员和一批女性政治家。毫无疑问他想得很好,不过他将触角伸到每个集团,这几乎变成一场包罗万象的拙劣模仿。在正常情况下永远不可能被当作副总统人选加以考虑的那些人得到了蒙代尔的接见,他们似乎要给自己所属的种族、性别或伦理的"亲密集团"留下印象,即他们关心的问题与蒙代尔的很接近。[38]

他最后选择了来自纽约的民主党女议员杰拉尔丁·费拉罗（Geraldine Ferraro）,这看似天才的一笔。每次民意测验都落后于反弹中的里根,蒙代尔知道,他必须让"万福玛丽亚"入场,动摇竞争态势,寸土必争。费拉罗是纽约人,她聪明、时尚、有吸引力,也很有趣。虽然她在众议院中资历很浅,但学东西很快。作为全国重要政党的第一位女性候选人,她在女权主义者中引起一阵轰动。这位民主党候选人被比作好莱坞著名的"弗雷德·阿斯泰尔与琴格·罗杰斯"（Fred Astaire and Ginger Rogers）舞蹈组合：他给她上课,她给他魅力——这是蒙代尔个人所缺乏的。

不幸的是,他们还得突然面对音乐和舞蹈。《华尔街日报》无孔不入的记者们狂热地挖掘有关费拉罗做生意的丈夫的金融新闻。这些新闻看上去即便不犯法,也非常令人讨厌。费拉罗对其家庭收入的来源和途径一无所知,这对她能力一流的形象产生了重大负面影响。

她在基层还要面临其他问题。费拉罗是继 1972 年萨金特·施赖弗（Sargent Shriver）之后全国候选人中的第一位天主教徒。情况已发生很大变化,最有名的是最高法院对"罗伊诉韦德案"的裁决。费拉

第十二章　里根与复兴（1981—1989）

罗在努力做办不到的事情，一方面要忠于"全国妇女组织"和必要的堕胎，同时要声明她仍旧是虔诚的天主教徒。纽约红衣主教约翰·奥康纳（John O'Connor）不能接受。他公开谴责费拉罗，并在天主教会对无罪生命的不屈辩护中，直言不讳地教训了她。

除了这些难处，竞选还是有精彩片段的。马里奥·柯莫（Mario Cuomo）州长在民主党全国大会旧金山会议上有分量的演说使整个国家感到激动。*比同时代的其他政治家更突出的是，柯莫代表无数其祖先坐着廉价舱位来到这个国家的人们说话。他们渴望自由呼吸；他们决心要让孩子们生活得更好。柯莫的演说是其职业生涯的亮点。不过在1984年夏天，这充其量只是一个令人沮丧的对照，因为民主党提名可敬而乏味的蒙代尔，不能使听众起立鼓掌。

里根总统曾在初选中所向无敌。他在等待时机。1984年6月4日，他来到诺曼底，在可以远眺奥马哈海滩上的美国突击队纪念碑（Ranger Monument）前发表演说。面对曾参加40年前那个决定性登陆作战的头发斑白的老兵们，里根这样赞扬"霍克角（Point du Hoc）的小伙子们"**的勇气和献身精神：

> 我身后的纪念碑象征着插入这些悬崖之巅的突击队员的匕首。我面前站着的是将匕首插入那里的人们。
>
> 你们是霍克角的小伙子们。你们拿下了这些绝壁。你们是解放一个大陆的胜利者。你们是结束一场战争的英雄。

---

* 作者有机会与许多民主党领导人辩论过——如霍华德·迪恩、罗伯特·里奇、杰拉丁·费拉罗。马里奥·柯莫是他们中最出色的。

** 霍克角是奥马哈海滩上一处悬崖峭壁，德军在此修建了机枪阵地。——译者注先生们，看到你们我想起了斯蒂芬·斯彭德（Stephen Spender）的诗句，在你们的"一生中为生命而战……你们用荣誉装点了明亮的天空……

自从你们在这里奋战后，40年过去了。你们攻占这些绝壁时，还正年轻；有些人甚至只是个大孩子，在你们面前有着最美好的前程。然而你们在这里奋不顾身。为什么？你们为什么要这么做？是什么促使你们抛却自我保护的天性，置生死于度外，来夺取这些绝壁？是什么激励了所有的将士们在此聚集？看着你们，我们得到了答案：是信念、信仰、忠诚和爱。

诺曼底的勇士们相信他们所做的一切是正确的，相信他们为全人类而战斗，相信公正的上帝会在这个滩头或下一个滩头保佑他们。正是这种深刻的认识——上帝保佑，我们现在还这么认为——使得为解放而使用武力与为征服而使用武力有着深刻的道德差异。你们那时在这里是为了解放，而不是为了征服，所以你们与别的一些人毫不怀疑你们的事业。你们的正确性是无可怀疑的。

你们都知道有些东西值得为之献身。一个人的国家值得为之献身，民主值得为之献身，因为这是人类曾设计出的最值得尊敬的政府形式。你们都热爱自由。你们都愿意反对专制，你们知道你们国家的人民站在你们身后。[39]

蒙代尔的一个竞选助手看了里根的演说后，对老练的政治记者杰克·格蒙德和朱勒斯·威特考佛（Jules Witcover）抱怨道，他的候选人在漫长累人的春季初选中艰难跋涉，却看到里根只作了30分钟自

第十二章 里根与复兴（1981—1989）

由演说。里根"占据了所有封面"，这看起来很不公平。[40] 不过，当然不仅仅是总统有能力抓住媒体封面，更由于他能把有利条件转化成有力的、有创造性的东西，这使得他变得如此强大。里根激动人心的演说，可与丘吉尔对英国皇家空军的赞颂（"从来没有这么多的人要如此感谢这么少的人"），伯里克利的葬礼演说、甚至是葛底斯堡演说相媲美。

必须要记得，里根那时正处于大西洋两岸反对苏联专制、保卫自由的巨大争论中。他的对手们不仅仅想"冻结"核武器的生产和布置，以迎合苏联对自由社会的威胁，他们还想冷却他对专制的道德指控。因此，国防在里根的连任竞选中有着至关重要的作用。反对者们尖锐地指责他的巨大国防建设计划。他们指控说这加剧了财政赤字的膨胀幅度。国防建设当然昂贵，但增长从没有超过六七个百分点。里根在每一次的国防开支斗争中，都和他的国防部部长、"帽子"温伯格站在同一边。面对平衡联邦预算与比如建造一支有600艘舰船的海军的选择，里根选择海军。

里根从不公开为更多的国防开支辩护；取而代之的是，他大声说："必须是最好的。"回忆起卡特的"沙漠一号"行动在伊朗营救人质的失败灾难，里根坚持认为，我们国家的年轻军人们需要国家能提供最好的装备。这个策略使里根避开了公众对国防支出的不欢迎态度。他让"帽子"温伯格在国会山上要更多的钱和特殊的武器系统。里根继续上演着大片。因不可避免的国防费用超支，结果《华盛顿邮报》的卡通画家赫伯·布洛克（Herb Block）给忠诚的温伯格戴上了枷锁。布洛克笔下的温伯格脖子上永远都套着一副600美元的军用马桶坐垫。

国防也是历史上最为成功的竞选广告题材之一。里根1984年的竞选推出了"熊"。播音员告诉观众,森林里有一只熊。有些人没有看到熊。有些人认为树林里没熊。观众一直能听到一只大熊在树丛中沙沙作响,发出哼哼声,但看不到。当相机捕捉到并显示出一只非常可怕的灰熊,面对着一个坚强的人时,播音员问,"如果那里有一只熊",做好准备是不是一个好主意?自1964年声名狼藉的"雏菊"广告以来,该广告迁怒于假想中的巴里·戈德华特的鲁莽,没有一则竞选广告引起如此之多的关注。广告利用了观众早知的事实:共和党人认为蒙代尔在国防问题上幼稚而软弱。熊当然是俄罗斯的历史象征。这让广告更有针对性。

另一则难忘的电视广告显示美国人正回到工作岗位,举着旗帜庆祝奥运会。播音员说"这是美国的早晨"。它唤起了人们心中的金色幻想,激发了复兴、乐观主义和经济增长的美好情绪。它巧妙地挑战了柯莫州长对美国仍然处在衰退中的描述。

蒙代尔攻击里根一再求助于基督教原教旨主义。这位前副总统对华盛顿几乎每个自由的利益集团组织都表示认可,但却竭力将无数福音派人士的主张"排除在外"。

在《评论》杂志一篇有影响的文章中,令人尊敬的理查德·J.纽豪斯(Richard J.Neuhaus)捍卫了福音派和激进福音派的权利,认为在一个自由民主的社会中,他们有权表达自己的公共政治取向。纽豪斯曾在一本得到好评的著作《赤裸的公共广场》中警告,不要试图把虔诚的道德信仰赶出公共生活。纽豪斯那时是一个路德派牧师,曾与金博士一起为民权而努力。他的文章"原教旨主义者想得到什么"说出了他们的目标:

第十二章 里根与复兴（1981—1989）

包括在公共学校里祈祷和读经，在堕胎问题上作"有利于生命"的修正（或采取措施驳回"罗伊诉韦德"案判决），对色情作品作出法律上的限制，不要再提基督教教会学校的"骚扰"，抵制有关女权和同性恋权利的立法，提高国防开支，以及终止社会福利项目，据说，这些项目只是增强了穷人的依赖心理。[41]

纽豪斯说，即便自由派反对上述的每一条，他们也不能声称这些问题已经在民意基础上得到解决。提出这些问题是合法的。事实上，在自由派不再能说服大多数立法者时，越来越依赖于未经选举的法官去强行实施他们的议程。

信仰继续充当选举中的避雷针。就里根宣称的相信《圣经·启示录》与世界末日最后战争的可怕场景，蒙代尔提出警告。里根承认他读过并确实相信《圣经》的预言，不过他不能允许以任何世界末日的特殊解释来指导他的对苏政策。

蒙代尔从未质疑地接受了澳大利亚海伦·考迪考特（Helen Caldicott）博士提出的"核冻结"概念。考迪考特公开宣称，她的"核冬天"看法在十几岁时就形成了，当时她读到了一本澳大利亚小说《海滩上》。作者内维尔·休特（Neville Shute）在书中描写了美苏核战争后世界末日是如何向这个南半球袭来的。考迪考特曾在休·海夫纳（Hugh Hefner）的花花公子大厦遇到过里根总统激进的女儿帕蒂·戴维斯（Patti Davis）。[42] 戴维斯使考迪考特和她父亲在白宫会了面，不过这位澳大利亚的反核激进主义者将这次会见描述成"我一生中最令人不安的事"。[43]

进入秋季大选后，里根在各个民意调查中都遥遥领先于蒙代尔。

不过，当两位候选人在肯塔基州路易斯维尔城为第一次辩论碰面时，73岁的总统看起来有些糊涂。他在说话中不得不一再纠正自己，这对这位口齿伶俐的好莱坞老推销员而言，是很罕见的。更糟糕的是，里根在总结陈述中谈到太平洋沿岸的高速公路时，超过了规定的时间，让观众们束手无策。

民主党竞选助手们声称赢得了辩论胜利，他们给蒙代尔递过去一根棒球棒，称之为"路易斯维尔的强击手"。数周来媒体一直就里根的年龄叽叽喳喳，而蒙代尔—费拉罗的竞选充满了新的活力。此前没有一位总统在70多岁时还谋求连任。专栏作家们开始礼貌地，有时是直率地问道，总统是否已经显露出痴呆迹象。

当两位候选人在堪萨斯会面进行第二轮辩论时，已经是竞选晚期。一个记者小组得体地向总统提出了这个问题。《巴尔的摩太阳报》的亨利·特里惠特（Henry Trewhitt）曾问太阳报的自由派博学者杰克·格蒙德，如何设计一个能凸现总统最大弱点的提问。格蒙德和特里惠特一道，花费"数小时"草拟了一个里根很难回避的问题。格蒙德回想起在电视台记者室看着监控器里辩论时，特里惠特的发问：

> 总统先生，我想提一个忍了二三周的问题，现在特地用国家安全术语提出来。您已经是历史上最老的总统了，您的一些职员说，您最近遭遇蒙代尔先生后，您累了。我记得肯尼迪总统在古巴导弹危机期间，曾不得不连续工作数天，睡眠很少。您心中是否怀疑，在这种环境下您仍然能工作？

格蒙德看到了结局，不过他还记得："我看到里根脸上掠过一丝微笑，心想他早已经准备好了，他要把这个问题踢走。"当然，总统正是这么做的。

"一点也不怀疑，特里惠特先生，"里根回答说，"我想让你知道，我不想使年龄成为竞选的话题。我不想出于政治目的，来利用我对手的年轻和缺乏经验。"[44]

特里惠特笑了。记者小组笑了。整个国家都笑了。甚至连蒙代尔也笑了——尽管他赢得竞选的唯一希望也化为泡影。*

里根的玩笑被各家电视台一再播放。它常常是被播出的唯一辩论"片断"。里根的风趣被看作是这个"交流大师"（Old Gipper）思维敏捷并完全胜任国家事务的确切信号。

苏联共产党领导人安德罗波夫在那一年的早些时候去世了，继任者是快要死的康斯坦丁·契尔年科。美国记者挑衅地说，里根是自胡佛以后第一位没能与苏联领导会面的总统。里根和蔼地回答道："我怎么能见到？他们一直都是垂死的！"[45]

里根把幽默当成武器。他知道这个双关语指出了苏联更大的真相：这是个垂死的帝国。不过里根知道，即使是患胃癌而行将去世的灰熊，也可能是危险的。

苏联人能读到选举结果。他们知道将不得不再次对付里根。他们在1984年10月份派外交部部长安德烈·葛罗米柯（Andrei Gromyko）去白宫拜见里根总统。葛罗米柯是个阴郁而无幽默感的"阿巴拉契克"，连他也在记者们面前挤出了一丝无精打采的微笑。

---

* 杰克·格蒙德对这个竞选故事的诚实叙述显示，自由派记者与他们喜爱的候选人之间常有密切的联系。格蒙德会花上3个小时，准备一个能挖掘蒙代尔最大弱点的问题么？

大选之日，里根击败了蒙代尔。他获得了历史上数量最多的选民票。里根的选民票数是 54 451 521 张（占 58.8%），蒙代尔的票数是 37 566 334 张（占 40.5%）。除蒙代尔的明尼苏达之外，里根赢下了每一个州，总共得到 525 张选举人票。* 前副总统蒙代尔仅拿到哥伦比亚特区产生的 13 张选举人票。

费拉罗没有派上用场。女性选民们选择了支持总统。天主教选民、美籍意大利选民、纽约人、甚至连费拉罗的昆斯选区也把选票投给了里根。**

那一天华盛顿特区风大而且灰暗，天气阴沉。在等待选举结果时，里根的团队并未一片欢腾。他们害怕。虽然所有的民意调查看上去都是有利的，不过谁也没有十足的把握，谁将出现在投票站，什么东西会激发他们。投票结果就是一切。回想起 1940 年大选未定时，罗斯福盘坐在海德公园的场景，事实一再说明：在一个民主社会中，领导人害怕人民是件好事情。

广播网报道全国性的胜利后，里根的人马松了一口气。共和党没有分享里根的"压倒性胜利"。里根竞选队伍特意创造出的"美国的早晨"这种状态主要倾向于支持现任者，但这对共和党试图将民主党人撵出国会并没有什么益处。里根的当选得到了 24% 的民主党人的支持。他的共和党同伴们并没有做多少跨党的呼吁。他们中许多人甚至根本不作尝试。

---

* 里根总统在明尼苏达获得了 3 100 张票。该州有 3 200 个选区，这意味着里根在每个选区丢失不足一票。里根在该州的机场集会上只待了 45 分钟。

** 这并非很不寻常。副总统提名通常选择那些有能力给党带来团结和各种振奋因素的人。这些费拉罗显然做到了。选民们一般将副总统人选看作总统候选人的严肃性和能力的表现。

里根获胜后的第二天,一些重要的民主党人在南非种族隔离政府驻华盛顿大使馆外开始了一系列非法静坐示威行动。因抗议比勒陀利亚政权的种族主义政策而被捕,已经成为自由民主党积极分子的勋章。

4."我们能共事……"

里根刚刚为第二个任期宣誓不久,苏联又埋葬了一位共产党领导人。契尔年科1985年3月10日死于肺气肿,时年74岁。不到3年时间里,三位苏联领导相继进了坟墓。没有比这更能象征苏联共产主义秩序的动脉硬化状况了。

这也使情况突然发生了变化。仅仅54岁的米哈伊尔·塞戈维奇·戈尔巴乔夫当选为苏联共产党领袖。他因聪明、举止得体、年轻有活力以及和蔼而得到安德罗波夫临死前的推荐。如果共产主义要生存下去,如果苏联要生存下去,就迫切需要注入新鲜血液。戈尔巴乔夫和他受过良好教育的、优雅而口齿伶俐的妻子赖莎正是那种新鲜血液。*

在当选前,戈尔巴乔夫精明地造访了伦敦。如果他能与英国铁娘子玛格丽特·撒切尔首相的关系取得进展——戈尔巴乔夫自信这将提升他在莫斯科的声望,以后还能有助于与里根打交道。自丘吉尔与罗斯福以来,大西洋两岸的伙伴关系从没有撒切尔与里根之间那样密切。戈尔巴乔夫取得了辉煌成功。他给撒切尔夫人留下了好印象。她在第一次会面后宣称:"我喜欢戈尔巴乔夫。我们能一起共事。"出言谨慎、

---

* 赖莎的博士论文建议苏联设立国家管理的托儿所,因为太多苏联母亲忙于工作,将孩子们留给有宗教信仰的祖母们看护。作者曾有机会在国会听证会上引用过这段材料,当时委员们要求里根政府对日托采取措施。

务实勤政的玛格丽特·撒切尔能这样说，已是最高的称赞了。*

里根总统知道他必须与戈尔巴乔夫会面，不过他不想表现得过于急切。助手们私下劝总统尽快会面。他们说戈尔巴乔夫不同于其他所有的共产党领导们。戈尔巴乔夫对缓和关系感兴趣，机不可失。戈尔巴乔夫与众不同。根据在华盛顿流传的故事，里根以典型的幽默回答了所有催促："我知道他与众不同……他是第一位比老婆重的苏联领导人。"

在与克里姆林官这位有活力的新领导举行任何高端会议之前，里根必须要让西方盟友们放心。北约中没有人比西德总理赫尔穆特·科尔更重要。科尔曾冒着巨大的政治风险支持里根布置潘兴二型导弹。西德一直在与世界上最极端的共产主义分子红军团作战。里根觉得我们"欠赫尔穆特的"[46]。

里根总统计划访问西德来支持他的坚定盟友。按照计划，总统将在彼特伯格军事公墓献花环，以象征德意志联邦共和国对西方民主的承诺。里根的助手迈克尔·迪弗（Michael Deaver）事先到西德去做总统访问的准备工作。迪弗没有看到，那些被雪覆盖的十八九岁年轻人的墓碑中，有几十个是为海因里希·希姆莱可怕的党卫军成员而立的。[47]

这个惊人的细节被泄漏后，在全世界引起轩然大波。

南希·里根也震惊了。她给迪弗打电话，眼泪汪汪地抱怨说他

---

* 媒体调侃撒切尔的评论是对的，因为她与里根的亲密关系早已是传说中的资料了。里根西洛农场的马鞍房里有张招贴。招贴上里根如电影《乱世佳人》中的瑞德·巴特勒正挽着如斯卡利特·奥哈拉一样的撒切尔走向他们位于大西洋大楼的卧室。里根说他不会将招贴带到农场的房屋中去，因为英国的第一位女首相是农场的常客，可能会看到。真是很特殊的关系！（资料来源：Edmund Morris, *Dutch*, p.592.）

毁掉了"罗尼"的总统任期。[48] 政府内部,许多顾问敦促里根取消彼特伯格的行程。公共关系主管帕特·布坎南(Pat Buchanan)劝他站稳立场。大屠杀的幸存者、诺贝尔和平奖得主埃里·韦塞尔(Elie Wiesel)来白宫接受一个奖项。他当面对总统说,总统的立场是和受害者、而不是与纳粹分子站在一起。里根被人保护时,会非常固执。现在他就有被照顾的感觉。里根冷冷地对下属说:"据我所知,话已经说出口了。"[49]*

第82空降部队的传奇司令马修·李奇微(Matthew Rid-geway)将军给白宫打电话,自愿去替里根献花环。总统感激地拿着电话,接受了这位90岁老人的善意,不过他们将一起去。里根不愿让这位老战士承担对事件的非难,他为与老人站在一起感到骄傲。[50]

为舒缓紧张的神经,里根总统也去了一趟卑尔根—贝尔森集中营。他在那儿动情地讲到了纳粹分子对犹太民族的残暴侵害。他援引了亚伯拉罕·林肯的话,呼吁"我们天性中更好的天使"。

彼特伯格曾是里根任期内最糟糕的一次失足,现在仍然如此。美国退伍军人协会和其他一些老兵团体所表达的想法几乎被那时的争论所淹没:美国总统从来没有纪念敌军战士的任务。即使彼特伯格没有党卫军坟墓,美国总统也不该在那里献花环,那儿是受命消灭年轻美国人的军人们的公墓。

美国的确欠忠诚的科尔总理一笔。不过账可以通过别的方式来还,如让里根总统向西德自由的建筑师——已故的康拉德·阿登纳墓前献花环。阿登纳是虔诚的天主教徒;阿登纳是希特勒的囚犯;阿登纳是

---

* 作者当时在场,可以证实里根在他已决定的事情上不受任何压力影响。

德国与法国旧恨的调解人。"这个犹太老人，就是他！"*

在与克里姆林宫的新领导戈尔巴乔夫会面前，里根还有国内事务要处理。第一个任期内，保守派未能废除新近成立的美国教育部。参议院内共和党自由派——包括康涅狄格州的洛威尔·维克（Lowell Weicker）和佛蒙特州的罗伯特·斯塔福德（Robert Stafford）——与显赫的民主党人泰德·肯尼迪联手阻止了该项举措。里根的第一任教育部部长特雷尔·贝尔（Terrell Bell）委任了一个全国优等教育委员会。该委员会在一份报告中警告"一股庸才之潮正逐步兴起"，呼吁大力加强"基础的"教育。

里根第二个任期内的教育部部长是民主党人威廉·J.本内特（William J.Bennett），他曾担任过全国人文基金会（National Endowment for the Humanities）主席。**本内特在传统的"3R"（reading, riting and rithmetic 读、写和算）教育基础之上，又增加了"3C"（content, character, and choice, 内容、性格和选择）的要求。根据委员会报告，本内特想加强学术课程的内容。他还想强调性格发展的重要性。"什么是高贵的，什么是卑贱的？"他这样设问。"谁说过'我有一个梦想'？'朕即国家'是什么含义？'密西西比河在哪里？''为什么出现柏林墙？'学生们应该知道这些。"他说。关于选择，本内特指父母应该选择最能满足自己孩子需求的公立、私立或教会学校。为此目的，他支持一项针对低收入家庭的、没有效率的联邦资助项目中学生们日趋减少的保证计划。

---

* 德国首相俾斯麦 1878 年在维也纳国会上提到尊敬的英国首相本杰明·迪斯雷利时，说的就是这句话。如果所有的德国总理都能保持这种尊重，欧洲的历史将会多么幸福！

** 为了叙述方便，作者在本章中提到自己时用第三人称。

第十二章　里根与复兴（1981—1989）

本内特还支持日益兴起的私塾运动。当私塾的倡导者（lawyer-advocate）麦克·法利斯（Mike Farris）因鼓励宗教崇拜运动而受到挑战时，他总是回击道，我们的宪法之父和《权利法案》的作者詹姆斯·麦迪逊（James Madison）就是私塾生。

本内特部长是政府的媒体避雷针。当他建议学生们应有偿还大学中贷款的道德义务时，自由派社论谴责他是一个无情的吝啬鬼。在巨大的批评压力下，本内特强调美国纳税人已经支付了那些贷款，任何学生教育中内容都必须包括，学会承担一个人的道德责任。

本内特第一次参加内阁会议时，总统开场就读了媒体对这位最新上任的、最年轻的成员的无情批评。里根环顾四周，微笑着说："那么，你们中其他人的毛病呢？"会议结束后，里根告诉本内特，他在好莱坞时就知道了票房和批评的区别。

演员洛克·哈德森（Rock Hudson）于 1985 年去世，为大众引入了艾滋病概念。当然，里根一家从好莱坞时期就认识哈德森。他们也知道他是同性恋者。里根一家在社交方面是宽容的，从来没有因为朋友们是同性恋者就回避他们。但当疾病传播开来，要吞噬数千人生命时，越来越多的人批评，里根总统没有就此问题发表重要讲话。

批评表明美国人对总统们的期望发生了重大变化。1919 年与 1920 年，无数人死于流感，威尔逊总统从没有说过这个问题。富兰克林·罗斯福在沃姆斯普林斯为接受和治疗脑炎患者竭尽全力，但他没有就此疾病发表过总统讲话。艾森豪威尔从未说过心脏病，即使在他发过两次病后也是如此。肯尼迪从来不承认他有阿狄森病。还有，里根对艾滋病保持沉默近两年时间，自由派批评者指责他对患者的困境冷漠无情。

问题并不在于联邦政府没有花费巨大开支来研究和治疗这种疾病。年轻的血友病患者瑞安·怀特（Ryan White）因输血而感染上艾滋病后，国会迅速行动起来，为该项课题的研究和教育提供经费。里根支持这项立法。另外，艾滋病的第二大原因是静脉注射毒品。里根夫人精神饱满并有效地促进了对毒品"说不"的运动，该运动也因艾滋病而变得更加迫切。

与此同时，苏联的米哈伊尔·戈尔巴乔夫变成了"大扫除的新扫把"——或至少他努力这么做。他谴责工作中的酗酒和旷工行为。他在共产党内大声反对腐败。他意识到苏联必须改革，否则将崩溃。在里根的军事建设，尤其是战略防御计划的强大压力下，戈尔巴乔夫同时启动了两项举措：重建和开放。由于开放，苏联自建国以来一直被压制的恐怖事件铺天盖地地出现在苏联媒体上。其中一则也出现在西方的出版物中：

> 数十万人，或许有25万，被子弹打中太阳穴而死在基辅的监狱中，然后被卡车拉到比基弗尼亚（bykivnia），扔进生石灰坑里埋掉。在过去45年里，有4个官方委员会调查过这次屠杀行动。那些受害者是什么人，谁杀死了他们，他们是如何被埋在那里的，这些问题至今仍然有待发掘。[51]

戈尔巴乔夫所以允许这些事情被曝光，是因为他想削弱克里姆林宫内长期权力斗争中的强硬对手。他可能没有意识到，这样做，他是在破坏着苏联国家在其人民眼中的合法性。

1985年的晚些时候，里根与戈尔巴乔夫在日内瓦会面，西方

第十二章 里根与复兴（1981—1989）

媒体相当为戈尔巴乔夫狂热。保守派电台名人拉什·林博（Rush Limbaugh）后来形容这些热情的报道是戈尔巴乔夫热，不过很少有人怀疑，西方媒体在帮助这位有活力的苏联共产党领获得成功。

众所周知，这次峰会未能取得外交上的突破，原来也没有打算如此。不过会晤确实融化了两位政府首脑之间的冰冻。这是自卡特和勃列日涅夫近 10 年前在日内瓦会见之后，美苏首脑的第一次对话。美国代表团中有人担心 74 岁的总统会败给他的年轻对手。里根在寒气中欢迎来美国大使馆的苏联总书记时，既没有戴帽子，也没有穿外套。戈尔巴乔夫走出他的吉尔轿车，看到此景，不安地弄着他的围巾。[52] 里根既有个性的温暖和友善，又混杂了侵略性的谈判风格。在面对面的交锋中，他说："我要告诉你，我们为什么不相信你们。"[53] 不过很快，里根又坚持他们互相称对方"罗恩与迈克"。许多里根的强力支持者担心，私人关系会让里根忽视苏联 70 年糟糕的信用记录。他们认为，试图建立友好的私人关系，使得富兰克林·罗斯福与约翰·肯尼迪在对付一个精明而肆无忌惮的敌人的过程中遇到了困难。

除改善与苏联关系外，那时还有别的事情要里根操心。新年伊始，总统就被国家电视台中的灾难画面震惊了。仅仅 73 秒时间内，"挑战者"号航天飞机发射升空，然后发生爆炸。7 名宇航员，包括一名教师志愿者克里斯塔·麦克奥利弗（Christa McAuliffe）瞬间失去了生命。* 他们的家人在观看台目睹了这恐怖的一幕，全国的孩子们也在他们的教室里收看到了。里根总统那晚——1986 年 1 月 28 日——在国家电视台发表讲话，安慰和安抚一个悲伤中的民族。他对受惊的孩子

---

* 作者有幸见到过麦克奥利弗，并在新罕布什尔教过她的班级。

们说,要有勇气面对探索太空过程中所遇到的危险。我们尊敬那些宇航员,尊敬在各个领域内以勇敢的个人牺牲换取进步的人们。然后他引用了《高高的航程》(High Flight)中的诗句,这是一首为纪念一次世界大战的飞行员而写的诗。他说:"我们将永远不会忘记他们,也不是我们最后一次看见他们,在这个早晨,当他们准备踏上征程,挥手告别,'挣脱地球的粗暴束缚'去'触摸上帝的脸颊时'。"

众议院议长奥尼尔也被总统的言辞感动得流下眼泪。奥尼尔评论道:"他或许不只是一个辩论者。即使有预备好的讲稿,他也是我所见过的最好的演讲者。我开始认为,他在这方面使罗斯福与肯尼迪变得相形见绌。"[54]这是具有强烈偏见的民主党议长的高度赞美。

里根抓住了——或许是他塑造的——一种具有坚定决心的民族精神。民意调查显示,尽管发生了历史上最惨烈的灾难,美国人民仍然继续强力支持太空项目。值得注意的是,虽然航天飞机爆炸的全国性电视直播带来了创伤,美国宇航局仍然遵循艾森豪威尔总统在1959年首次要求的开放政策。

1986年也有更值得高兴的事情,比如纽约自由女神百年庆典。里根已经利用即将到来的百年纪念活动,让克莱斯勒公司总裁李·亚科卡领导了一次私人募捐行动。里根希望通过修复这尊破败的饱经风雨的雕像,来表达纪念之情。一支法美联合队伍承担了修复工作,仔细更换了数千根独立做成的钢架支柱。这个"自由照耀世界"的伟大象征一直面临倒塌的危险。

1986年7月3日,里根邀请法国总统弗朗索瓦·密特朗与他们夫妇一道主持雕像的重新揭幕仪式。这是对美国自由观念的一次礼赞。里根礼数周到地招待着社会党人密特朗——虽然他那时正全力将社会主义扫进"历史的灰堆"。

很奇怪的是,里根要感激密特朗。这位法国领导人曾经在1981—1982年与强大的法国共产党合作过。他试图以民主的方式将马克思主义施加给法国人民。这个高卢人的努力被广泛视作是另一极,与里根对自由事业的重新承诺正好相反。里根政策的成功和密特朗政策很快被抛弃的灾难形成了有力的对照。

里根总统阔步走上美国军舰爱荷华号(*Iowa*)的甲板主持庆祝活动。爱荷华号是"二战"时期的战舰,在核时代经过改造后又重新服役。在纽约黑暗的海港中,里根将一束激光投射到女神的顶部,以这种戏剧性的方式为雕像揭幕。波兰的团结工会还在,穆加哈定正在阿富汗骚扰苏联人,中美洲的格林纳达已经解放,尼加拉瓜政府反对派正给共产主义的撒丁内斯塔(Sandinistas)政权施加压力。想到这一切,里根满怀信心地向"人类自由事业"致敬,重新点亮了自由女神的火炬。

里根带来了和平和繁荣,考虑到这些,他要恢复美国在世界上合适的领导地位的想法,是可以被宽恕的。

5. 雷克雅未克的碰撞

研究克里姆林宫的主要专家们说,苏联不会迅速走向崩溃。前总统理查德·尼克松曾说过,我们最为现实的希望是寻求"冷静而务实的缓和策略"[55]。里根却不这么认为。

批评者们总是指责他过于简单。老练的华盛顿哲人克拉克·克利福德(Clark Clifford)称总统是"和蔼可亲的笨蛋"[56]。他们不知道里根 10 年前对理查德·阿伦说过些什么。阿伦后来在白宫当上里根的国家安全顾问。在当选为总统的几年前,他对阿伦说:"我思想中的美国对苏联政策很简单,有人愿意称之为简单化。这就是:我们获胜,他们失败……"⁵⁷ 问题是里根的批评者们将清晰误以为简单了。

1986 年年末在冰岛雷克雅未克匆忙召开的峰会是戈尔巴乔夫的主意。如果好莱坞要找一个地方用戏剧手法表现东西方的冲突,雷克雅未克就是最好的选择。冰岛是一个火山岛,位于欧洲到美国的中途。那儿没有绿草,到处都是火山灰。两个超级大国的领导人将要会面的地点在霍夫迪宫(Höfdi House)。这是座普通的 19 世纪官邸,未加任何装饰,有着白色的墙壁与黑色的石片瓦屋顶。一些当地居民甚至称霍夫迪宫闹鬼。⁵⁸ 这个岛国的首都四周都是灰黑的峭壁。

10 月中旬,冰岛一片荒凉,风景几乎全无色彩。白色与黑色是主要色调。就像里根担任主角的那些好莱坞影片,善恶分明。那些电影让老油条都感到厌恶。让对比更为引人注目的是,戈尔巴乔夫从他的专车里出来时,穿了一件黑色的厚外套,头戴一顶黑色的软呢帽。里根穿的是浅棕色雨衣,从电视上看起来是白色的。

这两位峰会的参加者很快超出了议程上的安排。我们知道,戈尔巴乔夫渴望结束军备竞赛。改革没有起到作用。苏联制度被与美国的军备竞赛这一重担压垮了。如果能缩减国防开支,戈尔巴乔夫就能把急需的钱花在改革和拯救共产主义制度上。脸色阴沉的外交部部长安德烈·葛罗米柯这样谈论他们的年轻领袖:"他有迷人的微笑,但却是铁嘴钢牙。"⁵⁹

就像打扑克牌一样,他们面对面坐在桌子两旁。戈尔巴乔夫向里根作出大胆让步。他答应大规模削减武器。里根 5 年前在"零选择"

第十二章 里根与复兴（1981—1989）

建议中提出的一切内容，他现在都能得到。里根建议双方在10年内拆毁进攻性导弹。戈尔巴乔夫看到了里根的筹码并让他加码，他反问道：为什么不把所有的战略武器都去掉呢？[60] 这是一个惊人的提议，超出了美苏军备控制谈判历史上一切建议过的内容，大胆程度甚至超出了想象。不过其中的一个条件是：美国必须同意不再继续"战略防御计划"。

里根本可以拥有美国史上最成功的峰会记录。他可以与苏联签署有史以来最广泛的协议。他可以和平缔造者的身份返回美国——此时正赶上国会中期选举。他需要做的只是放弃"战略防御计划"。他可以向美国人民解释说，他的"战略防御计划"的用意一直是充当"讨价还价的一个砝码"，现在他已经拿到了美国所曾赢得的最好的协议。

他不想那么做。整整10年前，他曾奇怪地描绘过这个场景。1976年，他告诉儿子迈克尔（Michael）说，没能成为共和党总统提名人选，他并不难过。他唯一的遗憾是没有机会听到苏联统治者提出控制军备的要求。这些要求必定让自由国家处于不利的位置。里根当时说，他会轻轻绕过桌子，悄悄对苏联领导人耳语道：不。现在，里根描绘过的场景出现了。里根以总统身份悄悄说道：不。

希望破灭了，两位首脑面无表情地离开了霍夫迪宫。临别前，戈尔巴乔夫通过翻译告诉里根："我不知道还能做什么。"里根带着少有的尖刻说："你本可以说同意的。"那时看来，雷克雅未克是一次失败的峰会。在峰会以外的1986年选举中，共和党人失去了参议院控制权。在剩余的任期内，里根将面对一个越来越难驾驭的国会。

6. 伊朗与尼加拉瓜反对派

里根总统告诉他的国家安全人员，"尽全力保住尼加拉瓜反对派"[61]。雄心勃勃的海军上将约翰·潘恩德克斯特（John Poindexter）和海军陆战队上校奥立佛·诺斯（Oliver North）等人准备执行命令。

里根想帮助反对派经受住国会切断资金的拉锯式行动。自由派决意避免在这个半球出现另一个越南。他们一再要求国会削弱对解放阵线的资助，偶尔也能成功地迫使国会通过一些拨款修正案。马萨诸塞州的民主党人、众议员艾迪·勃兰（Eddie Boland）提出一项修正条款，禁止美国情报机构试图推翻尼加拉瓜政府。但里根政府将之狭义地解释为只适用于中央情报局与国防情报局，不适用于潘恩德克斯特与诺斯所在的国家安全委员会。政府认为他们有权为解放阵线寻求外部支持。因此诺斯可以从诸如文莱苏丹那样坚定的反共分子那里募集资金。

贝鲁特问题又重新纠缠着政府。白宫隆重悼念 1982 年死去的那些官兵们。中情局贝鲁特站站长威廉·贝克莱（William Buckley）被真主党恐怖分子绑架后，受尽虐待而死。海军潜水员鲍比·斯特汉姆（Bobby Stethem）也是如此。里根为这些死难者而痛苦。乔治·威尔说这是"里根温柔的一面"。他心中无法忘记这些美国人质，无法把他们视为战争中的阵亡。[62] 他说渴望那种日子，美国人只要在翻领上别一枚美国国旗，就可以在世界的任何地方安全行走。他渴望代表处于危险中的美国人——特别是那些正为美国服役的人们——进行干预。

有人劝里根说，伊朗有温和派，这些温和派正在后霍梅尼政权中谋求权力。这些人希望与美国改善关系，但除非能够买到武器，否则他们将被赶出权力圈子。他们声称，如果武装起来，就能对贝鲁特的美国人质劫持者产生影响。

这样，在向伊朗出售武器、救赎贝鲁特的人质以及从武器销售中拿出部分利润支持尼加拉瓜解放阵线这三者之间，就产生了重大联系。

今天的批评者看得很清楚的东西，那时并不很明显。美国人一再与全世界的文明国家谈判，寻求解救在中东地区被绑架人质的办法。绑架人质与勒索赎金在中东是一门高度发达的艺术。早在18世纪，华盛顿总统与亚当斯总统这样的大人物，就曾支付过赎金，使在北非被扣押的美国海员获释。他们所以如此，是因为欧洲人也这样做了。杰斐逊则使用了武力，而不是支付赎金。他将美国战舰与海军派到了"的黎波里的海岸"。

1986年美国中期选举的前一天，一家贝鲁特报纸报道说，美国卷入了支付赎金解救美国人质的事情中。里根政府最初斥责这种说法属无稽之谈。当白官办公室主任参谋长唐纳德·里甘（Donald Regan）首次告知里根总统，出售武器的利润转给了尼加拉瓜反对派时，里根脸色变得煞白。他问道："他们为什么要那样做？"显然，总统忘记了给潘恩德克斯特与诺斯下过的命令。[63]

伊朗与尼加拉瓜反对派关联的丑闻很快被曝光。媒体说，如果里根知道这件事，他就罪该万死，应受到弹劾。如果他真的不知道下属所干的事情，他就脱离了干系。里根处理事情的著名风格，是用清晰的交流术语勾勒出政策的基本轮廓，让下属处理细节。这种风格在第一个任期内大获成功。现在，特别是在放手让唐纳德·里甘自己做出许多日常决定这件事上，里根不插手的管理风格看起来是失败的。

里根指定前得克萨斯州参议员约翰·塔沃（John Tower）调查伊

朗与尼加拉瓜反对派之事。潘恩德克斯特将军作证说，他没有将挪用资金告诉过总统。[64] 中情局局长威廉·凯西（William Casey）曾在里根的外交政策中扮演过关键角色。凯西是情报老手。"二战"期间，他在美国战略情报局工作。他曾按照丘吉尔的指令，将"欧洲点着火"来反对希特勒。凯西是一个真正的爱国者，一个有着很深宗教信念的人，20世纪80年代，他坐着那架没有标记的黑色喷气式运输机，飞往世界各地。他配合里根政府行动，在全球范围内挤压危机中的苏联。毫无疑问，凯西知道很多伊朗与尼加拉瓜反对派的情况，不过1986年11月，他的健康状况恶化，到1987年5月就去世了。这个保守秘密的人可能把许多秘密带进了坟墓。因凯西之死与潘恩德克斯特的证词，对里根弹劾的可能也失去了动力。自由派无比失望。在媒体风暴的高潮中，《华盛顿邮报》的编辑本·布拉德利（Ben Bradlee）欢呼道："自水门事件以来，我从未有过如此多的趣事。"

里根总统在美国人民中的支持率下降了20个百分点。他很沮丧。最终他同意解除办公室主任唐纳德·里甘的职务，直到此时，他也没有意识到他自己离被免职是多么的近。正离任的助手们告诉继任主任霍华德·贝克（Howard Baker）的职员，说里根已经没有能力了。他们说，贝克应当准备调用宪法第二十五修正案。在这个核时代，里根太老了、太健忘了、也太被动了。[65]

履职后，前参议员贝克在内阁各处配置了职员。他们的任务是近距离观察总统如何与别人互相作用。

他们发现里根在新面孔的刺激下，完全投身于并能全面理解即将到来的问题。总统又回来了。他或许从来不知道，在他勇敢地拒绝倒下时，差点儿被送进政治棺材。参议员贝克得出了结论，总统完全有能力。危机终于过去了。⁶⁶ 总统向全国发表电视讲话，为伊朗与尼加拉瓜反对派事件承担责任。他的支持率又再次上升了。*

7."推倒这堵墙!"

里根计划于 1987 年 6 月再次访问西德。他希望在柏林建市 750 周年的庆祝活动中发表讲话。媒体对历史不感兴趣，而是醉心于伊朗与尼加拉瓜反对派的关系。评论家说里根是"跛脚鸭"（lame duck）**，有种感觉，他去欧洲仅仅是避开国内的政治热。

总统决定针对分裂的柏林发表一项强硬的声明。国务院认为，没有比这更加糟糕的了。1987 年 5 月，在预备总统行程期间，白宫演讲稿写作人彼得·罗宾逊（Peter Robinson）去了一趟柏林，与美国在西柏林的顶级外交官约翰·康布卢姆（John Kornblum）会面。康布卢姆劝告说，不要打击苏联，不要以"牛仔"的形象出现。不管你们要做什么，不要提柏林墙。康布卢姆说，柏林人很圆滑、很复杂，也很"左"倾。此外，他们习惯了柏林墙。⁶⁷

罗宾逊仔细听完后，乘上了一架美国军用直升机。

罗宾逊后来写道，60 英里的柏林墙不仅仅割开了城市，也"划分出这种不同的生存方式。在这一侧，有乐章、有色彩、有现代建筑、有熙熙攘攘的行人与川流不息的车流。另外一侧，一切都很单调"⁶⁸。东柏林的建筑上仍然可以看到"二战"枪弹留下的痕迹。这是在 1987

---

* 本书作者那天曾鼓励总统这么做。

** 正式意义上，"跛脚鸭"是指退休者或竞选失败者在任期内的继续留任。近来，该词汇指媒体厌烦的任何政治家。

年，战争结束已经 42 年了。自 1961 年柏林墙建成以来，东德边界的卫兵枪杀了 250 人。[69]

那天晚上，罗宾逊出席了迪特尔（Dieter）和因格伯格·埃茨（Ingeborg Etz）夫妇主持的招待晚会。埃茨先生在世界银行工作时曾住在华盛顿，埃茨夫人曾在马里兰州乔治城郊区贝塞斯达（Bethesda）预科学校教过德语。[70]在直升机之行的壮胆下，罗宾逊问主人以及他们的德国客人，是否西柏林人已经"习惯了柏林墙"，如他被告知的一样。

晚宴变得沉寂下来。罗宾逊觉得自己问这个问题很失言。[71]此时，一个德国人神情严肃说："我妹妹住在那个方向的 20 英里之外。我 20 多年没见到她了。你认为我会习惯吗？"[72]另一个德国人谈到，他每天早晨步行去上班，要经过一座瞭望塔。那儿有个卫兵通过望远镜盯着他，而且总是同一个人。"那个卫兵和我说同一种语言。我们有着一样的历史。但是我们一个人像动物园管理者，另一个是动物，我不知道到底谁是管理者，谁是动物。"[73]最后，因格伯格面色发红地插话进来。她用拳头击向另一个手掌，说道："如果戈尔巴乔夫严肃对待他说的开放和重建，他能改善这种状况。他能去掉柏林墙！"[74]*

回到华盛顿后，彼得·罗宾逊决定在总统的演讲中加进柏林墙。但这不容易。罗宾逊在一句话中敦促戈尔巴乔夫推倒柏林墙。在椭圆形办公室与总统以及演讲稿写作团队商议时，罗宾逊告诉总统，演讲将通过无线电传播，不仅西柏林，东柏林、东德甚至莫斯科都可以收

---

* 因格伯格·埃茨与她在里根历史性演说中所起作用的故事已经被彼得·罗宾逊叙述过，乔治城预科学校历史学教师斯蒂芬·奥茨博士给作者的两个儿子也讲过这件事。

听到。⁷⁵ 里根强调,"那堵墙必须要推倒。那就是我想对他们说的"⁷⁶。

国务院、国家安全委员会,甚至国务卿乔治·舒尔茨都反对总统在演讲中说那句话。他们勉强地提议里根可以说得再含糊点,比如说"有一天这堵丑陋的墙将会消失"。哪一天呢?

里根知道,西德媒体很喜欢戈尔巴乔夫。他也知道如何抢竞争对手的镜头。如果戈尔巴乔夫真要开放,他可以从打开勃兰登堡门开始。

> 戈尔巴乔夫总书记,如果你寻求和平,如果你为苏联与东欧寻求繁荣,如果你寻求解放:来到这座门前吧!戈尔巴乔夫先生,请打开这座门!戈尔巴乔夫先生,请推倒这堵墙!

尽管今天看来,里根在勃兰登堡门前的演说是历史上一次伟大的演讲。不过在那时,美国媒体很少给予关注。提到戈尔巴乔夫与铁幕的联系看似很粗鲁。公众对参议院的伊朗—尼加拉瓜反对派听证会更有兴趣。当奥立弗·诺斯在委员会前作证,有力地为其行动辩护时,那种试图将政策分歧刑事化的动机遭到重重的一击。诺斯穿着笔挺的制服,胸前挂满军功绶带,使整个国家感到震动。"奥立弗热"席卷了全国。⁷⁷ 他不仅不后悔,而且还胁迫委员会成员,使成员们很狼狈。甚至诺斯的律师、厉害的布伦达·萨利文(Brendan Sullivan)也试图使委员会放弃以前的主张。当一个参议员试图在没有得到辩护律师的建议下,引出证人诺斯的陈述时,萨利文毫不客气地反击道:"我不是盆景!"

1987 年夏天还经历了美国最高法院一个空位引发的大冲突。

里根总统曾提名了最高法院的第一位女法官。在总统的这些保守派支持者看来，法官桑德拉·戴·奥康纳（Sandra Day O'Connor）是非常让人失望的。他们更高兴总统将助理法官威廉·伦奎斯特（William Rehnquist）升为首席法官，让联邦法官安东宁·斯卡利亚（Antonin Scalia）接替伦奎斯特 1986 年留下的空缺。当然，所有这三个提名都是在共和党人控制参议院时作出的。

里根的反对者再次在参议员肯尼迪的领导下，决心否决总统对最高法院大法官的提名。里根提名有争议的联邦法官罗伯特·伯克（Robert Bork）时，肯尼迪用他措词激情的发言点燃了国会。肯尼迪叫嚷道："罗伯特主导下的美国，妇女将不得不到简陋的诊所堕胎。"更糟糕的是，他声称："罗伯特主导下的美国，黑人将坐在分离的午餐桌旁；流氓警察将在午夜闯入居民家中。"[78]

最高法院的提名从来没有引起如此大规模的、有雄厚资金支持的公开诽谤与人身诬蔑。学术界人士从肯尼迪创造的那个邪恶形象中看不出那位大胡子的前耶鲁大学法学教授。认为最高法院大法官个人拥有肯尼迪想象的那种权力，这种看法表面上是很荒谬的，尽管如此，伯克的反对者们还是不择手段去诋毁这个聪明而博学的人。那些曾发明出宪法隐私权原则的自由派激进分子，现在不觉得侵犯法官的隐私有什么不妥；他的录像机租用记录也被人检查，用作反对他的证据（法官看似偏好百老汇的音乐）。

1987 年 9 月 17 日，是美国宪法 200 周年纪念日，伯克不得不在司法委员会前忍受参议员肯尼迪的拷问。肯尼迪就伯克裁决的一起州际汽车货运案件向他提出了有敌意的问题。*

---

* 一个好事者当时建议，伯克法官应当就查帕奎迪克事件查询参议员的安全驾驶记录。

在一项总体上违背宪法宗教测试规定的质询中，亚拉巴马州民主党参议员豪威尔·赫夫林（Howell Heflin）要求伯克法官宣誓谈论他的宗教信仰。罗伯特·伯克是一个传统的新教徒，曾与一个犹太教妇女结婚。在一段漫长而投入的婚姻后，他的妻子因癌症而去世，伯克后来与一位前天主教修女结婚。如果说曾有人证明自己不带任何宗教偏见，这个人就是罗伯特·伯克。仅仅是提出这个问题，就直接违背了宪法的禁令。要不是委员会主席、特拉华州民主党参议员约瑟夫·比登（Joseph Biden）担心公平问题，他会立刻将这个问题剔除出议程。*

伯克以58∶42票被参议院拒绝。这个丑陋而丢脸的事件是爱德华·肯尼迪胁迫下出现的。在1987年那个200周年的夏天，国家的政治与法律依然遭受着罗伯特·伯克的反对者们种种不光彩方式的毒害。

8. 日落

到目前为止，里根已经是最老的现任总统了。他历经了一次严重的暗杀、结肠癌和皮肤癌等灾祸而活了下来。政治上，他经历了对国会失去控制权与国际武装劫持人质丑闻事件，后者差点导致了对他的弹劾。1987年10月，股市崩盘，给金融市场带来致命的冲击，不过很快回升了。有影响的媒体突出每个政治困境，将无家可归与收入不平等诸问题看作政府不愿或者不能处理的危机。

---

* 宪法第六条第三段规定："宗教信仰不能成为担任美国任何官职或公职的条件。"赫夫林对法官伯克的不当盘问可能是对这段重要宪法规定的最公开和不能容忍的蔑视。

不过,经济仍在持续繁荣,创造出无数新的工作岗位。税收在里根的关注下翻了一番——这是对供给经济学成就的褒奖。[79] 尽管如此,批评者们仍不肯称之为里根经济。

1987年11月,戈尔巴乔夫访问华盛顿,媒体热情地报道他在午餐时间精神饱满地来到首都时尚大街康涅狄格大道的人群中。与大街上的美国人混杂在一起,他孩子般的快乐让人想到了那时的流行电影——《春天不是读书天》(*Ferris Bueller's Day Off*)。指出这一点似乎不够礼貌,约有5亿在苏联统治下的人们并没有这样的行动自由。

里根也决定突破对他的保护性包围,真切地感受苏联人民。1988年,里根总统与夫人出人意料地走出豪华轿车,在莫斯科有名的阿尔巴特区步行。俄罗斯民众对此反应热情。阿尔巴特区以发达的商业与艺术自由而闻名。不过,克格勃很快挡开友好的人群,推搡、击打、粗暴地对待里根的崇拜者。[80] 他们朝每个人拳打脚踢,包括美国记者。"放开,他们是美国人。"里根的白宫工作人员马克·温伯格(Mark Weinberg)吼道。里根在那晚的日记中记下了对苏联残酷对待其人民的反应:"不管有没有改革,有些事情并没有改变。"[81]

尽管表面温厚,戈尔巴乔夫对里根坚持称他"米哈伊尔"有点不高兴。这位苏联统治者告诉朋友,如果里根懂得苏联的方式,他应当知道称呼他"米哈伊尔·塞盖维奇"。[82]

当总统的传记作家埃德蒙·莫里斯与两位苏联知识分子在作家大楼的一次正式午餐坐到一起时,紧张关系某种程度上被打破了。高尔基研究所的领导弗利克斯·库兹涅佐夫(Felix Kuznetsov)指着天鹅绒围栏后的一位记者紧张地问,"那个一直恶意盯着我们的人是谁?"莫里斯回答说,"别担心萨姆·唐纳森",并解释说,他是ABC的新闻记者,是"总统的眼中钉,肉中刺"。库兹涅佐夫不懂这句双关语。别人向他解释后,他说还是俄罗斯的表达更好些,俄国人更愿意称萨姆·唐纳森是"屁股下面的刺"。[83]

政治上已削弱了并被政治学者称为"跛脚鸭"的里根,与戈尔巴乔夫签署了一份中程核武器(INF)协定。该协定规定,美国将撤走潘兴二号导弹,这是卡特允诺北约的,用以对抗苏联在东欧布置的SS-19与SS-20导弹。中程核武器协定是里根1983年提出的"零选择"方案。这个仅作为建议的"零选择"曾让苏联大为光火。苏联代表退出了日内瓦军备控制谈判表示抗议。在东欧的知识阶层看来,军备控制是东西方关系的指示器,苏联的举动曾让恐慌四起。核战争——以其能带来以百万统计死亡的恐惧以及核冬天——向他们逼近了。无数为之震惊的西方反战示威者举行集会,要求冻结核武器。里根立场十分坚定。

现在戈尔巴乔夫同意了他的条件。如丘吉尔曾说过:"一些废人!一些无用的家伙!"此前所有的军备控制条约只是寻求减缓武器系统的增长率。这是第一个减少进攻性核武器数量的协定。

如果说里根的历史性成就没有被国内的反对者们所赏识,他自己的党内就有很多这样的反对者。杰出的专栏作家乔治·威尔(George Will)是华盛顿新闻集团中最有声望的"明白人"之一。威尔曾哀叹里根"买进了军备控制的幻想"。[84]长期的保守派激进主义者霍华德·菲利普(Howard Philips)称总统是"一个有用的白痴"。[85]"让里根做里根吧",保守派草根阶层开始嚷道。

里根就是里根。他总是对核战争怀有恐惧。他总是说美国要不惜一切力量谈判。他现在把约翰·肯尼迪宣誓就职的漂亮言辞变成了行动,"我们永远不会因为害怕而谈判。但是我们永远不会害怕谈判"。

里根漂亮的谈判策略得到了回报。苏联从阿富汗撤军后,里根于1988年5月下旬访问了莫斯科。正当国内新闻焦点大量关注即将到来的总统大选时,里根带着他对自由的呼吁,向苏联帝国的心脏施加压力。

戈尔巴乔夫改革释放出的压力持续增强。1986年乌克兰切尔诺贝利核电站的爆炸招致数千人死亡。苏联暴露出腐败、无能与对生命的漠不关心。

现在,里根站在克里姆林宫辉煌的圣·乔治大厅。他答谢戈尔巴乔夫的正式欢迎讲话。在沙皇的黄金、水晶饰物和富丽堂皇的挂毯中间——以及在圣者们的画像中间——里根稳重地看着苏联共产党总书记说:"上帝保佑你。"70年来,首次有人在这个地方大声说出上帝的名字。苏联十二个时区的每个公民都能听到。

一些听到这句话的苏联领导"霎时脸变白了"。一位苏联外交官后来回忆道:"共产主义无神论大厦在我们眼前受到了攻击。"[86]

里根执意与被苏联拒绝移民的犹太人会面。其中有一个人得不到去美国大使馆的许可,里根告诉他的苏联主人们,他将到那个人的公寓中去。窘迫的克格勃不得不改变了做法。里根邀请了数百名宗教信徒参加在斯帕索公寓(Spaso House,美国驻苏使馆)举行的招待会。[87] 他强调宗教自由是任何有意义改革的组成部分。[88]

里根离开苏联时,他第一次向苏联人民发表了全国性的电视演讲。演讲稿是由美国有影响的研究俄罗斯问题的学者詹姆斯·比林顿(James Billington)准备的。里根提到了外祖母们。比林顿说,这个年龄的妇女是苏联母亲的真正精神领袖。里根称赞了她们,并祝福了

第十二章 里根与复兴（1981—1989）

她们。

没有1865年阿波马托克斯河畔的受降仪式，或1945年在美国军舰密苏里号甲板上的投降仪式那样的东西来标志冷战的结束。如果我们寻找界定苏联停止威胁这个世界生命和自由的历史性时刻，或许从雷克雅未克可以看到。国务卿乔治·舒尔茨认为这是转折点。戈尔巴乔夫也这样认为。*尽管媒体在1986年哀叹未能签署军备控制协定，但戈尔巴乔夫认为这是他们第一次深入探讨核武器的未来和未来的超级大国关系。[89]

即使没有那些无数带有核弹头的导弹，苏联仍然会是一个致命的威胁。苏联拥有巨大优势地位的兵力和坦克，这正是西方民主派在冷战早期寻求"核伞"保护的原因。玛格丽特·撒切尔知道这个。她担心里根与戈尔巴乔夫会因核裁军的热情而失去自制力，忘记了苏联常规武装的实力。[90]凭着她敏锐的历史感与在欧洲追求自由的热望，她是温斯顿·丘吉尔的真正继承人。如果美国抛弃它最真诚的盟友，就不可能有可靠的和平。

因而，我们寻求界定冷战结束的时刻时，我们或许可以看看1988年12月7日的纽约港。戈尔巴乔夫刚刚在联合国安理会发表完演说。在演讲中，这位苏联领导人宣布在欧洲大规模裁减常规武装力量。他将裁军50万人，裁减1/4的坦克师和500架战斗机。撒切尔夫人可以证实这个人类历史性事件的进程。[91]

里根总统与当选总统乔治·W. 布什在曼哈顿岛南部的加弗纳斯岛上等待他们的苏联客人。里根对戈尔巴乔夫那天早上在联合国的演

---

* 里根的朋友查尔斯·Z. 威奇在返程的飞机上祝贺总统说，"你赢得了冷战"。

讲十分满意。里根总是说世界上不能因为有武装就没有信任，不能因为不信任就需要武装。现在，里根与他的法定继任者欢迎苏联的动议。自然，戈尔巴乔夫被迫大规模裁减常规武装，是因为内部的失败与经济压力，这是里根上任伊始就一直致力的工作。罗纳德·里根立下了旗帜，戈尔巴乔夫向他靠拢了。

苏联领导人一任又一任——列宁、斯大林、赫鲁晓夫、勃列日涅夫、安德罗波夫、契尔年科。不过戈尔巴乔夫与众不同——不仅仅因为里根嘲笑说他比他老婆重。他是我们能与之自由地、安全地和正义地谈论和平的第一位苏联领导人。他是未经血雨腥风就到达权力顶峰的苏联领导人。

戈尔巴乔夫离开位于特特尔湾（Turtle Bay）的联合国总部时，他沿着罗斯福大道向南前行到南渡口。他坐着豪华轿车经过了华尔街——这是美国强大自由市场经济的发电机。在戈尔巴乔夫到达前两个世纪，第一位当选总统乔治·华盛顿曾在那儿宣誓就职。也正是在那儿，华盛顿亲吻了《圣经》。

这位共产党的总书记在世贸中心阴影中的渡口终点前往加弗纳斯岛。渡船在隔开加弗纳斯岛与曼哈顿岛的狭窄水面行使，只需要五六分钟就可将这位杰出的苏联来访者送去与两位美国总统会面。在短暂的行程中，戈尔巴乔夫将一览纽约港口。他会看到埃里斯岛，无数人来到这里。他们在这里发现了美洲，发现了地球上最后最美好的希望。

那艘白色、不高而迟缓的海岸警卫队渡船，是我们从 1945 年美国密苏里号战舰投降仪式的盛况中所能想到的最深远的事情。冷战中没有投降。但有更好的东西。在纽约港寒冷的那一天，和平悄悄地、几乎不声不响地、不为人觉察地滑进了那艘渡船。不错，如里根所

第十二章 里根与复兴（1981—1989）

说——一点儿也不错。

1. Hunt, John Gabriel, Ed., *Inaugural Addresses of the Presidents*, Gramercy Books: 1995, p.476.
2. D'Souza, Dinesh, *Ronald Reagan: How an Ordinary Man Became an Extraordinary Leader*, The Free Press: 1997, p.89.
3. Laffer, Arthur B., "The Laffer Curve: Past Present, and Future," 1 June 2004, http: //www.heritage.org/Research/Taxes/bg1765.cfm.
4. Deaver, Michael K., *A Different Drummer: My Thirty Years with Ronald Reagan*, HarperCollins Publishers, Inc.: 2001, p.141.
5. Deaver, p.146.
6. *Reagan: The American Experience*, PBS, 14-15 September 2004.
7. *Reagan: The American Experience*.
8. Barone, Michael, *Our Country: The Shaping of America from Roosevelt to Reagan*, The Free Press: 1990, p.615.
9. Deaver, p.111.
10. *Reagan: The American Experience*.
11. *Reagan: The American Experience*.
12. Kramer, Michael, "How He Got There, " *Time*, 18 September 1996, http: //www.time.com/time/magazine/article/0, 9171, 985159-2, 00.html.
13. Stephen Moore, "Dole and Taxes, " *National Review*, 8 April 1996.
14. *Reagan: The American Experience*.
15. *Reagan: The American Experience*.
16. Barone, Michael, *Our Country: The Shaping of America from Roosevelt to Reagan*, The Free Press: 1990, p.617.
17. Barone, p.617.
18. Schweizer, Peter, *Reagan's War: The Epic Story of His Forty-Year Struggle and Final Triumph Over Communism*, Doubleday: 2002, p.215.

19	Barone, p.620.
20	Reeves, Richard, *President Reagan: The Triumph of Imagination*, Simon & Schuster.2005, p.88.
21	Spector, Ronald H., *At War At Sea: Sailors and Naval Combat in the Twentieth Century*, Recorded Books: 2002, Disk17.
22	Reeves, p.108.
23	Reeves, pp.108-109.
24	Reeves, p.110.
25	Reeves, p.110.
26	Reeves, p.110.
27	Baker, James A., III, *Personal Reminiscence*, FOX News Channel, "Special Report,"6 October.2006.
28	Author Interview with attendee William J.Wholean, former Executive Director, Connecticut Catholic Conference, 6 January 2007.
29	Barone, p.614.
30	Deaver, p.95.
31	Online source: http: //news.bbc.co.uk/1/hi/world/americas/3228111.stm.
32	Schweizer, p.209.
33	Gacek, Christopher M., *The Logic of Force: The Dilemma of Limited War in American Foreign Policy*, Columbia University Press: 1994, p.260.
34	Schweizer, p.196.
35	Cannon, Lou, *President Reagan: The Role of a Lifetime*, Simon & Schuster: 1991, p.232.
36	Barone, p.636.
37	Barone, p.641.
38	Barone, p.641.
39	Online source: http: //www.reaganfoundation.org/reagan/speeches/dday_pdh.asp.
40	Barone, p.640.

41 | Neuhaus, Richard John, and Michael Cromartie, Eds., *Piety & Politics: Evangelicals and Fundamentalists Confront the World*, Ethics and Public Policy Center: 1987, p.17.
42 | *Reagan: The American Experience.*
43 | *Reagan: The American Experience.*
44 | Germond, Jack W., *Fat Man in a Middle Seat: Forty Years of Covering Politics*, Random House: 1999, p.163.
45 | *Reagan: The American Experience.*
46 | Morris, Edmund, *Dutch: A Memoir of Ronald Reagan*, Random House: 1999, p.514.
47 | Deaver, pp.104-105.
48 | Deaver, p.105.
49 | Deaver, p.106.
50 | Deaver, pp.106-108.
51 | Carynnyk, Marco, "The Killing Fields of Kiev," *Commentary*, vol.90, no.4, October 1990.
52 | *Reagan: The American Experience.*
53 | *Reagan: The American Experience.*
54 | Morris, Edmund, *Dutch: A Memoir of Ronald Reagan*, Random House: 1999, p.586.
55 | D'Souza, p.9.
56 | Barone, p.661.
57 | Schweizer, p.106.
58 | Morris, p.600.
59 | *Reagan: The American Experience.*
60 | The John F.Kennedy School of Politics, Harvard University, online source: http://www.ksgcase.harvard.edu/case.htm？ PID = 813.2.
61 | *Reagan: The American Experience.*

62	*Reagan: The American Experience.*
63	*Reagan: The American Experience.*
64	Barone, p.659.
65	*Reagan: The American Experience.*
66	*Reagan: The American Experience.*
67	Ochs, Stephen J., "Mr.Gorbachev, Tear Down This Wall! " *Georgetown Prep AlumNews*, Summer2004, pp.13-15.
68	Ochs, "Mr. Gorbachev, Tear Down This Wall! "
69	Ochs, "Mr. Gorbachev, Tear Down This Wall! "
70	Ochs, "Mr. Gorbachev, Tear Down This Wall! "
71	Robinson, Peter, "Tear Down This Wall, " *Reader's Digest*, February 2004.
72	Robinson, "Tear Down This Wall."
73	Robinson, "Tear Down This Wall."
74	Ochs, "Mr. Gorbachev, Tear Down This Wall! "
75	Robinson, "Tear Down This Wall."
76	Robinson, "Tear Down This Wall."
77	Barone, p.660.
78	Fund, John, "The 'Borking' Begins", online source: http: //www.opinionjournal.com/diary/？id＝85000412.
79	*Reagan: The American Experience.*
80	Reeves, Richard, *President Reagan: The Triumph of Imagination*, Simon & Schuster: 2005, p.469.
81	Reeves, p.469.
82	Morris, p.633.
83	Morris, p.634.
84	*Reagan: The American Experience.*
85	*Reagan: The American Experience.*
86	Schweizer, p.272.

87	*Reagan: The American Experience.*
88	Schweizer, p.275.
89	*Reagan: The American Experience.*
90	O'Sullivan, John, *The President, the Pope, and the Prime Minister*, Regnery Publishing, Inc.: 2006, p.303.
91	O'Sullivan, p.303.

后　记
个人反思

我写到此时，美国正在战争中。这场战争的意义和目的引起很多争议，但它却是关于我们生存的一场战争。我将本书结束在里根总统任职功成身退之时，有三个原因：

首先，我是里根的一个主要的崇拜者已不是秘密。他是我在政府工作的第一个上司和良师益友。

第二，回顾过去20年，我不能找到合适的词汇来心平气和地叙述里根任期之后，我们所经历的那些相关的历史。这不是因为我的党派性或观念的影响。而是我认为，我们需要更多的时间来全面和彻底地领会最近的20年。这20年中，美国舞台上的很多活跃人物都还健在。我希望能公正地对待那个时代，摒弃任何可能因我在这出戏中与这些演员们的关系而带来的偏见。

但第三个原因最为重要。里根是一个业余的史学家，经常谈论我们自己的历史和美国未来几代人将继承什么。他的头脑里总是想着这样的问题。

本书第一卷的读者们将想起里根作为我们第40位总统的最后一次演说。他在演说中警告："消除美国人的记忆,最终将导致对美国人精神的侵蚀。"今天我们遭受很多这样的侵蚀。这是令人沮丧但真实的,即美国学生对美国历史的了解要少于他们所学的其他专业学科。

可是我们是一个能恢复活力的民族,是一个上帝赐福的国家的守护者。在这个国家中,我们总会在这种情况下奋起。这也仍然是真实的。我们惊奇于我们自己,从不确切地知道我们的下一位领导人或英雄何时会出现,有如此清醒的理智,作为美国人、作为献身于一项伟大事业的同胞而相互尊敬和保护。

容许我有少许简单的幻觉。如果1860年你正坐在一个小酒馆中,有人告诉你,在他不知道谁会赢得当年的总统大选时,说这个总统之后的下一位当选总统是当时还不为人知的一个制革工匠,在伊利诺斯州加利纳(Galena),他会被嘲笑着走出酒馆。但后来U.S.格兰特当选了。如果1933年你正坐在F.D.富兰克林的就职典礼上,有人告诉你,下任总统是一个密苏里州杰克逊县一位无名的法官时,他会被看作是一个傻瓜。但后来杜鲁门成了总统。如果1950年你是加州的一名政治顾问,在观看尼克松和海伦·G.道格拉斯(Helen Gahagan Douglas)之间在参议院的激烈竞争(尼克松称后者为"红粉佳人"),你说演员里根(他当时正支持道格拉斯的竞选)有一天会是共和党主席,会压垮苏联,你的政治生涯就结束了。

如我在本书前言中所写的,我们美国人有一种能正确选择的诀窍,恰恰在我们需要正确选择的时刻。我们的林肯、罗斯福、杜鲁门和里根及其他许多人——从士兵到将军和生活各个领域中的英雄,在美国的每一个城市,都证明了这一点。

早在1974年,里根就已经考虑我们的历史和我们永恒的使命。那时美国人对他们国家和制度的感觉并不太好,在一次重要的讲话中,里根这样结尾:

> 我们不是一个病态的社会。一个病态的社会不能产生在月球上行走的人,或那些在我们上空的太空实验室环绕地球的人。一个失去道德和勇气的病态社会,不能造就那些年在越南经受折磨和囚禁的人。在哪里我们可以找到这样的人呢?他们是这片土地上的典型,如同建国之父们那般典型。我们在我们国家的街道上、办公室里、舰船上、工场和农场中,都可以找到他们。
>
> 我们不能逃避我们的使命,我们也没有试图这样做。在两个多世纪以前,在费城的小山上,我们就被赋予了这个自由世界的领导权。在"二战"后的日子里,美国的经济实力和势力是决定这个世界免于向黑暗时代倒退的关键。罗马教皇庇护十二世说:"美国人民拥有一种杰出和无私行为的天赋。"因此上帝将拯救受难人类的使命交给美国人。
>
> 我们确实是,而且我们现今是,世界上人类最后的美好希望。

我们确实是。

这就是本书的主题和结论。我愿意我们所有人能将这个主题放在心里,无论我们是移民还是本地出生的公民;无论我们是民主党、共和党或独立派;无论我们是管理者或被管理者。每一个人已经在建设这个国家中发挥了一份作用,毕竟,我们每个人都有责任去维护我们的国家。

版权专有　侵权必究

图书在版编目（CIP）数据

美国通史 /（美）威廉·本内特著；刘军等译. —北京：北京理工大学出版社, 2020.11

书名原文：America

ISBN 978-7-5682-7177-6

Ⅰ. ①美⋯ Ⅱ. ①威⋯ ②刘⋯ Ⅲ. ①美国-通史 Ⅳ. ①K712.0

中国版本图书馆 CIP 数据核字（2020）第 080700 号

北京市版权局著作权合同登记号　图字：01-2019-6138

Published by arrangement with Thomas Nelson, a division of Harper Collins Christian Publishing, Inc. through The Artemis Agency.

出版发行 /	北京理工大学出版社有限责任公司
社　　址 /	北京市海淀区中关村南大街 5 号
邮　　编 /	100081
电　　话 /	（010）68914775（总编室）
	（010）82562903（教材售后服务热线）
	（010）68948351（其他图书服务热线）
网　　址 /	http://www.bitpress.com.cn
经　　销 /	全国各地新华书店
印　　刷 /	北京通州皇家印刷厂
开　　本 /	880 毫米 × 1230 毫米　1/32
印　　张 /	46
字　　数 /	1037 千字
版　　次 /	2020 年 11 月第 1 版　2020 年 11 月第 1 次印刷
定　　价 /	198.00 元（全 2 册）

责任编辑 / 顾学云
文案编辑 / 宋成成
责任校对 / 周瑞红
责任印制 / 李志强

图书出现印装质量问题，请拨打售后服务热线，本社负责调换